RDA 百日通

蔡　丹　罗　翀　主编

国家图书馆出版社

图书在版编目(CIP)数据

RDA 百日通/蔡丹,罗翀主编. --北京:国家图书馆出版社,2017.10
ISBN 978 -7 -5013 -6200 -4

Ⅰ.①R… Ⅱ.①蔡… ②罗… Ⅲ.①编目规则 Ⅳ.①G254.3

中国版本图书馆 CIP 数据核字(2017)第 195571 号

书　　名　RDA 百日通
著　　者　蔡　丹　罗　翀　主编
责任编辑　高　爽　唐　澈

出　　版　国家图书馆出版社(100034　北京市西城区文津街 7 号)
　　　　　(原书目文献出版社　北京图书馆出版社)
发　　行　010 -66114536　66126153　66151313　66175620
　　　　　66121706(传真)　66126156(门市部)
E-mail　nlcpress@ nlc. cn(邮购)
Website　www. nlcpress. com ——→投稿中心
经　　销　新华书店
印　　装　北京钥实印刷有限公司
版　　次　2017 年 10 月第 1 版　2017 年 10 月第 1 次印刷

开　　本　787 ×1092(毫米)　1/16
印　　张　34. 75
字　　数　850千字

书　　号　ISBN 978 -7 -5013 -6200 -4
定　　价　120. 00元

前　言

任何规则的目的都是应用，而应用的前提是掌握，这就不可避免地要论及培训问题。新一代国际编目规则《资源描述与检索》(*Resource Description and Access*，简称 RDA)于 2010 年 6 月以 RDA 工具套件(RDA Toolkit)形式在线发布之后，已被越来越多的国家应用于信息组织工作中。观之各国实施 RDA 的轨迹，其共性是实践的落脚点皆为规则的直接使用者——编目员，规则是否能顺利实施与编目员对其的接受和掌握程度息息相关。特别是 RDA 以 FR 家族——《书目记录的功能需求》(*Functional Requirements for Bibliographic Records*，简称 FRBR)、《规范数据的功能需求》(*Functional Requirements for Authority Data*，简称 FRAD)和《主题规范数据的功能需求》(*Functional Requirements for Subject Authority Data*，简称 FRSAD)——为思想基础，在结构上完全颠覆了 AACR2、ISBD 等按著录项目进行线性描述的传统，因此对编目员而言，掌握 RDA 不仅是编目习惯的改变，更是编目理念的重塑。RDA 培训工作开展的难度可想而知。所以，对 RDA 的培训除了要把握新规则的脉络之外，更要在激发学习热情、创新培训模式等方面苦下功夫。

自 RDA 面世以来，世界各国开展 RDA 培训的活动可谓声势浩大，热情高涨。各国都在培训上加大投入，不仅研发了多种学习教程，更注重尝试多样化的形式。RDA 尚在测试阶段，美国国会图书馆(LC)就公开发布了针对测试者的培训教材，并且在 RDA 工具套件中共享了多个示范性的“工作流程”，以方便使用者对 RDA 规则进行快速定位。在 LC 宣布 2013 年 3 月 31 日为“RDA 切换日”的同时，还公布了对 RDA 的长期培训计划。目前，LC 有关 RDA 的培训资料均可在其网站免费下载。加拿大 RDA 培训的特殊性在于依据英语和法语两种编目语言分别制订培训方案。其中英语部分基本参照了 LC 的做法，法语部分则根据语言特点进行了一些修改。目前，加拿大国家图书馆档案馆(Library and Archives Canada，简称 LAC)和魁北克国家图书档案馆(BAnQ)均已实施 RDA。前者编制了本馆的培训材料，并与本国业界共享培训成果；后者则组织了 RDA 法语教材的编写，并在魁北克地区开展了法语的 RDA 培训。英国皇家特许图书馆与情报专业协会(Chartered Institute of Library and Information Professionals，简称 CILIP)组织过多场 RDA 培训，其中 2010 年举办的“MARC 21 的新进展：RDA 的影响”等，采用授课和上机相结合的方式，吸引了 200 余人参加。英国国家图书馆也多次开展培训，效仿 LC 制定本馆的培训材料，同样在其网站上公开发布。澳大利亚国家图书馆和澳大利亚编目委员会(ACOC)合作开展了全国性的培训，培训课程和材料均在 ACOC 网站上予以公布供业界共享。除了积极开展培训之外，上述各国还针对本馆特点就 RDA 中的一些可选做法制定本地政策声明(Policy Statement)，并陆续在 RDA 工具套件中发布，供应用者在实践中遵循。此外，作为 RDA 权威发布平台的 RDA Toolkit 也专门设置“技术与培训”模块，以文字、幻灯片、视频等形式发布学习材料。

国际上 RDA 培训开展得如火如荼，我国对 RDA 的学习和研究也不断深入。特别是近两年，论文、专著等成果层出不穷，且逐步由理论向实践迈进。与研究和实践相依相伴的是丰富的 RDA 培训活动。然而,纵观培训效果,可谓喜忧参半。喜的是,业界对 RDA 的关注度不减,忧的是,编目员对 RDA 的掌握程度不增。RDA 培训活动的数量及受众虽多,但效果却差强人意。从问卷调查情况来看,学员反馈最多的几点就是:学习内容丰富,老师授课清晰,自己掌握吸收却不好。原因主要有以下几点:一是培训缺乏系统性。RDA 自身的复杂性决定了培训不可能一蹴而就,应当是一个"干中学,学中干"的长期过程。而我们目前的培训往往是一次性的、短期的,只能就 RDA 庞杂的内容进行填鸭式的教授,更多的消化吸收只能靠学员课后进行,对于课后承担着巨大工作量又缺乏引导的编目员而言,培训内容往往成为"过眼烟云"。再者,我国目前还没有全面实施 RDA,培训之后不能学以致用,也是培训成果付之东流的重要原因。二是学习过程中缺乏实践性强的教材。信息组织学领域有自己的规则、专著、教材,但这些学习材料往往重理论、轻实践,重传授、轻吸收,对身处一线编目工作的人来说,适用性有所欠缺。三是编目学习模式受传统观念束缚。长期以来,编目工作往往给人以"枯燥""刻板"的印象,人们认为编目规则很细、很碎,编目员在工作中对号入座就可以了,不需要深入地学习和培训,由此也导致对编目员培训的不重视。此外,编目学习模式也很固定,基本都是乏味无趣的照本宣科,别说引人入胜了,就连基本的上课注意力都无法集中。

国家图书馆作为国内编目业务实践与理论研究的重要阵地,身兼自身规则变革和辐射业界的双重压力,面对 RDA 实施的挑战,应努力寻求一条面向广大编目员的行之有效的培训和学习途径。国家图书馆外文资源编目长期遵循国际标准,与国际编目实践接轨较好,因此 RDA 的研究与实践率先从外文资源编目开始。为此,外文采编部于 2014 年组建"RDA 师资团",由部门编目业务骨干担纲,通过专题学习、研讨、实践等多种方式加深对规则内涵的理解,同时,不断摸索适用于 RDA 的培训模式。2014 年至今,由师资团成员担任讲师的 RDA 全国性培训班已举办了 4 次,风格独树一帜。为进一步提升培训效果,2016 年国家图书馆 RDA 培训开始尝试采用计算机教学,在课堂上增加实操练习。我们渐渐发现,做练习居然成为学员最享受的环节。他们不仅能从中找回学生时代考试的竞争与紧张,还能感受紧张过后成功的喜悦,成就感催生了探索的乐趣。编目规则也因此不再是索然乏味的条款,而是找寻答案的钥匙。晦涩难懂的规则逐渐具象到每一道练习题中,RDA 知识点也就被"轻而易举"地"俘获"了。

如此好的培训效果使一个想法在我们心中迸发,何不将 RDA 规则以练习题的形式集结成册,让更多的编目员从枯燥的规则学习中解放出来,以一种轻松、系统、有效的方式学习 RDA 呢?看似平淡无奇,在计算机、英语等其他学科普遍应用的学习形式,在编目学领域似乎仍是空白。想法并非不切实际,而是建立在务实的基础之上。首先,三年来师资团对 RDA 及相关理论的研究取得了一定的成果,先期的 RDA 中译本《资源描述与检索》和《RDA 全视角解读》可与本书共同构成一套完整的 RDA 学习材料,相辅相成。其次,几年的培训练习及工作实践中遇到的大量 RDA 实例,为编制本练习册提供了丰富的素材。

事不宜迟,在想法确定之后,师资团立即组织成员开始编写。首先,我们将练习册命名为《RDA 百日通》。积跬步而至千里,我们希望学习者能通过百日的积累顺利到达通晓 RDA 的彼岸。其次,我们为每日的习题确定一个专题,专题的设置总体依据 RDA 章节顺序。Day 1 至 Day 45 基本对应 RDA 第 0 章至第 37 章的内容,Day 46 至 Day 75 则体现 AACR2 与 RDA 规则差异、MARC 21 数据格式修订、不同资源类型完整编目等几大专题,最后 Day 76 至 Day 100 为综合练习。整体来看,习题设计体现了由浅入深、循序渐进、分面组合、重点强化的特点。对于习题类型,我们力求新颖多样,妙趣横生。重要的知识点不怕重复,通过不同题型反复强调。在确定原则之后,就进入出题环节。对于在考场上摔打多年的我们来说,答题已属不易,孰知出题更具挑战。这不仅要求出题者对规则本身理解透彻,更要求能对知识点融会贯通,为了巧妙设置"陷阱",出题者可谓"费尽心机"。为了答疑解惑,我们还在习题后配备答案和解析。此外,专门设计的坐标式成绩表,可以极大地激发学习者的进取心,分数形成的曲线图可以很好地展现100天不断进步的学习效果。

特别需要说明的是:第一,习题内容不局限于RDA规则本身,而是融入最新的编目理论。RDA的诞生与发展离不开编目思想的变革与推动,其与编目理论之间存在着千丝万缕的联系,要想深刻地理解RDA,必须系统掌握一定的编目理论。因此,本书以RDA为核心之外,还适度地融入有关ICP(2015版)、FRBR图书馆参考模型(FRBR-Library Reference Model,简称FRBR-LRM)、《ISO 7098信息与文献工作:中文罗马化》(2015版)等编目理论的最新研究成果。第二,RDA Toolkit是本书的重要编制依据,但由于其小改动和大更新的机制,使其处于一个不断动态完善的过程当中。本书基本依据《RDA全视角解读》成书时期的RDA规则,以保证内容基本稳定,但还是尽量与最新更新内容保持一致。第三,本书不仅包含概念性、知识性的习题,还包含大量编目实例题。这些题目大多源于编目员工作实践,具有很强的典型性和真实性,部分源于其他编目机构的数据,少量为出题者虚构,题源不拘一格,只为更好地说明问题。第四,本书未包含分类标引和主题标引的环节。在RDA编制时,FRSAD尚未编制完成,因此RDA中有关主题的章节均为待补充状态。而且,分类标引和主题标引本身涉及的范围就很广,其内容之宽、篇幅之大,无法也没必要在本书中体现。第五,灵活性是RDA规则的一个重要特点,"可选择的省略""可选择的附加""交替规则"等条款在赋予编目员更多自主性的同时,也增强了其不确定性,面临诸多选择往往难以决断。因此,本书主要参考LC等RDA领军实施机构的本地规则,更多依据《国家图书馆外文文献资源RDA本地政策声明暨书目记录操作细则》,给出的答案是我们最为推荐的做法,答案可能并不唯一,有兴趣者可以深入探讨其他不同的做法。

本书由罗翀、蔡丹拟定大纲,由以下作者完成初稿:Day 1—3、27,王一楠;Day 4—6、48,王志君;Day 7—12,杨恩毅;Day 13—14、56—58,袁雪;Day 15、37、41—43,赵娜;Day 16刘琦;Day 17—19,张丽娟;Day 20、22、38、47、84—85,袁硕;Day 21,汪珊珊;Day 23—26、81—83,李菡;Day 28—29,蔡丹、白婧;Day 30—31、70—75、91—100,蔡丹;Day 32—33,朱虹;Day 34—36、49、53—54、63—67,张璇;Day 39—40、69,张蔷蔷;Day 44—45、50—52,霍晓伟;Day 46、68,王薇;Day 55、59—62,赵丹丹;Day 76—80,刘丹;Day 86—90,罗翀。罗翀负责对全书的习题与答案解析进行审定,蔡丹负责全书的统稿和定稿。

《RDA百日通》面向图书馆、情报机构的信息组织专业人员,致力于成为开展编目培训、提高实践能力的辅助教学手册,对于RDA在我国的推广和应用具有重要意义。但由于毕竟是一部练习册,还需配以其他RDA著作加以学习,同时RDA不断更新的特性,以及编者理论水平与实践经验的限制等因素,纰漏与错误在所难免,诚望各位专家、同行不吝指正。

编 者

2016年12月

[illegible]手资料和二手资料的[illegible]

[illegible]

[illegible]是一种[illegible]

[illegible]

[illegible]图书馆的藏书和借阅[illegible]

[illegible]究的[illegible]造成了不可挽救的[illegible]阅读史研究之所以[illegible]

[illegible]

目　　录

成绩表

得分
100
95
90
85
80
75
70
65
60
55
50
45
40
35
30
25
20
15
10
5
0
Day1
Day2
Day3
Day4
Day5
Day6
Day7
Day8
Day9
Day10
Day11
Day12
Day13
Day14
Day15
Day16
Day17
Day18
Day19
Day20
Day21
Day22
Day23
Day24
Day25
天数

得分
100
95
90
85
80
75
70
65
60
55
50
45
40
35
30
25
20
15
10
5
0
Day26
Day27
Day28
Day29
Day30
Day31
Day32
Day33
Day34
Day35
Day36
Day37
Day38
Day39
Day40
Day41
Day42
Day43
Day44
Day45
Day46
Day47
Day48
Day49
Day50
天数

得分
100
95
90
85
80
75
70
65
60
55
50
45
40
35
30
25
20
15
10
5
0
Day51
Day52
Day53
Day54
Day55
Day56
Day57
Day58
Day59
Day60
Day61
Day62
Day63
Day64
Day65
Day66
Day67
Day68
Day69
Day70
Day71
Day72
Day73
Day74
Day75
天数

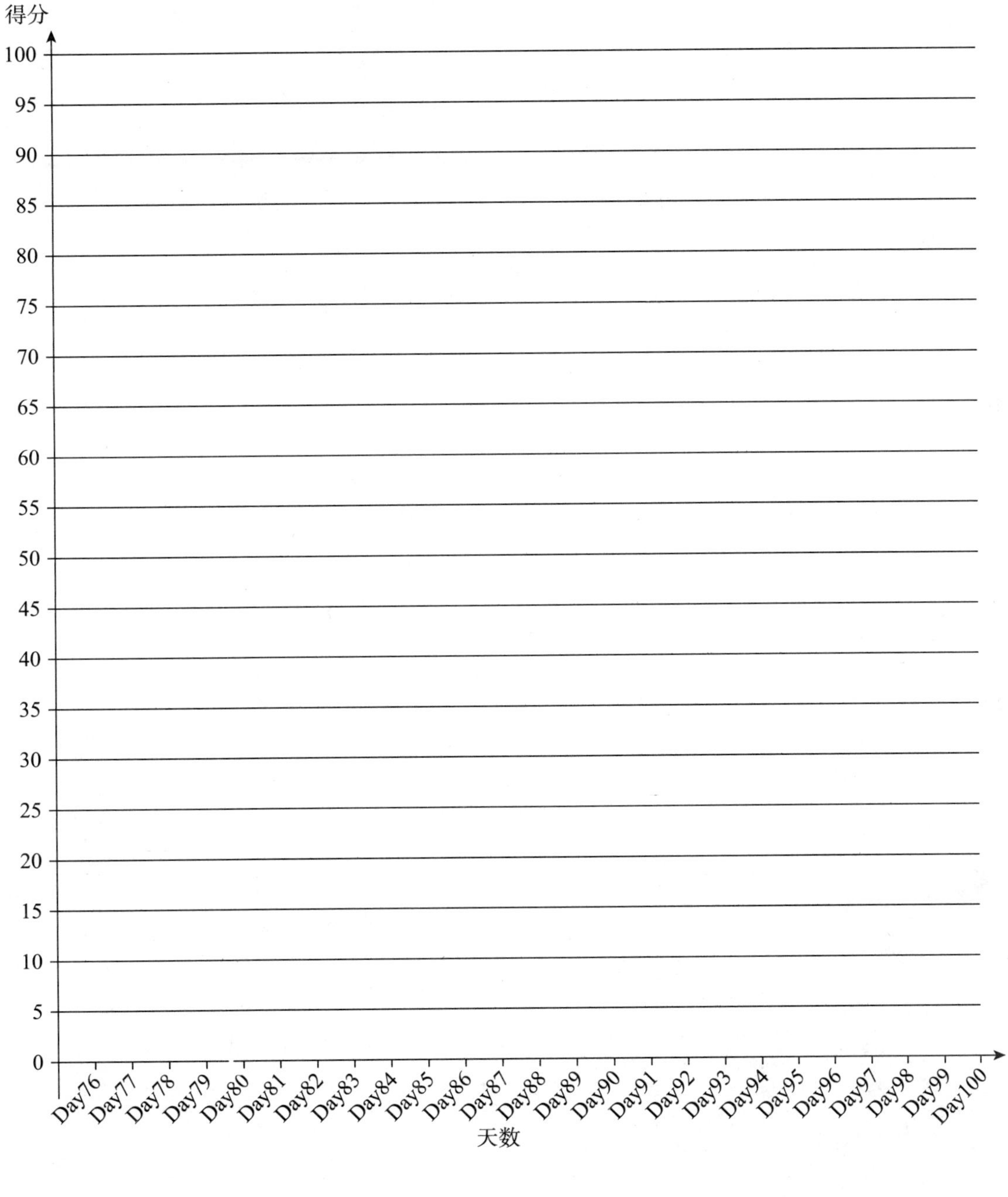
得分
100
95
90
85
80
75
70
65
60
55
50
45
40
35
30
25
20
15
10
5
0
Day76
Day77
Day78
Day79
Day80
Day81
Day82
Day83
Day84
Day85
Day86
Day87
Day88
Day89
Day90
Day91
Day92
Day93
Day94
Day95
Day96
Day97
Day98
Day99
Day100
天数

式的[illegible]这种革命性的[illegible]当大的程度上[illegible]

[illegible]主文本分析方法[illegible]法[illegible]它的理论基础是文本[illegible]为当我们看[illegible]部史料时，我们只能对[illegible]它身上所发生的阅读活动的历史[illegible]古学来考察远古时代的阅读史[illegible]

在西方的阅读史研究中[illegible]14 至 18 世纪的[illegible]析的角度[illegible]法[illegible]的分析[illegible]

[illegible]

Day 1
RDA 的缘起、编制、更新及推广

一、填空题(每空 2 分,共 40 分)

1. RDA 是应数字环境的发展而制定的最新国际编目规则,其目标在于满足数字环境下资源著录与检索的新要求,成为数字世界的通行标准。RDA 以______为指导纲领,以______为前身,以______和______为基础,创造性地提供了一套更为综合、能覆盖所有内容和媒介类型资源描述与检索的原则和说明。
2. 西方编目思想围绕目录功能而展开,经历了从财产清单、查检功能到双性检索功能的演化过程。其中,双性检索功能是指目录所具备的______和______功能。该功能经过潘尼兹、卡特、柳别斯基等人提出并发展,最终在 1961 年的巴黎______中予以确定。FRBR 发展了目录功能思想,将其定义为用户任务,包括查找、______、选择和______。ICP 在 FRBR 四个用户任务的基础上,将目录功能拓展出第 5 个,即______功能,又称为浏览功能。
3. 研制 RDA 的最高机构是负责人委员会(Committee of Principals of RDA, 简称 CoP),下辖______、______和______三个机构。2015 年,CoP 更名为______,JSC 更名为______。
4. CoP 于 2004 年宣布编制 AACR3,______年更名为 RDA,2010 年 6 月 RDA 的联机版______正式上线,同年 11 月 RDA 活页印刷版出版。
5. AACR2 虽然涉及多种资料类型的文献,但还是以传统印刷型文献为主,RDA 涉及了更广泛范围的资源,除传统资源之外,还包括______、______和______。

二、单项选择题(每题 3 分,共 45 分)

1. RDA 是编目的(　　)

A. 内容标准　　B. 格式标准　　C. 概念模型　　D. 元数据方案

2. CoP 的成员共有(　　)个

A. 5　　B. 6　　C. 7　　D. 9

3.《ALA 1949》在历史上被称为(　　)

A. 绿皮书　　B. 白皮书　　C. 黄皮书　　D. 红皮书

4. 2015 年,IFLA 发布的 ICP 2015 征求意见稿中,将 ICP 2009 正式版中的 9 原则增加为(　　)原则

A. 10　　B. 11　　C. 12　　D. 13

5. 柳别斯基的功绩不包括(　　)

A. 提出科学合理的编制条例的方法　　B. 重新定义作品概念

C. 阐述实现目录功能的方法　　D. 促成机读目录格式的产生

6. 2004 年,CoP 宣布编制 AACR3 时,任命的主编是(　　)

A. Tom Delsey　　B. Barbara B. Tillett　　C. Michael Gorman　　D. Seymour Lubetzky

7. RDA Toolkit 页面左侧的选项卡共有三项,不包括下列哪项(　　)

A. RDA 全文　　B. 政策声明　　C. 工具　　D. 资源

8. 目前,RDA Toolkit 上发布的正式本地政策声明共有(　　)种

A. 3　　B. 4　　C. 5　　D. 6

9. 2015 年,RDA 补充了第 23 章的内容,随之补充的还包括附录(　　)

A. K　　B. M　　C. J　　D. L

10. RDA Toolkit 反馈系统采用的是(　　)

A. 邮箱　　B. 票券　　C. 在线帮助　　D. 问卷

11. 目前,实施 RDA 的国家不包括(　　)

A. 菲律宾　　B. 马来西亚　　C. 新加坡　　D. 俄罗斯

12. 西方编目史上标志"英美体系"和"普鲁士体系"形成对峙的时间是(　　)

A. 1899　　B. 1900　　C. 1908　　D. 1961

13. 下列编目文件形成并发展的重要时间节点错误的是(　　)

A. AACR:1967—1978—1988—1998—2002—2004

B. ICP:1961—2003—2009—2015

C. FR 家族:1998—2009—2011—2016

D. MARC 21:1966—1983—1988—2000

14. AACR2 发展为 RDA 一个主要原因是其自身的诸多局限性,下列 AACR2 的局限性不包括(　　)

A. 所涵盖的资源类型不够丰富　　B. 缺乏逻辑结构

C. 英美观点为中心　　D. 对文献排列支持不够

15. CoP 的成员不包括(　　)

A. ALA　　B. DNB　　C. CILIP　　D. NLA

三、列举题(共 15 分)

请列举 MARC 21 包括的 5 种执行格式。

(1)

(2)

(3)

(4)

(5)

Day 1 答案与解析

一、填空题

1. ICP　AACR2　FRBR　FRAD　**解析**:ICP 即《国际编目原则声明》(Statement of International Cataloguing Principles);AACR2 即《英美编目条例》(第二版)(Anglo-American Cataloguing Rules, second edition);FRBR 即《书目记录的功能需求》(Functional Requirements for Bibliographic Records);FRAD 即《规范数据的功能需求》(Functional Requirements for Authority Data)。

2. 特性检索　族性检索　《原则声明》　识别　获取　导航
3. 合作出版者　基金委员会　RDA 发展联合指导委员会　RDA 董事会　RDA 指导委员会　**解析：**负责人委员会 2015 年更名为 RDA 董事会（RDA Board），其下辖的三个机构分管版权管理、基金运作和内容编制。其中，JSC 是 RDA 发展联合指导委员会（The Joint Steering Committee for Development of RDA），2015 年更名为 RDA 指导委员会（The RDA Steering Committee）。
4. 2005　RDA Toolkit　**解析：**RDA Toolkit 中文名称为 RDA 工具包或工具套件，其网址为*http://www.rda-toolkit.org/*。RDA Toolkit 是一个集成的、动态的在线文件集，用户可通过一站式的检索获取与 RDA 相关的各种资源。
5. 非印刷资源　非文本资源　非出版资源

二、单项选择题

1. A　**解析：**编目的内容规则包括 AACR2、ISBD、《中国文献编目规则》等。编目的格式规则包括 MARC 21、UNIMARC 等，我国中文资源编目采用 CNMARC。编目概念模型为 FR 家族的三个成员——FRBR、FRAD 和 FRSAD。元数据方案指更广泛意义上的元数据编制规则，如都柏林核心元素集。
2. C　**解析：**CoP 包括 3 个图书馆协会和 4 个国家图书馆的代表，共 7 个成员。3 个图书馆协会分别为美国图书馆协会（ALA）、加拿大图书馆协会（CLA）、英国皇家特许图书馆与情报专业协会（CILIP）。4 个国家图书馆分别为美国国会图书馆（LC）、加拿大国家图书档案馆（LAC）、澳大利亚国家图书馆（NLA）、英国国家图书馆（BL）。
3. D　**解析：**《ALA1949》，即《著者和书名款目编目规则（第二版）》是美国图书馆协会对《ALA1941》进行修订的结果，因其封面为红色而被称为《红皮书》。《红皮书》不是一部完整的编目条例，而只是关于字典式目录中著者和题名款目的选取及标目形式的规定，因为它不包括著录部分。1949 年《美国国会图书馆描述性编目规则》由美国国会图书馆推出，因其封面为绿色被称为《绿皮书》，它是一部关于著录的规则。
4. D　**解析：**ICP 2009 正式版中的 9 原则包括用户的便利性、通用性、表达性、准确性、充分性和必备性、有意义、经济性、一致性与标准化、集成化。ICP 2015 征求意见稿中新增的 4 项原则为可操作性、开放性、可访问性、合理性。
5. D　**解析：**美国计算机学家亨丽埃特·阿夫拉姆（Henriette Davidson Avram）是美国国会图书馆开发图书馆机读编目格式的电脑程序员和系统工程师，世界各国陆续研发的本国机读目录系统，都是在阿夫拉姆开发的机读目录格式的基础上进行的，因此她被称为机读编目格式之母。机读目录的研发与柳别斯基无关，故 <D> 错误。
6. A
7. B　**解析：**三个选项卡为：RDA 全文选项卡（RDA）、工具选项卡（Tools）和资源选项卡（Resources）。
8. D　**解析：**本地政策声明收录在资源选项卡中。6 个政策声明包括：德语国家地区本地政策声明（Anwendungsrichtlinien für den deutschsprachigen Raum, D-A-CH AWR）；英国国家图书馆政策声明（British Library Policy Statements, BL PS）；美国国会图书馆—合作编目项目联合政策声明（Library of Congress-Program for Cooperative Cataloging Policy Statements, LC-PCC PS）；音乐图书馆协会最佳实践（Music Library Association Best Practices, MLA）；澳大利亚国家图书馆政策声明（National Library of Australia Policy Statements , NLA PS）；芬兰图书馆政策声明（Suomalaisten kirjastojen linjaukset，SKL）
9. B　**解析：**第 23 章为“记录作品主题的一般性规则”，与之相对应的为新增附录 M“关系说明语：主题之间的关系”。
10. B　**解析：**RDA Toolkit 反馈系统采用票券形式，即每位提问者的问题都会被赋予一个票券编号，根据该编号进行相关的问题解答或意见反馈。
11. D　**解析：**目前，一些东南亚国家已逐一实施 RDA。持观望态度的多为本国语言习惯与英语国家差异较大，或本国编目传统较为根深蒂固的国家，如日本、韩国、俄罗斯等。
12. C

13. D　**解析**：<D>:2000 年应改为 1999 年，在该年，MARC 21 机读目录格式面世。其他选项所涉及年份的对应事件如下：<A>:1967 年 AACR1 问世，1978 年 AACR2 出版，1988 年 AACR2 修订本出版，1998 年 AACR2R 出版，2002 年 JSC 对 AACR 未来五年的发展目标进行规划，2004 年 CoP 宣布编制 AACR3。<B>:1961 年宣布巴黎"原则声明"，2003 年发布 ICP 草案，2009 年 ICP 正式面世，2015 年发布 2015 版 ICP 征求意见稿。<C>:1998 年 FRBR 正式出版，2009 年 FRAD 正式出版，2011 年 FRSAD 正式出版，2016 年推出 FR 三个模型的统一版——IFLA LRM 的征求意见稿。<D>:1966 年美国国会图书馆生产出 MARC1 磁带，1983 年 LCMARC 改称 USMARC，同时开发出六种不同文献类型的 MARC 格式，1988 年美国国会图书馆颁布了一体化的 USMARC 书目数据格式，1999 年推出 MARC 21。

14. A　**解析**：AACR2 同样涉及多种资料类型的文献，只是以传统印刷型文献为主。

15. B　**解析**：DNB 为德国国家图书馆，不属于 CoP 的 7 个成员之一，而是 RDA 的编制机构 JSC（现更名为 RSC）的成员之一。

三、列举题

(1) MARC 21 书目数据格式（*MARC 21 Format for Bibliographic Data*）

(2) MARC 21 规范数据格式（*MARC 21 Format for Authority Data*）

(3) MARC 21 馆藏数据格式（*MARC 21 Format for Holdings Data*）

(4) MARC 21 分类数据格式（*MARC 21 Format for Classification Data*）

(5) MARC 21 社区信息格式（*MARC 21 Format for Community Information*）

Day 2
RDA 的思想基础

一、填空题(每空 2 分,共 40 分)

1. FRBR 的研发源于 1990 年 IFLA 召开的斯德哥尔摩书目记录会议。该会议九项决议中的一项就是要求进行 FRBR 的研究。1997 年,FRBR 的最终报告在哥本哈根举行的第 63 届 IFLA 大会上获得通过。______年,FRBR 正式出版。
2. FRBR 的研究包括两部分内容:______和______。
3. FRBR 模型的核心内容是第 1 组实体,与传统编目的书目描述相关,被称为______。另外两组实体与传统编目中的______相关,即______和主题,属于______的研究范畴,是 FRBR 延伸研究项目 FRAD 和 FRSAD 的研究对象。
4. FRBR 的研究虽然具有一定的广泛性,但是仅限于______的范畴,并未包括通常在规范记录中反映的属性和关系。
5. 属性是指实体具有的与之相关联的一套特征,可被用来帮助用户查找某个特定实体并获取反馈信息。属性通常分为______和______。
6. FRBR 第 1 组实体之间的基本关系可描述为:______。
7. FRBR 第 2 组与第 1 组实体之间是______关系,第 3 组与第 1 组实体之间是______关系。
8. FRBR 第 3 组实体除包括概念、物体、事件和地点之外,还包括______。
9. FRAD 定义了两组实体:第 1 组不仅包括 FRBR 定义的 10 个______,还增加了档案界感兴趣的一个实体______;第 2 组实体是规范实体,包括______、______、受控检索点、规则和机构。其中,受控检索点实体是 FRAD 的核心。
10. FRAD 的用户任务包括查找、识别、______、______。

二、单项选择题(每题 3 分,共 30 分)

1. 书目著录的对象是 FRBR 模型的(　　)实体

A. 作品　　B. 内容表达　　C. 主题　　D. 载体表现

2. 在编目实践中,“单件”与馆藏记录对应,“作品”与(　　)对应,“载体表现”与(　　)对应,而“内容表达”更倾向于与规范记录相关联

A. 书目记录、馆藏记录　　B. 馆藏记录、书目记录
C. 规范记录、书目记录　　D. 规范记录、馆藏记录

3. FRBR 是(　　)

A. 概念模型　　B. 内容标准　　C. 格式标准　　D. 数据模型

4. 下面那本“书”属于单件实体(　　)

A. 那部戏剧是我喜欢的书改编的　　B. 我丢了那本书
C. 你应该买那本书　　D. 我有这本书的德语版

5. 下面哪个资源属于内容表达实体(　　)

A. *Springer* 出版社出版的一套多卷书　　B. 爱乐交响乐团 2014 年的演出

C. 馆藏中巴金签名的一本书　　D. 歌德的《浮士德》

6. 下列表述正确的是(　　)

A. 越剧《西厢记》相对于原作《西厢记》是一个新内容表达

B. 国家图书馆馆藏中的一本赠书《简・爱》是一个载体表现

C. *Springer* 出版社 2015 出版的某专著的电子版是一个新作品

D.《三国演义》的德语翻译版是一个内容表达

7. 下列 ICP 2015 新增的原则不包括(　　)

A. 互操作性　　B. 开放性　　C. 集成化

D. 可访问性　　E. 合理性

8. FRAD 涵盖的编目范畴是(　　)

A. 书目数据　　B. 名称规范数据　　C. 主题规范数据　　D. 书目格式

9. 2016 年初,FRBR、FRAD、FRSAD 三个模型的统一版发布草案,该统一版模型的名称为(　　)

A. IFLA LRM　　B. FR-RLM　　C. FR-LRM　　D. FRBR-RLM

10. ICP 2015 将原有的 11 个实体变为(　　)个实体

A. 8　　B. 9　　C. 12　　D. 13

三、归类题(每个 2 分,共 30 分)

请将下列 RDA 关系说明语归入与其相关联的实体。

(1)作者(2)捐赠者(3)译者(4)插图者(5)电影发行者(6)上诉者(7)美术家(8)制版者(9)出售者(10)编者(11)旁白者(12)播音者(13)修复者(14)导演(15)编纂者

Work:

Manifestation:

Expression:

Item:

Day 2 答案与解析

一、填空题

1. 1998 年

2. 建立实体—关系模型　推荐基于 FRBR 模型的国家级书目记录的基本功能

3. 高层实体　检索点　责任者　规范控制　**解析:**高层实体即作品、内容表达、载体表现和单件,该组实体在 RDA 中被称为资源。

4. 书目记录

5. 内部属性　外部属性

6. 作品通过内容表达来实现、内容表达通过载体表现来具体化、载体表现通过单件来例证

7. 责任　主题

8. 第 1 组与第 2 组的所有实体　**解析:**FRBR 的第 1 组和第 2 组实体均可以作为作品的主题,例如:

600 10$aCao, Xueqin,$dapproximately 1717-1763.$tHong lou meng.$lEnglish.

600 10$aMao, Zedong,$d1893-1976$xPolitical and social views.

9. 书目实体　家族　名称　标识符

10. 阐明关系　提供依据　**解析:**FRAD 定义的四个用户任务包括:查找,即通过单一属性、属性组合或实体间关系查找符合检索要求的单一实体或实体集合;识别,即识别一个实体或确定受控检索点的名称形式,以确认描述实体是否为目标实体,以区分具有相似特征的两个或更多实体;阐明关系,即将各实体置于特定的环境中,阐明两个或多个实体间关系;提供依据,即提供规范记录创建者选择该名称或名称形式作为受控检索点基础的依据。

二、单项选择题

1. D　**解析:**ICP 2009 版中规定:"一般而言,应为每一载体表现创建一条独立的书目著录。书目著录通常以作为载体表现代表的单件为基础,并可包括属于被体现的作品和内容表达的属性"。据此,目前书目著录的基础仍是载体表现层。

2. C

3. A

4. B　**解析:**< A >:作品。< C >:载体表现。< D >:内容表达。故选择 < B >。

5. B　**解析:**< A >:载体表现。< C >:单件。< D >:作品。故选择 < B >。

6. D　**解析:**< A >:不是新的内容表达,而是新作品。< B >:不是一个载体表现,而是一个单件。< C >:不是新作品,而是新的载体表现。故选择 < D >。

7. C　**解析:**ICP 2009 版的原则共有 9 项,集成化是其中之一,故其不是 ICP 2015 版新增的原则。

8. B　**解析:**< A >:FRBR 主要研究范畴。< C >:FRSAD 主要研究范畴。< D >:机读目录格式研究范畴。故选择 < B >。

9. A　**解析:**选择 < A >,FRBR 统一版在发布征求意见稿时名称为"FRBR LRM",后根据反馈意见更名为"IFLA LRM",即"IFLA 图书馆参考模型"。

10. B　**解析:**9 个实体分别是作品、内容表达、载体表现、单件、个人、家族、团体、希玛、诺门。

三、归类题

W:(1)(6)(7)(14)(15)

E:(3)(4)(10)(11)

M:(5)(8)(12)

I:(2)(9)(13)

Day 3
RDA 的结构与内容

一、填空题(每空 2 分,共 40 分)

1. 除导言和附录之外,RDA 分为______部分,______章节。除第 23 章外,与______相关的部分都处于待补充的状态。第 1—4 部分的内容为______,第 5—10 部分的内容为______。附录是 RDA 的重要组成部分,共包括______附录。其中,附录 D 提供了______之间的映射;附录 E 提供了______之间的映射;附录 I－M 提供了______,需要与正文中描述关系的相关内容配合使用。
2. RDA 中所描述的关系类型包括______种,总体上可分为______和______。
3. RDA 中的元素在必备性方面是有等级的。其中,在任何情况下都应予以记录的称为______,仅在某种特定情况下才必须予以记录的称为______,由编目员视情况选择记录的称为______。
4. RDA 是富有弹性的编目规则,为各馆本地化提供了较大的空间,这体现在 RDA 除了正式的规则之外,还在某些条款为各馆实践操作提供了若干选择,这些选择性的条款在 RDA 中称为______、______、______。
5. RDA 定义的著录类型包括______、分析著录和______。

二、不定项选择题(每题 5 分,共 30 分)

1. RDA 编制的原则包括(　　)
   A. 区分性　　B. 表达性　　C. 责任归属　　D. 关系
2. RDA 中与规范控制相关的章节包括(　　)
   A. 第 7 章　　B. 第 9 章　　C. 第 16 章　　D. 第 19 章
3. RDA 中属于待补充的部分包括(　　)
   A. 第 23 章　　B. 第 16 章　　C. 第 34 章　　D. 附录 K
4. 下列选项中,不属于描述载体的元素包括(　　)
   A. 基底材料　　B. 图书开本　　C. 出版说明　　D. 代
5. 下列主题实体中,具有名称规范检索点和主题规范检索点的双重性质的是(　　)
   A. 概念　　B. 物体　　C. 事件　　D. 地点
6. 下列元素不是 RDA 核心元素的是(　　)
   A. 特定修订版标识　　B. 内容类型　　C. 媒介类型　　D. 并列题名

三、连线题(每线 2 分,共 30 分)

1. 请将 RDA 的部分号及对应的标题进行连线。

第二部分	记录个人、家族和团体的属性
第八部分	记录作品、内容表达、载体表现和单件之间的基本关系
第三部分	记录作品和内容表达的属性
第九部分	记录作品、内容表达、载体表现和单件之间的关系
第五部分	记录个人、家族和团体之间的关系

2. 请将 RDA 的章节号及对应的标题进行连线。

第 10 章	相关作品
第 23 章	识别地点
第 2 章	记录作品和主题之间的一般性规则
第 16 章	识别载体表现和单件
第 25 章	识别家族

3. 请将 RDA 附录号及对应的标题进行连线。

附录 A	作品、内容表达、载体表现和单件之间的关系说明语
附录 M	记录描述数据的句法
附录 D	个人名称的附加说明
附录 J	主题关系说明语
附录 F	大写

Day 3 答案与解析

一、填空题

1. 10　37　主题　记录属性　描述关系　13 个　RDA 与 ISBD 元素以及 RDA 与 MARC 21 书目数据格式　RDA 与 MARC 21 规范数据格式　关系说明语
2. 6　内部关系　外部关系
3. 核心元素　条件核心元素　非核心元素
4. 交替规则　可选择的附加　可选择的省略
5. 综合著录　分级著录

二、不定项选择题

1. ABCD　**解析:**RDA 第 0 章详细阐明了 RDA 的编制目标和原则。其中目标包括:响应用户需求、成本效率、灵活性、连续性;原则包括:区分性、充分性、关系、表达性、准确性、责任归属、通用性或实践性、一致性。故四个选项均正确。
2. BC　**解析:**第 9 章为识别个人,第 16 章为识别地点,均与规范控制相关。第 7 章是描述内容,第 19 章是作品与责任者之间的关系,均与书目记录相关。
3. C　**解析:**RDA 中与主题相关的部分处于待补充的状态,第 34 章为相关概念,即与 FRSAD 相关,因此处于待补充状态。第 23 章"记录作品与主题之间关系的一般性规则"虽然也与主题相关,但是不涉及主题规范记录,在 2015 年 4 月的更新中予以补充。
4. C
5. D　**解析:**地理名称分为行政管辖区和非行政管辖区两种类型。行政管辖区名称一般包括国家、州、省、城市或大都会等行政区划，以及县、乡等行政机构。非行政管辖区名称通常包括自然地理区域、各类自然地理特征(如湖泊、山川、河流)，以及考古遗址、古代城市等。非行政管辖区地理名称用途比较简单，只能用作主题标目，为其建立主题规范记录，存在于主题规范档，在书目记录中用于控制 651/$a 的地理名称标目或 650/$z 地理复分标目。行政管辖区名称用途比较复杂，可用于名称和主题两种不同类型的规范标目。当行政管辖区名称作为主题标目时，表示一个地点的名称，而作为名称标目时，则表示覆盖该地点的行政管辖区名称(政府)，这类名称属于团体名称的范畴。两种性质决定了该类名称在书目记录中的用途：当用作团体标目表示行政管辖区时记录在 110、610、710 字段，当用作主题标目表示地理名称时记录在 651/$a 或 650/$z。综上，地理名称即 < D > 具有名称和主题两种性质。

6. CD　**解析**：媒介类型和并列题名不是 RDA 所定义的核心元素，但在 LC-PCC 本地政策声明中确定为本地核心元素。

三、连线题

1. 第二部分	记录个人、家族和团体的属性
第八部分	记录作品、内容表达、载体表现和单件之间的基本关系
第三部分	记录作品和内容表达的属性
第九部分	记录作品、内容表达、载体表现和单件之间的关系
第五部分	记录个人、家族和团体之间的关系

2. 第10章	相关作品
第23章	识别地点
第2章	记录作品主题的一般性规则
第16章	识别载体表现和单件
第25章	识别家族

3. 附录A	作品、内容表达、载体表现和单件之间的关系说明语
附录M	记录描述数据的句法
附录D	个人名称的附加说明
附录J	主题关系说明语
附录F	大写

Day 4
识别编目资源与书目记录的结构

一、填空题(每空 2 分,共 40 分)

1. 由于出版业的迅猛发展,出版物的类型越来越多样化,有时一种资源可同时具有多种资料类型的特征。MARC 21 书目记录的结构即依据资源类型特征通过头标与控制字段的结合使用予以确定,这些控制字段包括______、______和______字段,头标中与记录结构相关的字符位包括______字符位和______字符位,分别表示记录类型和书目级别。
2. MARC 21 依据资源的资料类型共定义了 7 种模式,共有 40 个字符位,其中______及______字符位的数据元素适用于所有资料类型,______字符位则根据不同的资料类型分别定义。
3. 006 字段是______字段的补充,是以代码的形式反映编目文献______特征或______特征的定长数据字段,包含 18 个字符位。其中,006/00 字符位包含与 7 种资料类型对应的 15 种记录类型代码。除连续出版物的代码______之外,其他 14 种代码与 LDR/06 字符位定义的记录类型的代码完全一致。006/01-17 的代码及其含义与 008 字段相应资料类型的 18—34 字符位相同。
4. 郭德纲的相声 CD 盘在记录类型上应选择代码______,008 字段应选择______模式。
5. ISBD 第 0 项是______,该项是 2011 年由 IFLA 出版的______正式版中新增加的著录项目。它的确立标志着在信息资源组织领域统治长达 30 余年之久的用于表示文献类型的专有概念______将退出历史舞台,沿用了半个世纪的“著录八大项”也将被“著录九大项”所取代。RDA 根据 ISBD 关于第 0 项的最新规则,也对 GMD 的处理进行了新的规定,将其拆分为三个数据元素:______、______和______,并分别对应于 RDA 6.9、RDA 3.2 和 RDA 3.3 条款。

二、填写控制字段代码及 336、337、338 字段术语(每题 10 分,共 60 分)

例:在编资源:图书

LDR/06	a
LDR/07	m
008	BK

336 ##$atext$2rdacontent

337 ##$aunmediated$2rdamedia

338 ##$avolume$2rdacarrier

1. 在编资源:不更新的在线书目数据库。

LDR/06	LDR/07
006/00	006/09

007/00	007/01
008	008/23
336	
337	
338	

2. 在编资源:不定期更新的 MARC 格式手册。

LDR/06	LDR/07
008	008/19
008/21	
336	
337	
338	

3. 在编资源:*Journal of Applied Physics*(远程访问的 PDF 电子期刊)。

LDR/06	LDR/07
006/00	006/09
007/00	007/01
008	008/23
336	
337	
338	

4. 在编资源:《南撒哈拉地区沙漠测绘地图》(光盘版)。

LDR/06	LDR/07
006/00	006/09
007/00	007/01
008	008/29
336	
337	
338	

5. 在编资源:贝聿铭建筑艺术图库(不断更新、远程访问)。

LDR/06	LDR/07
006(1)/00	006(1)/09
006(2)/00	006(2)/04
006(2)/06	007(1)/00
007(1)/01	007(2)/00
007/(2)/01	008
008/29	
336	
337	
338	

6. 在编资源:贝多芬经典钢琴曲乐谱集(远程访问)。

LDR/06	LDR/07
006/00	006/09
007/00	007/01
008	008/23
336	
337	
338	

Day 4 答案与解析

一、填空题

1. 006 007 008 06 07
2. 008/00—17 008/35—39 008/18—34
3. 008 次要 附属 s
4. i 音乐
5. 内容形式和媒介类型项 ISBD(统一版) 一般资料标识 内容类型 媒介类型 载体类型

二、填写控制字段代码及 336、337、338 字段术语

1. 在编资源:不更新的在线书目数据库

LDR/06	a	LDR/07	m
006/00	m	006/09	e
007/00	c	007/01	r
008	BK	008/23	s

336 ##$atext$2rdacontent

337 ##$acomputer$2rdamedia

338 ##$aonline resource$2rdacarrier

解析:在编资源为书目数据库,资源的主要内容特征为文本。以内容作为选择记录类型的依据,LDR/06(记录类型)选择代码"a"(文字资料);由于不具备更新性,LDR/07(书目级别)选择代码"m"(专著);008 字段依据 LDR/06—07 代码"am",选择"图书"模式,008/23(载体特征)标注"s"(电子资源)。由于在编资源为电子资源,需启用 006 字段补充记录电子资源的特征,006/00 选择代码"m",表示次要特征是电子资源,006/09 代码"e"表示电子资源类型为"书目数据"。007 字段采用电子资源模式,007/00 因此选择代码"c",007/01 代码"r"表示资源为"远程访问"。相应地,336 字段(内容类型)依据 LDR/06 代码选择术语 *text*(文本),337 字段(媒介类型)根据 007/00"c"选择 *computer*(计算机),338 字段(载体类型)根据 007/00"r"选择 *online resource*(在线资源)。336、337 和 338 的术语均取自 RDA 内容类型、媒介类型和载体类型术语表。

2. 在编资源:不定期更新的 MARC 格式手册

LDR/06	a	LDR/07	i
008	CR	008/19	x
008/21	l		

336 ##$atext$2rdacontent

337 ##$aunmediated$2rdamedia

338 ##$avolume$2rdacarrier

解析:在编资源为不定期更新的 MARC 格式手册,属于印刷型文字资料,资源的主要内容特征为文本。另外,由于该文献为活页出版物,不定期对其内容进行更新,在书目级别方面具有集成性资源的典型特征。因此,LDR/06(记录类型)选择"a"(文字资料),LDR/07(书目级别)选择"i"(集成性资源)。008 字段根据 LDR/06—07 代码"ai"选择"连续性资源"模式,008/19(发行规律)选择代码"x"(不定期),008/21(连续性资源类型)选择代码"l"(不断更新的活页出版物)。336 字段(内容类型)依据 LDR/06 代码"a"选择术语 *text*。由于资源是印刷型,因此 337 字段(媒介类型)选择术语 *unmediated*(无媒介),338 字段(载体类型)选择术语 *volume*(册)。

3. 在编资源:*Journal of Applied Physics*(远程访问的 PDF 电子期刊)

LDR/06	a	LDR/07	s
006/00	m	006/09	d
007/00	c	007/01	r
008	CR	008/23	s

336 ##$atext$2rdacontent

337 ##$acomputer$2rdamedia

338 ##$aonline resource$2rdacarrier

解析:在编资源为印刷型期刊的电子版,资源的主要内容特征为文本,LDR/06 选择"a"(文字资料),由于期刊为连续性资源,LDR/07 选择"s"(连续出版物)。008 字段根据 LDR/06—07 代码"as",选择"连续性资源"模式,008/23(载体类型)标注"s"(电子资源)。由于在编资源为电子资源,需启用 006 字段补充记录电子资源特征,006/00 选择代码"m"(电子资源),006/09 选择代码"d",表示电子资源的类型为文本。007 字段采用电子资源模式,007/00 代码为"c",007/01 代码"r"表示资源类型为"远程访问"。相应地,336 字段(内容类型)选择术语 *text*,337 字段(媒介类型)选择术语 *computer*,338 字段(载体类型)选择术语 *online resource*。

4. 在编资源:《南撒哈拉地区沙漠测绘地图》(光盘版)

LDR/06	e	LDR/07	m
006/00	m	006/09	c
007/00	c	007/01	o
008	MP	008/29	s

336 ##$acartographic image$2rdacontent

337 ##$acomputer$2rdamedia

338 ##$acomputer disc$2rdacarrier

解析:在编资源为光盘版的地图。资源的内容特征为测绘资料,LDR/06 选择"e"(测绘制图资料),LDR/07 书目级别为"m"(专著)。008 字段直接根据 LDR/06 代码"e",选择"地图"模式,008/29(载体类型)标注"s"(电子资源)。006/09 代码"e"表示电子资源类型为"图形显示"。007 字段采用电子资源模式,007/00 代码为"c",007/01 代码"o"表示资源类型为"盒式光盘"。336(内容类型)依据 LDR/06 代码"e"选择术语 *cartographic image*,337(媒介类型)依据 007/00 代码"c"选择术语 *computer*,338(载体类型)依据 007/01 代码"o"选择术语 *computer disc*。

5. 在编资源:贝聿铭建筑艺术图库(不断更新、远程访问)

LDR/06	k	LDR/07	i
006(1)/00	m	006(1)/09	c
006(2)/00	s	006(2)/04	d
006(2)/06	s	007(1)/00	c
007(1)/01	r	007(2)/00	k
007(2)/01	h	008	VM

008/29　　　s

336 ##$astill image$2rdacontent

337 ##$acomputer$2rdamedia

338 ##$aonline resource$2rdacarrier

解析:在编资源为不断更新的、远程访问的图片数据库,资源的主要内容特征为图片,属于二维非放映图像,LDR/06 据此选择代码"k"。由于数据库不断更新,LDR/07 书目级别选择"i"(集成性资源)。008 字段根据 LDR/06 代码"k",选择"可视资源"模式,008/29(载体形态)标注"s"(电子资源)。由于 008 字段仅标识了可视资源的特征,未标识电子资源和集成性资源的特征,因此启用两个 006 字段予以补充。第 1 个 006 字段表示电子资源的特征:006/00 代码"m"(电子资源),006/09 代码"c"表示电子资源类型为"图形显示";第 2 个 006 字段表示集成性资源的特征:006/00 代码"s"(连续性资源),006/04 代码"d"表示连续性资源的类型为"更新型数据库",006/06 代码"s"表示载体类型为"电子资源"。启用两个 007,分别表示电子资源和可视资源的载体特征。第 1 个 007/00 代码"c"表示电子资源模式,007/01 代码"r"表示资源类型为"远程访问"。第 2 个 007/00 代码"k"表示非放映图像模式,007/01 代码"h"表示资源类型为"影印画"。336(内容类型)依据 LDR/06 代码"k"选择术语 *still image*,337(媒介类型)依据第 1 个 007/00 代码"c"选择术语 *computer*,338(载体类型)依据第 1 个 007/01 代码"r"选择术语 *online resource*。

6. 在编资源:贝多芬经典钢琴曲乐谱集(远程访问)

LDR/06	c	LDR/07	m
006/00	m	006/09	z
007/00	c	007/01	r
008	MU	008/23	s

336 ##$anotated music$2rdacontent

337 ##$acomputer$2rdamedia

338 ##$aonline resource$2rdacarrier

解析:在编资源为远程访问的乐谱数据集。资源的主要内容特征为乐谱,LDR/06 选择代码"c"(乐谱),LDR/07 选择"m"(专著)。008 字段根据 LDR/06 代码"c",选择"音乐"模式,008/23(载体类型)标注"s"(电子资源)。006/00 代码"m"(电子资源),006/09 代码"z"表示电子资源类型为"其他",即没有特定的代码指示。007 字段采用电子资源模式,007/00 代码为"c",007/01 代码"r"表示资源类型为"远程访问"。336(内容类型)依据 LDR/06 代码"c"选择术语 *notated music*,337(媒介类型)依据 007/00 代码"c"选择术语 *computer*,338(载体类型)依据 007/01 代码"r"选择术语 *online resource*。

Day 5
多语种记录的编制方法

一、填空题(每空 2 分,共 40 分)

1. 多文种记录是指一条书目记录经过计算机的自动处理,能显示和提供两种文字的书目记录,以便使用不同文种的用户浏览和检索机读目录。此定义可理解为,多文种并非指文献包含多个语种,而是指在书目记录中,数据内容同时包含 MARC 缺省(如拉丁文字)和非缺省(如中、日、阿拉伯)字符集的文字。多文种记录按处理方法可分为______和______两种模式。
2. 原始多文种记录又称简单多文种记录。当编目文献语种与编目语种分属不同的字符集,在______记录编目语种代码,在______字段直接以编目文献所使用的文字予以客观著录。需要客观著录的字段如包括______字段、______字段、______字段等,需要用编目语言著录的字段如包括______字段、______字段、______字段等。
3. 连接字段是音译多文种的主要标志,连接字段和子字段包括______字段和______子字段。而原始多文种记录无须启用连接字段和子字段。
4. 音译多文种记录又称为本国语言和音译模式。在该模式下,书目记录被分成两部分,音译部分称为______部分,原始文字部分称为______部分。两部分通过连接字段和连接子字段相互连接,确保______关系。对于音译多文种记录______字段是必备的,该字段用于指明文献的______。
5. 连接字段后的序号由编目员______,由______位数字组成,不足位的左边用“0”补足。每一记录中每对字段的序号相同,但每对不同字段的序号不能重复。序号仅表示每对字段的匹配关系,不代表在记录中的顺序。如果 880 字段部分没有一般字段与之对应,序号用______表示。

二、不定项选择题(每题 5 分,共 30 分)

1. 在音译多文种记录中,880 字段需要成对出现,并与$6 配合使用。在 880 字段部分,$6 包括(　　)
   A. 连接字段的字段号　　B. 随机分配的序号
   C. 文种识别代码　　D. 字段数据显示为从右至左的标识
2. 文种识别代码是标识字段中按从左至右顺序遇到的第一个文字的代码,其前均冠以斜线(/),$1 标识的文种包括(　　)
   A. 中文　　B. 阿拉伯文　　C. 日文　　D. 朝鲜文
3. 在音译多文种记录中,字段方向代码“r” 在字段数据以从右至左的顺序录入时才需标记至$6 中,下列需要标记代码“r”的文种包括(　　)
   A. 阿拉伯文　　B. 希伯来文　　C. 俄文　　D. 日文

4. 请按如下原始多文种记录的情况选择 066 字段的文种识别代码(　　)

040 ##$a***$beng$c***

100 1#$aRuzhkov, V. I.$q(Viktor Ivanovich)

245 00$a[基里尔文字] =$b[阿拉伯文字] : [基里尔文字] /$c[基里尔文字]

246 31$a[阿拉伯文字]

260 ##$a[基里尔文字] :$b[基里尔文字],$c1988.

300 ##$a536 p. ;$c21 cm.

A. 066 ##$a(B$c(N　　B. 066 ##$a(N$c(B$c(3

C. 066 ##$a(3$c(N$c(B　　D. 066 ##$a(N$c(3

5. 下列关于 066 字段的说法正确的是(　　)

A. 066 字段在 MARC 21 中定义为"字符集表示"

B. 066 字段的作用是在编目多文种记录时,用于指明书目记录所包含的 MARC 非缺省字符集

C. 066 字段与 LDR/09 字符位(字符编码系统)相关,该字符位有两个可选值"#"和"a"

D. $a 和$b 为可选用子字段,$c 为 066 字段的必备子字段,表示交替 G0 或 G1 字符集,即与书目记录中基本字符集($a 或$b)交替使用的字符集代码

6. 书目记录如下所示:

040 ##$aNII$bjpn$cNII$dCcBjTSG

066 ##a1$c(B

245 00$a 日本精神保健福祉士協会 50 年史 = $b50 years' history of Japanese Association of Psychiatric Social Workers /$c 日本精神保健福祉士協会 50 年史編集委員会編.

下列关于该书目记录说法正确的是(　　)

A. 资源并列题名为英文

B. 书目信息中包含三个不同字符集的文字

C. 由于基本字符集的文字不属于 MARC 非缺省字符集,因此需要在 066$a 记录该字符集的语种识别代码

D. 与基本字符集交替的字符集为基本拉丁文字符集

三、实践题(每空 2 分,共 30 分)

请根据示意图中提供的信息对书目记录进行补充。

1.《北京水资源可持续利用国际研讨会论文集》

题名页示意图

> **北京水资源可持续利用**
> **国际研讨会**
> **论文集**
>
> ---
>
> Papers of Beijing conference on
> sustainable water management
>
> **北京市水务局 编**
>
> 中国水利水电出版社
> www.waterpub.com.cn

版权页示意图

> …… 本书可供水务行业及相关领域的工作者阅读参考
>
> **图书在版编目（CIP）数据**
> 北京水资源可持续利用国际研讨会论文集=Papers of Beijing conference on sustainable water management/北京市水务局编.--北京：中国水利水电出版社，2007
> ISBN 978-7-5084-5067-4
> ………

书名	**北京水资源可持续利用国际研讨会论文集** **Papers of Beijing conference on sustainable water management**
作者	北京市水务局 编
出版发行	中国水利水电出版社（北京市 XXXX）
排版	中国水利水电出版社微机排版中心
版次	2007 年 11 月第 1 版
定价	86.00 元

版权所有 侵权必究

请补充下列书目记录：

LDR ^^^^^cam^^22004337i^4500

008 100913s2007^^^^cc^a^^^^^b^^^^000^0^chi^d

020 ##$a9787508450674

040 ##$aCcBjTSG$beng$cCcBjTSG$erda

041 0#$achi$feng

043 ##$aa-cc-pe

066 ##____________

245 00 ____/$cBeijing Shi shui wu ju bian.

246 31$aPapers of Beijing conference on sustainable water management

250 ##$6880-02$aDi 1 ban.

264 #1$6880-03$aBeijing Shi : ____,$c2007.

300 ##$a[12], 497 pages :$billustrations ;$c26 cm

336 ##$atext$2rdacontent

337 ##$aunmediated$2rdamedia

338 ##$avolume$2rdacarrier

504 ##$aIncludes bibliographical references.

546 ##$a ____

710 ____

880 00$6245-01/$1$a ____

880 ##$6250-02/$1$a 第 1 版.

880 #1$6264-03/$1$a 北京市 :$b 中国水利水电出版社,$c2007.

880 1#$6710-04/$1$a 北京 (China) .$b 水务局.

2.《交会对接》

题名页示意图

《航天动力学研究》丛书

交会对接

Rendezvous and docking

航天飞行动力学技术重点实验室 编著

國防工業出版社

北京

版权页示意图

图书在版编目（CIP）数据

交会对接/航天飞行动力学技术重点实验室编著. ——北京：国防工业出版社. 2012.4

(航天动力学研究丛书)

ISBN 978-7-118-08033-9

………

国防工业出版社出版发行

(北京市海淀区紫竹院南路 23 号 邮政编码 100048)

……

2012 年 4 月第 1 版第 1 次印刷　定价 40.00 元

请补充下列书目记录：

LDR　　^^^^^cam^^2200469^i^4500

008　　121120s2012^^^^cc^a^^^^^b^^^^000^0^chi^^

020 ##$a9787118080339

020 ##$a7118080330

040 ##$aCcBjTSG$beng$cCcBjTSG$erda

041 0#$achi$aeng$beng$feng

066 ##c1

245 00$6880-02$aJiao hui dui jie =$bRendezvous and docking /$cHang tian fei xing dong li xue ji shu zhong dian shi yan shi bian zhu.

246 ____

250 ##$6880-03$aDi 1 ban.

264 #1$6880-04$aBeijing Shi :$bGuo fang gong ye chu ban she,$c2012.

300 ##$aviii, 132 pages :$billustrations ;$c29 cm.

336 ##$atext$2rdacontent

337 ##$aunmediated$2rdamedia

338 ##$avolume$2rdacarrier

490 0#______________________________

546 ##$aOne article in English, abstract and table of contents also in English.

504 ##$aIncludes bibliographical references.

650 #0$aOrbital rendezvous (Space flight)

650 #0$aSpace vehicles$xDocking.

710 2#$6880-09$aHang tian fei xing dong li xue ji shu zhong dian shi yan shi.

880 00______________________________

880 ##$6250-03/$1$a 第 1 版.

880 #1______________________________

880 0#$6490-05/$1$a 航天动力学研究丛书

880 2#$6710-09/$1$a 航天飞行动力学技术重点实验室.

856 41$3Table of contents only$uhttp://www.loc.gov/catdir/toc/fy13pdf03/2012412958.html

3.《地名里的老北京》

封面示意图

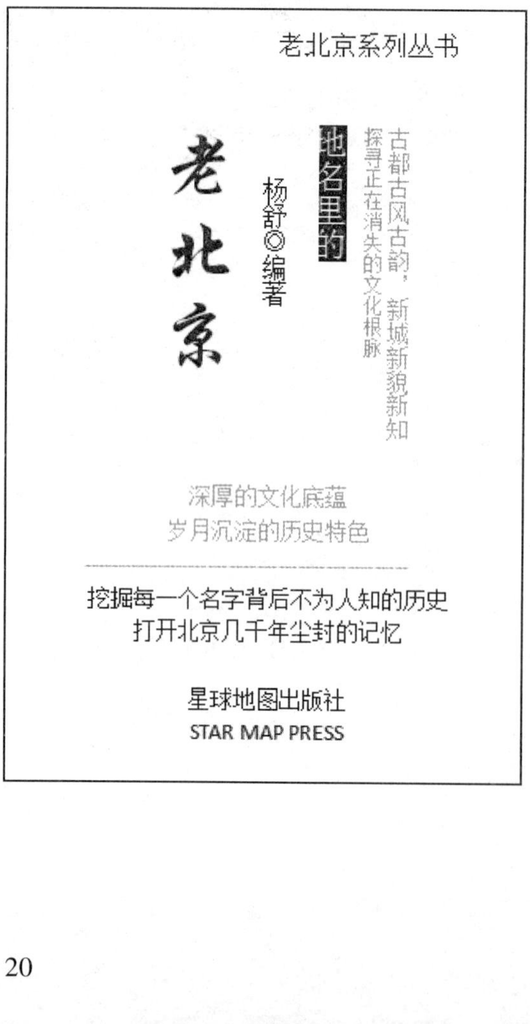

题名页示意图

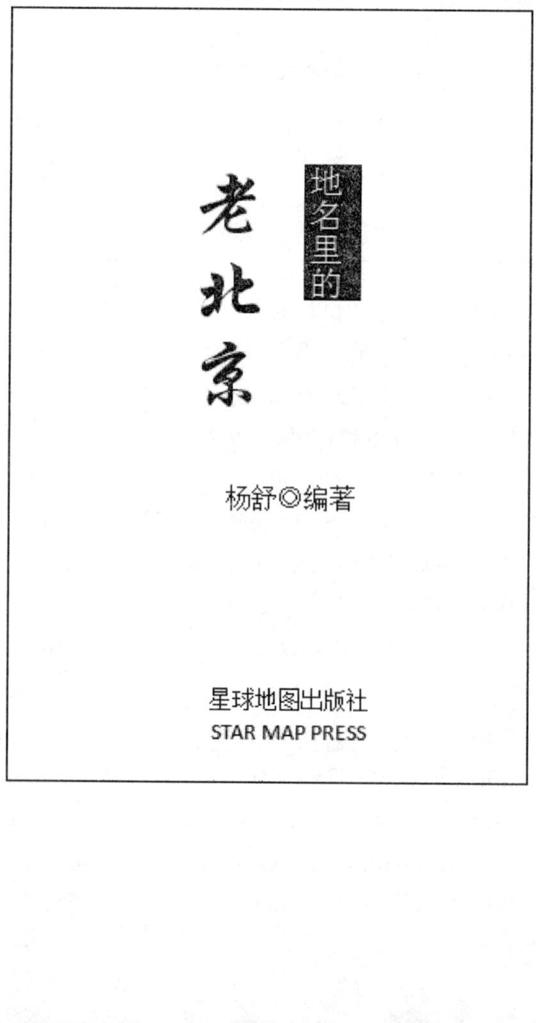

版权页示意图

图书在版编目（CIP）数据
地名里的老北京 / 杨舒编著. ——北京：星球地图出版社. 2013.1
(老北京系列丛书)
ISBN　978-7-5471-1092-8
…………

地名里的老北京

作　　者 杨舒
责任编辑 江莹莹
……
出版发行星球地图出版社
地址邮编 北京北三环中路 69 号 100088
网址
……
版次印次 2013 年 1 月第 1 版 2013 年 1 月第一次印刷
定价 27.00 元

请补充下列书目记录：

LDR　　^^^^^cam^^2200445^i^4500

008　　130712s2013^^^^cc^abcf^^b^^^^000^0^chi^d

020 ## ________________________________

040 ##$aCcBjTSG$beng$cCcBjTSG$erda

043 ##$a ____________

066 ##c1

100 1#$6880-01$aYang, Shu.

245 10$6880-02$aDi ming li de lao Beijing /$cYang Shu bian zhu.

264 #1 ________________________________

300 ##$a2, 2, 201 pages, [1] leaf of plates :$billustrations, maps, portraits, facsimiles ;$c24 cm.

336 ##$atext$2rdacontent

337 ##$aunmediated$2rdamedia

338 ##$avolume$2rdacarrier

490 ________________________________

504 ##$aIncludes bibliographical references (p. 201).

830 #0$6880-06$aLao Beijing xi lie cong shu.

880 1#$6100-01/$1$a 杨舒.

880 10 ________________________________

880 #1$6264-04/$1$a 北京 :$b 星球地图出版社,$c2013.

880 1#$6490-05/$1$a 老北京系列丛书

880 #0$6830-06/$1$a 老北京系列丛书.

Day 5 答案与解析

一、填空题

1. 原始多文种记录　音译多文种记录
2. 040/$b　转录　245　264　490　300　5XX　700
3. 880　$6
4. 一般字段　880 字段　对应　066　语种识别代码
5. 任意分配　两　00

二、不定项选择题

1. ABCD　**解析**:在 880 字段部分,$6 的结构为:$6[连接字段的字段号]-[序号]/[文种识别代码]/[字段方向从右至左标识]。
2. ACD　**解析**:常用代码有以下 6 种:“(3”为阿拉伯文;“(B”为拉丁文;“$1”为中文、日文、朝文;“(N”为基里尔文;“(S”为希腊文;“(2”为希伯来文。
3. AB
4. B　**解析**:在编资源为基里尔文,书目记录中的基本字符集为基里尔文,不属于 MARC 缺省的字符集,因此需要在$a 记录该字符集代码“(N”。书目记录中还包括两种其他语言,编目语言是英语,并列题名是阿拉伯语,因此$c 记录与基本字符集交替使用的字符集代码,“(B”表示拉丁文,“(3”表示阿拉伯文。
5. ABCD
6. ACD　**解析**:<B>:书目信息中包含两个字符集的文字,即日文和英文。

三、实践题

1.《北京水资源可持续利用国际研讨会论文集》

066 ##c1

245 00$6880-01$aBeijing shui zi yuan ke chi xu li yong guo ji yan tao hui lun wen ji =$bPapers of Beijing conference on sustainable water management

264 #1$bZhongguo shui li shui dian chu ban she

546 ##$aTable of contents also in English.

710 1#$6880-04$aBeijing (China) .$bShui wu ju.

880 00$a 北京水资源可持续利用国际研讨会论文集 =$bPapers of Beijing conference on sustainable water management /$c 北京市水务局编.

解析:LDR/18 字符位代码为“i”,表示该记录为 RDA 记录。在编资源为中文图书,编目语言是英语,书目记录中包含拉丁和非拉丁的文字,需采用音译多文种记录的编制方法。066$c 代码“$1”表示交替字符集为中文。记录中分别对 4 个字段进行了连接,分别是 245 字段、250 字段、264 字段以及 710 字段,各字段分配的序号为 01、02、03、04,序号只是表示匹配关系,不表示依次顺序。记录分为一般字段部分和 880 字段部分,880 字段部分用$6 进行连接。

2.《交会对接》

246 31$aRendezvous and docking

490 0#$6880-05$aHang tian dong li xue yan jiu cong shu

880 00$6245-02/$1$a 交会对接 =$bRendezvous and docking /$c 航天飞行动力学技术重点实验室编著.

880 #1$6264-04/$1$a 北京市:$b 国防工业出版社,$c2012.

3.《地名里的老北京》

020 ##$a9787547110928

043 ##$aa-cc-pe

264 #1$6880-04$aBeijing :$bXing qiu di tu chu ban she,$c2013.

490 1#$6880-05$aLao Beijing xi lie cong shu

880 10$6245-02/$1$a 地名里的老北京/$c 杨舒编著.

Day 6
何时建立新记录

一、不定项选择题(每题 5 分,共 50 分)

1. 以下哪些资源属于多部分专著(　　)
   A. 一套发行的四盒卡式录音带　　B. Lua 游戏开发实践指南(附光盘)
   C. 一部两卷本的词典　　D. 读者文摘 2014 年 1—5 期
2. "创建新著录"需要考虑的因素包括(　　)
   A. 属于需要创建新著录的资源类型范畴　　B. 后续卷期发生变化以及变化的程度
   C. 编目成本　　D. 是否已存在先前卷期或部分的书目记录
3. (　　)发生变化时,多部分专著、连续出版物、集成性资源三种资源都需要创建新著录
   A. 版本说明　　B. 发行方式　　C. 媒介类型　　D. 重新确定基础
4. 下列 RDA 条款涉及"创建新著录"问题的包括(　　)
   A. RDA 1.6　　B. RDA 2.3.2.13　　C. RDA 6.1.3　　D. RDA 2.8.1.5
5. 下列对于集成性资源描述正确的是(　　)
   A. 集成性资源往往以更新之前的整体作为描述依据
   B. 当为不断更新的活页出版物发行了一套新的基础卷时,需为其创建一种新著录
   C. 持续更新的网站和活页出版物都属于有形的集成性资源
   D. 当版本说明指示集成性资源覆盖范围发生显著变化时须创建一个新著录
6. 对于多部分专著,下列(　　)元素发生变化时,无需创建新著录
   A. 正题名　　B. 分卷责任说明　　C. 发行方式　　D. 出版说明
7. 下列属于连续出版物正题名的次要变化的是(　　)
   A. 题名中的阿拉伯数字变为罗马数字
   B. 题名中的团体名称有变化,并指示形成了新的团体
   C. 多种语言的题名顺序有差异
   D. 题名中的第 3 个词被改变
8. 下列属于连续出版物正题名的主要变化需要创建新著录的是(　　)
   A. *Annual report of the Secretary of Transportation on hazardous materials control* 变为 *Annual report on hazardous materials transportation*
   B. *Annual report to Congress on the Section* 312 *rehabilitation loan program* 变为 *Annual report to Congress on the Section three hundred twelve rehabilitation loan program*
   C. *AE annual report* 变为 *Adult education annual report*
   D. *The American quarterly register* 变为 *Quarterly journal of the American Education Society* (1843)
9. RDA 规定,"连续出版物责任发生变化,以至于连续出版物作为作品的识别也发生变化

时,需要创建一种新著录",对于该条款理解正确的是(　　)

A. 所谓影响了作品的识别是指连续出版物作为作品的规范检索点发生了变化

B. 个人和家族对连续出版物负有责任的情况比较常见

C. 连续出版物作品的规范检索点是由对其负责的实体组合首选题名而构建

D. 如果连续出版物属于以团体作为创作者的范畴,则团体名称发生变化将影响作品的识别

E. RDA 中有关团体作为作品创作者的条款号为 RDA 19.2.1.1.2

10. 关于团体名称变更说法正确的是(　　)

A. 团体名称变化不视为产生了新团体

B. 在编目实践汇总,团体名称变化后需要为其创建一条新的规范记录

C. 团体新旧名称均为规范形式,并互为相关参照

D. 在相关参照 510 字段中,$w 第 0 字符位的代码两个团体名称规范形式之间的特定关系,"a"代表后期形式,"b"代表早期形式

二、判断题(正确请填写"T",错误请填写"F";每题 2 分,共 20 分)

1. 连续出版物媒介类型发生变化需要创建新著录,不同媒介类型的书目记录中用 775 字段建立互相的连接。(　　)
2. 连续出版物正题名发生主要变化需要创建新著录,新旧两条书目记录中用 780 和 785 字段建立系统内的连接。(　　)
3. 多部分专著各分卷的责任说明发生变化无须创建新著录,但一定要为各分卷的责任者添加 7XX 规范检索点。(　　)
4. 多部分专著的正题名发生变化无须创建新著录,可将变化后的正题名作为变异题名记录。(　　)
5. 多部分专著后续卷期的出版说明发生变化,可记录于 5XX 字段,变化较多时,需逐一记录。(　　)
6. ICP 明确规定:"一般而言,应为每一载体表现创建一条独立的书目著录。"因此,我们可以这样理解,如果是载体表现以上的实体发生本质性的变化,则需要为资源创建新著录,即变化产生了新作品、新内容表达或者新载体表现。(　　)
7. 连续出版物媒介类型发生变化需创建新著录,在新记录中,作品的规范检索点需用媒介类型的术语进行区分,例如 *online*。(　　)
8. 题名为 *Organizational behavior teaching review* 的连续出版物从 1991 年开始发行,其创作者为 *Organizational Behavior Teaching Society*。自 2012 年起,团体名称变更为 *OBTS Teaching Society for Management Educators*。上述这种情况不需要创建新著录。(　　)
9. 集成性资源上出现诸如 *This book replaces all previous editions of* …等提示信息,表明该资源已经整合之前的更新重新出版。上述情况不需要创建新著录。(　　)
10. 对于集成性资源,经常需要在 588 字段说明著录依据,即编制记录时所参考的卷期,如果是网络资源,该信息一般为浏览网页的时间。(　　)

三、实践题(每题 2 分,共 30 分)

请根据下面示意图中的资源描述,判断是否需要建立新著录,并根据所做出的判断描述

信息补充书目记录。

1.

Titel page of Volume 1
Some eminent Indian mathematicians of the twentieth century Volume1 edited with introductions by J. N. Kapur Mathematical Sciences Trust Society 1985

Titel page of Volume5
Eminent Indian mathematicians of the twentieth century Volume 5 edited by J. N. Kapur Mathematical Sciences Trust Society 1993

Volume 5 是否需要创建新著录:(　　)

245 00$a ______________________________

246 1#______________________________

264 #1$aNew Delhi :$bMathematical Sciences Trust Society,$c ______

300 ##$a ____________________ ;$c23-25 cm

500 ##$aBiographical sketches.

700 1#______________________________

2.

Titel page of Volume 1
Northumberland County Pennsylvania marriage records No. 1 Marriage license docket no. 1-2, 1885-1887 compiled by John P. Deeben Closson Press 2012

Titel page of Volume 2

Northumberland County Pennsylvania marriage records

Bridegrooms & Brides

No. 2

Marriage license docket no. 3, 1887-1888

compiled by John P. Deeben

Closson Press

2013

Volume 2 是否需要创建新著录:(　　)

020 ##$a9781558565708$qvolume 1

020 ##$a9781558565739$qvolume 2

100 1#$aDeeben, John Paul.

245 10$a ____________________

246 1# ____________________

264 #1$aApollo, Pennsylvania :$bClosson Press,$c2012-2013.

505 1#$a ____________________

3.

Title page

Loose leaf book

Valuation strategies in divorce

Robert D. Feder, Charles T. Rosoff, Aleza Tadri Friedman

Compiled fourth edition

New York

Wolter Kluwer Law & Business

2013

Replaces all prior editions of Valuation Strategies in Divorce (including the 4th Edition)

本资源是否需要创建新著录:(　　)

245 00$aValuation strategies in divorce /$c[edited by] Robert D. Feder, Charles T. Rosoff, Aleza Tadri Friedman.

250 ##$a ____________________

264 31$aNew York :$bWolter Kluwer Law & Business,$c2013-

300 ##$a ____________________;$c26 cm

500 ##$aIncludes index.

500 ##$a ____________________

588 ##$a ____________________; title from title page.

700 1#$aFeder, Robert D. ,$eeditor of compilation.

700 1#$aRosoff, Charles T. ,$eeditor of compilation.

700 1#$aFriedman, Aleza Tadri. ,$eeditor of compilation.

Day 6 答案与解析

一、不定项选择题

1. AC **解析**:<B>属于“作为独立单元发行的资源”。<D>属于“连续出版物”。

2. ABD **解析**:是否需要建立新著录,需要考虑三方面的因素:首先,RDA 将资源按发行方式分为作为独立单元发行的资源、多部分专著、连续出版物和集成性资源,只有后三种类型涉及需要建立新著录的问题;其次,只有在资源后续卷期或部分发生变化的情况下才涉及是否建立新著录的问题,同时需要考虑变化的程度;第三,判断是否需要创建新著录的前提还包括数据库中是否已经存在该资源的书目记录。

3. BC **解析**:多部分专著需要创建新著录的情况有两种:发行方式变化和媒介类型变化。连续出版物需要创建新著录的情况有五种:发行方式变化、媒介类型变化、题名发生主要变化、责任发生变化以至影响作品识别、版本说明发生变化导致连续出版物范围出现显著变化。集成性资源需要创建新著录的情况有四种:发行方式变化、媒介类型变化、重新确定基础卷、版本说明指示资源所覆盖的范围发生了显著变化。取三者交集,本题答案应为两种,即发行方式和媒介类型发生变化。

4. ABC **解析**:RDA 涉及“是否创建新著录”的条款主要包括三个:RDA 1.6 为“需要一种新著录的变化”;RDA 2.3.2.12 为“记录正题名的变化”;RDA 6.1.3 为“影响作品识别的变化”。RDA 2.8.1.5 为“记录出版说明的变化”,出版说明发生变化时,不需要考虑为资源创建新著录。

5. BD **解析**:<A>:集成性资源往往以更新之“后”的整体作为描述依据。<C>:活页出版物属于“有形”的集成性资源,而持续更新的网站属于“无形”的集成性资源。

6. ABD **解析**:参见不定项选择题第 3 题解析。

7. AC **解析**:连续出版物题名的次要变化大多是冠词、介词、连词等虚词以及标点符号的增加、删除、变更,或是词语的表达方式略有差异,具体可参见 RDA 2.3.2.13.2(连续出版物正题名的次要变化)。<B>和<D>均为连续出版物正题名的主要变化,具体可参见 RDA 2.3.2.13.1。

8. AD **解析**:<A>:题名中的团体名称被取消,属于连续出版物正题名的主要变化。<D>:题名前五个词及顺序均发生变化,也属于连续出版物正题名的主要变化,故二者需要创建新著录。<B>和<C>均为词的表现形式有差异,属于次要变化,无须创建新著录。

9. ACD **解析**:<B>:个人和家族对连续出版物负有责任的情况“较少”,而团体是连续出版物的创作者的情况比较常见。<E>:RDA 中有关团体作为作品创作者的条款号应为“19.2.1.1.1”。

10. BC **解析**:<A>:团体名称变化应视为产生了新团体。<D>:在相关参照 510 字段中,$w 第 0 字符位的代码表示两个团体名称规范形式之间的特定关系:“a”代表早期形式,“b”代表后期形式。

二、判断题

1. F **解析**:不同媒介类型的书目记录中应使用 776 字段建立互相的连接,而 775 字段记录的是与目标文献相同载体类型的不同版本的信息。

2. T **解析**:新书目记录中使用 780 字段“先前款目”,记录更名前出版物的信息,旧书目记录中使用 785 字段“后续款目”,记录更名后出版物的信息。

3. F **解析**:对于多部分专著,只有当变化后的责任者对识别资源重要时,才应添加 7XX 附加检索点,而不是一定要为各分卷的责任者都添加。

4. T

5. F　**解析**：根据 RDA 2.8.1.5，当多部分专著的出版说明发生变化时，如果对识别或检索重要，可为该变化编制附注，但同时交替规则规定如果变化较多，则编制一个一般性附注即可。

6. T

7. T　**解析**：媒介类型变化属于产生了新的内容表达，根据 RDA 6.27.3，在构建代表作品的一个特定内容表达的规范检索点时，应附加以指示内容类型的术语、内容表达的日期、指示内容表达语言的术语和/或指示内容表达的其他区别特征的术语。

8. F　**解析**：作品的规范检索点由创作者的规范检索点组合作品的首选题名构建，当创作者为团体，而团体名称发生变化时，则表明创作者的规范检索点发生变化，从而使作品的规范检索点也发生变化，即影响了作品的识别。对于连续出版物，责任变化以至影响了作品识别属于需要创建新著录的情况。

9. F　**解析**：题中出现的提示信息指示集成性资源覆盖的范围发生了显著变化，属于集成性资源创建新著录的情况，此时，需要为新出版的基础卷编制新的书目记录。

10. T

三、实践题

1. 不需要。

245 00$aSome eminent Indian mathematicians of the twentieth century /$cedited by J. N. Kapur.

246 1#$iVolume 5 hastitle:$aEminent Indian mathematicians of the twentieth century

264 #1$c1985- <1993 >

300 ##$avolumes <1-5 >

700 1#$aKapur, Jagat Narain,$d1923-$eeditor.

解析：该资源属于多部分专著，从 1989 年开始发行，至 1993 年共出版了 5 卷，仍未发行完毕。其中，前 4 卷的正题名未发生变化，到第 5 卷出版时正题名变为 *Eminent Indian mathematicians of the twentieth century*，对于多部分专著，题名发生变化无需创建新著录。245 字段记录的仍为第 1 卷的正题名，为了说明变化，在 246 字段将变化后的正题名作为变异题名予以记录，$i 为附注导语。虽然不需要创建新著录，但需在书目记录中补充第 5 卷的信息，即修改 300$a 数量元素，记录已到馆的卷期标识，并置于尖括号内表明尚未到全。

2. 不需要。

245 10$aNorthumberland County Pennsylvania marriage records/$ccompiled by John P. Deeben.

246 1#$iVolume 2 has title proper:$aNorthumberland County Pennsylvania marriage records :$bBridegrooms & Brides

505 1#$av. 1. Marriage license docket nos. 1-2, 1885-1887 -- v. 2. Marriage license docket no. 3, 1887-1888.

解析：该资源属于多部分专著，从 2012 年开始发行，次年在正题名之后添加了其他题名信息 *Bridegrooms & Brides*，对于多部分专著，题名发生变化无须创建新著录。245 字段记录的仍为第 1 卷的题名信息，为了说明变化，将添加的其他题名信息记录在了 246$b 子字段作为变异题名予以记录。

3. 需要。

250 ##$aCompiled fourth edition.

300 ##$avolumes (loose-leaf)

500 ##$a"Replaces all prior editions of Valuation Strategies in Divorce (including the 4th Edition)."

588 ##$aDescription based on: 2013; title from title page.

解析：该资源属于有形的集成性资源——活页出版物，题名页上出现的 *Replaces all prior editions of Valuation Strategies in Divorce (including the 4th Edition)* 信息表明该资源已经整合之前的更新重新出版，基础卷变化需要创建新著录。250 字段记录资源的版本说明。根据 RDA 3.4.5.19，对于不断更新的活页出版物，在记录资源的数量时，应记录册数，其后随以 *loose-leaf*，并置于圆括号内。信息源上关于基础卷的变化信息对识别资源重要，因此需提供附注予以说明。根据 RDA 1.10.3，在引号内记录从资源或其他来源获取的引语，其后随以引语的来源，除非该来源是识别资源的首选信息源。本题附注引语取自题名页，是首选信息源，故无须提供来源。

Day 7
信息源的选取

一、填空题(每空 2 分,共 20 分)

1. 与 AACR2 相比,RDA 扩大了信息源的选取范围,用首选信息源代替了______。
2. 在 RDA 编目实践中,确定首选信息源应结合______和______。
3. 对于以多部分发行的资源,例如,连续出版物、______,如果各部分顺序编号,选择编号______的卷期或部分作为首选信息源;如果未编号或非顺序编号,则选择具有______发行日期的卷期或部分作为首选信息源。
4. 对于集成性资源,选择可识别______的信息源。
5. 由一个或多个页、叶、张或卡片(或图像)组成的资源,首选信息源的选取顺序如下:
 (1)______
 (2)______
 (3)______
 (4)载有题名的刊头(或其图像)
 (5)载有题名的书末出版说明(或其图像)
 (6)资源内载有题名的另一来源

二、不定项选择题(每题 5 分,共 50 分)

1. 下列哪些资源属于"由一个或多个页、叶、张或卡片(或图像)组成的资源"( )
 A. 图书 B. 地图 C. 缩微复制品 D. 照片的 JPEG 图像
2. 下列哪些资源属于"由动态图像组成的资源"( )
 A. DVD 视盘 B. PDF 文档 C. 期刊 D. 视频游戏
3. 下列正题名选择正确的是( )
 A.《百年孤独》英译本题名页上只出现了西班牙语题名,但在封面出现了 *One hundred years of solitude*,则选择封面题名为正题名
 B."编目员之家"博客网站在最后一次更新后,更名为"编目员俱乐部",则选取后者为正题名
 C. 多部分专著 *Advances in Artificial Intelligence* 在出版至第 6 卷后,从第 7 卷开始更名为 *Advances in Artificial Intelligence and Robotics*,则选择后者为正题名
 D. 不知名摄影师拍摄的著名雕塑"思考者"的照片,以"思考者"作为正题名,同时添加方括号
4. 下列各项可以作为并列正题名记录在 245 字段的包括( )
 A.《红楼梦》德文版题名页上出现的"红楼梦"字样
 B.《小王子》英译版书脊上出现的 *Le Petit Prince*

C.《美妙的新世界》中文版译者前言中提到了其原名为 *Brave New World*

D. 维基百科上提到 *The Great Gatsby* 在台湾译作“大亨小传”

5. 下列各项可以作为其他题名信息记录在 245 字段的包括(　　)

A. 图书 *Ancient Greece* 封面的 *From Prehistoric to Hellenistic Times* 字样，但在题名页未出现

B. 图书 *Le Procès verbal* 题名页的 *un roman* 字样

C. 维基百科首页的 *The Free Encyclopedia* 字样

D. PDF 文件 *Mission stratégiqueetéconomique* 每一页顶端的 *Rapport du Gouvernement* 2013 字样

6. 下列哪种情况需要添加方括号(　　)

A. 一份残缺的名家手稿，其题名根据维基百科确定

B. 一份学术期刊发行第一期的题名

C. 一张照片背面所附的拍摄者说明

D. 编目员为一支电视广告拟定的题名

7. 下列各项作为第一首选信息源的包括(　　)

A. 收齐三卷本图书中第二卷的题名页

B. 网站在编目当日的首页

C. 收藏家存放莎士比亚对开本《罗密欧与朱丽叶》的盒子

D. DVD 光盘盒

8. 下列各项不可以作为首选信息源的是(　　)

A. 数据库制作成 DVD 发行所附的小册子

B. 一本图书的封底内页，载有题名、责任信息和出版信息

C. 远程访问数据库的首页

D. 装有 30 张单张地图的文件袋

9. 下列首选信息源选择正确的是(　　)

A.《少年维特之烦恼》的英文译本有德语和英语两个信息源，内容包含德语原文，选择英语为首选信息源

B. 一部国际会议纪要，包含英德法日四种语言的题名和责任信息，其中法文论文占多数，但英文题名列于题名页之首，则选取英文为首选信息源

C. 一部中文配音、中文字幕的《乱世佳人》电影 DVD，题名屏显示的名称为中文，DVD 光盘盒上有英文题名 *Gone with the wind*，以光盘盒为首选信息源

D. 一部活页印刷的法律著作，最新更新将整体题名更改，但仍以母本题名页作为首选信息源

10. 下列首选信息源选择正确的是(　　)

A. 中英对照的《红与黑》，有中文和英文两个信息源，以中文信息源为首选信息源

B. 仅能获得期刊 *Les temps modernes* 第 4 至 10 期，则以第 4 期题名页上的信息作为首选信息源

C. 活页本 *Propriétélittéraireetaristique* 最后一次更新的题名页

D. 活页本 *Betriebsrentengesetz* 更新前母体的题名页

三、实践题(每题 6 分，共 30 分)

根据信息源记录书目记录的 245 字段。

1. 某一专著(重印本)的题名页。

题名页1

An Introduction to the Critical Study and Knowledge of the Holy Scriptures

Volume 4:
An Introduction to the Textual Criticism, Etc. of the New Testament

Thomas Hartwell Horne
Samuel Davidson
Samuel Prideaux Tregelles

CAMBRIDGE
UNIVERSITY PRESS

题名页2

An
Introduction
to the
Critical Study and Knowledge
of the
Holy Scriptures

BY
THE REV. THOMAS HARTWELL HORNE, B.D.,
OF SAINT JOHN'S COLLEGE, CAMBRIDGE

Edited by
THE REV. THOMAS HARTWELL HORNE, B.D.

THE REV. SAMUEL DAVIDSON, D.D.

AND

SAMUEL PRIDEAUX TREGELLES, LL.D.

Volume 4:
An Introduction to the Textual Criticism, Etc. of the New Testament

LONDON:
LONGMAN, BROWN, GREEN, LONGMANS, & ROBERTS.
MD CCCLVI.

2. 某一专著的题名页和封面。

题名页示意图

ADAPTIVE SIGNAL PROCESS IN WIRELESS COMMUNICATIONS

CRC PRESS
Boca Raton London New York

封面示意图

ADAPTIVE SIGNAL PROCESS IN WIRELESS COMMUNICATIONS

Edited by
Mohamed Ibnkahla

CRC PRESS
Boca Raton London New York

3. 一份 PDF 文件首页和题名页图像。

首页图像题名页图像

Guide Investir
en Algérie - 2014
(Mise à jour à janvier 2014)

Depot legal : 1166-2014
ISBN : 978-9947-807-21-7

4. 某一 DVD 光盘标签和所附盒子示意图。

光盘标签示意图

所附盒子示意图

THE GREATEST STORY EVER TOLD

OPEN YOUR IMAGINATION

DISC 2.

Special features

5. 某一网站的主页。

Day 7 答案与解析

一、填空题

1. 主要信息源　**解析**:AACR2 以“主要信息源”来指称对资源进行描述时,选择信息的出处。不同类型的资源对主要信息源的规定不同。根据 RDA 2.2,使用“首选信息源”这一术语,并针对不同资源类型,规定了首选信息源的选取顺序。当某资源不存在位于前列的信息源时,则选择后续的信息源,因此扩大了信息源的选择范围。
2. 著录类型　资源呈现格式　**解析**:RDA 将著录类型分为综合著录、分析著录和分级著录,不同的著录类型对于首选信息源的选择不同。对于资源的呈现格式,RDA 则将其分为“由一个或多个页、叶、张或卡片(或一个或多个页、叶、张或卡片的图像)组成的资源”“由动态图像组成的资源”和“其他资源”三种类型。类型不同,首选信息源的选取方法也不同。因此确定首选信息源应结合这两方面综合考虑。
3. 多部分专著　最小　最早
4. 当前更新后的整体　**解析**:集成性资源是指以更新的方式进行增补或更改的资源,更新部分与整体不是分离而是融为一体的。在对集成性资源进行描述时,应选取能够识别其最近更新后整体的信息源作为首选信息源。
5. 题名页、题名张或题名卡片(或其图像)　载有题名的封面(或其图像)　载有题名的文首(或其图像)

二、不定项选择题

1. ABCD　**解析**:根据 RDA 2.2.2.2,图书和地图属于“由一个或多个页、叶、张或卡片组成的资源”;微缩复制品和照片的 JPEG 图像属于“由一个或多个页、叶、张或卡片的图像组成的资源”。
2. AD　**解析**:根据 RDA 2.2.2.3,DVD 视盘和视频游戏属于“由动态图像组成的资源”;而 PDF 文档则属于“由一个或多个页、叶、张或卡片的图像组成的资源”,期刊属于“由一个或多个页、叶、张或卡片组成的资源”。
3. B　**解析**:根据 RDA 2.1 和 2.2,选取正题名时,应同时根据著录类型和资源呈现格式选择首选信息源。<A>:《百年孤独》为独立发行的专著,不涉及著录类型的问题,仅考虑资源呈现格式。专著的首选信息源为题名页，只有当题名页不存在时，才依次将封面、文首、刊头和书末出版说明作为首选信息源。选项中存在题名页，应以题名页为首选信息源。<B>：博客网站属于集成性资源的一种，应选取识别当前更新后整体的信息源为首选信息源，因此选择更新后的新名称为正题名。<C>：多部分专著应选取最小或最早卷期作为识别资源整体的依据，因此在后续卷期更名后，仍应选择第一期的首选信息源作为正题名的来源。<D>：照片不是书目资源，不具有识别信息，因此信息必然取自资源之外。对于这种类型的资源，应省略指示信息取自资源本身之外来源的附注或其他方式（即方括号）。此类型资源还包括雕塑、自然物体等。综上所述，只有<B>正确。

4. ABC　**解析**：根据 RDA 2.3.3.2，RDA 扩大了并列题名的信息源，对其来源的规定是“取自资源内的任何来源”。因此，<A><B><C>的来源都属于资源之内，而<D>维基百科属于资源外，不应该选作并列题名。因此<A><B><C>正确。

5. BC　**解析**：根据 RDA 2.3.4.2，其他题名信息取自与正题名相同的来源。<A>：其他题名信息取自封面，不符合条件。<D>：题干属于逐页题名，不是其他题名信息。<B>和<C>的信息均取自与正题名相同的来源。

6. AD　**解析**：根据 RDA 2.2.4，当信息取自资源本身之外，则应用附注或其他方式（如方括号）进行说明，但照片等没有识别信息的资源类型除外。据此，<A><C><D>中的信息来源都属于资源本身之外，但<C>中的照片属于没有识别信息的资源类型。故只有<A>和<D>应加注方括号进行说明。

7. B　**解析**：<A>：多部分专著，应选择最小或最早的卷期作为首选信息源的来源。<B>：集成性资源，应选择能识别资源当前更新后整体的信息源作为首选信息源。<C>：独立发行的专著，应选择题名页为首选信息源。<D>：DVD 为由动态图像组成的资源，应选择题名帧或题名屏作为首选信息源。综上，只有<B>正确。

8. AD　**解析**：RDA 扩大了对首选信息源的选择，但必须取自资源之内。资源所带的附件、容器、其他的描述性资料（如百科全书）等，均为独立于资源之外的来源，不能作为首选信息源。

9. A　**解析**：<A>：有多个首选信息源的独立发行的专著。根据描述可知，该资源以翻译为目的，因此应选择与译文相同（即英文）的来源作为首选信息源。<B>：有多个首选信息源的独立发行的专著，但并非以翻译为目的，应选择与资源内容中占主要地位的语言或文字相同（即法文）的来源为首选信息源。<C>：由动态图像组成的资源，应选择题名屏为首选信息源。<D>：集成性资源，应选择能识别更新后整体的来源为首选信息源。综上，只有<A>正确。

10. BC　**解析**：参见不定项选择题第 9 题解析。

三、实践题

1. 245 13$aAn introduction to the critical study and knowledge of the Holy Scriptures.$nVolume 4,$pAn introduction to the textual criticism, etc. of the New Testament /$cThomas Hartwell Horne, Samuel Davidson, Samuel Prideaux Tregelles.

　　解析：在编资源为重印本，且包含原始资源和复制品两个首选信息源。图一为复制品题名页，图二为原始资源题名页。根据 RDA 2.2.3.3，如果资源是一个原始资源的摹真品或复制品，且包含复制品的首选信息源和原始资源的首选信息源，则将复制品的来源作为首选信息源。本资源为多卷书，分卷题名具有独立检索意义，适宜采用分析著录的方法。

2. 245 00$aAdaptive signal process in wireless communications /$cedited by Mohamed bnkahla.

　　解析：根据 RDA 对首选信息源选取顺序的规定，应选择题名页为首选信息源。题名页中仅包含正题名，没有出现与正题名相关的责任说明，但这一责任说明在封面中出现。根据 RDA 2.4.1.2，责任说明应依次从“与正题名相同的来源”“资源本身内的另一来源”选取。本题适用于第二种情况，即“资源本身内的另一来源”，因此将责任说明转录于 245$c 字段。虽然责任说明没有取自与正题名相同的来源，但仍然取自资源本身，故无须添加方括号。

3. 245 00$aGuide Investir en Algérie – 2014 :$bmise à jour à janvier 2014.

解析:在编资源为 PDF 文件,其首选信息源的选取遵循 RDA 2.2.2.2 的规定,因此应选择题名页图像为首选信息源,并对正题名中的标点符号如实转录。

4. 245 04$aThe greatest story ever told.$nDisc 2,$pSpecial features :$b[open your imagination].

解析:在编资源为 DVD 光盘,属于 RDA 规定的"由动态图像组成的资源"类型,应选择题名屏或题名帧为首选信息源,或者应用交替规则,即"选择永久印制于或固定于资源的载有题名的肉眼可读标签"为首选信息源。因此,应选择光盘标签为首选信息源。本资源为第 2 张光盘,且带有分卷题名。因此采用分析著录,应在 245 字段启用$n 和$p。另外,光盘所附的盒子上印有其他题名信息,可将其转录于 245$b 字段。因为这一信息取自资源之外,故使用方括号说明。

5. 245 00$agoodreads :$bmeet your next favorite book.

解析:在编资源为网站,属于集成性资源,应选择网站主页或首页作为首选信息源。从该网站主页的排版可以看出,*goodreads* 为网站名,*Meet your next favorite book* 为其他题名信息,故分别转录于 245$a 和 $b 子字段。因 *goodreads* 为专有名词,应如实转录其大小写形式。

Day 8

记录载体表现和单件的一般性规则

一、不定项选择题(每题5分,共50分)

1. 下列元素中,哪些元素在RDA中不是核心元素,但被LC-PCC PS指定为本地核心元素(　　)

A. 并列正题名　　B. 插图性内容

C. 尺寸　　D. 学位论文或毕业论文信息

2. RDA规定,用来源上出现的语言和文字转录的元素包括(　　)

A. 题名　　B. 责任说明　　C. 附注　　D. 连续出版物编号

3. 依据RDA附录A,首词需要大写的题名包括(　　)

A. 正题名　　B. 自拟提名　　C. 其他题名信息　　D. 识别题名

4. 信息源显示为:　　ACTIVE AGEING, ACTIVE LEARING

ISSUES AND CHALLENGES

则符合RDA要求的做法是(　　)

A. 245 00$aActive ageing, active learning :$bissues and challenges

B. 245 00$aActive Ageing, Active Learning :$bIssues and Challenges

C. 245 00$aActive ageing, active learning :$bIssues and challenges

D. 245 00$aACTIVE AGEING, ACTIVE LEARING :$bISSUES AND CHALLENGES

5. 关于发行方式,下列说法正确的是(　　)

A. 依RDA资源的发行方式包括:多载体配套资料、多部分专著、连续出版物、集成性资源、非书资料、作为独立单元发行的资源

B. 发行方式是RDA的核心元素

C. 发行方式在MARC 21中记录在LDR/07字符位

D. 对RDA定义的发行方式对应的MARC 21代码包括三种

6. 对于标志,下列说法正确的是(　　)

A. 对于可以复制的标准,按信息源上出现的形式转录

B. 对于无法复制的标志或符号,将对其进行描述并将描述语置于方括号内

C. 如有必要,可编制一个附注说明标志

D. 如有可能,记录变异题名

7. 关于RDA 1.4"语言和文字"条款的理解正确的是(　　)

A. RDA 1.4列出了需要转录的元素,即需要用来源上出现的语言和文字记录(资源上呈现的语言),未列出的则为记录元素,即需要用创建数据的机构首选的语言和文字记录(编目语言)

B. 编目语言记录在040$e

C. AACR2 编目实践中如果编目语言为英语,则可省略不予记录,但在 RDA 的实践中,由于避免英美偏见,编目语言是推荐记录的

D. 如果转录元素不能用资源上呈现的语言记录(如俄文),则可用音译形式记录。即使能够记录,也可添加音译形式

8. 依据 RDA1.7,下列做法正确的是(　　)

A. 24514$aDas Päpstliche Werk der Glaubensverbreitung in Deutschland, 1933-1945

信息源显示为:Das Papstliche Werk der Glaubensverbreitung in Deutschland, 1933-1945

B. 24510$aÉlan humaniste citoyenou La dynamique des propositions progressistes

信息源显示为:Élan humaniste citoyenOu La dynamique des propositions progressistes

C. 24500$aALA glossary of library and information science

信息源显示为:ALA glossary of library and information science

D. 245 10 $a 少女再見 = $b 少女 /$c 三木美紀著.

信息源显示为:少女再見少女

9. 信息源显示出版年:平成二十六年,则依据 RDA 1.8 下列记录方法正确的是(　　)

A. 264 1#$a 東京 :$b 社会評論社, $c2014.

B. 264 1#$a 東京 :$b 社会評論社, $c 平成二十六年.

C. 264 1#$a 東京 :$b 社会評論社, $c 平成二十六年 [2014].

D. 264 1#$a 東京 :$b 社会評論社, $c2014 [平成二十六年].

10. 依据 RDA 1.9,下列提供的日期正确的是(　　)

A. 264 #1$c[1985]

信息源上无出版年信息,但可以确定是 1985 年

B. 264 #1$c[2000?]

信息源上无出版年信息,但猜测可能的年为 2000 年

C. 264 #1$c[1901-1930]

信息源上无出版年信息,但确定在 1901-1930 年之间

D. 264 #1$c[not before June 21, 1969]

信息源上无出版年信息,但确定不晚于 1969 年 6 月 21 号

二、判断题(正确请填写“T”,错误请填写“F”;每题 2 分,共 20 分)

1. *Farm chemical* 和 *Crop life* 合并成了新作品,则该作品的正题名应记录为 245 00$aFarm chemicals and Crop life。(　　)

2. 信息源显示为: I ♥ a piano,则该标志可按下列方法记录。(　　)

245 10$aI [love] a piano

246 3#$aI heart a piano

500 ##$aOn title page "[love]" appears as a heart

3. 对于带有非常规大写的题名,遵循信息源中所见题名的大写。(　　)

4. 对于交替题名,如果信息源上标志词 *or* 或其他语言的等同词前后没有逗号,不能自行添加,要按信息源如实转录。(　　)

5. 某一资源的信息源显示其题名为:*K. L. B. : Journal of Buchenwald*,则 245$a 记录为:

245 10$aK. L. B. (   )

6. 根据 RDA,信息源上如果出现方括号需在记录时转换成圆括号,以避免与编目所用的标识符混淆。(   )

7. 某资源上没有出版日期,但从资源之外获悉,该资源出版日期不早于 1629 年 3 月 21 日,则日期记录为:264 #1$c[not before Mar. 21, 1629] (   )

8. 信息源显示为:*Canadian CITATIONS canadiennes*,则应记录为:245 00$aCanadian citations =$bCitations canaiennes。(   )

9. 连续出版物或集成性资源的题名页的正题名中如果有差错,应如实转录。(   )

10. 当记录 RDA 1.8.1 所列元素时,如果出现数字或用词表达的数,需用创建数据的机构首选的形式。如果在这些元素中数字以词的形式表达,则需替换成数字的形式。(   )

三、实践题(共 30 分)

下列汇编文献包含两部作品,且有各自的信息源,本题提供了分析著录的方法,请采用综合著录的方法重新编制书目记录。

书目记录 1:

100 1#$aShakespeare, William,$d1564-1616,$eauthor.

245 10$aAs you like it /$cWilliam Shakespeare ; illustrations by Robert Jude ; introduction and comments by Lora Maxwell.

264 #1$aLondon :$bPenguin Literature,$c2010.

300 ##$axxiv, 103 pages :$billustrations ;$c24 cm.

336 ##$atext$2rdacontent

337 ##$aunmediated$2rdamedia

338 ##$avolume$2rdacarrier

501 ##$aWith: Widowers' Houses / George Bernard Shaw ; illustrations by Robinson James ; introduction and comments by Moby George.

700 1#$aJude, Robert,$eillustrator.

700 1#$aMaxwell, Lora,$ewriter of added commentary.

书目记录 2:

100 1#$aShaw, Bernard,$d1856-1950,$eauthor.

245 10$aWidowers' Houses /$cGeorge Bernard Shaw ; illustrations by Robinson James ; introduction and comments by Moby George.

264 #1$aLondon :$bPenguin Literature,$c2010.

300 ##$a109 pages :$billustrations ;$c24 cm.

336 ##$atext$2rdacontent

337 ##$aunmediated$2rdamedia

338 ##$avolume$2rdacarrier

501 ##$aWith: As you like it / William Shakespeare ; illustrations by Robert Jude ; introduction and comments by Lora Maxwell.

700 1#$aJames, Robinson,$eillustrator.

700 1#$aGeorge, Moby,$ewriter of added commentary.

综合著录：

Day 8 答案与解析

一、不定项选择题

1. ABCD

2. ABD　**解析**：RDA 1.4“语言和文字”中列举了需要使用来源上出现的语言和文字记录的元素，其中包括题名、责任说明和连续出版物编号，而附注不在其中，应用创建数据的机构首选的一种或多种语言和文字记录。

3. ABD　**解析**：RDA 附录 A 对大写进行了规定。其中 A.4 载体表现的题名中规定，题名以及部分、卷期或补编的题名中首词或首词的缩写予以大写，这就包括正题名、自拟题目和识别题名。其他题名信息则在 A.4.1 的例外中说明不予大写。

4. AD　**解析**：RDA 规定在转录时，可完全按照来源上的形式进行转录，即“所见即所得”，或应用附录 A 对大写的规定进行转录。<A>：应用附录 A 的做法。<D>：完全按照来源上形式转录的做法。

5. CD　**解析**：<A>：RDA 1.1.3 发行方式中规定了四种资源的发行方式，即“作为独立单元发行的资源”“多部分专著”“连续出版物”和“集成性资源”。<B>：发行方式不是 RDA 规定的核心元素（见 RDA 0.6 核心元素）。<C>和<D>：在使用 MARC 21 进行编目时，发行方式对应 LDR/07 字符位“书目级别”，代码“m”表示专著，对应 RDA 发行方式中“作为独立单元发行的资源”和“多部分专著”，代码“i”表示集成性资源，代码“s”表示连续出版物。故<C>和<D>正确。

6. ABCD　**解析**：对于标志，应尽可能如实转录。如果无法按照来源上出现的形式转录，则应对其进行描述和说明，并考虑不同的描述方式。

7. ACD　**解析**：<B>：在 MARC 21 中，编目语言记录于 040$b，040$e 记录描述规则，故<B>错误。

8. A　**解析**：<A>：信息源上如果省略了语言的变音符号，根据 RDA 1.7.4 可选择的附加的规定，可根据所用语言的标准自行添加变音符号，故<A>正确。<B>：信息源显示为交替题名，根据 RDA 1.7.3 标点符号的规定，为清晰表达，必要时应添加标点符号，因此应在 *ou* 前后添加逗号。<C>：信息源中的首字母缩写带有空格，根据 RDA 1.7.6 的规定，在转录时，字母中间没有空格。<D>：信息源中出现了本应出现一次以上的词，根据 RDA 1.7.7 的规定，应重复该词。

9. ABC　**解析**：根据 RDA 1.8.2，用创建数据机构首选的形式记录数字，或者应用交替规则：1）按信息源上出现的形式记录数字；或 2）按来源上出现的形式记录数字，并用创建数据机构首选的形式添加数字对应的词，并指示该信息取自资源本身之外的来源。<A>：应用的是 RDA 1.8.2 的主规则。<B>和<C>：应用的是 RDA 1.8.2 的两项交替规则。

10. AB　**解析**：根据 RDA 1.9.2，<A>和<B>正确。<C>：应记录为[between 1901 and 1930]。<D>：应记录为[not after June 21, 1969]。

二、判断题

1. F　**解析**：根据 RDA 附录 A 4.3，合并后的题名首词不大写，应记录为 24500$aFarm chemicals and crop life。

2. T

3. T

4. F　**解析**：根据 RDA 1.7.3，为清晰表达，必要时应添加标点符号。

5. T　**解析**：根据 RDA 1.7.6，在转录时，字母中间没有空格。

6. F　**解析**：根据 RDA 1.7.3，应按照来源上出现的形式转录标点符号。将方括号转换成圆括号是 AACR2 的做法。

7. F　**解析**:应记录为 264 #1$c[not before March 21, 1629],不应缩写。

8. T　**解析**:根据 RDA 1.7.7,应重复该词。

9. F　**解析**:对于差错,RDA 的总体规定是按照信息源转录差错或拼写错误的单词,然而连续出版物或集成性资源的正题名属于例外情况。根据 RDA 2.3.1.4 的例外,应更正明显的排印错误,并编制一个附注,提供该题名在信息源上出现的形式。

10. T

三、实践题

综合著录:

245 00$aAs you like it /$cWilliam Shakespeare ; illustrations by Robert Jude ; introduction and comments by Lora Maxwell. Widowers' Houses / George Bernard Shaw ; illustrations by Robinson James ; introduction and comments by Moby George.

264 #1$aLondon :$bPenguin Literature,$c2010.

300 ##$axxiv, 103, 109 pages :$billustrations ;$c24 cm.

336 ##$atext$2rdacontent

337 ##$aunmediated$2rdamedia

338 ##$avolume$2rdacarrier

500 ##$aTwo works issued together.

700 12$aShakespeare, William,$d1564-1616.$tAs you like it.

700 12$aShaw, Bernard,$d1856-1950.$tWidowers' Houses.

700 1#$aJude, Robert,$eillustrator.

700 1#$aMaxwell, Lora,$ewriter of added commentary.

700 1#$aJames, Robinson,$eillustrator.

700 1#$aGeorge, Moby,$ewriter of added commentary.

解析:采用综合著录时,应同时选取两部作品的题名页作为首选信息源,著录于 245 字段。从题干的两条书目记录可知,这两部作品为不同责任者的汇编作品,因此 245 字段应采用以下形式:245 00$a 第一部作品题名/$c 第一部作品责任说明. 第二部作品题名 / 第二部作品责任说明。对于数量,综合著录应记录整个资源的数量。从题干的两条书目记录可知,本资源文本的数量含有三个序列。根据 RDA 3.4.5.2,记录每个序列最后编号的页。综合著录时,应为两部作品分别建立规范检索点,其形式为:700 12$a 创作者的规范检索点. $t 题名规范检索点。此外,对两部作品责任说明中其他的贡献者也可创建规范检索点,并启用关系说明语,指示贡献者与作品或内容表达之间的关系。本资源的其他贡献者涉及 *illustrator*(插图者)和 *writer of added commentary*(附加评论者),均为与内容表达相关的个人。可编制一条附注,说明该资源为两部作品的汇编。

Day 9

记录题名(1)

一、填空题(每空 2 分,共 30 分)

1. 题名是资源最重要的属性,RDA 将与载体表现相联系的题名分为 9 类,包括:正题名、______、______、并列其他题名信息、______、______、较晚正题名、______、______。
2. 摹真品或复制品具有与原始载体表现相关又具有与自身相关的题名时,记录______,将______作为相关载体表现的题名记录。
3. 记录题名应遵循______的原则,按 RDA 1.7 的规则转录。
4. 如果资源本身上没有提供题名,则题名可取自______,但是需要用______或附注的方式表示,没有典型书目信息的资源除外。
5. 如果题名过长,可节略题名,但前提是______,用______表示节略的部分,题名的______不能节略。在 LC 的编目实践中,______不能节略。

二、不定项选择题(每题 5 分,共 30 分)

1. 与记录载体表现题名相关的 MARC 21 书目记录格式字段包括(　　)

   A. 240　　B. 242　　C. 243　　D. 245

2. 交替题名记录在 MARC 21 书目数据格式 245 字段的(　　)

   A.$a　　B.$b　　C.$c　　D.$k

3. 以下资源正题名出现差错,无须在 245 字段订正的包括(　　)

   A. 某出版社 1999 年出版的第三版专著 *Saterday Task*

   B. 某音像公司 2000 年出版的音乐 CD *Brav Heart*

   C. 某杂志社 2014 年 1 月出版的本年度第一期 *Charmiing*

   D. 某出版社 2010 年出版的 CD-ROM 版字典 *Dictionnairy of the English Language*

4. 某 DVD 盘面显示题名为 *Disney Presents Sleeping Beauty*,则 245 字段记录正确的是(　　)

   A. 245 00$aDisney presents :$bsleeping beauty.

   B. 245 00$aSleeping beauty.

   C. 245 00$aDisney presents sleeping beauty.

   D. 245 00$aSleeping Beauty.

5. 某专著题名页显示题名为 *Cecilia or, Memoirs of an heiress*,则 245 字段记录正确的是(　　)

   A. 245 10$aCecilia or, memoirs of an heiress

   B. 245 10$aCecilia, or, Memoirs of an heiress

   C. 245 10$aCecilia,$bor, memoirs of an heiress

   D. 245 10$aCecilia ;$bor, memoirs of an heiress

6. 某连续出版物首选信息源上的题名以全称 *Advances in English linguistics* 和首字母缩写 *AEL* 两种形式出现,则 245 字段记录正确的是(　　)
   A. 245 00$aAdvances in English linguistics :$bAEL
   B. 245 00$aAdvances in English linguistics
   C. 245 00$aAEL :$bAdvances in English linguistics
   D. 245 00$aAEL

三、判断题(正确请填写"T",错误请填写"F";每题 2 分,共 20 分)

1. 与连续出版物或集成性资源的内容时新性或更新频率相关的信息应作为其他题名信息记录。(　　)
2. 原题名出现在与正题名相同的信息源上,且与正题名语言相同,则将原题名作为其他题名信息记录,如果与正题名语言不同,则将原题名作为并列正题名记录。(　　)
3. 在记录有分部题名的载体表现题名时,245 字段中的$n 和$p 应置于$b 之后,因为它们在字母表中的顺序更靠后。(　　)
4. 资源是一个预告片,正题名中没有反映出该信息,则资源题名记录为:245 00$aAnnie Hall :$b[trailer](　　)
5. 如果并列正题名与正题名的来源不同,则可编制一个附注说明。(　　)
6. 因为变异题名并非 RDA 的核心元素,所以无须著录。(　　)
7. 一条书目记录一般只能有一个变异题名,即 246 字段不可重复。(　　)
8. 246 字段的第 2 指示符代表不排档字符数。(　　)
9. 对于资源正题名出现错误的情况,应将正确的题名记录在 246 字段,并在$i 子字段进行说明。(　　)
10. 对于交替题名,题名第 2 部分的首字母按信息源上转录大小写。(　　)

四、实践题(每题 5 分,共 20 分)

1. 某一专著的题名页如下图所示,分别采用分析著录和综合著录记录 245 字段。

Victor Hugo

Œuvres Complètes

Nouvelle Edition
Avec une Introduction par Henri Lefèvre

Tome IV

Les Misérables

Gallimard

分析著录：

综合著录：

2. 某一专著的题名页如下图所示，采用分析著录记录 245 字段。

British Documents on Foreign Affairs

Reports and Papers from the Foreign Office
Confidential Print

Part II
From the First to the Second World War

Series F
Europe, 1919-1939

3. 某一 CD 盘面如图所示，请记录 245 字段。

4. 某一地图册题名页如下图所示，请记录其 245 字段。

Carte routière de la Suisse

Road Map of Switzerland

Strassenkarte der Schweiz

Société de Géographie de la Suisse
Geography Society of Switzerland
Geographie-Gesellschaft der Schweiz

Day 9 答案与解析

一、填空题

1. 并列正题名　其他题名信息　变异题名　较早正题名　识别题名　缩略题名　**解析:** 参见 RDA 2.3.1.1。
2. 摹真品或复制品的题名　原始载体表现的题名　**解析:** 参见 RDA 2.3.1.3。
3. 所见即所得　**解析:** 参见 RDA 2.3.1.4。
4. 资源之外　方括号　**解析:** 根据 RDA 2.2.4,如果题名取自资源本身之外的来源,则用附注或其他方式,包括使用方括号等,加以说明。
5. 不损失题名中的基本信息　省略号　前 5 个词　正题名　**解析:** 参见 RDA 2.3.1.4。LC-PCC PS 对 2.3.1.4所做的说明为"Generally do not abridge a title proper",即通常不节略正题名。

二、不定项选择题

1. BD　**解析:** 240 为统一题名,即首选题名,是一部作品题名的规范形式,涉及作品或内容表达层。242 为翻译题名,是编目机构提供的载体表现的正题名的翻译题名。243 为总题名的统一题名,记录创作者某一类型作品的一般性名称,如 *Works*、*Correspondences* 等,由编目员提供,涉及作品层。245 为题名信息,与载体表现相关。故 < B > 和 < D > 正确。
2. A　**解析:** 交替题名为正题名的一部分,应记录在 245$a。
3. ABD　**解析:** 根据 RDA 1.7.9,如果信息源上有差错,如实转录,但连续出版物和集成性资源是例外情况,需订正后记录在 245 字段。据此,< A > < B > < D > 均为独立发行的资源,转录正题名时不应对差错进行订正,而 < C > 为连续出版物,应对差错进行订正。
4. D　**解析:** 根据题干可知,*Disney Presents* 是引导语。根据 RDA 2.3.1.6,不转录作为引导语且不作为题名一部分的词语。故 < A > < C > 不正确。*Sleeping Beauty* 为专有名词,应大写,故 < D > 正确。
5. B　**解析:** 根据题干可知,*Memoirs of an heiress* 为交替题名。根据 RDA 2.3.2.1,交替题名作为正题名的一部分处理,同时记录于 245$a。另外,根据 RDA 1.7.3,应在 *or* 两端添加逗号以便清晰表达。故 < B > 正确。
6. A　**解析:** 根据 RDA 2.3.2.5 的例外规则,如果连续出版物或集成性资源的题名以全称以及首字母缩略词的形式出现在正题名的信息源上,则选择全称形式作为正题名,将首字母缩略词作为其他题目信息予以记录。据此,*Advances in English linguistics* 应记录于 245$a,*AEL* 记录于$b。故 < A > 正确。

三、判断题

1. F　**解析:** 根据 RDA 2.3.4.3 的例外规则,与连续出版物或集成性资源的内容时新性或更新频率相关的信息应作为频率予以记录。
2. T
3. F　**解析:** $n 和$p 子字段与$b 子字段的位置关系应视具体情况而定。如果$b 记录的是与$p 中记录的分部题名相联系的其他题名信息时,$b 应置于$p 之后;如果$b 记录的是与$a 正题名相联系的其他题名信息时,应置于$n 和$p 之前。
4. T
5. T
6. F　**解析:** 虽然变异题名并非 RDA 核心元素,但对于识别和选择资源具有重要作用,因此在需要的情况下应予以记录。
7. F　**解析:** 246 字段可重复。
8. F　**解析:** 246 字段第 2 指示符表示题名类型。246 的第 1 和第 2 指示符一般为固定搭配,以指示不同的题名类型。因 246 字段没有指示不排档字符数的指示符,因此在记录变异题名时,应省略冠词等不排档字符。

9. T

10. F　**解析**：无论信息源上如何呈现，交替题名首字母大写。

四、实践题

1. 分析著录：

245 10$aOeuvres complètes.$nTome IV,$pLes misérables /$cVictor Hugo.

综合著录：

245 10$aOeuvres complètes /$cVictor Hugo.

解析：在分析著录中，应将总题名著录于$a 子字段，分部编号和分部题名分别著录于$n 与$p 子字段，责任者著录与$c 子字段。在综合著录中，只需记录总题名和责任说明。另外，需注意 245 字段的指示符。本题为有主要款目、无不排档字符，因此指示符为“10”。

2. 245 00$aBritish documents on foreign affairs :$breports and papers from the Foreign Office confidential print.$n-Part II,$pFrom the First to the Second World War.$nSeries F,$pEurope, 1919-1939.

解析：$n 和$p 可重复，依次记录分部和再分部的编号和题名即可。$b 与$n 和$p 的位置关系参见判断题第 3 题解析。本题中的其他题名信息与正题名相关，因此应将$b 置于$a 之后、$n 和$p 之前。另外，需注意 245 字段的指示符。本题为无主要款目、无不排档字符，因此指示符为“00”。

3. 245 10$aSymphonie fantastique ;$bLa mort de Cléopâtre /$cHector Berlioz.

解析：根据示意图可知，该资源包含作曲家 *Hector Berlioz* 的两部作品，且无总题名。根据 RDA 2.3.2.9，将各部分的正题名按其在资源整体的信息源上出现的形式予以记录，即依次记录 *Symphonie fantastique* 和 *La mort de Cléopâtre* 两个题名。依次记录各部分题名时，应注意 MARC 21 的格式问题。将第一部作品题名记录于$a，将其他作品题名记录于$b，中间用分号分隔，形如：245 10$a 第一部作品题名 ;$b 第二部作品题名 ; 第三部作品题名。

4. 245 10$aCarte routière de la Suisse /$cSociété de Géographie de la Suisse = Road map of Switzerland / Geography Society of Switzerland = Strassenkarte der Schweiz / Geographie-Gessellschaft der Schweiz.

解析：根据示意图可知，资源包含法、英、德三语题名和责任说明，故应按照记录并列题名的方法予以记录。因每种语言的题名均带有该语言的责任说明，因此 245 字段应采用以下形式：245 00$a 第一种语言作品题名/ $c 第一种语言作品责任说明 = 第二种语言作品题名 / 第二种语言作品责任说明 = 第三种语言作品题名 / 第三种语言作品责任说明。

Day 10
记录题名(2)

一、不定项选择题(每题 5 分,共 30 分)

1. 用于记录变异题名的 MARC 21 书目记录格式字段包括(　　)
   A. 242　　B. 246　　C. 247　　D. 740
2. 以下选项中,属于变异题名的包括(　　)
   A. 对资源上错误题名的订正
   B. 正题名的一部分
   C. 出现在封面上的题名
   D. 用罗马数字代替正题名中阿拉伯数字的题名
3. 以下选项中可以作为题名"245 00$aProceedings of the 27th conference"的变异题名的包括(　　)
   A. 246 3#$aProceedings of the 27 conference
   B. 246 3#$aProceedings of the twenty-seventh conference
   C. 246 3#$aProceedings of the XXVII conference
   D. 246 3#$aProceedings of the XXVIIth conference
4. 以下选项中可以作为题名"245 00$aWorld of the 20th century.$pUK and US."的变异题名的包括(　　)
   A. 246 30$aUK and US
   B. 246 3#$aWorld of the twentieth century
   C. 246 3#$aUnited Kindom and United States
   D. 246 3#$aWorld of the 20th century.$pUnited Kindom and United States
5. 以下选项中可以作为题名"245 00$aA-B-C guide to cataloging"的变异题名的包括(　　)
   A. 246 3#$aABC guide to cataloging
   B. 246 3#$aA-B-C guide to cataloguing
   C. 246 3#$aA B C guide to cataloging
   D. 246 3#$aGuide to cataloging
6. 下列关于 740 字段说法正确的是(　　)
   A. 740 字段现在的名称为"相关/分析题名"
   B. 1993 年,740 字段修订前的名称为"附加款目——变异题名"
   C. 修订之后,其大部分职能分给了新字段 247
   D. 如果汇编作品中的作品存在与其规范检索点形式不同的题名,或者资源包括有自身题名的附件,则将这些题名记录在 740 字段

二、判断题（正确请填写“T”，错误请填写“F”；每题 2 分，共 10 分）

1. MARC 21 书目格式中，740 字段主要用于记录汇编作品中与规范检索点形式不同的组成部分的题名。（　　）
2. MARC 21 书目格式中，242 字段记录编目机构提供的翻译题名，也属于变异题名的一种。（　　）
3. 有分部题名的多部分专著，无论采用综合著录还是分析著录，均应将分部题名记录于 246 字段。（　　）
4. 变异题名需保留首冠词。（　　）
5. 如果正题名中包含交替题名，则需要将 *or* 前后的两部分题名分别做 246 变异题名。（　　）

三、连线题（每线 2 分，共 20 分）

246 字段的指示符一般为固定搭配，请将左侧指示符与其所表示的题名信息连接起来

A. 246/13	部分题名
B. 246/14	添加$i 用于 s 说明变异题名取自何处
C. 246/15	卷端题名
D. 246/16	附加题名页题名
E. 246/17	并列题名
F. 246/18	各种交替类型
G. 246/1#	其他题名
H. 246/3#	逐页题名
I. 246/30	书脊题名
J. 246/31	封面题名

四、实践题（每题 8 分，共 40 分）

1. 某一专著的题名页如下图所示，请记录其 245 和 246 字段。

> Bernd Werner
>
> **Der Arzt Friedrich Schiller**
> **oder**
> **Wie die Medizin den Dichter Formte**
>
> Königshausen & Neumann

2. 某一专著的题名页如下图所示,请记录其 245 和 246 字段。

Disney Presents

Winnie the Pooh

and Tigger Too

Walt Disney Publications

3. 某一专著的题名页如下图所示,请记录其 245 和 246 字段。

Gateway's Guide to

XXth Century Reader

William W. Gateway

4. 某一专著的题名页如下图所示，采用分析著录记录 245 和 246 字段。

Canadian Journal of Research

Section C

Botanical Sciences

National Research Council of Canada

1988

5. 某一专著的题名页、封面和书脊如下图所示，请记录其 245 和 246 字段。

题名页示意图

Benoît Peters

Tenter de Vivre : ***une biographie***

Try to Live : ***a biography***

Flammarion

封面示意图

Benoît

Peters

Tenter de Vivre :

Biographie de Paul Valéry

书脊示意图

Benoît Peters **Paul Valéry** Flammarion

Day 10 答案与解析

一、不定项选择题

1. ABD **解析**：242 为"编目机构提供的翻译题名"，246 为"变异题名"，247 为"先前题名"，740 为"附加款目——非控相关/分析题名"。246 字段新增之后分担了 740 字段部分记录变异题名的职责，而 740 主要用于记录与规范检索点形式不同的分析题名，一般应用于汇编翻译作品，或者用于记录附件的题名。247

所记录的“先前题名”不属于变异题名的范畴。

2. ABCD

3. BD　**解析:**同一数字可由阿拉伯数字、罗马数字和文字来表达,故 <B> 和 <D> 正确。

4. ABCD　**解析:**本题考察变异题名中的数字的变异形式、部分题名,以及缩写的展开形式。选项均可作为题名的变异题名,注意各自的指示符搭配。

5. ABD　**解析:**本题考察变异题名中缩写连词符的变异形式以及英美式英语的不同拼写方法。

6. BD　**解析:**740 字段于 1993 年修订,现名为“附加款目——非控相关/分析题名”,修订前名称为“附加款目——变异题名”。经过修订,740 的大部分职能被转移至 246 字段,现在仅用于记录与规范检索点形式不同的分析题名或附件的题名。

二、判断题

1. T

2. T

3. F　**解析:**仅采用分析著录时需将部分题名记录于 246 字段。采用综合著录时,分部题名不记录在 246 字段,而记录在 505 字段。

4. F　**解析:**246 的指示符为固定搭配,指示变异题名的类型,不指明不排档字符位,因此在记录变异题名时,应去掉首冠词。

5. T　**解析:**这是 RDA 与 AACR2 不同之处。AACR2 仅要求将 *or* 之后的部分作为变异题名记录在 246 字段,而 RDA 则要求将 *or* 前后两部分都作为变异题名记录。

三、连线题

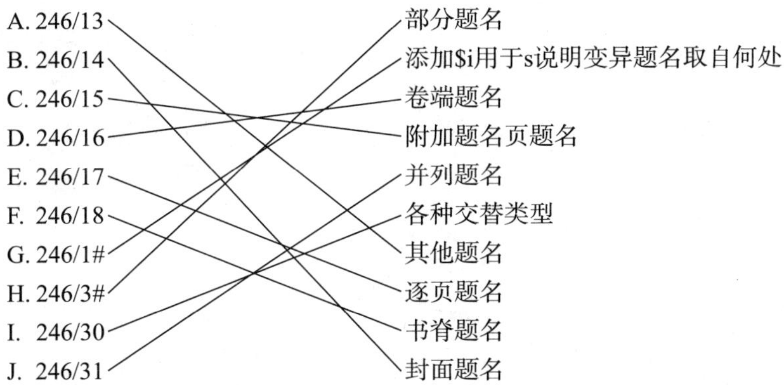

四、实践题

1. 245 14$aDer Arzt Friedrich Schiller, oder, Wie die Medizin den Dichter Formte /$cBernd Werner.

 246 30$aArzt Friedrich Schiller

 246 30$aWie die Medizin den Dichter Formte

2. 245 00$aWinnie the pooh and tigger Too.

 246 1#$iTitle appears on item as:$aDisney presents Winnie the pooh and tigger Too

 解析:本题考察正题名引导语的变异题名做法。引导语一般不作为正题名转录,但在变异题名中可将其记录。此时启用 246 字段$i 子字段,用 *Title appears on item as* 等说法作为导语。

3. 245 00$aGateway' s guide to XXth century reader.

 246 3#$aGateway' s guide to 20th century reader

 246 30$aGuide to XXth century reader

 246 3#$aGuide to 20th century reader

4. 245 00$aCanadian journal of research.$nSection C,$pBotanical sciences.

 246 30$aBotanical sciences

5. 245 10$aTenter de vivre :$bune biographie = Try to live : a biography / $cBenoît Peters.

246 31$aTry to live :$ba biography

246 14$aTenter de vivre : $bbiographie de Paul Valéry

246 18$aPaul Valéry

Day 11
记录题名(3)

一、填空题(每空 2 分,共 30 分)

1. 较早正题名一般应用于______资源,较晚正题名一般应用于______资源,较早正题名记录于______字段,较晚正题名记录于______字段。
2. 缩略题名基于______构建,记录于______字段。
3. 记录责任说明不再受______原则的限制,可如实转录,如果需要节略责任说明,需用______语言或文字概括地说明所做的省略。
4. 与责任说明一起出现的名词或名词短语在 AACR2 的编目实践中要求作为其他题名信息处理,在 RDA 中则要求作为______的一部分记录。
5. 如果责任方式不明确,可自行添加一个明确其方式的词或短语,但需置于______内。
6. 识别题名的信息源首先是______。
7. 相同责任方式不同责任者之间用逗号分隔,不同责任方式的责任者之间用______分隔。
8. 当描述第______版时,将所有责任说明均作为与正题名相关的责任说明记录。
9. 与版本相关的责任说明记录在______。
10. 如果责任说明是一个组合、表演团体、公司等的成员名称以及该组合等的名称,则在责任说明中省略______名称。

二、不定项选择题(每题 5 分,共 30 分)

1. 下列 MARC 21 字段中可用于记录责任说明的包括(　　)
   A. 245$c　　B. 250$b　　C. 250$c　　D. 490$c
2. 下列对责任说明记录正确的是(　　)
   A. 245 10$a1814-2014 :$brødt, hvitt og blått : norsk grunnlov, amerikansk inspirasjon /$credaktør, Gudleiv Forr = 1814-2014 : red, white and blue : Norwegian Constitution, American inspiration /$ceditor, Gudleiv Forr.
   B. 245 00$aAdaptation, intermediality and the British celebrity biopic /$cedited by Márta Minier, University of South Wales, UK, and Maddalena Pennacchia, Roma Tre University, Italy.
   C. 245 00$aAffectivity and race :$bstudies from Nordic contexts /$c[edited] by Rikke Andreassen and Kathrine Vitus.
   D. 245 00$a2012 natural gas market trends :$bin support of the 2012 Integrated Energy Policy Report Update : staff report /$cCalifornia Energy Commission, Leon D. Brathwaite and six others, primary staff authors. (信息源上无 *and six others* 字样)
3. 资源题名页显示信息为:*Life and death are wearing me out. A novel by Mo Yan*,则下列责任

说明记录方法正确的是(　　)

A. 245 10$aLife and death are wearing me out :$ba novel / $cby Mo Yan.

B. 245 10$aLife and death are wearing me out / $ca novel by Mo Yan.

C. 245 10$aLife and death are wearing me out / $cby Mo Yan.

D. 245 10$aLife and death are wearing me out :$ba novel / $cMo Yan.

4. 资源题名页显示信息为:*Dr. Eva Bloomingfield, professor of Geology, New York University. Dr. L. R. Hauffmann, professor of Geography, University of Connecticu*,则下列责任说明记录方法正确的是(　　)

A. 245 10$c[by] Dr. Eva Bloomingfield, professor of Geology, New York University, Dr. L. R. Hauffmann, professor of Geography, University of Connecticut.

B. 245 10$cDr. Eva Bloomingfield, professor of Geology, New York University, Dr. L. R. Hauffmann, professor of Geography, University of Connecticut.

C. 245 10$cDr. Eva Bloomingfield, professor of Geology, New York University, Dr. L. R. Hauffmann, professor of Geography, University of Connecticut.

D. 245 10$cEva Bloomingfield, L. R. Hauffmann.

5. 某连续出版物编目时的题名为:*Annual report of pipeline safety*,但后续卷期有时题名变更为 *Annual report on pipeline safety*,则下列说法或记录方法正确的是(　　)

A. *Annual report on pipeline safety* 属于较晚正题名

B. 245 10$aAnnual report of pipeline safety.
246 1#$iSome issues have title:$aAnnual report on pipeline safety

C. 245 10$aAnnual report on pipeline safety.
247 10$aAnnual report of pipeline safety

D. 245 10$aAnnual report on pipeline safety.
246 1#$iSome issues have title:$aAnnual report of pipeline safety

6. 下列关于责任说明说法正确的是(　　)

A. 按信息源上出现的形式转录责任说明。与 AACR2 相比,RDA 摒弃了"3 原则",也不再使用责任说明中"et al."这样的拉丁语

B. 只要不损失基本信息,可节略一个责任说明,不用省略号表示所做的省略,例如,可省略责任说明中的头衔、责任者所隶属的单位等信息

C. 如果责任说明中同时列出了一个组合、表演团体或公司等成员的名称以及该组合的名称,则仅记录该组合的名称,省略成员名称,可将成员名称作为表演者、旁白者和/或出品人元素记录

D. 如果名词或名词短语与责任说明一同出现,则将其作为其他题名信息处理

三、判断题(正确请填写"T",错误请填写"F";每题 2 分,共 10 分)

1. 较早正题名属于正题名的一种,因此为 RDA 规定的核心元素。(　　)
2. 识别题名和缩略题名都具有唯一性。(　　)
3. 较早正题名一般取自资源外部,因此在记录时应加上方括号。(　　)
4. 较晚正题名适用于集成性资源,因为 RDA 规定,对于集成性资源应记录最初更新的信息

源上所显示的题名。(　　)

5. 识别题名和缩略题名都是连续出版物所特有。(　　)

四、实操题(每题6分,共30分)

1. 某一专著的题名页如下图所示,请用两种方法记录其245$c。

Professor's Guide to Literature Series

How to Read Novels like a Professor

Thomas Foster
Michigan University

2. 某一专著的题名页如下图所示,请用两种方法记录其245$c。

Proceedings of the 12th

Congress of Society of Geology

Editors
Daniel Wang
Jack James
Arthur Konig
Ann Kara

3. 某一专著的题名页如下图所示，请记录其 245$c。

Paris' Streets and Avenues

Photos by
Jackson Francis
Texts by
Sophie Kudrew
Preface
Donna Lou

4. 某一专著的题名页如下图所示，请用两种方法记录其 245$c。

10th Anniversary Edition

Dictionary of New Wave Films

Gary J. Robinson
University of Arizona
Director
Robert Canfield
Cambridge University
Editor-in-chief

5. 某一专著的题名页如下图所示，请记录其 245 字段和 250 字段。

> Avram Noam Chomsky
>
> **Collected Essays**
>
> Compiled by
> **James Robinstein**
> **Jack Cookies**
>
> Second Edition
> Revised by Prof. Henry Jamesfort
> California State University

Day 11 答案与解析

一、填空题

1. 集成性连续　连续出版物　247　246　**解析**：较早正题名仅适用于集成性资源，较晚正题名仅适用于连续出版物。
2. 识别题名　210
3. 3　创建数据的机构首选的
4. 责任说明
5. 方括号
6. ISSN 注册机构
7. 分号
8. 1　**解析**：记录责任说明时，应注意将“与正题名相关的版本说明”同“与版本相关的责任说明”相区别。资源第 1 版的所有责任说明均视为与正题名相关。
9. 250$b　**解析**：250 字段仅有$a 和$b 两个子字段，无$c 子字段。其中$a 记录版本说明，$b 记录版本说明的其余部分，包括与版本相关的责任说明。
10. 成员

二、不定项选择题

1. AB　**解析**：250 和 490 均无$c 子字段，故 < C > 和 < D > 错误。< A > 和 < B > 确实用于记录责任说明元素，分别为“与正题名相关的版本说明”和“与版本相关的责任说明”。
2. BC　**解析**：245 字段$b 和$c 子字段均不能重复。启用$c 之后，应将后续所有信息均记录于同一个$c 子字段，故 < A > 错误；记录责任说明以如实转录为原则，责任者名称之外的信息可如实转录，也可不著录，故 < B > 正确；当责任关系不明确时，可在责任说明中添加一个词或短语，并置于方括号内，故 < C > 正确;RDA 中虽然取消了“三原则”,但仍规定可以节略第一个之外的其他名称,并用创建数据的机构首选的语言和文字概括说明所做的省略,正确形式应为:245 $cCalifornia Energy Commission, Leon D. Brathwaite [and six others], primary staff authors.

3. B **解析**:根据 RDA 2.4.1.8,如果名词或名词短语与责任说明一同出现,则将其作为责任说明的一部分处理,故 <B >正确。

4. CD **解析**:根据 RDA 1.7,如果出现在信息源上的单独的字母或首字母缩写之间不论有没有空格,转录时均没有空格。据此,<A>和<B>转录时有空格错误。根据 RDA 2.4.1.4 可选择的省略规则,记录责任说明时,责任者名称之外的信息可如实转录,也可省略,且不用省略号表示所做的省略,故<C>和<D>正确。

5. AB **解析**:对于连续出版物,后续卷期次要变化的题名是“较晚正题名”,故<A>正确。“较晚正题名”记录于 246 字段,并添加适用的说明性词语,故<B>正确。247 字段用于记录“较早正题名”,连续出版物不存在较早正题名,故<C>错误。根据题干,该连续出版物正题名的变化不属于主要变化的范畴,因此不必建立新著录,故<D>建立了新著录错误。

6. ABC **解析**:参见不定项选择题第 3 题解析。

三、判断题

1. F **解析**:较早正题名不是 RDA 规定的核心元素,但属于 LC 本地核心元素。

2. T

3. F **解析**:较早正题名记录于 247 字段,无须添加方括号。

4. F **解析**:较晚正题名适用于连续出版物,不适用于集成性资源。

5. T

四、实操题

1. 245 10$cThomas Foster.

   245 10$cThomas Foster, Michigan University.

2. 245 00$ceditors, Daniel Wang, Jack James, Arthur Konig, Ann Kara.

   245 00$ceditors, Daniel Wang [and three others].

3. 245 10$cphotos by Jackson Francis ; texts by Sophie Kudrew ; preface, Donna Lou.

4. 245 00$cGary J. Robinson, director ; Robert Canfield, editor-in-chief.

   245 00$cGary J. Robinson, University of Arizona, director ; Robert Canfield, Cambridge University, editor-in-chief.

5. 245 10$aCollected essays /$cAvram Noam Chomsky ; compiled by James Robinstein, Jack Cookies.

   250 ##$aSecond edition /$brevised by Henry Jamesfort.

Day 12
记录版本说明

一、不定项选择题(每题5分,共50分)

1. 资源上显示的版本信息为:*Revised edition* 2014,则正确的记录方法为(　　)
   A. 250 ##$aRevised edition.　　B. 250 ##$aRevised edition 2014.
   C. 250 ##$aRev. Edition.　　D. 250 ##$aRev. ed. 2014.
2. 资源上显示的版本信息为:6*th ed.*,则正确的记录方法为(　　)
   A. 250 ##$a6th ed.　　B. 250 ##$a6th ed..
   C. 250 ##$aSixth edition.　　D. 250 ##$a6th edition.
3. 资源显示版本信息为:*First edition edited by Jack Canfield*,则正确的记录方法为(　　)
   A. 250 ##$aFirst edition edited by Jack Canfield.
   B. 250 ##$aFirst edition /$bedited by Jack Canfield.
   C. 250 ##$aFirst edition.
   D. 250 ##$a1st ed..
4. 如果版本标识仅由字母或数字组成,没有其他词,则下列做法正确的是(　　)
   A. 如实著录字母或数字,并添加一个表示版本的词
   B. 如实著录字母或数字,并添加一个表示版本的词,但需要置于方括号内
   C. 仅如实著录字母或数字,不做任何添加
   D. 添加的词要与资源所用语言或文字相匹配
5. 资源附件上显示的版本信息为:*North America Edition*,则正确的记录方法为(　　)
   A. 250 ##$a[North America Edition]　　B. 250 ##$a[North America Edition].
   C. 250 ##$aNorth America Edition.　　D. 250 ##$aNorth America Ed.
6. 下列版本说明记录正确的是(　　)
   A. 250 ##$aFirst [edition].
   B. 250 ##$a4th edition ; revised and expanded.
   C. 250 ##$aSecond edition / revised by Susan Joy Paul.
   D. 250 ##$a2nd edition, revised /$bby Kate Hardcastle.
7. 下列版本说明 MARC 21 格式方面记录正确的是(　　)
   A. 250 ##$a4th ed. /$crevised by J. G. Le Mesurier and E. McIntosh, Repr. with corrections.
   B. 250 ##$aCanadian ed. =$aÉd. canadienne.
   C. 250 ##$a2nd enlarged ed. ; revised.
   D. 250 ##$aThird edition /$bedited by Paul Watson.
8. 下列关于版本说明说法正确的是(　　)
   A. 版本说明属于 RDA 1.4 所列的转录元素范畴

B. 如果资源上既有与整个资源相关又有与各部分相关的版本说明,均需记录

C. 如果资源上出现多个版本说明,记录在同一 250 字段的多个 $a

D. 资源中出现的"19th impression"或"25th printing"等对印刷复本数量细节的说明不属于版本标识的范畴

9. 下列版本说明记录正确的是(　　)

A. 250 ##$aFirst edition

信息源表明,*First edition* 是连续出版物的编号

B. 250 ##$a1. Auflage

正题名为英语,版本标识以德语和英语形式出现

C. 250 ##$aSecond edition.

信息源上仅出现 *Second* 字样

D. 250 ##$a*** ed.

信息源上显示如此

10. 下列版本说明记录正确的是(　　)

A. 250 ##$aUnited States ed..

信息取自资源之外

B. 250 ##$aRev. et corr..

信息源显示为缩写

C. 245 00$aASM handbook /$cprepared under the direction of the ASM International Handbook Committee: Peter J. Blau, Volume Chairman, Scott D. Henry, Editor.

250 ##$a10th editon.

500 ##$aVolumes 3-6, 8, 11, 13, 15, 18, 20-22A, 23 lack edition statement.

10*th edition* 与整个资源相关

D. 250 ##$aCanadian edition$aSecond edition.

资源上有多个版本说明

二、判断题(正确请填写"T",错误请填写"F";每题 2 分,共 20 分)

1. 版本说明是指识别资源所属版本的说明,共包括 8 个子元素。(　　)
2. 在版本说明的子元素中,版本标识和与版本相关的责任说明是核心元素。(　　)
3. 为了记录并列版本标识,应重复 250 字段。(　　)
4. 因为版本说明遵循"如实转录"原则,所以编目员在任何情况下都不得自行添加术语。(　　)
5. 当信息源上的版本说明以缩写形式出现时,编目员应将其扩展为完整形式。(　　)
6. RDA 规定,版本说明的首选信息源为题名页、版权页、封面,超出以上范围则应添加方括号。(　　)
7. 对于"与版本相关的责任说明",如果是第 1 版,则应将其视作与正题名相关的责任说明。(　　)
8. 如果资源上存在特定版本标识,则应将其记录在版本说明之后,用分号隔开。(　　)
9. 如果资源的版本说明与整体名融为一体,应将其拆分出来,记录在 250 字段。(　　)

10. *Revised edition issued every* 6 *months* 不能作为版本标识记录，而应作为频率记录。(　　)

三、实操题（每题 6 分，共 30 分）

1. 版权页示意图如下，请采用适当方法记录版本说明。

> 3e éd. revue et augmentée
> © Flammarion 2015

2. 题名页示意图如下，请采用适当方法记录版本说明。

> **100 Anniversary Edition of the**
>
> **Longman English Dictionary**
>
> Longman
> London

3. 题名页示意图如下，请采用适当方法记录版本说明。

> **Annuaire Européen**
>
> ---
>
> **European Yearbook**
>
> **Édition 2014**
>
> **2014 Edition**

4. 资源为复制品，题名页示意图如下，请采用适当方法记录版本说明。

题名页1

> **Introduction to Holy Knowledge**
>
> by Thomas Robert
> Second edition revised
>
> Cambridge University Press
> 2014

题名页2

> **Introduction to Holy Knowledge**
>
> Author
> Thomas Robert, Sir
>
> Fourth Edition
> With the help of Dr. Drake Remoray
>
> London
> BROWN & Brothers
> MDCCCLVL

5. 资源版权页示意图如下，请采用适当方法记录版本说明。

> 4th Edition
> with revisions, an introduction, and a
> chapter on writing by E.B. White
> © Sage Publications 2013

Day 12 答案与解析

一、不定项选择题

1. B　**解析**：根据 RDA 2.5.1.4，按信息源上出现的形式转录版本说明，因此不得缩写、节略。故 < B > 正确。
2. B　**解析**：根据 RDA 2.5.1.4，按信息源上出现的形式转录版本说明。当信息源出现的形式为缩写时，照录即可，无须展开。此外，根据 RDA 附录 D，当一个元素以缩写形式加句点结尾或以省略号结尾，且该元素后所加的标识符是句点或以句点开头，则需保留构成规定标识符的句点。据此，250 ##$a6th ed.. 结尾处有两个句点，这与 AACR2 的做法不同，故 < B > 正确。
3. C　**解析**：根据题干，版本标识为第 1 版。根据 RDA 2.5.4.3，与第 1 版相关的责任说明均作为与正题名相关的责任说明予以记录。故题干中出现的责任说明应记录在 245$c。
4. BD　**解析**：参见 RDA 2.5.2.3。
5. B　**解析**：根据题干，该版本信息的来源为附件，属于资源以外的来源，因此需添加方括号注明，作为标识符的句点不能省略，故 < B > 正确。
6. AD　**解析**：< A >：版本标识由一个或多个字母和/或一个或多个数字组成，没有其他词的情况，因此应添加相应语言中合适的词，置于方括号中，故 < A > 正确。< B >：*revised and expanded* 属于特定修订版标识，与版本标识之间应用逗号分隔，故 < B > 错误。< C >：与版本相关的责任说明应记录于 250$b，故 < C > 错误。
7. D　**解析**：250 无$c 子字段，版本说明的其余部分均记录于$b，故 < A > 和 < B > 错误。特定修订版标识与版本标识之间应用逗号分隔，故 < C > 错误。
8. AD　**解析**：根据 RDA 2.5.1.5，当资源上既载有与整个资源相关又载有与各部分相关的版本说明时，仅记录与整个资源相关的版本说明，故 < B > 错误。250$a 不可重复，如果有多个版本说明，应使用多个 250 字段予以表达，故 < C > 错误。

9. D **解析:**根据 RDA 2.5.2.5,连续出版物指示编号的说明作为编号记录,不能记录为版本说明,故 <A> 错误。根据 RDA 2.5.2.4,如果版本标识在信息源上以多种语言或文字出现,则记录采用正题名的语言和/或文字的说明,应选择英语形式记录,故 <B> 错误。<C>:*edition* 应添加方括号。

10. BC **解析:**信息取自资源之外,应添加方括号,故 <A> 错误。有多个版本说明时,不能重复 250$a,而应该重复 250 字段本身,故 <D> 错误。

二、判断题

1. T **解析:**这 8 个子元素分别为版本标识、并列版本标识、与版本相关的责任说明、与版本相关的并列责任说明、特定修订版标识、并列特定修订版标识、与特定修订版标识相关的责任说明、与并列特定修订版标识相关的责任说明。其中只有版本标识和特定修订版标识为 RDA 核心元素。

2. F **解析:**参见判断题第 1 题解析。

3. F **解析:**并列版本标识记录于 250$b。

4. F **解析:**参见不定项选择题第 6 题解析。

5. F

6. F **解析:**取自资源之外时添加方括号。

7. T

8. F **解析:**参见不定项选择题第 6 题解析。

9. F **解析:**根据 RDA 2.5.2.6,与正题名融为一体的版本说明不必记录。

10. T **解析:**参见 RDA 2.5.2.5。

三、实操题

1. 250 ##$a3e éd., revue et augmentée.

2. 245 00$a100 anniversary edition of the Longman English dictionary.

3. 250 ##$aÉdition 2014 =$b2014 edition.

4. 250 ##$aSecond edition, revised.

   解析:题名页 1 为摹真品的题名页,题名页 2 为原件题名页,两个题名页上均有版本说明。根据 RDA 2.5.1.3,应记录与该摹真品相关的版本说明。

5. 250 ##$a4th edition /$bwith revisions, an introduction, and a chapter on writing by E. B. White.

Day 13

记录制作、出版、发行、生产说明(1)

一、填空题(每空 2 分,共 20 分)

1. 在 AACR2 编目实践中,制作、出版、发行、生产说明和版权日期均记录在 260 字段,在 RDA 编目实践中,则记录在______字段。第 2 指示符指示信息类型:

   0　______

   1　出版

   2　发行

   3　______

   4　______

2. 制作说明是针对______,出版说明、发行说明、生产说明是针对已出版的资源。网络资源视为______。
3. ① 发行日期 ② 生产日期 ③ 版权日期 ④ 出版日期

   按 RDA 核心等级排序为:______
4. 对于日期,如果资源上没有可记录的日期,则可从资源之外获取,这样的日期在 RDA 中被称为______,需要置于______内。
5. 在制作说明中,______是核心元素。在出版说明中,出版地、出版者名称和出版日期都是核心元素。

二、不定项选择题(每题 5 分,共 30 分)

1. 某一资源未给出出版地信息,根据外部信息源判断,出版地可能是米兰,则出版地记录正确的是(　　)

   A. 264 #1$a[Milan, Italy]　　B. 264 #1$a[Milan?]

   C. 264 #1$a[Milan, Italy?]　　D. 264 #1$a[Milan?, Italy]
2. 某一多部分专著可获得出版于 1999 年的首卷,并仍在继续出版,在 2014 年进行综合著录时,出版日期记录正确的是(　　)

   A. 264 #1$c1999.　　B. 264 #1$c1999-[2014]

   C. 264 #1$c1999-　　D. 264 #1$cbetween 1999 and 2014.
3. 某一资源给出的出版地为 *New York*,但根据外部信息源,其正确的出版地为 *Washington D. C.*,则出版地信息记录正确的是(　　)

   A. 264 #1$aNew York [i. e. Washington D. C.]

   B. 264 #1$a[Washington D. C.]

   　500 ##$aPublication place appeared on item as "New York".

   C. 264 #1$a[New York]

500 ##$aActually published in Washington D. C.

D. 264 #1$aNew York

500 ##$aActually published in Washington D. C.

4. 某一资源提供的出版发行信息为:*Published by D. C. Press, New York ; Distributed by Everson Co.*, 2014,则正确的记录方法为(　　)

A. 264 #1$aNew York :$bpublished by D. C. Press,$c[2014]

B. 264 #1$aNewYork :$bD. C. Press,$c[date of publication not identified]

264 #2$a[Place of distribution not identified] :$bEverson Co. ,$c2014.

C. 264 #1$aNewYork :$bD. C. Press,$c[date of publication not identified]

D. 264 #1$aNewYork :$bD. C. Press ;$bD. C. Press, distributor,$c[2014]

5. 如果资源上的日期信息为纪年铭的形式,则依据 RDA,下列做法正确的是(　　)

A. 如实转录纪年铭

B. 转录纪年铭,同时在方括号内添加数字形式的日期

C. 不转录纪年铭,直接在方括号内提供数字形式的日期

D. 不转录纪年铭,直接提供数字形式的日期

6. 下列关于日期的记录正确的是(　　)

A. 某多部分专著有 10 卷,但都在 2010 年出版,则记录为:264 #1$c2010.

B. 某多部分专著仅知晓首卷的出版日期为 2005,则记录为:264 #1$c2005-

C. 某资源显示出版日期为:MDCCXXXIII,则记录为:264 #1$cMDCCXXXIII[1733]

D. 某资源没有提供出版日期,但可估计为 20 世纪,则记录为:264 #1$c[between 1900 and 1999]

三、判断题(正确请填写“T”,错误请填写“F”;每题 2 分,共 20 分)

1. 手稿、绘画、网络资源等资源仅有制作说明。(　　)
2. 如果某一非出版资源的制作日期跨越十年之久,则应记录起始和终止日期。(　　)
3. 如果资源有可识别的出版信息和发行信息,则仅记录出版信息,不能记录发行信息,因为出版信息的核心等级较发行信息高。(　　)
4. 如果资源中转录的出版地信息有误,则应在 264 字段中记录正确的地点信息。(　　)
5. 如果信息源上出现多个出版地或出版者,仅第一个是必需的。(　　)
6. 记录出版者名称时,不能缩写其中的词或短语,但可以省略中间的层级。(　　)
7. 如果信息源上有指示出版责任的词 *published by*,需如实转录。(　　)
8. 如果有多个出版地,除必须记录第一个之外,若存在编目机构所在国的地点,也需记录。(　　)
9. 虽然存在 *Place of publication not identified* 等短语,但是 LC 仍然规定,尽量提供出版地信息。(　　)
10. 在 LC 的编目实践中,多部分专著、连续出版物、集成性资源等都要求记录版权日期。(　　)

四、连线题(每线 6 分,共 30 分)

264 字段与 008/06、008/07-10、008/11-14 字符位存在对应关系,请按对应关系连线。

264 #1$c[1999]	008/06	s
	008/07-10	2010
	008/11-14	####
264 #1$c2007-2009.	008/06	n
	008/07-10	uuuu
	008/11-14	uuuu
264 #1$c2010.	008/06	m
	008/07-10	2007
	008/11-14	2009
264 #1$c[date of publication not identified]	008/06	q
	008/07-10	uuuu
	008/11-14	1999
588 ##$aDescription based on the 20th impression, 1999.	008/06	s
	008/07-10	1999
	008/11-14	####

Day 13 答案与解析

一、填空题

1. 264　制作　生产　版权日期　**解析**:在 AACR2 编目实践中,制作、出版、发行、生产说明和版权日期均记录在 260 字段。为了加强识别,RDA 将这些元素独立化,为此增加了 264 字段,并通过该字段的第 2 指示符的值指示信息的类型,具体为:0 制作,1 出版,2 发行,3 生产,4 版权日期。当前的编目实践中,260 字段还在沿用,如果情况涉及不多,例如,仅有出版方面的信息,也可以用 260 字段。有时 260 和 264 字段会同时启用,以说明多种情况。
2. 非出版形式资源　已出版的资源　**解析**:制作说明是指"识别非出版形式资源的制作地、制作者和制作日期的说明",非出版形式资源如包括手稿、绘画、雕塑、本地制作录音等,网络资源视为已出版的资源(包括手稿等非出版形式的电子复制品)。
3. ④①③②　**解析**:出版说明、发行说明、生产说明是针对已出版的资源,从核心角度看,当前一种说明的信息无法识别时,后一种说明递补为核心元素,即当出版说明无法识别时,发行说明是核心元素,当出版说明和发行说明都不能识别时,生产说明是核心元素。出版、发行、生产等说明中等级核心元素的排列顺序如下:出版地——发行地——生产地;出版者——发行者——生产者;出版日期——发行日期——版权日期——生产日期。
4. 可提供的日期　方括号内　**解析**:可提供的日期(Supplied dates),即信息源上找不到,而从资源本身之外所获取的日期,提供的日期需置于方括号内,以表示信息取自资源之外,提供的日期不使用缩写。
5. 制作日期

二、不定项选择题

1. B　**解析**:RDA 中规定,如果资源本身上没有出版地信息,可取自资源之外,但需置于方括号内;同时如果出版地为可能的地点，则在出版地之后随以问号，故可排除<A>。外部信息中并没有指出米兰所在的国家是意大利，除非为避免歧义，否则编目员无须自行添加城市所属的国家名称，故<C>和<D>错误，只有<B>正确。

2. C　**解析**：对于多部分专著、连续出版物和集成性资源，在记录出版日期时，如果首期、第一部分或第一个更新后的整体可获得，且资源还在继续出版，则记录首期的日期，其后随以短横“-”；如果出版已经完成或终止，且拥有首期、第一部分或第一个更新后的整体，则提供出版的起讫日期。

3. D　**解析**：如果信息源提供的出版地有误，也应该遵循“如实著录”的原则将错误的地名记录在 264，同时编制一个附注，提供正确的信息，故<D>正确。

4. BC　**解析**：在记录与出版发行等有关的信息时，如果不能获取相关信息，RDA 取消了 AACR2 中 *S. l.*、*s. n.* 等拉丁语的表示方法，代之以相应的短语。出版说明、发行说明和生产说明的核心等级依次递减，有出版说明信息时，出版说明是必须著录的，发行说明则可根据具体情况进行选择性著录，故<B>和<C>均正确。

5. ABC　**解析**：根据 RDA 2.8.6.4，对于制作、出版、发行、生产和版权日期，如果信息源上采用纪年铭的形式，则可以如实转录纪年铭；也可应用可选择的附加，在转录纪年铭的同时，添加创建数据机构首选的数字形式的日期，并将该日期置于方括号内；同时也可应用交替规则，不转录纪年铭，直接用创建数据机构首选的数字形式的日期，并将该日期置于方括号内，如果对识别重要，可再附注提供纪年铭日期。综上，<A><B>和<C>正确。

6. ABCD　**解析**：<A>：对于多部分专著，如果各部分出版日期相同，则只需将该日期作为单一日期予以记录。<B><C>：参见不定项选择题第 2 题解析和第 5 题解析。<D>：著录出版日期时，如果可能的年在若干范围内，以“between 最早可能的年 and 最后可能的年”的形式记录，并添加方括号，AACR2 中该用法只能用于相距 20 年之内的情况，RDA 取消了该限制。

三、判断题

1. F　**解析**：网络资源视为已出版的资源，因此不涉及制作说明。

2. T　**解析**：制作日期通常是某年，也可以具体到月、日，如果制作日期跨越某一时间段，则记录起讫日期。

3. F　**解析**：此题错误之处在于，不是“不能记录发行信息”，而是“不是必须记录发行信息”。

4. F　**解析**：如果信息源提供的出版地有误，应该遵循“如实著录”的原则将错误的地名记录在 264，同时编制一个附注，提供正确的信息。

5. T

6. T

7. F　**解析**：如果信息源上有指示个人、家族或团体所承担职能的词或短语，则如实转录，但是表示单纯出版的词或短语不转录，如 *published by*。

8. F　**解析**：如果信息源上有多个出版地，则仅第一个是必需的，不必一定要记录编目机构所在国的地点。

9. T　**解析**：LC-PCC PS 中规定如下：如果出版地在资源中未能识别，尽量提供一个可能的出版地，而不使用 *Place of publication not identified* 来表示。

10. F　**解析**：仅作为独立单元发行的资源需记录版权日期。

四、连线题

264 #1$c[1999]

264 #1$c2007-2009.

264 #1$c2010.

264 #1$c[date of publication not identified]

588 ##$aDescription based on
the 20th impression, 1999.

008/06　s
008/07-10　2010
008/11-14　####

008/06　n
008/07-10　uuuu
008/11-14　uuuu

008/06　m
008/07-10　2007
008/11-14　2009

008/06　q
008/07-10　uuuu
008/11-14　1999

008/06　s
008/07-10　1999
008/11-14　####

解析:日期信息与 MARC 21 中的定长数据元素 008/06(日期类型/出版状态)、008/07-10(日期 1)和 008/11-14(日期 2)中存在在对应关系。008/06 字符位代码的选择与 008/07-14 字符位,即日期 1 和日期 2 关系密切。日期代码的选择通常依据 264 字段的$c 子字段、362 字段或与日期相关的附注说明字段。008/06 字符位为"s",表示单个已知或可能的日期,并将单个日期记录在 008/07-10 字符位。008/06 字符位为"n",表示日期不详,即 264 字段无出版日期信息,008/07-14 字符位用 8 个"u",表示。008/06 字符位为"m",表示多个日期,将首尾日期分别记录在 008/07-10 和 008/11-14 字符位。008/06 字符位为"q",表示有疑问的日期,无法确定精确日期,但可推断大概的日期范围,将可能的日期范围,最早日期记录在 008/07-10 字符位,最晚日期记录在 008/11-14 字符位,不详的日期用"uuuu"表示。

Day 14

记录制作、出版、发行、生产说明(2)

一、填空题(每空 2 分,共 20 分)

1. 某一资源的出版信息为:*Cambridge, Published by Cambridge University Press,* 2010.
   264 #1$aCambridge :$b ______,$c2010.
2. 某一资源显示的出版信息为:*Rennes, Presses universitaires de Rennes, copyright* 2014.
   264 #1$a ______:$bPresses universitaires de Rennes,$c ______(或[date of publication not identified])
3. 某一资源显示的出版信息为:*Published in Paris by Les Belles Lettres Editions and distributed in London by Sage Publications,* ©2012.
   264 #1$aParis :$b ______,$c[2012] (或 [date of publication not identified])
   264 #2$aLondon :$b ______,$c ______
   264 #4$c ______
4. 某一资源显示的出版信息为:*Cambridge by Cambridge University Press*。另根据外部信息判定出版时间在 1951 年至 1978 年之间。
   264 #1$a ______:$bCambridge University Press,$c ______
5. 某一资源显示的出版信息为:*Published by Gallimard,* 2010. *Gallimard* 位于法国巴黎。
   264 #1$a ______:$bGallimard,$c2010.

二、实践题(每题 10 分,共 80 分)

请根据专著的版权页显示信息记录 264 字段和对应的 008 字段 06、07—10、11—14、15—17 字符位。

1.

Copyright Cambridge University Press 1987 Volume 1 published in 1987 Volume 2 published in 1988 Volume 3 published in 1989 Volume 4 published in 1994

008/06 ______
008/07-10 ______

008/11-14 ______
008/15-17 ______
264 #1 ____________________
264 #4 ____________________

2.

Paris, Berlin, New York, London ©Springer 2015

008/06 ______
008/07-10 ______
008/11-14 ______
008/15-17 ______
264 #1 ____________________
264 #4 ____________________

3.

London Sage Publications on behalf of London University, 2003 Distributed in the U.S. by Science Department, ABC Publications

008/06 ______
008/07-10 ______
008/11-14 ______
008/15-17 ______
264 #1 ____________________
264 #2 ____________________

4.

Paris, L'Harmattan ©2014	Bruxelles, BRUYLANT

08/06 ______
008/07-10 ______
008/11-14 ______
008/15-17 ______
264 #1 ______
264 #4 ______

5.

Published by ABC Publishers Distributed by Sage Publications in London

008/06 ______
008/07-10 ______
008/11-14 ______
008/15-17 ______
264 #1 ______
264 #2 ______

6.

© L'Harmattan 2012 Dépôt légal : décembre 2012 Paris

008/06 ______

008/07-10 ______
008/11-14 ______
008/15-17 ______
264 #1 ____________________
264 #4 ____________________

7.

版权页	书末页
© Éditions Larcier 2013 Rue des Minimes, 39, Bruxelles Imprimé en Belgique 2013	Also available in U. S. by AUE Publications, distributor

008/06 ______
008/07-10 ______
008/11-14 ______
008/15-17 ______
264 #1 ____________________
264 #2 ____________________
264 #4 ____________________

8.

© Gallimard 2011 Distributed in the U.K. and U.S. by Sage Publications 2011 London, New York

[Gallimard 位于法国巴黎]
008/06 ______
008/07-10 ______
008/11-14 ______
008/15-17 ______
264 #1 ____________________
264 #2 ____________________
264 #4 ____________________

Day 14 答案与解析

一、填空题

1. Cambridge University Press

2. Rennes [2014]

3. Les Belles Lettres Editions Sage Publications [2012] © 2012

4. Cambridge [between 1951 and 1978]

5. [Paris]

二、实践题

1. 008/06 m
   008/07-10 1987
   008/11-14 1994
   008/15-17 enk
   264 #1$a[Cambridge] :$bCambridge Univeristy Press,$c1987-1994.
   264 #4$c© 1987

2. 008/06 s
   008/07-10 2015
   008/11-14 ####
   008/15-17 fr
   264 #1$aParis :$bSpringer,$c[2015]
   264 #4$c© 2015

3. 008/06 s
   008/07-10 2003
   008/11-14 ####
   008/15-17 enk
   264 #1$aLondon :$bSage Publications on behalf of London University,$c2003.
   264 #2$aU. S. :$bABC Publications,$c[date of distribution not identified]

4. 008/06 s
   008/07-10 2014
   008/11-14 ####
   008/15-17 fr
   264 #1$aParis :$bL' Harmattan ;$aBruxelles :$bBruylant,$c[2014]
   264 #4$c© 2014

   解析:本题中有两个出版地分别为 *Paris* 和 *Bruxelles*,两个出版者 *L' Harmattan* 和 *Bruylant*,则按照顺序由左至右记录即可,注意标识符的使用,将第一个出版地对应的国家代码记录在 008/15-17 字符位。

5. 008/06 n
   008/07-10 uuuu
   008/11-14 uuuu
   008/15-17 enk
   264 #1$a[Placeof publication not identified] :$bABC Publishers,$c[date of publication not identified]
   264 #2$aLondon :$bSage Publications,$c[date of distribution not identifed]

6. 008/06 s
   008/07-10 2012

008/11-14 ####

008/15-17 fr

264 #1$aParis :$bL' Harmattan,$c[2012] (或者 [date of publication not identified])

264 #4$c© 2012

7. 008/06 s

008/07-10 2013

008/11-14 ####

008/15-17 be

264 #1$aBruxelles :$bÉditions Larcier,$c[2013]

264 #2$aU. S. :$bAUE Publications,$c[date of distribution not identified]

264 #4$c© 2013

8. 008/06 s

008/07-10 2011

008/11-14 ####

008/15-17 fr

264 #1$a[Paris] :$bGallimard,$c[2011]

264 #2$aLondon ;$aNew York :$bSage Publications,$c2011.

264 #4$c© 2011

Day 15

记录丛编说明

一、填空题(每空 2 分,共 20 分)

1. 丛编说明记录在 490 字段,共包括 16 个子元素,其中核心元素是丛编正题名、______、分丛编正题名、______。在编目实践中,490 字段常需要与______字段配合使用,例如,丛编的规范形式与信息源上出现的丛编说明形式不同。
2. 丛编说明的信息源首先取自______,如不可行,可取自资源本身的任何来源。
3. 490$a 可重复,重复$a 包含两种情况:______;______。
4. 根据题目描述,在字段所留空白处,填入适当的内容:资源显示的丛编信息为:*Advances in Artificial Intelligence, Volume* 241

   490 1#$aAdvances in Artificial Intelligence ;$v ____________

   ______#0$aAdvances in Artificial Intelligence Series ;$vv. 241.
5. 如果分丛编在主丛编中没有丛编编号,则将 *new series*、*second series* 等标识作为______记录;如果分丛编在主丛编中有丛编编号,则将上述标识作为______记录。

二、单项选择题(每题 3 分,共 30 分)

1. 信息源显示丛编编号为 v. 17,实际应为 v. 19,则下列记录方法正确的是(　　)

   A. 490 1#$aAdvances in international accounting ;$vv. 17

   B. 490 1#$aAdvances in international accounting ;$vv. 17[sic]

   C. 490 1#$aAdvances in international accounting ;$vv. 17

   500 ##$aNumbering should read: v. 19

   D. 490 1#$aAdvances in international accounting ;$vv. 17[19]
2. 信息源显示丛编正题名为:*Publication* #132 *of the Social Science Education Consortium*,则下列记录方法正确的是(　　)

   A. 490 1#$aPublication … of the Social Science Education Consortium ;$v#132

   B. 490 1#$aPublication #132 of the Social Science Education Consortium

   C. 490 1#$aPublication #132 of the Social Science Education Consortium ;$v#132

   D. 490 1#$aPublication of the Social Science Education Consortium ;$v#132
3. 信息源显示丛编说明为:*Recherches juridiques no.* 33,则下列记录方法正确的是(　　)

   A. 490 0#$aRecherches juridiques

   B. 490 0#$aRecherches juridiques ;$vno. 33.

   C. 490 0#$aRecherches juridiques ;$vno. 33

   D. 490 0#$aRecherches juridiques ;$v33
4. 信息源显示丛编说明为:*Social Rights Collection, New series*,则下列记录方法正确的是

( )

A. 490 0#$aSocial Rights Collection, New series

B. 490 0#$aSocial Rights Collection ;$vNew series

C. 490 0#$aSocial Rights Collection.$aNew series

D. 490 0#$aSocial Rights Collection. New series

5. 信息源显示丛编说明为:*Germanic Studies / Etudes germaniques, v.* 34,则下列记录方法正确的是( )

A. 490 0#$aGermanic studies =$aEtudes germaniques ;$vv. 34

B. 490 0#$aGermanic studies;$vv. 34 =$aEtudes germaniques ;$vv. 34

C. 490 0#$aGermanic studies = Etudes germaniques ;$vvolume 34

D. 490 0#$aGermanic studies =$aEtudes germaniques ;$vvolume 34

6. 信息源显示丛编说明为:*Library Science Series. New series,* 1235-313*X*,则下列记录正确的是( )

A. 490 0#$aLibrary Science Series. New series,$x1235-313X

B. 490 0#$aLibrary Science Series.$aNew series,$x1235-313X

C. 490 0#$aLibrary Science Series,$x1235-313X ;$vNew series

D. 以上均不正确

7. 丛编说明除了490字段之外,原来还可以记录在若干个4XX字段,2008年修订MARC 21书目数据格式时,用于记录丛编说明的( )字段被废止。

A. 400 B. 410 C. 411 D. 440

8. 信息源显示丛编说明为:*Advances in Acrobatics, no.* 43. *Directed by Brown Lane*,则下列记录方法正确的是( )

A. 490 0#$aAdvances in Acrobatics /$cdirected by Brown Lane ;$vno. 43

B. 490 0#$aAdvances in Acrobatics / directed by Brown Lane ;$vno. 43

C. 490 0#$aAdvances in Acrobatics directed by Brown Lane ;$vno. 43

D. 490 0#$aAdvances in Acrobatics ;$vno. 43

9. 信息源显示丛编说明为:*Fictions, Novels and Short Stories. Novels. Volume* 56. 2034-1432,则下列记录正确的是( )

A. 490 0#$aFictions, Novels and Short Stories. Novels.$vVolume 56,$x2034-1432

B. 490 0#$aFictions, Novels and Short Stories. Novels,$x2034-1432 ;$vvolume 56

C. 490 0#$aFictions, Novels and Short Stories.$aNovels ;$vvolume 56,$x2034-1432

D. 490 0#$aFictions, Novels and Short Stories ;$vNovels, volume 56,$x2034-1432

10. 信息源显示丛编说明为:*Papers & Documents, Bibliographies, volume* 6, 1754-290*X / Travaux & Documents, Bibliographies, Numéro* 6,则下列记录方法正确的是( )

A. 490 0#$aPapers & Documents. Bibliographies,$x1754-290X ;$vvolume 6 =$aTravaux & Documents. Bibliographies ;$vnuméro 6

B. 490 0#$aPapers & Documents. Bibliographies =$aTravaux & Documents. Bibliographies,$x1754-290X ;$vvolume 6

C. 490 0#$aPapers & Documents = Travaux & Documents.$aBibliographies = Bibliographies ;

$vvolume 6 = numéro 6,$x1754-290X

D. 以上均不正确

三、判断题(正确请填写“T”,错误请填写“F”;每题 2 分,共 20 分)

1. 如果某一资源中的各部分属于不同的丛编,则在同一 490 字段中重复$a 记录不同的丛编说明。(　　)
2. 490 字段不可重复,但其$a、$v、$x 子字段均可重复。(　　)
3. 如果资源中显示的丛编说明包含与丛编相关的责任说明,则应仿照 245 字段,将其记录在 490$c。(　　)
4. 如果资源包含不同语言文字的丛编说明,则应首先记录与资源语言文字对应的丛编说明。(　　)
5. 如果丛编编号与题名融为一体,则不著录编号。(　　)
6. 在 LC 的编目实践中,丛编的 ISSN 是核心元素。(　　)
7. 如果丛编编号虽然与题名融为一体,但是不同卷期/部分的编号不同,则将题名中的编号省略,将其记录为丛编编号。(　　)
8. 如果丛编有其他题名信息,应予记录。(　　)
9. 如果丛编编号有误,记录时应订正。(　　)
10. 多部分专著的各部分分别有独立的丛编号,则连续的编号可以只记录开头和结尾编号,中间用连字符连接。(　　)

四、实践题(每题 10 分,共 30 分)

1. 资源的丛编信息如下图所示,请记录其 490 字段。

Towards the Future of Cataloging Series
Volume 22
ISSN: 2150-325X
Collection directed by Dr. Drake Remoray

2. 资源的丛编信息如下图所示，请记录其 490 字段。

Biochemistry Advances Series no. 5

The Toxicology and Biochemistry of Insecticides

Dan James

Volume 1

New York
2013

Biochemistry and Toxicology Series
no. 1

The Toxicology and Biochemistry of Insecticides

Dan James

Volume 2

New York
2014

3. 资源的丛编信息如下图所示，请记录其 490 字段。

Philosophy and Psychology
Volume 34
Philosophie et Psychologie
Volume 34
Philosophie und Psychologie
Band 34

Day 15 答案与解析

一、填空题

1. 丛编编号　分丛编编号　8XX

2. 丛编题名页

3. 记录分丛编　记录丛编并列正题名

4. volume 241 830　**解析**:根据 RDA 附录 A.7,除非 A.10—A.55 中适用于所涉及语言的规则要求予以大写(如德语名词首字母要求大写),否则丛编和分丛编中编号部分的术语不予大写。据此,*Volume* 应用小写形式。490$v 所记录的丛编编号并非规范形式,需启用 830 字段记录该丛编的规范检索点。

5. 分丛编题名　丛编编号的一部分

二、单项选择题

1. C　**解析**:根据 RDA 2.12.9.3,如果已知出现在信息源的编号有差错,则按所见形式转录,同时编制一个附注,提供正确的编号,故 < C > 正确。

2. B　**解析**:根据 RDA 2.12.2.3,如果丛编正题名包含的编号与题名融为一体,则将该编号作为丛编正题名的一部分转录,故 < B > 正确。

3. C　**解析**:根据 RDA 2.12.9.3,按照信息源上出现的形式记录丛编编号。< B >:490 字段应没有结束符,故错误。

4. D　**解析**:根据 RDA 2.12.10.4,如果分丛编在主丛编中没有编号,则将 *new series*、*second series* 等标识作为分丛编题名予以记录,而且将分丛编正题名记录在与主丛编相同的$a,不必启用另一个$a,故 < D > 正确。

5. A　**解析**:根据 RDA 2.12.9.5,如果丛编正题名和编号同时以不同语言和文字出现,则将编号记录在相应语言的正题名之后;如果编号适用于全部正题名,则记录在最后一个正题名之后,且按照信息源上出现的形式记录丛编编号,故 < A > 正确。

6. A　**解析**:参见单项选择题第 4 题解析。

7. D

8. D　**解析**:根据 RDA 2.12.6.3,仅在对识别丛编是必需时,才记录与丛编相联系的责任说明。因此,题中的 *Directed by Brown Lane* 无须记录。

9. B　**解析**:参见填空第 4 题和单项选择题第 4 题解析。

10. A　**解析**:参见单项选择题第 5 题解析。

三、判断题

1. F　**解析**:根据 RDA 2.12.1.5,如果某一资源中的各部分属于不同的丛编,则为每个丛编说明建立一个 490 字段,并将与丛编对应的卷期/部分记录在$3 中。

2. F　**解析**:490 字段可以重复。

3. F　**解析**:参见单项选择题第 8 题解析。

4. T

5. T

6. T

7. T　**解析**:根据 RDA 2.12.2.3 的例外规则,如果资源由两个或两个以上卷期或部分组成,且与丛编正题名融为一体的编号随各卷期或部分而变化,则在丛编正题名中省略该编号,用省略号表示所做的省略,将该编号作为丛编编号予以记录。

8. F　**解析**:根据 RDA 2.12.4.3,仅在对识别丛编是必需时,才记录丛编其他题名信息。

9. F

10. T　**解析**:根据 RDA 2.12.9.8.1,如果多部分专著的各部分在丛编内单独编号,记录第一个和最后一个编号,用连字符分隔。

四、实践题

1. 490 0#$aTowards the future of cataloging series,$x2150-325X ;$vvolume 22

2. 490 0#$aBiochemistry advances series ;$vno. 5

500 ##$aVolume 2 in series: Biochemistry and toxicology series, no. 1.

或

490 0#$3Volume 1 :$aBiochemistry advances series ;$vno. 5

490 0#$3Volume 2 :$aBiochemistry and toxicology series ;$vno. 1

解析：第一种做法：如果资源的各部分属于不同的丛编，而在丛编说明中不能清晰地表达这种关系，则可以编制一个附注，提供该丛编的细节（见 RDA 2.20.11.3）；第二种做法：如果资源的各部分属于不同的丛编或者丛编发生变化，可以不采用编制附注的方式，而是为每个丛编说明建立一个 490 字段，并将与丛编对应的卷期/部分记录在$3 中。

3. 490 0#$aPhilosophy and psychology =$aPhilosophie et psychologie ;$vvolume 34 =
$aPhilosophie und Psychologie ;$vBand 34

解析：首先，资源上包含有法语和德语的并列丛编正题名，所以需要启用多个$a 分别记录；其次，如果丛编正题名和编号同时以不同语言和文字出现，则将编号记录在相应语言的正题名之后；再次，如果编号适用于全部正题名，则记录在最后一个正题名之后，所以英语和法语形式的丛编编号仅记录一次。

Day 16
编制附注

一、不定项选择题(每题5分,共30分)

1. 在载体表现和单件的附注中,可以记录的内容包括(　　)
   A. 题名的来源　　B. 出版地错误更正
   C. 含有索引　　D. 多部分专著的版本说明变化
2. 可用于记录载体表现和单件的附注的 MARC 21 字段包括(　　)
   A. 500　　B. 504　　C. 520　　D. 588
3. 需要为题名添加附注的情况一般包括(　　)
   A. 多部分专著各卷题名有变化　　B. 副题名有拼写错误
   C. 题名的信息源为封面　　D. 题名以多种语言形式出现
4. 下列字段可为"作品"实体提供附注的包括(　　)
   A. 546　　B. 521　　C. 502　　D. 500
5. 需要为出版发行说明添加附注的情况一般包括(　　)
   A. 多部分专著暂停出版　　B. 出版地有误
   C. 多部分专著中某一卷的出版者有变化　　D. 版权日期与出版日期不一致
6. 频率附注的内容包括(　　)
   A. 内容时新性　　B. 连续出版物各期或各部分的发布频率
   C. 集成性资源的更新频率　　D. 频率变化

二、判断题(正确请填写"T",错误请填写"F";每题2分,共10分)

1. MARC 21 书目记录中 5XX 字段的排序是按照字段号排列的。(　　)
2. 如果题名附注用于说明正题名的来源,在 LC 的编目实践中为核心元素。(　　)
3. 对于多部分专著或者连续出版物,如果没能以最早的卷期作为基础进行编目,则应编制附注进行说明,这在美国国会图书馆的实践中为核心元素。(　　)
4. 附注采用编目语言,即创建数据的机构首选的语言。(　　)
5. 如果附注是引语,无须提供获取来源,仅需将引语置于引号内。(　　)

三、归类题(每个2分,共30分)

请将下列附注归入合适的类别。

A. Title from cover.

B. Actually published in Berlin.

C. Includes bibliographical references.

D. Also issued in microform form.

E. Issues published from 1998-2012 has the title Yearbook of Medical Society.

F. Description based on 2013 edition.

G. Issues for Aug. 1973-Dec. 1974 also called v. 1, no. 7-v. 2, no. 12.

H. Editor varies.

I. Volumes 3-5 are published by New York, Atlas Co.

J. Papers presented to an international conference.

K. Volume 4 does not have an edition statement

L. Subtitle of series varies

M. CD-ROM is copyright 2015

N. Distributed in U. S. by: EAV Ltd

O. Latest issue consulted: 2013

1. 题名附注
2. 责任说明附注
3. 连续出版物编号附注
4. 版本说明附注
5. 丛编说明附注
6. 出版说明附注
7. 发行说明附注
8. 版权说明附注
9. 作为识别资源依据的卷期说明附注
10. 其他附注

四、实践题(每题 10 分,共 30 分)

1. 某专著的题名页如图所示,请正确记录题名信息,并编制适当的附注。

Advances in Electronics

Edited by James. R. Boumar

Volume 1

London

1982

Advances in Electronics

Edited by Danny Brown

Volume 32

London

2014

2. 某专著的题名页如图所示，请正确记录题名信息，并编制适当的附注。

Internationel Cooperation in

Scientific Research and Development

John Edward

New York

3. 某多部分专著的版权页如图所示，请正确记录出版信息，并编制适当的附注。

Volume 1-12 published by
Sage Publications, London 2001-2013

Volume 13-14 published by
Ad. Co., London, 2014

© Sage Publications 2001

Day 16 答案与解析

一、不定项选择题

1. ABD　**解析：**载体表现和单件的附注是指“提供与载体表现属性有关的附加信息的注释”，包括题名附注、责任说明附注、版本说明附注、连续出版物编号附注、出版说明附注、作为识别资源依据的卷期部分或更新后的整体附注等，据此 < A > < B > 和 < D > 正确，< C >“含有索引”虽然也记录在附注字段，但其属于内容表达的属性“补编内容”，不属于载体表现和单件的附注范畴，故 < C > 错误。
2. AD　**解析：**< B >：用于记录补编内容，属于内容表达的属性。< C >：520 用于记录内容提要，也属于内容表达的属性。
3. ABC　**解析：**题名附注是指“提供关于获取题名的来源、浏览题名的日期、题名的变化、差错、删除等信息，或与题名相关的其他信息的附注”，据此，前三项正确。< D > 属于“内容的语言”，不是题名附注的范畴。
4. BCD　**解析：**< A >：546 用于记录“内容的语言”（RDA 7.12）属于内容表达实体的属性，故错误。< B >：521 用于记录“读者对象”（RDA 7.7），属于作品的属性。< C >：502 用于记录“学位论文或毕业论文信息”（RDA 7.9），属于作品的属性。< D >：500 作为一般性附注有时也可用于记录作品的属性，例如“内容特性”（RDA 7.2）。据此，后三项正确。
5. ABC　**解析：**出版说明附注是指“提供关于出版地、出版者或出版日期的细节，关于出版地、出版者或出版者名称变化或暂停出版的信息的附注”，与版权日期无关，版权日期与出版日期不一致时可通过添加多个 264 字段直接表示（第 2 指示符区分类型），故 < D > 错误。
6. ABCD

二、判断题

1. F　**解析：**附注字段的排序依据的附注所属的著录项目的顺序，即九大项。
2. T
3. T
4. T
5. F　**解析：**根据 RDA 1.10.3，如果附注是引语，在引号内记录从资源或其他来源获取的引语，其后随以引语的来源，除非该来源是识别资源的首选信息源。

三、归类题

1. A E　2. H　3. G　4. K　5. L　6. B I　7. N　8. M　9. F O　10. C D J

解析：

J. Title from cover.　题名来源（500）

K. Actually published in Berlin.　出版地错误，用附注说明正确的出版地（500）

L. Includes bibliographical references.　包括参考书目，属于补编内容（504）

M. Also issued in microform form.　以缩微形式同时发行（530）

N. Issues published from 1998-2012 has the title Yearbook of Medical Society.　题名附注（500）

O. Description based on 2013 edition.　著录依据（588）

P. Issues for Aug. 1973-Dec. 1974 also called v. 1, no. 7-v. 2, no. 12.　连续出版物编号的变化（500）

Q. Editor varies.　责任者变化（500）

R. Volumes 3-5 are published by New York, Atlas Co.　出版者变化（500）

J. Papers presented to an international conference.　说明论文提交给国际会议的情况（500）

K. Volume 4 does not have an edition statement　指示第 4 卷没有版本说明（500）

L. Subtitle of series varies　丛编副题名变化（500）

M. CD-ROM is copyright 2015　指明 CD-ROM 的版权是 2015 年（500）

N. Distributed in U. S. by: EAV Ltd　指明发行者（500）

O. Latest issue consulted: 2013　著录依据(588)

四、实践题

1. 245 00$aAdvances in electronics /$cedited by James R. Boumar.

500 ##$aVolume 32 edited by Danny Brown.

解析:第 32 期连续出版物的责任者发生变化,245 记录初始的责任者信息,在 500 记录变化后的附注说明。

2. 245 10$aInternationel cooperation in scientific research and development /$cJohn Edward.

500 ##$aTitle should read: International cooperation in scientific research and development.

解析:*International* 发生拼写错误,所以在记录题名时如实转录,在 500 编制附注说明题名的正确形式。

3. 264 #1$aLondon :$bSage Publications,$c2001-2013.

264 #4$c© 2001

500 ##$aVolume 13-14 published by: London : Ad. Co., 2014.

解析:多部分专著后继卷期的出版者名称发生变化,在 500 记录变化后的附注说明。

Day 17
记录数量的一般性规则

一、不定项选择题(每题 5 分,共 25 分)

1. 带有附件的某资源,对其进行载体描述时正确的是(　　)
   A. 启用两个 300 字段,分别记录主资源和附件的载体特征
   B. 启用一个 300 字段,将附件的载体特征记录在$e 子字段
   C. 启用一个 300 字段,重复$a,将附件的载体特征记录在第 2 个$a 子字段
   D. 将附件载体特征记录在附注字段
2. 多载体配套资料,对其进行载体描述时正确的是(　　)
   A. 记录组成部分的数量、其他形态细节和尺寸,并著录于 300 同一$a
   B. 如果在同一容器中,仅记录容器的载体形态
   C. 不记录组成部分的具体情况,编目员提供一个一般性术语描述其载体形态
   D. 重复 300$a,记录每个组成部分的数量,形态细节等
3. 下列“数量”元素记录正确的是(　　)
   A. 1 online resource　B. 2 volume　C. 7 film reels　D. 1 USB flash drive
4. 下列载体类型术语记录正确的是(　　)
   A. 1 microfich　B. 2 microfiches　C. 7 videodiscs　D. 1 USB flash drive
5. RDA 3.3 提供了载体类型的术语,下列哪些资源不采用 RDA 3.3.1.3 的术语,而另用其他术语(　　)
   A. 地图　B. 文本　C. 乐谱　D. 三维形式

二、实践题(每题 5 分,共 75 分)

根据 RDA 规则和所给提示,记录以下资源的数量

例:6 册(书)

300 ##$a6 volumes

1. 2 个电影胶卷
   300 ##$a ______________________
2. 大约 200 页的文本
   300 ##$a ______________________
3. 一种包括 15 种各类载体类型介质的资源
   300 ##$a ______________________
4. 5 组内容完全相同的电脑光盘,每组有 3 张电脑光盘
   300 ##$a ______________________
5. 缩微论文,共 3 张缩微平片,这 3 张缩微平片上共缩微了 512 页

300 ##$a ________________

6.2 个缩微胶卷(一共 360 帧)

300 ##$a ________________

7.6 个电影胶卷(每个胶卷 180 帧)

300 ##$a ________________

8. 一个电脑光盘(11 个数据文件)

300 ##$a ________________

9. 多卷活页(提示:资源不完整时的综合著录)

300 ##$a ________________

10. 音频资料,由 6 张光盘组成,总时长 95 分钟 26 秒

300 ##$a ________________

11. 视频资料,由 2 张光盘组成,估算每张盘的大致时间是 50 分钟

300 ##$a ________________

12.1 个在线资源包含 2 个程序文件和 3 个图像文件

300 ##$a ________________

13.16 叶未编号的地图册

300 ##$a ________________

14. 一套幻灯卷片,大概有 200 帧

300 ##$a ________________

15. 一个智力拼图,大约 500 件

300 ##$a ________________

Day 17 答案与解析

一、不定项选择题

1. ABD　**解析**:带有附件的资源在描述载体时有两种方法:①如果需要记录附件的细节,可启用两个 300 字段分别记录主资源和附件的载体特征;或者,启用一个 300 字段,将附件的载体特征记录在$e 子字段。②如果附件信息对识别资源不重要,可将附件载体特征在附注字段提供即可。

2. ABC　**解析**:多载体配套资料在描述载体时有两种方法:①记录组成部分的数量、其他形态细节和尺寸信息,并著录于 300 字段的同一$a,无须重复$a;如果这些部分在同一容器中,也可仅记录容器的载体形态。②不记录各部分的具体情况,编目员提供一个一般性术语描述其载体形态。

3. ACD　**解析**:资源数量是由单元数和载体类型术语组成,术语的单复数形式要根据实际情况确定。<B>:载体类型术语 *volume* 应采用复数形式 *volumes*。

4. BCD　**解析**:<A>:应为 *microfiche*。

5. ABCD　**解析**:根据 RDA 3.4.1.3 的例外规则,地图资源、乐谱、静态图像、文本和三维形式采用专门术语,而不采用 3.3.1.3 所列术语。

二、实践题

1. 300 ##$a<u>2 film reels</u>

2. 300 ##$a<u>approximately 200 pages</u>

解析:根据 RDA 3.4.1.4,如果确切的单元数不易确定,则记录估算数,前置以 *approximately*。

3. 300 ##$a15 various pieces

解析:根据 RDA 3.4.1.5,如果不能简洁地列出各单元的名称,则记录单元数并指示为 *various pieces*。如果单元数不易确定或估算,则省略具体单元数。

4. 300 ##$a5 identical sets of 3 computer discs

解析:根据 RDA 3.4.1.6,如果资源各单元内容完全相同,则在指示单元类型的术语前添加 *identical*。如果资源由多套单元组成,且每套内容完全相同,则以 20 *identical sets of* 12 *microscope slides* 等形式记录套数和每套的单元数。

5. 300 ##$a3 microfiches (512 pages)

解析:根据 RDA 3.4.1.7,如果易于确定且对识别或选择重要,则在指示单元类型的术语后记录子单元数,并置于圆括号内。

6. 300 ##$a2 microfiches (360 frames)

7. 300 ##$a6 microfilm reels (180 frames each)

解析:如果每个载体上包含的子单元数相同,根据 RDA 3.4.1.7,在每个单元中指明子单元数,其后随以 *each*。

8. 300 ##$a1 computer disc (11 data files)

解析:根据 RDA 3.4.1.7.1,如果计算机盘、盒带等的子单元是音频文件、视频文件、数据文件等类型,用 RDA 3.19.2.3 所列的文件类型术语指明子单元数。

9. 300 ##$avolumes (loose-leaf)

解析:根据 RDA 3.4.1.10,当对尚不完整的资源进行综合著录时,可仅记录载体类型术语,不记录具体数值。根据 RDA 3.4.5.19,如果资源为不断更新的活页出版物,则记录册数,其后随以 *loose-leaf*,并置于圆括号内。

10. 300 ##$a6 sound discs (95 min., 26 sec.)

解析:根据 RDA 7.22.1.3,记录资源的播放时间、运行时间等。时间单位按附录 B 缩写。

11. 300 ##$a2 videodiscs (approximately 50 min. each)

12. 300 ##$a1 online resource (2 program files, 3 image files)

13. 300 ##$a1 atlas (16 unnumbered leaves)

解析:根据 RDA 3.4.2.2,用地图资源专用术语记录数量。

14. 300 ##$a1 flimslip (approximately 200 frames)

15. 300 ##$a1 jigsaw puzzle (500 pieces)

解析:根据 RDA 3.4.6.2,用三维形式专用术语记录数量,子单元数可置于圆括号内。

Day 18
记录文本的数量

一、不定项选择题（每题 5 分，共 25 分）

1. 如果某资源标注的是叶码，则记录该资源数量的术语是（　　）
   A. pages　　B. leaves　　C. columns　　D. volumes
2. 下列关于"页、叶、栏"的说法正确的是（　　）
   A. "page"是指叶的两面都有页码
   B. "leave"是指叶的一面有页码
   C. 如果册由页组成，页又由多栏组成，按栏编号，则记录页数
   D. 如果编号为字母的起讫范围，则如实著录，并用破折号连接起始和终止的页码
3. 下列关于文本的数量信息描述错误的是（　　）
   A. approximately 200 pages　　B. 1285 columns
   C. 143 pages, 20 unnumbered leaves　　D. thirty pages
4. 如果序列的最末页、叶或栏编号有误，则下面记录方法正确的是（　　）
   A. 52, that is, 54 leaves　　B. [i. e. 54] pages
   C. 562, that is, 652 pages　　D. that is 652 pages
5. 如果资源最后部分丢失，无法确定完整的数量，则下面记录方法正确的是（　　）
   A. 182 pages (incomplete)　　B. 182 pages (some pages missing)
   C. 182 pages　　D. approximately 200 pages

二、实践题（每题 5 分，共 75 分）

根据 RDA 规则和所给提示，记录以下资源的数量

例：册标 ix，296 页

300 ##$aix, 296 pages

1. 资源标有叶码，最后一叶显示为"fifty"
   300 ##$a ________________
2. 册由 258 页、28 未编号叶顺序组成
   300 ##$a ________________
3. 某本书，不确定具体的页数，估算有 100 页
   300 ##$a ________________
4. 册最后部分丢失，无法确定完整数量，最后编号栏数为 120
   300 ##$a ________________
5. 资源本身编号 408 页，同时作为较大资源的一部分编号为：550-958 页
   300 ##$a ________________

500 ##$a ______________________________

6. 资源作为较大资源的一部分编号为:550-958 页

300 ##$a ______________________________

7. 资源有 viii, 305 页,另有 14 叶独立于文本页码的图版

300 ##$a ______________________________

8. 资源有 353 页,页码编号包含 16 页未编号图版

300 ##$a ______________________________

9. 资源有 353 页,页码编号包含 16 页和 3 叶未编号图版

300 ##$a ______________________________

10. 资源有 353 页,另有 16 页未编号图版,在附注中提及未编号的图版

300 ##$a ______________________________

11. 16 叶图版,部分为折页

300 ##$a ______________________________

12. 英语德语文本的倒转页码,英语为著录题名页,顺序编码为 v, 278, 288, vii

300 ##$a ______________________________

13. 资源共两卷,第 1 卷编号:v, 1-340;第 2 卷:vi, 341-689

300 ##$a ______________________________

14. 资源为不断更新的活页出版物,手头有 8 卷

300 ##$a ______________________________

15. 某资源由 25 个不同的载体的部分组成

300 ##$a ______________________________

Day 18 答案与解析

一、不定项选择题

1. B **解析**:资源呈现方式"叶",以术语 *leaves* 记录数量。< A >:*pages* 对应术语"页"。< C >:*columns* 对应术语"栏"。< D >:*volumes* 对应术语"册"。

2. ABD **解析**:< C >:如果册由页组成,一页多栏且依栏编号,则记录栏数,故 < C > 错误。

3. D **解析**:根据 RDA 3.4.5.2,对于词编号,记录页码时,给出对应的数值。< D >:*thirty* 应改为"30",正确描述应为"30 pages"。

4. AC **解析**:根据 RDA 3.4.5.5,当更正误导编号时,先记录最末页或叶上出现的编号,其后随以 *that is* 和正确的数码,故 < A > 和 < C > 正确。

5. A **解析**:根据 RDA 3.4.5.6,如果册的最后部分丢失,无法确定完整的册数,则用适用的术语记录最后编号的页、叶或栏数,随以 *incomplete*。

二、实践题

1. 300 ##$a50 leaves

2. 300 ##$a258 pages, 28 unnumbered leaves

3. 300 ##$aapproximately 100 pages

4. 300 ##$a120 columns (incomplete)

5. 300 ##$a408 pages

500 ##$aPages also numbered 550-958.

6. 300 ##$apages 550-958

7. 300 ##$aviii, 305 pages, 14 leaves of plates

8. 300 ##$a353 pages, 16 unnumbered pages of plates

9. 300 ##$a353 pages, 19 unnumbered pages of plates

10. 300 ##$a353 pages, 16 unnumbered pages of plates

11. 300 ##$a16 leaves of plates (some folded)

12. 300 ##$av, 278, 288, vii pages

13. 300 ##$a2 volumes (v, 689 pages)

14. 300 ##$a8 volumes (loose-leaf)

15. 300 ##$a25 various pieces

Day 19

记录尺寸

一、不定项选择题(每题5分,共50分)

1. 尺寸是指对资源的一个或多个(　　)的测量值

A. 载体　　B. 容器　　C. 单件　　D. 载体表现

2. 下列关于"尺寸"元素核心等级的说法正确的是(　　)

A. 尺寸在RDA中不是核心元素

B. 在LC编目实践中,除连续性资源和在线资源之外,尺寸是核心元素

C. 尺寸在RDA和LC编目实践中均为核心元素

D. 尺寸在RDA和LC编目实践中都不是核心元素

3. 下列记录图书尺寸的方法错误的是(　　)

A. 300 ##$c21.5 cm　　B. 300 ##$c23-25 cm

C. 300 ##$c97 mm　　D. 300 ##$c101mm

E. 300 ##$a20 x 12 cm　　F. 300 ##$a20 x 18 cm

4. 在LC的编目实践中,盘片和所有音频载体的尺寸记录其直径,使用单位(　　),按RDA(　　)的规定使用缩写形式

A. 厘米 附录B　　B. 英寸 附录B　　C. 英尺 附录D　　D. 英寸 附录D

5. 记录盒式缩微胶卷的尺寸是测量胶卷的(　　),单位是(　　)

A. 宽度 厘米　　B. 长度 毫米　　C. 宽度 毫米　　D. 直径 厘米

6. 如果资源在容器中,且对识别或选择重要,则指明容器名称,并按下列方法记录其尺寸(　　)

A. 长度 x 宽度 x 高度　　B. 高度 x 宽度 x 长度

C. 长度 x 宽度 x 深度　　D. 高度 x 宽度 x 深度

7. 如果资源由多载体组成,下列关于其尺寸的记录方法正确的是(　　)

A. 如果载体的类型和尺寸均相同,则记录单个载体的尺寸,其后随以"all same"

B. 如果载体类型相同,但尺寸不同,则记录最小或较小和最大或较大的尺寸

C. 如果载体类型相同,且有两种以上尺寸,则记录最大尺寸,其后随以"or smaller"

D. 如果载体类型不同,则需描述每个载体

8. 下列描述载体方法正确的是(　　)

A. 300 ##$a27 leaves of plates, 4 pages ;$c31 cm

B. 300 ##$a271 p. :$bill. ;$c10 x 9 cm.

C. 300 ##$a1 score (30 pages) ;$c20 cm. +$a16 parts ;$c32 cm

D. 300 ##$a271 p. :$bill. ;$c21 cm.

+$eatlas ($a37 p., 19 leaves of plates :$b19 col. maps ;$c37 cm.)

9. 下列载体的尺寸，一般用单位毫米记录其规格的是(　　)

A. 盒式录音带的磁带宽度　　B. 卡式缩微胶卷的胶片宽度

C. 幻灯条片的宽度　　D. 高度小于 10 厘米的册

10. 下列关于记录三维形式的尺寸说法正确的是(　　)

A. 球仪的尺寸记录高度

B. 除球仪之外的其他三维形式，记录尺寸时可给出维度，例如，“130 cm high”

C. 如果给出多个维度的尺寸，按宽度 x 高度 x 深度给出

D. 如果三维形式置于容器中，可省略其自身的尺寸，仅记录容器的尺寸

二、判断题（正确请填写“T”，错误请填写“F”；每题 2 分，共 20 分）

1. 记录盒式录音带的尺寸时，首先记录盒面的长度与高度，单位是厘米，然后记录磁带的宽度，单位为毫米，两者之间用分号分隔。(　　)
2. 盒式缩微胶卷的尺寸记录胶卷的宽度，单位为毫米；缩微平片的尺寸记录其高度 x 宽度，单位是厘米。(　　)
3. 图书尺寸记录其高度，如果高度小于 15 厘米，则改用单位为毫米。(　　)
4. 对于尺寸不规则的图书，如果宽度小于高度的一半或者宽度大于高度，则图书尺寸记录为高度 x 宽度。(　　)
5. 盒式缩微胶卷与卡式缩微胶卷的尺寸均记录其胶带的宽度，单位为厘米。(　　)
6. 如果装订与文本之间的尺寸差别很大，仅记录文本的尺寸。(　　)
7. 当记录地图尺寸时，给出正面测量度，按外廓测量。(　　)
8. 地图尺寸可记录为高度 x 宽度，有时也记录直径，当记录直径时，需注明。(　　)
9. 如果多部分专著或连续出版物的尺寸发生变化，可不记录变化。(　　)
10. 资源由三册组成，三册高度不同，最小的 22 cm，最大的 25 cm，则尺寸元素记录为：
300 ##$c22-25 cm (　　)

三、实践题（每题 5 分，共 30 分）

根据 RDA 规则和示意图/提示，记录以下资源的尺寸。

例：

300 ##$c<u>21 cm</u>

1.

300 ##$c ______________________________

300 ##$c ______________________________

2.

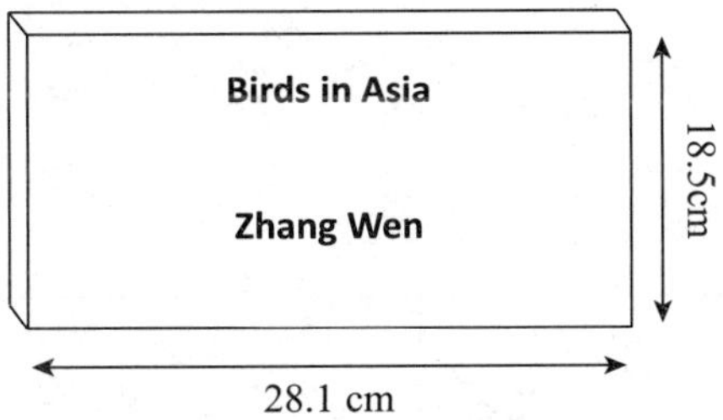

300 ##$c ______________________________

3.

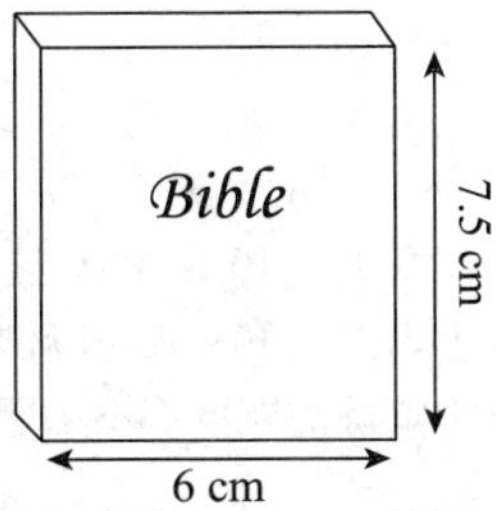

300 ##$c ______________________________

4.

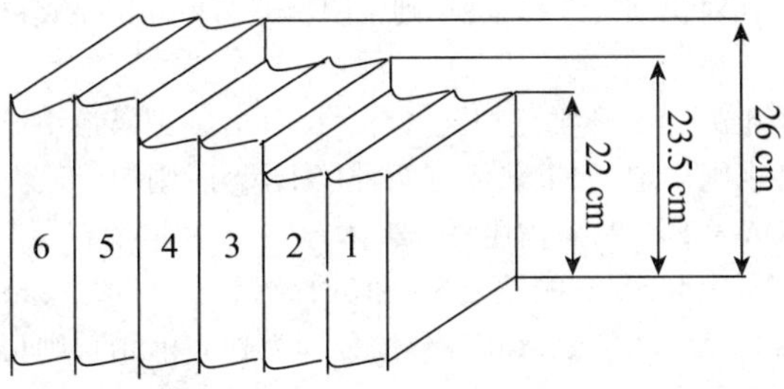

300 ##$c ______________________________

5. 资源为三维形式，放在高度为 15 厘米、宽度为 10 厘米、深度为 8 厘米的箱中。

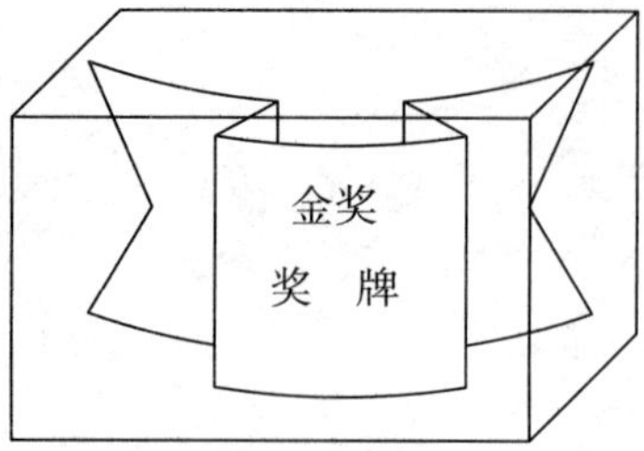

300 ##$c ______________________________

6. 资源由如下 5 张缩微平片组成。

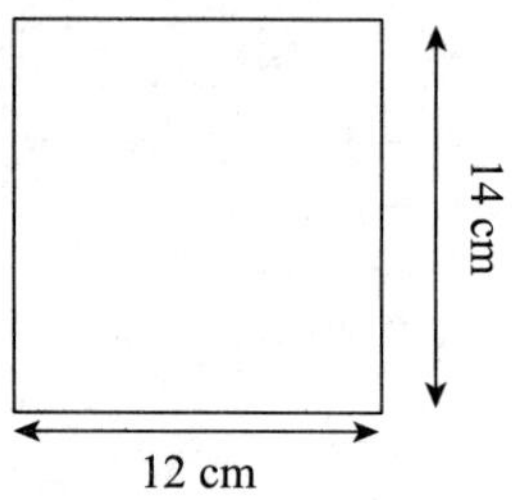

300 ##$c ______________________________

Day 19 答案与解析

一、不定项选择题

1. AB　**解析**：根据 RDA 3.5.1.1，尺寸是指对资源的一个或多个载体和/或容器的测量值。

2. AB

3. ADEF　**解析**：<A>：根据 RDA 3.5.1.3，除非另外说明，以厘米记录尺寸，向上取整，用公制符号“cm”，故<A>错误，应为“22 cm”。<C>和<D>：根据 RDA 3.5.1.4.14，如果册的高度小于 10 厘米，以毫米记录，用公制符号“mm”，故<C>正确，<D>错误。<E>和<F>：根据 RDA 3.5.1.4.14 的例外规则，如果册的宽度小于高度的一半，或大于高度，则记录高度 x 宽度，<E>和<F>中资源的宽度都不小于高度的一半（10 cm），不能记录为高度 x 宽度，故<E>和<F>错误。

4. B

5. C　**解析**：参见 RDA 3.5.1.4.2。

6. D　**解析**：根据 RDA 3.5.1.5，如果资源置于容器中，且对识别或选择重要，则指明容器名称并记录其尺寸（高度 x 宽度 x 深度）。

7. BCD　**解析**：根据 RDA 3.5.1.6，如果资源由多载体组成，且载体类型相同，但尺寸不同，则记录最小或较小和最大或较大的尺寸；如果载体类型相同时，交替规则规定，如果载体有两种以上尺寸，则记录最大尺寸，其后随以 *or smaller*；如果载体类型不同，根据 RDA 3.1.4.2，需描述每个载体。

8. AC　**解析**：<A>：术语不应采用缩写形式，故错误。<D>：不能重复$b 和$c，故错误。<C>：根据 RDA 3.4.3.2 的例外规则，如果资源包含一个总谱和一套分谱（总谱和各分谱分别为独立单元），则记录分谱数，省略相应的册数或页、叶、栏数，重复 300$a 记录分谱数，前置以“+”，故<C>正确。

9. ABCD　**解析**：根据 RDA 3.5.1.4.2，对于盒式录音带，以厘米记录盒面的长度 x 高度，其后随以用毫米记录的磁带宽度；根据 RDA 3.5.1.4.3，对于卡式缩微胶卷，以毫米记录胶片的宽度；根据 RDA 3.5.1.4.5 规定，幻灯卷片和幻灯条片，以毫米记录胶片的规格（即宽度）；根据 RDA 3.5.1.4.14，记录册的高度，如果高度小于10厘米,以毫米记录。故四个选项都是正确的。

10. BD　**解析:**<A>:根据RDA 3.5.1.4.13,球仪的尺寸需记录直径,故<A>错误。<B>:对于其他三维形式,记录三维形式本身的尺寸,如果必要,添加指示维度的词,故<B>正确。<C>:如果给出多个维度的尺寸,则按高度 x 宽度 x 深度予以记录,故<C>错误。如果三维形式置于容器中,省略其本身的尺寸,记录容器的尺寸,故<D>正确。

二、判断题

1. F　**解析:**尺寸与磁带宽度之间用逗号分隔。
2. T
3. F
4. T
5. F　**解析:**参见不定项选择题第9题解析。
6. F　**解析:**根据RDA 3.5.1.4.14,如果装订与文本块之间高度和/或宽度的差别很大,且这种差别对于识别或选择重要,则记录文本块的高度或高度 x 宽度,其后随以装订的高度或高度 x 宽度。
7. F　**解析:**根据RDA 3.5.2.2,记录每一张地图等的尺寸,给出地图等的正面测度,按内廓测量。
8. T　**解析:**根据RDA 3.5.2.2规定,记录每一张地图等的尺寸,酌情记录高度 x 宽度或直径。当记录直径时,需注明。
9. F　**解析:**根据RDA 3.5.1.6,如果载体类型相同,但尺寸不同,则记录最小或较小和最大或较大的尺寸,其交替规则规定,如果载体均为两种尺寸,则记录两种尺寸。如果有两种以上尺寸,则记录最大尺寸,其后随以 or smaller(或较小)。
10. T

三、实践题

1. 300 ##$c25 x 12 cm
2. 300 ##$c19 x 29 cm
3. 300 ##$c75 mm
4. 300 ##$c22-26 cm
5. 300 ##$c1 box 15 x 10 x 8 cm
6. 300 ##$c14 x 12 cm

Day 20
记录描述载体的其他元素

一、不定项选择题(每题 5 分,共 50 分)

1. 适用于基底材料的术语是(　　)

A. canvas　　B. link　　C. acetate　　D. vesicular

E. ivory　　F. chalk

2. 适用于应用材料的术语是(　　)

A. blueline　　B. acrylic paint　　C. plaster　　D. master tape

3. 可用来描述缩微胶卷和缩微平片上感光乳剂的术语是(　　)

A. diazo　　B. silver halide　　C. plastic　　D. safety base

4. 手稿的制作方法的描述正确的是(　　)

A. 手稿由作品责任人手写,记录为 *holograph*

B. 手稿由作品责任人手写,记录为 *manuscript*

C. 除亲笔书写之外,其他手写手稿,记录为 *manuscript*

D. 如果手稿为副本,则可在术语后添加限定词,并置于圆括号内

5. 适用于描述资源的代的术语是(　　)

A. master tape、disc master

B. original、derivative master

C. printing master、mixed generation

D. viewing copy、second generation、show copy

6. 下列记录字体大小正确的(　　)

A. small print　　B. giant print (36 point)

C. large print　　D. small print (12 point)

7. 记录声音特征元素与字段的对应关系正确的是(　　)

A. 录音类型(344/$b)　　B. 录音媒介(344/$b)

C. 播放速度(344/$e)　　D. 纹槽特征(344/$f)

8. 下列缩略的比例与名称对应关系正确的是(　　)

A. 小于 16 倍(低缩率)　　B. 16—60 倍之间(正常缩率)

C. 16—30 倍之间(正常缩率)　　D. 61—90 倍(极高缩率)

9. 下列适用于文件类型的术语包括(　　)

A. Excel　　B. PDF　　C. audio file　　D. text file

10. 下列元素与字段对应关系正确的是(　　)

A. 极性(340$m)　　B. 电影放映特征(345 字段)

C. 视频特征(346 字段)　　D. 声音特征(347 字段)

二、判断题（正确请填写“T”，错误请填写“F”；每题2分，共20分）

1. 应用材料是指资源的基底物理材料，而基底材料是指用作资源基底材料的物理或化学物质。（　　）
2. 感光乳剂属于缩微胶卷和缩微平片的基底材料。（　　）
3. 衬底/底座是指以支撑为目的，资源基底材料所附着的物理材料，其所用术语与基底材料相同。（　　）
4. 代是指原始载体和原件复制品的载体之间的关系。（　　）
5. 版面设计是指在资源中对文本、图像、字符和符号的字体尺寸等的安排。（　　）
6. 图书开本是指将一个印张折叠成书帖的结果，折叠一次后形成对开（folio），折叠四次后是四开（4to），折叠八次后是八开（8vo）。（　　）
7. 缩率在16—30倍之间，记录为 *normal reduction*（正常缩率），著录在书目数据的340/$f子字段。（　　）
8. 声音特征元素中的子元素录音类型包括两种：数字和模拟。（　　）
9. 对于不同载体的录音资料，其播放速度所使用的单位均相同。（　　）
10. 设备或系统要求可记录于538字段。（　　）

三、连线题（每线2分，共10分）

基底材料	340$d
字体大小	340$a
制作方法	340$k
图书开本	340$n
版面设计	340$m

四、实践题（每题4分，共20分）

根据提供的书目记录，描述资源的载体属性。

例：340 ##$awood　<u>基底材料是木质的</u>

1. 340 ##$aglass$2rda ____________________
2. 340 ##$acanvas$b30 x 57 cm$ccolored oil-base paints$ewood.

____
3. 340 ##$dmanuscript (transcript) ____________________
4. 340 ##$m12to$2rda ____________________
5. 340 ##$ngiant print (48 point)$2rda ____________________

Day 20 答案与解析

一、不定项选择题

1. ACE　**解析：**参见RDA 3.6.1.3基底材料术语表。
2. BC　**解析：**参见RDA 3.7.1.3应用材料术语表。

3. AB　**解析**：参见 RDA 3.7.2.3 缩微胶卷和缩微平片上感光乳剂术语表。

4. ACD　**解析**：参见 RDA 3.9.2.3 手稿制作方法术语表。

5. ABCD　**解析**：参见 RDA 3.10 录音资料、数字资源、缩微品、电影胶片或录像带的代术语表。

6. BC　**解析**：参见 RDA 3.13 字体大小术语表。

7. B　**解析**：录音类型(344/$a)、录音媒介(344/$b)、播放速度(344/$c)和纹槽特征(344/$d)，故只有 < B > 正确。

8. ACD　**解析**：参见 RDA 3.15 缩微术语表。比率小于 16 倍(低缩率)、16—30 倍之间(正常缩率)、31—60 倍之间(高缩率)、61—90 倍(极高缩率)和大于 90 倍(超高缩率)，故只有 < B > 错误。

9. CD　**解析**：参见 RDA 3.19.2.3 数字文献特征文件类型术语表，*audio file*(音频文件)、*text file*(文本文件)。*Excel* 和 *PDF* 是编码格式，而不是文件类型，故 < A > 和 < B > 错误。

10. BC　**解析**：极性记录在 340/$o、声音特征记录在 344 字段，故 < A > 和 < D > 错误。

二、判断题

1. F　**解析**：两个概念颠倒了。
2. F　**解析**：感光乳剂属于缩微胶卷和缩微平片的应用材料，而非基底材料。
3. T
4. T
5. F　**解析**：版面设计是指在资源中对文本、图像等的安排，不包括字符和符号的字体尺寸。
6. F　**解析**：折叠两次后是四开(4to)，折叠三次后是八开(8vo)。
7. T
8. T
9. F　**解析**：对于不同载体的录音资料，记录其播放速度所使用的单位不同：模拟盘用转每分(rpm)、数字盘用米每秒(m/s)、模拟磁带用厘米每秒(m/s)或英寸每秒(ips)、声音胶片用帧每秒(fps)。
10. T

三、连线题

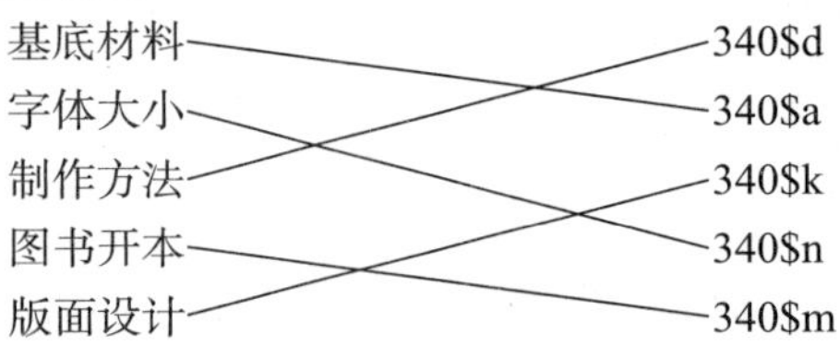

四、实践题

1. 基底材料是玻璃的。
2. 基底材料为帆布，帆布的尺寸为 30 x 57 cm，应用材料为彩色油画颜料，衬底为木质。
3. 制作方法为誊抄本手稿。
4. 图书开本是 12 开。
5. 字体是 48 点的巨大字。

Day 21

描述内容(1)

一、不定项选择题(每题 5 分,共 30 分)

1. MARC 21 书目记录格式中 300 字段多记录与载体表现实体相关的元素,但是还有一部分涉及内容表达实体的元素也需要记录于此,包括(　　)

A. 持续时间　　B. 插图性内容　　C. 色彩内容　　D. 提要

2. 下列关于持续时间说法正确的是(　　)

A. 记录资源播放或表演的总时间

B. 如果易估算,记录资源播放或表演总时间的估算时间,并置于方括号内

C. 如果持续时间无法估算,则可不记录该元素

D. 如果实际播放时间与资源中说明的时间有较大出入,可先记录资源上说明的时间,再随以术语 *that is* 和实际播放时间

E. 如果资源包含多个单元,每个单元的播放时间相同或近似,则记录该时间,在随以术语 *each*

F. 持续时间记录在 300$b

3. 包含内容表达属性元素的选项是(　　)

A. 300 ##$aapproximately 200 pages

B. 300 ##$a104 pages ;$c20 cm

C. 300 ##$a1 sound disc (20 min.) :$banalog, 33 1/3 rpm, stereo. ;$c12 in.

D. 300 ##$av. :$billustrations ;$c25 cm

4. 插图性内容适用的术语包括(　　)

A. charts　　B. color　　C. silent　　D. genealogical tables

5. 下列色彩内容元素记录正确的是(　　)

A. 300 ##$billustrations (some color)

B. 300 ##$bmaps (chiefly col.)

C. 300 ##$bblue and pink

D. 300 ##$bblack and white (tinted and toned)

6. 关于插图性内容,下列说法正确的是(　　)

A. 如果资源包含插图性内容,无论插图为单张还是多张,均记录为 *illustration*

B. 仅包含文字和/或数字的表格、带有插图的题名页等和小插图均视为插图性内容

C. 插图性内容一般记录在 300$b,与 008/18-21 字符位的应用存在对应关系

D. 除 *illustration* 之外,还可以用专用术语记录插图性内容

二、判断题（正确请填写“T”，错误请填写“F”；每题 2 分，共 20 分）

1. 与描述内容有关的元素实际上不属于载体表现实体，而是属于作品或内容表达的属性，在 RDA 第 7 章进行详述，但是该部分内容所涉及的一部分元素经常用 300 字段予以记录。（　　）
2. 持续时间是指资源内容的播放时间、运行时间等。在 RDA 和 LC 的编目实践中，持续时间都是非核心元素。（　　）
3. 仅包含文字和/或数字的表格也视为插图性内容。（　　）
4. 内容全部为录音的资源无须记录声音内容元素。（　　）
5. 持续时间、插图性内容、色彩内容、声音内容几个元素属于内容表达的属性。（　　）
6. 300 字段的$a 和$c 子字段不可重复，$b 和$e 子字段可重复。（　　）
7. 插图性内容既可以用一般性术语 *illustration* 或其复数形式，也可以用更专指的术语对其进行替代或补充，如 *maps*。（　　）
8. 插图性内容一般记录于 300$b，与 008/18-21 字符位存在对应关系。（　　）
9. 静态图像和动态图像的内容如果是黑白色的也需要记录色彩内容元素，而图书的内容如果是黑白色的则无须记录色彩内容元素。（　　）
10. 除主要内容为录音的资源之外的所有资源都仅用 *sound* 来记录声音内容，以表明声音的存在。（　　）

三、根据提示信息填空（每空 5 分，共 50 分）

1. 音频资料，由 6 张光盘组成，总时长 327 分钟 31 秒

   300 ##$a ______________________________

2. 音频资料，总时长 125 分钟 6 秒

   306 ##$a ______________________________

3. 资源为视频资料，由 2 张光盘组成，估算每张盘的大致时间是 50 分钟

   300 ##$a ______________________________

   或 500 ##$a ______________________________

4. 视频资料，1 张光盘组成，盘盒显示 105 分钟，实际播放时长 144 分钟

   300 ##$a ______________________________

5. 资源包含插图，肖像

   300 ##$b ______________________________

6. 资源包含插图和地图，大部分插图为彩色

   300 ##$b ______________________________

7. 资源包含插图，地图和肖像，部分插图为彩色，部分地图为彩色

   300 ##$b ______________________________

8. 资源为 1 张视频 DVD 盘，有声音内容，动态图像为黑白色

   300 ##$a1 videodisc :$bDVD video, ______________________________

9. BK，008/18-21 字符位：“abc”

   300 ##$b ______________________________

10. 306 ##$a ________________________________ $a ________________________________

500 ##$aDurations: 31:00 ; 18:39.

Day 21 答案与解析

一、不定项选择题

1. ABC　**解析**:<D>:记录于520字段。

2. ACDE　**解析**:<B>:应置于圆括号内。<F>:应记录在300$a或306 $a,或500。

3. CD　**解析**:<A>和<B>仅包含数量和/或尺寸,属于载体表现属性元素。<C>包含的持续时间和<D>的插图性内容均属于内容表达属性元素。

4. AD　**解析**:<B>:适用于色彩内容的术语。<C>:适用于声音内容的术语。

5. ACD　**解析**:<B>:应为术语的完整形式,即300 ##$bmaps (chiefly color)。<C>:描述的是三维形式的色彩,如果三维形式有黑色或白色之外的其他色彩,可予以说明。<D>:描述的是静态或动态图像的色彩,如果静态或动态图像的颜色是染色和/或调色的,可在色彩之后予以说明,并置于方括号内。

6. CD　**解析**:<A>:应根据插图的单复数酌情记录为 *illustration* 或 *illustrations*。<B>:仅包含文字和/或数字的表格不视为插图性内容;带有插图的题名页等和小插图忽略不计。

二、判断题

1. T　**解析**:在第7章中,“持续时间”“插图性内容”“色彩内容”“声音内容”这4个元素与描述内容有关,不属于载体表现实体,而是属于内容表达实体,但这些元素记录于300字段。

2. F　**解析**:LC的编目实践中,持续时间是核心元素。

3. F　**解析**:仅包含文字和/或数字的表格不视为插图性内容。

4. T　**解析**:“声音内容”指资源中的声音表达,但不包含主要为录音的资源。

5. T

6. F　**解析**:300字段的$a和$c子字段可重复,$b和$e子字段不可重复。例:300##$a1 score (30 p.) ;$c20 cm. +$a16 parts ;$c32 cm

7. T

8. T

9. T

10. F　**解析**:对于电影和录像等动态图像资源,记录 *sound*(有声)或 *silent*(无声)以表明音轨是否存在。

三、根据提示信息填空

1. 300 ##$a6 sound discs (327 min., 31 sec.)

　　解析:资源中明确说明的播放或表演总时间记录在300$a,置于圆括号内,分钟与秒用英语并按RDA附录B的要求缩写。

2. 306 ##$a020506

　　解析:306字段记录格式化的“播放时间”,以“hhmmss”8位数字形式予以记录。

3. 300 ##$a2 videodiscs(approximately 50 min. each)

或500 ##$aDuration: 100 min. (approximately 50 min. each)

　　解析:对于资源的持续时间若为估算值,并前置以术语 *approximately*;该资源包含多个单元,每个单元的时长相同或近似,再随以术语 *each*。

4. 300 ##$a1 videodisc (105, that is 144 min.)

　　解析:如果实际播放时间与资源中说明的时间有较大出入,可先记录资源上说明的时间,再随以术语 *that is* 和实际播放时间。

5.300 ##$billustrations, portraits

解析:插图性内容记录于 300 $b 字段,用 *illustration* 的单复数形式记录;其他专指的术语,包括 *charts*(图表)、*maps*(地图)、*portraits*(肖像)、*plans*(设计图)等作为 *illustration* 的替代或补充;所有术语均采用展开形式,不可缩写。

6.300 ##$billustrations (chiefly color) , maps

7.300 ##$billustrations (some color) , maps (some color), portraits

8.300 ##$a1 videodisc :$bDVD video, sound, black and white

解析:用 *sound*(有声)表明资源中声音的存在。动态图像若是黑白色,用 *black and white* 记录。

9.300 ##$billustrations, maps, portraits

10.306 ##$a003100$a001839

Day 22
记录检索或获取元素

一、不定项选择题（每题 5 分，共 50 分）

1. 下列关于 856 字段第 2 指示符说法正确的是（　　）
   A. 856 字段的第 2 指示符的值可作为多个 856 字段的排序依据
   B. 856 字段的第 2 指示符不能自动生成附注导语
   C. 第 2 指示符的值“0”用于表示编目文献本身是电子资源；值“1”用于表示编目文献本身并非电子资源，856 记录的是该编目文献电子版的定位信息；值“2”用于表示与编目文献相关的电子资源定位
   D. 如果第 2 指示符值为“2”，则可使用子字段$z 进一步说明 856 字段所定位的电子文献与书目记录描述的文献之间存在特定的关系
2. 下列关于 856 字段的重复性说法正确的是（　　）
   A. 如果一个电子资源可以同时通过 HTTP、FTP 服务器等多种方式获取，则需重复 856 字段分别记录
   B. 如果文献的目录在一个地址访问，而摘要在另一个地址访问，则需重复 856 字段分别记录，并启用$3 指明地址与资源的对应关系
   C. 同一电子资源可以在多个镜像网站获取，则使用一个 856 字段重复$u 分别记录不同的访问地址
   D. 电子文献在制作过程中存在多种格式或分辨率，例如，档案可以制作成一张缩略图或是一张数字化照片，则需重复 856 字段分别记录
3. 下列元素与字段的对应关系正确的是（　　）
   A. 联络信息（506）　B. 联络信息（270）　C. 获取限制（506）　D. 获取限制（540）
   E. 使用限制（540）　F. 使用限制（270）
4. 下列字段及子字段能用于记录“获得方式”元素的是（　　）
   A. 020$q　B. 024$c　C. 037$b　D. 037$c
5. ______##$aRestricted: Copying allowed only for non-profit organizations，该附注应该启用的字段是（　　）
   A. 506　B. 540　C. 562　D. 563
6. 856 41 ______Executive Summary
   $uhttp://www.who.int/malaria/vector_control/gpirm_executive_summary_en.pdf
   空白处应标注的子字段代码是（　　）
   A.$u　B.$3　C.$z　D.$a
7. 如果 URL 已经失效，或重新连接到一个新的 URL 时，需要启用 856 字段中的（　　）子字段

A.$u　　B.$3　　C.$b　　D.$z

8.506 ______$aAccess copy available to the general public.$fUnrestricted

空白处应标注的指示符的值是(　　)

A. 0#　　B. 1#　　C. #0　　D. #1

9. 如果 URL 仍然有效,但是与记录所描述的资源已经不符,而是指明另一资源的访问地址时,编目员的处理方法是(　　)

A. 在原记录的 856 中添加$z,说明 URL 已经变更的情况

B. 如果可获取,在原记录中添加新的 856 字段,记录新的访问地址,无须启用$z

C. 如果原记录中 URL 所新链接的资源是馆藏,需为其编制新的书目记录

D. 在原记录中删除 856 字段

10.037 字段(采访源)中(　　)子字段为必备

A.$a　　B.$b　　C.$c　　D.$f

二、判断题(正确请填写“T”,错误请填写“F”;每题 2 分,共 20 分)

1. RDA 第 4 章(提供获取和检索信息)中所涉及的元素都不是核心元素,但是,在 LC 的编目实践中,使用限制和统一资源定位符被指定为核心元素。(　　)

2. 获得方式是指出版者、发行者等正常提供资源的条件,或资源的价格,通常记录在 020$z。(　　)

3. 如果资源供出售,则获得方式为价格,如果不供出售,获得方式为描述其的简短说明。(　　)

4. 对于已出版的资源,联络信息通常包括资源的出版者、发行者等的名称、地址等。对于档案资源和收藏,联络信息通常包括拥有该资源的档案保存机构的名称、地址等。(　　)

5. 在记录获取限制元素时,尽可能具体详尽,包括限制的性质和持续时间。使用限制是指对复制、出版、展览等使用方面的要求。在 LC 编目实践中,对所有馆藏使用限制都是核心元素。(　　)

6. 统一资源定位符又称 URL,是指远程访问资源的地址,包括使用标准的互联网浏览器对资源进行联机检索的所有资源标识符,通常记录于 852 字段。(　　)

7. 在 LC 编目实践中,如果有多个统一资源定位符,要求全部记录。(　　)

8.856 字段仅用于电子资源的书目记录,不能出现在印刷型、缩微型等资源的书目记录中。(　　)

9.856 字段第 1 指示符用于说明电子资源的访问方法,第 2 指示符揭示电子资源与书目记录之间的关系。(　　)

10.856 字段第 1 指示符定义为“4”时,表示电子资源的访问方法是文件传输协议(FTP)。(　　)

三、实践题(每空 3 分,共 30 分)

请根据描述填写 856 字段的指示符

1. 没有指出电子资源与编目文献的关系,通过“文件传输协议”(FTP)访问

856 ______$uftp://path.net/pub/docs/urn2urc.ps

2. 编目文献为电子资源，通过“文件传输协议”（FTP）

856 ______$uftp://path. net/pub/docs/urn2urc. ps

3. 编目文献为电子资源

856 ______$uhttp://www. loc. gov/catdir/semdigdocs/seminar. html

4. 编目文献并非电子资源，$u 地址定位是编目文献的一个联机版本的地址

856 ______$uhttp://www. loc. gov/catdir/semdigdocs/seminar. html

5. 编目文献并非电子资源，$u 地址定位是编目文献的目次信息

856 ______$3Table of contents only

$uhttp://www. loc. gov/catdir/toc/fy11pdf02/2011315032. html

6. 编目文献并非电子资源，$u 地址定位是该文献的贡献者的传记信息

856 ______$3Contributor biographical information

$uhttp://www. loc. gov/catdir/enhancements/fy1105/2010940310-b. html

7. 编目文献并非电子资源，其中一个$u 地址定位的是联机版本的地址

85641$uhttp://whqlibdoc. who. int/publications/2012/9789241564472_eng. pdf

856 ______$3Executive Summary

$uhttp://www. who. int/malaria/vector_control/gpirm_executive_summary_en. pdf

8. 编目文献为电子资源，后其 URL 已无法访问

85640$uhttp://www. example. com（原记录）

85640 ______Electronic address（http://www. example. com） not available when searched on [date]

9. 没有指出电子资源与编目文献的关系，通过电子邮件访问

856 ______$umailto: ejap@ phil. indiana. edu$iejap subscription

10. 没有指出电子资源与编目文献的关系，通过远程登录访问

856 ______$utelnet://pucc. princeton. edu$nPrinceton University, Princeton, N. J.

Day 22 答案与解析

一、不定项选择题

1. AC　**解析**：统一资源定位符（URL）指“远程访问资源的地址”，记录于 856 字段。其第 2 指示符用于揭示该字段所描述的电子资源与书目记录所描述的资源之间的关系。第 2 指示符的值还可以用于生成附注导语，并按值的大小为多个 856 字段排序，定义的值包括：“#”表示无信息提供；“0”表示在编资源本身是电子资源，附注导语为 *Electronic resource*；“1”表示在编资源本身不是电子资源，856 定位其电子版，附注导语为 *Electronic version*；“2”表示 856 字段所定位的电子资源与书目记录描述的资源之间存在特定关系，使用子字段$3 进一步说明，附注导语为 *Related electronic version*；“8”不生成附注导语。

2. ABD　**解析**：在记录电子资源时，需重复 856 字段的情况主要包括：

（1）地址数据元素不同；

（2）一个电子资源可以同时通过多种访问方式获取；

（3）文献资源的不同部分均为电子形式时，同时使用子字段$3 说明对应关系；

（4）镜像网站，即同一个电子资源可在多个不同地址获取，使用不同的 856 予以记录；

（5）不同格式或分辨率，指电子文献在制作过程中存在多种格式或分辨率；

(6)记录一个以上的 URL 时。多个 URL 均有效时,在同一个 856 字段的不同$u 子字段进行记录。其他情况,使用不同的 856 予以记录。

3. BCE **解析**:联络信息指"与组织等相关的信息,从该处可获取资源",其中的地址信息记录于 270 字段。获取限制指"对资源获取设置的限制",记录于 506 字段。使用限制指"对复制、出版、展览等使用方式设置的限制",记录于 540 字段。

4. BD **解析**:020 字段(国际标准书号)的$q 记录限定信息。024 字段(其他标准号标识)的$c 记录文献获得方式。037 字段(采访源)的$b 记录库存号或采访来源,$c 记录文献获得方式。

5. B **解析**:题目中记录内容意为"仅允许非营利组织进行复制",属于使用限制的记录范畴,记录于 540 字段。

6. B **解析**:856 字段第 2 指示符为 1,表示编目文献本身并非电子资源,字段内容记录的是该文献电子版的定位信息。根据 *Executive Summary* 看出此记录为文献的一部分,因此应启用子字段$3 予以说明所定位的专指资料内容。

7. D **解析**:在 856 字段的子字段中:$u 记录统一资源标示符 URL;$3 记录 URI 所涉及的专指资料;$b 记录访问号码;$z 记录公共显示的关于电子资源地址的附注,包括订购信息或访问限制等。$z 具有很强灵活性,编目机构可用其描述$u 的各种特殊情况,如原始 URL 失效,或重新链接至一个新的 URL。

8. A **解析**:506 字段为获取限定附注,第 1 指示符表示限制信息,包括三种情况:"#"表示无信息可提供;"0"表示无限制;"1"表示存在限制。第 2 指示符只有一种情况,即"#"表示未定义。本题附注内容标识显示资源可开放给公众获取,因此指示符取值为"0#"。

9. AC **解析**:856 字段的子字段$z 用于说明$u 的各种特殊情况。当原始链接发生变化时,应通过在原 856 字段中追加$z 的方式予以说明。此外,如果原记录中 URL 新链接的资源也是馆藏所有的资源,应为其编制对应的书目记录。

10. B **解析**:在 037 字段(采访源)的子字段中,$a 为库存号(有则必备),$b 为库存号或采访的来源(必备),$c 文献获得方式(可选用),$f 发行形式(可选用)。

二、判断题

1. T

2. F **解析**:获得方式是指出版者、发行者等正常提供资源的条件,或资源的价格,通常记录于 020、024 及 037 三个字段$c 子字段。

3. T

4. T

5. F **解析**:在 LC 编目实践中,对 LC 的非普通馆藏资源,使用限制才是核心元素。

6. F **解析**:URL 应记录在 856 字段,852 字段记录的是馆藏地信息。

7. T

8. F **解析**:856 字段可以用于电子资源(或其子集)的书目记录或馆藏记录,也可以用于定位和访问包括印刷资源、缩微资源等在内的实体资源的电子版。

9. T

10. F **解析**:856 字段第 1 指示符定义为"4"时,表示电子资源的访问方法是超文本传输协议(HTTP)。

三、实践题

1. 1# 2. 10 3. 40 4. 41 5. 41 6. 42 7. 41 8. $z 9. 0# 10. 2#

解析:856 字段的第 1 指示符用于说明电子资源的访问方式,定义的值包括:

\# 无信息提供(即未提供访问方式)

0 电子邮件

1 文件传输协议(FTP)

2 远程登录(Telnet)

3 拨号上网
4 超文本传输协议(HTTP)
7 访问方式在$2 说明(不属于上述定义值的访问方式)
第 2 指示符的相关内容详见不定项选择题第 1 题解析。

Day 23
作品的属性及构建作品的规范检索点

一、填空题(每空 2 分,共 40 分)

1. 作品是指独特的知识或艺术创作,不仅包括单独的作品,还包括______和______。
2. 作品属性包括______、______、作品日期、______、作品的其他区别特征、作品历史、______。其中,______和______是核心元素,______是非核心元素,其他元素是条件核心元素。
3. 根据作品题名在编目中的功能可以分为______和______。在编目时,______是核心元素,______可选择记录。
4. 作品首选题名在书目记录中通常以四种形式出现,分别是______、245 字段、______、______;在规范记录中则通常以______和 130 字段两种形式出现。
5. 作品规范检索点的构建成分包括三种:______、______和附加成分。对于佚名作品,直接以______和附加成分构建。

二、单项选择题(每题 3 分,共 15 分)

1. 某资源同时以英语和德语出版,美国国会图书馆首先获得了德语版,随后获得了英语版。根据 AACR2,LC 应优先选择______作为作品的首选题名;而依据 RDA,则应以______作为首选题名(　　)

   A. 英语题名,英语题名　　　　B. 英语题名,德语题名

   C. 德语题名,德语题名　　　　D. 德语题名,英语题名
2. 下列元素在 RDA 中不存在的是(　　)

   A. 作品历史　　B. 内容表达的题名　　C. 作品标识符　　D. 内容表达的语言
3. 某图书题名页显示为:

Managing bird damage to fruit and other horticultural crops John Tracey Mary Bomford Quentin Hart Glen Saunders Ron Sinclair

   该图书书目记录中代表作品的规范检索点形式正确的,且符合 RDA 记录要求的是(　　)

   A. 100 1#$aTracey, John Paul.

245 10$aManaging bird damage to fruit and other horticultural crops /$cJohn Tracey ... [et al.]

B. 100 1#$aTracey, John Paul.

245 10$aManaging bird damage to fruit and other horticultural crops /$cJohn Tracey, Mary Bomford, Quentin Hart, Glen Saunders, Ron Sinclair.

C. 245 00$aManaging bird damage to fruit and other horticultural crops /$cJohn Tracey ... [et al.]

D. 245 00$aManaging bird damage to fruit and other horticultural crops /$cJohn Tracey, Mary Bomford. Quentin Hart, Glen Saunders, Ron Sinclair.

4. 下列作品题名可以作为变异题名记录的是(　　)

A. Tao te ching　　B. Shi tou ji　　C. Shui hu chuan　　D. 以上皆可

5. 当集成性资源正题名发生主要变化时,______建立新著录,并在修订代表作品的规范检索点时,采用______作为规范检索点,______作为变异检索点(　　)

A. 需要,先前的规范检索点,较晚正题名

B. 不需要,先前的规范检索点,较晚正题名

C. 不需要,较晚正题名,先前的规范检索点

D. 需要,较晚正题名,先前的规范检索点

三、实践题(共 45 分)

1. 请根据下面的示意图,补充完整 RDA 书目记录和规范记录。(20 分)

题名屏示意图

书目记录:

130 0#______________________________

245 10$aHarry Potter and the Half-Blood Prince /$ca Warner Bros. Pictures presentation of a Heyday Films production ; directed by David Yates ; produced by David Heyman, David Barron ; screenplay by Steve Kloves.

264 #1$aUnited States :$bWarner Bros. Pictures,$c2009.

700 1#$a ______________________$d1963- $edirector.

700 1#$aHeyman, David,$d1961- $eproducer.

700 1#$aBarron, David,$e ________________.

700 1#$aKloves, Steven,$e ________________.

700 1#$iMotion picture adaptation of (work):$aRowling, J. K.
$t ____

710 2#$aWarner Bros. Pictures (1969-)

710 2#$aHeyday Films.

规范记录:

______##$______2009

130 #0$a ____

______##$aMotion picture

2. 请根据下面的示意图,补充完整 RDA 书目记录。(15 分)

题名页示意图

ISSN 1817-7077

FAO JECFA Monographs **14**

COMPENDIUM

OF FOOD ADDITIVE

SPECIFICATIONS

Joint FAO/WHO Expert Committee on Food Additives

77th Meeting 2013

FOOD AND AGRICULTURE ORGANIZATION OF THE UNITED NATIONS

Rome, 2014

110 2# ____

245 10$a ______________________________:$bJoint FAO/WHO Expert Committee on Food Additives, 77th meeting 2013.

264 #1$aRome :$b ______________________________________,$c2014.

336 ##$a ______________ $2rdacontent

337 ##$a ______________ $2rdamedia

338 ##$a ______________ $2rdacarrier

490 1#$a ____

710 2#$a ____

710 2#$aWorld Health Organization.

830 #0$aFAO JECFA monographs ;$v14.

3. 请根据下面的示意图，补充完整 RDA 书目记录。(10 分)

题名页示意图

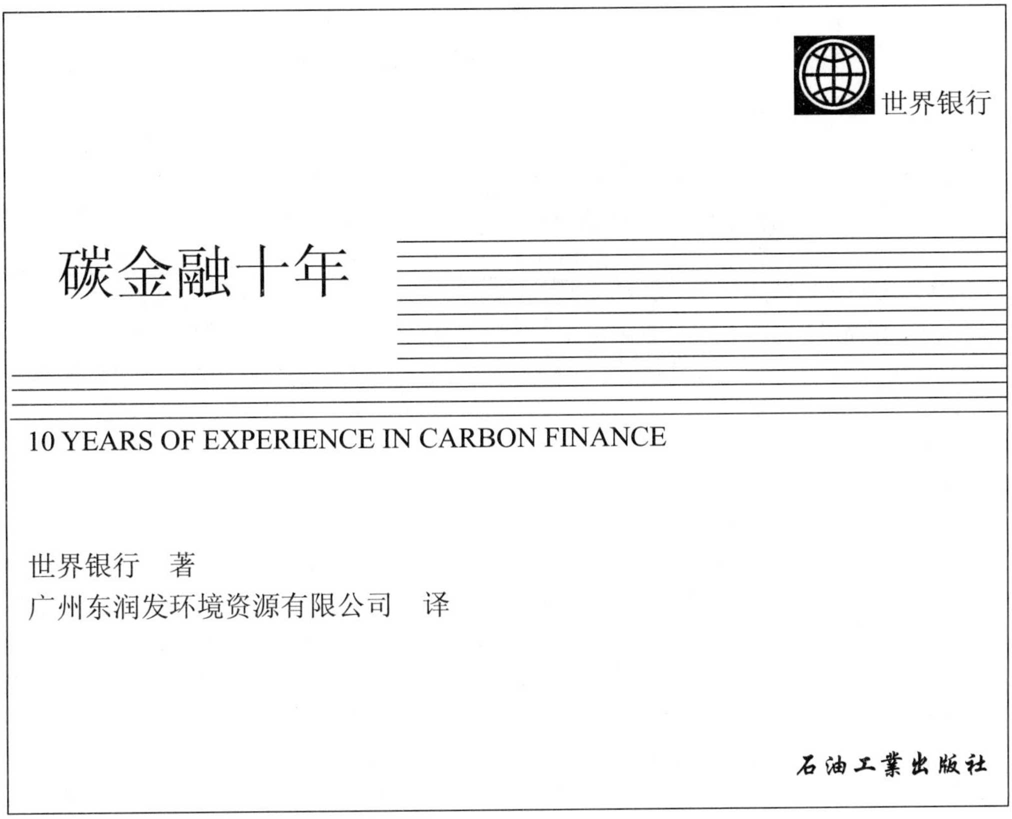

041 1#$achi$heng

066 ##$c ________________

110 2#$a ________________

240 10$a ________________

245 10$6880-01$aTan jin rong shi nian /$cShi jie yin hang zhu ; Guangzhou dong run fa huan jing zi yuan you xian gong si yi.

264 #1 ______ $aBeijing : $bShi you gong ye chu ban she,$c2011.

880 10 ______ $a 碳金融十年 /$c 世界银行著 ; 广州东润发环境资源有限公司译.

880 #1$6264-02/$1$a 北京 :$b 石油工业出版社,$c2011.

336 ##$atext$2rdacontent

337 ##$aunmediated$2rdamedia

338 ##$avolume$2rdacarrier

Day 23 答案与解析

一、填空题

1. 作品集合　作品的组成部分

2. 作品题名　作品形式　作品原创地　作品标识符　作品题名　作品标识符　作品历史

3. 首选题名　变异题名　首选题名　变异题名

4. 100/110/111 +245 字段　100/110/111 +240 +245 字段　130 +245 字段　100/110/111$a +$t　**解析：**如果个人、家族或团体（包含会议）视为资源的创作者，且作品题名没有发生改变，则代表该作品的规范检索点在书目记录中就表现为个人、家族或团体（包含会议）的规范检索点，即 100/110/111 字段，加上作品首选题名，即 245 字段中的正题名。如果作品因为翻译、改编、评论等因素，产生不同于原始作品的作品题名，或是属于音乐、宗教、法律、汇编等特殊作品，为实现汇集功能，必须确定统一题名，并将其记录在书目记录的 240 字段或是 130 字段。如果有明确的创作者，采用 240 字段，若无，采用 130 字段。规范记录中，作品规范检索点采取名称 + 题名形式，或仅有 130 字段。

5. 创作者　首选题名　首选题名　**解析：**根据 RDA 6.27.1，构建代表作品的规范检索点时，首选题名是必备元素，是否具备创作者和附加成分需具体情况具体分析。例如佚名作品，无创作者，则直接以作品首选题名构建代表作品的规范检索点，如果需要与其他相同题名的不同作品区分，可从作品形式、作品日期、作品原创地、作品的其他区别特征中选择一个或多个适合的元素作为附加成分添加。如果作品创作者明确，则以其名称规范形式与首选题名共同构建代表作品的规范检索点。同样，如果需要区分，则添加适当的附加成分。

二、单项选择题

1. B　**解析：**AACR2 有英语优先的规定，作品有英语和其他语种版本时，即使机构首先获得的是非英语版本，也必须优先选择英语题名作为作品首选题名，体现其以英美为核心的编目思想。而 RDA 一大特点就是"去英美化"，根据 RDA 6.2.2.4，创建数据机构以首先获得的语种版本的作品题名作为首选题名，无论其是否是英语题名。

2. B　**解析：**内容表达的题名不能独立于作品题名而存在。根据 RDA 6.27.3，构建代表内容表达的规范检索点是以代表作品的规范检索点为基础，添加识别内容表达的属性。这些属性包含内容类型、内容表达的日期、内容表达的语言、内容表达的其他区别特征，以及内容表达的标识符。

3. B　**解析：**根据 RDA 6.27.1.3，如果作品由两个或两个以上的个人、家族或团体合作创作，作品的规范检索点由负主要责任的（主要责任不明时，以名列首位的责任者）责任者的规范检索点附加作品首选题名构成。因此，正确答案中必须包括 100 字段记录代表该作品名列首位的责任者的规范检索点，故 < C > 和 < D > 错误。此外，RDA 取消了 AACR2 的"3 原则"，规定如实转录资源上所有的责任者，不采用拉丁语"[et al.]"缩写形式，故 < A > 错误。

4. D　**解析：**根据 RDA 6.2.3，作品变异题名是指"某作品为人所知但与其首选题名不同的题名或题名形式"，例如作品发行时采用的，或源于题名不同音译形式的题名或题名形式。< A >："Tao te ching"是"Dao de jing"的不同音译形式。< B >："Shi tou ji"是"Hong lou meng"发行时的曾用名。< C >："Shui hu chuan"是"Shui hu zhuan"的错误音译形式。据此，三选项都属于变异题名。

5. C　**解析：**根据 RDA 1.6.3，对于集成性资源，只有当其发行方式、媒介类型、版本说明发生变化，或重新确定基础时，才需要为集成性资源建立新著录。只有连续出版物的正题名发生主要变化时需要建立新著录，故 < A > 和 < D > 错误。虽然无须为集成性资源正题名的主要变化建立新著录，但需要更改正题名以反映当前更新后的整体。因此，代表作品的规范检索点也需要做出相应修订，采用较晚正题名作为规范检索点，由先前的题名构建的代表作品的规范检索点作为变异检索点，故 < C > 正确。

三、实践题

1. 书目记录：

130 0#$aHarry Potter and the Half-Blood Prince (Motion picture)

700 1#$aYates, David,

700 1#$eproducer.

700 1#$escreenwirter.

700 1#$tHarry Potter and the Half-Blood Prince.

规范记录：

046 ##$k2009

130 #0$aHarry Potter and the Half-Blood Prince (Motion picture)

380 ##$aMotion picture

解析：该资源是电影 *Harry Potter and the Half-Blood Prince*（哈利波特与混血王子），改编自 *J. K. Rowling* 的同名小说。根据 RDA 6.27.1.9，为了将该作品与同名小说区分，在题名后添加指示作品形式的术语 *Motion picture*。该电影作品的导演、制作人、编剧及发行公司均需作为附加检索点，记录在 700、710 字段。同时，也需要为原作品构建代表原作品的规范检索点，采取创作者 + 首选题名的形式，即书目记录的 700$a +$t。规范记录中，130 字段为作品首选题名的规范形式。046 和 380 字段都属于 MARC 21 为 RDA 在规范数据格式中新增的字段。其中，046 字段为特殊编码日期，采用不同子字段记录各类日期。以本作品为例，采用$k 子字段记录作品开始创作的日期 2009 年。*Motion picture* 作为作品形式的术语需记录在 380 字段。

2. 书目记录：

110 2#$aJoint FAO/WHO Expert Committee on Food Additives.$bMeeting$n(77th :$d2013 : $cRome, Italy)

245 10$aCompendium of food additive specifications

264 #1$bFood and Agriculture Organization of the United Nations

336 ##$atext

337 ##$aunmediated

338 ##$avolume

490 1#$aFAO JECFA monographs, $x1817-7077 ;$v14

710 2#$aFood and Agriculture Organization of the United Nations.

解析：该作品是由 FAO 和 WHO 联合召开的专题会议的会议录，符合团体作为创作者的条件。采用书目记录中的 100/110/111 + 245 的形式构建代表该作品的规范检索点。首先，为创作者构建代表其名称的规范检索点，即建立团体会议名称规范检索点 110 字段，包含会议届次（$n 子字段）、会议时间（$d 子字段）及会议地点（$c 子字段）。其次，应用附录 A 所列的关于大写的说明，如实转录正题名信息。根据作为题名页的出版信息，采用 264 字段记录出版说明元素，第 2 指示符取 1，表示为出版信息。按题名页上的形式转录丛编正题名、丛编 ISSN 以及丛编编号，记录在 490 字段。FAO 作为对该作品发行负有责任的团体，为其编制附加检索点 710 字段。

3. 书目记录：

066 ##c1

110 2#$aWorld Bank.

240 10$a10 years of experience in carbon finance.$lChinese

264 #1$6880-02

880 10$6245-01/$1$a 碳金融十年 /$c 世界银行著 ; 广州东润发环境资源有限公司译.

解析：本题考察多语种记录的编制。根据 RDA 1.4，记录作品题名时，可以用来源上出现的语言和文字如实转录作品题名，即采用中文转录；或采用题名的音译形式记录作品题名，即采用汉语拼音；或除采用来源上所使用的文字如实转录外，同时补充音译形式，即同时采用中文和汉语拼音。最后一种做法就是常说的音译多文种记录，也是本例要求补充完整的记录。详见 Day 5 的相关说明。本作品的创作者是 *World Bank*（世界银行），并且是英文作品的中文译本，因此应采用 110 + 240 + 245 的模式构建代表该作品的规范检索点。为了将该中文译本与本作品其他语种译本相区分，需要在 240 字段添加统一题名，同时附加内容表达的语言$l。

Day 24
构建作品组成部分的规范检索点

一、判断题（正确请填写“T”，错误请填写“F”；每题 2 分，共 20 分）

1. *Two towers* 是 *J. R. R. Tolkien* 所作的 *The lord of the rings* 的一个组成部分，其规范检索点是 100 1#$aTolkien, J. R. R.$q(John Ronald Reuel),$d1892-1973.$tThe lord of the rings.$tTwo towers。（ ）
2. 歌德《浮士德》第一部分的规范检索点为 100 1#$aGoethe, Johann Wolfgang von,$d1749-1832.$tFaust.$n1. Theil。（ ）
3. 音乐作品组成部分的规范检索点的构建与普通作品不同，音乐作品无论其组成部分的首选题名是否具有区别性，都需要在组成部分的首选题名前附加代表整部作品的首选题名。（ ）
4. 对于作品两个或两个以上的组成部分，如果组成部分带有通用标识，且连续编号，则以复数记录通用标识，其后随以连续编号的起止编号，例如，100 0#$aHomer.$tIliad.$nBooks 1-2。（ ）
5. 对于作品两个或两个以上的组成部分，如果组成部分带有通用标识，且不连续编号，则以单数记录通用标识，其后随以不连续的编号，中间用逗号分隔，例如，100 0#$aHomer.$b$tIliad.$nBook 1, 3, 5。（ ）
6. 作品的组成部分没有编号，但是有区别性题名，则组成部分的规范检索点分别构建，以区别性题名作为首选题名，不必前置代表整部作品的首选题名。（ ）
7. 在 LC 的编目实践中，作品如果有两个或两个以上的组成部分，规范检索点不必分别构建，而是用惯用总题名 *Selections* 替代，例如，100 0#$aHomer.$tIliad.$kSelections。（ ）
8. *Uwe Johnson* 的作品 *Jahrestage* 由四个部分组成，各部分题名仅是通用术语 *Band* 及数字标识组成，则 *Band* 1 的规范检索点是 100 1#$aJohnson, Uwe,$d1934-1984.$nBand 1。（ ）
9. 北京书目文献出版社曾出版过《郑振铎藏残本红楼梦》，则该作品的规范检索点是 100 1#$aCao, Xueqin,$dapproximately 1717-1763.$tHong lou meng.$kSelections。（ ）
10. *Orson Scott Card* 的多部分专著 *Homecoming* 共包含 5 卷，各卷均有独立、可识别的分卷题名，则其中名为 *The memory of earth* 的一卷的规范检索点分别是 100 1#$aCard, Orson Scott.$tMemory of earth。（ ）

二、实践题（每题 20 分，共 80 分）

1. 请根据下面的书目记录，判断规范记录中划线的字段是否正确，如错误，请说明理由。

   书目记录：

   100 1#$aBond, Edward.

   245 14$aThe war plays :$ba trilogy /$cby Edward Bond.

264 ##aLondon ;$aNew York :$bMethuen,$c1985.

300 ##$a3 volumes :$bmusic ;$c21 cm.

490 0#$aA Methuen paperback

500 ##$a"The army song : (1984) / words by Edward Bond ; music by David Shaw-Parker" (2 settings, the 1st for voice and piano with chord symbols, the 2nd for voice and guitar) --Vol. 1, p. [21] -28.

505 0#$apt. 1. Red, black, and ignorant -- pt. 2. The tin can people -- pt. 3. Great peace.

700 12$aBond, Edward.$tRed, black, and ignorant.$f1985.

700 12$aBond, Edward.$tTin can people.$f1985.

700 12$aBond, Edward.$tGreat peace.$f1985.

规范记录:

100 1#$aBond, Edward.$tWar plays.$nPart 1,$pRed, black, and ignoran ①

400 1#$aBond, Edward.$tRed, black, and ignorant ②

670 ##$aThe war plays, 1989 :$bv. 1, t. p. (Red, black, and ignorant)

100 1#$aBond, Edward.$tTin can people ③

400 1#$aBond, Edward.$tWar plays.$nPart 2,$pTin can people ④

670 ##$aThe war plays, 1989 :$bv. 2, t. p. (The tin can people)

2. 请根据下面的书目记录,构建代表作品组成部分的规范记录。

书目记录:

100 1#$aCongdon, Kirby.

245 13$a"A century of progress"--thirty years later, 1933-1963 /$cKirby Congdon.

264 ##$aNew York, N. Y. :$bInterim Books,$c[1963].

300 ##$a16 pages ;$c29 x 11 cm.

500 ##$a"Part I of a three-part poem, Aipotu ... Part II appears in the number six issue of the Plumed horn magazine. Part III is still in manuscript"--P. 15.

规范记录:

100 1#

400 1#

3. 请根据下面的书目记录,补充完整符合 RDA 规则的规范记录。

书目记录:

100 1#$aKing, Larry, $d1933-

240 10$aLarry King show (Radio program) .$kSelections

245 10$aSelected radio programs from The Larry King show

264 ##$c1982-1985.

300 ##$a116 sound cassettes :$banalog.

规范记录:

100 1#

400 1#

4. 请根据下面的书目记录,创建代表作品组成部分的规范记录。

书目记录:

100 ##$aFriedlaender, Ludwig,$d1824-1909.

240 10$aDarstellungen aus der Sittengeschichte Roms in der Zeit von August bis zum Ausgang der Antonine.$nBand 1-3

245 10$aSittengeschichte Roms /$cLudwig Friedlaender.

264 ##$aStuttgart :$bParkland, $c[1980]

300 ##$a1038 pages :$billustrations ;$c22 cm.

500 ##aReprint of vol. 1-3 of 4 vol. work: Darstellungen aus der Sittengeschichte Roms in der Zeit von August bis zum Ausgang der Antonine. 10. Aufl. Leipzig : S. Hirzel, 1922-1923.

规范记录:

100 1#

400 1#

Day 24 答案与解析

一、判断题

1. F **解析:**根据 RDA 6.27.2.2,作品组成部分具有区别性题名时,为该组成部分构建代表作品的规范检索点,采用对该部分负有责任的个人、家族或团体的规范检索点附加该部分的首选题名。本题中 *Two towers* 作为作品 *The lord of the rings* 的一个组成部分,题名具有区别性,规范检索点应是 100 1#$aTolkien, J. R. R.$q(John Ronald Reuel),$d1892-1973.$tTwo towers.
2. T **解析:**根据 RDA 6.27.2.2 的例外规则,作品组成部分没有区别性题名,仅以一个通用术语(1. *Theil*)识别,则将组成部分的题名附加于代表整体作品的规范检索点,构建代表组成部分的规范检索点。故 1. *Theil*之前需附加 *Faust* 来构建代表组成部分的规范检索点。
3. T
4. F **解析:**根据 RDA 6.2.2.9.2,应以单数形式记录组成部分的标识,即应为:
100 0#$aHomer.$tIliad.$nBook 1-2.
5. F **解析:**根据 RDA 6.2.2.9.2,当识别一部作品的两个或两个以上未连续编号的组成部分时,记录每个组成部分的首选题名,而不能在一个规范检索点中以逗号分隔各部分编号,应改为:100 0#$aHomer.$tIliad.$nBook 1; 100 0#$aHomer.$tIliad.$nBook 3; 100 0#$aHomer.$tIliad. $nBook 5.
6. T
7. T **解析:**LC 的实践采用了 RDA 6.27.2.3 的交替规则。
8. F **解析:**参见判断题第 2 题解析。
9. T **解析:**作品题名《郑振铎藏残本红楼梦》中"残本"二字,说明该作品非完整版《红楼梦》,可视为含有作品《红楼梦》多个组成部分,因此为其构建规范检索点时可采用惯用总题名 *Selections* 附加于整部作品的规范检索点 *Hong lou meng* 之后。
10. T **解析:**参见判断题第 1 题解析。

二、实践题

1. ①和②是错误的,③和④是正确的。根据 RDA 6.27.2,作品组成部分具有区别性题名时,为该组成部分构建代表作品的规范检索点,采用对该部分负有责任的个人、家族或团体的规范检索点附加该部分的首选题名。

2. 100 1#$aCongdon, Kirby.$t "Century of progress"--thirty years later, 1933-1963

400 1#$aCongdon, Kirby.$tAipotu.$nPart 1

解析:根据书目记录中245字段可以得出,作品*"A century of progress"--thirty years later*, 1933-1963由*Kirby Congdon*创作,代表该作品的规范记录应采用责任者的规范检索点附加作品首选题名的形式,即100$a +$t。同时,根据书目记录中第1个500字段的内容,该作品内容源自作品*Aipotu*的第一部分,仅有通用术语及编号*Part* 1,无区别性题名,需要构建代表整体作品组成部分的变异检索点,根据RDA 6.27.4.3,采用代表该个人的规范检索点随以整体作品的首选题名*Aipotu*,再随以代表该组成部分的通用术语和编号*Part* 1。

3. 100 1#$aKing, Larry,$d1933-$tLarry King show (Radio program).$kSelections

400 1#$aKing, Larry,$d1933-$tSelected radio programs from The Larry King show

解析:书目记录采用100 + 240 + 245,且240字段由$a +$k子字段组成,说明作品*Selected radio programs from The Larry King show*是*Larry King show* (*Radio program*)的组成部分,为该组成部分构建规范检索点,可采用对该部分负有责任的个人*Larry King*的规范检索点随以整部作品的规范检索点*Larry King show* (*Radio program*),再随以惯用总题名*Selections*。相应地,根据RDA 6.27.4.3,代表该个人的规范检索点直接随以组成部分的首选题名*Selected radio programs from The Larry King show*可构成代表组成部分的变异检索点,即规范记录中的400字段。

4. 100 1#$aFriedlaender, Ludwig,$d1824-1909.$tDarstellungen aus der Sittengeschichte Roms in der Zeit von August bis zum Ausgang der Antonine.$nBand 1-3

400 1#$aFriedlaender, Ludwig,$d1824-1909.$tSittengeschichte Roms

解析:由书目记录中的500字段可以得出,作品*Sittengeschichte Roms*重印了原作品*Darstellungen aus der Sittengeschichte Roms in der Zeit von August bis zum Ausgang der Antonine*卷1-3的内容。为实现作品的汇集功能,构建该作品的规范检索点应遵循构建代表作品多个组成部分的规范检索点的规则,即将组成部分的首选题名,此例为通用标识和连续编号Band 1-3,附加于代表整部作品的首选题名。相应地,责任者*Ludwig Friedlaender*的规范检索点随以作品题名*Sittengeschichte Roms*,构成变异检索点。

Day 25
构建汇编作品的规范检索点(1)

一、不定项选择题(每题 5 分,共 50 分)

1. 下列鲁迅创作的作品中,属于汇编作品的是(　　)
   A.《彷徨》　　B.《呐喊》　　C.《野草》　　D.《祝福》
2. 下列关于汇编作品的说法错误的是(　　)
   A. 同一责任者的作品汇编分为完整作品汇编和部分作品汇编
   B. 同一责任者完整作品的汇编,将惯用总题名 *Works* 作为首选题名
   C. 同一责任者部分作品的汇编,将惯用总题名 *Selections* 作为首选题名
   D. 同一责任者某种特定形式作品的汇编,*Works* 随以特定的惯用总题名作为首选题名,例如 *Works. Novels*
3. 德国著名文学家席勒 1957 年出版的作品选集的规范检索点形式错误的是(　　)
   A. 100 1#$aSchiller, Friedrich,$d1759-1805.$tAusgewählte Werke.$f1957
   B. 100 1#$aSchiller, Friedrich,$d1759-1805.$tWorks.$kSelections.$f1957
   C. 100 1#$aSchiller, Friedrich,$d1759-1805.$kSelections.$f1957
   D. 100 1#$aSchiller, Friedrich,$d1759-1805.$tWorks.$f1957
4. 2009 年 3 月 21 日至 4 月 3 日 *Fareha Zeba* 举办了其个人画展 *Recent works*,随后出版发行了同名画册,针对画册的书目记录下列正确的是(　　)
   A. 100 1#$aZeba, Fareha,$d1961-$eartist.
      240 10$aPaintings.$kSelections
      245 10$aRecent works /$cFareha Zeba.
   B. 100 1#$aZeba, Fareha,$d1961-$eartist.
      245 10$aRecent works /$cFareha Zeba.
   C. 100 1#$aZeba, Fareha,$d1961-$eartist.
      240 10$aWorks.$kSelections.
      245 10$aRecent works /$cFareha Zeba.
   D. 100 1#$aZeba, Fareha,$d1961-$eartist.
      240 10$aPaintings.
      245 10$aRecent works /$cFareha Zeba.
5. 巴金散文选规范检索点形式错误的是(　　)
   A. 100 1#$aBa, Jin,$d1904-2005.$tBa Jin san wen xuan
   B. 100 1#$aBa, Jin,$d1904-2005.$tBa Jin mei wen jing cui
   C. 100 1#$aBa, Jin,$d1904-2005.$tNovels.$kSelections
   D. 100 1#$aBa, Jin,$d1904-2005.$tEssays.$kSelections
6.《海涅诗选》中文版的规范检索点形式正确的是(　　)
   A. 100 1#$aHeine, Heinrich,$d1797-1856.$tHainie shi xuan
   B. 100 1#$aHeine, Heinrich,$d1797-1856.$tPoems.$lChinese
   C. 100 1#$aHeine, Heinrich,$d1797-1856.$tPoem.$lChinese
   D. 100 1#$aHeine, Heinrich,$d1797-1856.$tShi xuan.$lChinese

7. 为一个责任者的汇编作品记录首选题名时,可以选择惯用总题名 *Works* 的情况有(　　)
   A. 一个责任者的全部作品汇编
   B. 一个责任者尚在世,出版作品全集后,又创作了新作品,此前已出版的全集
   C. 一个责任者创作的数篇散文汇编
   D. 一个责任者创作的所有小说汇编
8. 如果汇编作品由同一责任者的两部小说组成,且有总题名,对于书目记录的处理下列说法正确的是(　　)
   A. 应包含统一题名字段 240,其形式为:240 10$aNovels
   B. 应包含统一题名字段 240,其形式为:240 10$aNovels.$kSelections
   C. 应将每部小说的首选题名分别构建 700 规范检索点
   D. 应包含 505 字段
9. 下列关于惯用总题名的术语说法错误的是(　　)
   A. 完整作品的汇编用惯用总题名 *Works*,非完整作品的汇编用惯用总题名 *Selections*
   B. 某一特定形式的汇编作品,用特定的惯用总题名的术语,该术语表是封闭术语表
   C. 某一特定形式完整作品的汇编,用 *Works* 加特定术语构成
   D. 部分作品汇编的惯用总题名形式与 AACR2 的做法不同
10. 下列哪些术语不是 RDA 提供的惯用总题名术语(　　)
   A. Correspondence　　B. Posters　　C. Prose works　　D. Speeches

二、实践题(共 50 分)

1. 请根据下面的示意图,利用 LC 在线规范库网站,并结合 RDA 相关规则,判断带有编号的字段是否正确。如有错误,请说明。(20 分)

Zhu Wen

THE MATCHMAKER,
THE APPRENTICE,
AND THE FOOTBALL FAN

MORE STORIES OF CHINA

TRANSLATED BY JULIA LOVELL

COLUMBIA UNIVERSITY PRESS　NEW YORK

COLUMBIA UNIVERSITY PRESS
Publishers Since 1893
New York　Chichester, West Sussex
[link:cup.columbia.edu]
Copyright © 2013 Julia Lovell
All rights reserved
E-ISBN 978-0-231-53507-6

This book brings together the following short stories, first published in Chinese as:
"Chi le yi ge cangying" (The Matchmaker), 1993
"Dama de yuqi" (Dama's Way of Talking), 1995
"Zuikui huoshou shi Manaduola" (The Football Fan), 1997
"Yi ge shixisheng" (The Apprentice), 1998
"Zai Jiaoyu" (Reeducation), 1998
"Kan nüren" (Xiao Liu), 1999
"Hu Laoshi, jintian xiawu qu da lanqiu ma?" (Mr. Hu, Are You Coming Out to Play Basketball This Afternoon?), 1999
"Paizhen matou" (The Wharf), 2009
© Zhu Wen

This publication has been supported by the Richard W. Weatherhead Publication Fund of the East Asian Institute, Columbia University.

100 1#$aZhu, Wen,$d1967-$eauthor.　①
240 10$aWorks.　②

245 14$aThe matchmaker, the apprentice, and the football fan :$bmore stories of China / $cZhu Wen ; translated by Julia Lovell. ③

260 ##$aNew York :$bColumbia University Press,$c2013. ④

300 ##$a166 pages :$billustration ;$c22 cm.

490 ##$aWeatherhead Books on Asia

700 1#$aLovell, Julia,$d1975-$etranslator.

700 12$aZhu, Wen,$d1967-$tDa Ma' s Way of Talking. ⑤

700 12$aZhu, Wen,$d1967-$tMatchmaker. ⑥

700 12$aZhu, Wen,$d1967-$tApprentice. ⑦

700 12$aZhu, Wen,$d1967-$tFootball Fan. ⑧

700 12$aZhu, Wen,$d1967-$tXiao Liu. ⑨

700 12$aZhu, Wen,$d1967-$tMr. Hu, Are You Coming Out to Play Basketball This Afternoon? ⑩

700 12$aZhu, Wen,$d1967-$tReeducation. ⑪

700 12$aZhu, Wen,$d1967-$tWharf.

2. 请根据下面的示意图,补充完整 RDA 书目记录。(每空 2 分,共 10 分)

题名页示意图

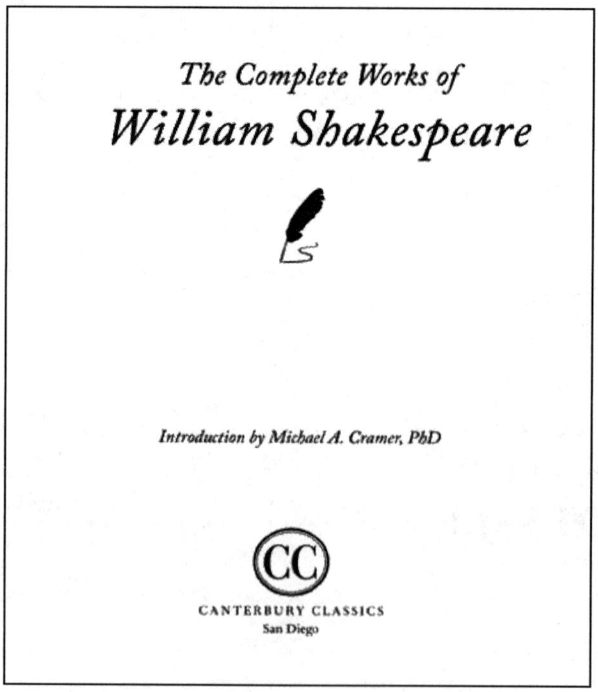
The Complete Works of
William Shakespeare

Introduction by Michael A. Cramer, PhD

CC
CANTERBURY CLASSICS
San Diego

© 2014 Canterbury Classics/Baker & Taylor Publishing Group

100 1#$a ______________________________

240 10$a ______________________________

245 14$a ____________________ /$c ____________

264 #1$aSan Diego, California :$bCanterbury Classics,$c[2014]

264 #4$c© 2014.

336 ##$atext$2rdacontent

337 ##$aunmediated$2rdamedia

338 ##$avolume$2rdacarrier

700 1#$aCramer, Michael A. ,$d1964-$e

3. 请根据下面的示意图及规范记录,补充完整 RDA 书目记录。(每空 2 分,共 20 分)

题名页示意图

Lecture on Ethics

Ludwig Wittgenstein

edited with commentary by
Edoardo Zamuner,
Ermelinda Valentina Di Lascio,
and D. K. Levy

WILEY Blackwell

(部分版权页示意图)

This edition first published 2014
© 2014 John Wiley & Sons, Inc.

Registered Office
John Wiley & Sons Ltd, The Atrium, Southern Gate, Chichester, West Sussex, PO19 8SQ, UK

Editorial Offices
350 Main Street, Malden, MA 02148-5020, USA
9600 Garsington Road, Oxford, OX4 2DQ, UK
The Atrium, Southern Gate, Chichester, West Sussex, PO19 8SQ, UK

规范记录:

100 1#$aWittgenstein, Ludwig,$d1889-1951.$tWorks.$kSelections.$lEnglish.$f2014

400 1#$aWittgenstein, Ludwig,$d1889-1951.$tLecture on ethics

670 ##$aLecture on ethics, 2014

书目记录:

041 ______ $a ______ $h ______

100 1# ____________________ $eauthor.

240 10 ____

245 10$aLecture on ethics /$c ____

264 #1$aChichester, West Sussex, UK ;$aMalden, MA :$bWiley,$c2014.

700 1#$aZamuner, Edoardo,$e ____________,$e ____________

700 1#$a ______________________ $eeditor,$ecommentator for written text.

700 1#$a ______________________ $eeditor,$ecommentator for written text.

Day 25 答案与解析

一、不定项选择题

1. ABC **解析**:《彷徨》《呐喊》是小说集,《野草》是散文诗集,《祝福》是短篇小说。

2. CD **解析**:根据 RDA 6.2.2.10.3 的交替规则,同一责任者部分作品的汇编,先记录惯用总题名 *Works*,再随以 *Selections*,而不是直接将 *Selections* 作为惯用总题名,后者是 AACR2 的做法。根据 RDA 6.2.2.10.2,对于同一责任者某种特定形式作品的汇编,将特定的惯用总题名作为首选题名记录,例如 *Novels*,而不用前置 *Works*。

3. ACD

4. A

5. ABC

6. B

7. AB

8. BCD

9. ABC

10. B

二、实践题

1. ②错误。该部作品为作者朱文部分短篇小说汇编,按照 LC 编目实践,创建作品规范检索点时,采用惯用总题名 *Short stories* 随以 *Selections*。

   ④错误。应启用 264 #1 字段记录出版信息。

   ⑤至⑪字段错误。汇编作品的名称并未出现在题名页上,而以目次形式出现,因此不必做 700 规范检索点,而将分部题名记录在 505 字段。

   其余字段正确。

2. 书目记录:

   100 1#$aShakespeare, William,$d1564-1616,$eauthor.

   240 10$aWorks

   245 14$aThe complete works of William Shakespeare/$cintroduction by Michael A. Cramer, Ph. D.

   700 1#$aCramer, Michael A. ,$d1964- $ewriter of introduction.

   解析:由题名页信息可得知,本部作品为莎士比亚作品全集。莎士比亚作为创作者,记录在 100 字段,并启用$e 子字段记录关系说明语。根据 RDA 6.2.2.10.1,启用 240 字段,将惯用总题名术语 *Works* 作为作品汇编的首选题名予以记录。

3. 书目记录:

   041 1#$aeng$hger

   100 1#$aWittgenstein, Ludwig,$d1889-1951,$eauthor.

   240 10$aWorks.$kSelections.$lEnglish.$f2014

   245 10$aLecture on ethics /$cLudwig Wittgenstein ; edited with commentary by Edoardo Zamuner, Ermelinda Valentina Di Lascio, and D. K. Levy.

700 1#$aZamuner, Edoardo,$eeditor,$ecommentator for written text.

700 1#$aDi Lascio, Ermelinda Valentina,$eeditor,$ecommentator for written text.

700 1#$aLevy, D. K. ,$eeditor,$ecommentator for written text.

解析:由题干提供的规范记录可知,在编资源 *Lecture on ethics* 是 *Ludwig* 部分作品的英译本汇编。因此,根据 RDA 6.2.2.10.3,该汇编作品规范检索点应采用规范记录中 100 的形式,记录在书目记录的 240 字段,启用$l 和$f 记录指示内容表达的语言的术语和内容表达的日期。按照题名页信息如实转录责任说明,并为每个编者构建 700 规范检索点,在$e 子字段记录与内容表达相关的个人,即贡献者的关系说明语。

Day 26
构建汇编作品的规范检索点(2)

一、不定项选择题(每题 5 分,共 50 分)

1. 对于有总题名的不同个人、家族或团体的作品汇编,在构建代表作品及汇编的规范检索点时,下列做法正确的是(　　)
   A. 以首部作品的题名作为首选题名,为汇编中的各部作品构建单独的规范检索点
   B. 以首部作品的题名作为首选题名,不为汇编中的各部作品构建单独的规范检索点
   C. 以总题名作为首选题名,为汇编中的各部作品构建单独的规范检索点
   D. 以总题名作为首选题名,不为汇编中的各部作品构建单独的规范检索点
2. 对于无总题名的不同个人、家族或团体的作品汇编,在构建代表作品及汇编的规范检索点时,下列做法正确的是(　　)
   A. 以首部作品的题名作为首选题名,为汇编中的各部作品构建单独的规范检索点
   B. 以首部作品的题名作为首选题名,不为汇编中的各部作品构建单独的规范检索点
   C. 以自拟题名作为首选题名,为汇编中的各部作品构建单独的规范检索点
   D. 以自拟题名作为首选题名,不为汇编中的各部作品构建单独的规范检索点
3. 某汇编包含了两位作家撰写的两部小说,分别是 *John Steinbeck* 的 *Red pony* 和 *Stephen Crane* 的 *The red badge of courage*,无总题名,则依据 LC 做法,构建代表作品的规范检索点正确的做法是(　　)
   A. 130 0#$aNovels$kSlections
      245 10$aRed pony /$cJohn Steinbeck. The red badge of courage / Stephen Crane.
   B. 245 00$aRed pony /$cJohn Steinbeck. The red badge of courage / Stephen Crane.
   C. 245 00$aRed pony /$cJohn Steinbeck. The red badge of courage / Stephen Crane.
      700 12 $aSteinbeck, John,$d1902-1968.$tRed pony.
      700 12 $aCrane, Stephen,$d1871-1900.$tRed badge of courage.
   D. 245 00$a[Two American novels]
      505 0#$aRed pony / John Steinbeck -- The red badge of courage / Stephen Crane.
      700 12$aSteinbeck, John,$d1902-1968.$tRed pony.
      700 12$aCrane, Stephen,$d1871-1900.$tRed badge of courage.
4. 在构建代表作品汇编的规范检索点时,RDA 较 AACR2 相比有所变化,关于这些变化说法正确的有(　　)
   A. 若汇编包含多个责任者的不同作品,且无总题名,AACR2 规定以第一部作品的规范检索点作为整部汇编的规范检索点,RDA 认为这样较为片面,因此取消了该种做法
   B. 对于多个责任者的作品汇编,RDA 和 AACR2 都没有使用惯用总题名的做法
   C. 对于作品选集,在使用术语 *Selections* 时,AACR2 和 RDA 的做法相同

D. 在使用术语 *Selections* 时,RDA 规定其需置于代表作品类型的惯用总题名之后,而 AACR2 无此规定

5. 从本质来看,可被认作是多个责任者的作品汇编的有(　　)

A. 连续出版物　　B. 各期作者不同的丛编

C. 会议论文集　　D. 合作作品

6. 某诗集题名为 100 *essential American poems*,则下列关于该诗集规范检索点构建方法正确的是(　　)

A. 245 00$a100 essential American poems /$cedited by Leslie M. Pockell.

505 00$tThe prologue /$rby Anne Bradstreet --$tThe author to her book /$rby Anne Bradstreet --$tBefore the birth of one of her children /$rby Anne Bradstreet ...

B. 130 0#$aPoems$kSelections.

245 10$a100 essential American poems /$cedited by Leslie M. Pockell.

C. 100 1#$aPockell, Leslie.

245 10$a100 essential American poems /$cedited by Leslie M. Pockell.

D. 245 00$a100 essential American poems /$cedited by Leslie M. Pockell.

7. 关于构建汇编作品规范检索点说法不正确的有(　　)

A. RDA 取消了关于检索点数量的限制,因此无论汇编中有多少作品,在书目记录中可为所有作品构建单独的规范检索点

B. 无论对于相同责任者还是不同责任者的作品汇编,若无总题名,RDA 规定均可为其创建自拟题名,并以此作为首选题名构建规范检索点

C. 虽然 RDA 没有限制为汇编中所含作品单独创建检索点的数量,但考虑经济成本,编目机构可自行决定是否单独创建检索点以及检索点数量

D. 惯用总题名仅用于识别相同责任者的作品汇编,而不用于不同责任者的作品汇编

8. 关于汇编作品首选题名说法不准确的是(　　)

A. 对于有总题名的汇编,应选择总题名作为汇编的首选题名

B. 对于有总题名的汇编,不一定选择总题名作为汇编的首选题名

C. 对于无总题名的汇编,应选择惯用总题名作为汇编的首选题名

D. 对于无总题名的汇编,可选择自拟题名作为汇编的首选题名

9. 某小说集按先后顺序包含了 *Mark Twain*(马克·吐温)的两篇小说和 *O. Henry*(欧·亨利)的两篇小说,则书目记录中的 100 字段应记录为(　　)

A. 100 1#$aTwain, Mark,$d1835-1910　　B. 100 1#$aHenry, O.,$d1862-1910.

C. 不记录 100 字段　　D. 都不正确

10. 上题中,若按 AACR2,书目记录中的 100 字段可能记录为(　　)

A. 100 1#$aHenry, O.,$d1862-1910.　　B. 100 1#$aTwain, Mark,$d1835-1910

C. 不记录 100 字段　　D. 都不正确

二、实践题(共 50 分)

1. 请根据下面的示意图,利用 LC 在线规范库网站,并结合 RDA 相关规则,判断带有编号的字段是否正确(正确请填写“T”,错误请填写“F”)。如有错误,请说明理由。(20 分)

封面示意图

LEGENDS

NEW SHORT NOVELS

STEPHEN KING The Dark Tower

ROBERT JORDAN The Wheel of Time

TERRY GOODKIND The Sword of Truth

ANNE MCCAFFREY Pern

RAYMOND E. FEIST The Riftwar Saga

EDITED BY ROBERT SOLVERBERG

题名页示意图

Legends

SHORT NOVELS BY THE
MASTERS OF MODERN TANTASY

EDITED BY

Robert Silverberg

A TOM DOHERTY ASSOCIATES BOOK
NEW YORK 1998

130 0#$aLegends (Anthology) ①

245 1#$aLegends :$bshort novels by the masters of modern fantasy /$cedited by Robert Silverberg.

246 14$aLegends :$bnew short novels

264 #1$aNew York :$bTor,$c1998.

300 ##$a715 p. :$bill. (some col.), maps ;$c25 cm. ②

336 ##$atext$2rdacontent

337 ##$aunmediated$2rdamedia

338 ##$avolume$2rdacarrier

490 0#$aA Tom Doherty Associates book ③

505 0#$aThe dark tower / Stephen King -- The wheel of time / Robert Jordan -- The sword of truth / Terry Goodkind - Pern / Anne McCaffrey -- The riftwar saga / Raymond E. Feist. ④

700 1#$aSilverberg, Robert,$eauthor. ⑤

700 12$aKing, Stephen,$d1947-$tThe dark tower. ⑥

700 12$aJordan, Robert.$tWheel of time. ⑦

700 1#$aGoodkind, Terry.$tSword of truth. ⑧

700 12$aMcCaffrey, Anne.$tPern. ⑨

700 12$aFeist, Raymond E.$tRiftwar saga. ⑩

2. 请根据下面的示意图,补充完整 RDA 书目记录。(每空 2 分,共 10 分)

题名页示意图

> 21
>
> Essential American short stories
>
> edited by Leslie M. Pockell
>
> Thomas Dunne Books
>
> New York
>
> 2011

245 00$a21 essential American short stories /$cedited by Leslie M. Pockell.

246 3#$a ______________________________

264 #1$aNew York :$bThomas Dunne Books,$c2011.

300 ##$axv, 300 pages ;$c24 cm

336 ##$atext$2rdacontent

337 ##$aunmediated$2rdamedia

338 ##$avolume$2rdacarrier

520 ##$aThis book is a collection of beloved stories that have comprised an important part of the fabric of our culture, from the earliest days of our nation to the twentieth century.

505 00 ______Rip Van Winkle /______by Washington Irving --______The purloined letter / ______by Edgar Allan Poe…

700 1#$aPockell, Leslie,$eeditor of compilation.

3. 请根据下面的示意图,补充完整 RDA 书目记录。(每空 2 分,共 20 分)

题名页示意图

Excerpts from three classical Chinese novels

translated by Yang Xianyi and Gladys Yang.

Chinese Literature
Beijing
1981

封面示意图

Panda books

The Three Kingdoms

Pilgrimage to the West

Flowers in the mirror

excerpts from three classical Chinese novels

Chinese Literature

书脊显示信息:三部古典小说节选

末页显示信息:Distributed by China International Book Trading Corp.

245 00$aExcerpts from three classical Chinese novels /$ctranslated by Yang Xianyi and Gladys Yang.

246 14$a ______________________________

246 ______$aSan bu gu dian xiao shuo jie xuan

264 #1$aBeijing, China :$bChinese Literature :$c1981.

264 #2$b ______________________________

300 ##$a295 pages ;$c19 cm.

490 0#$aPanda books

505 0#$aThe battle of the Red Cliff / Luo Guanzhong -- On the Three Kingdoms / Chen Minsheng -- The Flaming Mountain / Wu Cheng'en -- Pilgrimage to the West and its author / Wu Zuxiang -- A journey into strange lands / Li Ruzhen -- Some notes on Flowers in the

mirror / Li Changzhi.

700 1#$aYang, Xianyi,$d1915-2009,$e ____________________

700 1#$aYang, Gladys,$etranslator.

700 12$aLuo, Guanzhong,$dapproximately 1330-approximately 1400.$tSan guo zhi yan yi.

$k ____________ $l ____________

700 12$aWu, Cheng'en,$dapproximately 1500-approximately 1582.

$t ________________ $kSelections.$lEnglish.

700 12$aLi, Ruzhen,$dapproximately 1763-approximately 1830.

$t ____________________ $k ________ $l ________

Day 26 答案与解析

一、不定项选择题

1. CD **解析:**根据 RDA 6.27.1.4 的规定,不同个人、家族或团体的作品汇编,有总题名时,以总题名作为首选题名,为各分部作品构建或不构建单独检索点都是可以的,当然,建议构建。
2. ACD **解析:**<C>和<D>符合 RDA 6.27.1.4 交替规则的规定。
3. C **解析:**<D>对无总题名的汇编文献自拟题名,符合 RDA 6.27.1.4 交替规则的规定。但 LC-PCC PS 规定,不采用此交替规则。
4. ABD **解析:**<C>错误,RDA 和 AACR2 对使用术语 *Selections* 的不同规定,可参见<D>。
5. ABC **解析:**<D>是合作作品,是一部作品由两个或两个以上的个人、家族或团体合作创作而成,不属于汇编范畴。
6. A
7. B **解析:**自拟题名的规定,仅适用于不同责任者无总题名的汇编作品。相同责任者无总题名的汇编作品,应采用惯用总题名作为作品首选题名。
8. AC **解析:**<A>和<C>都应区分是否是同一责任者的汇编作品。应视责任者相同与否的不同情况,选择相应的合适的做法。
9. C **解析:**不同个人的无总题名汇编作品,应将各部分的题名及责任说明按其在汇编中出现的形式及顺序记录在 245 字段,没有 1XX 字段。不采用 AACR2 中以第一部作品的责任者做 1XX 的做法。
10. B

二、实践题

1. ②错误,不应使用缩写。

③错误,此类信息不作为丛编信息,而作为附注置于 500 字段。正确形式应为 500 ##$a" A Tom Doherty Associates book. "。

⑤错误,关系说明语选错,选用术语"editor"。

⑥错误,根据 LC 规范文档,首选题名中没有定冠词"The"。

⑦错误,根据 LC 规范文档,个人名称规范形式缺少生卒年,正确形式为 700 12$aJordan, Robert,$d1948-2007.$tWheel of time.

⑧错误,第 2 指示符应为"2"。

其余字段正确。

2. 书目记录:

246 3#$aTwenty-one essential American short stories

505 00$t $t $r

解析:505 字段启用$t 和$r 子字段,以结构化方式记录各分部作品的首选题名。

3. 书目记录:

246 14$aThree Kingdoms, Pilgrimage to the West, Flowers in the mirror:$bexcerpts from three classical Chinese novels

246 18$aSan bu gu dian xiao shuo jie xuan

264 #2$bDistributed by China International Book Trading Corp.

700 1#$etranslator.

700 12$kSelections.$lEnglish.

700 12$tXi you ji.$kSelections.$lEnglish.

700 12$tJing hua yuan. $kSelections.$lEnglish.

解析:末页有发行信息,故启用 264#2 字段,记录发行信息。该资源是《三国志演义》《西游记》《镜花缘》三部小说的节选汇编,为每部作品构建规范检索点时,应启用$k 子字段,说明是节选。同时,三部作品原文语种为中文,该资源是英译本汇编,700 字段还需启用$l 记录内容表达的语言。

Day 27

构建内容表达的规范检索点

一、不定项选择题（每题 5 分，共 50 分）

1. 下列资源属于内容表达实体的有（　　）
   A. 越剧《红楼梦》　　B.《西游记》英译本
   C. 爱乐交响乐团 2015 年的演出　　D. 钦定版《圣经》
2. 下列属于对内容表达负有责任的是（　　）
   A. 编者　　B. 译者　　C. 作曲者　　D. 出版者
   E. 表演者
3. 下列元素属于内容表达核心元素的有（　　）
   A. 题名　　B. 内容类型　　C. 媒介类型　　D. 内容表达的日期
   E. 内容表达标识符
4. *Homer*（荷马）的 *Iliad*（《伊利亚特》）被多次翻译为法语，这些不同的法语版本属于（　　）；其中某一经典法语版本被不断重印出版，则这些重印版本属于（　　）
   A. 不同的作品；不同的内容表达　　B. 不同的作品；不同的载体表现
   C. 不同的内容表达；不同的载体表现　　D. 不同的内容表达；不同的内容表达
5. 下列关于内容类型说法正确的是（　　）
   A. 内容类型是内容表达的属性，其信息可取自任何来源
   B. 内容类型既可记录于书目记录，又可记录于规范记录，所对应的字段为 336 字段
   C. 当资源包含多种内容类型时，既可记录全部内容类型，也可仅记录主要或实质部分的内容类型
   D. 内容类型可以作为区分元素来构建代表内容表达的规范检索点
6. RDA 中，内容类型、媒介类型和载体类型的术语表分别出现在第（　　）章
   A. 4　　B. 3　　C. 6　　D. 5
7. 书目记录中的 336 字段与（　　）字符位存在一定的对应关系
   A. LDR/06　　B. 006/00　　C. 007/00　　D. 007/01
8. 下列关于内容表达的日期的说法正确的是（　　）
   A. 内容表达的日期是指“与内容表达相联系的最早日期”，信息可取自任何来源
   B. 内容表达的日期不同于载体表现的日期，但体现内容表达的最早载体表现的日期可视为该内容表达的日期
   C. 内容表达的日期不同于作品的日期，但对大多数现代作品而言，二者是一致的
   D. 当需要区分同一作品的不同内容表达时，内容表达的日期是核心元素
9. 下列关于内容表达的语言说法不正确的有（　　）
   A. 当需要区分同一作品的不同内容表达时，内容表达的语言是核心元素

B. 内容表达的语言在用于构建代表内容表达的规范检索点时记录于$f 子字段

C. 对于大多数当代作品,其内容表达的语言在书目记录中通常没有体现

D. 如果内容表达涉及多种语言,则需要记录每一种语言

10. 在书目记录中,可用于记录内容表达的语言的字段包括(　　)

A. 008　　B. 041　　C. 377　　D. 546

二、实践题(共 50 分)

1. 请给出下列《圣经》不同版本的规范检索点的 MARC 21 数据形式。(每题 5 分,共 25 分)

(1)英文版《圣经》

____

(2)英文钦定版《圣经》

____

(3)英文 *King James Version*《圣经》

____

(4)1999 年再次编纂出版的钦定版《圣经》

____

(5)由 *Thomas Matthew* 翻译的英文版《圣经》

____

2. 请指出下列有关 *William Shakespeare*(莎士比亚)的资源对应于 FRBR 第 1 组实体中的哪个层次(例如:作品、内容表达等),并给出代表资源的规范检索点的 MARC 21 书目记录格式。(每题 5 分,共 25 分)

(1)莎士比亚诗歌全集

所对应实体:____________

规范检索点:______________________________

(2)莎士比亚戏剧选编

所对应实体:____________

规范检索点:______________________________

(3)德文版莎士比亚戏剧全集

所对应实体:____________

规范检索点:______________________________

(4)由 *Edith Nesbit* 改编的莎士比亚戏剧青少年读本,最早由 *H. Altemus Co.* 以题名 *The children's Shakespeare* 出版,后来由 *Dover Publications* 以另一题名 *Shakespeare's stories for young readers* 再次出版,则对后者而言

所对应的实体:____________

规范检索点:______________________________

245 10$aShakespeare's stories for young readers /$cE. Nesbit.

250 ##$aDover edition.

(5)关于莎士比亚戏剧《哈姆雷特》的评论,由 *Ruth J. Owen* 编写,题名为 *The Hamlet zone : reworking Hamlet for European cultures*

所对应实体：____________

规范检索点：______________________________

700 1#$aOwen, Ruth J. ,$eeditor.

Day 27 答案与解析

一、不定项选择题

1. BCD　**解析**：<A>：越剧《红楼梦》属于由文学作品《红楼梦》衍生出的新作品。

2. ABE　**解析**：<C>：作曲者对作品负有责任。<D>：出版者对载体表现负有责任。

3. BDE　**解析**：RDA 6.9—6.13 定义了内容表达的主要属性及其核心情况。<A>和<C>两项为载体表现的属性。

4. C

5. ABCD

6. CBB

7. A

8. ABCD

9. BC　**解析**：<B>：应记录在$l 子字段。<C>：内容表达的语言在书目记录中的 100、110、130、240、700、710、730 等字段的$l 子字段以及 377 等字段均有体现。

10. ACD　**解析**：008/35-37 字符位用于记录载体表现或内容表达的语言；041 字段只能记录载体表现的语言；546 字段可记录载体表现或内容表达的语言；377 字段用于记录内容表达的语言。

二、实践题

1. (1) 130 0#$aBible.$lEnglish

(2) 130 0#$aBible.$lEnglish.$sAuthorized

(3) 130 0#$aBible.$lEnglish.$sAuthorized

(4) 130 0#$aBible.$lEnglish.$sAuthorized.$f1999

(5) 130 0#$aBible.$lEnglish.$sMatthew's version

解析：本题中各个版本的《圣经》属于相同作品的不同内容表达，内容表达的语言记录于$l 子字段，内容表达的日期记录于$f 子字段，版本和译者可作为内容表达的其他区别特征记录于$s 子字段。

2. (1) 作品

100 1#$aShakespeare, William,$d1564-1616. 240 10$aPoems

解析：根据 RDA 6.2.2.10.2，对于单个个人、家族或团体某种特定形式的完整作品，应选用表示该形式的惯用总题名作为作品汇编的首选题名予以记录，本题应选择惯用总题名 *Poems*。而后，由著者的个人名称规范检索点及首选题名共同构建代表作品的规范检索点，由于是书目记录，因此采用 100 + 240 的形式。

(2) 作品

100 1#$aShakespeare, William,$d1564-1616. 240 10$aPlays.$kSelections

解析：与(1)类似，本题所选用的惯用总题名为 *Plays*，由于是选编，因此随以术语 *Selections* 记录于$k。

(3) 内容表达

100 1#$aShakespeare, William,$d1564-1616. 240 10$aPlays.$lGerman

解析：将内容表达的语言作为附加元素记录于代表作品的规范检索点之后，记录于$l。

(4)内容表达

100 1#$aNesbit, E.$q(Edith),$d1858-1924.

240 10$aChildren's Shakespeare

解析:莎士比亚作品的青少年读本为原作品的改编,已形成了新作品。不同出版社先后出版的不同版本属于该新作品的不同内容表达,故对于后一内容表达而言,应构建与先前内容表达相同的代表作品的规范检索点,即新作品作者的规范检索点附加首选题名(首次出版时的题名)。

(5)作品

245 04$aThe Hamlet zone :$breworking Hamlet for European cultures

解析:对《哈姆雷特》的评论形成了与原作品《哈姆雷特》有关系的一部全新作品,因此,代表作品的规范检索点也不再相同,按规则构建新作品的规范检索点即可,本题为在 245 字段著录题名,直接将其作为首选题名构建作品的规范检索点。

Day 28
构建音乐作品的规范检索点

一、不定项选择题(每题5分,共50分)

1. 下列元素属于音乐作品属性的有(　　)

A. 音乐作品的题名　B. 表演媒介　C. 作曲者

D. 调　E. 音乐作品的数字标识

2. 在构建音乐作品的规范检索点时,通常会在专指的子字段中记录一些特殊元素,因此,这些元素通常不包含在首选题名中,这些元素包括(　　)

A. 表演媒介说明　B. 调

C. 系列号、作品号和主题索引号　D. 作曲日期

3. 莫扎特四重奏作品选编的规范检索点形式为100 1#$aMozart, Wolfgang Amadeus, $d1756-1791.$t ______. ______Selections,在横线处应当填写的首选题名和子字段代码的正确形式为(　　)

A. Quartets　B. Quartet　C.$k　D.$s

4. 音乐作品的首选题名通常选择作曲者所用语言呈现的原题名,但当一些例外情况时,可选择其他语言或形式的题名作首选题名,这些例外情况包括(　　)

A. 音乐作品相同语言的另一题名更为知名,则选择更知名的题名作为首选题名

B. 音乐作品的题名很长,则可选择在参考源中通常用以识别作品的简短题名

C. 音乐作品的题名很长,且没有通常用以识别作品的简短题名,则可由编目员自拟简短题名

D. 作曲者所有作品的题名均含有同一种作曲类型名称,且作为该作曲类型的一种编号序列引用,则将该作曲类型名称作为首选题名

5. 莫扎特一生创作了大量的钢琴协奏曲,且对该作曲类型赋予了编号序列,其中一首名为*Krönungs-Konzert*(英语名为*Coronation Concerto*),被引用的编号序列为K. 537,则该部音乐作品的首选题名应为(　　)

A. Krönungs-Konzert　B. Coronation Concerto　C. Concerto　D. Concertos

6. 音乐作品规范检索点的附加成分通常按如下顺序添加:表演媒介、数字标识和调,其中表演媒介既可以作为附加成分记录于子字段,也可以作为独立元素记录于单独的字段,其相应的子字段代码和字段号应为(　　)

A.$m ; 383　B.$r ; 383　C.$m ; 382　D.$r ; 382

7. 对于为芭蕾舞谱曲的音乐作品,其规范检索点由(　　)的规范检索点附加作品的首选题名构建

A. 编舞者　B. 导演　C. 作曲者　D. 编剧

8. 下列可作为音乐作品内容表达的其他区别特征并应记录于单独子字段的有(　　)

A. 表演媒介　　B. 调　　C. 语言　　D. 改编、改写

E. 草稿　　F. 声乐缩编谱

9. 下列情况属于音乐作品内容表达范畴的改编的有(　　)

A. 和声或音乐风格改变　　B. 各种作品的演释曲

C. 表演媒介变化　　D. 音乐作品的简写本

10. 下列关于音乐作品规范检索点的构建说法正确的是(　　)

A. 在构建作品组成部分的规范检索点时,音乐作品与普通作品的处理方式相同

B. 在构建汇编作品的规范检索点时,音乐作品与普通作品的处理方式相同

C. 音乐作品的规范检索点由代表作曲者的规范检索点附加音乐作品的首选题名构成

D. 对于为戏剧、电影等作曲的音乐或配乐,应当选用戏剧作品或电影的规范检索点

E. 对于增加了伴奏的音乐作品,其规范检索点的构建与原作品相同

F. 对于译本,其规范检索点的构建与普通作品相同,即由原作品的规范检索点附加语言代码构建

二、实践题(每题 10 分,共 50 分)

请根据提示将书目记录中用以识别作品的信息补充完整,可利用互联网检索规范数据形式,参考网址为 http://authorities. loc. gov。

1. 示意图:

CD盘面示意图

Frühlingsstimmen

Best of Wiener Walzer-II

KICC 20
STEREO ©1991
KING RECORDS. Tokyo Japan

Alfred Eschwé

Conducting the
Wiener Johann Strauss Orchester

封底信息示意图

Johann Strauss II:

Frühlingsstimmen, Walzer, Op.410	6:35
Morgenblatter Walzer, Op.279	9:45
Pizzicato Polka	2:39
Kunstlerleber Walzer, Op.316	9:55
Rosen Aus Dem Suden Walzer, Op.388	10:12
Aaelerationen Walzer, Op.234	9:20
Perpetuum Mobile, Op.257	3:01

提示：本音乐 CD 为小约翰·施特劳斯创作的华尔兹舞曲选编，由管弦乐队演奏。

100 1#________________________________

240 10$a ________________ $k ________________

245 10$aFrühlingsstimmen ;$bbest of Wiener Walzer-II /$cJohann Strauss II.

700 12$aStrauss, Johann,$d1825-1899.$tFrühlingsstimmen.

2. 示意图：

CD盘面示意图

Highlisghts from the Rubinstein collection

(1) Schubert: Impromptu in G flat, Op.90 no.3 (2) Chopin: Mazurka in C, Op.68 no.1 (3-5) Poulenc: Mouverments Perpétuels ……

B20D-30123

p1989 BMG Music

Artur Rubinstein, Pianist

提示：本音乐 CD 为某钢琴家弹奏的多位作曲家的多部作品汇编。

245 00$a ________________________________

700 1#$a ________________ $e ________________

3. 示意图：

CD盘面示意图

RAVEL • DEBUSSY String Quartets

POCL-1136

Quatuor Ysaÿe

封底信息示意图

Ravel (1875-1937): String Quartet in F major
Debussy(1862-1918): String Quartet in G minor, Op.10

提示：本音乐 CD 为两位作曲家的弦乐四重奏选编。

245 00$aString quartets.

700 12$a ________________.$tQuartet,$m violins (2), viola, cello,$r ________

700 12$a ________________ $t ________,$mviolins (2), viola, cello,$n ________,

$rG minor.

710 2#$aQuatuor Ysaÿe,$eperformer.

4. 示意图：

CD盘面示意图

4 CONCERTOS
Johann Joachim Quantz

Concerto in G major, QV 5:173
Concerto in C major, QV 5:10
Concerto in G minor, QV 5:193
Concerto in D major "Pour Potsdam"

James Galway, flute
Württembergisches Kammerorchester Heilbronn
Jörg Faerber, conductor

提示：本音乐 CD 为约翰·约阿希姆·克万茨创作的四首长笛协奏曲汇编。

100 1#$aQuantz, Johann Joachim,$d1697-1773.

240 10$a ____________.$k ____________

245 10$a4 concertos /$cJohann Joachim Quantz.

700 12 ____

700 12 ____

700 12 ____

700 12$aQuantz, Johann Joachim,$d1697-1773.$tConcertos,$mflute, string orchestra, $nQV 5:41,$rD major.

5. 示意图：

CD盘面示意图

Verdi

La traviata I

TOCE-9130, 2DJ-5028HS

Toshiba EMI

Victoria De Los Angeles, Singer

提示：本音乐 CD 为威尔第歌剧作品《茶花女》，共分 2 盘发行，此为第 1 盘。该歌剧情节依*Filho Alexandre Dumas*（小仲马）的小说 *Dame aux camélias*（《茶花女》）改编。

100 1#____________________________

240 10$a ____________________________

245 10$aLa traviata I /$cVerdi.

700 1#$aAngeles, Victoria de los,$esinger.

Day 28 答案与解析

一、不定项选择题

1. ABDE　**解析**：音乐作品的属性包括音乐作品的题名、表演媒介、音乐作品的数字标识、调和音乐作品内容表达的其他区别特征。<C>：作曲者是音乐作品的创作者，属于与音乐作品相关的个人、家族和团体，体现的是关系而非音乐作品本身的属性。

2. ABCD　**解析**：RDA 规定在记录首选题名时，应从选择的题名中省略表演媒介说明、调、系列号、作品号和主题索引号、编号（除非是题名必不可少的组成部分）和作曲日期。以上特殊元素分别记录在子字段$m、$r、$n 和$f。

3. AC　**解析**：在 MARC 21 规范记录格式中，100$t 记录作品的首选题名，对于单一作曲类型的名称，RDA 规定用编目语言的公认形式，且以复数形式记录，除非作曲者仅写有一部此类型的作品。四重奏是一种作曲类型，其名称的英语复数形式为 *Quartets*。选编即不完整作品的汇编常用到的惯用总题名 *Selections* 应记录于$k（形式副标目）子字段。

4. ABCD　**解析**：RDA 规定在选择音乐作品的首选题名时，通常选择作曲者所用语言呈现的原题名作为音乐作品的首选题名，但有三种例外情况：(1) 如果音乐作品相同语言的另一题名更为知名，则选择更知名的题名；(2) 如果音乐作品的题名很长，则可首先选择在参考源中通常用以识别作品的简短题名，其次可由编目员自拟简短题名；(3) 如果某一作曲者所有作品的题名均含有同一种作曲类型名称，例如，交响曲，且作为该作曲类型的一种编号序列引用，例如，第三交响曲，则将该作曲类型名称作为首选题名。

5. D　**解析**：参见上题解析中的第 3 种例外情况。本题涉及作品为某一作曲者创作的协奏曲这一作曲类型，且都为其编制了编号序列，因此选择这一作曲类型名称作为首选题名，选用编目语言的公认形式，且以复数形式记录，即 *Concertos*（协奏曲），而将表演媒介、编号、调等附加在首选题名之后。该部作品规范检索点的完整形式为：100 1#$aMozart, Wolfgang Amadeus,$d1756-1791.$tConcertos,$mpiano, orchestra,$nK. 537,$rD major.

6. C　**解析**：根据 MARC 21 规范数据格式，表演媒介作为附加成分记录于$m 子字段，作为独立元素记录于 382 字段；数字标识作为附加成分记录于$n 子字段，作为独立元素记录于 383 字段；调作为附加成分记录于$r 子字段，作为独立元素记录于 384 字段。

7. C　**解析**：对于为舞蹈动作（例如，芭蕾舞、哑剧等）谱曲的音乐作品，其规范检索点由作曲者的规范检索点附加作品首选题名构建。

8. CDF　**解析**：音乐作品内容表达的其他区别特征是指用以将音乐作品的一个内容表达与同一作品的另一内容表达相区分的特征（例如，改编、草稿、声乐缩编谱）。其中，改编记录为 *arranged*，置于$o 子字段；草稿记录为 *Sketches*，置于圆括号中，而非单独的子字段；声乐缩编谱记录为 *Vocal scores*，置于$s 子字段。此外当音乐作品产生译本时，译本的语言也应作为内容表达的其他区别特征予以记录，置于$l 子字段。<A>和<B>属于作品的特征，当用于区分具有相同题名的音乐作品时为核心元素，而不是用于区分同一作品不同的内容表达。故选择<C><D><F>。

9. CD　**解析**：属于音乐作品内容表达范畴的改编、改写主要指表演媒介变化或音乐作品的简写本，并没有形成新的作品,有别于音乐作品的改编。<A>和<B>属于音乐作品而非内容表达的改编,此外属于音乐作品改编的类别还有:被描述为自由改写、基于原作等的改编,以及其他包含新材料的改编。

10. BCEF **解析:**<A>:音乐作品组成部分的规范检索点在构建时和普通作品一样分为一个组成部分以及两个或两个以上组成部分,两个或两个以上的组成部分的规则与普通作品基本相同,然而,一个组成部分的规则与普通作品是有区别的:普通作品时,如果组成部分具有区别性题名,则规范检索点由创作者的规范检索点附加该组成部分的首选题名直接构成,无须前置以代表整部作品的首选题名,而音乐作品无论组成部分的首选题名是否具有区别性,都需要在组成部分的首选题名前附加代表整部作品的首选题名。<D>:对于为戏剧作品、电影等作曲的音乐或配乐,其规范检索点由作曲者的规范检索点附加音乐作品的首选题名构建,而不用戏剧作品或电影的规范检索点。故<A>和<D>错。

二、实践题

1. 100 1#$aStrauss, Johann,$d1825-1899.

240 10$aWaltzes,$morchestra.$kSelections

解析:音乐作品的规范检索点由作曲者的规范检索点附加音乐作品的首选题名构建,在书目记录中采用100+240的形式。100字段记录作曲者 *Johann Strauss II*(小约翰·施特劳斯)的规范检索点形式,即100 1#$aStrauss, Johann,$d1825-1899.240字段记录作品的首选题名及附加成分。本音乐作品为华尔兹舞曲选编,由于 *Johann Strauss II* 一生创作过很多华尔兹舞曲,因此选择这种作曲类型公认的术语作为首选题名,编目语言为英语,且使用复数形式,即 *Waltzes*,记录于240$a子字段;表演媒介为管弦乐器,使用术语 *orchestra*,记录于$m子字段;由于是选编,即不完整的作品汇编,因此附加惯用总题名 *Selections*,记录于$k子字段。

2. 245 00$aHighlisghts from the Rubinstein collection

700 1#$aRubinstein, Artur,$d1887-1982,$eperformer.

解析:本题属于不同个人、家族或团体的有总题名的作品汇编,依据RDA规定,如果汇编作品由不同作者完成,且带有汇编的总题名,则以总题名的首选题名作为规范检索点。此时,不记录100字段,而直接将总题名记录于245字段,即245 00$aHighlisghts from the Rubinstein collection。为钢琴演奏者构建规范检索点,$e记录关系说明语,选用RDA术语 *performer*(表演者)。需要注意的是,只有作曲者是音乐作品的创作者,可记录于1XX字段,演奏者属于贡献者,体现的是责任者和内容表达之间的关系,需记录于7XX字段。

3. 700 12$aRavel, Maurice,$d1875-1937. $rF major.

700 12$aDebussy, Claude,$d1862-1918. $tQuartet, $nop. 10,

解析:与上题相同,本题属于不同个人、家族或团体的有总题名的作品汇编,以总题名作为汇编作品的首选题名记录于245字段。同时,本题还记录了各部作品的规范检索点,记录于700字段,其构成为作曲者的规范检索点(ad)+首选题名($t)+表演媒介($m)+数字标识($n)+调($r)。需要注意的是700$t中表示作曲类型的术语 *Quartet*(四重奏)未使用复数形式,是因为该作曲家仅创作过一首这种类型的作品。

4. 240 10$aConcertos. $kSelections

700 12$aQuantz, Johann Joachim,$d1697-1773.$tConcertos,$mflute, string orchestra, $nQV 5:173,$rG major.

700 12$aQuantz, Johann Joachim,$d1697-1773.$tConcertos,$mflute, string orchestra, $nQV 5:10,$rC major.

700 12$aQuantz, Johann Joachim,$d1697-1773.$tConcertos,$mflute, string orchestra, $nQV 5:193,$rG minor.

解析:本题属于同一个人、家族或团体的某一形式的部分作品汇编。RDA规定,对于两部或两部以上但并非完整作品的汇编,可分别构建汇编中每部作品的规范检索点(7XX字段),也可以惯用总题名作为汇编的首选题名构建汇编作品的规范检索点，本题做法是后者。本题汇编中的作品为同一种形式，因此用这种作品形式的惯用总题名 *Concertos*（协奏曲），由于是部分作品汇编，因此随以 *Selections*（选集），记录于240 字段。汇编中所包含的4 部长笛协奏曲的规范检索点记录于7XX 字段，形式为作曲者的规范检索点 + 首选题名 + 表演媒介 + 数字标识 + 调。

5. 100 1#$aVerdi, Giuseppe,$d1813-1901.

240 10$aTraviata

解析：RDA 规定，对于包含歌词、台本、文本等的音乐作品（例如，歌曲、歌剧、音乐喜剧），其规范检索点由作曲者的规范检索点附加音乐作品的首选题名构建。本题为依文学名著改编而成的歌剧，已经形成了新的作品，因此，应当以歌剧的作曲者的规范检索点 + 歌剧的首选题名来构建歌剧作品的规范检索点，而不是用原作品的规范检索点 100 1#$aDumas, Alexandre,$d1824-1895.$tDame aux camélias (Novel)。

Day 29
构建法律作品的规范检索点

一、不定项选择题(每题 5 分,共 50 分)

1. 具有编目意义的法律作品包括(　　)
   A. 管辖行政管辖区的法律、行政法规　　B. 法院规章、判例
   C. 政府间或非政府间条约　　D. 刑事或民事诉讼
   E. 起诉书、司法判决等
2. 下列元素对识别条约而言是核心元素的有(　　)
   A. 首选题名　　B. 签署日期　　C. 签署地　　D. 签署方
3. 下列关于构建法律作品规范检索点说法正确的是(　　)
   A. 对于管辖一个行政管辖区的法律,其规范检索点由受法律管辖的行政管辖区的规范检索点附加法律的首选题名构建
   B. 对于视同法律的行政法规,其规范检索点由颁布机构的规范检索点附加法规的首选题名构建
   C. 对于两方之间的条约汇编,其规范检索点由代表一方的规范检索点附加惯用总题名“Treaties, etc.”,再附加条约另一方的名称构建
   D. 对于两方之间的单个条约,其规范检索点直接以条约的首选题名构建
   E. 对于法院诉讼,无论是刑事诉讼或非刑事诉讼,其规范检索点的构建方式是相同的
4. 下列代表法律作品规范检索点在书目记录中形式正确的是(　　)
   A. 110 1#$aCalifornia.
   240 10$aLaws, etc.
   245 10$aCalifornia Labor Code
   (有引用题名: Labor Code)
   B. 110 1#$aUnited States.
   240 10$aConstitution
   245 14$aThe Constitution of the United States
   C. 110 2#$aUnited Nations.
   240 10$aCharter of the United Nations
   245 10$aCharter of the United Nations :$bamendment to Article 109 : adopted by the General Assembly of the United Nations December 20, 1965.
   D. 110 1#$aOntario.$bSuperior Court of Justice.
   245 10$aOntario Superior Court practice
5. 下列法律作品的规范检索点是由非行政管辖区团体的规范检索点附加作品首选题名构建的有(　　)

A. 立法法案 B. 古代行政管辖区的法律
C. 非法律的行政法规 D. 单个法院规章
E. 政府间条约

6. 在区分具有相同或相似规范检索点的法律作品时,需要添加附加成分,这些附加成分可以是( )
A. 法律的颁布年或条约的签署日期 B. 附属于条约的议定书
C. 条约的签署方 D. 出版或版权日期

7. 法律作品的日期按形式可分为法律的颁布日期和条约的签署日期,下列代表法律作品的规范检索点中日期记录形式正确的有( )
A. 110 1#$aZimbabwe.$tConstitution of Zimbabwe (1994)
B. 110 1#$aZimbabwe.$tConstitution of Zimbabwe (1994 October 1)
C. 130 0#$aAgreement Establishing the World Trade Organization$d(1994)
D. 130 0#$aAgreement Establishing the World Trade Organization$d(1994 April 15)

8. 对于条约,需要添加附加成分的情形包括( )
A. 对于单个条约,附加条约的签署日期
B. 对于条约汇编,附加条约的时间范围
C. 对于附属于条约的议定书等,附加术语 *Protocols, etc.*
D. 对于附属于条约的议定书等,附加议定书等的签署日期

9. 附加于单个条约首选题名后的签署日期既可作为附加成分记录于子字段,又可作为独立元素以格式化的形式记录于字段,其所对应的子字段和字段分别为( )
A.$f;046 B.$f;045 C.$d;046 D.$d;045

10. 由 *C. H. W. Johns* 翻译的著名的"汉谟拉比法典"(由古巴比伦国王汉谟拉比颁布的法律汇编)题名为 *The oldest code of laws in the world: the code of laws promulgated by Hammurabi, King of Babylon,* 2285-2242, *B. C.*,则该部翻译作品在书目记录中的规范检索点形式应为( )
A. 100 0#$aHammurabi,$cKing of Babylonia.
240 10$aCode of Hammurabi.$lEnglish
B. 100 1#$aJohns, C. H. W.$q(Claude Hermann Walter),$d1857-1920.
240 10$aCode of Hammurabi.$lEnglish
C. 130 0#$aCode of Hammurabi.$lEnglish
D. 100 1#$aJohns, C. H. W.$q(Claude Hermann Walter),$d1857-1920.
245 14$aThe oldest code of laws in the world:$bthe code of laws promulgated by Hammurabi, King of Babylon, 2285-2242, B. C.

二、实践题(每题 10 分,共 50 分)

请根据提示将书目记录中用以识别作品的信息补充完整,如果无须记录则填写"空"即可。可利用互联网检索规范数据形式,参考网址为 http://authorities. loc. gov。

1. 题名页示意图：

108th Congress, 2d Session, Senate Document

The Constitution of the United States of America

analysis and interpretation

analysis of cases decided by the Supreme Court of the United States

to June 28, 2002

prepared by the Congressional Research Service, Library of Congress

co-editors: Johnny H. Killian,

George A. Costello

Kenneth R. Thomas

contributors : David M. Ackerman

Henry Cohen

Robert Meltz

Government Printing Office

2004

提示:本例为国家宪法。

110 1#$a ______________________________ $e ____________

240 10$a ____

245 14$aThe Constitution of the United States of America :$banalysis and interpretation : analysis of cases decided by the Supreme Court of the United States to June 28, 2002

2. 题名页示意图：

RULES

OF

THE SUPREME COURT

OF THE

STATE OF NEW-YORK

WITH

SHORT NOTES OF CASES IN RELATION TO THE RULES

TO WHICH ARE ADDED,

DECISIONS OF THE SUPREME COURT

RELATING TO

AFFIDAVITS, NOTICES, AND SERVICE,

TOGETHER WITH

COPIES OF BILLS OF COSTS, TO SERVE AS PRECEDENTS

THIRD REVISED EDITION

NEW YORK

PUBLISHED BY GOULD, BANKS AND GOULD

C.S. Van Winkle, Printer

1812

提示：本例为法院规章。

1101#$a ____________________ $b ______________________________ $e ________________

245 10$aRules of the Supreme Court of the state of New-York :$bwith short notes of cases in relation to the rules : to which are added, decisions of the Supreme Court relating to affidavits, notices, and service, together with copies of bills of costs, to serve as precedents.

3. 题名页示意图：

OPINION OF JUDGE MARSHALL

IN RELATION TO THE

POTOMAC COMPANY;

AND

AGREEMENT BY THE POTOMAC COMPANY

WITH

GENERAL HENRY LEE,

RELATIVE TO

THE USE OF THE SURPLUS WATER

AT THE

GREAT FALLS OF THE POTOMAC.

GEORGETOWN, D. C.

PRINTED BY W. A. RIND AND CO

1817.

提示：本例为司法意见。

1001#$a ____ $e ______________________________

245 10$aOpinion of Judge Marshall, in relation to the Potomac Company :$band agreement by the Potomac Company with General Henry Lee, relative to the use of the surplus water at the great falls of the Potomac /$c[by John, Marshall]

4. 题名页示意图：

H.R. 229.

DECEMBER 16, 1818.

Read twice, and committed to a committee of the whole house on Monday next.

A Bill

Providing for the Payment of Property Lost and Destroyed in the Seminole War

……

提示：本例为立法法案。

110 1#$a ________ $b ________ $n(15th, 1st session :$d1817-1818) .$b ________

245 12$aA Bill Providing for the Payment of Property Lost and Destroyed in the Seminole War

710 1#$aUnited States.$tAct to Authorize Payment for Property Lost, Captured or Destroyed by the Enemy while in the Military Service of the United States, and for Other Purposes.

5. 题名页示意图：

The history and development of the Fourth amendment to the United States Constitution

by Nelson B. Lasson.

Da Capo Press
New York
1970

100 1#$a ________

240 1#$a ________

245 14$aThe history and development of the Fourth amendment to the United States Constitution / $cby Nelson B. Lasson.

610 10$aUnited States.$tConstitution.$n4th Amendment.

Day 29 答案与解析

一、不定项选择题

1. ABCDE　**解析**：参见 RDA 6.29。
2. ABD　**解析**：<A>："首选题名"是识别任何作品的核心元素。<B>："签署日期"是指条约等或条约议定书等的正式签署日期，是识别条约的核心元素。<D>："签署方"是指已正式签署条约等，并依附于其条款和条件的政府或其他方，当需要进行区分，或识别双边条约等时，该元素为核心元素。<C>："签署地"并非条约的属性，更谈不上是否为核心元素。
3. AD　**解析**：<B>：对于视同法律的行政法规等，如果是行政管辖区视其为行政法规，则其规范检索点的构建同<A>，而不是以颁布机构的规范检索点构建，只有对于不视同法律的行政法规等，其规范检索点才由颁布机构的规范检索点附加法规的首选题名构建，故<B>错误。<C>：对于条约，RDA 已经取消了以惯用总题名 *Treaties*, *etc.* 作为首选题名的规定，同时取消了为签署双方构建规范检索点的规定，故<C>错误。<E>：对于刑事诉讼，其规范检索点由被起诉方的规范检索点附加首选题名构建，而对于民事及其他非刑事诉讼，其规范检索点由起诉方的规范检索点附加首选题名构建，两者规范检索点的构建方式是不同的，故<E>错误。
4. BCD　**解析**：<A>：对于一个行政管辖区的全部或部分的立法性法规的汇编，将 *Laws*, *etc.*（法律等）记录为惯用总题名，但特定主题的汇编除外。如果特定主题的法律汇编有一个引用题名，则将该题名作为首选题名予以记录，本选项即为该情况，因此应为 240 10$aLabor Code，故 <A> 错误。<B>：为美国宪法，其规范检索点由美国的规范检索点附加首选题名 *Constitution* 构建。<C>：为联合国宪章的修正案，采用与联合国宪章相同的规范检索点，即由联合国的规范检索附加该宪章的首选题名构建。<D>：为某个法院的规章，其规范检索点由代表法院的规范检索点附加规章的首选题名构建。故后三项正确。

5. ACD　**解析**：<A>：立法法案的规范检索点由立法团体的规范检索点附加立法法案的首选题名构建。<C>：非法律的行政法规的规范检索点由颁布机构的规范检索点附加法规的首选题名构建。<D>：单个法院规章的规范检索点由法院的规范检索点附加规章的规范检索点构建。立法团体、颁布机构以及法院均为非行政管辖区团体。<B>：古代行政管辖区的法律的规范检索点使用的是早期法律为人所知的题名或包含法律的资源的正题名（按先后顺序）。<E>：政府间条约的规范检索点使用的是条约的首选题名。故 <B> 和 <E> 错误。

6. ABC　**解析**：在法律作品的规范检索点中用于区分的附加成分包括法律作品的日期（法律的颁布日期和条约的签署日期）、其他区别特征和条约的签署方，其他区别特征中最常见的就是附属条约的议定书，添加术语 *Proctocols, etc.*。<D>：通常用于区分普通作品，注意与法律作品的日期有所区别。

7. AD　**解析**：条约与法律附加日期的形式不同：法律附加颁布年（直接跟在首选题名之后，没有单独的子字段），条约附加的签署日期具体到日（记录于单独的子字段$d），因此本题正确形式为 <A> 和 <D>，其中 <A> 为法律、<D> 为条约。

8. ABCD

9. C

10. C　**解析**：对于古代法律，直接以法律或早期法律汇编为人所知的题名构建代表作品的规范检索点，无须前置以颁布者、翻译者等的规范检索点。子字段$l 记录语言用于区分不同的内容表达。

三、实践题

1. 110 1#$aUnited States,$eenacting jurisdiction.

   240 10$aConstitution

   解析：本题为美国国会参议院文件，内容为美国宪法及其分析与阐释，其规范检索点由制定宪法的行政管辖区的规范检索点附加宪法的首选题名构建。

2. 110 1#$aNew York (State).$bSupreme Court,$ecourt governed.

   解析：本题为纽约州最高法院规章，对于管辖单个法院的规章，其规范检索点由受辖法院的规范检索点附加规章的首选题名构建。

3. 100 1#$aMarshall, John,$d1755-1835,$ejudge

   解析：本题为某法官（Marshall）关于某公司（Potomac Company）某件事情的司法意见，其规范检索点由代表法官的规范检索点附加意见的首选题名构建。

4. 1110 1#$aUnited States.$bCongress$n(15th, 1st session :$d1817-1818).$bHouse.

   解析：本题为美国国会众议院通过的立法法案，其规范检索点由立法团体的规范检索点附加法案的首选题名构建。

5. 100 1#$a Lasson, Nelson B.$q(Nelson Bernard),$d1908-

   240 1#$a　空

   解析：本题为对美国宪法第四修正案历史和发展的介绍，是对法律作品的阐释，而非法律作品本身，因此作为普通作品构建规范检索点，即创作者的规范检索点附加作品的首选题名。

Day 30
构建宗教作品的规范检索点

一、不定项选择题(每题 5 分,共 50 分)

1. 宗教作品的首选题名通常首先选择用(　　)语言的题名
   A. 作品原文　　B. 创建数据的机构首选的
   C. 知名版本所用　　D. 一般参考源所用
2. 有关《圣经》组成部分规范检索点的构建,RDA 较 AACR2 有所不同,依据 RDA,下列形式正确的是(　　)
   A. 130 0#$aBible.$pOld Testment.$pMalachi　　B. 130 0#$aBible.$pMalachi
   C. 130 0#$aBible.$pApocrypha.$pBaruch　　D. 130 0#$aBible.$pBaruch
3. 有关梵文佛教经典三藏(Tipiṭaka)组成部分规范检索点的构建,正确的是(　　)
   A. 130 0#$aTripiṭaka.$pAbhidhammapiṭaka
   B. 130 0#$aAbhidhammapiṭaka
   C. 130 0#$aTripiṭaka.$pAbhidhammapiṭaka.$pDhammasaṅgaṇi
   D. 130 0#$aTripiṭaka.$pDhammasaṅgaṇi
4. 有关伊斯兰教经典《古兰经》组成部分规范检索点的构建,下列形式正确的是(　　)
   A. 130 0#$aQur'an.$pChapter Vaqe'a　　B. 130 0#$aQur'an.$pSurat al-Waqi'ah
   C. 130 0#$aQur'an.$pal-Waqi'ah　　D. 130 0#$aQur'an.$pJuz' al-Mulk
5. 下列宗教作品属于婆罗门教的包括(　　)
   A.《吠陀经》　　B.《密释纳》和《托塞夫塔》
   C.《米德拉西》　　D.《森林书》《婆罗门书》和《奥义书》
   E.《波斯古经》　　F.《古兰经》
6. 下列宗教作品属于犹太教的是(　　)
   A.《吠陀经》　　B.《密释纳》和《托塞夫塔》
   C.《米德拉西》　　D.《森林书》《婆罗门书》和《奥义书》
   E.《波斯古经》　　F.《古兰经》
7. 下列属于宗教礼拜仪式作品的有(　　)
   A. 官方批准或传统上接受的宗教仪式文本
   B. 既定时间提供的义务祈祷书(包括时辰礼仪、日课等)
   C. 执行宗教仪式的历法和手册
   D. 用于宗教仪式的取自宗教经典的阅读物
   E. 称作 *books of hours*(时间之书)的祈祷书
8. 在代表《圣经》一个内容表达的规范检索点中,作为其他区别特征的版本记录于(　　)
   A.$l　　B.$s　　C.$f　　D.$o

9. 下列代表《圣经》一个内容表达的规范检索点中，记录附加元素的子字段排列顺序正确的一项是(　　)

A. 130 0#$aBible.$lEnglish.$sDouai.$f2010　　B. 130 0#$aBible.$sDouai.$f2010.$lEnglish

C. 130 0#$aBible.$f2010.$sDouai.$lEnglish　　D. 130 0#$aBible.$sDouai.$lEnglish.$f2010

10. 下列关于代表宗教作品及内容表达规范检索点的构建说法正确的有(　　)

A. RDA 规则较 AACR2 有所变化，对于宗教经典的组成部分，无论其是否有所属分部，均将组成部分的首选题名直接附加于宗教经典的首选题名之后

B. RDA 规则较 AACR2 有所变化，对于宗教经典的组成部分，不同宗教经典组成部分的规范检索点的构建有所不同，有的需要将组成部分的首选题名附加在所属分部之后，有的则不需要

C. 宗教经典作品均属佚名作品，因此规范检索点都记录于 130 字段

D. 如果资源包含《圣经》的多种语言或多个版本，则为每种语言或版本的内容表达创建规范检索点

二、实践题(每题 10 分，共 50 分)

请根据提示将书目记录中用以识别作品的信息补充完整，如果无须记录则填写“空”即可。可利用互联网检索规范数据形式，参考网址为 http://authorities.loc.gov。

1. 题名页示意图：

THE

CATHOLIC

STUDY BIBLE

Second edition

the New American Bible,
including the revised New Testament and Psalms, translated from the original languages with critical use of all the ancient sources

Donald Senior, John J. Collins, editors

Oxford University Press
Oxford -New York
2006

130 0#$aBible.$l ____________________ $s ____________________ $f ____________________

245 14$aThe Catholic study Bible :$bthe New American Bible, including the revised New Testament and Psalms, translated from the original languages with critical use of all the ancient sources /$cDonald Senior, John J. Collins, editors.

250 ##$aSecond edition.

2. 题名页示意图：

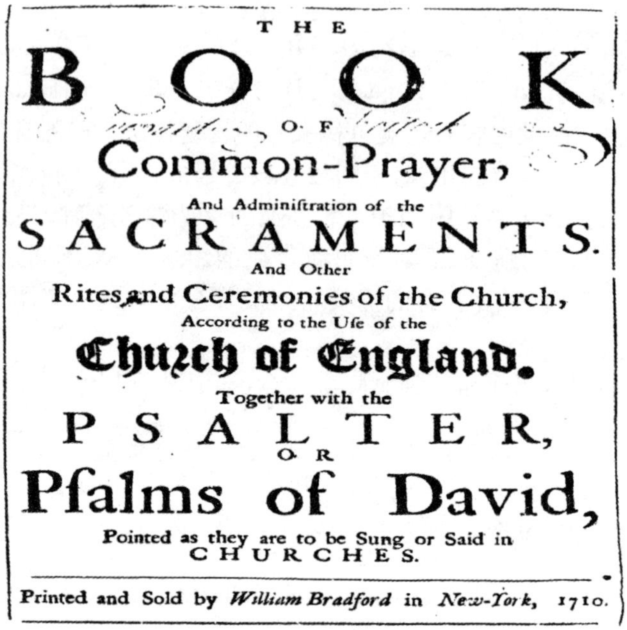
THE
BOOK
OF
Common-Prayer,
And Adminiſtration of the
SACRAMENTS.
And Other
Rites and Ceremonies of the Church,
According to the Uſe of the
Church of England.
Together with the
PSALTER,
OR
Pſalms of David,
Pointed as they are to be Sung or Said in
CHURCHES.
Printed and Sold by William Bradford in New-York, 1710.

110 2#$a ______________________________

240 10$a ______________________________

245 14$aThe book of common prayer and administration of the sacraments and other rites and ceremonies of the church, according to the use of the Church of England :$btogether with the Psalter or Psalms of David, pointed as they are to be sung or said in churches

3. 题名页示意图：

150 psaumes
150 psalms
illustrations par Benn
Paris
Médialogue
1987

提示：本资源为属于《圣经》旧约的《诗篇》,《诗篇》包含 150 首诗歌，本资源同时包含相对应的英文和法文。

130 0#$a ______________________________

245 10$a150 psaumes =$b150 psalms /$cillustrations par Benn.

546 ##$aText in English and French.

700 0#$aBenn,$d1905-1989,$eillustrator.

730 0#$a ____

730 0#$a ____

4. 题名页示意图：

> **THE WESTMINSTER**
>
> **CONFESSION OF FAITH**
>
> a new edition
>
> **edited by**
>
> **Douglas Kelly, Hugh McClure, and Philip B. Rollinson**
>
> Greenwood, S.C.
>
> Attic Press
>
> 1979

提示：本资源在威斯敏斯特会议（Westminster Assembly（1643-1652））期间制定。

130 0#$a ____

245 14$aThe Westminster Confession of Faith :$ba new edition /$cedited by Douglas Kelly, Hugh McClure, and Philip B. Rollinson.

700 1#$aKelly, Douglas F. ,$eeditor.

700 1#$aMcClure, Hugh. ,$eeditor.

700 1#$aRollinson, Philip B. ,$eeditor.

711 2#$a ____

5. 题名页示意图：

> Hermeneia--a critical and historical commentary on the Bible
>
> *Psalms 3*
>
> *a commentary on Psalms 101-150*
>
> translated and interpreted by Frank-Lothar Hossfeld and Erich Zenger
>
> English translation by Linda M. Maloney
>
> edited by Klaus Baltzer
>
> Fortress Press , Minneapolis
>
> 2011

130 0#$aBible.$p ____________________.$l ____________________$sMaloney.$f2011.

245 10$aPsalms 3 :$ba commentary on Psalms 101-150 /$ctranslated and interpreted by Frank-

Lothar Hossfeld and Erich Zenger ; English translation by Linda M. Maloney ; edited by Klaus Baltzer.

700 1#$a ________________ $etranslator.

Day 30 答案与解析

一、不定项选择题

1. B **解析：**根据 RDA 6.23，对于宗教作品，通常选择与创建数据的机构首选的语言相同的最为熟知或常见的题名作为首选题名。

2. BC **解析：**根据 RDA 6.23.2.9，对于圣书的首选题名，不必再前置其所属圣约，直接将圣书的名称作为《圣经》首选题名的复分予以记录，故 < A > 错误，< B > 正确。根据 RDA 6.23.2.9.4，对于以外传为人所知的汇编，将 *Apocrypha* 作为 *Bible* 的复分，对于单部外传，用外传书的名称做进一步的复分，故 < C > 正确，< D > 错误。

3. AC **解析：**根据 RDA 6.23.2.13.2，梵文佛教经典三藏（Tripiṭaka）由三个分部构成，分别为 *Abhidharmapiṭaka*（论藏）、*Sūtrapiṭaka*（经藏）、*Vinayapiṭaka*（律藏），各分部的规范检索点由 *Tripiṭaka* 附加分部题名构建，故 < A > 正确，< B > 错误。对于这些分部之一的、分别出版的组成部分，其规范检索点由相应分部的规范检索点附加该组成部分的首选题名构建，故 < C > 正确，< D > 错误。

4. BD **解析：**根据 RDA 6.23.2.18，对于《古兰经》的组成部分，其规范检索点由 *Qur'an* 附加组成部分的首选题名构建，其中组成部分的首选题名前置以 *Sūrat*（章）或 *Juz'*（部分），故 < B > 和 < D > 正确。

5. AD **解析：**《吠陀经》是婆罗门教最重要和最根本的经典；《密释纳》《托塞夫塔》和《米德拉西》是犹太教经典；《森林书》《婆罗门书》和《奥义书》是婆罗门教经典；《波斯古经》又称《阿维斯陀》，是琐罗亚斯德教（袄教）经典；《古兰经》是伊斯兰教经典，故 < A > 和 < D > 正确。

6. BC

7. ABCDE **解析：**参见 RDA 6.30.1.5。

8. B

9. A

10. BD **解析：**< B >：例如《圣经》的组成部分圣书名称直接附加在 *Bible* 之后，而无须再中间插入所属约书的名称，而佛教经典的组成部分需要附加在所属分部（藏书）的名称之后，故 < B > 正确，< A > 错误。< C >：虽然大部分宗教经典为佚名作品，规范检索点记录于 130 字段，但有一种例外，如果涉及宗教经典作品（例如，巴哈教的作品）所属宗教团体的参考源将一部公认的宗教经典作品归为一个个人所作，则该作品的规范检索点由个人名称的规范检索点附加作品首选题名构建，即 100at 的形式。

二、实践题

1. 130 0#$aBible.$lEnglish.$sNew American.$f2006.

   解析：在编资源为天主教研究用《圣经》，为圣经的不同版本：英文、New American 版、出版年为 2006，以上信息应作为内容表达的区别特征予以记录，其中语言记录于$l、版本记录于$s、出版年记录于$f。

2. 110 2#$aChurch of England

   240 10$aBook of common prayer

   解析：在编资源为英格兰教堂的祈祷书，属礼拜仪式作品，RDA 规定对于该类作品，其规范检索点由所属教会或教派团体的规范检索点附加礼拜仪式作品的首选题名构建。

3. 130 0#aaBible.$pPsalms

   730 0#$aBible.$pPsalms.$lEnglish.

   730 0#$aBible.$pPsalms.$lFrench.

解析:在编资源包含《诗篇》的英语和法语两种语言的内容表达,则为资源构建一个不带$l 的规范检索点,即 130 0#$a$aBible.$pPsalms,注意不必在两者之间插入 *Old Testment*。然后再为每个内容表达构建一个单独的规范检索点,即两个 730 字段,语言记录在$l 子字段。

4. 130 0#$aWestminster Confession of Faith.

711 2#$aWestminster Assembly$d(1643-1652)

解析:在编资源为威斯敏斯特信仰信条,属被教派团体接受的神学教义。RDA 规定对于神学教义的规范检索点由代表作品的首选题名直接构建,因此只需记录 130。由于该信条是在威斯敏斯特会议(Westminster Assembly$d(1643-1652))上被制定出来的,因此为该会议构建一个规范检索点。

5. 130 0#$aBible.$pPsalms, LI-CL.$lEnglish$sMaloney.$f2011.

700 1#$aHossfeld, Frank-Lothar,$etranslator.

解析:在编资源为《圣经》组成部分的翻译及阐释,对于带有章节编号的圣书的组成部分,需要在其首选题名后附加章(用罗马数字)和节(用阿拉伯数字),故需要在规范检索点中将阿拉伯数字 101-150 改写为罗马数字 LI-CL。700 记录译者的规范检索点。

Day 31
构建官方通信作品的规范检索点

一、填空题(每空 2 分,共 20 分)

1. 对于罗马教廷的官方通信,若其通信以一个______为人所知,则选择该题名作为作品的首选题名。
2. 对官方通信负有责任的______或宗教官员,由于其代表政府机构或宗教机构等团体的官方身份,因此,此类代表官员的规范检索点通常置于______字段,而非______字段。
3. 单个官员通信的规范检索点通常由代表____________的规范检索点结合作品的______构建。
4. 如果代表官方通信的规范检索点是用代表官员、官职或团体的规范检索点随以作品的首选题名所构建,则代表该官方通信的变异检索点用代表______的规范检索点随以作品的______构建。
5. 对于官员个人创作的非官方作品,其规范检索点由代表______的规范检索点结合作品的________构建。

二、不定项选择题(每题 5 分,共 50 分)

1. 下列将政府官员视为创作者的官方通信有(　　)
   A. 国家元首致立法机构的信件
   B. 政府首脑签署的非法律的行政命令
   C. 送文函
   D. 政府部门负责人签字颁发的文告
2. 下列将宗教官员视为创作者的官方通信有(　　)
   A. 教皇的命令、诏书、通谕
   B. 牧函
   C. 教令
   D. 祈祷书
3. 下列类型官方通信规范检索点的构建方式正确的有(　　)
   A. 单个官员通信:代表官员的规范检索点 + 作品首选题名
   B. 送文函:代表文件接收机构的团体的规范检索点 + 送文函的首选题名
   C. 单个官职的官方通信汇编:代表官职的规范检索点 + 作品首选题名
   D. 官方通信和其他作品的汇编:作品的首选题名
4. 具有政府职务的官员既可代表政府机构,又可代表其个人,具有双重性质,下列关于代表政府官员规范检索点的使用说法正确的有(　　)
   A. 代表官员的规范检索点和代表官员个人的规范检索点形式相同
   B. 代表官员的规范检索点和代表官员个人的规范检索点形式不同
   C. 关于某政府官员的传记应当使用代表官员个人的规范检索点进行主题标引
   D. 关于某政府官员的传记也可使用代表官员的规范检索点进行主题标引
   E. 对于官员创作的非官方作品,应当使用代表官员个人的规范检索点构建代表作品的规

范检索点

5. 对于教皇 *John Paul II* 颁布的通谕，在代表通谕的规范检索点中，教皇 *John Paul II* 的规范检索点形式应为(　　)

A. 100 0#$aJohn Paul$bII,$cPope,$d1978-2005

B. 110 2#$aCatholic Church.$bPope

C. 110 2#$aCatholic Church.$bPope (1978-2005 : John Paul II)

D. 110 2#$aCatholic Church.$bPope (1920-2005 : John Paul II)

6. 某资源为多任罗马教皇所颁布的通谕汇编，则代表该作品的规范检索点形式正确的是(　　)

A. 110 2#$aCatholic Church.$bPope.$tEncyclicals

B. 110 2#$aCatholic Church.$tEncyclicals

C. 110 2#$aCatholic Church.$bPope.$tBulls

D. 110 2#$aCatholic Church.$bPope.$tPapal encyclicals

7. 某资源为教皇保罗一世创作的有关宗教分析的作品汇编，则代表该作品的规范检索点形式不正确的是(　　)

A. 110 2#$aCatholic Church.$bPope (1978 : John Paul I)
　240 10$aWorks.$kSelections

B. 100 0#$aJohn Paul$bI,$cPope,$d1912-1978
　240 10$aWorks.$kSelections

C. 100 0#$aJohn Paul$bI,$cPope,$d1912-1978
　245 10$a 总题名

D. 100 0#$aJohn Paul$bI,$cPope,$d1912-1978
　245 10$a 总题名
　700 02$aJohn Paul$bI,$cPope,$d1912-1978.$t 所含作品 1 的首选题名
　700 02$aJohn Paul$bI,$cPope,$d1912-1978.$t 所含作品 2 的首选题名
　……

8. 某资源为林肯作为美国总统的演说集的法文版，则在书目记录中代表该资源的规范检索点形式正确的是(　　)

A. 100 1#$aLincoln, Abraham,$d1809-1865.
　240 10$aSpeeches.

B. 100 1#$aLincoln, Abraham,$d1809-1865.
　240 10$aSpeeches.$lFrench

C. 110 1#$aUnited States.$bPresident (1861-1865 : Lincoln).$tSpeeches.$lFrench

D. 110 1#$aUnited States.$bPresident (1861-1865 : Lincoln)
　240 10$aSpeeches.$lFrench

9. 在规范记录中，代表美国立国纲领性文件《独立宣言》的规范检索点形式正确的是(　　)

A. 100 1#$aWashington, George,$d1732-1799.$tDeclaration of Independence

B. 110 10$aUnited States.$bPresident (1789-1797 : Washington).$tDeclaration of Independence

C. 110 10$aUnited States.$bPresident (1789-1797 : Washington)

240 10$aDeclaration of Independence

D. 110 1#$aUnited States.$tDeclaration of Independence

10. 代表官方通信的一个内容表达的规范检索点是将适合的术语或日期附加于代表作品的规范检索点之后，其中记录日期的位置有（　　）

A.$c 子字段　　B.$d 子字段

C. 首选题名后的圆括号中　　D. 046 字段

三、实践题（每题 10 分，共 30 分）

1. 题名页示意图：

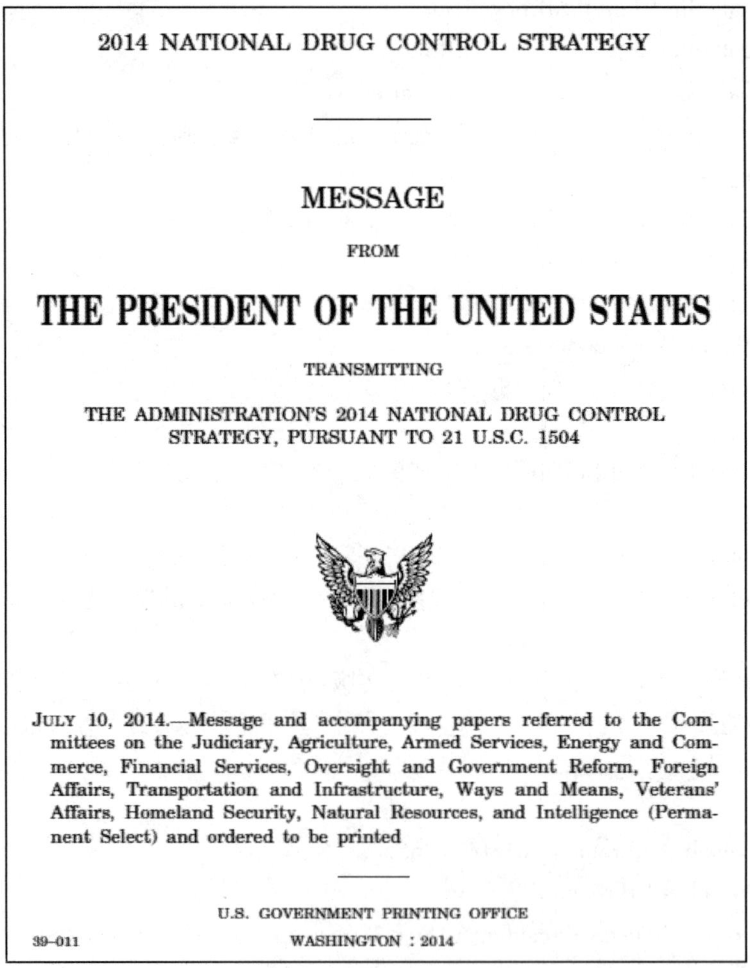

2014 NATIONAL DRUG CONTROL STRATEGY

MESSAGE

FROM

THE PRESIDENT OF THE UNITED STATES

TRANSMITTING

THE ADMINISTRATION'S 2014 NATIONAL DRUG CONTROL STRATEGY, PURSUANT TO 21 U.S.C. 1504

JULY 10, 2014.—Message and accompanying papers referred to the Committees on the Judiciary, Agriculture, Armed Services, Energy and Commerce, Financial Services, Oversight and Government Reform, Foreign Affairs, Transportation and Infrastructure, Ways and Means, Veterans' Affairs, Homeland Security, Natural Resources, and Intelligence (Permanent Select) and ordered to be printed

U.S. GOVERNMENT PRINTING OFFICE

39–011　　WASHINGTON : 2014

提示：本资源为总统咨文。

110 1#____$eauthor.

245 10$a2014 national drug control strategy :$bmessage from the President of the United States transmitting the administration's 2014 national drug control strategy, pursuant to 21 U. S. C. 1504.

500 ##$a"Message and accompanying papers referred to the Committees on the Judiciary, Agriculture, Armed Services, Energy and Commerce, Financial Services, Oversight and Government Reform, Foreign Affairs, Transportation and Infrastructure, Ways and Means, Veterans' Affairs, Homeland Security, Natural Resources, and Intelligence (Permanent Select) and ordered to be printed."

700 1#$a ____________________ $eauthor.

710 1#$a ____ $eissuing body.

710 1#$aUnited States.$$bCongress.$bHouse.$bCommittee on Agriculture,$eissuing body

710 1#$aUnited States.$bCongress.$bHouse.$bCommittee on Armed Services,$eissuing body

2. 题名页示意图：

The papal encyclicals

Claudia Carlen

McGrath Pub. Co.

1981

提示：本资源为教皇通谕，共 5 卷，第 1—5 卷题名页上均显示有分卷所涵盖的时间范围，依次为 1740-1878；1878-1903；1903-1939；1939-1958；1958-1981。

110 2#$a ____

240 10$a ____

245 14$aThe papal encyclicals /$c[compiled by] Claudia Carlen.

500 ##$aTranslations from various sources.

700 1#$a ____

3. 题名页示意图：

Proclamation of the Constitution Act, 1982, April 17, 1982, remarks by the Prime Minister

A proclamation

Proclamation of the Constitution Act, 1982, April 17, 1982, remarks by Her Majesty The Queen

Allocution du Premier ministre lors de la proclamation de la Loi constitutionnelle de 1982 le 17 avril 1982

Proclamation

Allocution de la Sa Majesté la Reine lors de la proclamation de la loi constitutionnelle de 1982 le 17 avril 1982

Secretary of State　　　　Secrétariat d'État

提示:本资源为加拿大政府公告汇编。

245 00$aProclamation of the Constitution Act, 1982, April 17, 1982, remarks by the Prime Minister ;$bA proclamation ; Proclamation of the Constitution Act, 1982, April 17, 1982, remarks by Her Majesty The Queen = $b ______________

710 1#$a ______________

710 1#$aCanada.$bSecretary of State.

710 1#$a ______________

Day 31 答案与解析

一、填空题

1. 简略题名
2. 政府官员 110 100
3. 官员 首选题名
4. 官员、官职或团体 变异题名
5. 官员个人 首选题名

二、不定项选择题

1. ABD **解析**:RDA 19.2.1.1.2 详细地列出了视为创作者的政府官员和宗教官员,包含但不局限 < A > < B > < D > 选项。< C >:送文函将对所送达文件负有责任的团体视为创作者。

2. ABC **解析**:< D >:祈祷书没有明确创作者,而是将祈祷书所属的教会或教派团体作为与宗教作品相关的其他个人、家族或团体,其规范检索点用于构建祈祷书的规范检索点。

3. ACD **解析**:< B >:对于送文函,RDA 规定其规范检索点由对所送达文件负有责任的团体的规范检索点附加送文函的首选题名构建,可简单理解为由代表文件发出机构而非接收机构的团体的规范检索点附加送文函的首选题名。

4. BCE **解析**:代表官员的规范检索点和代表官员个人的规范检索点形式是不同,若作品是官方性质,则应使用代表官员的规范检索点,若作品是非官方形式,则应使用代表官员个人的规范检索点。例如美国前总统克林顿,代表其官职的规范检索点形式为 United States. President (1993-2001 : Clinton),而代表其个人的规范检索点形式为 Clinton, Bill, 1946-。

5. C **解析**:某任教皇颁布的通谕属官方通信,在构建其规范检索点时,应使用代表该任教皇官职的规范检索点,即 110 2#$aCatholic Church.$bPope (1978-2005 : John Paul II)。< A >:代表教皇 *John Paul II* 个人的规范检索点。< B >:未加年及名称区分。< D >:出生年错误。

6. A **解析**:历任教皇通谕汇编的规范检索点应由代表教皇的规范检索点附加通谕的首选题名 *Encyclicals* 构建,故 < A > 正确。

7. AC **解析**:在编资源为非官方性质,因此应选用代表教皇个人而非其教职的规范检索点,即应使用 100 0#$aJohn Paul$bI, $cPope, $d1912-1978 而非 110 2#$aCatholic Church.$bPope (1978 : John Paul I),故 < A > 不正确。由于是作品汇编,根据 RDA6.2.2.10.3,有三种做法:一是不记录 240 惯用总题名,分别为每部作品创建规范检索点记录于 700 字段,故 < D > 正确;二是记录 240 惯用总题名,但不为每部作品创建规范检索点,故 < B > 正确;三是既记录 240 字段,又记录 700 字段,本题选项中未出现。三种做法中未包含 < C > 做法。

8. D **解析**:在编资源为官方性质,因此应使用代表官员官职而非个人的规范检索点形式,即 110 10$aUnited States.$bPresident (1861-1865 : Lincoln),故 < A > 和 < B > 错误。< C >:为规范记录而非书目记录中规范检索点的形式,故 < C > 错误。

9. D　**解析**:本题有一定的误导性,注意不要将法律文件和官方通信混淆。《独立宣言》属于法律文件而非官方通信,因此由受法律管辖的行政管辖区的规范检索点(United States)附加首选题名(Declaration of Independence)构建其规范检索点。

10. CD　**解析**:在 MARC 21 规范数据格式中,110$c 子字段记录的是会议地点,$d 子字段记录的是会议日期或签约日期,均不适于记录官方通信内容表达的日期。

三、实践题

1. 110 1#$aUnited States.$bPresident (2009-2017 : Obama)

700 1#$aObama, Barack

710 1#$aUnited States.$bCongress.$bHouse.$bCommittee on the Judiciary

解析:在编资源为美国时任总统奥巴马以总统身份发布的关于国家毒品控制战略的咨文,属官方通信,因此 110 字段记录代表奥巴马总统官职的规范检索点,同时将代表奥巴马个人的规范检索点作为附加检索点记录在 700 字段。此外,通过 500 字段可知咨文涉及的机构,本题仅列出了前三个机构,因此根据提示,第 1 个 710 字段应记录位列第 1 位的机构 *Committees on the Judiciary* 的规范检索点。

2. 110 2#$aCatholic Church.$bPope.

240 10$aEncyclicals.$lEnglish

700 1#$aCarlen, Claudia,$d1906-2004.$ecompiler.

解析:在编资源为由后人编纂的历任教皇发布的通谕汇编英文版,属官方通信,因此启用 110 字段记录代表教皇官职的规范检索点,启用 240 字段记录通谕的首选题名 Encyclicals,同时启用$l 子字段记录内容表达的语言。700 字段记录编纂者的规范检索点。

3. 245 00$bAllocution du Premier ministre lors de la proclamation de la Loi constitutionnelle de 1982 le 17 avril 1982 ; Proclamation ; Allocution de la Sa Majestéla Reine lors de la proclamation de la loi constitutionnelle de 1982 le 17 avril 1982.

710 1#$aCanada.$bPrime Minister (1980-1984: Trudeau)

710 1#$aCanada.$bSovereign (1952- : Elizabeth II)

解析:在编资源为加拿大政府公告汇编,包含 3 个公告:分别由时任总理、国务卿和英国女王签署,属于官方性质,因此需使用代表各自官职而非个人的规范检索点,又由于是不同责任者的作品汇编,因此将代表官职的规范检索点记录于 710 而非 110 字段。此外,本资源为英文和法文双语版,因此需在 245$b 记录法文的并列题名,不同作品之间用分号隔开。

Day 32
描述内容(2)

一、填空题(每空 2 分,共 20 分)

1.“内容覆盖范围”是指资源内容的年代或地理覆盖的范围。其中,资源内容覆盖的时间范围记录在______字段,$a 包含的时间代码取自时间代码表(Time Period Code Table),代码表按照______和______分为各个时间段,同时分配不同的代码。
2. MARC 21 书目数据格式中的______字段包含与测绘制图相关的数学数据,用于记录 RDA 中关于地图内容的坐标、二分点以及______等元素,在书目记录中与之相呼应的______字段用于记录制图数据代码。
3. 内容特性是指“资源主要内容的特征”,通常记录在 MARC 21 书目数据格式的______字段,如果存在对应关系,需要同时在______字段以代码的形式予以表示。
4. RDA 第 7 章“描述内容”记录了作品和内容表达的______属性,这些属性与资源的知识或艺术内容相关。
5. *This subseries is arranged alphabetically by the geographic location of the photograph and then by the item number assigned by the photographer* 这段内容描述适于著录在书目记录中的______字段。

二、不定项选择题(每题 5 分,共 50 分)

1. 下列作品的内容属性中,信息源可以取自任何来源的是(　　)
   A. 内容特性　　B. 内容覆盖范围
   C. 读者对象　　D. 学位论文或毕业论文信息
2. 下列不属于作品的内容属性的是(　　)
   A. 代　　B. 极性　　C. 二分点　　D. 历元
3.“内容涵盖范围”这一元素在书目记录中涉及的字段有(　　)
   A. 045　　B. 500　　C. 513　　D. 522
4. MARC 21 书目数据格式中的 255 字段是描述地图资源的必备字段,作品的内容属性中可以记录在该字段的包括(　　)
   A. 地图内容的坐标　　B. 地理空间参照数据　　C. 二分点　　D. 历元
5. 资源内容涵盖的时间范围记录在 MARC 21 书目数据格式的 045 字段,其中记录格式化时间范围的子字段包括(　　)
   A.$a　　B.$b　　C.$c　　D.$d
6. 读者对象是指资源内容面向的使用者类别,或是资源适合的使用者,它的划分标准包括(　　)
   A. 年龄　　B. 受教育水平　　C. 残疾类别　　D. 种族

7. 描述学位论文或毕业论文信息时,包含的内容有(　　)

A. 攻读的学位　　B. 导师名称

C. 授予的机构或院系名称　　D. 学位授予年

8. 描述读者对象的内容时,可能涉及的 MARC 字段有(　　)

A. 008 字段　　B. 385 字段　　C. 513 字段　　D. 521 字段

9. 在附注字段著录内容属性时,如果存在对应关系,同时在 008 字段以代码形式予以表示的有(　　)

A. 学位论文　　B. 读者对象　　C. 地理范围　　D. 补编

10. 组织体系是指档案资源或收藏中的资料排列体系,这类内容著录在 MARC 21 书目数据格式的 351 字段,下列具体内容信息应记录在$a 子字段的是(　　)

A. Organized into subdivisions: Lot 2962-1 indoor classes -- Lot 2962-2 outdoor classes

B. Fixed-length, nonhierarchical

C. Month by carrier code and flight number

D. SPSS system file

三、连线题(每线 2 分,共 30 分)

1. 将下列作品的内容属性和对应的 MARC 21 字段用连线连接起来。

地图内容的坐标	255 字段
读者对象	351 字段
组织体系	385 字段
学位论文	502 字段

2. 将下列学位论文或毕业论文信息的子元素和对应的 502 字段的子字段用连线连接起来。

学位授予年	502$d
学位授予机构	502$b
学位类型	502$c

3. 将下列制图数学数据和对应的 255 字段的子字段用连线连接起来。

坐标说明	255$a
投影说明	255$b
比例尺说明	255$c
天体图分区说明	255$d

4. 下列两组分别是资源的内容信息描述和对应的 MARC 格式附注字段,将相关内容用连线连接起来。

MPAA rating: PG-13	500 字段
Cross-cultural survey	502 字段
Shows all of Middle East	521 字段
Ph. D.	522 字段

Day 32 答案与解析

一、填空题

1. 045 字段　公元前　公元后
2. 255 字段　历元　034 字段
3. 500 字段,008 字段
4. 内容
5. 351 字段　**解析**:351 字段用于记录档案资源或收藏中关于组织文件或单件组织的信息。

二、不定项选择题

1. ABCD
2. AB　**解析**:“代”“极性”属于描述载体表现的元素。
3. ABCD　**解析**:045 字段用以记录书目记录中文献内容涵盖的时间段代码;500 字段可以用一般性附注形式记录内容涵盖范围;513 字段用以记录报告的类型和报告所覆盖的时期范围;522 字段用以记录地理区域范围。
4. ACD　**解析**:“地理空间参照数据”记录地图内容的其他细节,应记录在 MARC 格式中 342 字段。
5. BC　**解析**:045$a 包含由 4 位字母和数字组成的时间段代码,取自 *Time Period Code Table*,$b 和$c 子字段则记录格式化的时间范围。
6. ABC
7. ACD　**解析**:学位论文或毕业论文信息不包括导师名称。
8. ABD　**解析**:513 字段记录报告类型及日期范围的附注,与读者对象内容无关。
9. ABD　**解析**:地理区域范围附注记录在 522 字段,其代码形式记录在 052 字段(地理区域分类代码)。
10. ABD　**解析**:351$a 记录资料集的组织,包含用某种方式把资料分成较小信息单元的信息,例如对电子资源,$a 包含资源结构、软件名称和系统名称,而编排方式应记录在$b 子字段。

三、连线题

1. 地图内容的坐标——255字段
   读者对象——385字段
   组织体系——351字段
   学位论文——502字段
2. 学位授予年——502$d
   学位授予机构——502$c
   学位类型——502$b
3. 坐标说明——255$c
   投影说明——255$b
   比例尺说明——255$a
   天体图分区说明——255$d
4. MPAA rating: PG-13——521字段
   Cross-cultural survey——500字段
   Shows all of Middle East——522字段
   Ph.D.——502字段

解析:从上至下,内容描述的信息可以分别作为读者对象附注、内容特性附注、地理区域范围附注和学位论文附注记录在对应的字段。

Day 33
描述内容(3)

一、填空题(每空2分,共20分)

1. 如果内容提要的信息取自资源外部,则需要将摘要置于______内。
2. 记录内容提要时,如果发现有电子版的提要,除了可以记录在520字段的$u子字段外,也可以在______字段提供地址链接。
3. 事件的日期/时间和地点记录在MARC 21书目数据格式中的033字段,与之相关的事件发生的日期/时间和地点的附注内容则记录在______字段。
4. 为了加强对事件的日期/时间和地点内容的描述,MARC 21于2010年为033字段和518字段同时新增了子字段______,用于记录事件地点。
5. MARC 21书目数据格式中关于内容的语言记录在546字段,与之对应的语言代码信息记录在______字段。
6. "标记形式"是用于表达资源内容的字符和/或符号,包括用于表达语言内容的文字、用于表达音乐内容的乐谱形式,以及用于表达内容的触摸标记形式和______形式。
7. 在记录触摸标记形式的细节时,如果已经知道缩写级别,则在术语后面指明缩写级别,并置于______内。
8. 补编内容是用于补充资源主体部分的内容,通常记录在MARC 21书目数据格式的500字段或______字段。
9. 520字段用于记录内容提要元素,其中______子字段用于记录提供内容提要信息的来源。
10. *English with typewritten French translation.* 这段对资源内容细节的描述适合记录在MARC格式中的______字段。

二、不定项选择题(每题5分,共50分)

1. 下列属于内容表达属性的是(　　)
   A. 内容提要　　B. 学位论文或毕业论文信息
   C. 插图性内容　　D. 补编内容
2. 下列属于作品属性的是(　　)
   A. 内容的语言　　B. 内容特性　　C. 标记形式　　D. 读者对象
3. 在描述内容表达的内容属性时,有多个元素可记录在MARC 21书目数据格式中的546字段,这些元素包括(　　)
   A. 内容提要　　B. 标记形式　　C. 无障碍内容　　D. 内容语言
4. 描述内容表达的语言时,可能涉及的MARC字段有(　　)
   A. 008字段　　B. 041字段　　C. 518字段　　D. 546字段
5. 无障碍内容有助于感官受损人士更多理解阻碍他们理解的内容,具体内容包括(　　)

A. 音频描述　　B. 图像描述　　C. 可触摸标签　　D. 手语

6. 下列属于地图资源的内容属性的是(　　)

A. 比例尺　　B. 二分点　　C. 历元　　D. 宽高比

7. 音乐资源的内容属性主要包括(　　)

A. 乐谱格式　　B. 声音特征　　C. 表演媒介　　D. 媒介类型

8. 如果动态图像的宽高比为 1.33:1,则选择术语为(　　)

A. wide screen　　B. full screen　　C. mixed　　D. 以上都不是

9. "Producer, Joseph N. Ermolieff ; director, Lesley Selander ; screenplay, Theodore St. John ; music director, Michel Michelet."上述信息应记录于(　　)

A. 511 字段　　B. 518 字段　　C. 586 字段　　D. 508 字段

10. 获取的地点和日期可记录于(　　)

A. 033 字段　　B. 507 字段　　C. 511 字段　　D. 518 字段

三、连线题(每线 2 分,共 30 分)

1. 下列两组分别是内容表达的内容属性和记录用的 MARC 字段,用连线将对应的连接起来。

内容提要　　500 字段
内容的语言　　518 字段
补编内容　　520 字段
获取的地点和日期　　546 字段

2. 将下列 520 字段的具体内容和对应的子字段,用连线连接起来。

摘要等附注　　520##$u
指定来源　　520##$c
统一资源标识符　　520##$a

3. 将下列 518 字段的具体内容和对应的子字段,用连线连接起来。

事件日期　　518##$a
事件地点　　518##$d
事件其他信息　　518##$o
事件发生的日期/时间和地点附注　　518##$p

4. 下列两组分别是资源内容表达的具体描述和适合著录的 MARC 字段,用连线将对应的连接起来。

Captions in French　　504 字段
Recorded Apr. 9-10, 1999　　518 字段
National Book Award, 1981　　546 字段
Discography: p. 105-110　　586 字段

Day 33 答案与解析

一、填空题

1. 引号　**解析**:内容提要的信息可以取自任何来源,如果摘要取自外部数据源,则需置于引号内,并提供来

源信息。

2. 856 字段　**解析**:856 字段用于电子资源的定位与访问。记录电子版的摘要时,需指明所提供地址的资源特性。

3. 518 字段　**解析**:518 字段包含与事件的创建、获取或播放相关的日期、时间和地点等描述性附注。

4. $p

5. 041 字段　**解析**:546 字段包含编目文献语种的说明,同时也用于描述出现在编目文献中的字母、文字或其他符号体系,其语种代码记录在 008/35-37 字符位和 041 字段。

6. 动作谱

7. 圆括号　**解析**:例如 Moon code (grade 2),是指由英国机构描述的 2 级蒙恩盲文(缩写)资源的触摸标记系统。

8. 504

9. $c　**解析**:520 字段的$c 子字段是新增子字段,用于提供信息来源。

10. 546 字段　**解析**:这段是对资源内容语言的描述,应记录在有关语种附注的字段,即 546 字段。

二、不定项选择题

1. ACD　**解析**: < B > :"学位论文或毕业论文信息"属于作品属性。

2. BD　**解析**: < A > 和 < C > :"内容的语言""标记形式"属于内容表达的属性。

3. BCD　**解析**: < A > :"内容提要"应记录在 520 字段。

4. ABD　**解析**:518 字段记录事件发生的日期/时间和地点,与内容的语言无关。

5. ABCD　**解析**:根据 RDA 7.14,无障碍内容包括可触摸标签、音频描述、字幕、图像描述、手语和对白字幕。

6. ABC　**解析**:地图资源的内容属性主要包括地图内容的坐标、二分点、历元、比例尺、地图内容的投影和其他细节,而宽高比是指动态图像宽度和高度的比。

7. AC　**解析**:"声音特征"和"媒介类型"都是描述资源载体特征的元素,与资源内容属性无关。

8. B　**解析**:根据 RDA 7.19.1.3,比例小于 1.5:1 记录为 *full screen*(全屏);比例为 1.5:1 或更大记录为 *wide screen*(宽屏);同一作品中包含多种宽高比时记录为 *mixed*(混合)。

9. D　**解析**:508 字段是制作和生产责任附注字段,记录除表演者以外的参与该作品创作或制作的个人名称或机构名称附注。题中个人皆为艺术和/或技术的贡献者,因此记录在 508 字段。与 508 字段比较容易混淆的是 511 字段,用于记录表演者。

10. AD　**解析**:518 字段记录事件发生的日期/时间和地点附注,相关信息的代码形式记录在 033 字段。

三、连线题

Day 34
规范控制概述

一、填空题(每空 2 分,共 20 分)

1.“规范控制”术语的英文形式是______,目标是维护检索点在书目系统中的唯一性和一致性。规范控制能确定统一的检索点形式,汇集质同形异的检索点,即规范控制具有______功能,该功能可以提高检索的查全率;还能确定唯一的检索点形式,区别形同质异的检索点,即规范控制具有______功能,该功能可以提高检索的查准率;还能在相关检索点形式之间建立一种逻辑关系,通过______系统予以揭示,从而将用户从检索点的非规范形式指引到规范形式或相关检索点,最终获得理想的检索结果,该功能可以提高检索的便捷性,起到导航作用。

2. FRAD 概念模型定义的实体包括两组,第 1 组是 FRBR 定义的 10 个书目实体,此外还增加了档案界感兴趣的一个实体:______;第 2 组实体包括 5 个实体,其中名称和标识符是创建受控检索点的基础。在 FRAD 概念模型中,______实体是核心。

3. FRAD 的最终目的是要在规范数据核心元素与用户任务之间建立一种联系,FRAD 定义的四个用户任务包括查找、识别、阐明关系和______。

4. 目前,世界上最具影响力的合作编目计划是由美国国会图书馆倡导的 PCC 项目(Program for Cooperative Cataloging)。PCC 项目共包含四个子项目,其中涉及规范控制领域的是______、______。

5. 规范工作是围绕规范控制的开展而进行的一系列工作,包括规范记录的创建、规范文档的聚合、规范系统的建立、维护和评估五个环节,其核心对象是______。

二、单项选择题(每题 3 分,共 15 分)

1. 规范控制的对象是( )

A. 题名 B. 著者名称 C. 作品主题 D. 以上都是

2. 下列需要进行规范控制的情形中,与其他几项类型不同的是( )

A. 美国著名物理学家本杰明·富兰克林与其叔叔同名

B. 中国古典名著《红楼梦》的翻译题名多种多样

C. 德国著名哲学家黑格尔名称的完整形式与缩写形式

D. 我国新文化运动先驱李叔同的俗名及其法号“弘一大师”

3. 下列关于规范控制的表述不正确的是( )

A. 编目工作的标准化和规范化是编目质量高水平的标志

B. 规范记录能够让全体编目员对规范记录的创建过程有所了解

C. 对于已由编目员建档的检索点,其他人再次遇到时需要另外新建检索点

D. 规范控制是编目员交流的一种机制,规范文档是编目员交流的语言

4. 下列关于地理名称规范检索点说法错误的是(　　)
  A. 非行政管辖区的地理名称,例如湖泊、山川、河流等,与行政管辖区的地理名称一样在名称规范文档中建立相应的规范记录
  B. 行政管辖区的地理名称既可以作为名称规范检索点,也可以作为主题规范检索点
  C. 为行政管辖区的地理名称建立的规范记录存在于名称规范文档中
  D. 行政管辖区的地理名称作为名称检索点时,属于团体名称的范畴
5. 下列关于丛编规范检索点的说法错误的是(　　)
  A. 从编规范检索点形式通常记录于规范记录的 130 字段
  B. 目前 LC 已经不再继续编制丛编规范记录
  C. 丛编规范记录用于控制书目记录的 490 和 8XX 字段
  D. 丛编编号的样式属于规范控制的范畴

三、判断题(正确请填写"T",错误请填写"F";每题 2 分,共 20 分)

1. 规范控制思想是 1904 年美国图书馆学家卡特在《字典式目录规则》中首次提出的。(　　)
2. 巴黎《原则声明》由于卡片时代的背景而未提及规范控制的问题。(　　)
3. ICP 沿袭了《原则声明》的基本框架,也未对中规范控制进行详细阐述。(　　)
4. 从规范控制的角度可将检索点划分为:受控检索点(Controlled access point)和非受控检索点(Uncontrolled access point)。(　　)
5. 载体表现上出现的正题名和个人名称检索点都是受控检索点。(　　)
6. 规范记录由如下几部分组成:规范检索点、参照、应用说明和本地信息。(　　)
7. AACR2 包含著录法和标目法两部分,标目法涉及规范控制的规则。(　　)
8. 个人名称规范检索点记录在规范记录的 100 字段,该规范形式用于控制书目记录的 X00 字段。(　　)
9. 依据 LC 规范文档判断该检索点是否正确:100 1#$a 诸葛亮,$d181-234(　　)
10. 非行政管辖区地理名称的规范检索点仅存在于主题规范文档,用于控制书目记录中 651/$a 的地理名称或 650/$z 地理复分。(　　)

四、依据规范记录的内容填空(每空 5 分,共 45 分)

1. 填写适合的关系说明语。
  (1)100 3#$aRomanov (Dynasty : $d1613-1917)
    500 0#wri ________ $aMichael,$cCzar of Russia,$d1596-1645
  提示:500 中的个人是 100 中家族的祖先
  (2)110 2#$aActive Planning (Firm)
    500 1#wri ________ $aBurbidge, Shaunna K
  提示:500 中的个人是 110 中团体的创建者
  (3)110 1#$aWashington (State).$bDepartment of Labor and Industries.$bEmployer Services Division
    510 1#wri ________ $aWashington (State).$bDepartment of Labor and Industries

提示:510 中的机构是 110 中机构的上级机构

2. 填写适合的字段或子字段。

(1)151 ##$aBeijing (China)

______##$aBeijing Shi (China)

______#0$zChina$zBeijing

(2)111 2#$aDARPA Information Survivability Conference & Exposition

______##$aIts Proceedings, c1999:$bt. p. (DARPA Information Survivability Conference & Exposition; DISCEX' 00; conf. held 25-27 Jan. 2000, Hilton Head, South Carolina) cover (DISCEX 2000; DARPA Information Survivability Conference and Exposition)

(3)110 2#$aZhongguo guo jia tu shu guan

______2#waaBeijing tu shu guan

提示:北京图书馆是国家图书馆之前的名称

(4)100 1#$aPage, H. A.,$d1839-1905

500 1#$wnnnc$aJapp, Alexander H.$q(Alexander Hay),$d1839-1905

______##$aWorks by this author are entered under the name used in the item. For a listing of other names used by this author, search also under:$bJapp, Alexander H. (Alexander Hay), 1839-1905

(5)110 2#$aIBM United Kingdom

______##$aFormed 1912

Day 34 答案与解析

一、填空题

1. Authority control　集中　区分　参照
2. 家族　受控检索点
3. 提供依据　**解析**:提供依据,即提供规范记录创建者选择该名称或名称形式作为受控检索点基础的依据。
4. 名称规范合作项目 NACO　主题规范合作项目 SACO　**解析**:PCC 项目包含四个子项目,分别是书目合作项目(BIBCO)、连续出版物合作项目(CONSER)、名称规范合作项目(NACO)和主题规范合作项目(SACO)。
5. 规范文档

二、单项选择题

1. D　**解析**:规范控制包括名称规范控制和主题规范控制。"题名"和"著者名称"都属于名称检索点,而"作品主题"是主题检索点,因此,三者都是规范控制的对象。
2. A　**解析**:<B><C><D>三项都是为了确定统一的检索点形式,汇集质同形异的检索点,体现规范控制的集中功能。<A>:富兰克林与其叔叔同名,规范控制是为了区别形同质异的检索点,确定唯一的检索点形式,体现的是规范控制的区分功能,故与其他三项不同。
3. C　**解析**:对于已由编目员建档的检索点,其他人再次遇到时,无须另外新建检索点,只要对已有规范文档补充相关信息即可。规范文档"一人创建,多人共享",从而大大提高编目的工作效率。
4. A　**解析**:非行政管辖区的地理名称在主题规范文档中建立相应的规范记录。
5. C　**解析**:书目记录中,只有 8XX 字段是丛编规范检索点,490 字段记录的是资源上出现的丛编形式,不必进行规范控制。

三、判断题

1. T

2. T

3. F　**解析**：ICP2009 版，对《巴黎原则声明》相比，最突出的差异之一就是将编目范畴从书目数据扩展到规范数据。同时“标目”的概念也被停用，取而代之以规范检索点。

4. T

5. F　**解析**：载体表现上的正题名不是受控检索点。

6. F　**解析**：规范记录通常包括如下组成部分：规范检索点，即根据一定的原则和规则被选作统一形式的检索点；参照结构，包括单纯参照和相关参照，用于连接两个相互关联的标目；依据和来源，规范记录不仅包括最终决定的结果，还包括决定规范形式的依据和来源信息，以及规范形式确立的历史过程和未尽事宜；应用说明，为了帮助用户更好地使用受控检索点，规范记录还包括标目在实践中如何使用的信息；本地信息，为了使规范系统运行顺畅，规范记录还包括编目员代码、创建时间、更新过程等用于本地管理的信息。

7. T　**解析**：AACR2 的标目法，提供了一些与规范控制有关的指导，为书目记录检索点的选择、标目确立、建立参照等制定规则。

8. T

9. F　**解析**：LC 规范文档的规范检索点都是拉丁化形式的，对于非拉丁的文种，需将其罗马化。本例正确的规范检索点应写作：100 1#$aZhuge, Liang,$d181-234. 中文形式的“诸葛亮”为变异检索点，应记录在 400 字段。

10. T　**解析**：非行政管辖区名称通常包括自然地理区域、各类自然地理特征（如湖泊、山川、河流），以及考古遗址、古代城市等，只能用做主题标目，存在于主题规范档。

四、依据规范记录的内容填空

1. (1) Progenitor:　**解析**：本题为家族的规范记录，500 说明个人与该家族之间的关系，关系说明语取自 RDA 附录 K，根据提示可确定关系说明语选用 *progenitor*，首字母大写。控制子字段$w 第 0 字符位的代码为“r”，表明需要用$i 说明 1XX 与 5XX 之间的关系。

   (2) Founder:　**解析**：本题为团体的规范记录，500 说明个人与该团体之间的关系。

   (3) Hierarchical superior:　**解析**：本题为团体的规范记录，510 说明团体与该团体之间的关系。

2. (1) 451　781　**解析**：本题为地理名称的规范记录，*Beijing Shi* (*China*) 是 151 所记录地理名称的非规范形式，因此应记录在 451 字段。在主题规范档中几乎没有地理复分的规范记录，因为当需要地理复分时，可直接使用地理名称标目的规范记录，地理名称记录在 151 字段，781 连接字段记录该名称用于地理复分时的形式。

   (2) 670　**解析**：670 字段提供了参考数据源，用以说明 111 中规范检索点的形式来自何处。

   (3) 510　**解析**：510$w 第 0 字符位的代码为“a”，说明 510 中的检索点形式是早期团体名称。

   (4) 663　**解析**：控制子字段$w 代码为“nnnc”，表示 100 和 500 之间的复杂关系需启用 663 字段说明。

   (5) 678　**解析**：678 字段用于记录传记或历史信息，*Formed* 1912 属于该团体的历史信息。

Day 35
识别个人

一、填空题(每空 2 分,共 30 分)

1. 个人名称按其在编目中的功能可分为首选名称和______。
2. 个人名称规范检索点应用于书目记录中的______字段。
3. ______是确定个人名称规范形式的基础,一般来说,______是选择该名称形式的基本原则。
4. 个人名称的规范形式记录在规范记录的 100 字段,其相应的变异形式记录在______字段,与其相关的其他个人名称规范形式记录在______字段。
5. 当个人名称仅由名构成,不包含姓氏时,X00 字段第 1 指示符的值为 0。当名称为家族名称时,X00 第 1 指示符的值为______。
6. "与个人相关的日期"是识别个人的核心元素,包括______、______、______。
7. 个人名称规范记录存在不能区分的情况,即具有相同名称的不同个人共用一条规范记录,此时,MARC 21/A 中 008/32 字符位代码为______。待区分条件成熟后,再为可区分的个人建立新的规范记录。
8. 如果个人具有多种身份,例如,个人在多个领域创作时的不同名称,需要为每种身份分别建立规范检索点,多个身份的规范检索点之间为相关参照,即记录在______字段。
9. 个人活跃期在 AACR2 的实践中用"fl."表示,在 RDA 中不再使用该缩写,而使用术语______。个人活跃期记录在 X00 字段的______子字段。
10. 用于区分个人的元素既可以作为规范检索点的一部分记录,也可以作为单独元素记录,或作为两者记录。例如,个人活动领域可记录在 X00 字段的$c,也可记录于______字段。

二、单项选择题(每题 3 分,共 30 分)

1. 识别个人的核心元素不包括(　　)
   A. 个人名称　B. 与个人相关的日期　C. 个人标识符　D. 性别
2. 个人名称"老子"在中国国家图书馆和美国国会图书馆的首选名称形式分别是(　　)
   A. 老子　老子　B. 老子　Laozi　C. Laozi　老子　D. Laozi　Laozi
3. 若个人"张晓红"在创作时从未使用过真名,而是使用笔名"初夏",则下列处理正确的是(　　)
   A. 100 1#$a 张晓红 400 1# $a 初夏　B. 100 0#$a 初夏 400 1# $a 张晓红
   C. 100 1#$a 张晓红 500 1# $a 初夏　D. 100 0#$a 初夏 500 1# $a 张晓红
4. 在个人名称规范记录中代表该记录为 RDA 记录的标志是(　　)
   A. 008/10 z　040$e rda　B. 008/10 a　040$e rda
   C. 008/10 b　040$e rda　D. 008/10 d　040$e rda

5. 个人名称“Frau Johann Strauss”的规范检索点是(　　)

A. 100 1#$aFrau Johann, Strauss　　B. 100 1#$aStrauss, Johann

C. 100 1#$aStrauss, Johann Frau　　D. 100 1#$aStrauss, Johann,$cFrau

6. 在个人名称规范记录中,500 字段的控制子字段$w 取值为“nnnc”,则表示(　　)

A. 500 字段的规范检索点相对于 100 字段的规范检索点是一个缩略语

B. 500 字段的规范检索点相对于 100 字段的规范检索点是一个早期标目

C. 500 字段的规范检索点相对于 100 字段的规范检索点是一个后来标目

D. 需启用 663 字段来说明 100 规范检索点和 500 规范检索点之间的复杂关系

7. 下列关于选择和记录个人首选名称说法错误的是(　　)

A. 如果个人名称有不同的拼写形式,选择正字法规定的形式作为首选名称

B. 如果个人名称按完整性有多种形式,选择最常见的形式作为首选名称

C. 如果个人名称有多种语言形式,选择大多数资源所用语言的形式作为首选名称

D. 如果已婚个人仅用配偶的名称识别,将其称谓作为名称不可缺少的组成部分

8. 下列关于个人活跃期记录正确的是(　　)

A. 100 1#$aSmith, John,$dact. 1823　　B. 100 1#$aSmith, John,$d1823

C. 100 1#$aSmith, John,$dactive 1823　　D. 100 1#$aSmith, John,$dfl. 1823

9. 下列与个人规范检索点相关的字段中字段号与定义不相符的是(　　)

A. 368 个人或团体的其他属性　　B. 370 相关地点

C. 371 地址　　D. 372 职业

10. 下列字段中仅用于个人名称规范检索点的是(　　)

A. 372　　B. 374　　C. 377　　D. 376

三、判断题(正确请填写“T”,错误请填写“F”;每题 2 分,共 20 分)

1. 个人名称可以是责任者,也可以作为某部作品的主题。(　　)
2. 根据 RDA 的定义,“Snoopy”“Miss Piggy”不属于个人。(　　)
3. 个人名称中指示关系的词,例如“Jr.”,在 AACR2 中仅用于区分,而 RDA 将其作为名称中不可分割的组成部分。(　　)
4. 皇室贵族的头衔均要大写。(　　)
5. 如果个人名称发生变化,则选择最近的名称作为首选名称。(　　)
6. 添加用于区分的个人名称的附加成分是没有先后顺序的。(　　)
7. 与个人相关的头衔是识别个人的核心元素,即使不用于区分也需添加。(　　)
8. 不存在不同个人共享同一规范记录的情况。(　　)
9. 规范记录的 046 字段可用于记录个人的出生日期和死亡日期,还可以记录个人的活跃期,其中前者记录于 046fg,后者记录于 046st。(　　)
10. 372、373、374、377 字段中只有 377 字段不可重复。(　　)

四、条件填空(每题 5 分,共 20 分)

请补充下列规范记录中的关系说明语。

1. 110 2#$aActive Planning (Firm)

   500 1#wri ______________ $aBurbidge, Shaunna K

   提示:个人是团体的创建者。

2. 100 1#$aTwain, Mark,$d1835-1910

   5001#wri ______________ $aClemens, Samuel,$d1835-1910

   提示:"Clemens, Samuel"是真名,"Twain, Mark"是笔名。

3. 110 2#$aIn Lak'ech Study Group

   500 1#wri ______________ $aWehunt, Christopher

   提示:个人是团体的成员。

4. 130 0#$aEkthesis prōtoklēsiōn patriarchōn te kai mētropolitōn.$lEnglish$s(Moffatt and Tall)

   430 0#$aHierarchical summoning of patriarchs and metropolitans$s(Moffatt and Tall)

   500 1#wri ______________ $aMoffatt, Ann

   500 1#wriTranslator:$aTall, Maxeme

   提示:500 字段的个人是 130 作品的译者。

Day 35 答案与解析

一、填空题

1. 变异名称　**解析:**由于历史文化、成长背景、研究领域等原因,某个个人可以拥有很多名称。在编目中,首选名称是指被选作代表一个个人的规范检索点的基础部分的名称或名称形式,变异名称是指某个人为人所知但与其首选名称不同的名称或名称形式,即没有被选作首选名称但又为个人所拥有的名称。
2. X00
3. 首选名称　习见性　**解析:**当个人拥有多个名称时,需要从中选择一个作为首选名称,以便用于构建个人的规范检索点。习见性原则是指选择个人最广为人知的名称作为首选名称。
4. 400　500
5. 3　**解析:**X00 第 1 指示符的值用于区分名称类型,当第 1 指示符为"0"时,表示 X00 中的名称为个人直序式名称,即包括以名开头或名称由直序式词组、短语(含有姓但未倒置的短语名称)、首字母缩写、字母、数字等构成。当第 1 指示符为"1"时,表示 X00 中的名称为含有姓的倒置式名称。当第 1 指示符为"3"时,表示 X00 中的名称为家族名称。
6. 出生日期　死亡日期　个人活跃期　**解析:**根据 RDA 9.3,与个人相关的日期是指与个人相联系的重要日期,其中出生日期和死亡日期是核心元素,当需要与其他同名个人相区分时,个人活跃期是核心元素。
7. b　**解析:**MARC 21/A 中 008/32 字符位代码用来说明在规范记录中,个人名称是唯一的,还是由两个或两个以上的个人使用。当 008/32 字符位代码为"a"时,表示规范记录 100 字段中的个人名称是唯一名称;当 008/32 字符位代码为"b"时,表示规范记录 100 字段中的个人名称由两个或两个以上的个人使用,当无法获得可区分相同名称的信息时,可使用 670 字段记录著者与编目文献之间的关系。
8. 500　**解析:**500 字段用于记录相关的个人规范检索点,即具有检索意义的个人名称的另一规范形式。
9. active　$d
10. 372　**解析:**372 字段是 MARC 21 为 RDA 新增的字段,包含与个人和团体相关的领域,包括个人现在或曾经从事的领域、专业领域等;团体所参与的行业领域,该团体管辖、负责或有司法权的领域。

二、单项选择题

1. D
2. B　**解析:**根据 RDA 9.2.2,如果个人名称所用文字与创建数据的机构首选的文字不同,则应用该机构所遵循的音译法音译个人名称，并将其作为首选名称。因此个人名称"老子"的首选名称形式在中国国家图书馆中是汉语形式，而由于美国国会图书馆首选文字是英文，应选择其拉丁化的音译形式。

3. B　**解析**：根据选择首选名称的习见性原则，应当选择最广为人知的笔名"初夏"作为首选名称，而将其本名"张晓红"作为变异名称予以记录，写在400字段。500字段记录相关个人的首选名称，在此处不适用。

4. A　**解析**：MARC 21名称规范记录中的008/10代表编目规则，当该代码为"z"时，表示1XX字段的规范检索点遵循的是除早期条例和AACR以外的其他规则，此规则可记录在040$e，该子字段表示编目机构所使用的著录规则。

5. D　**解析**：根据RDA 9.2.2，施特劳斯的夫人属于已婚个人，作为名人配偶，需用其夫的名称识别。此时个人名称的称谓需作为个人名称必不可少的组成部分记录在个人名称的最后。*Frau*一词来自德语，含义为夫人，属于个人称谓，构建规范检索点时应记录在100$c，故<D>正确。

6. D　**解析**：500字段的控制子字段$w取值为"nnnc"，说明不从500生成参照显示，需使用663字段说明复杂参照关系，故<D>正确。对于<A><B><C>三项的情形，500$w的取值分别为"d""a""b"。

7. A　**解析**：根据RDA 9.2.2，如果个人名称有不同的拼写形式，应选择首次获得的资源中所见的形式，将名称的其他拼写形式作为变异名称记录。

8. C　**解析**：根据RDA 9.3，个人活跃期的记录方式是*active*，不再使用缩写*fl.*。

9. D　**解析**：372字段为个人活动领域，职业应记录在个人规范记录的374字段。

10. B　**解析**：372字段包含与个人和团体相关的领域，适用于个人和团体的名称规范检索点；376字段记录家族类型、著名成员和世袭头衔等补充信息，仅适用于家族名称规范检索点；377字段记录实体相关的语言，适用于个人、家族和团体的名称规范检索点，并且同时存在于书目记录和规范记录；而374字段表示个人当前或曾经从事的职业或工作，仅适用于个人名称规范检索点，故<B>正确。

三、判断题

1. T　**解析**：传记作品中，个人名称为作品的主题。

2. F　**解析**：根据RDA 9.2，个人不仅包括现实中的个人身份，同时也包括虚构实体。因此*Snoopy*、*Miss Piggy*同样属于个人。

3. T

4. F　**解析**：根据RDA 9.2.2，皇室贵族的头衔应当大写，但是*bart*（准男爵）例外，不大写。

5. T

6. F　**解析**：根据RDA 9.2.2，为个人的首选名称添加附加成分时，是有先后顺序的，需按照与个人相关的头衔或其他标识、出生日期和/或死亡日期、名称的更完整形式、个人活跃期、职业或工作的顺序予以添加。

7. T　**解析**：根据RDA 9.2.2，与个人相关的头衔是指指示皇室身份、贵族封号、教会职级或个人宗教职位称谓的词或词语，是核心元素。

8. F　**解析**：如果没有适合的附加成分，也允许存在不能区分的规范记录，在这种情况下，不同个人共享同一规范记录。

9. T

10. T　**解析**：规范记录中，372字段（活动领域）、373字段（相关团体）和374字段（职业）都是可以重复的，只有377字段（相关语言）不可重复，需要时可重复其子字段$a（语言代码）和$l（语言术语）。

四、条件填空

1. Founder:　**解析**：本题为团体的规范记录，500说明个人与该团体之间的关系，关系说明语取自RDA附录K，根据提示可确定关系说明语选用*founder*:，首字母大写。控制子字段$w第0字符位的代码为"r"，表明需要用$i说明1XX与5XX之间的关系。

2. Real identity:　**解析**：本题为个人名称马克·吐温的规范记录，首选名称为最广为人知的笔名形式，500说明真名与笔名之间的关系，关系说明语取自RDA附录K，根据提示可确定关系说明语选用*real identity*:，首字母大写。控制子字段$w第0字符位的代码为"r"，表明需要用$i说明1XX与5XX之间的关系。

3. Member：　**解析**：本题为团体的规范记录，500 说明个人与该团体之间的关系，关系说明语取自 RDA 附录 K，根据提示可确定关系说明语选用 *member*：，首字母大写。控制子字段 $w 第 0 字符位的代码为"r"，表明需要用$i 说明 1XX 与 5XX 之间的关系。

4. Translator：　**解析**：本题为内容表达的规范记录，500 说明作为责任者的个人与内容表达之间的贡献关系，根据提示可确定关系说明语选用 *translator*：，首字母大写。控制子字段 $w 第 0 字符位的代码为"r"，表明需要用$i 说明 1XX 与 5XX 之间的关系。

Day 36
识别家族

一、单项选择题(每题 3 分,共 30 分)

1. 下列元素中不是识别家族的核心元素的是(　　)
   A. 家族名称　　B. 家族类型　　C. 家族史　　D. 家族标识符
2. 下列选择家族首选名称时,选择标准的优先顺序正确的是(　　)
   A. 最近—最常见—最完整　　B. 最常见—最近—最完整
   C. 最完整—最近—最常见　　D. 最完整—最常见—最近
3. 如果某一家族的名称由“De La Resurección”改为“Yan”,则该家族的首选名称应为(　　)
   A. De La Resurección　　B. Yan
   C. De La Resurección and Yan　　D. 以上都不对
4. 家族规范检索点为 Pahlavi (Dynasty : 1952-1979),则 046 字段应记录为(　　)
   A. 046 ## $f1952$g1979　　B. 046 ## $s1952$t1979
   C. 046 ## $k1952$l1979　　D. 046 ## $t1952$s1979
5. 下列字段中仅用于记录家族属性的是(　　)
   A. 370　　B. 371　　C. 374　　D. 376
6. 在家族名称规范记录中,若 500$w/0 字符位代码为“r”时,表示(　　)
   A. 关系说明语在$i 指明　　B. 早期标目形式
   C. 参照显示　　D. 不适用
7. 在 RDA 中记录个人、家族和团体之间的关系的附录是(　　)
   A. 附录 I　　B. 附录 J　　C. 附录 K　　D. 附录 F
8. 下列关于家族名称叙述不正确的是(　　)
   A. 家族名称既可以存在于名称规范文档中也可以存在于主题规范文档中
   B. 作为主题时,家族名称与名称规范文档中的规范检索点形式一致
   C. 在家族主题规范文档中 100 规范检索点用于书目记录的 600 字段
   D. 在家族名称规范文档中 100 规范检索点用于书目记录中的 100、700 字段
9. 在家族名称规范检索点中,家族类型记录于(　　)
   A. 100$a　　B. 100$d　　C. 100$c　　D. 100$g
10. 在为家族首选名称添加家族著名成员和与家族相关地点的附加成分时,是否需要采用它们各自的规范形式(　　)
    A. 家族著名成员需要、与家族相关的地点不需要
    B. 与家族相关的地点需要、家族著名成员不需要
    C. 两个都需要
    D. 两个都不需要

二、不定项选择题(每题 5 分,共 50 分)

1. 下列哪些是需要区分家族时为核心元素(　　)
   A. 与家族相关的日期　　B. 与家族相关的地点
   C. 世袭头衔　　D. 家族著名成员
2. 常用的家族类型术语有(　　)
   A. Family　　B. Clan　　C. Royal house　　D. Dynasty
3. 在家族名称规范检索点中可记录于 100$c 中的有(　　)
   A. 家族类型　　B. 与家族相关的地点　　C. 世袭头衔　　D. 家族著名成员
4. 家族著名成员除记录在 100$g 之外,还可同时记录于(　　)
   A. 370$a　　B. 372$a　　C. 375$a　　D. 376$b
5. 下列关于家族的属性"世袭头衔"说法正确的是(　　)
   A. 世袭头衔不是核心元素
   B. 世袭头衔可记录在 100$c,还可同时记录在 376$c
   C. 记录世袭头衔要用单数形式
   D. *duke* 是英国的世袭头衔
6. 下列关于"与家族相关的地点"元素说法正确的是(　　)
   A. 该元素为条件核心元素,当需要区分同名家族时需添加
   B. 该元素包括家族的居住地、创建地等
   C. 地名无须采用规范形式
   D. 该元素可记录在 370 字段
7. 为家族首选名称添加附加成分时是有优先顺序,下列顺序正确的是(　　)
   A. 家族类型　与家族相关的地点　与家族相关的日期　家族著名成员
   B. 与家族相关的日期　家族类型　与家族相关的地点　家族著名成员
   C. 家族著名成员　家族类型　与家族相关的地点　与家族相关的日期
   D. 家族类型　与家族相关的日期　与家族相关的地点　家族著名成员
8. 下列书目记录中的错误包括(　　)
   100 1#$aFisher (Family :$dFisher, Christian, 1757-1838)
   245 10$aDescendants and history of Christian Fisher, 1757-1838.
   A. 资源为家族档案资料,不能以家族作为创作者
   B. 100 第 1 指示符值错,应为"3"
   C. 家族类型不应记录在 100$a
   D. 家族著名成员不应记录在$d,而应记录在$g
9. 关于 376 字段叙述正确的是(　　)
   A. 该字段可记录家族类型、著名成员的名称、世袭头衔
   B. 子字段$a 用于记录家族类型
   C. 子字段$s 用于记录著名成员的名称
   D. 该字段一共有 8 个子字段
10. 家族的首选名称可以是(　　)

A. 家族成员共用的姓氏　　　　　B. 相当于姓氏的名称
C. 皇室或朝代的名称　　　　　　D. 宗族的名称

三、实践题(每个 4 分,共 20 分)

请说明家族规范记录中划线的部分对应的 RDA 元素名称

100 3#$aKamehameha① (Royal house② :$d1810-1872③ :$cHawaii④)

400 3#$aKamehameha (Dynasty :$d1810-1872 :$cHawaii)⑤

500 0#wriProgenitor:$aKamehameha$bI,
　　$cthe Great, King of the Hawaiian Islands,$d-1819

500 0#wriFamily member:$aKamehameha$bII,
　　$cKing of the Hawaiian Islands,$d1797-1824

500 0#wriFamily member:$aKamehameha$bIII,
　　$cKing of the Hawaiian Islands,$d1813-1854

Day 36 答案与解析

一、单项选择题

1. C
2. B　**解析:**根据 RDA 10.2.2,如果家族名称依据其完整性有多种形式,选择最常见的形式作为首选名称;如果所有名称形式都不具有明显优势,则选择最近出现的形式作为首选名称;如果难以判断哪个形式是最近出现的,则选择最完整的形式。因此优先顺序是:最常见—最近—最完整。
3. B　**解析:**根据 RDA 10.2.2,如果家族名称发生变化,选择最新的名称作为首选名称,因此本题中应把 *Yan* 作为家族首选名称。
4. B　**解析:**046 字段的$s 和$t 分别记录家族(朝代)的起始和终止日期,$f 和$g 对应个人的出生日期和死亡日期,故 <B> 正确。
5. D　**解析:**370 字段记录与个人、家族、团体等相关的地点,371 字段记录个人或团体的地址,374 字段表示个人当前或曾经从事的职业或工作,三者都不是仅用于家族名称规范检索点,只有 376 字段仅用于记录家族信息,故选择 <D>。
6. A
7. C
8. B　**解析:**如果家族名称用于主题标引,则需要从主题规范数据库中另外创建家族规范检索点,即同一家族用于 100 责任者检索点和 600 主题检索点时,采用不同的名称形式。
9. A　**解析:**家族类型是指对家族类型的分类或通用描述词,常用术语包括 *Family*、*Dynasty* 等,该术语添加在首选名称之后,记录于 100$a。
10. C

二、不定项选择题

1. BD　**解析:**根据 RDA 第 10 章,当需要与其他同名家族相区分时,与家族相关的地点和家族著名成员是核心元素。<A>:与家族相关的日期任何时候都是核心元素,而不止是在区分之时。<C>:世袭头衔是非核心元素。
2. ABCD　**解析:**根据 RDA 10.3,四项都是家族类型的常用术语,分别为家族、宗族、皇室、朝代。
3. BC　**解析:**与家族相关的地点和世袭头衔都记录于 100$c。<A>:家族类型记录于 100$a。<D>:家族著名成员记录于 100$g。

4. D **解析**:370 字段记录相关地点,372 字段记录个人和团体相关的领域,375 字段记录个人性别,376 字段包含家族信息,其中$a 记录家族类型,$b 记录家族著名成员。

5. ABD **解析**:根据 RDA 10.7,记录世袭头衔要用复数形式,例如 *Dukes of Wellington*,故 <C> 错误。

6. ABD **解析**:根据 RDA 10.5,与家族相关的地点名称要选择规范检索点形式,故 <C> 错误。

7. D

8. BD

9. AB **解析**:376 字段共有 11 个子字段,其中$a 用于记录家族类型,$b 记录家族著名成员。

10. ABCD

三、实践题

① 家族首选名称 ② 家族类型 ③ 与家族相关的日期 ④ 与家族相关的地点
⑤ 家族变异名称

Day 37
识别团体

一、单项选择题(每题 3 分,共 30 分)

1. 下列选项在编目学意义上不是团体的是(　　)
   A. Project Apollo (U.S.)
   B. Group Five (Musician), 1972-
   C. Olympic Games (29th : 2008 : Beijing, China)
   D. Apollo 17 (Spacecraft)
2. 当图书题名页上同时出现团体名称的英语和法语形式,而图书的主要内容以法语写成,则应当选择名称的(　　)作为团体的首选名称
   A. 英语形式　　B. 法语形式　　C. 汉语形式　　D. 英法双语对照形式
3. 一本重印书既有原始题名页也有重印版题名页,则选择(　　)中出现的名称形式作为团体的首选名称予以记录
   A. 原始题名页　　B. 封面　　C. 书的序言　　D. 重印版题名页
4. 识别团体的核心元素不包括(　　)
   A. 团体名称　　B. 与团体相关的日期　　C. 团体地址　　D. 团体标识符
5. 下列团体名称记录正确的是(　　)
   A. 110 2#$aUniversity Of London.$bInstitute of Education.$bStudents' Association
   B. 410 1#$aU. K. R. A.
   C. 110 1#$aUnion College (Schenectady, N. Y.).$bAlumni association of New York
   D. 110 2#$aZhonghua quan guo zong gong hui.$bZhongguo zhi gong yun dong shi yan jiu shi
6. 选择和记录团体首选名称时要遵循一定顺序,下列说法不正确的是(　　)
   A. 如果首选信息源上出现的多个团体名称,则选择以正规形式出现的名称
   B. 如果首选信息源上出现的团体名称都不正规,则选择最常见的形式
   C. 如果首选信息源上没有最常见的形式,则选择完整形式
   D. 如果简略形式不能够区分同名团体,则按优先顺序选择参考源中所见形式
7. 下列关于团体首选名称语言选择错误的是(　　)
   A. 某团体名称既有英语形式又有德语形式,该团体的官方语言为英语,则团体首选名称为英语形式
   B. 某团体名称既有英语形式又有德语形式,英语和德语都是该团体的官方语言,但是创建数据机构首选的语言是德语,则团体首选名称为英语形式
   C. 某团体名称既有英语形式又有德语形式,该团体的官方语言未知,该团体的出版物以德语为主,但是创建数据机构首选的语言是法语,则团体首选名称为德语形式
   D. 某团体名称既有英语形式又有德语形式,该团体的官方语言未知,该团体的出版物以何

种语言为主也未知,则团体首选名称选择首次获得的资源中首次出现的形式

8. 在团体名称规范记录中团体标识符记录于(　　)字段

A. 001 和 005　　B. 010 和 001　　C. 010 和 035　　D. 005 和 035

9. 关于会议名称的规范检索点,下列说法不正确的是(　　)

A. 按照会议的届次、日期和地点的顺序逐步添加附加成分

B. 如果会议在两个或两个以上地点举行,则在 111$c 中记录每一个地点的名称

C. 如果会议地点未知不易确定,可将会议相关机构的名称记录于 111$c

D. 如果检索点代表一系列会议,则附加最新一届会议的届次、日期和地点

10. 如果团体名称有不同拼写形式,则选择(　　)形式作为首选名称

A. 首次获得的资源中所见的形式　　B. 正字法中的形式

C. 参考源中的形式　　D. 编目员自行判断的形式

二、不定项选择题(每题 5 分,共 30 分)

1. RDA 中对团体名称的“省略”进行了规定,下列说法正确的是(　　)

A. *Les Brown Orchestra* 的首冠词可以省略

B. 根据交替规则,*The Library Association* 可记录为 *Library Association*

C. 表示公司性质的词要省略,例如,“Ltd.”“Inc.”

D. 第 7 届加尔各答电影节的名称记录为 *Calcutta Film Festival*

2. 下列国家元首或政府首脑规范检索点构建正确的是(　　)

A. 110 1#$aDenmark.$bKing (1202-1241 : Valdemar II)

B. 110 1#$aUnited Provinces of the Netherlands.$bSovereign (1751-1795 : William V)

C. 110 1#$aZambia.$bPresidents (1991-2002 : Chiluba)

D. 510 1#$aUnited States.$bPresident (1913-1921 : Wilson)

3. 法国驻我国广州总领事馆的规范检索点形式错误的是(　　)

A. 110 2#$aFaguo zhu Guangzhou zong ling shi guan

B. 110 1#$aFrance.$bConsulat (Guangzhou, China)

C. 110 1#$aFrance.$bConsulat (China, Guangzhou)

D. 110 1#$aGuangzhou (China).$bConsulat (France)

4. 下列关于“与团体相关的地点”元素说法正确的是(　　)

A. 与团体相关的地点例如会议的地点、机构总部所在地等

B. 对于会议,与团体相关的地点是核心元素

C. 当需要与其他同名团体相区分时,与团体相关的地点是核心元素

D. 地点名称可不采用规范形式

5. 团体名称规范记录中的 370 字段可用于记录以下哪些元素(　　)

A. 体育赛事的主办国　B. 公司总部所在地　　C. 会议地点　　D. 团体地址

6. 规范记录如下所示,根据记录下列说法正确的是(　　)

040 ##$aDGPO$beng$erda$cDLC$dOCoLC$dDLC

110 2#$aWayne State University.$bDepartment of Special Education

410 2#$wnnea$aWayne State University.$bDept. of Special Education

410 2#$aWayne State University.$bTeacher Education Division.$bDepartment of Special Education

510 2#wriHierarchical superior:$aWayne State University.$bTeacher Education Division

670 ##$aBuescher, T. M. Immersion learning project, 1982:$bt. p. (Department of Special Education, Teacher Education Division, College of Education, Wayne State University)

A. 该规范记录是一条 RDA 记录

B. $w 是控制子字段用于说明连接款目之间的关系,4XX 和 5XX 参照中的$w 包含“0-3”共 4 个字符位

C. 第 1 个 410 字段中的$w 代码“nnea”4 个字符位的代码的含义分别为:410 单纯参照与 110 规范检索点之间不存在其他代码所表示的特殊关系;410 单纯参照的结构不同于 110 规范检索点;410 单纯参照是 110 规范检索点的国家规范文档中的早期形式;不从 410 字段生成参照显示

D. 510 字段中$w 代码“r”是 1 字符位所定义的代码

三、判断题(正确请填写“T”,错误请填写“F”;每题 2 分,共 20 分)

1. 410 2#$aWashington (State).$bDepartment of Social and Health Services.$bDivision of Research and Data Analysis (　　)

2. 110 1#$aZephyrhills (Fla.).$bPlanning Department

   410 1#$wnnea$aZephyrhills (Fla.).$bPlanning Dept.

   这是一条 RDA 规范记录的内容,410 参照记录的是 RDA 之前的规范检索点早期形式。(　　)

3. 667 ##$aMachine-derived non-Latin script reference project. 667 字段为规范记录中的公共一般性附注,与其相对应的是 680 字段(非公共一般性附注)。(　　)

4. 110 1#$aWyoming.$bProtective Services Division

   510 1#wriHierarchical superior:$aWyoming.$bDepartment of Family Services

   510 字段的团体是 110 字段团体的下级机构。(　　)

5. 如果团体名称的不同拼写形式出现在与该团体相联系的资源中,在团体规范检索点的形式选择正字法的拼写形式。(　　)

6. 110 2#$aWorld Bank

   670 ##$aIts Annual report, 1981:$bp. 3 (The World Bank is a group of three institutions, the International Bank for Reconstruction and Development (IBRD), the International Development Association (IDA), and the International Finance Corporation (IFC))

   670 字段在规范记录中用于说明已找到的信息源。其中$a 指明为 110 规范检索点形式提供依据的来源是世界银行 1981 年的年度报告,$b 指明在来源上找到的信息,置于圆括号内,还同时说明了来源的具体位置是 p. 3。(　　)

7. 对于担任国家元首或政府首脑的个人,仅为其在规范文档中创建一条作为团体的规范记录。(　　)

8. 510 1#$aUnited States.$bPresident (1913-1921 : Wilson)

   美国总统的规范检索点需添加任期和个人首选名称的简短形式。(　　)

9. 会议是团体的一种特殊形式。如果会议是在线会议,则将 *Online* 记录于 111$q。(　　)

10. 如果会议是团体会议,在为其建立规范检索点时,应视为从属团体的类型,即将团体的首选名称记录在 110$a,表示“会议”的类属词记录在 110$b。(　　)

四、实践题(每空 2 分,共 20 分)

请将规范记录补充完整。

1. ______1#$aPapal States.$bSovereign (1605-1621 : Paul V)

500 ______$aPaul$bV,$cPope,$d1552-1621

510 2#$aCatholic Church.$b ______________________________

______##$aPapal States. Government documents from the Papal States [a made-up collection of documents], 1560-1840:$$bwith date 1605 (a Paulo Papa V.)

2. ______2#$aVISUAL 2000 ______(2000 : ______Lyon, France)

411 2#$aInternational Conference on Visual Information Systems ____________________ (4th :$d2000 :$cLyon, France)

411 2#$wnnea$aVISUAL (Conference)$n(4th :$d2000 :$cLyon, France)

511 2#waaVISUAL '99$d(1999 :$cAmsterdam, Netherlands)

______##$aEach conference established as presented on chief source.

670 ##$aAdvances in visual information systems, 2000:$bCIP t. p. (VISUAL 2000) publ. info (4th International Conference on Visual Information Systems, VISUAL 2000)

______##$aLC database, Sep. 27, 2000: (hdg.: International Conference on Visual Information Systems (1st : 1996); usage on CIP galley (First International Conference on Visual Information Systems)$a(hdg.: VISUAL '99 (1999 : Amsterdam, Netherlands); usage on CIP t. p. (third international conference, VISUAL '99, Amsterdam, the Netherlands, June 1999) galley (Third International Conference on Visual Information Systems))

Day 37 答案与解析

一、单项选择题

1. B　**解析:**根据 RDA11.0,在编目领域中将特别事件(如体育比赛、展览、考察、博览会和节日)和船(如船舶和航天飞船)视为团体。<B>属于个人范畴。

2. B　**解析:**根据 RDA11.2.2.5.2,如果团体名称有多种语言形式,选择该团体的官方语言形式作为首选名称。如果创建数据机构的首选语言不是官方语言之一,或官方语言未知,则选择与该团体相联系的资源中主要使用的语言形式作为首选名称。题中创建数据机构的首选官方语言未知,且图书的主要内容以法语写成,故选择法语形式名称作为团体的首选名称。

3. D　**解析:**如果资源是一个原始资源的摹真品或复制品,且包含复制品和原件的首选信息源,则将复制品的来源作为首选信息源。

4. C

5. D　**解析:**<A>:正确形式应为 110 2#$aUniversity of London.$bInstitute of Education.$bStudents' Association。<B>:正确形式应为 410 2#$aU. K. R. A. 。<C>:正确形式应为 110 2#$aUnion College (Sche-

nectady, N. Y.).$bAlumni Association of New York。故只有<D>正确。

6. C　**解析:**<C>:根据 RDA11.2.2.5,如果首选信息源上没有最常见的形式,则选择简略形式(首字母缩写或可拼读的首字母缩写),故<C>错误。

7. B　**解析:**<B>:根据 RDA11.2.2.5.2,如果团体名称有多种语言形式,选择该团体的官方语言形式作为首选名称。如果官方语言包含创建数据机构的首选语言,则选择创建数据机构的首选语言形式作为首选名称,故<B>正确的团体首选名称应为德语形式。

8. C　**解析:**001 字段是记录控制号,005 字段是记录最近一次操作的时间,两个字段均不包含团体标识符。

9. D　**解析:**<D>:根据 RDA11.13.1.8,如果检索点代表一系列会议,除非一系列会议都在同一地点举行,否则不附加地点。

10. A

二、不定项选择题

1. BCD　**解析:**<A>:与英语中的冠词不同,法语以及其他一些小语种中的冠词具有实际意义,所以不能省略。

2. BD　**解析:**<A>:根据 RDA11.2.2.18.1,官员是一个特定的任职者,头衔因任职者性别不同而有变化,因此选用 *Sovereign* 而不是 *King* 或 *Queen*,正确形式应为 110 1#$aDenmark.$b Sovereign (1202-1241 : Valdemar II)。<C>:正确形式应为 110 1#$aZambia.$bPresident (1991-2002 : Chiluba)。

3. ACD　**解析:**根据 RDA11.2.2.23,大使馆、领事馆、公使馆等,将其名称作为代表其所代表国家的规范检索点的复分记录,对于领事馆或其他地方办事处,在其所驻在国名称之前添加其所在城市的名称,故只有<B>正确。

4. ABC　**解析:**<D>:地点需要采用规范形式。

5. ABC　**解析:**对于团体,370$c 用于记录与团体相关的国家,370$e 用于记录机构的总部所在地或会议的召开地点。371 字段用于记录团体总部或者办公室的地址、电子邮件地址或者网址。

6. AB　**解析:**<C>:410 字段中的$w 代码"nnea"4 个字符位的代码的含义分别为:410 单纯参照与 110 规范检索点之间不存在其他代码所表示的特殊关系;410 单纯参照的结构与 110 规范检索点相同;410 单纯参照是 110 规范检索点的国家规范文档中的早期形式;不从 410 字段生成参照显示。<D>:510 字段中$w 代码"r"是 0 字符位所定义的代码。

三、判断题

1. F　**解析:**410 字段的第 1 指示符应为"1",因为 *Washington (State)* 是行政管辖区名称。

2. T　**解析:**410$w 代码"nnea"4 个字符位的代码的含义分别为:410 单纯参照与 110 规范检索点之间不存在其他代码所表示的特殊关系;410 单纯参照的结构与 110 规范检索点相同;410 单纯参照是 110 规范检索点的国家规范文档中的早期形式;不从 410 字段生成参照显示。

3. F　**解析:**667 字段为非公共一般性附注,680 字段为公共一般性附注。

4. F　**解析:**由关系说明语 *Hierarchical superior* 判断出 510 字段的团体是 110 字段团体的上级机构。

5. F　**解析:**应选择首次获得的资源中所见的形式作为团体规范检索点的形式。

6. T

7. F　**解析:**对于担任国家元首或政府首脑的个人,应为其在规范文档中创建两条记录,分别是从属团体和个人的规范记录,根据资源需要进行相应地规范控制。

8. T

9. F　**解析:**根据 RDA11.13.1.8,如果会议是在线会议,则将 *Online* 记录于 111$c。

10. T

四、实践题

1. 110　0#　$bPope (1605-1621 : Paul V)　670

解析:本题 110 规范检索点是宗教官员,其个人的规范检索点作为相关参照记录在 500 字段。670 字段包含创建 1XX 规范检索点时所参考的依据，即确立规范形式时所使用的信息源。

2. 111 $d $c $n 667 675

解析：本题 111 规范检索点是会议，会议的时间和地点分别记录在$d 和$c 子字段。667 字段为非公共一般性附注，提供在其他专指性附注字段未定义的有关 1XX 标目的一般信息，可能是编目员提供的说明。675 字段包含 511 相关参照的参考数据源引文。675 字段是对 670 已找到信息源的补充。675 主要有两个用途：第一，记录没有找到有关 1XX 规范标目的信息源，即在该信息源上没有与确定规范形式有关的信息。这样做不仅反映了编目员在建立规范记录中的思考和查找过程，更重要的是提示以后的编目员不要再到该信息源查找相关信息，从而为完善规范记录提供参考，避免了重复劳动；第二，提供相关参照的信息源，即当规范记录包含相关参照 5XX，675 字段可提供找到 5XX 标目的信息源，在 5XX 标目对应的规范记录中，675 字段转化为 670 字段。

Day 38
规范控制实践

一、填空题(每空 2 分,共 20 分)

1. 根据美国规范控制学家伯格(Robert H. Burger)在《规范工作》一书中的研究成果,规范工作理论上应当包含五个环节:______、规范文档的聚合、规范系统的建立、规范系统的维护和规范系统的评估。
2. 规范控制的理念最早由美国目录学家______提出。1904 年,他在出版的《印刷本字典式目录规则》第 4 版中指出,在建立著者字顺表的过程中需要规范控制。
3. 规范控制文档按检索点性质不同可分为______和______,按载体形式可分为书本式、卡片式、______和______四种类型,这四种类型体现了规范文档发展演变的过程。
4. ______项目是 PCC 中名称规范的共建项目,______是主题规范的共建项目。
5. 规范控制的标准分为内容标准和格式标准。内容标准包含与规范检索点形式确立相关联的各类规则,例如,AACR2R、______、LCSH 等,格式标准则是用于创建规范记录的格式规则,例如,______。

二、判断题(正确请填写“T”,错误请填写“F”;每题 2 分,共 20 分)

1. 主题规范文档中 6XX 字段的复分子字段$x、$z、$y、$v 分别用作论题性复分、地理复分、年代复分、形式复分。( )
2. 在 LC 规范文档中,孔子的个人名称规范检索点形式是 100 0#$aKongzi。( )
3. MARC 21/A 中定义的规范记录类型包括 6 种。( )
4. 复分记录中 18X 所包含的复分规范检索点形式不能作为已确立的标目,因为它不能作为书目记录中的主导元素。( )
5. 国家图书馆外文资源编目规范控制采用引进的方式,没有自建数据库。( )
6. 用于主题检索点的名称存在于主题规范文档中。( )
7. 在 LC 的名称规范文档中存在 15X 的规范检索点形式。( )
8. 675 字段主要有两个用途:第一,记录没有找到有关 1XX 规范标目的信息源;第二,提供相关参照的信息源,即当规范记录包含相关参照 5XX,675 字段可提供找到 5XX 标目的信息源,在 5XX 标目对应的规范记录中,675 字段转化为 670 字段。( )
9. 地理名称作为主导元素和作为复分时形式有可能不同。在 LC 主题规范档中几乎没有地理复分的规范记录,因为当需要地理复分时,可直接使用地理名称标目的规范记录,地理名称记录在 151 字段,681 连接字段记录该名称用于地理复分时的形式。( )
10. 规范控制中的“更新”包括两个方面:规范文档本身的更新;对书目记录的更新。( )

三、实践题(每题 20 分,共 60 分)

从提供的信息中选择适用的补充规范记录。

1. ① male ② Nuclear assessor ③ Green, Roger John ④ eng
   ⑤ E-mail from author, receivesd 11 December 2013
   ⑥ Great Britain. Environment Agency ⑦ 19510409
   ⑧ Nuclear power plants--Design and construction--Environmental aspects
   ⑨ England ⑩ Roger John
   046 ##$f ______
   100 1#$aGreen, R.$q(Roger John),$d1951-
   370 ##$cGreat Britain$c ______
   372 ##$a ______
   373 ##$a ______
   374 ##$a ______
   375 ##$a ______
   377##$a ______
   378 ##$q ______
   400 1#$a ______$d1951-
   670 ##$a ______$b(Roger John Green, born 9 April 1951, he is a retired nuclear assessor for the Environment Agency)
2. ① 1 New Orchard Road ② International Business Machines Corporation
   ③ title page (International Business Machines, Inc.) ④ 国际商业机器有限公司
   ⑤ The company was incorporated in 1911 as the Computing-Tabulating-Recording Corporation. It adopted the current name in 1924.
   ⑥ http://www.ibm.com/ ⑦ Predecessor ⑧ Firm ⑨ 1924
   046 ##$s ______
   110 2#$a ______
   368 ##$a ______
   371 ##$a ______,$bArmonk,cNYdUnited States$e10504-1722
   410 2#$aIBM
   410 2#$aInternational Business Machines Corp.
   410 2#$aIBM Corporation
   410 2#$aBig Blue (______)
   410 2#$a ______
   510 2#$i ______:$aComputing-Tabulating-Recording Company$0(DLC) n 92106805
   670 ##$aAnnual report of the International Business Machines Corporation for the year ended 1924
   670 ##$aRISC System/6000 Power PC system architecture, 1994: $b ______page ii (International Business Machines Corporation)
   670 ##$aIBM website, viewed July 13, 2008: $b about IBM/past, present and future/history

of IBM (IBM was incorporated in the state of New York on June 16, 1911 as the Computing-Tabulating-Recording Company (C-T-R) ; on February 14, 1924, C-T-R' s name was formally changed to International Business Machines Corporation) $u ______

678 1#$a ______The company headquarters are located at 1 New Orchard Road, Armonk, NY 10504-1722 United States. A more detailed history of the company may be found at $u http://www-03. ibm. com/ibm/history/history/history_intro. html

3. ① 21st ② http://www. vancouver2010. com/

③ Vancouver, British Columbia, Canada was selected by the International Olympic Committee on July 2, 2003 as the host city for the 2010 Olympic Winter Games. The Games will be held from February 12-28, 2010.

④ rda ⑤ Vancouver, B. C. ⑥ Vancouver 2010 Web site, viewed July 13, 2008

⑦ back cover ⑧ 2010

040 ##$aDLC$beng$e ______$cDLC$dDLC$dWaU

046 ##$s ______

111 2#$aOlympic Winter Games$n(______: $d ______: $c ______)

370 ##$cCanada$f ______

670 ##$aThe Vancouver games, 2003:$b ______ (Vancouver selected by the International Olympic Committee as the site for the 2010 Winter Olympics)

670 ##$a ______ :$bThe Winter Games/Vancouver 2010 timeline (Vancouver 2010 Winter Games; 2010 Winter Games; XXI Olympic Winter Games; February 12-28, 2010) $u ______

678 1#$a ______

Day 38 答案与解析

一、填空题

1. 规范记录的创建
2. 卡特
3. 名称规范文档 主题规范文档 缩微式 机读式
4. NACO SACO **解析**:PCC 即合作编目计划,全称为 *Program for Cooperative Cataloging*。该计划是目前全球范围内最具影响力的合作编目项目。NACO 和 SACO 是其四个子集之二:NACO 即名称规范共建项目,全称为 *Name Authority Cooperative Program*;SACO 即主题规范共建项目,全称为 *Subject Authority Cooperative Program*。
5. RDA MARC 21/A

二、判断题

1. T
2. F **解析**:在 LC 规范文档中,孔子的个人名称规范检索点形式应为:
   100 0#$aConfucius
   400 0#$aKongzi
3. T **解析**:MARC 21/A 中定义的规范记录类型共有 6 种,在 008/09 字符位表示,具体包括:已确立标目的记录(Established heading)、复分记录(Subdivision)、已确立标目和复分的记录(Established heading and subdivision)、参照记录(Reference)、参照和复分记录(Reference and subdivision)以及节点标记记录(Node label)。

4. T

5. T

6. F **解析:**用于主题检索点的名称存在于名称规范档中,如个人名称、团体名称等。当其用于主题标引时,其规范检索点形式选取自名称规范库。

7. T

8. T

9. F **解析:**地理名称记录在规范记录的 151 字段,用于控制书目记录中的地理主题及复分。781 连接字段记录该名称用于地理复分时的形式。

10. T

三、实践题

1. 046 ⑦(出生日期)
   370 ⑨(相关国家)
   372 ⑧(活动领域)
   373 ⑥(隶属团体)
   374 ②(职业)
   375 ①(性别)
   377 ④(语言)
   378 ⑩(个人名称的更完整形式)
   400 ③(个人名称的变异检索点)
   670 ⑤(创建规范检索点的参考依据)

2. 046 ⑨(创建日期)
   110 ②(团体名称的规范检索点)
   368 ⑧(团体性质)
   371 ①(团体地址)
   410 ⑧(团体性质)
   410 ④(410 均为团体名称的变异检索点)
   510 ⑦
   670 ③
   670 ⑥(创建规范检索点的参考依据)
   678 ⑤(团体历史)

3. 040 ④(RDA 记录标识)
   046 ⑧(会议召开时间)
   111 ① ⑧ ⑤
   (会议名称的规范检索点)
   370 ⑤(会议召开地点)
   670 ⑦
   670 ⑥ ②
   678 ③

Day 39
资源与名称之间的关系(1)

一、填空题(每空 2 分,共 20 分)

1. FRBR 中的四类关系分别是:(1)第 1 组实体之间的基本关系;(2)______;(3)第 3 组实体和第 1 组实体之间的主题关系;(4)第 1 组实体之间的其他关系。
2. RDA 中的资源是指______、内容表达、载体表现和单件。
3. RDA 中的"关系"由______和______两部分组成。
4. FRBR 第 1 组实体的基本关系是指作品通过内容表达来实现、内容表达通过______来具体化、载体表现通过单件来______。
5. 资源与名称之间的关系对应于 FRBR 中第 1 组实体与第 2 组实体之间的关系。在 MARC 21 书目记录中,通过______和/或______字段表达资源与责任者之间的责任关系,其中______子字段记录关系说明语,关系说明语取自______。

二、判断题(正确请填写"T",错误请填写"F";每题 2 分,共 20 分)

1. FRBR 关系中,第 2 组实体和第 1 组实体之间的责任关系,是指个人或团体创作了作品,实现了内容表达,生产了载体表现,拥有了单件。(　　)
2. 资源与责任者之间的关系可同时存在于书目记录和规范记录中。(　　)
3. 当存在三个以上的创作者时,均记录于 7XX 字段,无 1XX 字段。(　　)
4. 对于音乐资源,同时存在作曲者和作词者时,作词者应记录在 100 字段,作曲者记录在 700 字段。(　　)
5. 如果个人或家族对作为整体的连续出版物而非单期或几期负有责任,则视为连续出版物的创作者。(　　)
6. 歌剧以词作者作为 100 规范检索点,芭蕾舞剧以编舞者作为 100 规范检索点。(　　)
7. 编目美国宪法时,视行政管辖区"美国"创作者记录在 110 字段。(　　)
8. 对于刑事审判的正式诉讼和记录,以原告的个人或团体做 1XX 字段。(　　)
9. 对于民事诉讼的正式程序和记录,以被告的个人或团体做 1XX 字段。(　　)
10. 对于条约,RDA 不再以签约方作为 1XX 字段的规范检索点,而是直接以条约的首选题名构建规范检索点,即直接记录在 245 字段,或记录在 130 字段。(　　)

三、将下列用于阐明资源与责任者之间关系的关系说明语进行分类,将对应字母填在横线上(每项 2 分,共 40 分)

a. depositor　　b. conductor
c. caster　　d. braille embosser
e. respondent　　f. seller

g. editor
h. film distributor
i. screenwriter
j. animator
k. actor
l. inventor
m. translator
n. author
o. donor
p. printer
q. arranger of music
r. illustrator
s. compiler
t. abridger

作品和责任者之间创作关系的关系说明语：______________________________

内容表达和责任者之间贡献关系的关系说明语：__________________________

载体表现和责任者之间生产、出版、发行关系的关系说明语：________________

单件和责任者之间拥有关系的关系说明语：______________________________

四、实践题（每题 5 分，共 20 分）

依题面描述的资源信息，揭示资源和名称之间的关系。

例：在编资源：图书

书名页示意图

Better Britons reproduction, national identity, and the afterlife of empire Nadine Attewell

1001#$aAttewell, Nadine,$eauthor.

1. 在编资源：图书

书名页示意图

The Language of Robert Burns Style, Ideology, and Identity Alex Broadhead

2. 在编资源:图书

书名页示意图

Kadi on trial a multifaceted analysis of the Kadi judgment Edited by Matej Avbelj, Filippo Fontanelli, and Giuseppe Martinico

3. 在编资源:唱片

唱片盘面示意图示意图

Fantasy Music by Jielun Zhou Lyrics by Wenshan Fang

4. 在编资源:图书

书名页示意图

Law, business, and society Tony McAdams University of Northern Iowa Nancy Neslund University of New Hampshire School of Law Kiren Dosanjh Zucker California State University, Northridge Kristofer Neslund Ashland University

Day 39 答案与解析

一、填空题

1. 第 2 组实体和第 1 组实体之间的责任关系
2. 作品
3. 相互关联的实体　关系类型　**解析**:“关系”由两部分组成:被关联的实体和关系类型。被关联的实体包括与所描述实体发生各种关系的作品、内容表达、载体表现、单件、个人、家族和团体,通常由规范检索点所代表。关系类型由指明关系的一个术语或代码表示,即关系说明语。
4. 载体表现　例证
5. 1XX　7XX　$e　RDA 附录 I

二、判断题

1. T

2. F　**解析**:资源与其责任者之间的关系仅存在于书目记录中。

3. F　**解析**:在 AACR2 的编目实践中,如果创作者超过 3 个,则直接以题名作为主要款目,第 1 个创作者做附加检索点,RDA 则要求不论有几个创作者,均将名列首位的创作者记录在 1XX 字段。

4. F　**解析**:当音乐作品同时存在作曲者和作词者,作曲者作为创作者记录在 100 字段,作词者记录在 700 字段。

5. T

6. F　**解析**:对于包含歌词、台本、文本等的音乐作品(如歌曲、歌剧、音乐喜剧),以作曲者的规范检索点作 1XX 字段,对于为舞蹈动作(如芭蕾舞、哑剧等)谱曲的音乐作品,以作曲者的规范检索点作 1XX 字段,编舞者作 7XX 字段。

7. T　**解析**:对于管辖一个行政管辖区的法律,其规范检索点由受法律管辖的行政管辖区的规范检索点附加法律的首选题名构建,因此,"美国宪法"的规范检索点以受法律管辖的行政管辖区"美国"的规范检索点附加首选题名 *Constitution* 构建,即"美国"作 110 字段,*Constitution* 记录在 240 字段。

8. F　**解析**:对于刑事审判等的正式诉讼以及此类案件的上诉程序,将被起诉的个人或团体(即被告)记录在 1XX 字段。

9. F　**解析**:对于民事和其他非刑事诉讼(包括选举案件)的正式诉讼和报告以及此类案件的上诉,将提起起诉的个人或团体(原告)记录在 1XX 字段。

10. T

三、将下列用于阐明资源与责任者之间关系的关系说明语进行分类,将对应字母填在横线上

e i l n s

g b t j k m q r

c d h p

a o f

四、实践题

1. 100 1#$aBroadhead, Alex,$eauthor.

2. 700 1#$aAvbelj, Matej,$eeditor.
   700 1#$aFontanelli, Filippo,$eeditor.
   700 1#$aMartinico, Giuseppe,$eeditor.

3. 100 1#$aZhou, Jielun,$d1979-$ecomposer,$esinger.
   700 1#$aFang, Wenshan,$elyricist.

   解析:对于音乐唱片,同时存在作词者和作曲者,作曲者 *Zhou*, *Jielun* 作为创作者记录在 1XX 字段,由于 *Zhou*, *Jielun* 承担了多种职责,既是歌手,又是作曲者,重复$e,记录两个关系说明语 *singer* 和 *composer*。

4. 100 1#$aMcAdams, Tony,$eauthor.
   700 1#$aNeslund, Nancy,$eauthor.
   700 1#$aZucker, Kiren Dosanjh,$eauthor.
   700 1#$aNeslund, Kristofer,$eauthor.

   解析:4 个创作者均需记录,其中名列首位的记录在 1XX 字段。

Day 40
资源与名称之间的关系(2)

一、单项选择题(每题3分,共30分)

1. 下列属于“当前拥有者”的是(　　)

A. 捐赠者　　B. 出售者　　C. 储存者　　D. 亲笔签名者

2. 下列画线的团体不能视为创作者的是(　　)

A. The constitution of the United State

B. Paradise now / collective creation of the Living Theatre ; writing down by Judith Malina and Julian Beck.

C. Drinking water quality : a report to the community. — Seattle, WA : Seattle Public Utilities.

D. Biochemistry / published in New York by ABC Publishers.

3. 下列做法已实质上创作了“新作品”的是(　　)

A. 对书目内容进行选取、布局、编辑,形成书目汇编作品

B. 将《红楼梦》翻译成英文版

C. 将《梁祝》小提琴曲改编为二胡曲

D.《上下五千年》节略版

4. 下列记录符合RDA规则的是(　　)

A. 245 00$a… / $cMartin Cannon, Richard Jones-Nerzic, David Keys, Alexis Mamaux, Michael Miller, Giles Pope, David Smith, Aiden Williams.

700 1 1# $aCannon, Martin.

B. 100 1#$aEdwards, Gail,$eauthor.

245 10$a… / $cGail Edwards and Judith Saltman.

700 1#$aSaltman, Judith,$eauthor.

C. 245 00$a… / $cby Susan Brown… [et al.].

700 1#$aBrown, Susan.

D. 100 1#$aSherwood, Ada Simpson, $d1861-1959,$elyricist.

245 10$a… /$cwords by Ada Simpson Sherwood ; music by David Nyvall Jr.

700 1#$aNyvall, David, $ecomposer.

5. 记录创作者的首选信息源是(　　)

A. 在资源内容中出现的信息　　B. 在资源中显著出现的其他说明

C. 其他来源　　D. 题名页

6. 下列选项中,贡献者的关系说明语数目最多的是(　　)

A. 摄影者、插图者、编程者、法官、题写者

B. 平版制作者、演说者、导演、被纪念者、表演者

C. 旁白者、制片人、音乐总监、服装设计者、图书设计者

D. 装订者、测绘者、被告、制定法律的行政管辖区、美术家

7. 下列关于 1XX 规范检索点的选取错误的是(　　)

A. 一部汇编作品包含三部由不同责任者创作的作品,且没有总题名,则书目记录中无 100 字段,直接以首部作品的题名作为规范检索点

B. 单个条约,书目记录中无 100 字段,直接以条约的首选题名作为规范检索点

C. 如果一个法院的判例汇编能够将责任归属于某个报告人,则以报告人做 100 字段

D. 对于管辖两个行政管辖区的法律,以第一个行政管辖区做 110 字段

8. 下列与创作者相关的说法不正确的是(　　)

A. 如果对汇编作品内容的选取、布局、编辑等实际上创作了一部新作品,则对作品集合汇编负有责任的个人、家族或团体可视为其创作者

B. 芭蕾舞剧视编舞者为创作者,作 1XX 字段,作曲者作 7XX 字段

C. 以实质上改变了原件的性质或内容的方式修改已有作品,对此负有责任的个人、家族或团体可视为该新作品的创作者,例如将小说改编为影视作品

D. 相较于《笑傲江湖》原著,《笑傲江湖(插图版)》是相同作品的不同内容表达

9. 下列不能以团体名称作 110 字段的是(　　)

A. Northern Pacific Railway Company records, 1864-1957.

B. The Treaty between the United States of America and the Russian Federation on Measures for the Further Reduction and Limitation of Strategic Offensive Arms, treaty signed April 8, 2010

C. Draft of proposed Navigation Act of 1967 / United States Bureau of Customs

D. The art collection of the First National Bank of Chicago

10. 下列不能以个人或家族作为连续出版物创作者的情况是(　　)

A. 个人名称出现在连续出版物的正题名中

B. 连续出版物不同的卷期由不同的个人创作

C. 个人的博客

D. 个人是连续出版物的出版者

二、实践题(每题 5 分,共 30 分)

依据题面描述的资源信息,将书目记录补充完整,以揭示资源和名称之间的关系。

例:在编资源:图书

书名页示意图

Better Britons reproduction, national identity, and the afterlife of empire Nadine Attewell

1001#$aAttewell, Nadine,$eauthor.

1. 在编资源:图书

书名页示意图

Stone spirit calling by Katherine Torres with illustration by Pam Posey

2. 在编资源:图书

书名页示意图

Through the walls Jean-Luc Cornette & Stéphane Oiry Samantha Demer, translator Alex Donoghue, U.S. edition editor Jerry Frissen, book designer.

3. 在编资源:DVD

DVD盘面示意图

Frenzy director, Alfred Hitchcock screenplay, Anthony Shaffer actor, Jon Finch

4. 在编资源:图书

书名页示意图

The other house By Henry James William Heinemann, London, 1986 *This copy once in the Grolier Club Library and has their bookplate*

5. 在编资源:画册集

书名页示意图

Jennifer Bartlett history of the universe, works 1970-2011 with an introduction and interview by Terrie Sultan

6. 在编资源:图书

书名页示意图

RAND / National Defense Research Institute ***The RAND online measure repository for evaluating psychological health and traumatic brain injury programs*** Joie D. Acosta, Kerry A. Reynolds, Emily M. Gillen, Kevin Carter Feeney, Carrie M. Farmer, Robin M. Weinick

三、请依据 245 字段描述的情况记录责任者规范检索点(每题 5 分,共 40 分)

例:245 10$aAusten papers, 1704-1856 /$eedited by R. A. Austen-Leigh.
100 3#$aAusten (Family :$gAusten, Jane, 1775-1817)
700 1#$aAusten-Leigh, Richard Arthur,$d1872-1961.

1. 245 00 $aFamous Irish ghost stories /$cedited by Mairtin O'Griofa ; illustrated by Sheila Kern.

2. 245 10$aDevils of darkness /$cPlanet Film Productions ; directed by Lance Comfort ; produced by Tom Blakeley ; original story and screenplay by Lyn Fairhurst.

3. 245 10$aTests and proofs :$b8th International Conference, TAP 2014, held as part of STA 2014, York, UK, July 24-25, 2014. Proceedings /$cMartina Seidl, Nikolai Tillmann (eds.).

4. 245 03$aAn enquiring mind :$bstudies in honor of Alexander Marshack /$cedited by Paul G. Bahn.

5. 245 10$aView of a high place :$bnatural and cultural landscape of Sagarmatha national park /$cLhakpa Norbu Sherpa, Birendra Bajracharya ; supported by Ministero degil affari estari.

6. 245 14$aThe four seasons /$cVivaldi ; performed by Orpheus Chamber Orchestra.

7. 245 14$aThe Constitution of the Republic of Afghanistan :$bthe English language version of the Constitution as it appeared in the Kabul times from March 5, 1977 to March 16, 1977.

8. 245 10$aOn land ;$bOn the mortgage of real-estate ; On privatization ; On the state registration of real-estate rights and transactions : [decrees of the president of the Kazakh Republic].

Day 40 答案与解析

一、单项选择题

1. C　**解析:**当前拥有者,即目前对单件(即资源的一个特定的复本或实例)拥有法定所有权的个人、家族或团体,如“储存者”。见 RDA 附录 I“与单件相关的个人、家族和团体的关系说明语”。

2. D　**解析:**<A>:制定法律的行政管辖区视为创作者。<B>:由作为一个整体的团体 *Living Theatre* 集体活动产生的作品,该团体的责任超出纯粹的表演、执行等,因而视该团体为创作者。<C>:*Seattle Public Utilities* 官方饮用水质报告,是一部记录该团体集体思想的作品,因而视该团体为创作者。<D>:根据 *published by*,可知 *ABC Publisher* 是出版者,是与载体表现相关的团体,非创作者,故选择<D>。

3. A　**解析:**<A>:对汇编作品内容的选择、布局、编辑等实际上创作了一部新作品,而对作品集合汇编负有责任的个人、家族或团体将视为创作者,记录在 1XX 字段,因此<A>属于创作新作品的范畴。<B>:翻译属于产生了一个新的内容表达,而非新作品。<C>:音乐表演媒介上的变化产生的是一个新的内容表达,而非新作品。<D>:节略本也属于产生了新的内容表达。

4. B　**解析:**<A>:当创作者超过三人时,AACR2 与 RDA 规则的处理不同,AACR2 以题名作为主要检索点,而无 1XX 字段,RDA 则以负有主要责任或名列首位的创作者作为主要检索点,故<A>错误。<C>:RDA 取消了“[et al.]”这样的说法,故<C>错误。<D>:音乐作品通常以作曲者作为主要责任者,作 1XX 规范检索点,作词者作附加检索点,故<D>错误。

5. D

6. C　**解析:**<A>:插图者是贡献者,1 个。<B>:演说者、表演者是贡献者,2 个。<C>:旁白者、音乐总监、服装设计者是贡献者,3 个。<D>:测绘者是贡献者,1 个。故选择<C>。

7. D　**解析:**<D>:对于管辖两个行政管辖区的法律,以首选题名构建代表作品的规范检索点,而不是以第一个行政管辖区作 110 字段,故<D>错误。

8. B　**解析:**<B>:对于为舞蹈动作(如芭蕾舞、哑剧等)谱曲的音乐作品,以作曲者的规范检索点做 1XX 字段,其他责任方式的创作者作 7XX 字段,故<B>错误。

9. B　**解析:**<B>:根据 RDA 最新规定,条约、国际协定等不再属于团体作为创作者的法律作品类别,这类作品以首选题名直接构建代表作品的规范检索点,而签订条约、国际协定等的政府或国际组织被视为与作品相关的其他团体,可为其编制附加规范检索点,记录在 710 字段。

10. B　**解析:**<B>:如果个人或家族对作为整体的连续出版物而非单期或几期负有责任,则视为连续出版物的创作者,否则就不视为创作者,故选择 < B > 。

二、实践题

1. 100 1#$aTorres, Katherine,$eauthor.
   700 1#$aPosey, Pam,$eillustrator.
2. 100 1#$aCornette, Jean-Luc,$d1966-$eauthor.
   700 1#$aOiry, Stéphane,$d1970-$eauthor.
   700 1#$aDemer, Samantha,$etranslator.
   700 1#$aDonoghue, Alex,$eeditor.
   700 1#$aFrissen, Jerry,$ebook designer.
3. 100 1#$aShaffer, Anthony,$d1926-2001,$escreenwriter.
   700 1#$aHitchcock, Alfred,$d1899-1980,$edirector.
   700 1#$aFinch, Jon,$d1941-2012,$eactor.
4. 100 1#$aJames, Henry,$d1811-1882,$eauthor.
   710 2#$aGrolier Club.$bLibrary,$eformer owner.
5. 100 1#$aBartlett, Jennifer,$d1941-$eartist.
   700 1#$aSultan, Terrie,$d1952-$ewriter of introduction,$einterviewer.
6. 100 1#$aAcosta, Joie D. ,$eauthor.
   710 2#$aRand Corporation,$eissuing body.
   710 2#$aNational Defense Research Institute (U. S.) ,$eissuing body.

三、请依据 245 字段描述的情况记录责任者规范检索点

1. 700 1#$aO'Griofa, Mairtin,$eeditor.
   700 1#$aKern, Sheila,$eillustrator.
2. 100 1#$aFairhurst, Lyn,$escreenwriter.
   700 1#$aComfort, Lance,$d1908-1966,$efilm director.
   700 1#$aBlakeley, Tom,$efilm producer.
   710 2#$aPlanet Film Productions,$eproduction company.
3. 111 2#$aTAP (Conference)$n(8th :$d2014 :$cYork, England)
   700 1#$aSeidl, Martina,$eeditor.
   700 1#$aTillmann, Nikolai,$eeditor.
4. 700 1#$aBahn, Paul G. ,$eeditor.
   700 1#$aMarshack, Alexander,$ehonouree.
5. 100 1#$aSherpa, LhakpaNorbu,$eauthor.
   700 1#$aBajracharya, Birendra,$eauthor.
   710 1#$aItaly.$bMinistero degil affari estari,$esponsoring body.
6. 100 1#$aVivaldi, Antonio,$d1678-1741,$ecomposer.
   710 2#$aOrpheus Chamber Orchestra,$eperformer.
7. 110 1#$aAfghanistan. **解析:**行政管辖区的法律,将制定法律的行政管辖区的规范检索点记录在 110 字段。
8. 110 1#$aKazakhstan.$bPresident (1991- : Nazarbaev) **解析:**由国家元首、行政长官或执政机构颁布的法令,将国家元首、行政长官或执政机构的规范检索点记录在 110 字段。

Day 41
资源与资源之间的关系(1)

一、填空题(每空 2 分,共 20 分)

1. RDA 第 8 部分第______章说明了记录相关作品、相关内容表达、相关载体表现和相关单件之间的横向关系。
2. 相关作品之间关系的表达方法包括:在书目记录中通过______以及______或______的描述表达;在规范记录中则通过______表达。
3. 如果以结构化的形式记录 505 字段的内容附注,需要以______予以表达。
4. 在 LC 编目实践中,相关作品、相关内容表达之间的______、______是核心元素,其他关系可根据编目员自我判断是否给出。
5. 对于表达相关作品之间的连续关系,优先选择使用连接款目字段______和______,而尽量避免避免使用 5XX 字段。

二、单项选择题(每题 3 分,共 15 分)

1. 相关单件之间的等同关系,体现为单件的重印,通过哪两个字段表达( )
   A. 780 或 785　B. 765 或 766　C. 775 或 776　D. 5XX 或 780
2. 对于相关单件之间的伴随关系,通过( )字段表达
   A. 500　B. 501　C. 502　D. 534
3. 下列关于结构化描述说法不正确的一项是( )
   A. 非结构化描述一般优于结构化描述
   B. 非结构化描述是以自然语言所进行的的表述
   C. 结构化描述是以 ISBD 标识符的形式表达的描述
   D. 500 字段也可以给出结构化附注
4. 依据以下记录,下列说法正确的是( )
   046 ##$k1944
   100 1#$aChase, Mary,$d1907-1981.$tHarvey
   380 ##$aPlay
   530 #0wriAdapted as a motion picture (work):$aHarvey (Motion picture)
   A. 这是书目记录
   B. 关系说明语取自 RDA 附录 K
   C. 100 规范标目为改编的电影
   D. 530 字段的$w 控制子字段中的代码“r”表示关系说明语在$i 中指明
5. 下列关于整体/部分关系说法不正确的是( )
   A. 同作品一样,内容表达、载体表现、单件之间一样具有整体/部分关系

B. 汇编作品具有整体/部分关系应通过分析款目予以揭示

C. 汇编作品可通过 7XX 指示符表达整体/部分关系

D. *special issue of* 是描述单件整体/部分关系的说明语

三、判断题(正确请填写“T”,错误请填写“F”;每题 2 分,共 10 分)

1. 在 LC 的编目实践中,要求附录 I、J、K 的关系说明语首词首字母大写,关系说明语之后加冒号。(　　)
2. 如果资源与资源之间的关系已经通过字段指示符清晰表达,也可不必启用关系说明语。(　　)
3. 相关载体表现中最常见的就是等同关系,一般通过 776 连接款目字段或 5XX 附注字段予以表达。776 字段记录的复制品关系为相同载体的其他版本,如果为不同载体的其他版本,则用 775 字段记录。(　　)
4. 如果连续出版物是另一连续出版物的补编,则两者之间的这种伴随关系也用 780 和 785 字段表示。(　　)
5. 音乐作品中的华彩乐章与原始音乐作品之间是伴随关系。(　　)

四、请判断下列关系说明语属于哪类关系(每题 3 分,共 15 分)

例:

bound with　伴随单件关系

1. adaption of (work)　____________
2. free translation of (expression)　____________
3. issued with　____________
4. also issued as　____________
5. absorbed work　____________

五、实践题(依据题面描述的资源信息填空;每空 2 分,共 40 分)

1. 在编资源:图书

书名页示意图

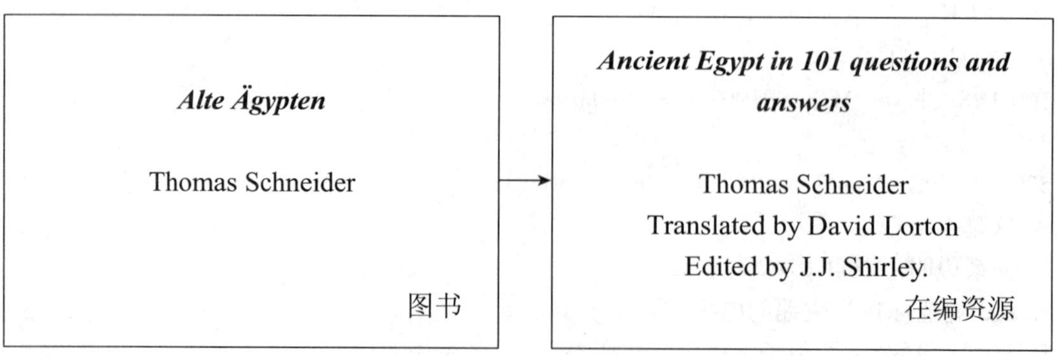

体现相关______之间的______关系。

100 1#$aSchneider, Thomas,$d1964-$eauthor.

______10$aAlte Ägypten.$lEnglish

500 ##$aTranslation of the author' s Alte Ägypten.

700 1#$aLorton, David,$d1945-2011,$e __________

700 1#$aShirley, J. J. ,$eeditor.

700 1#$i ______ $aSchneider, Thomas,$d1964-$t ______________________________

2. 在编资源:视盘

视盘题名帧示意图

图书	→	在编资源
Harry Potter and the goblet of fire J. K. Rowling	→	***Harry Potter and the goblet of fire*** Heyday Films production

体现相关______之间的______关系。

130 0#$aHarry Potter and the goblet of fire (Motion picture)

______##$aBased on the novel by J. K. Rowling.

700 1#$i ______________ $aRowling, J. K.$t ______________________________

3. 在编资源:图书

书名页示意图

图书	→	在编资源
The Appalachians edited by Mari-Lynn Evans, Holly George-Warren, and Robert Santelli with Tom Robertson. *New York* *Random House* *2004*	→	***The Appalachians :*** *America's first and last frontier* edited by Mari-Lynn Evans, Holly George-Warren, and Robert Santelli with Tom Robertson. *West Virginia University Press* *2013*

体现相关______之间的______关系,即复制品。

245 04$aThe Appalachians :$bAmerica's first and last frontier /$cedited by Mari-Lynn Evans [and three others].

700 1#$aEvans, Mari-Lynn,$eeditor.

______08$i ______________ $tThe Appalachians$dNew York : Random House, 2004$h256 p. : ill. ; 24 cm. ______DLC 2004041162

4. 在编资源:连续出版物

封面示意图

ISSN 0169-7552 ***Computer networks and ISDN systems*** *1985* 连续出版物	*ISSN 1389-1286* ***Computer networks*** *1999* 在编资源

体现相关______之间的______关系。

022 ##$a ____________

130 0#$aComputer networks (Amsterdam, Netherlands : 1999)

245 10$aComputer networks.

500 ##$aFrom 1985 to 1998published under the title: Computer networks and ISDN systems.

______00$tComputer networks and ISDN systems$x0169-7552

Day 41 答案与解析

一、填空题

1. 24—28
2. 由规范记录所控制的规范检索点　结构化　非结构化　参照结构
3. ISBD 要求的标识符
4. 整体/部分关系　连续关系
5. 780　785

二、单项选择题

1. C
2. B　**解析:**相关单件的伴随关系体现为单件的合订,通过 501 字段(合订附注)予以表达。
3. A
4. D　**解析:**由 530 字段可判断出这是规范记录,体现了作品与作品之间的衍生关系,100 字段规范检索点为原作戏剧,$i 子字段的关系说明语取自 RDA 附录 J,故只有 <D> 正确。
5. D　**解析:***special issue of* 是描述载体表现整体/部分关系的说明语,故 <D> 错误。

三、判断题

1. F　**解析:**在 LC 的编目实践中,要求附录 J、K 的关系说明语首词首字母大写,关系说明语之后加冒号。但是附录 I 提供的是资源与责任者之间的关系说明语,记录在书目记录 1XX 或 7XX 字段的$e 子字段,关系说明语首字母小写。
2. T
3. F　**解析:**776 字段记录的复制品关系为不同载体的其他版本,如果为相同载体的其他版本,则用 775 字段记录。
4. F　**解析:**如果连续出版物是另一连续出版物的补编,则两者之间的这种伴随关系用 770 和 772 字段表示。

5. T

四、请判断下列关系说明语属于哪类关系

1. 衍生作品关系
2. 衍生内容表达关系
3. 伴随载体表现关系
4. 等同载体表现关系
5. 连续作品关系

五、实践题

1. 体现相关内容表达之间的衍生关系。

240　$etranslator　Translation of:　Alte Ägypten.

解析:在编资源与原作品是译著的关系,属于内容表达层的衍生关系。240 字段用于记录统一题名。第 1 个 700 字段中$e 子字段的关系说明语取自 RDA 附录 I,第 3 个 700 字段用名称题名规范检索点的形式表现在编资源内容表达与其原著内容表达之间的关系,$i 子字段的关系说明语取自 RDA 附录 J.3。

2. 体现相关作品之间的衍生关系。

500　Motion picture adaptation of (work):　Harry Potter and the goblet of fire

解析:在编资源是由同名图书改编而成的电影,是一部新的作品,两个资源属于作品层的衍生关系。附注信息记录在 500 字段。700 字段用名称题名规范检索点的形式揭示作品与其改编作品之间的关系,$i 子字段的关系说明语取自 RDA 附录 J.2。

3. 体现相关载体表现之间的等同关系,即复制品。

775　Reproduction of (manifestation):　$w

解析:在编资源与原作品是复本关系,属于载体表现层的等同关系。等同关系一般通过 775、776 连接款目字段或 5XX 附注字段予以表达。776 字段记录的复制品关系为不同载体的其他版本,如果为相同载体的其他版本,则用 775 字段记录。本题中的两个资源的载体都是图书,因此启用 775 字段,$i 子字段的关系说明语取自 RDA 附录 J.4。

4. 体现相关作品之间的连续关系。

1389-1286　780

解析:当连续出版物题名发生变化,则将其视为一部新作品,需要创建一个新著录。前后连续出版物之间存在连续关系。022 字段记录新的连续出版物的 ISSN,通过 780 字段的先前款目的结构化描述揭示连续出版物作品之间的连续关系,先前连续出版物的 ISSN 记录在$x 子字段。

Day 42
资源与资源之间的关系(2)

一、判断题(正确请填写“T”,错误请填写“F”;每题 2 分,共 10 分)

1. 由于 RDA 将原附录 J 中的描述关系的说明语补充为附录 M,附录 J 中原描述关系则修订为当前的参照关系说明语。(　　)
2. 资源与资源之间的关系仅在书目记录中表达。(　　)
3. RDA 中的资源之间的关系说明语首字母均为小写,但 LC-PCC PS 规定关系说明语首字母大写,并且字段以冒号结束。(　　)
4. 如果文本与插图在一部作品里,两者与该作品之间是整体/部分的关系,但如果文本与插图分别出版,则两者之间为伴随关系。(　　)
5. RDA 处于不断的修订状态,原来用于表示作品之间整体-部分关系的关系说明语“contains (work)”现在已经修订为“container of (work)”。(　　)

二、实践题(根据书目记录的信息及提示补充资源与资源之间的关系表达;每题 9 分,共 90 分)

1. 245 00$aAfro-Latino voices, shorter edition :$btranslations of early modern Ibero-Atlantic narratives /$cedited by Kathryn Joy McKnight and Leo J. Garofalo.

   730 0#$i ____________ $a ____

   提示:书目记录,作品之间的衍生关系。

2. 245 10$aYou are special, Daniel Tiger! /$cadapted by Angela C. Santomero ; based on the screenplays "You Are Special" written by Becky Friedman and "Daniel Is Special" written by Angela C. Santomero ; poses and layouts by Jason Fruchter.

   700 1#$i ______________ $a ______________________ $t ______________________

   700 1#$i ______________ $a ______________________ $t ______________________

   提示:书目记录,作品之间的衍生关系。

3. 245 00$aAAZPA annual report on conservation and science.

   ______00 ______AZA annual report on conservation and science ______(DLC) 95643938

   提示:需补充的字段号,指示符显示的内容为“Continued by”

4. 245 00$aHot shots /$c[stories by] Anne Marsh, Lynn LaFleur, Stacey Kennedy.

   505 0#$aFired up / Anne Marsh -- Sizzle / Lynn LaFleur -- Five-alarm masquerade / Stacey Kennedy.

   700 12$iContainer of (work): ____

   700 12$iContainer of (work): ____

   700 12$iContainer of (work):$aKennedy, Stacey.$tFive-alarm masquerade.

提示:书目记录,作品之间的整体—部分关系。

5. 245 10$aGun Digest book of tactical weapons :$bassembly/disassembly /$cKevin Muramatsu.

250 ##$a2nd edition.

500 ##$aPrevious edition: Gun Digest book of tactical weapons, assembly/disassembly / J. B. Wood. © 2008.

700 1#$i ______________________________ $aWood, J. B.$q(Jay Barclay),$d1934-
$t ____

提示:书目记录,作品之间的连续关系。其内容已被较晚作品所替代的较早作品。

6. 24510$aOlivia and the fancy party /$cby Cordelia Evans ; illustrated by Shane L. Johnson.

300 ##$a1 volume (unpaged) :$bcolor illustrations ;$c21 cm

500 ##$a"Based on the TV series Olivia as seen on Nickledeon"--Copyright page.

730 0#$i ________________________ $aOlivia (Television program)

提示:书目记录,内容表达之间的衍生关系。

7. 245 00$aBoat people :$bpersonal stories from the Vietnamese exodus 1975-1996 /$cedited by Carina Hoang.

500 ##$aOriginally published: Cloverdale, W. A. : Carina Hoang Communications, 2010.

______08$i ________________________ $tBoat people$dCloverdale, W. A. : Carina Hoang Communications, 2010$h247, [12] pages : illustrations (some color), portraits ; 21 x 30 cm$nCall number of the original: HV640. 5. V5 B63 2010$w(DLC) 2011379985

提示:书目记录,载体表现之间的等同关系。

8. 130 #0$aHarry Potter and the sorcerer's stone (Motion picture)

430 #0$aHarry Potter and the philosopher's stone (Motion picture)

______1#wri ________________________ $aRowling, J. K.$tHarry Potter and the philosopher's stone.

提示:规范记录,作品之间的衍生关系。

9. 245 10$aAunt Louisa's child's delight :$bcomprising Rip Van Winkle, Yankee Doodle, Pocahontas, Putnam.

500 ##$aRip Van Winkle is in verse.

700 1#$i __________________ $aIrving, Washington,$d1783-1859.$t ____________________

提示:书目记录,作品之间的衍生关系。

10. 245 00$aCrisis management in anesthesiology /$c[edited by] David M. Gaba, Kevin J. Fish, Steven K. Howard, Amanda R. Burden.

500 ##$aPreceded by Crisis management in anesthesiology / David M. Gaba, Kevin J. Fish, Steven K. Howard ; with contributions by Emily Ratner, Robert S. Holzman. 1994.

700 1#$i ___________________ $aGaba, David M.$t __________________________________

提示:书目记录,作品之间的连续关系。

Day 42 答案与解析

一、判断题

1. T
2. F　**解析**:资源与资源之间的关系同时包含于书目记录和规范记录。
3. T
4. T
5. T

二、实践题

1. 730 0#$iAbridgement of (work):$aAfro-Latino voices.
2. 700 1#$iAdaption of (work):$aFriedman, Becky.$tYou are special.
   700 1#$iAdaption of (work):$aSantomero, Angela C.$tDaniel is special.
3. 785 00$tAZA annual report on conservation and science
   $w(DLC) 95643938
4. 700 12$aMarsh, Anne,$d1971-$tFired up.
   700 12$aLaFleur, Lynn.$tSizzle.
5. 700 1#$iSupersedes (work):　$tGun Digest book of tactical weapons assembly/disassembly.
6. 730 0#$iAdaption of (expression):
7. 775 08$iReproduction of (manifestation):
8. 500 1# $iMotion picture adaptation of (work):
9. 700 1#$iVerse adaptation of (work):　$tRip Van Winkle.
10. 700 1#$iPreceded by (work):　$tCrisis management in anesthesiology.

Day 43
资源与资源之间的关系(3)

一、判断题(根据书目记录的信息对所提供事项进行判断,正确请填写"T",错误请填写"F";每题2分,共40分)

1.

100 1#$aGibergues, Emmanuel de,$d1855-1919.

245 10$aKeep it simple :$bthe busy Catholic's guide to growing closer to God /$cEmmanuel de Gibergues.

264 #1$aManchester, N. H. :$bSophia Institute Press,$cc2000.

500 ##$aAbridged ed. of: Simplicity according to the Gospel. New York : P. J. Kenedy, c1914.

775 08$iAbridgement of (work) :$aGibergues, Emmanuel de, 1885-1919.$tSimplicity according to the Gospel.$dNew York : P. J. Kenedy, c1914.

(1)在编资源与原作品之间是衍生关系。(　　)

(2)本例关系揭示同时采用了结构化和非结构化描述的方法。(　　)

(3)775 字段记录的是不同载体版本的连接款目。(　　)

(4)关系说明语的首词大写,后随冒号是 RDA 要求的做法。(　　)

(5)775 字段第 2 指示符为"8"表示不显示固定导语"Other edition available",而显示关系说明语。(　　)

2.

100 1#$aBright, J. E.,$eauthor.

245 14$aThe power of Dragon Flame :$bthe junior novelization /$cadapted by J. E. Bright.

490 0#$aWinx club ;$v3

500 ##$aAt head of title: Nickelodeon.

520 ##$a"Bloom is a fairy with the greatest power in the Magic Dimension: the power of Dragon Flame. But before she can learn how to use it, a trio of evil witches called the Trix steals it from her! Now the Trix are out to conquer the magical universe, and only Bloom can stop them"--P. [4] of cover.

500 ##$aBased on the Nickelodeon television series, Winx Club.

730 0#$iNovelization of (work) :$aWinx club (Television program)

(1)与"novelization of (work)"互逆的关系说明语是"novelization (work)"。(　　)

(2)本例是小说改编成了电视节目。(　　)

(3)由于改编实质上形成了新作品,所以以改编者 + 新作品的首选题名作为规范检索点。(　　)

(4)500 字段是非结构化的描述,也用于描述关系。(　　)

(5)新旧作品之间是衍生关系。(　　)

3.

041 1#$aeng$hjpn

130 0#$aAjia josei to shinmitsusei no rōdō.$lEnglish.

245 10$aAsian women and intimate work /$cedited by Ochiai Emiko, Aoyama Kaoru.

700 1#$aOchiai, Emiko,$d1958-$eeditor of compilation.

700 1#$aAoyama, Kaoru,$d1962-$eeditor of compilation.

730 0#$iTranslation of:$aAjia josei to shinmitsusei no rodo.

(1)本例是相关载体表现之间的关系描述。(　　)

(2)原作品是日语的,在编资源是英语翻译版。(　　)

(3)130 字段记录作品的首选题名,本例是相同作品的不同内容表达,因此用原文语言作品的题名作为首选题名,附加内容表达的语言元素作为附加元素。(　　)

(4)创建数据的机构首选的语言和文字是英语,因此首选题名采用了音译形式。(　　)

(5)关系表达的方法是结构化的描述。(　　)

4.

100 0#$aSnorri Sturluson,$d1179?-1241.

240 10$aEgils saga

245 10$aEgils saga Skalla-Grímssonar /$cbúið hefir til prentunar Guðni Jónsson.

246 1#$iBinder's title on spine:$aIslendinga Sögur II

500 ##$aReproduction of Egils saga Skalla-Grímssonar originally published in 1937.

501 ##$iBound with:$aGunnlaugs Saga Ormstungu / búið hefir til prentunar Guðni Jónsson. Reykjavik : Sigurður Kristjánsson, 1945. Bound together subsequent to publication.$5DLC

(1)501 字段描述的是单件之间的整体/部分关系。(　　)

(2)500 字段描述的是载体表现之间的等同关系。(　　)

(3)500 字段是结构化的描述,501 字段是非结构化的描述。(　　)

(4)在数据库中存在为"Gunnlaugs Saga Ormstungu / búið hefir til prentunar Guðni Jónsson. Reykjavik : Sigurður Kristjánsson, 1945."载体表现建立的书目记录。(　　)

(5)两个相互关联单件之间的关系揭示也是双向互相指引的。(　　)

二、实践题(根据书目记录的信息补充资源与资源之间的关系表达;每题 12 分,共 60 分)

1.

100 1#$aBusch, Charles,$eauthor.

245 10$aJudith of Bethulia :$ba burlesque based on ancient themes /$cby Charles Busch.

520 ##$a"Judith, a beautiful, wealthy young widow, is reviled by her own people as a gold digging adventuress. When her ancient city of Bethulia is facing brutal annihilation, Judith, wearing her most glittering finery, slips into the enemy camp, seduces and ultimately decapitates the ruthless General Holofernes"--Page 4 of cover.

600 00$aJudith$c(Biblical figure)$vDrama.

630 00$aJudith of Bethulia (Motion picture)$vParodies, imitations, etc.

730 0#$i ______________ $a ____

2.

100 1#$aLindeburg, Michael R. ,$eauthor.

245 10$aQuick reference for the mechanical engineering PE exam /$cMichael R. Lindeburg, PE.

500 ##$a"Synchronized with the 13th edition of the Mechanical engineering reference manual for the PE Exam"--Title page verso.

787 08$i ______________ $aLindeburg, Michael R.

$t ____

$b ____

$dBelmont, California : Professional Publications, [2013]

$z9781591264149$w(OCoLC)837956231

3.

100 1#$aLerner, Alan Jay,$d1918-1986,$e ______________.

245 10$aOn a clear day you can see forever /$cmusic by Burton Lane ; lyrics by Alan Jay Lerner ; new book by Peter Parnell ; based on the original book by Alan Jay Lerner ; reconceived and directed by Michael Mayer.

650 #0$aMusicals$vLibrettos.

______ 1#$i ______________ $a ____________ $d1912-1997.$t ______________________

4.

245 00$aChicken soup for the Canadian soul :$bstories to inspire and uplift the hearts of Canadians /$c[compiled by] Jack Canfield, Mark Victor Hansen, Janet Matthews, Raymond Aaron.

500 ##$a"Originally published in 2002 by Health Communictions, Inc. "--Title page verso.

______ 08$i ______________ $t __________________________ $dDeerfield Beach, Fla. : Health Communications, c2002$h383 p. : ill. ; 22 cm.$w(DLC) 2002068561

5.

245 00$aBe glad then, America.

505 0#$aFor The President's Own / John Williams (4:25) -- New England triptych. "Be glad then America" ; "When Jesus wept" ; "Chester" / William Schuman (17:01) -- Memories, very pleasant and rather sad : a Charles Ives song set. Remembrance ; Memories (a. Very pleasant) ; Memories (b. Rather sad) ; The circus band ; The things our fathers loved ; Old home day / Charles Ives ; transcribed by Jonathan Elkus (Gunnery Sergeant Sara Dell'Omo, mezzo-soprano) (9:56) -- Symphonic songs : for band. Serenade ; Spiritual ; Celebration / Robert Russell Bennett (13:33) -- Psalm : for band / Vincent Persichetti (7:50) -- Finale from Symphony No. 3 / Aaron Copland ; transcribed by Donald Patterson (13:30).

700 12$iContainer of (work) :$aWilliams, John,$d1932-$t"For 'The President's Own'. "

700 12$iContainer of (work):$aSchuman, William,$d1910-1992.
$tNew England triptych;$oarranged.
700 12$iContainer of (work):$aIves, Charles,$d1874-1954.$tRemembrance;$oarranged.
700 12$iContainer of (work):$aIves, Charles,$d1874-1954.$tMemories;$oarranged.
700 12$iContainer of (work):$aIves, Charles,$d1874-1954.$tCircus band (Song);$oarranged.
700 12$iContainer of (work):$aIves, Charles,$d1874-1954.
$tThings our fathers loved;$oarranged.
700 12$iContainer of (work):$aIves, Charles,$d1874-1954.$tOld home day;$oarranged.
700 12$iContainer of (work):$a ____________________ $d1894-1981.$tSymphonic songs.
700 12$iContainer of (work):$a ____________________ $d1915-1987.$tPsalm.
700 12$iContainer of (work):$a ____________________ $d1900-1990.$tSymphonies,$nno. 3.
$pFourth movement;$oarranged.

Day 43 答案与解析

一、判断题

1. (1)T(2)F(3)F(4)F(5)T

解析:根据500字段和775字段结构化描述的信息,判断出在编资源是一部缩写作品,它与原作品之间是衍生关系,500字段和775字段均采用了结构化描述的方法,775字段记录的是相同载体版本的连接款目,关系说明语的首词大写,后随冒号是LC要求的做法。

2. (1)T(2)F(3)T(4)T(5)T

解析:在编资源是一部由电视节目改编成的小说。

3. (1)F(2)T(3)T(4)T(5)F

解析:在编资源是英语翻译版,体现了相关内容表达之间的关系。关系表达的方法采用的是代表相关内容表达的规范检索点的方式。

4. (1)F(2)T(3)F(4)T(5)T

解析:501字段描述的是单件之间的伴随关系。500字段采用的是非结构化的描述,501字段是结构化的描述。

二、实践题

1. 730 0#$iParody of (work):$aJudith of Bethulia (Motion picture)
2. 787 08$iDigest of (work): $tMechanical engineering reference manual for the PE exam.
$bThirteenth edition
3. 100 1#$elibrettist.
700 1#$iLibretto for (work):$aLane, Burton, $tOn a clear day you can see forever.
4. 775 08$iReproduction of (manifestation):$tChicken soup for the Canadian soul
5. 700 12$aBennett, Robert Russell,
700 12$aPersichetti, Vincent,
700 12$aCopland, Aaron,

Day 44

名称与名称之间的关系(1)

一、归类题(将下列用于阐明名称与名称之间关系的关系说明语进行分类;每项 2 分,共 40 分)

a. 祖先 progenitor
b. 团队成员 group member
c. 家族成员 family member
d. 创建者 founder
e. 赞助者 sponsor
f. 创建家族 founding family
g. 真实身份 real identity
h. 雇主 employer
i. 合并而成的团体 product of a merger
j. 团体前身 predecessor
k. 赞助的机构 sponsored organization
l. 交替身份 alternate identity
m. 下级机构 hierarchical subordinate
n. 雇员 employee
o. 赞助家族 sponsoring family
p. 被合并的一方 mergee
q. 后代 descendants
r. …的团队成员 group member of…
s. 后裔家族 descendant family
t. 后继团体 successor

1. 个人与其他个人的关系说明语:______
2. 个人与家族的关系说明语:______
3. 个人与团体的关系说明语:______
4. 家族与个人的关系说明语:______
5. 家族与其他家族的关系说明语:______
6. 家族与团体的关系说明语:______
7. 团体与个人的关系说明语:______
8. 团体与家族的关系说明语:______
9. 团体与其他团体的关系说明语:____________

二、条件填空题(请根据规范记录的信息填空;每空 2 分,共 60 分)

1. 100 1#$aJapp, Alexander H.$q(Alexander Hay),$d1839-1905
   500 1#$wnnnc$aGray, E. Condor,$d1839-1905
   500 1#$wnnnc$aPage, H. A.,$d1839-1905
   663 ##$aFor works of this author written under pseudonyms, search also under$bGray, E. Condor, 1839-1905$aand$bPage, H. A., 1839-1905

   该规范记录描述的是相关个人之间的______关系。个人______身份的规范形式记录于 100 字段;两个 500 字段说明该作者在文学作品方面有两个______。两个 500$w 控制字段第 0—3 字符位都采用______代码,表示______________________________。663 字段说明文学创作时,该作者还采用了两个假名______和______。

2. 110 2#$aOklahoma Council on Juvenile Justice

510 2#wbaOklahoma Council on Juvenile Delinquency

该规范记录描述的是团体之间的______关系。团体名称的规范形式记录于______字段;510$w 为“b”表示,510$a 的标目为______,最新名称是______。

3. 110 2#$aImagineers (Group)

410 2#$aWalt Disney Imagineering, Inc.

410 2#$aWDI

510 2#wriHierarchical superior:$aWalt Disney Company

该规范记录描述的是团体之间的______关系。______字段是团体名称的规范检索点,410 字段记录了______。510$w 第 0 字符位采用代码“r”,说明______,510 字段所记录的团体是 110 字段记录的团体的______。

4. 046 ##$f1901$g1973

1001#$aWhite, Charles E.$q(Charles Edward), $d1901-1973

370 ##$aMaryland$2naf

372 ##$aChemistry$aEducation, Higher$2lcsh

373 ##$aUniversity of Maryland, College Park$2naf$s1926$t1969

374 ##$aChemists$aCollege teachers$2lcsh

375 ##$amale

377 ##$aeng

378 ##$qCharles Edward

510 2#wriEmployer:$aUniversity of Maryland, College Park.$bDepartment of Chemistry

670 ##$aCharles E. White papers$b(Charles Edward White (1901-1973); professor of chemistry at the University of Maryland from 1926 to 1969; born in Prince George's county, Maryland)$uhttp://hdl.handle.net/1903.1/1318

该规范记录描述的是个人与团体之间的______关系。046$f 子字段记录了个人的______。个人的活动领域记录于______字段。378 字段记录了______。510 字段关系说明语是 *Employer*,说明____________________。

5. 110 1#$aGuinea.$bMinistère délégué des transports

410 2#$aGuinea.$bTransports, Ministère délégué des

510 1# wriPredecessor:$aGuinea.$bMinistère des transports

该规范记录描述的是团体之间的______关系。510 字段关系说明语是 *Predecessor*,说明____________________。

6. 110 2#$aActive Planning (Firm)

500 1#$a$wr$iFounder:$aBurbidge, Shaunna K

该规范记录表达的是个人与团体的______关系。510 字段关系说明语是 *Founder*,说明____________________。

7. 110 2#$aSony BMG Music Entertainment

410 2#$a 新力博德曼音樂娛樂股份有限公司

410 2#$aBMG Music.$bSony BMG Music Entertainment

410 2#$aSony BMG

410 2#$aSony Corporation of America.$bSony BMG Music Entertainment

510 2#wriHierarchical superior:$aBMG Music

510 2#wriHierarchical superior:$aSony Corporation of America

510 2#wriSuccessor:$aSony Music Entertainment, Inc.

该团体有______个变异名称,有______个上级机构。*Sony Music Entertainment, Inc* 是 *Sony BMG Music Entertainment* 的______。

8. 111 2#$aInternational Drip Irrigation Congress

511 2#waaInternational Drip Irrigation Meeting

511 2#wbaInternational Drip/Trickle Irrigation Congress

该会议团体经历了______次更名,中间名称是____________________。规范记录表达的是团体之间的继承关系。

Day 44 答案与解析

一、归类题

1. g l　2. a c　3. b d e n　4. q　5. s　6. f o　7. h r　8. k　9. m i j p t

解析:详见 RDA 附录 K。

二、条件填空题

1. 交替身份　交替身份　nnnc　单纯使用 500 字段无法充分说明 500 字段表达的个人交替身份关系,必须启用 663 字段进一步说明　Gray, E. Condor　Page, H. A.

2. 继承　110　后期标目　Oklahoma Council on Juvenile Delinquency

解析:继承关系是指团体在时间上的先前后续关系,当 510 字段$w 第 0 字符位取代码"a"时表示早期标目,510$a 子字段表示的是团体先前的名称;取"b"时表示后期标目,510$a 子字段表示的是团体的最新名称。

3. 110　团体的各种变异名称　用$i 子字段记录关系说明语　上级机构

解析:根据 510 字段$i 关系说明语"hierarchical superior(上级机构)"可判断出此题记录描述的是团体之间的隶属关系,110 字段记录团体名称的规范检索点,启用两个 410 字段分别记录团体的不同形式的变异名称。

4. 从属　出生日期　372　个人名称的完整形式　马里兰大学帕克分校化学学院这一团体是 100 记录的个人的雇主

解析:首先,根据 510$i 关系说明语 E*mployer* 可以判断出此题记录描述的是个人与团体之间的从属关系。说明 1XX 字段的个人从属于 510 字段所记录的团体。其次,MARC 21 为适应 RDA 的变化,对 046 字段进行了修订。规范记录中的 046 用于记录个人名称的完整形式。

5. 继承　510 字段所记录的团体是 110 记录的团体的前身

6. 创建　500 字段所记录的个人是 110 记录的公司团体的创建者

7. 4　2　后继团体

8. International Drip Irrigation Congress

解析:根据此题的记录,该会议团体经历了两次更名,当 511$w 的代码取"a"时,记录的是会议团体的最早名称,当 511$w 的代码取"b"时,记录的是会议团体的最新名称,因此该会议团体的中间名称是 110 字段所记录的会议团体名称。

Day 45

名称与名称之间的关系(2)

一、连线题(每线 2 分,共 40 分)

1. 请将下列关系与对应的 RDA 章节用连接起来。

高层实体关系	第 10 部分,第 33—37 章
资源和与其主题之间的关系	第 9 部分,第 29—32 章
名称与名称之间的关系	第 5 部分,第 17 章
主题与主题之间的关系	第 7 部分,第 23 章

2. 请将下列关系说明语与对应的关系用连接起来。

祖先(progenitor)	团体与个人的关系
后代(descendants)	个人与家族的关系
雇员(employee)	个人与团体的关系
雇主(employer)	家族与个人的关系

3. 请将 5XX 字段特殊控制子字段$w 的代码与对应的含义连接起来。

$w/0 代码 a	引入子字段$i 或$4,记录关系说明语
$w/0 代码 b	参照不显示,启用 663 字段
$w/0 代码 r	后期标目
$w/3 代码 c	早期标目

4. 规范记录中,当左侧的字段不能充分说明复杂关系时,需启用相应的右侧字段,请将对应的字段连接起来。

400 字段	260 字段
500 字段	360 字段
450 字段	663 字段
550 字段	664 字段

5. 请将下列字段与其对应的作用连接起来。

010 字段	记录已查询的参考源
016 字段	记录相关个人、家族或团体的标识符(LC 控制号)
511 字段	代表相关会议名称的规范检索点
670 字段	记录相关个人、家族或团体的标识符(国家书目机构控制号)

二、解析题(每题 30 分,共 60 分)

1. 请根据下面的规范记录,说明该记录表达的是什么关系,各字段的含义是什么,并分析 510 字段$w 控制子字段所采用代码的含义。

046 ##$f18120207$g18700609
100 1#$aDickens, Charles,$d1812-1870
370 ##$aPortsea Island, England $bHigham, Kent, England
372 ##$aliterature
374 ##$aauthor
375 ##$amale
377 ##$aeng
378 ##$qCharles John Huffam
400 1#$aDickens, Karol,$d1812-1870
400 1#狄更斯查尔斯,$d1812-1870
500 0#$wnnnc$aBoz,$d1812-1870
500 1#$wnnnc$aSparks, Timothy,$d1812-1870
663 ##$aFor works of this author entered under other names, search also under:$bBoz, 1812-1870$aand$bSparks, Timothy, 1812-1870

解析:

2. 请根据下面的规范记录,说明该记录表达的是什么关系,各字段的含义是什么,并分析510字段$w控制子字段所采用代码的含义。

010 ##$an 79078780$zn 79021878
046 ##$s1892
370 ##$eFairfield, Conn.
110 2#$aGeneral Electric Company
410 2#$aGeneral Electric
410 2#$aGE
410 2#$aG. E.
510 2#wriMergee:$aEdison General Electric Company
510 2#wriMergee:$aThomson-Houston Electric Company

解析:

Day 45 答案与解析

一、连线题

1. 高层实体关系	第10部分,第33—37章
资源和与其主题之间的关系	第9部分,第29—32章
名称与名称之间的关系	第5部分,第17章
主题与主题之间的关系	第7部分,第23章

2. 祖先(progenitor)	团体与个人的关系
后代(descendants)	个人与家族的关系
雇员(employee)	个人与团体的关系
雇主(employer)	家族与个人的关系

3. $w/0 代码 a	引入子字段$i 或$4,记录关系说明语
$w/0 代码 b	参照不显示,启用 663 字段
$w/0 代码 r	后期标目
$w/3 代码 c	早期标目

解析:名称之间的关系仅存在于 MARC 21 规范记录中,通过相关参照根查 5XX 字段和复合相关参照 663 字段予以表达。当 5XX 字段能够充分说明关系,则用控制子字段$w 中的 0 字符位(共 4 个字符位)的代码表示。当 5XX$w 的 4 个字符位代码为"nnnc",即第 3 字符位取"c"时,表示参照不显示,也就是说 5XX 字段生成的简单参照不能充分说明关系时,需启用 663 字段补充说明。

4. 400 字段	260 字段
500 字段	360 字段
450 字段	663 字段
550 字段	664 字段

解析:当参照字段不能说明检索点之间的复杂关系时,需启用附注字段。当 400 生成的简单参照不能充分说明复杂关系时,需要启用 664 字段。450 字段对应 260 字段,550 对应 360 字段,500 字段对应 663 字段。

5. 010 字段	记录已查询的参考源
016 字段	记录相关个人、家族或团体的标识符(LC 控制号)
511 字段	代表相关会议名称的规范检索点
670 字段	记录相关个人、家族或团体的标识符(国家书目机构控制号)

二、解析题

1. (1)该规范记录表达了个人与其他个人之间的交替身份关系。

(2)046fg 子字段分别记录了个人的出生日期和死亡日期。

(3)100 字段记录了个人名称的规范形式 *Charles Dickens*,是其真实身份;400 字段记录了其名称变异形式;500 字段分别记录了其在文学作品方面的交替身份,即笔名,为规范检索点。

(4)370ab 子字段分别记录了个人的出生地和死亡地;372 字段记录其活动领域——文学;374 字段记录其职业为作家;375 字段记录了其性别,男性;377 字段记录了个人写作时所用语言为英语;378$q 子字段记录了个人名称的完整形式。

(5)两个 500 字段$w 控制字段第 0—3 字符位都采用了"nnnc"代码,表示单纯使用 500 字段无法充分说明 500 字段表达的个人交替身份关系,必须启用 663 字段说明在文学创作时,狄更斯还采用了 500 字段记录的两个笔名 *Boz* 和 *Sparks*, *Timothy*。

2. (1)010 字段是 LC 的国会控制号,记录了 *Edison General Electric Company* 和 *Thomson-Houston Electric Company* 合并后成立 *General Electric Company* 的标识符,$z 子字段记录了已注销或无效的控制号。

(2)046$s 子字段记录了团体的成立日期;370$e 子字段记录了团体总部所在地。

(3)110 字段是团体名称的规范检索点,410 字段记录了团体的各种变异名称,510 字段分别记录了两个被合并团体的名称,均为规范检索点。

(4)510 字段$w 控制字段第 0 字符位采用代码"r",说明其后必须启用$i 子字段记录关系说明语,说明 110 字段和 510 字段之间的关系。

Day 46

记录各种资源的特殊元素(1)

一、填空题(每空 2 分,共 40 分)

1. 连续出版物是以______方式发行的资源,通常载有______,没有事先确定的终止期限,例如,期刊、专著丛编、报纸。
2. 集成性资源是以______的方式进行增补或更改的资源,更新部分与整体______。
3. LDR/07 字符位是识别资源发行方式的重要依据,连续出版物应选取代码______,集成性资源应选取代码______。
4. 较早正题名仅适用于______,记录在______字段。如果正题名变化较多,可不记录较早正题名,直接编制一个一般性附注即可。
5. 为编制索引或识别的需要,编目机构往往会为连续出版物创建______题名,记录于 210 字段,该题名基于______而构建。
6. 连续出版物编号可记录在 362 和 363 字段。其中 363 字段本身就是格式化的表示,362 字段通过指示符表示是否为格式化,当第 1 指示符为______,编号的表示就是格式化的。
7. 连续出版物当前频率记录在______字段,先前频率记录在______字段。
8. 电子资源又称为______,其首选信息源是______。
9. 访问类型是划分电子资源最重要的标准,按照此标准可将电子资源划分为______和______两大类。
10. 连续出版物的文本数量记录的是连续出版物的______,而非______。如果连续出版物尚不完整,仍在出版,则记作______,不用给出数量。

二、单项选择题(每题 3 分,共 30 分)

1. 在当前的编目实践中,856 字段第 1 指示符通常取值为(　　)

   A. 1　　B. 2　　C. 3　　D. 4

2. 如果在编资源不是电子资源,但是能找到其电子版的访问地址,其目次的访问地址与电子版不同,则下列处理方法不正确的是(　　)

   A. 书目记录中包含两个 856 字段,分别记录电子版和目次的访问地址

   B. 856 字段的第 2 指示符取值“1”

   C. 第 2 个 856 字段需包含$3 子字段,并指明$u 的地址所定位的信息是资源某个部分

   D. 仅包含 1 个 856 字段,重复$u 记录两个访问地址

3. 如果统一资源定位符发生变化,下列处理方法不正确的是(　　)

   A. URL 停止访问,如果能找到新的可提供访问的 URL,则对记录进行更新反映新的 URL

   B. URL 停止访问,如果不能找到新的可提供访问的 URL,则保持原记录不动

   C. URL 停止访问,如果不能找到新的可提供访问的 URL,则将原记录中的$u 变为$z,即提

供公共附注说明不能访问的情况

D. 如果 URL 并未失效,但定位的资源与记录所描述的资源已经完全不同,应提供一个公共附注予以说明

4. 不断更新的一个网站的正题名发生变化,下列处理不正确的是(　　)

A. 为变化后的资源编制新的书目记录

B. 无须创建新记录

C. 修改原记录的 245 字段,以变更后的题名作为 245$a

D. 原记录中的 245$a 记录在 247 字段

5. 下列关于电子资源的版本,说法不正确的是(　　)

A. 电子资源编程语言发生变化,应新建记录,而不算版本变化

B. 电子资源的记录密度发生变化,属于版本变化,无须建立新记录

C. 远程访问的电子资源虽然经常更新,但也需要记录版本

D. 电子资源包含附件,各组成部分都有各自的版本说明,版本说明仅记录与整个资源相关的信息

6. 电子资源分辨率的单位是(　　)

A. kb　　B. kbps　　C. point　　D. pixel

7. 下列数字文件特征与记录其的子字段对应正确的是(　　)

A. 文件大小 347$e　　B. 传输速度 347$f

C. 编码格式 347$a　　D. 文件类型 347$b

8. 下列术语属于编码格式的是(　　)

A. data file　　B. 32 kbps　　C. region 4　　D. Excel

9. 下列记录连续出版物编号错误的是(　　)

A. 362 0#$aVol. 1, no. 1 (winter 1985)-

B. 362 0#$aBegan with v. 1, no. 1 (June 2009).

C. 362 0#$a24. 1986,2 -

363 01$a24$b2$i1986

D. 362 0#$aVol. 1, no. 1 (March 2005)-vol. 6, no. 1/4 (2010).

10. 关于电子资源的数量,下列说法不正确的是(　　)

A. 电子资源的数量无须记录在 256 字段

B. 远程访问的电子资源不记录数量

C. 远程访问的电子资源用术语 *online resource* 记录数量

D. 电子资源的数量之后还可记录子单元数,子单元数置于圆括号内

三、实践题(每空 2 分,共 30 分)

1. 在编资源为时常更新的网站,始建于 2000 年,创建时网站名为 *Indiana University sheet music*,从 2008 年开始更名为 *IN harmony :sheet music from Indiana*,最后访问时间是 2015 年 3 月 16 日,请将书目记录补充完整。

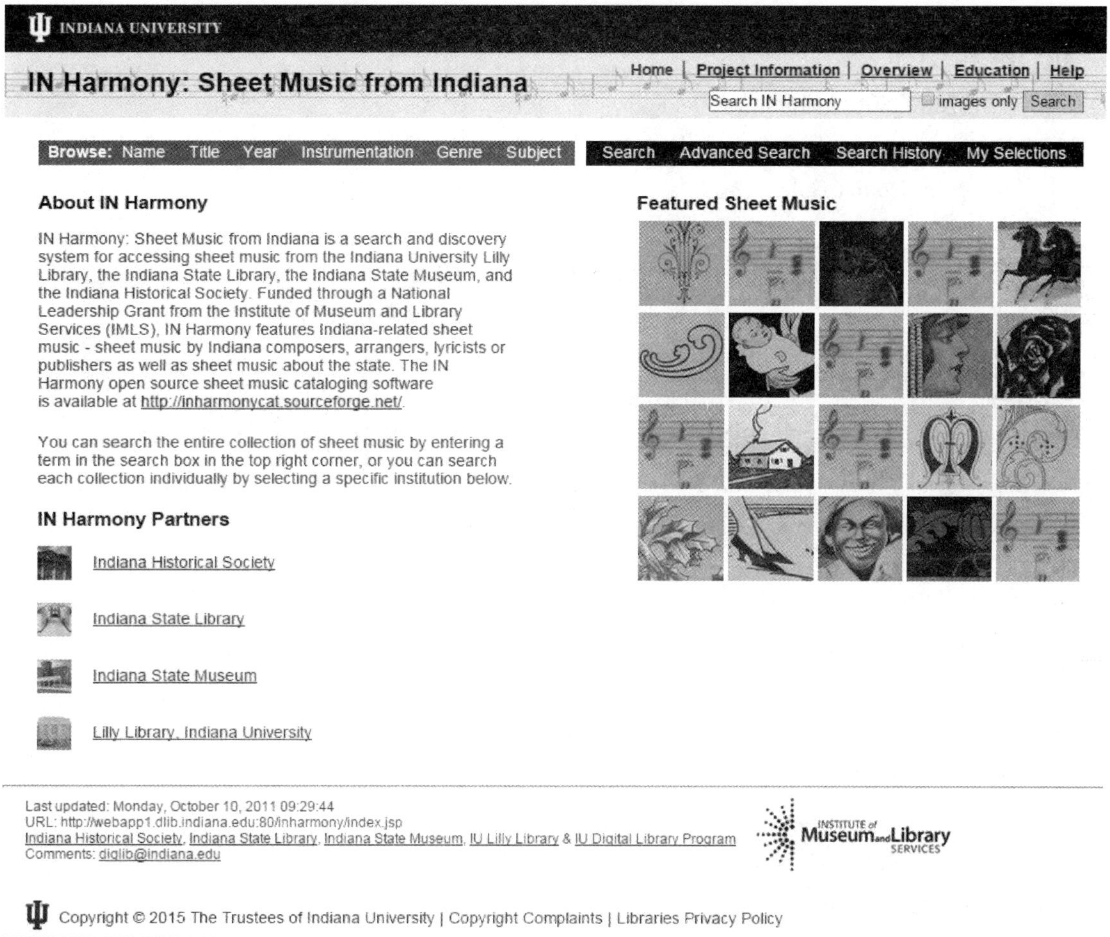

LDR/06-07　ai

006　m^^^^^o^^d^^^^^^^^^

007　cr^en|

008 模式　SE

245 00$a ____________________

246 1#$iTitle from html header:$aIN harmony, sheet music from Indiana

247 10$a ____________________

300 ##$a ____________________

310 ##$aFrequently updated

538 ##$a ______________: World Wide Web.

588 ##$a ____________________

336 ##$atext$2rdacontent

337 ##$acomputer$2rdamedia

338 ##$aonline resource$2rdacarrier

2. 在编资源为一套两册附光盘的活页手册,ISBN 号为 9780938065531,1990 年首次出版时的题名为 *Insurance settlement handbook*,更新频率不固定。从 2002 年起更名为 *Insurance set-*

tlements,每季更新一次,请将书目记录补充完整。

008 /18-19 ______

020 ##$a9780938065531$qloose-leaf

245 00$aInsurance settlements /$cRonald V. Miller, Jr., Kevin M. Quinley ; supplement editing by Donna Cole, Esq.

247 10$a ______

264 1#$aCosta Mesa, CA :$bJames Publishing,$c[1990]-

300 ##$a ______ $bforms ;$c30 cm +$eCD-ROM (4 3/4 in.)

310 ##$a ______ $b2002-

321 ##$a ______ $b1990-2001

3. 在编资源为已停刊的年报,出版时间为 1945-1954。首期题名为 *Annual report of the Education Department for the year ended 31st December* 1945,1947 年度的题名为 *Annual report for the year ended 31st December* 1947,后恢复原题名,请将书目记录补充完整。

008/06 ______

008/18 ______

245 10$aAnnual report of the Education Department for the year ended 31st December …

246 1#$i ______

310 ##$a ______

362 0#$a1. 1945-10. 1954, 5

363 00$81. 1\x$a1$i1945

363 10$81. 2\x$a10$b5$i1954

588 ##$aDescription based on: 1945 ; title from cover.

588 ##$a ______

Day 46 答案与解析

一、填空题

1. 连续性分部　编号
2. 更新 融为一体
3. s　i　**解析**:LDR/07 字符位记录书目级别,代码“m”表示“专著”,代码“s”表示“连续出版物”,代码“i”表示“集成性资源”。
4. 集成性资源　247
5. 缩略　识别题名　**解析**:缩略题名是指为编制索引或识别的目的而缩写的题名,可由著录机构创建,或由另一机构(例如,ISSN 注册机构、文摘或索引服务机构)创建,记录于 210 字段;识别题名是指由 ISSN 注册机构分配给资源的唯一性名称,记录于 222 字段。
6. 0
7. 310　321
8. 数字资源　内在信息源
9. 直接访问(Direct Access)　远程访问(Remote Access)
10. 书目卷数　物理册数 volumes

二、单项选择题

1. D　**解析**:856 字段第 1 指示符用于说明电子资源的访问方法,选取值为“4”,表示超文本传输协议(HTTP)。
2. D
3. B
4. A
5. C　**解析**:远程访问的电子资源由于经常更新,可不著录版本说明,如有需要,可将相关信息著录于附注项。
6. D　**解析**:*kb*(千字节)为文件大小单位;*kbps*(千字节每秒)为传输速度单位;*point*(点)为数据类型、对象类型单位;*pixel*(像素)为分辨率单位。
7. B　**解析**:文件大小记录于 347$c;编码格式记录于 347$b;文件类型记录于 347$a。
8. D　**解析**:*data file* 属于文件类型,记录于 347$a;32 *kbps* 属于传输速度,记录于 347$f;*region* 4 属于地区编码,记录于 347$e。
9. B　**解析**:362 字段通过第 1 指示符确定是否为格式化说明,“0”为格式化,“1”为非格式化。< B >记录的内容为非格式化附注,第 1 指示符应为“0”。
10. B　**解析**:在 RDA 出现之前,远程访问的电子资源通常不著录 300 字段,但根据 RDA 描述载体的规则,应选用适当的反应数字文件特征术语予以记录。

三、实践题

1. 245 00$aIN harmony :$bsheet music from Indiana.

   247 10$aIndiana University sheet music$f2000- <2007 >

   300 ##$a1 online resource

   538 ##$aMode of access: World Wide Web.

   588 ##$aTitle from caption (home page, viewed March 16, 2015)

   解析:在编资源为不断更新的网站,属于集成性电子资源。正题名如果发生变化,以变更后的题名作为正题名,先前题名记录于 247$a,同时在 247$f 记录较早正题名的使用日期;选用适当的载体类型术语记录电子资源的数量;电子资源必须记录正题名的来源,对于远程访问的电子资源还应记录访问的时间。

2. 008 /18-19　qr

   247 10$aInsurance settlement handbook$f1990- <2001 >

   300 ##$a2 volumes (loose-leaf)

   310 ##$aQuarterly

   321 ##$aIrregular

   解析:在编资源为不断更新的活页出版物,属于印刷型的集成性资源。008/18 字符位(出版频率)代码“q”表示季刊,008/19 字符位(发行规律性)代码“r”表示定期;247 字段记录集成性资源的先前题名;在记录文本数量时,首先记录卷册数,并在其后的圆括号内添加限定词 *loose-leaf*;310 字段记录当前频率,321 字段记录先前频率。

3. 008/06　d

   008/18 a

   246 1#$iIssue for 1947 has title:$aAnnual report for the year ended 31st December …

   310 ##$aAnnual

   588 ##$aLatest issue consulted: May 1954.

   解析:在编资源为连续性出版物。008/06 字符位(日期类型/出版状态)代码“d”表示绝刊,008/18 字符位(出版频率)代码“a”表示年刊;246 字段记录连续出版物的较晚正题名,当指示符为“1#”时,与变化对应的编号记录于$i 生成导语附注;该连续出版物的题名在各期中包含不同的日期,予以省略,并用省略号表示;310 字段记录当前频率。

Day 47
记录各种资源的特殊元素(2)

一、填空题(每空 2 分,共 40 分)

1. 视频游戏、开盘电影胶片和 MPEG 视频文件等动态图像资源的首选信息源是______或题名屏。
2. 声音特征元素是与资源中______有关的技术规格,该元素通常记录在 MARC 21 的______字段。
3. "呈现格式为 IMAX,放映速度以帧每秒 fps 为单位",描述的元素是______,该元素通常记录在 MARC 21 的______字段。
4. 传统音像资料按照音频、视频的不同,分别采用______和______两种记录类型。008 字段的模式由 LDR/06 字符位的代码决定,录音资料选取代码______或______,录像资料选取代码______。
5. 如果系统不能录入录音版权符号标志"℗",则可使用英语单词______来替代。
6. 显示在屏幕上的解说员需记录在______字段,而画外音解说员则需记录在______字段。
7. 资源上呈现的比例尺为"1 in. to 115 miles",则转换为数字比例尺是______;资源上呈现的比例尺为"1/8 in. = 1 ft",则转换为数字比例尺是______。
8. 对于地图资源,比例尺元素记录在______字段。对于图形资料(如建筑图)或三维艺术品,比例尺元素记录在______字段。
9. 对于缩微资源,常用的两个附注字段为记录复制品信息的______字段,以及记录原版附注的______字段。
10. "306 ##$a010203"表示播放的持续时间为______。

二、单项选择题(每题 3 分,共 30 分)

1. 下列乐谱的数量记录方法错误的是(　　)
   A. 300 ##$a1 condensed score (3 volumes)
   B. 300 ##$a1 vocal score (1 unnumbered leaf) ;$c32 cm +$a1 part (3 leaves)
   C. 300 ##$a1 score and 7 parts (35 pages)
   D. 300 ##$a1 table book (20 unnumbered pages)
2. 下列元素是地图资源核心元素的是(　　)
   A. 坐标　　B. 水平比例尺　　C. 投影　　D. 历元
3. 球仪的尺寸按照(　　)的形式予以记录
   A. 高×宽　　B. 周长　　C. 高×宽×深　　D. 直径
4. 007 字段的字符位数最多的资料类型是(　　)
   A. 地图　　B. 乐谱　　C. 电子资源　　D. 电影

5. 在编资源为由一个总谱和一套分谱(17 个)组成,总谱共 30 页,高度为 19.1 厘米,分谱共 51 页,高度为 31.7 厘米,则正确的记录为(　　)

A. 300 ##$a1 score (30 pages) ;$c20 cm. +$a17 parts ;$c32 cm

B. 300 ##$a1 score (30 pages) ;$c20 cm

C. 300 ##$a1 score (30 pages), 17 parts ;$c20-32 cm

D. 300 ##$a1 score (30 pages) ;$c20 cm. +$a17 parts (51 pages) ;$c32 cm

6. 地图资源的 034 字段以(　　)字段为基础编制

A. 255　B. 340　C. 342　D. 343

7. 博士论文缩微平片的记录类型对应的 LDR/06 字符位代码是(　　)

A. e　B. c　C. j　D. a

8. *normal reductio*(正常缩率)所对应的缩率是(　　)

A. 小于 16 倍　B. 16—30 倍之间　C. 31—60 倍之间　D. 61—90 倍之间

9. MARC 21 定义的 7 种资料类型不包括(　　)

A. 缩微资料　B. 音乐　C. 地图　D. 混合型资料

10. 下列关于比例尺说法错误的是(　　)

A. 比例尺是转录元素,无论资源上以何种形式呈现比例尺,均直接转录

B. 如果从信息源中无法获取比例尺信息,则根据图解比例尺或坐标方格估算出数字比例尺,前置以 *approximately*

C. 如果比例尺无法确定,则记录为 *Scale not given*

D. 如果资源中的主要图像、地图等有多个比例尺,则记录为 *Scales differ*,或者在多个独立的 255 字段分别记录每个比例尺

三、实践题(请按要求补充书目记录;每空 2 分,共 30 分)

1. 在编资源为 1163 张的彩色印刷型地图,标题为 *Myanmar* 1:50,000,地图内廓尺寸为 56 × 52 cm,张的尺寸为 76 ×60 cm,横轴墨卡托投影(Transverse Mercator),经度为东经 92°至东经 101°,纬度为北纬 28°至 10°,请将记录信息补充完整。

LDR/06　　e

007/00-01　　aj

008/22-23　　bh

034 1#aab50000$dE0920000$eE1010000$f N0280000$gN0100000

245 10$aMyanmar 1: 50, 000

255 ##$a ____________ $btransverse Mercator projection$c ____________________________

300 ##$a1163 maps :$bcolor ;$c ____

2. 在编资源为缩微平片论文

LDR/06-07　　am

007/00-01　　______

008　　______

008/23　　______

336 ##$atext$2rdacontent

337 ##$amicroform$2rdamedia

338 ##$amicrofiche$2rdacarrier

3. 在编资源为便携式俄罗斯导航用天体球仪,无文件名和比例尺信息,赤经为 0 小时至 24 小时,纬经为北半天球 90 度至南半天球 90 度,球仪直径为 10 cm,置于 22 × 24 cm 盒中,请将记录补充完整。

245 00$a[Portable Russian celestial globe used for navigation]

255 ##$a ________________ $d(Right ascension 0 hr. to 24 hr. /Declination +90° to -90°)

300 ##$a1 globe :$bcolor paper gores over core, mounted in metal ring in cylindrical metal case ;$c ______________________________

336 ##$acartographic three-dimensional form$2rdacontent

337 ##$aunmediated$2rdamedia

338 ##$a ______________ $2rdacarrier

4. 在编资源为 DVD 视盘,请记录资源的出版编号、载体形态、播放时间和系统细节

封底标签+盘面示意图

<table>
<tr><td rowspan="2">DVD</td><td>Format: Multiple Formats,Import, Widescreen,NTSC,Dolby Digital 5.1 surround,2.0 stereo</td><td>VIDEO:16:9 Color</td></tr>
<tr><td>Subtitles:English,French</td><td>Run Time:98 minutes</td></tr>
<tr><td colspan="2">Language:English</td><td>Paramount Pictures 33430</td></tr>
</table>

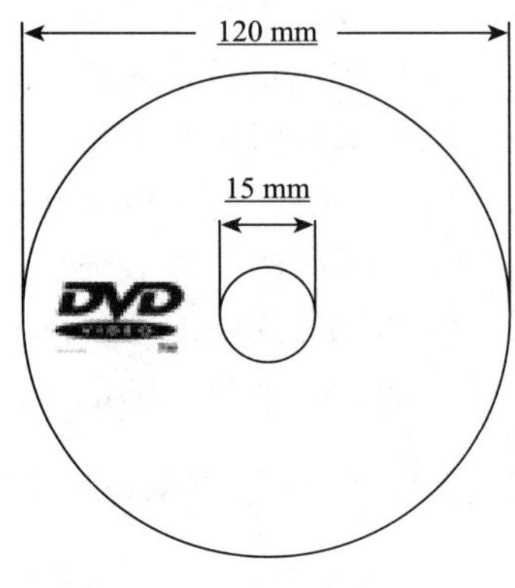

Number of discs: 1

028 42$a33430$bParamount Pictures

300 ##$a ________________________ :$bsound. , color. ;$c4 3/4 in.

306 ##$a ____________

336 ##$atwo-dimensional moving image$2rdacontent

337 ##$avideo$acomputer$2rdamedia

338 ##$avideo disc$2rdacarrier

538 ##$aDVD, 5.1 Dolby digital, Dolby digital 2.0 surround.

546 ##$a ______________________________

5. 在编资源为 1 张音乐 CD,内含两首播放时间分别为 39 分 37 秒和 37 分 55 秒曲目,录音类型为 digital,播放声道配置为 stereo,请将书目记录补充完整。

封面标签示意图

033 0#$a199306--$b5754$cW35

245 00$a ______________________________

300 ##$a ____________:$b digital, stereo. ;$c4 3/4 in.

306 ##$a ________$a003755

336 ##$aperformed music$2rdacontent

337 ##$aaudio$2rdamedia

338 ##$aaudio disc$2rdacarrier

500 ##$aDurations: 39:37; 37:55.

511 0#$aBarbara Bonney, soprano (1st work) ; Jennifer Larmore, mezzo-soprano (2nd work) ; Thomas Hampson, baritone ; Ambrosian Singers ; Philharmonia Orchestra ; Michel Legrand, conductor.

518 ##$aRecorded June 1993, Watford Town Hall.

700 12$iContainer of (work):$aFauré, Gabriel,$d1845-1924.$tRequiem,$nop. 48,$rD minor.

700 12$iContainer of (work):$aDuruflé, Maurice,$d1902-1986.$tRequiem,$nop. 9.

Day 47 答案与解析

一、填空题

1. 题名帧　**解析**:根据 RDA2.2.2.3,动态图像首选信息源的顺序依次为:(1)题名帧或题名屏;(2)永久印制或固定于资源的载有题名的标签;(3)包含题名的文本形式的嵌入元数据;(4)信息以正规形式出现的来源。
2. 声音编码　344
3. 电影放映特征　345
4. 音乐资料　可视资料　i　j　g
5. phonogram　**解析**:根据 RDA2.11.1.3,版权日期指"与受版权或类似制度保护的声明相联系的日期",包括录音版权信息。版权日期前置以版权符号"©"或录音版权符号"℗",如果系统无法录入符号标记,则

可使用单词 *copyright* 或 *phonogram* 来替代。

6.511　508　**解析**:屏幕上出现的解说员属于表演者,因此记录在 511 字段,而画外音解说员则属于艺术和/或技术的贡献者,需记录在 508 字段。

7.Scale 1:7,286,400　Scale 1:96　**解析**:根据 RDA 7.25.1.3,无论资源上以何种形式呈现比例尺,均用表示比率的数字比例尺记录该元素,其格式为"Scale 1:X"。资源上呈现的比例尺"1 in. to 115 miles"不是数字比例尺,需转换为数字比例尺,方法如下:1 英寸表示 115 英里,1 英里 =5280 英尺,1 英尺 =12 英寸,则 1 英里 =63360 英寸,则数字比例尺换算为:115 x 63360 = 7,286,400;"1/8 in. = 1 ft"也不是数字比例尺,转换成数字比例尺的方法如下:0.125 英寸表示 1 英尺,1 英尺换算为 12 英寸,则数字比例尺换算为:12/0.125 =96,即 1:96。

8.255　507

9.533　534

10.1 小时 2 分 3 秒

二、单项选择题

1.B　**解析**:根据 RDA 3.4.3.2 中的例外规则,如果资源包含一个总谱和一套分谱,且两者各为独立单元,则记录分谱数量,并省略相应的册数或页、叶、栏数。<B>:分谱数量后没有省略叶数,故错误。正确形式为 300 ##$a1 vocal score (1 unnumbered leaf) ;$c32 cm +$a1 part。

2.B

3.D

4.D　**解析**:007 字段各种资料模式的字符位数不同,电影最多,共 23 位。

5.A　**解析**:参见单项选择题第 1 题。

6.A　**解析**:在编制地图资源时,应根据需要在 255 字段(制图数学数据)中记录相关信息,并同时记录于 034 字段(编码的制图数学数据)。

7.D　**解析**:博士论文缩微平片在内容上的显著特征的特征为文字资料,LDR/06 应选择代码"a"。

8.B　**解析**:根据 RDA 3.15,比率小于 16 倍,记录为 *low reduction*(低缩率);比率在 16—30 倍之间,记录为 *normal reduction*(正常缩率);比率在 31—60 倍之间,记录为 *high reduction*(高缩率);比率在 61—90 倍之间,记录为 *very high reduction*(极高缩率);比率大于 90 倍,记录为 *ultra high reduction*(超高缩率)。

9.A

10.A　**解析**:参见填空题第 7 题。

三、实践题

1.255 ##$aScale 1:50,000 ;　$c (E 92°--E 101°/N 28°--N 10°).

300 ##$c56 x 52 cm, on sheet76 x 60 cm

解析:在编资源为彩色印刷型地图,LDR/06(记录类型)依据编目文献在内容上的显著特征选择"e"(测绘制图资料)。007 对在编资源的非书资料的载体形态进行描述,反映其物理形态特征,007/00 字符位(非书资料类型)选择"a"(地图),007/01 字符位(特定资料标识)选择"j"(地图)。008 根据 LDR/06 选择地图(MP)模式,008/22-23 字符位(投影)选择 bh 横轴墨卡托投影(Transverse Mercator)。255$a 记录比例尺信息,以"Scale"开头,$b 记录投影信息,$c 记录经、纬度信息,用六十进制的度(°)、分(′)和秒(″)表示坐标,前置 W、E、N、S 表示方位。034(制图数学数据代码)记录测绘制图资料的比例尺、投影、坐标、赤纬及二分点等代码,以 255 字段为基础,相互对应。034$a 记录 a(线性比例尺),$d—$g 分别按照格式要求记录经、纬度信息。数量、颜色、尺寸等信息记录于 300 字段(载体形态)。

2.007/00-01 he　008 BK　008/23 b

解析:在编资源为缩微平片论文,LDR/06(记录类型)依据编目文献在内容上的显著特征选择"a"(文字资料),LDR/07(书目级别)选择"m"(专著)。007/00 字符位(非书资料类型)选择"h"(缩微资料),007/01 字符位(特定资料标识)选择"e"(缩微平片)。008 根据 LDR/06 选择图书资源(BK)模式,

008/23 字符位(载体形态)选择“b”(缩微平片)。

3. 255 ##$aScale not given 300 ##$c10 cm in diameter, case 22 x 24 cm 338 ##$aobject

解析:255 记录制图数学数据,比例尺无法获得时,记录为 *Scale not given*。赤经记录于$d,用 *Right ascension* 记录,其后随以 24 小时制。(+)(-)号分别表示北、南半球。336(内容类型)对应 LDR/06,在编资源为球仪,因此$a 选择 *cartographic three-dimensional form*(地图的三维形式)。338(载体类型)对应 007/01 字符位,$a 选择 *object*(物体)。

4. 300 ##$a1 videodisc (98 min.) : 306 ##$a013800

546 ##$aEnglish dialogue, English or French subtitles.

解析:028 字段(出版编号)记录音像制品的格式化出版编号,$a 记录编号,$b 记录编号来源。300$a 记录在编资源的数量(包括播放时间),300$c 记录尺寸。306 字段记录格式化的播放持续时间,98 分钟相当于 1 小时 38 分,用格式化方式表示为“013800”。根据示意图,资源的语言为英语,字幕为英语和法语,该信息记录在 546 字段。

5. 245 00$aRequiem, op. 48/$cGabriel Fauré. Requiem, op. 9 / Maurice Duruflé.

300 ##$a1 audiodisc: 306 ##$a003937

解析:根据 518 字段的附注信息,033 字段记录音乐资源创造、获取或播放的格式化时间地点信息。作品属于汇编作品中不同个人、无总题名的情况,将各部分的题名及责任说明按其在汇编中出现的形式及顺序记录在 245 字段,要求为每部作品构建独立的规范检索点。播放持续时间记录于 306 字段,可重复$a。

Day 48

AACR2R 与 RDA 的总体差异

一、填空题(每空 2 分,共 40 分)

1. RDA 满足 ICP 所提炼的______、______、______、______、______五个用户任务,基于实体—关系的数据概念模型而构建,以用户任务与元素之间的映射为依据确定核心元素;AACR2R 则适应的是______的编目环境,以实现巴黎《原则声明》所提炼的______和______两个目录功能为目标,基于文献载体类型而构建,强调编目等级而非______。
2. AACR2R 从整体结构上分成两部分,即______和______。RDA 从整体结构上也分为两大部分,即______和______。
3. RDA 赋予了编目员更多的选择空间和自主判断的权利,不再要求编目员拘泥于各种严格的条款,其中有______、______、______三个选项可供选择。
4. ______的原则是 RDA“转录”数据中最重要的原则,体现了 ICP 中的表达性原则,即如实反映资源本身,其目的是便于用户的理解。
5. RDA 取消了 AACR2 中主要信息源的概念,以______取而代之。RDA 将很多元素的信息源由原来的规定信息源扩大到______,只有______的信息才需添加方括号。

二、判断题(正确请填写“T”,错误请填写“F”;每题 2 分,共 20 分)

1. RDA 考虑到英美国家的语言习惯,规定了“统一题名要略去首冠词,除非统一题名要以该首冠词排列”。(　　)
2. AACR2R 著录法部分涉及的资源类型包括 9 种。(　　)
3. AACR2R 著录法部分的规则基本上与 ISBD 保持一致。(　　)
4. RDA 不再强调以英美为中心,更尊重数据编制国的文化传统和习惯,增强了 RDA 的包容性,而 AACR2 在规则制定上以英美国家应用的便利为前提。(　　)
5. RDA 最初作为 AACR2 的修订版被提议,但随着其编制的深入,几易其稿,最终以全新的姿态面世。(　　)
6. RDA 基于文献载体类型而构建,强调编目等级而非核心元素。(　　)
7. AACR2R 中将著录的详简级次分为两级。(　　)
8. RDA 的精神主旨是在转录元素时,直接按照资源上的所见形式著录信息,而不必根据编目员的习惯予以修改。例如,题名中的错误不必订正,编目员的各种惯用缩写形式也被取消,许多晦涩难懂的拉丁形式也不再出现,标点符号也如实著录。(　　)
9. AACR2R 规定,完全按照正题名的用词、次序和拼写转录,标点和大写也照录。(　　)
10. “如果一个字母或词只出现一次,但信息源的设计表明其要读多次,则重复该字母或词而不必用方括号”,该规则在 AACR2R 和 RDA 中是相同的。(　　)

三、不定项选择题（每题 5 分，共 30 分）

1. AACR2 仅用于编制书目数据，RDA 则可用于编制（　　）
   A. 书目数据　　B. 规范数据　　C. 主题数据　　D. 馆藏数据
2. 下列做法体现 RDA 表达性原则的是（　　）
   A. 264 #1$a[Place of publication not identified] :$b[publisher not identified],$c[2013]
   B. 250 ##$aSecond edition.
   C. 245 00$aFron where the wind blows :$ban anthology of modern Zimbabwean poetry /$cedited by Oliver Nyambi & Tendai Mangena.
   246 1#$iTitle should read:$aFromwhere the wind blows
   D. 300 ##$axi, 117 (incomplete)
   500 ##$aLibrary' s copy imperfect: pages after page 117 are lacking.
3. 下列 AACR2 术语对应 RDA 术语正确的是（　　）
   A. 项——元素　　B. 标目——检索点
   C. 主要款目——首选题名　　D. 主要信息源——首选信息源
4. 下列体现 RDA 更具空间与弹性的是（　　）
   A. Alternative
   B. Optional Addition
   C. Optional Omission
   D. … in the language and script preferred by the agency creating the data
5. 下列 AACR2 规则体现英美倾向的条款包括（　　）
   A. 1.1D2：在做第二级著录时，著录第一个并列题名。著录任何后继的英语并列题名
   B. 1.4C5：如果在文献中提到两个或多个地名，记录最先提到的地名。如果最先提到的出版地不在编目机构所在的国家中，则还须著录在最先提到的本国的任何一个后面提到的地名
   C. 25.2C1：略去首冠词，除非统一题名要以该首冠词排列
   D. 25.2D1：如选作统一题名的题名是以一种非拉丁字体书写，则按编目机构采用的拼音表，将其转成罗马拼音
6. 下列 AACR2 规则不体现表达性原则的是（　　）
   A. 1.0G1：信息源中所见数据中没有的重音和其他发音符号，应根据正文所用语种的用法加上
   B. 1.1B1：如主要信息源的正题名含有标点符号"…"或"[　]"，分别以"—"和"(　)"替代
   C. 1.1F14：即使责任说明中没有个人或团体名称，仍然要转录责任说明
   D. 1.2B1：转录见于文献上的版本说明，按照附录 B 采用缩写，并按附录 C 采用数字

四、归类题（请将下列条款归入 AACR2 和 RDA 两大类；每项 1 分，共 10 分）

A. 紧接在正题名之后，著录合适的一般资料标识
B. 见于主要信息源之外的并列题名著录于附注项

C. 如果测得文献高度小于 10cm,则以 mm 著录其高度

D. 如果该卷的宽度小于高度的一半,或者大于其高度,则著录高度 x 宽度

E. 如果文献由三个以上个人或团体共同负责,而主要责任不归于其中任何一个、两个或三个,则以题名标目

F. 即使比例尺已经作为正题名或副题名的一部分记录,也要著录比例尺

G. 如果名词或名词短语与责任说明一起出现,则将该名词或名词短语作为责任说明的一部分处理

H. 如果题名、版本标识等于责任说明中列出的任何个人、家族或团体之间的关系不明确,则添加一个明确其关系的词或短语

I. 对于所有联机资源,记录载体类型为“online resource”

J. 将总题名“Selections”用于含有各种形式的三部或多部作品的文献

AACR2:

RDA:

Day 48 答案与解析

一、填空题

1. 查找　识别　选择　获取　浏览　卡片目录　特性检索　族性检索　核心元素
2. 著录法　标目法　识别属性　描述关系　**解析**:AACR2 按照资料类型进行组织,分别包含“著录”部分(第 2—12 章)和“标目、统一题名参照”部分,即“著录法”和“标目法”;RDA 结构的划分不是依据文献资料类型,而是通过“识别”(第 1—4 部分)和“关联”(第 5—10 部分)来实现的,即“识别属性”和“描述关系”。
3. 交替原则　可选择附加　可选择省略
4. 所见即所得(Take what you see)
5. 首选信息源　全部资源　取自资源之外

二、判断题

1. F　**解析**:RDA 最重要的特征和贡献就是打破英美在编目原则上的壁垒和语言习惯。“统一题名要略去首冠词,除非统一题名要以该首冠词排列”这一条款是基于 AACR2R 25. 2C 的规定。
2. F　**解析**:应为 11 种,即图书、测绘资料、手稿、乐谱、录音资料、影片和录像资料、图示资料、电子资源、立体工艺品与实物、缩微资料以及连续性资源。
3. T
4. T
5. T
6. F
7. F　**解析**:AACR2R 1. 0D 条款中记载:依据著录内容的详简,列出了三个推荐的著录级次,其中第 1 级著录包括:正题名、第一责任说明、版本说明、资料特定细节、第一出版者、出版日期等、文献数量、附注、标准号;第 2 级著录包括除第 1 级著录所要求的元素之外,还需要增加:并列题名、其他题名信息、尺寸、丛编说明;第 3 级著录包括 AACR2 规则中能用于所著录文献的所有单元。
8. T
9. F　**解析**:AACR2R 1. 1B1 条款中规定:完全按正题名的用词、次序和拼写转录,但是标点和大写不一定照录。

10. T

三、不定项选择题

1. ABC **解析：**RDA 不仅包括基于 FRBR 提供的书目记录的说明，还包括基于 FRAD 提供的规范记录的说明，今后还将包括基于 FRSAD 提供的主题规范记录的说明，从而使资源描述和检索标准覆盖到整个书目世界。据此，< A >、< B >、< C >均正确。
2. BC
3. AD **解析：**< B >中 AACR2 术语“标目”对应 RDA 中的术语“规范检索点”。< C >中 AACR2 术语“主要款目”对应 RDA 中的术语“创作者规范检索点 + 首选题名”。
4. ABCD **解析：**< A >是交替规则。< B >是可选择附加。< C >是可选择省略。< D >是用创建数据的机构首选的语言和文字。四个选项均能体现 RDA 的空间弹性，为编目员和编目机构提供了更大的主动性选择权。
5. ABCD **解析：**根据 RDA 2.3.3.3，如果有多个并列正题名，则按一个或多个信息源上题名的序列、版面或字体设计所指示的顺序记录这些题名，这说明 RDA 不仅可以记录多个并列正题名，而且还不强调英语并列正题名的优先，这说明了 RDA 去英美化的目标；根据 RDA 2.8.2，按信息源上名称的序列、版面、字体设计所指示的顺序，如实记录地名。对需要修改或添加的地名在附注中予以说明，这说明 RDA 取消了 AACR2 关于多个相同地名著录元素的排序规定，也取消了 AACR2 要求必须记录第一个出现的名称以及选择著录编目机构所在国家所涉及名称的规定，拒绝了传统编目历史上的英美倾向化，据此，< A >、< B >为正确选项。< C >、< D >很明显体现了英美语言习惯，有很强的英美倾向，因此也是正确选项。
6. ABD **解析：**“表达性原则”最重要的特征是“如实转录”，四个选项中只有 < C >是遵循所见即所得的如实转录精神，故 < A >、< B >、< D >正确。

四、归类题。

AACR2：A B C D E F H J

RDA：C D F G H I

Day 49

AACR2 与 RDA 一般性规则的差异

一、填空题(每空 2 分,共 20 分)

1. AACR2 强调主要信息源的概念,取自主要信息源的信息优于任何其他来源的信息。AACR2 将信息源的级别分为三种,来自不同级别的信息源,记录信息的方法也不同。第一级是取自各个著录项目规定信息源的信息,编目时______;第二级是取自各个著录项目非规定信息源的信息,编目时______;第三级是取自文献之外的任何信息,编目时______。
2. RDA 以核心元素的概念取代了 AACR2 中著录级次的概念,其设定基于 FRBR 和 FRAD 概念模型中规定的______。
3. AACR2 规定,在需要按文献转录的项目中,按文献上所见的错误或拼写有误的词转录但是,在这样的错误之后用“[sic]”表示,意思是______,或者用“[i. e. +正确的词]”表示,“i. e”的意思是______。
4. AACR2 中的缩写 *i. e.* 被______所取代,*ca.* 被______所取代。
5. AACR2 规定,如果主要信息源上出现某些标点符号,需要将其用其他符号代替,例如,省略号需替换为______,方括号需替换为______。而 RDA 则规定完全按信息源上出现的符号转录,无须替换成其他符号。

二、不定项选择题(每题 5 分,共 50 分)

1. AACR2 依据著录内容的详简,列出三个推荐的著录级次,其中第 1 级包括(　　)
   A. 正题名　　B. 并列题名　　C. 版本说明　　D. 文献数量
   E. 尺寸
2. 依据 RDA 的规定,下列资源中在转录正题名时,如果发现题名有误,不能直接转录,而是需改正错误,将正题名著录于 245 字段的是(　　)
   A. 多部分专著　　B. 作为独立单元发行的资源
   C. 连续出版物　　D. 集成性资源
3. AACR2 附录 B 中规定,允许在某些转录元素中使用缩写,包括(　　)
   A. 版本标识　　B. 出版地
   C. 从编说明中与编号一起使用的术语　　D. 正题名
4. 对于首字母缩写或可拼读的首字母缩略词,下列说法正确的是(　　)
   A. AACR2 与 RDA 对此的规定不一致
   B. RDA 规定,在转录元素时,如果信息源上单独的字母或首字母之间没有句点,但是有空格,则转录时要保留空格
   C. RDA 规定,在转录元素时,如果信息源上单独的字母或首字母之间有句点也有空格,则转录时省略空格

D. AACR2 规定,在转录元素时,无论单独的字母或首字母缩写之间在信息源上有没有空格,转录时均省略空格

5. 根据题名页示意图,符合 RDA 规则的是( )

Jonathan Edwards' s vision of reality By John J. Bombaro

A. 245 10$aJonathan Edwards' s [sic] vision of reality

B. 245 10$aJonathan Edwards' s vision of reality
246 1#$iTitle should read :$aJonathan Edwards' vision of reality

C. 245 10$aJonathan Edwards' s [i. e. Edwards'] vision of reality

D. 245 10$aJonathan Edwards' vision of reality

6. 根据题名页示意图,符合 RDA 规则的是( )

Mortal anger By Ann Rule

A. 245 10$aMortal anger

B. 245 10$aMortal [d] anger

C. 245 10$aMortal anger
246 1#$iTitle should read :$aMortal danger

D. 245 10$aMortal danger

7. 根据信息源示意图,符合 RDA 规则的是( )

SECOND EDITION

A. 250##$a2nd ed.

B. 250##$aSecond edition.

C. 250##$aSECOND EDITION.

D. 250##$aSecond Edition.

8. 关于引导语,下列说法正确的是( )

A. 如果正题名中包括引导语,AACR2 和 RDA 均要求转录

B. 关于正题名引导语著录的规定,AACR2 和 RDA 不一致

C. 如果信息源上的正题名显示为 *Disney presents Sleeping Beauty*,在转录正题名时,RDA 要求不转录引导语,即正题名转录为 245 00$aSleeping Beauty

D. 对于带有引导语的形式,RDA 规定,如果重要可作为变异题名记录于 246 字段,而 AACR2 则要求在附注中提供带有引导语的形式

9. 关于交替题名,下列说法正确的是( )

A. 交替题名属于正题名的范畴

B. AACR2 与 RDA 关于交替题名的规定一致

C. 如果信息源上交替题名标志词 *or* 或其他语言的等同词前后没有逗号,编目员可自行

添加

D. 交替题名第 2 部分题名的首词无须大写

10. 对于连续出版物，下列哪些情况下需要新建著录（　　）

A. 连续出版物由印刷型变为光盘型

B. 连续出版物属于团体创作的作品，团体名称由 *The Agricultural Experiment Station, Michigan State University* 变为 *AgBioResearch, Michigan State University*

C. 连续出版物题名中的数字由罗马数字变为阿拉伯数字

D. 连续出版物由美国版变为德国版

三、判断题（正确请填写“T”，错误请填写“F”；每题 2 分，共 10 分）

1. RDA 规定，信息源上出现的首字母缩写和可拼读的首字母缩写之间无论有没有空格，转录时，均省略空格，这一规定与 AACR2 不同。（　　）
2. RDA 规定多个著录元素只要属同一著录项目，就可以置于一个方括号内。AACR2 规定，在这种情况下，需要将每个著录元素置于各自独立的方括号内。（　　）
3. AACR2 规定，并列题名取自主要信息源，而 RDA 规定，并列题名可取自资源内的任何来源，例如，封面或书脊。（　　）
4. “当一种连续出版物吸收或与另一种连续出版物合并时，被结合的题名第一词不应大写”，对此 AACR2 与 RDA 的规定不一致。（　　）
5. 公制符号“cm”等在 RDA 中不再是缩写符号，此类符号后不再添加句点。（　　）

四、实践题（根据提供的信息，补充对应的 AACR2 记录或 RDA 记录；每题 5 分，共 20 分）

1. AACR2 记录：

245 04$aThe greening of the Mediterranean /$cedited by M. S. Gale de Oliveira ... [et al.].

说明：一共有 6 个编者。

RDA 记录：

245 04 ____________________

2. AACR2 记录：

245 00 ____________________

RDA 记录：

245 00$aGlobalization Trends and Regional Development :$bdynamics of FDI and Human Capital Flows /$cedited by Roberta Capello, Professor of Regional and Urban Economics, Politecnico di Milano, Italy and Tomaz Ponce Dentinho, Professor of Regional, Environmental and Agricultural Economics, University of the Azores, Portugal.

3. AACR2 记录：

245 00 ____________________

RDA 记录：

245 00$aBuilding and managing e-book colections :$ba how-to-do-it manual for librarians /$cedited by Richard Kaplan.

246 1#$iTitle should read:$aBuilding and managing e-book collections

4. AACR2 记录：

245 10$aFlying crows :$ba play /$cby James Glossman.

RDA 记录：

245 10 ______________________________

Day 49 答案与解析

一、填空题

1. 不加任何符号　应加方括号　只能著录于附注项　**解析：**AACR2 对每种资料类型都规定了主要信息源；RDA 取消了 AACR2 中“主要信息源”的概念，取而代之以“首选信息源”，将单一信息源扩展为多个信息源。
2. 国家级记录的必备属性　**解析：**RDA 核心元素选自 FRBR 和 FRAD 确定的核心元素。
3. 原文如此　即　**解析：**参见 AACR 2 1.0 F1。
4. that is　approximately
5. 破折号　圆括号　**解析：**参见 AACR 21.1 B1。

二、不定项选择题

1. ACD　**解析：**根据 AACR2 1.0 D，< B > 和 < E > 为第 2 级著录所要求的元素。
2. CD　**解析：**根据 RDA 2.3.1.4，连续出版物和集成性资源的错误题名形式需记录为变异题名，或提供附注予以说明。
3. ABC　**解析：**根据 AACR2 附录 B9，允许使用缩写的元素中不包括正题名。
4. CD　**解析：**无论单独的字母或首字母缩写之间在信息源上是否有句点，是否有空格，转录时均省略其间的空格。对此 AACR2 与 RDA 的规定一致。
5. B　**解析：**根据 RDA 1.7.9，如果专著题名出现差错，则依信息源转录差错或拼写错误的单词，并将题名的正确形式作为变异题名予以记录，据此，< B > 正确。
6. C
7. BC　**解析：**关于大写，RDA 提供了两种做法，一是完全遵循“所见即所得”的原则，即以信息源显示的字体大小写进行转录；二是依据 RDA 附录 A 的规定予以大写，版本说明中版本标识的首词第一个字母需大写。据此，< B > 和 < C > 正确。
8. CD　**解析：**根据 RDA 2.3.1.4 的例外规则，不转录不作为题名一部分的引导语，但如果重要，可作为变异题名记录；AACR2 也不转录引导语，但要求在附注中提供带有引导语的形式，故 < C > 和 < D > 正确。
9. ABC　**解析：**根据 RDA 2.3.2.1，交替题名是正题名的一部分，用 *or* 或其他语言的等同词隔开，*or* 的前后标以逗号、空格。交替题名第 2 部分题名的首词需要大写。据此，< A >、< B >、< C > 正确。
10. ABD　**解析：**根据 RDA 1.6，连续出版物需要创建新著录的情况有 5 种：发行方式变化、媒介类型变化、题名发生主要变化、责任发生变化以至影响作品识别、版本说明发生变化导致连续出版物范围出现显著变化。< A >：发行方式的变化。< B >：作为责任者的团体更名，属于责任发生变化以至影响作品识别的情况。< D >：版本说明发生变化。以上三种情况都应该为连续出版物创建新著录。< C >：题名数字写法的改变并不属于题名的主要变化，无须建立新著录。

三、判断题

1. F　**解析：**AACR2 的规定也要求省略首字母缩写之间的空格。
2. F　**解析：**依据 ISBD，如果一个项目中的几个相邻单元需加方括号，将它们置于一个方括号内，这也是 AACR2 的做法；而 RDA 规定需用单独的方括号将每个元素分别括起来。

3. T

4. F　**解析：**根据 RDA 1.7.2，合并后被结合的题名第一词不大写，因此与 AACR2 的规定一致。

5. T

四、实践题

1. 245 04$aThe greening of the Mediterranean /$cedited by M. S. Gale de Oliveira [and five others].

解析：对于多个责任者的情况，RDA 取消了 AACR2 中的"3 原则"。根据 RDA 2.4.1.5，如实转录即可，也可以选择性地省略第一个之外的责任者名称，并对省略的内容做出总括性的说明。与 AACR2 不同的是，总括性说明要求使用著录机构首选的语言和文字，而不是用户难以理解的拉丁语"[et al.]"。

2. 245 00$aGlobalization Trends and Regional Development :$bdynamics of FDI and Human Capital Flows /$cedited by Roberta Capello.

解析：对于责任者的附加说明信息，RDA 和 AACR2 的规定刚好相反，AACR2 的总原则是不予著录，而 RDA 的总原则是如实转录。本例中 AACR2 的记录省略了责任者的职称、学术团体等信息。

3. 245 00$aBuilding and managing e-book col[l]ections :$ba how-to-do-it manual for librarians /$cedited by Richard Kaplan.

解析：本例为信息源上的题名出现错误。根据 AACR2 1.0F1，漏印的字母置于方括号中，因此直接在 245 字段中将 *collections* 一词补全。对此 RDA 1.7.9 规定，依信息源转录差错，并将题名的正确形式作为变异题名予以记录。

4. 245 10$aFlying crows /$ca play by James Glossman.

解析：根据 RDA 2.4.1.8，如果名词或名词短语与责任说明一起出现，则将该名词或名词短语作为责任说明的一部分。因此本例中 RDA 将 *a play* 作为责任说明记录在 245$c。

Day 50
AACR2 与 RDA 著录规则的差异(1)

一、单项选择题(每题 3 分,共 15 分)

1. 如果信息源显示正题名为“If elected …”,根据 RDA 规则正题名应记录为(　　)

A. If elected …　　B. If elected—　　C. If elected　　D. 以上都正确

2. RDA 关于并列题名的规则体现了其(　　)的目标;体现了 ICP 的(　　)原则

A. 去图书馆化、用户便利性　　B. 去英美化、用户便利性

C. 去图书馆化、经济性　　D. 去英美化、经济性

3. 根据题名示意图,以下记录符合 RDA 规则的是(　　)

DDC 21:International perspectives

A. 245 00$aDDC 21: :$bInternational perspectives

B. 245 00$aDDC 21 :$bInternational perspectives

C. 245 00$aDDC 21 International perspectives

D. 以上都不对

4. 根据题名页示意图,以下记录符合 RDA 规则的是(　　)

Roman Britain
research and text by Colin Barham

A. 245 10$aRoman Britain : $bresearch and text /$cby Colin Barham.

B. 245 00$aRoman Britain /$cresearch and text by Colin Barham.

C. 245 00$aRoman Britain :$bresearch and text /$cby Colin Barham.

D. 245 10$aRoman Britain /$cresearch and text by Colin Barham.

5. 电影预告片的题名显示为 *Titanic*,以下记录符合 RDA 规则的是(　　)

A. 245 00$aTitanic　　B. 245 00$aTitanic :$btrailer

C. 245 00$aTitanic :$b[trailer]　　D. 以上都不正确

二、不定项选择题(每题 5 分,共 50 分)

1. 根据题名页示意图,以下记录符合 RDA 规则的是(　　)

JOSé-AUGUSTO FRANÇA
O 《ANO XX》
LISBOA 1946
ESTUDO DE FACTOS SOCIOCULTURAIS

A. 245 12$aO "Ano XX", Lisboa 1946 : $bestudo de factos socioculturais / $cJosé-Augusto FranÇa.

B. 245 10$aO (Ano XX), Lisboa 1946 : $bestudo de factos socioculturais / $cJosé-Augusto FranÇa.

C. 245 12$aO«Ano XX», Lisboa 1946 : $bestudo de factos socioculturais / $cJosé-Augusto FranÇa.

D. 245 10$aO«Ano XX», Lisboa 1946 : $bestudo de factos socioculturais / $cJosé-Augusto FranÇa.

2. 当责任说明的信息取自资源的(　　)时,RDA 记录责任说明时需添加方括号

A. 内附广告散页　　B. 外包装盒　　C. 说明书　　D. 百科全书

3. 下列描述符合 AACR2 规则的是(　　)

A. 并列题名取自资源内的任何来源

B. 强调记录第一个并列题名和英语并列题名

C. 封面上的并列题名记录在附注中

D. 记录并列正题名的数量没有限制

4. 根据题名页示意图,以下记录符合 RDA 规则的是(　　)

Canadian BIBLIOGRAPHIES canadiennes

A. 245 00$aCanadian BIBLIOGRAPHIES canadiennes

B. 245 00$aCanadian BIBLIOGRAPHIES =$bBIBLIOGRAPHIES canadiennes

C. 245 00$aCanadian bibliographies =$bbibliographies canadiennes

D. 245 00$aCanadian bibliographies =$bBibliographies canadiennes

5. 如果信息源显示责任说明为 *by Dr. William Johnson, sponsored by the Library Association founded* 1877,以下记录符合 RDA 规则的是(　　)

A. by Dr. William Johnson, sponsored by the Library Association

B. by Dr. William Johnson, sponsored by the Library Association founded 1877

C. by William Johnson, sponsored by the Library Association

D. by William Johnson, sponsored by the Library Association founded 1877

6. 对于不足以全面表达文献的正题名,AACR2 规定需要由编目员自拟副题名。RDA 则规定仅对于(　　)资源,可由编目员提供自拟的其他题名信息

A. 音乐资源　　B. 地图资源　　C. 动态图像资源　　D. 集成性资源

7. 以下关于 RDA 的著录规则,说法正确的有(　　)

A. 正题名的标点符号在任何情况下都如实著录

B. 多个责任者的著录遵循三原则

C. 如果有多个语种的并列题名,仅著录第一个英语的并列题名

D. 与责任说明连接的名词短语,无须判断其是否是对作品性质的说明,直接将其作为责任说明予以著录即可。

8. 根据题名页示意图,以下著录符合 RDA 规则的是(　　)

Annual report of the National Astronomical Observatory of Japan. VolumeⅦ, Heisei16

A. 245 00$aAnnual report of the National Astronomical Observatory of Japan.$nVol. 7, 2004

B. 245 00$aAnnual report of the National Astronomical Observatory of Japan.$nVolume Ⅶ, 2004

C. 245 00$aAnnual report of the National Astronomical Observatory of Japan.$nVolume Ⅶ, Heisei16[2004]

D. 245 00$aAnnual report of the National Astronomical Observatory of Japan.$nVolume 7, 2004

9. 根据题名页示意图,以下著录符合 RDA 规则的是( )

Rogues, Romance, and Exoticism in French Cinema of the 1930s…

A. 245 00$aRogues, Romance, and Exoticism in French Cinema of the 1930s—

B. 245 00$aRogues, Romance, and Exoticism in French Cinema of the 1930s...

C. 245 00$aRogues, romance, and exoticism in French cinema of the 1930s—

D. 245 00$aRogues, romance, and exoticism in French cinema of the 1930s...

10. 下列关于 AACR2 和 RDA 的异同说法错误的有( )

A. RDA 附录 A 中有关题名大写的规定与 AACR2 的规定基本相同

B. 关于责任者的尊称、荣誉称号等,RDA 和 AACR2 的规定相反

C. RDA 和 AACR2 都遵循责任者"3"原则

D. RDA 和 AACR2 都将与责任说明一同出现的名词/名词短语作为责任说明的一部分

三、判断题(正确请填写"T",错误请填写"F";每题 2 分,共 20 分)

1. RDA 中的如实著录(Take what you see)原则体现了 ICP 中的"准确性"和"表达性"原则,是 RDA"转录"数据中最重要的原则。( )
2. AACR2 规定显示在封底的并列题名仅能著录于附注,RDA 沿袭了这一做法。( )
3. 如果责任说明取自封面,AACR2 规定在著录责任说明时需添加方括号。( )
4. RDA 规定如实转录正题名和其他题名信息之间的冒号。( )
5. 关于责任者的尊称、荣誉称号等,AACR2 的总原则都是不予著录。( )
6. 责任说明如果节略,AACR2 和 RDA 均规定,无需用省略号表示节略。( )
7. 关于责任说明中责任者的尊称、荣誉称号等,RDA 和 AACR2 的规定是一致的。( )
8. 对于版本说明,AACR2 不强求用阿拉伯数字替代罗马数字和用文字表达的数。但在缩写方面,AACR2 要求将信息源上出现的非缩写形式按附录 B 的规定进行缩写。( )
9. AACR2 中所用的术语 *S. l.* 是拉丁语 *sine loco* 的缩写,*s. n.* 是拉丁语 *sine nomine* 的缩写。( )
10. 出版者在信息源上显示为:*Da Capo Press, Inc.* ,则依 AACR2 的规则应记录为:260 ##$bDa Capo, Inc. 。( )

四、根据提示信息，选择正确的 RDA 记录（每题 5 分，共 15 分）

1. 示意图：

封面示意图

International Banks in Asia

国際銀行とアジア

1870~1913

慶応義塾大学出版会

西村閑也・鈴木俊夫・赤川元章　編著

坂上弘 監修

题名页示意图

慶応義塾大学出版会

国際銀行とアジア

1870~1913

西村閑也・鈴木俊夫・赤川元章　編著

其他信息：内容日文为主，有少量英文（不是日英对照）。

题名及责任说明（　　）

A. 245 00$a 国際銀行とアジア :$b1870-1913 = International Banks in Asia /$c 西村閑也，鈴木俊夫，赤川元章編著；坂上弘監修.

B. 245 00$a 国際銀行とアジア :$b1870-1913 /$c 西村閑也[ほか]編著；[坂上弘監修].

C. 245 00$a 国際銀行とアジア =$bInternational Banks in Asia : 1870-1913 /$c 西村閑也，鈴木俊夫，赤川元章編著；[坂上弘監修].

D. 245 00$a 国際銀行とアジア =$bInternational Banks in Asia : 1870-1913 /$c 西村閑也，鈴木俊夫，赤川元章編著；坂上弘監修.

2. 示意图：

题名页示意图

2008 官報総索引

2008.　1. 4

~

2008. 12.26

文 化 図 書

封底示意图

THE OFFICIAL

GAZETTE

ALL INDEX

2008.1~2008.12

版权页示意图

年刊

2008 官報総索引 平成 20 年版

定価　本体 26,000 円+税

平成 21 年 3 月 10 日印刷

平成 21 年 3 月 19 日発行

編集人　官報調査会

発行人　中田広美

発行所　(有)文化図書

〒162-0041 東京都新宿区早稲田鶴巻町 578

電話 03(5228)6923　FAX 03(5225)0971

振替 00120-2-741830

◆創刊号…昭和 63(1988)年発行『'88 官報総索引』

ISBN978-4-939017-34-6

其他信息:书脊印有“官報総索引 平成 20 年版”字样。

题名及责任说明(　　)

A. 245 00$a 官報総索引.$n2008,$p2008. 1. 4-2008. 12. 26 /$c 官報調査会編集.

B. 245 00$a 官報総索引 =$bTHE OFFICIAL GAZETTE ALL INDEX.$n2008,
$p2008. 1. 4-2008. 12. 26 /$c 官報調査会編集.

C. 245 00$a 官報総索引 =$bThe official gazette all index.$n2008,$p2008. 1. 4-2008. 12. 26
/$c 官報調査会編集.

D. 245 00$a 官報総索引 =$bThe official gazette all index. $n2008,$p2008. 1-2008. 12 /$c
官報調査会編集.

变异题名(　　)

A. 246 13$aOfficial gazette all index

B. 246 31$aOfficial gazette all index

C. 246 18$a 官報総索引.$n 平成 20 年版[2008]

D. 246 14$a 官報総索引.$n 平成 20 年版

Day 50 答案与解析

一、单项选择题

1. A　**解析:**当正题名中出现的标点符号“…”或“[ ]”时,与 AACR2 规定以“--”或“( )”替代的规定不同,RDA 遵循如实转录的原则,即按来源上出现的形式转录标点符号。

2. B　**解析:**根据 RDA 2.3.3.2 和 RDA 2.3.3.3,并列题名取自资源内的任何来源;如果有多个并列题名,则按一个或多个信息源上题名的序列、版面或字体设计所指示的顺序记录这些题名。这相对于 AACR2 的“并列题名依主要信息源转录,著录第一个并列题名,著录任何后继的英语并列题名”的规定相比较,RDA 关于并列题名的规定不仅扩大了信息源,而且也取消了对并列题名的数量限制,这体现了用户的便利性原则;不仅可以著录多个并列题名,而且不再强调英语并列题名的优先性,则体现了 RDA 的去英美化原则。故 <B> 正确。

3. B　**解析:**根据 RDA 1.7.3,按照来源上出现的形式转录标点符号,来源上用于分隔作为一个元素记录的数据和作为不同元素或作为一个元素的第二个数据的标点符号应省略,例如来源上出现的用于分隔正题名和其他题名的分号,或用于分隔多个出版地的逗号等应省略。因此,<B> 省略来源上用于分隔正副题名的冒号是正确的。

4. D　**解析:**AACR2 规定与责任说明相连接的名词短语,如果是说明作品的性质,则将其作为副题名处理。如果这样的名词或名词短语,是说明责任说明中提到的个人或团体所承担的角色,而不是说明作品的性质,则将其作为责任说明的一部分处理。RDA 对于与责任说明相连接的名词短语的处理做了改变,根据 RDA 2.4.1.8,如果名词或名词短语与责任说明一起出现,则将该名词或名词短语作为责任说明的一部分处理,减轻了编目员判断的压力,故 <D> 正确。

5. C　**解析:**AACR2 规定如果正题名需要解释,则用正题名的语种提供一个简单的附加作为副题名。而 RDA 中则没有这个要求。但根据 RDA 2.3.4.6,对于电影等动态图像资源,如果是预告片,而正题名对此没有明确说明,则需要由编目员添加自拟的其他题名信息 *trailer*,同时,根据 RDA 2.2.4 所列说明,指示该信息取自资源外,需要添加方括号。故 <C> 正确。

二、不定项选择题

1. C　**解析:**根据 RDA 1.7.3,如实转录正题名中出现的标点符号,故 <A> 和 <B> 两项错误。245 第 2 指示符的值为不排档字符数，该资源题名为葡萄牙语，其中“O”为首冠词，不排档字符数为 2，故 245 字段第 2 指示符值取“2”，据此，综合两点 < C > 正确。

2. ABCD　**解析**：与 AACR 相比，RDA 扩大了责任说明的来源。根据 RDA 2.4.2.2，与正题名相关的责任说明可取自整个资源，仅当责任说明的信息取自资源之外时才需要添加方括号。根据 RDA 2.2.4，四个选项均属于来自资源之外的信息，因此需添加方括号。

3. BC　**解析**：对于并列题名，RDA 比 AACR2 的信息源更大，不再拘泥于与正题名相同的信息源，而是扩大为整个信息源，同时取消了著录并列题名的数量限制。AACR 强调记录第一个并列题名和英语并列题名，而 RDA 不仅可以记录多个并列正题名，而且不再强调英语并列题名的优先性。< A > 和 < D > 都是 RDA 的规定，故 < B > 和 < C > 正确。

4. BD　**解析**：根据 RDA1.7.7，如果一个字母或词仅出现一次，但是从信息源的设计能清晰地看出，该字母或词需要出现多次，则重复该字母或词。根据题名信息，可判断出 *Bibliographies* 应作为正题名和并列题名分别予以记录，故 < A > 错误。根据 RDA 的大写规则，并列题名首字母大写，故 < B > 和 < D > 正确。

5. ABCD　**解析**：关于责任者的尊称、荣誉称号等，AACR2 的总原则是不予著录，但对有可能造成信息损失的四种特殊情况要求著录；而 RDA 的规定刚好相反，RDA 要求如实转录，但在省略后不损失任何信息的称号等情况下可选择省略。本题责任信息既可以选择如实转录，也可以选择省略责任者头衔及责任者隶属团体的创建年份，因此四个选项全部符合 RDA 规则。

6. BC　**解析**：对于不足以全面表达文献的正题名，AACR2 规定需要由编目员自拟副题名。RDA 没有相对应的条款，仅对于地图和动态图像资源，可由编目员提供自拟的其他题名信息，故 < B > 和 < C > 正确。

7. D

8. C

9. BD

10. CD

三、判断题

1. T

2. F　**解析**：根据 RDA 2.3.3.2，只要是资源内的并列题名均可记录在 245$b。

3. T　**解析**：AACR2 1.1A2 规定，对于题名与责任说明项，规定信息源为主要信息源，取自任何其他来源的信息需置于方括号内。封面并非主要信息源，因此取自封面的责任信息需置于方括号内。

4. F　**解析**：正题名和其他题名信息之间的冒号属于分隔元素，根据 RDA 1.7.3 应省略。

5. T

6. T

7. F

8. F　**解析**：关于版本说明，AACR2 要求用阿拉伯数字代替罗马数字和用文字表达的数，并要求将信息源上出现的非缩写形式按 AACR2 附录 B 的规定进行缩写。

9. T　**解析**：AACR2 规定如资源无地名或可能的地名提供，则用拉丁语 *sine loco*（无地名）的缩写 *S. l.* 表示；如果出版者、发行者的名称不详，则使用拉丁语 *sine nomine* 的缩写 *s. n.* 表示。RDA 则取消了缩写形式，分别记录为 *Place of publication not identified* 和 *publisher not identified*。

10. F　**解析**：AACR2 规定出版、发行者名称的著录可以采用其最简短的形式，唯一的条件是必须不致因简化而与其他出版者相混淆，本题中的 *Press, Inc.* 可省略。

四、根据提示信息，选择正确的 RDA 记录

1. D

2. BC；BC　**解析**：246 并列题名的指示符应为“31”，故 < A > 错误。非公历日期需以其出现在资源上的形式著录，并在方括号中附加公历的对应日期。

Day 51
AACR2 与 RDA 著录规则的差异(2)

一、不定项选择题(每题 5 分,共 50 分)

1. 与 AACR2 相比,RDA 取消了使用缩写的规定涉及(　　)
   A. 版本说明(信息源为缩写情况时除外)　　B. 出版地与发行地
   C. 出版者与发行者　　D. 关于资源数量的术语
2. RDA 增强了出版、发行、制作以及生产信息的独立性,MARC 21 为适应这种变化,专门增加了用于记录出版、发行等信息的 264 字段,并通过第 2 指示符进行区分,当其取 0 时表示(　　),取 1 时表示(　　),取 2 时表示(　　),取 3 时表示(　　),取 4 时表示(　　)
   ①出版信息　②生产信息　③制作信息　④发行信息　⑤版权声明信息
   A. ③①④②⑤　B. ①②③④⑤　C. ③①②④⑤　D. ②①④③⑤
3. 下列关于版本说明的著录符合 RDA 规则的有(　　)
   A. 250 ##$a3e éd. . (信息源显示为:3e éd.)
   B. 250 ##$aVersion IV(信息源显示为:Version IV)
   C. 250 ##$a 第 2 版. (信息源显示为:第二版第一刷)
   D. 250 ##$a4th ed. , rev. and augm. (信息源显示为:Fourth edition, revised and augmented)
4. 信息源显示为:*Published in* 2008. *AMM Services (New York) in charge of distribution*,在现行 LC 的编目实践中,可采用的记录方式包括(　　)
   A. 264 #1$a[S. l. :$bs. n.] ;$aNew York :$bAMM Services [distributor],$c2008.
   B. 264 #1$a[Place of publication not identified] :$b[publisher not identified]
   264 #2$aNew York :$bAMM Services in charge of distribution,$c2008.
   C. 264 #1$a[Place of publication not identified] :$b[publisher not identified],$c2008.
   264#2$aNew York : $bAMM Services in charge of distribution.
   D. 264 #1$a[United States] :$b[publisher not identified],$c2008.
   264#2$aNew York :$bAMM Services [distributor].
5. 如果信息源显示出版日期为“平成二十年”,根据 RDA 规则可将其记录为(　　)
   A. 264 #1$c 平成二十年.　　B. 264 #1$c 平成 20 年.
   C. 264 #1$c2008.　　D. 264 #1$c 平成二十年[2008]
6. 下列日期的记录方式中同时存在于 AACR2 和 RDA 的是(　　)
   A. 260 ##$c[2009]　　B. 260 ##$c[between 1990 and 2012]
   C. 260 ##$c[199-?]　　D. 260 ##$c[1921 or 1922]
7. 根据示意图信息,下列记录符合 RDA 规则的是(　　)

CAMBRIDGE UNIVERSITY PRESS 32 avenue of the Americas,New York, NY 10013-2473,USA ©2014

A. 264 #1$aNew York :$bCambridge University Press,$c[2014]
   264 #4$a© 2014
B. 264 #1$a New York :$bCambridge University Press,$c[date of publication not identified]
   264 #4$a© 2014
C. 264 #1$aNew York :$bCambridge University Press,$cc2014.
D. 264 #1$aNew York :$bCambridge University Press,$c2014.

8. 根据示意图,以下记录符合 RDA 规则的是(　　)

First edition published 2014 by John Wiley & Sons Australia, Ltd 42 McDougall Street, Milton Queensland 4064 ©2008

A. 008/06　t
   008/07-10　2014
   008/11-14　2008
   264 #1$aMilton, Qld. :$bJohn Wiley & Sons Australia, Ltd,$c2014.
   264 #4$c© 2008
B. 008/06　t
   008/07-10　2014
   008/11-14　2008
   264 #1$aMilton, Queensland :$bJohn Wiley & Sons Australia, Ltd,$c2014.
   264 #4$c© 2008
C. 008/06　m
   008/07-10　2008
   008/11-14　2014
   264 #1$aMilton, Queensland :$bJohn Wiley & Sons Australia, Ltd,$c2014.
   264 #4$c© 2008
D. 008/06　t
   008/07-10　2008
   008/11-14　2014
   264 #1$aMilton, Qld. :$bJohn Wiley & Sons Australia, Ltd,$c2014.
   264 #4$c© 2008

9. 下列提供日期 AACR2 和 RDA 做法对应正确的是(　　)
A. AACR2:260 ##$c[197-]
   RDA:264 #1$c[not after 1980]
B. AACR2:260 ##$c[1853?]
   RDA:264 #1$c[1853?]

C. AACR2:260 ##$c[18--]
RDA:264 #1$c[between 1800 and 1899]
D. AACR2:260 ##$a1980
RDA:264 ##$aMCMLXXX [1980]

10. 信息源上显示出版地为 *Bs. As.*,下列做法符合 RDA 的是(　　)
A. 264 #1$aBs. As. [i. e. Buenos Aires]
B. 264 #1$aBs. As.
500 ##$aBook published in Buenos Aires, Argentina.
C. 264 #1$aBuenos Aires
D. 264 #1$aBs. As. [i. e. Buenos Aires]
500 ##$aBook published in Buenos Aires, Argentina.

二、判断题(正确请填写"T",错误请填写"F";每题 2 分,共 20 分)

1. 关于版本说明,AACR2 和 RDA 都要求如实转录。(　　)
2. 生产说明是针对非出版形式发行的资源,出版说明、发行说明和制作说明都是针对出版形式的资源。(　　)
3. 如果信息源显示的版本说明为 *Second edition*(第二版),则 RDA 记录的 250 字段应为 250 ##$aSecond edition =$b 第二版。(　　)
4. AACR2 规定,对于提供的日期,只有相距在 30 年之内的才能使用[between … and …]的形式表示日期。(　　)
5. 更新的活页出版物最近更新的年份为 2014 年,可获得其 1998 年初次出版和 2013 年最后出版更新后的整体,则根据 RDA 其出版日期记录为 1998-2013[updated 2014]。(　　)
6. 根据判断,信息源所显示的出版地 *Paris* 应为 *London*,则根据 RDA 规则应将其记录为 Paris [i. e. London]并添加附注:Published in London。(　　)
7. 如果文献为第三版,且信息源显示为缩写形式,则 RDA 记录的版本说明为"3rd ed..",此处第一个句点表示缩写,第二个句点表示 ISBD 标识符。(　　)
8. 如果信息源显示版本说明为 *Revised and Updated*,则根据 AACR2 规则记录的版本说明信息应为 250 ##$aRevised and Updated。(　　)
9. 信息源显示出版地为:*New York-London-Berlin*,编目机构在德国,则按 RDA 的规定,出版地著录为 260 ##$aNew York ;$aBerlin。(　　)
10. LC 要求尽量提供出版地的信息,因此很少记录为[Place of publication not identified]。(　　)

三、实践题(请根据描述按照 RDA 规则记录出版、发行的日期;每题 3 分,共 15 分)

1. 大约出版于 1894 年

____

2. 出版日期不详,据推测可能是出版于 18 世纪

____

3. 可能出版于 2012 或 2013 年

____

4. 出版日期不详,据推测一定出版于 1894 年到 1968 年之间

____

5. 出版于民国二年

____

四、实践题(将 AACR2 记录更改为 RDA 记录;共 15 分)

1.(7 分)

版权页示意图

Internal Structure of Verb Meaning :
A Study of Verbs in Tanmazight (Berber),
By Karim Achab

Canbridge Scholars Publishing
12 Back Chapman Street. Newcastle upon Tyne, NE6 2XX,UK

Copyright©2012 by Karim Achab

ISBN(10):1-4438-3751-2
ISBN(13):978-1-4438-3751-4

AACR2 记录	RDA 记录
260 ##$aNewcastle upon Tyne, UK : $bCambridge Scholars Publishing, $cc2012.	

2.(8 分)

示意图

题名页示意图

Older
Americans
A CHANGING MARKET
Version VII

The American Generation Series

New Strategist Publications,INC.
Ithaca, New York

版权页示意图

New Strategist Publication, Inc.
P.O. Box 242, Ithaca, New York 14851
800/848-0842;607/273-0913
www.newstrategist.com
Copyright2012.NEW
STRATEGISTPUBLICATION,INC.
ISBN 978-1-937737-08-5(handcover)
ISBN978-1-937737-09-2(paper)
Printed in the United States of America

AACR2 记录	RDA 记录
250 ##$aVersion 7. 260 ##$aIthaca, N. Y. : $bNew Strategist Publications, $cc2012.	

Day 51 答案与解析

一、不定项选择题

1. ABCD
2. A
3. AB
4. CD　**解析:**<A>:保留了拉丁语缩写形式,故错误。<B>:“2008”不是发行日期,而是出版日期,故记录在第 2 个 264 字段错误。如果资源上呈现出版日期,则出版日期是核心元素,发行日期可不记录,故<C>和<D>正确。
5. ACD　**解析:**RDA 要求用创建数据的机构首选的形式记录数字。但同时也提供了交替规则,按信息源上出现的形式记录数字,也可以按信息源上出现的形式记录数字,同时用创建数据的机构首选的形式添加数字对应词。<A>、<C>和<D>即对应上述三种做法,故正确。
6. AD　**解析:**对于提供的日期,RDA 与 AACR2 在某些日期类型的表达上方法相同,例如<A>和<D>,即能够确定的年,两个连续年之中的一个。<B>:AACR2 规定,“between … and…”的说法仅应用于两个相隔 20 年之内的年,而 RDA 取消了这个限定,故<B>中的用法不适用于 AACR2 的规则,适用于 RDA。<C>:该用法仅适用于 AACR2 的实践,在 RDA 中该用法取消。
7. AB　**解析:**<C>:是 AACR2 的做法,故错误。RDA 中版权年是独立的元素,需要单独记录,而不能替代出版日期,故<D>错误。
8. B　**解析:**根据信息源可获取出版日期及版权日期,因此 008/06 字符位取“t”,根据 MARC 21 的规定,008/07-10 位记录出版日期,008/11-14 为记录版权日期,由此可排除<C><D>项。对于出版信息,RDA 要求如实转录,取消了缩写及最简短形式的规定,因此排除<A>项。
9. BCD　**解析:**根据 AACR2 的规定,[197-]表示肯定在 1970 到 1979 年这 10 年间,根据 RDA1.9.2,应记录为[between 1970 and 1979],故<A>错误。
10. B　**解析:**根据 RDA 2.8,应如实转录出版地信息,根据信息源,264 应如实著录为 *Bs. As.*,同时在 500 字段中提供出版地展开形式的附注说明。

二、判断题

1. F　**解析:**关于版本说明,AACR2 强调数字和缩写,在数字方面,AACR2 要求用阿拉伯数字替代罗马数字和用文字表达的数。在缩写方面,AACR2 要求将信息源上出现的非缩写形式按附录 B 的规定进行缩写。RDA 则要求依据信息源如实转录。
2. F　**解析:**制作说明是针对非出版形式发行的资源,其他三种说明都是针对出版形式的资源。
3. T
4. F　**解析:**应为 20 年。
5. T　**解析:**根据 RDA 2.8.6.5,对于集成性资源,如果重要,需提供最后更新的日期。
6. F　**解析:**根据 RDA 2.8.2.3,如果出版地名称错误,如实转录错误的形式,并在附注中提供正确的信息。这与 AACR2 的做法不同,AACR2 的做法是 Paris [i. e. London]。

7. T

8. F　**解析**:对于版本说明,AACR2 要求进行数字转换及缩写。Revised 应缩写为 Rev. 。

9. F　**解析**:RDA 取消了 AACR2 要求必须记录第一个出现的名称以及选择著录编目机构所在国家所涉及名称的规定。根据 RDA 2.8.2,应著录为 264 #1$aNew York ;$aLondon ;$aBerlin.

10. T

三、实践题

1. 264 #1$c[approximately 1894]
2. 264 #1$c[between 1700 and 1799?]
3. 264 #1$c[2012 or 2013?]
4. 264 #1$c[between 1894 and 1968]
5. 264 #1$c 民国二年[1913]或 264 #1$c 民国二年

解析:根据 RDA 1.8.2,要用创建数据的机构首选的形式记录数字,同时提供交替规则,按信息源上出现的形式记录数字,也可以按信息源上出现的形式记录数字,同时用创建数据的机构首选的形式添加数字对应词。

四、实践题

1.

AACR2 记录	RDA 记录
260##$aNewcastle upon Tyne, UK : $bCambridge Scholars Publishing, $cc2012.	264 #1$aNewcastle upon Tyne, UK : $bCambridge Scholars Publishing, $c[date of publication not identified] 264 #4$c© 2012

解析:在 AACR2 中,版权年不是独立的著录项目,如果出版年不详,才需要用版权年替代。在 RDA 中版权年的重要性提升,表现为已经作为一个独立的元素,如果在资源中能够找到版权日期,通常都要记录。

2.

AACR2 记录	RDA 记录
250 ##$aVersion 7. 260 ##$aIthaca, N. Y. : $bNew Strategist Publications, $cc2012.	250 ##$aVersion VII. 264 #1$aIthaca, New York : $bNew Strategist Publications, $c[2012]. 264 #4$c© 2012

Day 52
AACR2 与 RDA 著录规则的差异(3)

一、单项选择题(每题 3 分,共 15 分)

1. 一本无页码标识的图书,确定页码为 300 页,下列著录符合 RDA 规则的是(　　)
   A. [300] p.　　B. ca. 300 pages
   C. 1 volume (unpaged)　　D. 300 unnumbered pages
2. 一本书的最后部分丢失,已知最后的页码为 97 页,下列著录符合 RDA 规则的是(　　)
   A. 97 p. + incomplete　　B. 97 pages + p.
   C. 97 pages (incomplete)　　D. 97 + p.
3. 对于数量元素的记录规则,下列 AACR2 与 RDA 记录方法不同的是(　　)
   A. 如果一本图书有自身的页码,还有一部更大作品的页码,则在数量元素记录本身的页码,隶属于更大作品的页码记录在附注
   B. 如果一套多部分专著既有书目意义上的卷,又有物理意义上的册,在数据元素需同时记录,例如,"4 v. in 2"
   C. 如果图书的页码不是阿拉伯数字或罗马数字,而是有起讫范围的字母编号,则按图书上出现的形式记录数量元素,例如"A-Z pages"
   D. 广告等无关紧要的内容未标注页码,可忽略
4. RDA 沿袭了 AACR2 术语缩写的是(　　)
   A. i. e.　　B. et al.　　C. in.　　D. cm.
5. 下列 AACR2 中的载体术语在 RDA 中不再沿用的是(　　)
   A. sound disc　　B. film reel　　C. vocal score　　D. atlas

二、判断题(正确请填写"T",错误请填写"F";每题 2 分,共 20 分)

1. AACR2 中载体术语 *computer disk* 和 *computer optical disc* 在 RDA 中合并为一个术语 *computer disc*。(　　)
2. AACR2 中的尺寸单位"cm."是缩写,在 RDA 中取消了该缩写,而将其视为公制符号,表示为"cm"。但是如果书目记录中有 490 字段,300 字段以"cm"结尾时,需加句点。该句点不表示缩写,而是项目分隔符。(　　)
3. 光盘的直径不能用"厘米"表示。(　　)
4. 对于错误页码的更正,RDA 使用术语 *that is*。(　　)
5. RDA 和 AACR2 相比,载体类型术语中较大的变化是将 *audio* 改为 *sound*。(　　)
6. AACR2 规定,丛编编号中的标识性术语要按规则进行缩写,例如 *volume*。(　　)
7. RDA 规定,在记录丛编编号时,只能遵循"如实转录"的原则。(　　)
8. *online resource* 是 RDA 中新增的载体类型术语。(　　)

9. RDA 将 490$x 从不可重复修订为可重复。(　　)

10. 在 AACR2 中,对于估算未编号的页码,记录为:[ca. 225 p.]。(　　)

三、实践题(根据所提供信息,选择符合 RDA 规则的记录;每题 5 分,共 30 分)

1.

题名页示意图

Third Edition

An Introduction To

Early Childhood Studies

Edited by

Trisha Maynard and Sacha Powell

SAGE

Los Angeles|London|New Delhi

Singapore|Washington DC

版权页示意图

SAGE

Los Angeles|London|New Delhi

Singapore|Washington DC

SAGE Publications Ltd 1Oliver's Yard 55City Road London EC1Y 1SP

SAGE Publications Inc. 2455 Teller Road

Thousand Oaks, California 91320

SAGE Publications India Pvt Ltd

B1/1Mohan Cooperative Industrial Area

Mathura Road New Delhi 110044

SAGE Publications Asia-Pacific Pte Ltd

3 Church Street #10-04 Samsung Hub

Singapore 049483

©Trisha Maynard and Sacha Powell 2013

The first edition was published in 2004 and the second edition was published in 2009.

The third edition was published in 2014.

ISBN 978-1-4462-7066-0

(1) 日期类型(　　)

A. 008/06　r
　008/07-10　2014
　008/11-14　2013

B. 008/06　t
　008/07-10　2004
　008/11-14　2013

C. 008/06　m
　008/07-10　2013
　008/11-14　2004

D. 008/06　t
　008/07-10　2014
　008/11-14　2013

(2) 版本信息(　　)

A. 250 ##$a3rd edition.

B. 250 ##$aThird edition.

C. 250 ##$a3rd ed..

D. 以上都不正确

(3) 出版、发行信息(　　)

A. 264 #1$aLondon ; Thousand Oaks, California ; New Delhi ; Singapore : $bSAGE, $c2014, c2013.

B. 264 #1$aLondon ;$aThousand Oaks, California ;$aNew Delhi ;$aSingapore :$bSAGE, $c2014.
　264 #4$c© 2013

C. 264 #1$aLondon :$bSAGE,$c2014.
　264 #4$c© 2013

D. 264 #1$aLondon :$bSAGE,$c2014, c2013.

2.

题名页示意图	版权页示意图
The Multimediated Rhetoric of the Internet Digital Fusion Revised and enlarged second edition **Carolyn Handa** Routledge Taylor&Francis Group NEW YORK LONDON	First published 2014 by Routledge 711 Third Avenue, New York, NY10017 Distributed by New York Graphic Society, 2015 ©2014Talor & Francis ISBN: 978-0-415-89325-1(hbk) ISBN:978-0-203-10638-9(ebk)

(1)日期类型(　　)

A. 008/06　m
008/07-10　2015
008/11-14　2014

B. 008/06　s
008/07-10　2014
008/11-14　####

C. 008/06　r
008/07-10　2014
008/11-14　2015

D. 008/06　t
008/07-10　2015
008/11-14　2014

(2)版本信息(　　)

A. 250 ##$aRev. & enlarged 2nd edition.

B. 250 ##Revised and enlarged second edition.

C. 250 ##$aRev. & enlarged 2nd ed. .

D. 以上都正确

(3)出版、发行信息(　　)

A. 264 #1$aNew York :$bRoutledge : distributed by Graphic Society,$c2015, 2014.
264 #4$c© 2014.

B. 264 #1$aNew York :$bRoutledge,$c2014.
264 #3$aNew York :$bdistributed by Graphic Society,$c2015.
264 #4$c© 2014

C. 264 #1$aNew York :$bRoutledge,$c2014.
264 #2$aNew York :$bdistributed by Graphic Society,$c2015.
264 #4$c© 2014

D. 264#1$aNew York :$bRoutledge,$c2014.
264 #4$c© 2014

四、实践题（请将下列 AACR2 记录更改为 RDA 记录；每题 5 分，共 35 分）

1. 300 ##$a321 p. :$bill. (some col.) ;$c25 cm.

2. 300 ##$a2 sound discs (1 hr., 15 min.) :$banalog, 331/3rpm, stereo. ;$c10-12 in.

3. 300 ##$a2 film reels (ca. 90 min.)

4. 300 ##$a200 p. :$bill. ;$c25 cm. +$e2 CD-ROMs (4 3/4 in.)

5. 300 ##$a1 filmstrip (70 fr.) :$bcol. ;$c35 mm. +$e1 v. (39 p. ; 22 cm.)

6. 300 ##$a6 v. in 3 :$bill. ;$c23 cm.

7. 300 ##$axii, 432 p., [8] p. of plates

Day 52 答案与解析

一、单项选择题

1. D　**解析：**对于未编号页码数量的著录，AACR2 规定，如果页数或叶数易于确定，则将页数或叶数置于方括号内，反之如果数量不易确定，则著录估算的数量，并在估算的页数或叶数前加拉丁语缩写 *ca.*。RDA 则提供了三种方法，可著录易于确定的页码数量，不用方括号，而是在数量之后加 *unnumbered*；也可记录估算的数量，前置以 *approximately*；还可不著录数量，仅记录为 1 *volume*（*unpaged*）。本题页码易于确定，故选择 < D >。
2. C　**解析：**对于不完整的册，AACR2 规定著录最后一页的页码，后随以“ + p.”，并编制附注予以说明。根据 RDA 3.4.5.6，使用适用的术语记录最后编号的页、叶或栏数，其后随以 *incomplete*，并编制附注予以说明。故 < C > 正确。
3. B　**解析：**对于多卷册的处理，AACR2 规定，如果书目上的卷册数与物理的卷册数不同，著录书目上的卷数，其后加“in”和物理的册数。根据 RDA 3.4.5.16，如果资源由多册组成，记录其数量时，仅记录物理意义上的卷，故 < B > 正确。
4. C　**解析：***i. e.* 是关于错误订正的拉丁语缩写，RDA 采用 *that is* 将其替代。RDA 取消了拉丁语缩写 *et al.*。在 RDA 中，*cm* 不再是缩写，而是公制符号，其后不再加句点。但是英寸的缩写继续沿用，故 < C > 正确。
5. A　**解析：**根据 RDA3.3.1.3，载体类型术语 *sound* 改为 *audio*，故 < A > 正确。

二、判断题

1. T
2. T　**解析：**附注项（第 7 项）之前的每一项与前一项之间以句点、空格、破折号、空格（. -- ）分隔。在 MARC 21 书目数据格式中，该句点不是自动提供的，编目员必须在 ISBD 新的一项之前的字段结尾处手动添加句点。但是，如果该字段的结尾处已经以句点结束，如缩写的句点或省略号的句点，则作为分隔符的句点应省略。而 RDA 取消了省略句点的规则，要求不能省略其中任何一个句点。ISBD 第 5 项载体形态项记录在 300 字段，通常以尺寸元素结束，即通常以“cm”或“mm”结束。在 RDA 中“cm”或“mm”已不再作为缩写,而作为标志,因此其后无句点。如果第 6 项丛编项出现在记录中,ISBD 规定该项需前置(. --),因此需要在 300 字段的结尾处添加句点。如果书目记录中无第 6 项,其后直接随以第 7 项附注项,则没有分隔符,无须在 300 字段结尾处添加句点。简言之,在 RDA 实践中,如果 300 字段以“cm”或“mm”结尾,其后有 490 字段,则 300 字段有句点,否则 300 字段无句点。

3. F　**解析:**光盘的直径可以用厘米表示,在 LC 的编目实践中,一般用“英寸”表示。

4. T

5. F

6. T

7. F　**解析:**根据 RDA 1.8.2,丛编编号以创建数据的机构首选的数字形式记录,或如实转录。

8. T

9. T

10. F　**解析:**根据 AACR22.5B7,对于未编号页码,如果页数易于确定,则将页数置于方括号内,例如,记录为[225] p.。如果页数难以确定,则记录估算的页码,不加方括号,且在估算的页码前加“ca.”。此题的正确著录方式应为:ca. 225 p.。

三、实践题

1. (1)D　**解析:**根据版权页信息,该资源既有版权年信息,又有出版年信息。因此,008/06 字符位选择日期类型为“t”,根据 MARC 21 的规定,008/07—10 位记录出版日期,根据版权页信息,应记录为“2014”,008/11—14 字符位记录版权日期,根据信息源,应记录为“2013”。

　(2)B

　(3)BC　**解析:**根据 RDA 2.7—2.10,如果信息源上出现多个地名,则按信息源上名称的序列、版面和字体设计所指示的顺序记录这些地名。但如果根据核心元素,则仅第 1 个所记录的名称是必需的,故 <B>和<C>正确。<A>和<D>的版权日期不能直接记录在出版日期之后,需独立记录,故错误。

2. (1)B　**解析:**根据版权页信息,该资源出版于 2014 年,发行于 2015 年,版权日期为 2014 年,与出版年一致。因此 008/06 字符位选择“s”,008/07—10 字符位记录为“2014”,11—14 字符位记录为“####”。

　(2)B

　(3)CD

四、实践题

1. 300 ##$a321 pages :$billustations (some coloured) ;$c25 cm
2. 300 ##$a2 audio discs (1 hr., 15 min.) :$banalog, 331/3rpm, stereo. ;$c10-12 in.
3. 300 ##$a2 film reels (approximately 90 min.)
4. 300 ##$a200 pages :$billustrations ;$c25 cm +$e2 CD-ROMs (4 3/4 in.)
5. 300 ##$a1filmstrip (70 frames) :$bcoloured ;$c35 mm +$e1 volume (39 pages ; 22 cm)
6. 300 ##$a6 volumes :$billustrations ;$c23 cm
7. 300 ##$axii, 432 pages, 8 unnumbered pages of plates

Day 53

AACR2 与 RDA 检索点规则的差异(1)

一、填空题(每空 2 分,共 20 分)

1. 与卡片时代相比,在强大的计算机技术的支持下,RDA 在检索点数量方面突破了 AACR2 的______原则,即 AACR2 规定,对分担责任的个人或团体,根据数量是两个或三个,还是四个或更多区别对待,而 RDA 规定,如果对作品负责的创作者有多个,仅资源中或参考源中______的创作者是必需的,但不限制其他检索点的数量。
2. AACR2 中有关责任类型的职能标识是可选择添加的,但在实际工作中往往不予附加。与此相对,RDA 使用______来描述关系,并将其记录于______子字段中。
3. 100 1#$aBax, Amold,$d1883-1953.

   240 10$aOrchestra music.$kSelections

   245 10$aDance of wild Irravel ;$bPaean /$cSir Amold Bax.

   700 12$aBax, Amold,$d188-1953.$tSketches.$pDance of wild Irravel.

   700 12$aBax, Amold,$d1883-1953.$tPaean;$oarranged.

   上例为某汇编作品的书目记录,体现了作品与作品之间的______关系,这一关系可通过 700 字段的第 2 指示符予以标识,指示符的值“2”显示检索点的类型为______,指明了作品之间的包含关系。这种描述关系的方法属于______。
4. 某书目记录的 245 字段为:245 00$a100 Australian gardens & landscapes /$cedited by Gary Takle ; with text by Emma Peacock, Jade de Souza, Corey Thomas. 按照 RDA 的规则,需记录______个 700 规范检索点。
5. 汇编作品的书目记录中,如果表达整体与部分的关系,可在 7XX 添加关系说明语,例如,700 12$i ______:$aFokkens, Harry.$tBackground to Dutch beakers. 如果某电影改编自作品 *Pilgrim's progress*,要在为电影所编制的书目记录中表达这种衍生关系,看在 7XX 添加关系说明语,例如,700 1#$i ______:$aBunyan, John,$d1628-1688.$tPilgrim's progress. 。

二、不定项选择题(每题 5 分,共 50 分)

1. 对于不同作者且无总题名的汇编作品,RDA 与 AACR2 规则差异表现在(　　)
   A. AACR2 以第一部作品为依据构建作品的规范检索点,即以第一部作品的创作者做 1XX 字段,以第一部作品的统一题名做 240 字段,而 RDA 取消了这种做法
   B. 按 AACR2 和 RDA 规则,这种情况下 245 字段的著录方法不同
   C. RDA 允许编目员自拟一个总题名,而 AACR2 不这样做
   D. RDA 规定,为汇编中的每部作品创建 7XX 规范检索点,而 AACR2 由于取第一部作品为主要款目标目,因此为其他作品仅创建 7XX 规范检索点
2. 下列关于个人规范检索点中相关日期的表达属于 RDA 的是(　　)

A. 100 1#$aPlacide, Alice,$d-1908

B. 100 1#$aZumaya, Manuel de,$dapproximately 1678-1755.

C. 100 0#$aLover of his King and country,$dfl. 1779

D. 100 1#$aZubrodt, Johann Peter,$dactive 1669-1682

E. 100 1#$aZhou, Wei,$d1958 Jan. -

F. 100 1#$aZhu, Hong,$d1957 March-

G. 100 1#$aZhang, Qian,$d2nd cent. B. C.

3. 如果某团体名称在首次获得的资源中为 *Metropolitan Applied Research Centre*,第二次获得的资源中为 *Metropolitan Applied Research Center*,以下说法正确的是(　　)

A. 根据 RDA 规则,该团体的规范检索点应为 *Metropolitan Applied Research Centre*

B. 根据 RDA 规则,该团体规范检索点应采用正字法的形式 *Metropolitan Applied Research Center*

C. 根据 RDA 规则,*Metropolitan Applied Research Center* 应作为变异名称记录于 4XX 字段

D. RDA 取消了关于采用正字法的规定,其目的在于增强通用性,避免英美倾向

4. RDA 体现取消 AACR2“3 原则”的是(　　)

A. 责任说明所涉及责任者的数量　　B. 附加检索点的数量

C. 涉及多种语言的内容表达的数量　　D. 记录表演媒介的数量

E. 会议地点的数量

5. 以下符合 RDA 关于会议地点的规则有(　　)

A. 会议等的地点为核心元素

B. 如果会议在多个地点举行,则仅著录第一个地点并在后面加“etc.”

C. 在线会议记录为 *online*(在线)

D. 关于会议等地点的信息取自任何来源

6. 由于内容表达这一新概念的出现,以及为了加强对内容表达属性的描述的需要,RDA 的一些规则与 AACR2 的规则相比,发生了较大的变化,书目记录也相应发生了变化,主要表现(　　)

A. 内容类型的记录方式发生变化,由原来混杂记录于 GMD 的做法变为用独立的 336 字段描述

B. 构建代表作品的规范检索点的变化

C. 构建代表内容表达的规范检索点的变化

D. 构建代表载体表现的规范检索点的变化

7. 某作品被修订后产生了新的内容表达而没有形成新作品,其题名未发生变化,但是责任说明发生了变化。如下图所示,左边的图片为修订后新的内容表达的封面,右边的图片为修订前作品的封面,为修订后的内容表达编制书目记录时,按 AACR2 规则,100 字段选择的主要检索点形式为(　　);按 RDA 规定,100 字段选择的主要检索点形式为(　　)

A. 100 1#$aBaker, Richard E. ,$eauthor.

B. 100 1#$aChristensen, Theodore E. ,$eauthor.

C. 100 1#$aCottrell, David M. ,$eauthor.

8. 某作品被修订后责任者未发生变化，但是题名发生变化，且变化的程度未构成新作品，则修订后产生的是一个新的内容表达。如下图所示，左边的图片为修订后的内容表达，右边的图片为修订前的内容表达，按 AACR2 规则，代表作品的规范检索点形式为(　　)，按 RDA 规定，代表作品的规范检索点形式为(　　)

A. 245 00$aFinite mathematics for the managerial, life, and social sciences /$cSoo T. Tan, Stonehill College.

B. 100 1#$aTan, S. T.$q(Soo Tang)

240 10$aApplied finite mathematics for the managerial and social sciences

245 10$aFinite mathematics for the managerial, life, and social sciences /$cSoo T. Tan, Stonehill College.

C. 100 1#$aTan, S. T.$q(Soo Tang)

245 10$aFinite mathematics for the managerial, life, and social sciences /$cSoo T. Tan.

9. 关于代表内容表达的规范检索点说法正确的是(　　)

A. 依据 RDA 规则,代表内容表达的规范检索点由代表作品的规范检索点和用于区分的附加成分组成

B. RDA 要求代表内容表达的规范检索点具有唯一性和专指性,这是与 AACR2 的差异所在

C. 用于区分内容表达的附加成分包括:内容类型的术语、内容表达的日期、内容表达的语言和内容表达的其他区别特征

D. 内容表达的其他区别特征是 RDA 比 AACR2 新增的元素,例如,版本、译者名称、出版者名称等

10. 某作品既包括原文语言拉丁语的正文,又包括翻译语言英语的正文,例如:

041 1#$aeng$alat$hlat

100 1#$aValla, Lorenzo,$d1407-1457.

245 10$aOn the donation of Constantine /$cLorenzo Valla ; translated by G. W. Bowersock.

则按 AACR2 规则,代表内容表达的规范检索点形式为(　　),按 RDA 规定,代表内容表达的规范检索点形式为(　　)

A. 700 12$aValla, Lorenzo,$d1407-1457.$tDe falso credita et ementita Constantini donatione declamation.$lLatin

700 12$aValla, Lorenzo,$d1407-1457.$tDe falso credita et ementita Constantini donatione declamation.$lEnglish.

B. 240 10$aDe falso credita et ementita Constantini donatione declamatio.$lEnglish & Latin

C. 240 10$aDe falso credita et ementita Constantini donatione declamatio.$lEnglish

D. 700 12$aValla, Lorenzo,$d1407-1457.$tDe falso credita et ementita Constantini donatione declamation.

700 12$aValla, Lorenzo,$d1407-1457.$tDe falso credita et ementita Constantini donatione declamation.$lEnglish.

三、判断题(正确请填写"T",错误请填写"F";每题 2 分,共 20 分)

1. 245 04$aThe trouble with girls$h[videorecording] /$cMetro-Goldwyn-Mayer presents ; produced by Lester Welch ; screenplay by Arnold & Lois Peyser ; directed by Peter Tewksbury. 本例 AACR2 记录中的内容表达信息已经混杂在 245$h 所记录的 GMD 中,在 RDA 规则中,该信息独立为内容类型元素,应记录为 336 ##$athree-dimensional moving image$2rdacontent。(　　)

2. 如果改编和修订作品仅产生了一个新的内容表达,而不是一部新作品,则构建代表新的内容表达的规范检索点时,应采用被修订作品的规范检索点。(　　)
3. 为确保内容表达规范检索点的唯一性和专指性,荷马作品 *Iliad* 英语版的规范检索点除语言之外,还应添加内容表达的其他区别特征,例如 240 10 $aIliad. $lEnglish $s(Pope)。(　　)
4. 依据 RDA,在确立个人名称规范形式时,如果个人名称有不同的拼写形式,选择正字法中的形式为首选名称。(　　)
5. AACR2 规定,确立个人名称规范形式时,活跃期 *fl.* 可用于 20 世纪的日期,而 RDA 则规定不能用于 20 世纪以后的日期。(　　)
6. RDA 取消了诸多缩写形式,其中 *fl.* 需改用 *active*。(　　)
7. RDA 附录 I 的关系说明语仅用于书目记录,附录 K 的关系说明语仅用于规范记录,附录 J 的关系说明语可同时用于书目和规范记录。(　　)
8. 尽管 RDA 要求代表内容表达的规范检索点具有唯一性,但 LC-PCC PS 对于翻译作品并未要求构建唯一性的代表内容表达的规范检索点,因此,不必将先前的相关规范检索点进行修改。(　　)
9. 诸如"Jr.""II"等跟在姓氏之后用于指示关系的词在 AACR2R 中不是构成规范检索点的必要元素,仅在区分时才需添加,在 RDA 中需将其视为名称的一部分。(　　)
10. 与 111 字段记录会议相关的关系说明记录在$e。(　　)

四、实践题(根据题名页示意图和 AACR2 记录所提供的信息,使用两种方法编制 RDA 记录;共 10 分)

题名页示意图

Little sister *Carol Birch* **Shadow dancer** *Tom Braadby*

AACR2 记录
100 1#$aBirch, Carol,$dd. 2009. 240 10$a Little sister 245 10 $aLittle sister /$cCarol Birch. Shadow dancer / Tom Bradby. 700 12$aBradby, Tom,$dca. 1938-2009.$tShadow dancer.

RDA 记录(1)	RDA 记录(2)

Day 53 答案与解析

一、填空题

1. 3　名列首位的、负有主要责任的

2. 关系说明语　$e

3. 整体/部分　分析款目　结构化的描述

4. 4　**解析:**为 245$c 中记录的 4 个责任者分别创建一个规范检索点。

5. Container of (work)　Motion picture adaptation of (work)

二、不定项选择题

1. ACD　**解析:**根据 AACR2 21.7,如果汇编作品没有总题名,按照汇编中的第一部作品取标目。根据 RDA 6.27.1.4,如果汇编缺少总题名,则为汇编中的各部作品构建单独的检索点。交替规则:不构建(或除了构建)汇编中每部作品单独的检索点,用依 2.3.2.11 所列的说明构成的自拟题名,构建代表汇编的规范检索点。据此,< A >、< C >、< D >正确。< B >:245 字段的著录在两种规则下的做法是相同的,故< B >错误。

2. ABDF　**解析:**根据 RDA 9.3,个人名称规范检索点中日期的记录取消了缩写,取而代之以用户容易理解的全拼。据此,< C >、< E >、< G >三项中均出现了缩写,故错误。

3. ACD　**解析:**根据 RDA 11.2.2.5.1,如果名称的不同拼写形式出现在于该团体相联系的资源中,则选择首次获得的资源中所见的形式。RDA 取消了 AACR2 中对团体名称不同拼写形式采用正字法的规定。

4. ABCDE

5. ACD　**解析:**RDA 关于会议地点的规则参见 RDA 11.3.2。< B >是 AACR2 的做法,RDA 规定,如果会议在多个地点举办,则分别记录每个举办地名称。

6. ABC　**解析:**作品、内容表达、载体表现和单件是 FRBR 模型的第 1 组实体,这四个实体可看作是一个从抽象到具体的逻辑结构,它们在结构中的层级是由高到低排列的。内容表达这一新概念重新界定了新作品的标准,即能准确区分"不同作品"和"相同作品的不同内容表达"。这在书目记录中会影响到作品与内容表达的规范检索点构建,所以< B >、< C >正确。但载体表现这一实体对应的是书目记录,并不涉及规范检索点的问题,故< D >错误。内容类型是内容表达的属性,RDA 6.9 对此进行了详细说明,MARC 21 为其新增了 336 字段。因此< A >正确。

7. B ;A　**解析:**根据 AACR2,依信息源所给信息,100 字段选择位于首位的责任者 *Christensen*,并为其构建规范检索点。根据 RDA,由于修订后并没有形成新作品,则原作品(右图)的创作者 *Baker, Richard E.* 仍然是作品最主要的责任者,应当将其记录于 100 字段。

8. C ;B　**解析:**由于修订后并未构成新作品,根据 RDA 6.27,仍然使用原来的正题名作为作品的规范检索点。因此除了将修订后的作品题名记录于 245 字段之外,还应将原来的正题名作为首选题名记录在 240 字段,以构成代表作品的规范检索点。

9. ABCD

10. B ;D　**解析:**本题中的载体表现包含原作品及其一个翻译本。根据 RDA 6.27.3,应为原作品的内容表达做一个不带 $l 的规范检索点,为翻译本做独立的启用 $l 的规范检索点,从而保证代表内容表达的规范检索点具有唯一性和专指性。AACR2 的做法则是将作品的统一题名记录于 240 字段,并附加语种说明。

三、判断题

1. F　**解析:**资源为录像,内容类型应记录为:336 ##$atwo-dimensional moving image$2rdacontent。

2. T

3. T　**解析:**参见 RDA 6.27.3。内容表达的其他区别特征通常记录于最后一个子字段。

4. F　**解析:**根据 RDA 9.2.2.5.4,直接选择首次获得的资源中的所见的名称拼写法,而无须采用正字法进行改变。

5. F　**解析**:AACR2 规定,活跃期 *fl.* 不用于 20 世纪的日期;RDA 中取而代之以 *active* 的写法,且活跃期没有“不用于 20 世纪的日期”的限制。

6. T

7. T　**解析**:RDA 附录 I 的关系说明语用来记录资源与其责任者之间的关系,仅用于书目记录。附录 K 的关系说明语用来记录个人、家族、团体之间的关系,仅用于规范记录。附录 J 的关系说明语用来记录资源与相关资源之间的关系,可同时用于书目和规范记录。

8. T

9. T

10. F　**解析**:111$e 表示会议的下属单位。

四、实践题

RDA 记录(1)	**RDA 记录(2)**
245 00$aLittle sister /$cCarol Birch. Shadow dancer / Tom Bradby. 700 12$aBirch, Carol,$d-2009.$tLittle sister. 700 12$aBradby, Tom, $dapproximately1938-2009. $tShadow dancer.	245 00$a[Two English novels] 500 ##$aTitle devised by cataloger. 505 0#$aLittle sister / Carol Birch -- Shadow dancer / Tom Bradby. 700 12$aBirch, Carol,$d-2009.$tLittle sister. 700 12$aBradby, Tom, $dapproximately1938-2009. $tShadow dancer.

解析:对于不同作者无总题名汇编作品规范检索点的构建,RDA 提供了 3 种做法(参见 RDA 6.27.1.4):

(1)按作品出现顺序记录作品题名和责任者,为各部作品构建单独的规范检索点;

(2)以自拟题名记录题名,记录内容附注 505 字段,同时为各部作品构建单独的检索点;

(3)以自拟题名记录题名,仅记录内容附注 505 字段,不为各部作品构建单独的检索点。

本题答案对应上述前两种做法。

对于无总题名的汇编作品,AACR2 的做法是:按汇编中的第一部作品取标目(AACR2 21.7),即题面的写法。

Day 54
AACR2 与 RDA 检索点规则的差异(2)

一、不定项选择题(每题 5 分,共 25 分)

1. 如果作品以同一语言的不同题名同时出版,按照 RDA 规定确定作品的首选题名时,下列做法正确的是(　　)

   A. 选择首次获得的资源的正题名作为首选题名

   B. 采用编目机构所在国出版的版本题名

   C. 如果作品不在本国出版,则采用先获得的版本的题名

   D. 以上都不对

2. 依据 RDA,下列关于基督教宗教经典规范检索点的构建正确的是(　　)

   A. 130 0#$aBible.$pN. T.　　　　B. 130 0#$aBible.$pNew Testament

   C. 130 0#$aBible.$pO. T.$pEzra　　　　D. 130 0#$aBible.$pEzra

3. 依据 RDA,下列保留了缩写规定的是(　　)

   A. 题名必不可少的组成部分的缩写

   B. 题名 *Laws*, *etc.* 中的 *etc.*

   C. 包括"cm"在内的表示尺寸的术语

   D. 音乐统一题名中的一些附加成分,例如,*arr.* (改编)

4. 下列关于条约统一题名的说法正确的是(　　)

   A. AACR2 规定,如果条约的签约方是两个政府,以题名做标目

   B. AACR2 规定,如果条约的签约方是三个政府,以一方政府为标目,另外做统一题名 *Treaties*, *etc.*,另外两方政府做附加检索点

   C. RDA 规定,取消 AACR2 以政府做标目,以 *Treaties*, *etc.* 做统一题名的做法,直接以条约名称作为规范检索点

   D. RDA 规定,保留 AACR2 以政府做标目,以 *Treaties*, *etc.* 做统一题名的做法

5. 下列关于多语言内容表达符合 RDA 的做法是(　　)

   A. 130 0#$aBible.$lPolyglot

   B. 130 0#$aBible.$lEnglish
   245 14$aThe Bible in English, Greek and Hebrew
   730 0#$aBible.$lGreek
   730 0#$aBible.$lHebrew

   C. 245 14$aThe Bible in English, Greek and Hebrew
   730 0#$aBible.$lEnglish
   730 0#$aBible.$lGreek
   730 0#$aBible.$lHebrew

D. 以上都不对

二、判断题(正确请填写“T”,错误请填写“F”;每题 2 分,共 20 分)

1. RDA 的附录 B 不包含任何“月份”的缩写。(　　)
2. RDA 和 AACR2 都要求如实转录全部会议举办地名称。(　　)
3. RDA 规定当记录与个人、团体等相关的公历日期时,使用缩写 A. D. (公元)和 B. C. (公元前)。(　　)
4. RDA 规定在术语 *Protocols, etc.* 中使用缩写 *etc.* 。(　　)
5. 依据 RDA,钢琴伴奏的音乐作品的统一题名可以记录为:240 10$aSongs,$mpiano acc. 。(　　)
6. 依据 RDA,记录成组圣书的规范检索点时,需在圣书名称和圣经名称之间插入圣约的名称。(　　)
7. 依据 AACR2,如果文献有三种或更多语言,统一题名中用 *Polyglot* 表示。(　　)
8. 依据 AACR2,条约的统一题名还包括签约日期,日期中的月份不能缩写。(　　)
9. 改编音乐作品的统一题名中,改写 *arranged* 一词需前置以冒号,例如,240 10$aCorsaire :$oarranged。(　　)
10. 依据 AACR2,记录表演媒介需遵循“3 原则”,并且有规定的次序。(　　)

三、实践题(共 55 分)

1. 根据题名页示意图将 AACR2 记录改为 RDA 记录(10 分)

题名页示意图

Sustainable Energy

Choosing Among Options

Second Edition

Edited by

Jefferson W. Tester, Elisabeth M. Drake, Michael J. Driscoll,

Michael W. Golay, and William A. Peters

AACR2 记录	RDA 记录
245 00$aSustainable energy : $bchoosing among options /$cEdited by Jefferson W. Tester … [et. al.]. 250 ##$a2nd ed. …… 700 1#$aTester, Jefferson W. ,$eed.	做法 1: 做法 2:

2. 根据题名页示意图将第 5 版的 AACR2 和 RDA 书目记录中的相应信息补充完整(15 分)

第1版题名页示意图

Advanced financial accounting Richard E. Baker.

第5版题名页示意图

Advanced financial accounting Fifth edition Theodore E. Christensen, Brigham Young University David M. Cottrell, Brigham Young University Richard E. Baker, Northern Illinois.

第 1 版的 AACR2 和 RDA 书目记录:

100 1#$a Baker, Richard E.

245 10$aAdvanced financial accounting /$cRichard E. Baker.

第 5 版的 AACR2 书目记录:

100 1#$a ______________________________

24510 $aAdvanced financial accounting /$cTheodore E. Christensen, David M. Cottrell, Richard E. Baker.

250 ##$a ______________________________

700 1#$a ______________________________

700 1#$a ______________________________

第 5 版的 RDA 书目记录:

100 1#$a ______________________________

245 10$aAdvanced financial accounting /$cTheodore E. Christensen, Brigham Young University, David M. Cottrell, Brigham Young University, Richard E. Baker, Northern Illinois.

250 ##$a ______________________________

700 1#$a ______________________________

700 1#$a ______________________________

3. 某作品同时以英语的题名 *Blood work* 和 *The angel of darkness* 分别在伦敦和纽约出版(5 分)

(1)如果编目机构在美国,但首先获得了伦敦出版的载体表现,请分别写出依据 AACR2R 和 RDA 所确定的首选题名。

依据 AACR2 规则的首选题名:____________

依据 RDA 规则的首选题名:____________

(2)如果编目机构在英国,并且首先获得了在伦敦出版的载体表现,请分别写出依据 AACR2R 和 RDA 所确定的首选题名。

依据 AACR2 规则的首选题名:____________

依据 RDA 规则的首选题名:______

4. 根据 AACR2,某版《圣经》旧约的统一题名形式如下(10 分)

130 0#$aBible.$pO. T.$pFive Scrolls.$1Hebrew.$sBiblioteca apostolica vaticana. $kManuscript.$nUrbiniti Hebraicus1.$f1980.

(1)依据 RDA 规则,其统一题名应为:

____

(2)其中用于区分的元素 $l 记录的是内容表达的语言;$s 记录的是版本;$f 记录的是内容表达的日期,请问如何在规范记录中启用独立字段以记录这三个元素?

____

____

____

5. 请根据题名页示意图将 AACR2 和 RDA 书目记录中的相应信息补充完整(15 分)

第1版题名页示意图

Applied finite mathematics
for the managerial and
social sciences

Tang Tan Soo

第10版题名页示意图

Finite mathematics for the managerial,
life, and social sciences

Tang Tan Soo
Stonehill College

tenth edition

第 1 版的 AACR2 和 RDA 记录：

100 1#$aTan, S. T.$q(Soo Tang)

245 10$aApplied finite mathematics for the managerial and social sciences

第 10 版的 AACR2 记录：

100 1#$aTan, S. T.$q(Soo Tang)

245 10$a ____

250 ##$a ____

第 10 版的 RDA 记录：

100 1#$aTan, S. T.$q(Soo Tang)

____

245 10$a ________________________________ $cTang Tan Soo, Stonehill College.

250 ##$a ____

Day 54 答案与解析

一、不定项选择题

1. A　**解析**：根据 RDA 6.2，首选题名的选择以第一个获得的资源为选择依据，而不再以本国出版的为优先，也不再以英语为优先。

2. BD　**解析**：根据 RDA 6.23.2.9，取消圣经旧约和新约的缩写，代之以更为容易理解的全称，据此，<A>、<C>错误，<B>正确。同时简化了圣书的检索点构成，省略了圣书所属的圣约名称，即<D>的做法。

3. AB　**解析**：根据 RDA 附录 B，在作品题名中仅使用下列缩写，即题名必不可少的组成部分的缩写和题名 *Laws*, *etc.* 中的 *etc.*，故<A>、<B>正确。<C>："cm"、"mm"等不再是缩写，而是公制符号。<D>：音乐统一题名中的一些附加成分如 *arr.*（改编），RDA 规定不再使用缩写，便于用户识别，故<D>错误。

4. BC　**解析**：RDA 关于条约规范检索点的构建规则发生了较大的变化，主要是取消了采用惯用总题名 *Treaties, etc.* 为首选题名的规定，取消了以政府的规范检索点构建条约规范检索点的规定。

5. C　**解析**：本例为三种语言（英语、希腊语、希伯来语）的《圣经》。根据 RDA 6.11.1.4，如果作品的单一内容表达涉及多种语言，则记录每一种语言，由此可知<C>分别为每一个内容表达添加检索点的做法是正确的。<A>是 AACR2 的做法。

二、判断题

1. T

2. F　**解析**：如果会议地点包含三个或更多的地点，AACR2 的做法是只著录第一个地点并在其后加 *etc.*；RDA 的做法则是分别记录每个举办地名称。

3. T

4. T

5. F　**解析**：根据 RDA 6.15，对于音乐作品伴奏，应记录伴奏乐器，其后随以 *accompaniment*，即取消了 AACR2 中 *acc.* 的缩写形式。因此本题中钢琴伴奏的音乐作品的统一题名应当记录为：240 10$aSongs,$mpiano accompaniment。

6. F　**解析**：根据 RDA 6.23.2.9，成组圣书和圣书一样，无须在圣书名称与圣经名称之间插入圣约的名称。

7. T

8. F　**解析**：根据 AACR2R 25.16 B1，条约的统一题名应按"年、月、日缩写"形式在条约名称后附加日期。

9. F　**解析**：音乐作品的改编说明记录于240字段的$o，其前置标识符应为分号，正确写法是：240 10$aCorsaire ;$oarranged。

10. T

三、实践题

1. RDA 记录

做法1：

245 00$aSustainable energy :$bchoosing among options /$cedited by Jefferson W. Tester, Elisabeth M. Drake, Michael J. Driscoll, Michael W. Golay and William A. Peters.

250 ##$aSecond edition.

……

700 1#$aTester, Jefferson W., $eeditior.

700 1#$a Drake, Elisabeth M., $eeditior.

700 1#$a Driscoll, Michael J., $eeditior.

700 1#$a Golay, Michael W., $eeditior.

700 1#$a Peters, William A., $eeditior.

（或者245$c 如实转录编者，700字段只为名列首位的编者创建检索点）

做法2：

245 00$cedited by Jefferson W. Tester [and 4 others].

700 1#$aTester, Jefferson W., $eeditior.

其他同上。

解析：本题中作品有5位编者，RDA 取消了"3 原则"，因此在245$c 如实转录编者信息，但仅名列首位的编者是必需的，即需要为其创建检索点。编目员也可以自行决定为所有编者编制检索点。关于版本说明，RDA 规定如实转录，不再人为缩写。

2. 第5版的 AACR2 书目记录：

100 1#$aChristensen, Theodore E.

250 ##$a5th ed.

700 1#$aCottrell, David M.

700 1#$aBaker, Richard E.

第5版的 RDA 书目记录：

100 1#$a Baker, Richard E.,$eauthor.

250 ##$aFifth edition.

700 1#$aCottrell, David M., $eauthor.

700 1#$aChristensen, Theodore E., $eauthor.

解析：参见 Day 53 不定项选择题第7题解析。

3. (1) The angel of darkness　Blood work

(2) Blood work　Blood work

4. (1) 130 0#$aBible.$pFive Scrolls.$1Hebrew.$sBiblioteca apostolica vaticana.$kManuscript.
$nUrbiniti Hebraicus1.$f1980.

解析：RDA 简化了圣书的检索点构成，省略了圣书所属的圣约名称，无须在 *Five Scrolls* 与 *Bible* 之间插入 *Old Testament*。

(2) 046 ##$k1980

377 ##$aheb

381 ##$aBiblioteca apostolica vaticana.

解析:046、377 和 381 都是 MARC 21 为 RDA 新增的字段,分别记录特殊编码日期、相关语言、作品或内容表达的其他区别特征。381 字段在本题中记录的是圣书的版本 *Biblioteca apostolica vaticana*(梵蒂冈图书馆)。

5. 第 10 版的 AACR2 记录:

245 10$a Finite mathematics for the managerial, life, and social sciences /$cTang Tan Soo.

250 ##$a10th ed.

第 10 版的 RDA 记录:

240 10$aApplied finite mathematics for themanagerial and social sciences

245 10$aFinite mathematics for the managerial, life, and social sciences

250 ##$aTenth edition.

解析:参见 Day 53 不定项选择题第 8 题解析。

Day 55

MARC 21 对 RDA 修订的基本情况

一、填空题(每空 2 分,共 10 分)

1. 机读目录是一种以代码形式和特定结构记录在存储载体上,可由某种特定机器及计算机阅读、控制、处理和编辑输出的目录格式,其英文缩写为 MARC,展开式为______。
2. MARC 21 的发展可追溯到美国国会图书馆于 20 世纪 60 年代开展的“马尔克计划”,并经历了 LCMARC、______到 MARC 21 的发展历程。
3. MARC 21 的记录结构遵循国际标准《文献目录信息交换用磁带格式》(*Format for Information Exchange*)即 ISO 2709 和美国国家信息交换标准(*Bibliographic Information Interchange*, *ANSI* Z39.2)而制定。记录结构由 3 部分组成,包括记录头标区、地址目次区和可变长字段区,其中,可变长字段区又分为______和可变长数据字段区。
4. 内容标识符用来识别和描述 MARC 记录的数据元素,或提供有关数据元素附加信息的特殊符号或编码,包括______、字段指示符、子字段代码以及字段终止符和记录终止符。
5. CNMARC 是中国机读目录的缩写,是文化部于 1996 年发布的文化行业标准,主要用于国内图书情报部门和其他国家书目机构间的书目信息交换。CNMARC 衍生自______,并根据我国出版物的具体情况而制定。同 MARC 21 一样,CNMARC 也是一体化的格式标准,它可用于制作不同语种、不同载体文献的机读目录。

二、归类题(每项 1 分,共 30 分)

下列字段为 MARC 21 为 RDA 新增的字段,涉及书目数据格式和规范数据格式,还有一部分字段属于两种格式均新增的字段。请将下列字段分别归入“书目数据格式”“规范数据格式”以及“两者兼备”三种类别中。

264　162　336　337　370　345　377　338　371　382　046　381　344　372　368
382　672　346　373　374　375　588　376　383　378　673　384　385　347　386

书目数据格式:

规范数据格式:

两者兼备:

三、连线题(每线 2 分,共 60 分)

336	音乐作品的数字标识	RDA7.7
344	读者对象特征	RDA3.18
377	作品形式	RDA3.3
382	声音特征	RDA3.16
385	视频特征	RDA6.3
588	内容类型	RDA6.15
383	载体类型	RDA6.16
380	著录来源附注	RDA7.9
346	相关语言	RDA2.17.13
337	学位论文附注	RDA3.19
347	动态图像的放映特征	RDA6.11
338	调	RDA3.2
345	媒介类型	RDA3.17
384	数字文件特征	RDA6.17
502	表演媒介	RDA6.9

Day 55 答案与解析

一、填空题

1. Machine Readable Catalogue
2. USMARC
3. 可变长控制字段区　**解析:**可变长控制字段是以 00X 作为字段标识符的字段。
4. 字段标识符
5. UNIMARC

二、归类题

书目数据格式: 264　337　338　344　345　346　347　588

规范数据格式:046　162　368　371　372　373　374　375　376　378　672　673

两者兼备:336　370　377　380　381　382　383　384　385　386

解析:046 字段同时存在于书目和规范数据格式中,但只在规范数据格式中为新增字段。因为本题题干强调新增字段,所以只将其列入规范数据格式类别中。

三、连线题

336	音乐作品的数字标识	RDA7.7
344	读者对象特征	RDA3.18
377	作品形式	RDA3.3
382	声音特征	RDA3.16
385	视频特征	RDA6.3
588	内容类型	RDA6.15
383	载体类型	RDA6.16
380	著录来源附注	RDA7.9
346	相关语言	RDA2.17.13
337	学位论文附注	RDA3.19
347	动态图像的放映特征	RDA6.11
338	调	RDA3.2
345	媒介类型	RDA3.17
384	数字文件特征	RDA6.17
502	表演媒介	RDA6.9

Day 56
MARC 21 对书目记录格式的修订(1)

一、填空题(每空 2 分,共 30 分)

1. 制作说明包含______资源的制作地、______和制作日期,其中______为核心元素。该说明记录于 MARC 21 书目数据格式 264 字段,第 2 指示符为______。当 264 字段的第 2 指示符值为“4”时,该字段仅包括______子字段,用于记录版权日期。
2. 264 字段的第 1 指示符用于指示出版等信息的变化情况:值“#”表示在编资源是第一次编目,信息没有变化,或表示多部分专著一次发行完整;值“2”用于出版等信息发生变化,表示中间状态信息;值“3”表示______信息。
3. 340 字段包含资源物理特征的文本信息,与之对应的编码物理信息记录于______字段。340 不是新增字段,但是其为 RDA 增加了若干子字段,包括为______元素增加子字段$j,为______元素增加子字段$k,为______元素增加子字段$m,为______元素增加子字段$n,为______元素增加子字段$o。
4. 344 字段包含资源音频编码的技术规范,其中______记录于$a 子字段,录音媒介记录于$b 子字段,______记录于$c 子字段,纹槽特征记录于$d 子字段,音轨配置记录于$e 子字段。
5. 345 字段记录的信息对应于 RDA 3.17 电影放映特征,共包含______和放映速度两个子元素。

二、判断题(正确请填写“T”,错误请填写“F”;每题 2 分,共 10 分)

1. 346 ##$aIMAX$2rda(　　)
2. 340 ##$jprinting master$kgiant print (36 point)$2rda　(　　)
3. 344 ##$aaudio file$bCD audio$2rda (　　)
4. 347 ##$adigital$boptical$2rda (　　)
5. 337 ##$3book$aunmediated$2rdamedia (　　)

三、根据资源类型,补充适用的 336、337、338 术语(每题 6 分,共 60 分)

1. 印刷型期刊

　336 ##______________________________

　337 ##______________________________

　338 ##______________________________

2. 缩微平片

　336 ##______________________________

　337 ##______________________________

　338 ##______________________________

3. 单张折叠地图

336 ##________________

337 ##________________

338 ##________________

4. APP Store

336 ##________________

337 ##________________

338 ##________________

5.《My heart will go on》CD

336 ##________________

337 ##________________

338 ##________________

6.《一步之遥》DVD

336 ##________________

337 ##________________

338 ##________________

7.《卡农》乐谱

336 ##________________

337 ##________________

338 ##________________

8. 图书附音乐录音盘

336 ##________________

337 ##________________

338 ##________________

9. 光盘版电子书

336 ##________________

337 ##________________

338 ##________________

10. 莫奈的画册兼评论

336 ##________________

337 ##________________

338 ##________________

Day 56 答案与解析

一、填空题

1. 非出版形式　制作者　制作日期　0　$c

2. 最新出版

3. 007　RDA 3.10 代　RDA 3.11 版面设计　RDA 3.12 图书开本　RDA 3.13 字体大小

RDA 3.14 极性

4. 录音类型 播放速度

5. 呈现格式

二、判断题

1. F **解析:**正确为 345 ##$aIMAX$2rda。

2. F **解析:**正确为 340 ##$jprinting master$ngiant print (36 point)$2rda。

3. F **解析:**正确为 347 ##$aaudio file$bCD audio$2rda。

4. F **解析:**正确为 344 ##$adigital$boptical$2rda。

5. T

三、根据资源类型,补充适用的 336、337、338 术语

1. 336 ##$atext$2rdacontent
337 ##$aunmediated$2rdamedia
338 ##$avolume$2rdacarrier

2. 336 ##$atext$2rdacontent
337 ##$amicroform$2rdamedia
338 ##$amicrofiche$2rdacarrier

3. 336 ##$acartographic image$2rdacontent
337 ##$aunmediated$2rdamedia
338 ##$asheet$2rdacarrier

4. 336 ##$acomputer program$2rdacontent
337 ##$acomputer$2rdamedia
338 ##$aonline resource$2rdacarrier

5. 336 ##$aperformed music$2rdacontent
337 ##$aaudio$2rdamedia
338 ##$aaudio disc$2rdacarrier

6. 336 ##$atwo-dimensional moving image$2rdacontent
337 ##$avedio$2rdamedia
338 ##$avedio disc$2rdacarrier

7. 336 ##$anotated music$2rdacontent
337 ##$aunmediated$2rdamedia
338 ##$avolume$2rdacarrier

8. 336 ##$atext$aperformed music$2rdacontent
337 ##$aunmediated$aaudio$2rdamedia
338 ##$avolume$aaudio disc$2rdacarrier

9. 336 ##$atext$2rdacontent
337 ##$acomputer$2rdamedia
338 ##$acomputer disc$2rdacarrier

10. 336 ##$atext$astill images$2rdacontent
337 ##$aunmediated$2rdamedia
338 ##$avolume$2rdacarrier

Day 57

MARC 21 对书目记录格式的修订(2)

一、填空题(每空 2 分,共 50 分)

1. 347 字段记录的信息对应于 RDA 3.19 数字文件特征,其中编码格式记录于______子字段。
2. 588 字段包含有关著录来源的附注,例如包括关于识别资源依据的卷期、参考的最新卷期等,对于网络型集成性资源,可包括有关______的附注。
3. 3D 是 RDA ______元素的术语。
4. ______字段定义为出版者编号,用于记录与录音资料、录像资料、乐谱等音乐资料相关联的格式化的编号,也可以非格式化的形式记录在______字段。
5. 020 字段用于记录 ISBN 号,ISBN 号的限定信息在 MARC 21 修订之后记录于______子字段,在修订之前则记录于______子字段或______子字段中,并置于圆括号内。
6. 033 字段包含与某一事件的创作、获取或播放相关联的格式化日期/时间和/或编码化的地点,与该字段相对应的附注字段为______字段,该字段用非格式化的形式描述上述信息。
7. 内容表达与语言相关的属性有两个,一个是"内容表达的语言",一个是"内容的语言"。其中,"内容表达的语言"通常用于构建内容表达的检索点,记录于______子字段,而"内容的语言"属性通常记录于书目记录的______字段,其代码形式记录于______字段。
8. 书目记录中的 046 字段包含了______字符位不能记录的日期信息,该字段不是 RDA 新增字段,但是针对 RDA 进行了修订,以描述 RDA 中______和______两个元素。书目数据格式中的 046 字段用法与规范数据格式中该字段的用法不同。
9. RDA 将许多原来的子元素分离出来成为独立元素记录,但是仍然允许在规范检索点中将其作为子元素记录。例如,音乐作品的表演媒介既可以作为子元素记录于规范检索点字段的______子字段,又可以作为独立元素记录于______字段;音乐作品的数字标识既可以作为子元素记录于规范检索点字段的______子字段,又可以作为独立元素记录于______字段;音乐作品的调既可以作为子元素记录于规范检索点字段的______子字段,又可以作为独立元素记录于______字段;宗教作品的版本信息既可作为子元素记录于规范检索点的______子字段,又可以作为独立元素记录于______字段。
10. ______字段记录资源的读者对象群或内容适合的使用者,______字段则记录作品或作品汇编的创作者、内容表达或内容表达汇编的贡献者所属的类别。

二、判断题(正确请填写"T",错误请填写"F";每题 2 分,共 10 分)

1. 380 字段中作品形式的首字母应大写。(　　)
2. 音乐作品的改编说明 *arranged* 是内容表达的其他区别特征,既可作为独立元素记录于 381 字段,又可作为规范检索点的附加成分记录于$o。(　　)

3. 377 字段记录的相关语言为代码形式,语言代码仅取自 MARC 21 语言代码表。(　　)
4. 书目记录中 046 字段为 RDA 新增的子字段是$p 和$q。(　　)
5. 385 和 386 字段不能应用于书目记录。(　　)

三、实践题(根据题面描述和示意图,记录制作说明、出版说明、发行说明、生产说明、版权日期;每题 4 分,共 20 分)

1. Published by the Harvard University Asia Center
   Distributed by Harvard University Press
   Cambridge (Massachusetts) and London 2013
   © 2013 by The President and fellows of Harvard College
2. Published by Asia Society Museum
   New York, NY
   September 6, 2013-January 5, 2014
   In association with Yale University Press
   New Haven and London
   © Asia Society, New York, NY, 2013
3. Published by University of British Columbia Press
   Copyright© Cecelia J. Cavanaugh 1992, 1998, 2004, 2011
4. *Oscar Wilde* 于 1893 抄写的 *William Shakespeare* 于 1601 年创作的戏剧作品 *Hamlet* 手稿
5.

题名页示意图

Globalisation vs Europeanisation
A Human-centric Interaction

P.I.E. Peter Lang
Bruxelles · Bern · Berlin · Frankfurt am Main · New York

版权页示意图

© P.I.E. PETER LANG S.A.
Éditions scientifiques internationales
Brussels,2013
1 avenue Maurice, B-1050 Brussels,Belgium

Print in Germany

ISSN 1376-0904
ISBN 978-2-87574-080-9

…

四、实践题（根据题面描述或示意图，记录丛编说明；每题 4 分，共 20 分）

1. 示意图：

封面示意图

ELSEVIER

HANDBOOK OF CLINICAL NEUROLOGY
Series Editors:
MICHAEL J. AMINOFF, FRANCOIS BOLLER,
DICK F.SWAAB

116
3 rd Series

BRAIN STIMULATION

Edited by:
Andres M. Lozano, Mark Hallett

2. 示意图：

丛编题名示意图

Lecture Notes in Computer Science
8216
Commenced Publiction in 1973
Founding and Former Series Editors:
Gerhard Goos, Juris Hartmanis, and Jan van LEEUWEN

Editorial Board

David Hutchison
Lancaster University, UK
Takeo Kanade
Carnegie Mellon University, Pittsburgh, PA, USA
…

版权页示意图

Volume Editors
Alfredo Cuzzocrea
ICAR-CNR and University of Calabria
…

ISSN 0302-9743
ISBN 978-33-642-413650
DOI 10.1007/978-3-642-41366-7
Springer Heidelberg New York Dordrecht London

Library of Congress Control Number: 2013949409

LNCS Sublibrary：SL 2-Programming and Software Engineering

© Springer-Verlag Berlin Heidelberg 2013
…

3. 示意图：

从编题名页示意图

Europäische Hochschulschriften
Publications Universitaires Eropéennes
European University Studies

ISSN 0531-7398

Reihe XI　　Pädagogik
Série XI　　Pédagogie
Series XI　　Education

ISSN 0076-1478

Band/Volume　**1032**

题名页示意图

Rowland Onyenali

Appraising the Nigerian Problem Through Education and Religious Dialogue

A Cognitive Approach

PL ACADEMIC RESEARCH

4. 一套 2 卷的图书，卷 1 的丛编为 Pulication #24 of the Indiana university research center in anthropology，卷 2 的丛编为 Pulication #25 of the Indiana university research center in anthropology
5. 一套 4 卷的图书，卷 1-3 具有相同的丛编 *Studies in linguistics and philosophy*，卷 4 具有丛编 *Text, speech and language technology*。

Day 57 答案与解析

一、填空题

1. $b　2. 网页浏览的时间
3. 电影放映特征中呈现格式　**解析：**电影放映特征包括呈现格式和放映速度两个主要元素，根据 RDA3.17.2.3，呈现格式的术语包括 *3D*、*IMAX*、*Cinerama* 等。
4. 028　500
5. $q　$a　$z
6. 518
7. $l　546　041
8. 008/06-14　作品的日期　内容表达的日期
9. $m　382　$n　383　$r　384　$s　381
10. 385　386

二、判断题

1. T　**解析：**380 字段所用术语首字母要大写，常用的有 *Play*、*Novel*、*Essay*、*Conference procedings* 等。
2. T

3. F　**解析**:377 字段的第 2 指示符表示语言代码的来源,如果语言代码取自 MARC 21 语言代码表,则第 2 指示符为"#";若为其他代码来源,则第 2 指示符为"7",并在$2 中指明代码来源。

4. F　**解析**:046 字段针对 RDA 6.4(作品的日期)和 6.10(内容表达的日期)进行了修订,增加了$o(合集内容的单个日期或起始日期)和$p(合集内容的结束日期)子字段。

5. F　**解析**:385 字段记录读者对象特征,386 字段记录创作者/贡献者的特征,这两个字段都是 MARC 21 为 RDA 新增的字段,均可在书目和规范记录中使用。

三、实践题

1. 264 #1$aCambridge, Massachusetts ;$aLondon :$bHarvard University Asia Center,$c2013.
   264 #2$a[Cambridge , Massachusetts] :$bHarvard University Press,$c[2013]
   264 #4$c© 2013
2. 264#1$aNew York, NY :$bAsia Society Museum ;$aNew Haven ;$a London :$bIn association with Yale University Press,$c2014.
   264#4$c© 2013
3. 264 #1$a[Vancouver, British Columbia] :$bUniversity of British Columbia Press,$c[2011]
4. 264 #0$a[Place of production not identified] :$bOscar Wilde$c1893.
5. 264 #1$aBruxelles :$bP. I. E. Peter Lang,$c[2013]
   264 #4$c© 2013

四、实践题

1. 490 0#$aHandbook of clinical neurology ;$v3rd Series, 116
2. 490 0#$aLecture Notes in Computer Science ;$v8216
   490 0#$aLNCS Sublibrary: SL 2-Programming and Software Engineering
3. 490 0#$aEuropean university studies,$x0531-7398. Series XI, Education,$x0076-1478 ; $vvolume 1032 =$aEuropäische Hochschulschriften. Reihe XI, Pädagogik ;$vBand 1032 =$aPublications universitaires Européennes. Série XI, Pédagogie ;$vvolume 1032
4. 490 0#$aPulication ... of the Indiana university research center in anthropology ;$v#24
   490 0#$aPulication ... of the Indiana university research center in anthropology ;$v#25
5. 490 0#$3volume 1-3:$aStudies in linguistics and philosophy
   490 0#$3volume 4:$aText, speech and language technology

Day 58

MARC 21 对书目记录格式的修订(3)

一、填空题(每空 2 分,共 40 分)

1. 增强关系描述是 RDA 的特色之一。RDA 中的关系由相互关联的实体和______两部分组成,其中后者可用指明关系的一个术语或代码表示,被称为______,记录于 MARC 21 书目数据格式的$e、______和______三个子字段中。其中______仅适用于 X11 字段。除关系说明语之外,____________用于记录关系词代码,代码取自 MARC 关系词代码表。
2. 作品和内容表达层的关系类型包括:______、______、______、______和连续关系,而载体表现和单件层没有______,但补充了______。
3. RDA 中的关系大致分为 6 种类型,分别是:基本关系、______、资源与主题之间的关系、______、______、主题与主题之间的关系。
4. 仅存在于书目记录中的关系是______,仅存在于规范记录中的关系是______,同时存在与书目记录和规范记录中的关系是______。
5. RDA 中与关系描述相关的附录包括附录 I、______、______、附录 L 和附录 M。

二、单项选择题(每题 3 分,共 30 分)

1. 下列关系描述中体现载体表现与责任者之间关系的是( )
   A. 700 1#$aBuiter, Willem H. ,$d1881-1936,$edonor.
   B. 264 1#$aNew York :$bBloomsbury Academic,$c2014.
   C. 700 1#$aAbrahamsen, Rita,$etranslator.
   D. 710 2#$aCanon Law Society of America,$ehost institution.
2. 下列属于规范记录中描述关系的是( )
   A. 530 #0wriAdapted as a motion picture (work):$aHarvey (Motion picture)
   B. 700 1#$iTranslation of:$aBrown, Dan,$d1964-$tDigital fortress.
   C. 785 00$tAmerican review of politics$w(DLC)96644799$W(OCoLC)29443163
   D. 501 ##$iBound with:$aDe volmaakte Hollandsche keuken-meid. Leiden, 1965.
3. 下列关系描述中属于仅存在于书目记录中关系类型的是( )
   A. 500 1#$aDodgson, Charles Lutwidge,$d1832-1898.
   B. 700 1#$aAnderson, Mark,$d1966-$einventor.
   C. 700 1#$iNovelization of (work):$aLee, Harper.$tTo kill a mockingbird.
   D. 510 2#wriGroup member of:$aSonny & Cher.
4. 下列责任者中,( )是核心元素
   A. illustrator B. composer C. lyricist D. translator
5. 下列描述中的责任者不能被视为资源创作者的是( )

A. 姚晨的微博

B. 作为期刊 *I. F. Stone's weekly* 出版者的 *Stone, I. F. (Isidor Feinstein)*, 1907-1989

C. 美国冷泉港实验室负责撰写期刊 *Nature*2005 年的第 5 卷

D. 由拥有和经营 *Darling Mills* 餐厅的家族创作的食谱

6. 下列关系说明语中,属于衍生关系的是(　　)

A. continues in part …　　B. motion picture adaptation of …

C. libretto for …　　D. commentary on …

7. 下列关系说明语,不属于载体表现层的是(　　)

A. special issue of　　B. inserted in　　C. issued with　　D. bound with

8. 下列说法正确的是(　　)

A. 在表达连续关系时,优先选择用连接款目 780 和 785,尽量不使用 5XX 字段

B. 在描述关系时,非结构化描述优于结构化描述

C. 775 字段记录不同载体的其他版本

D. 一部电影作品与其影评之间属于衍生关系

E. 在 LC 的编目实践中,衍生关系是核心元素

9. 相关载体表现之间的关系一般通过(　　)字段表达

A. 780　　B. 760　　C. 776　　D. 765

10. 下列表达关系的方法属于非结构化描述的是(　　)

A. 780 00$tAnnual report of the director of veterinary services
$w(DLC) 2001202072$w(OCoLC)8057228

B. 500 ##$aRevision edition of Biology of fished, second edition published in 1996.

C. 500 ##$aTranslation of: Digital fortress / Dan Brown. – 1st ed. – New York : St. Martin's Press, 1998. – 371 pages ; 22 cm.

D. 505 00$aIntroduction / Christopher P. M Waters -- The International Court of Justice and human rights treaty bodies / Sir Nigel Radley -- The contribution of Judge Antonio Augusto CanÇado Trindade to the adjudication of international human rights at the International Court of Justice / Robert P. Barnidge, Jr. -- The Pinochet judgment fifteen years on / J. Craig Barker.

三、实践题(在不改变 502 字段原意的基础上,将用$a 表示的附注改为用独立子字段表示,或将独立子字段表示的信息改为用$a 表示的形式;每题 4 分,共 16 分)

1. 502 ##$aThesis(M. A.)--University College, London, 1969.

2. 502 ##$bPh. D.$cRabindraBharati University.

3. 502 ##$aChristineEkholst's doctoral thesis--Stockholm University, 2009.

4. 502 ##$aThesis (doctoral)--Harvard University, U58. 4033.

四、实践题(将规范检索点的区分信息用 MARC 21 新增独立字段表示;共 14 分)

1. 130 0#$aCinderella (Choreographic work)　(3 分)

2. 240 10$aChansons de Bilitis (Songs)$pChevelure ;$oarranged　(3 分)

3. 130 0#$aBible.$lEnglish.$sAuthorized.$f2004　(4 分)

4. 240 10$aSonatas,$mpiano,$nno. 14, op. 27, no. 2,$rC minor　(4 分)

Day 58 答案与解析

一、填空题

1. 关系类型　关系说明语　$j　$i　$j　$4
2. 衍生关系　描述关系　整体/部分关系　伴随关系　连续关系　等同关系
3. 资源与名称之间的关系　资源与资源之间的关系　名称与名称之间的关系
4. 资源与名称之间的关系　名称与名称之间的关系　资源与资源之间的关系
5. 附录 J　附录 K

二、单项选择题

1. B　**解析:**<A>:单件和责任者之间的关系。<B>:载体表现和责任者之间的关系。<C>:内容表达和责任者之间的关系。<D>:作品和责任者之间的关系。故选择<B>。
2. A
3. B　**解析:**<B>:作品和责任者之间的关系,属于资源与名称之间的关系,仅存在于书目记录中。<C>:相关作品之间的关系,属于资源与资源之间的衍生关系,可同时存在于书目和规范记录中。<A>和<D>是名称与名称之间的关系,仅存在于规范记录中。故选择<B>。
4. B　**解析:**只有创作者才是核心元素,<A>和<D>都是贡献者,<C>虽也为创作者,但对于音乐作品而言,作曲者才是核心元素,故选择<B>。
5. C　**解析:**对于连续出版物,资源的创作者应对资源的整体负有责任,<C>是只对某一部分内容负责,故不能视为创作者。
6. B　**解析:**<A>为连续关系;<B>为衍生关系;<C>为伴随关系;D 为描述关系。
7. D　**解析:**<A>和<B>为载体表现层的整体/部分关系。<C>为载体表现层的伴随关系。<D>为单件层的伴随关系,故选择<D>。
8. A　**解析:**结构化和非结构化描述都可用于描述关系,结构化描述优于非结构化描述,故<B>错误。776 字段记录不同载体的其他版本,775 字段记录相同载体的其他版本,故<C>错误。电影作品和其影评之间属于描述关系,故<D>错误。整体/部分关系、连续关系在 LC 编目实践中是核心元素,衍生关系不是,故<E>错误。
9. C　**解析:**776 字段用于连接相同作品相同内容表达的不同载体表现之间的等同关系。780 和 785 字段用于连接相关作品的连续关系。765 字段用于连接相关内容表达的衍生关系。760 字段用于连接相关作品的整体/部分关系。
10. B

三、实践题

1. 502 ##$bM. A.$cUniversity College, London$d1969.
2. 502 ##$aThesis (Ph. D.) --RabindraBharati University.
3. 502 ##$gChristineEkholst' sthesis$bDoctoral$cStockholm University$d2009.
4. 502 ##$bPh. D.$cHarvard University$oU58. 4033.

四、实践题

1. 380 ##$aChoreographic work

　　解析:380 字段包含作品所属的类型或体裁,为 MARC 21 针对 RDA6. 3(作品形式)新增的字段。

2. 380 ##$aSongs

381 ##$aArranged

解析:381 字段包含专指字段中未记录的作品或内容表达的特征,其中作品的其他区别特征是指除作品形式、作品日期、作品原创地之外的用以区分作品的特征,内容表达的其他区别特征是指除内容类型、内容表达的日期、内容表达的语言之外的用以区分内容表达的特征,例如,发行机构、音乐的改编说明、版本、地理术语。该字段是针对 RDA 6.6(作品的其他区别特征)和 RDA 6.12(内容表达的其他区别特征)新增的字段。

3.046 ##$k2004

377 ##$aeng

381 ##$aAuthorized

解析:046 字段包含 008/06-14 字符位不能记录的日期信息,例如一个或多个公元前日期或错误的日期等。该字段不是新增字段,而是针对 RDA 6.4(作品的日期)和 6.10(内容表达的日期)进行了修订,增加了$o 和$p 子字段。377 字段包含与记录中所描述实体相关的语言,包括个人在创作、广播时所用的语言,团体交流时所用的语言,家族的语言,或作品被表达所用的语言。该字段是针对 RDA 6.11(内容表达的语言)新增的字段。

4.382 ##$apiano

383 ##$ano. 14,$b op. 27, no. 2

384 ##$aC minor

解析:382 字段记录表演媒介,是针对 RDA 6.15(表演媒介)新增的字段。当需要对音乐作品与另一题名相同的作品做区分或识别一部无区别性题名的音乐作品时,表演媒介是核心元素。383 字段包含由作曲者、出版者或音乐学者赋予音乐作品的系列号、作品号或主题索引号。该字段是针对 RDA 6.16(音乐作品的数字标识)新增的字段。384 字段为调,该字段是针对 RDA 6.17(调)新增的字段。

Day 59

MARC 21 对规范记录格式的修订(1)

一、填空题(每空 2 分,共 30 分)

1. 与书目数据格式相同,MARC 21 规范数据格式中,字段标识符的第 1 个字符标识字段块的数据功能,请将下列字段块的数据功能补充完整:

0XX　标准号、分类号和代码
1XX　__________
2XX　复合单纯参照(主题)
3XX　复合相关参照(主题)
4XX　__________
5XX　__________
6XX　复合参照(名称)、附注
7XX　__________
8XX　电子资源定位与访问、交替图形文字表示法
9XX　本地使用块

2. 与书目数据格式相同,MARC 21 规范数据格式中,字段标识符的后两个字符包含了字段定义,请将下列字段定义补充完整:

X00　个人名称
X10　团体名称
X11　会议名称
X30　__________
X50　__________
X51　地理名称
X55　体裁/形式术语
X80　__________
X81　__________
X82　__________
X85　__________

3. 规范记录的头标包含______个字符位,008 定长数据元素包含______个字符位。这与书目数据格式相同,但是,各字符位的定义与书目数据格式不同。
4. RDA 规范记录的标志为:008/10(编目规则)代码选取为______,040$e 记录为______。
5. 规范检索点形式要求保持唯一性,但是受条件所限,许多个人名称暂时无法与另一名称相同的个人进行区分,此时,具有相同名称的不同个人共享同一条规范记录。在这种情况下,需要在 008 字段的字符位记录代码“b”,以表示该规范记录中的个人名称______。

二、不定项选择题(每题 5 分,共 20 分)

1. 为适应 RDA,MARC 21 将规范数据格式中 4XX 和 5XX 字段的$i 重新定义,当$w/0 字符位代码选取为(　　)时,关系说明语记录在$i

A. r　　B. o　　C. a　　D. b

2. 下列为 RDA 新增的字段标识号与字段定义对应正确的是(　　)

A. 372 字段　相关团体　　B. 373 字段　职业

C. 375 字段　活动领域　　D. 374 字段　职业

E. 371 字段　地址　　F. 370 字段　性别

G. 376 字段　家族信息　　H. 378 字段　活动领域

I. 376 字段　地址　　J. 372 字段　活动领域

3. 下列关于$w 说法正确的是(　　)

A.$w 仅出现在 4XX 和 5XX 字段中

B.$w 包含 4 个字符位

C.$w 在不同的字段中字符位的位数不同

D.$w 在简单参照中用于表示连接款目之间的相互关系

4. 下列关于复分说法正确的是(　　)

A. 复分记录是规范数据格式中一种规范记录的类型

B. 180 字段对应于书目记录 6XX 字段的$x

C. 181 字段对应于书目记录 6XX 字段的$v

D. 182 字段对应于书目记录 6XX 字段的$z

三、判断题(正确请填写"T",错误请填写"F";每题 2 分,共 20 分)

1. 371 字段仅适用于个人和团体,370 字段适用于名称规范记录中的所有类型。(　　)
2. 370 字段所包含的与个人或团体相关的地点信息可以细化到具体地址。(　　)
3. 373 字段可用于记录个人当前隶属的团体,团体名称必须用规范形式。(　　)
4. 374 字段仅适用于个人,372 字段可适用于个人或团体。(　　)
5. 376 字段中家族类型没有规范术语,一般以惯例记录。(　　)
6. 378 字段仅适用于个人名称。(　　)
7. 个人隶属于某机构的时间周期应记录在 046 字段。(　　)
8. 个人的电话号码应记录在 371 字段。(　　)
9. 会议地点应记录在 371 字段。(　　)
10. 个人头衔可记录于 368 字段。(　　)

四、补充题(请根据字段或子字段内容补充字段标识符或子字段标识符;每空 2 分,共 30 分)

1. 100 0#$aNorodom Sihanouk Varman, ______King of Cambodia,$d1922-
2. 100 1#$aBeethoven, Ludwig van,$d1770-1827. ______Sonatas, ______piano.$kSelections
3. 046 ##______1931

1001#$aMunro, Alice,$d1931-

4. 046 ##______1613$t1917

100 3#$a Romanov (Dynasty : 1613-1917)

5. 100 1#$aSinger, Isaac Bashevis,$d1904-1991.

______##$aRadzimyn, Poland$bSurfside, Fla., USA

[个人出生于 Radzimyn, Poland; 去世于 Surfside, Fla., USA]

6. 110 2#$aNorth Atlantic Treaty Organization

______##$aThe North Atlantic Treaty Organization (NATO) is a political and military alliance of 26 countries from North America and Europe committed to fulfilling the goals of the North Atlantic Treaty signed on 4 April 1949.

7. 100 1#$aAshton, John

______##$aFaculty of Biological Science, Leeds University$s2000$t2005

8. 100 1#$aSmith, Arthur

______##$aBox 1216$bBarrière$dCanada$eV0E 1E0

9. 100 1#$aNabokov, Vladimir,$d1869-1922

______##$amale

10. 130 #0$a1 + 1 = 3 (Choreographic work : D'Amboise)

______##$aD'Amboise

______##$aChoreographic work

11. ______##$s1925$t1979

100 3#$aPahlavi (Dynasty :$d1925-1979)

______##$aDynasty

12. 110 1#$aConnecticut.$bDept. of Social Services

510 1#$wnnnd$aConnecticut.$bDept. of Human Resources

510 1#$wnnnd$aConnecticut.$bDept. of Income Maintenance

______##$aIn Jan. 1979 the Connecticut Dept. of Social Services split to form the Dept. of Human Resources and the Dept. of Income Maintenance.$aWorks by these bodies are found under the following headings according to the name used at the time of publication:$aConnecticut. Dept. of Social Services.$aConnecticut. Dept. of Human Resources. $aConnecticut. Dept. of Income Maintenance. $aSUBJECT ENTRY: Works about these bodies are entered under one or more of the names resulting from the separation. Works limited in coverage to the pre-separation period are entered under the name of the original body.

Day 59 答案与解析

一、填空题

1. 1XX　规范检索点　4XX　单纯参照根查　5XX　相关参照根查　7XX　连接款目

2. X30　统一题名　X50　论题性术语　X80　通用复分　X81　地理复分　X82　年代复分　X85　形式

复分

3.24　40　**解析:**头标的固定长度为24个字符位,即00-23;008字段包含40个字符位,即00-39。

4.z　rda　**解析:**008/10字符位记录编目规则,代码"z"的含义为其他编目规则。同时,当008/10字符位的代码为"z"时,需启用040$e子字段记录著录规则的名称或代码。代码遵循 *Description Convention Source Codes*,在该代码表中,《资源描述与检索》规则的代码为"rda"。

5.32　未加区分　**解析:**008/32字符位的定义为未加区分的个人名称,当其值为"a"时,表示已加区分的个人名称;为"b"时,表示未加区分的个人名称,同时在该记录中使用670字段记录著者与编目文献之间的关系。

二、不定项选择题

1.A　**解析:**4XX和5XX字段的$i的定义由"参照说明短语"改为"关系信息",当$w/0字符位为"r"时,$i记录关系说明语;当$w/0字符位为"i"时,$i记录参照说明短语。

2.DEGJ　**解析:**<A>:372字段为活动领域。<B>:373字段为相关团体。<C>:375字段为性别。<F>:370字段为相关地点。<H>:378字段为个人名称的更完整形式。<I>:376字段为家族信息。

3.CD　**解析:**$w为控制子字段,用于4XX、5XX和7XX字段;在4XX和5XX字段中,$w包含4个字符位,说明连接款目之间的相互关系;在7XX字段中,仅包含2个字符位,故<A>和<B>表述有误。

4.AB　**解析:**<C>:181字段为地理复分,对应书目记录6XX$z。<D>:182字段为年代复分,对应书目记录6XX$y。

三、判断题

1.T

2.F　**解析:**370字段包含与个人、团体、家族、作品和内容表达相关的镇、市、省、州或国,而不是具体地址。记录具体地址应为371字段(地址)。

3.F　**解析:**373字段中的团体、机构、协会等信息可以为个人当前或曾经隶属的团体。记录相关团体名称时,可不必用规范形式,按照文献资源如实著录即可;也可以用名称规范文档中的形式。因此,本题表述有误。

4.T　**解析:**374字段记录个人当前或曾经从事的职业或工作;372字段记录与个人和团体相关的领域。因此,表述正确。

5.T　**解析:**记录在376$a子字段的家族类型没有规范的术语表可查,比较常用的术语有 *Family*(家族)、*Clan*(宗族)、*Dynasty*(朝代)、*Royal House*(皇室)等。

6.T

7.F　**解析:**个人隶属于某机构的时间周期应记录在373字段(相关团体)的$s(起始日期)和$t(终止日期)子字段。

8.T　**解析:**371字段记录与个人和团体相关的地址,包括电子邮件、电话号码、传真号码等。

9.F　**解析:**作为与团体相关的特殊地点——会议地点应记录在370字段(相关地点)。

10.T

四、补充题

1.$c　**解析:**$c记录称谓和其他与名称相关联的词。

2.$t　$m　**解析:**$t记录文献题名;$m记录音乐的表演媒介。

3.$f　**解析:**$f记录出生日期。

4.$s　**解析:**$s记录起始日期,即活跃期间的最早日期;$t为结束日期,即活跃期间的最晚日期。题中记录的是王朝的起讫日期。

5.370　**解析:**370字段可以记录个人的出生地、死亡地,分别记录在$a和$b子字段。

6.372　**解析:**372字段为活动领域,与个人和团体相关的领域。本题中372字段记录的是北大西洋公约组织涉及的领域。

7.373　**解析**:本题中 373 字段记录的是个人曾经隶属的团体,隶属日期记录于$s 和$t 子字段。

8.371　**解析**:本题中 371 字段记录的是个人具体地址。$a 子字段为详细地址;$b 为城市;$c 为国家;$e 为邮编。

9.375　**解析**:性别记录在 375 字段。RDA 中提供了三个性别术语,分别为:*male*(男性)、*female*(女性)和 *not known*(未知)。

10.381　380　**解析**:本题中 130 字段记录作品的统一题名,括号内的附加成分中 *Choreographic work* 为作品形式,如果作为独立元素可记录在 380 字段(作品形式);*D'Amboise* 为编舞者的姓氏,如果作为独立元素可记录在 381 字段(作品或内容表达的其他区别特征)。作品的其他区别特征是指除作品形式、作品日期、作品原创地之外的用以区分作品的特征。

11.046　376　**解析**:本题中 100 字段记录家族名称,括号内的附加成分中 *Dynasty* 为家族类型,如果作为独立元素可记录在 376 字段(家族信息)。

12.665　**解析**:本题中 5XX 字段生成的简单相关参照不能充分说明各团体名称间的相关关系,因此需要启用复合名称参照字段,如 663 和 665 字段。由于需要补充字段名称的字段中包含历史信息及主题相关信息,因此使用 665 字段(历史参照)。

Day 60

MARC 21 对规范记录格式的修订(2)

一、不定项选择题(每题 5 分,共 50 分)

1. 下列字段为了记录作品和内容表达的属性新增的是(　　)

A. 370　　B. 371　　C. 380　　D. 382

2. 下列字段可同时用于记录作品和内容表达的属性的是(　　)

A. 046　　B. 380　　C. 381　　D. 377

3. 下列字段可记录与作品相关的时间和地点的是(　　)

A. 046　　B. 370　　C. 371　　D. 373

4. 下列作品和内容表达的特征可以记录在 381 字段的是(　　)

A. 作品形式　　B. 内容类型　　C. 版本　　D. 发行机构

5. 386 字段记录创作者/贡献者的特征,其包含的子字段有(　　)

A.$a　　B.$b　　C.$m　　D.$n

6. 046 字段为特殊编码日期,在规范记录中可以记录(　　)

A. 内容表达的日期　　B. 载体表现的日期　　C. 作者的生卒年　　D. 会议日期

7. 下列规范记录正确的是(　　)

A. 130 #0$aSimulacrum reels (Choreographic work : Petronio)

B. 380 ##$aChoreographic work

C. 381 ##$aPetronio

D. 130 #0$aSimulacrum reels (Choreographic work : Petronio)
380 ##$aChoreographic work
381 ##$aPetronio

8. 下列 377 字段记录正确的是(　　)

A.$aeng　　B.$abnt$lLenje　　C.$lChinese　　D.$arus$aeng

9. 下列表述正确的是(　　)

A. 382 字段记录载体表现中包含的乐器、人声或其他表演媒介,以及记录音乐作品最初构想时或音乐内容表达在记录或演奏时所使用的乐器、人声或其他表演媒介

B. 383 字段包含由作曲者、出版者或音乐学者赋予音乐作品的系列号、作品号或主题索引号

C. 384 字段包含音乐作品的调,即一组音高之间的关系

D. 当需要对音乐作品与另一题名相同的作品做区分或识别一部无区别性题名的音乐作品时,仅表演媒介和音乐作品的数字标识是核心元素

10. 下列字段记录作品属性的是(　　)

A. 046$f19360505　　B. 370$gBeijing, China

C. 380$aMotion picture　　D. 384$aD major

二、判断题(正确请填写“T”,错误请填写“F”;每题 2 分,共 20 分)

1. MARC 21 规范数据格式中的 046 字段为修订的字段。(　　)
2. 370 字段仅用于记录与作品和内容表达相关的地点。(　　)
3. 130 0#$aAdvocate (Nairobi, Kenya)
   370 ##$gNairobi, Kenya
   在该例中,370 字段记录的是作品的原创地。(　　)
4. 382 0#$bviolin$aorchestra
   在该例中,表演媒介为小提提琴独奏,由管弦乐队伴奏。(　　)
5. 384 1#$aF major
   该例表示原作品的调为 F 大调。(　　)
6. 385 ##$mAge group$aYoung adults$2lcsh (　　)
7. 386 ##$aWomen$mGender group$2lcsh (　　)
8. 382 0#$atrumpet$n2$atrombone$n2$s3 (　　)
9. 383 ##$cK. 285$cK. 314 (　　)
10. 380 ##$aSongs (Arranged) (　　)

三、实践题(根据题面描述和要求,用恰当的字段进行记录;每空 3 分,共 30 分)

1.《琴韵动我心》(*Madame Sousatzka*)是 1988 年由英国 *Cineplex-Odeon Films* 公司出品的一部英语电影,请在规范记录中记录与该电影相关的日期、地点、相关团体、相关语言和作品形式。

   046 ##______________________________
   130 0#$aMadame Sousatzka (Motion picture)
   370 ##______________________________
   377 ##______________________________
   380 ##______________________________
   381 ##______________________________

2. 新闻编辑室(*Newsroom*)是 *HBO Entertainment*(规范形式为 *HBO Entertainment (Firm)*)制作的一部电视连续剧,第一季于 2012 年播出,请在规范记录中记录与该电视剧相关的日期、地点、相关团体、相关语言和作品形式。

   046 ##______________________________
   130 0#$aNewsroom (Television program : 2012 : HBO Entertainment (Firm))
   370 ##______________________________
   377 ##______________________________
   380 ##______________________________
   381 ##______________________________

Day 60 答案与解析

一、不定项选择题

1. ACD **解析**:370 字段相关地点可以记录与作品和内容表达相关的地点;380 字段为作品形式;382 字段为表演媒介,可以记录音乐作品最初构想时或音乐内容表达在记录或演奏时所使用的表演媒介,故<A><C>和<D>正确。<B>371 为地址,记录与个人和团体相关的地址,与作品和内容表达无关。

2. AC **解析**:046 字段特殊编码日期可以记录与作品和内容表达相联系的最早日期; 381 字段为作品和内容表达的其他区别特征,故<A><C>正确。<B>380 字段为作品形式,与内容表达无关。<D>377 字段为相关语言,可以记录内容表达的语言,与作品无关,因此不正确。

3. AB **解析**:如题 1 和 2 解析,046 字段特殊编码日期可以记录与作品和内容表达相联系的最早日期,370 字段可以记录与作品和内容表达相关的地点;371 字段记录与个人和团体相关的地址,373 字段记录个人当前或曾经隶属的团体,故<A>和<B>正确。

4. CD **解析**:381 字段记录作品或内容表达的其他区别特征,其中作品的其他区别特征是指除作品形式、作品日期、作品原创地之外的用以区分作品的特征,内容表达的其他区别特征是指除内容类型、内容表达的日期、内容表达的语言之外的用以区分内容表达的特征,故<C>和<D>正确。

5. ABCD **解析**:386 字段$a 记录创作者/贡献者术语,$b 记录创作者/贡献者代码,$m 记录人群术语,$n 记录人群代码,故四个选项全部正确。

6. ACD **解析**:规范数据格式中的 046 字段用于记录与实体相关的日期,包括个人的出生日期、死亡日期以及个人活跃期的范围;举行会议等的日期,或者其他与团体相关的日期(例如:成立日期、解散日期);与家族有关的重要日期;与作品和内容表达相联系的最早日期,综上不包括载体表现的日期。

7. ABCD **解析**:<A>:代表作品的规范检索点,括号中的内容为用于区分相同或相似作品的附加成分。<B>:记录的是作品形式,舞蹈作品。<C>:记录的是作品的其他区别特征,编舞者的姓氏。<D>为<A><B><C>的综合,RDA 5.3 规定对相同或相似作品区分时,可以将区分元素作为代表作品的检索点的附加成分(<A>做法),或作为独立元素(<B><C>做法),或兼作两者予以记录(<D>做法),故四个选项全部正确。

8. ABD **解析**:377 字段为相关语言,$a 记录语言代码,$l 记录语言术语,代码通常遵循 *MARC Code List for Languages*(见 MARC 格式网站)。<A><B><D>的记录形式正确,<C>$l 术语记录正确,但是对于 377 字段,$a 为必备子字段,因此<C>记录不正确。

9. ABC **解析**:<A><B><C>的表述为 MARC 格式中对 382、383、384 字段定义的原文。根据 RDA6.15、6.16 和 6.17,当需要对音乐作品与另一题名相同的作品做区分或识别一部无区别性题名的音乐作品时,表演媒介和音乐作品的数字标识是核心元素,此外,调也是核心元素,因此<D>的表述错误。

10. BCD **解析**:<A>:046$f 记录个人出生日期,为个人的属性。<B>370$g 记录作品起源地,中国北京,为作品属性。<C>380 记录作品形式——电影,为作品属性。<D>记录音乐作品的调,为作品属性,综上,<B><C><D>正确。

二、判断题

1. F **解析**:046 在规范格式中为新增字段,在书目格式中为修订字段。

2. F **解析**:370 字段除记录与作品和内容表达相关的地点外,还可以记录与个人、团体、家族、相关的镇、市、省、州或国。

3. T **解析**:370$g 记录作品起源地,即原创地。

4. T **解析**:382 字段$b 记录独奏者,$a 记录表演媒介。因此,表述正确。

5. F **解析**:384 字段第 1 指示符为"1"表示变调,"0"表示原调。因此,表述错误。

6. T **解析**:385 字段$m 为人群术语;$a 为读者对象术语。$m 人群术语的范围更广,涵盖读者对象术语和代码表示的读者对象,因此,$m 通常置于$a 和$b 之前。

7. F　**解析**:386 字段用法与 385 字段相同,解析参照题 6。

8. F　**解析**:$n 为相同媒介的表演者数量,置于 $a、$b、$d、$p 之后;$s 记录表演者总数,题中表演者应为 4 人。

9. T

10. F　**解析**:Songs 为作品形式,记录在 380 字段;Arranged 为改编说明,应作为其他区别特征记录在 381 字段。

三、实践题

1. 046 ##$k1988
   370 ##$gGreat Britain
   377 ##$aeng
   380 ##$aMotion pictures
   381 ##$aCineplex Odeon Films

   解析:本题为作品规范记录。作品单个日期记录在 046$k,即 046 ##$k1988;与电影相关的地点英国记录在 370$g(作品起源地);相关语言记录在 377 字段,采用 MARC 语言代码;作品形式为电影,记录在 380 字段;相关团体作为与作品相关的其他区别特征记录在 381 字段。

2. 046 ##$k2012
   370 ##$gUnited States
   377 ##$aeng
   380 ##$aTelevision program
   381 ##$aHBO Entertainment (Firm)

Day 61

MARC 21 对规范记录格式的修订(3)

一、不定项选择题(每题 5 分,共 50 分)

1. 下列字段为记录个人、家族或团体的属性新增的字段是(　　)

A. 371　　B. 372　　C. 375　　D. 376

2. 下列字段可同时用于记录作品、内容表达和个人、家族、团体属性的是(　　)

A. 046　　B. 370　　C. 371　　D. 373

3. 下列字段只能记录个人属性的是(　　)

A. 368　　B. 374　　C. 375　　D. 378

4. 下列特征可以作为个人规范检索点的组成部分,也可记录在独立字段的是(　　)

A. 职业　　B. 家族著名成员　　C. 个人出生日期　　D. 作品名称

5. 下列属性对于识别个人、家族或团体为核心元素的是(　　)

A. 个人头衔　　B. 出生日期　　C. 家族类型　　D. 名称的更完整形式

6. 046 字段中记录与个人相关日期的子字段为(　　)

A.$a　　B.$f　　C.$g　　D.$s

7. 下列个人和团体的属性可以记录在 368 字段的是(　　)

A. 团体类型　　B. 个人头衔　　C. 会议地点　　D. 性别

8. 下列字段中用于记录家族属性的是(　　)

A. 370　　B. 371　　C. 372　　D. 376

9. 下列说法正确的是(　　)

A. 个人所从事职业的起始日期和终止日期应记录在 046 字段

B. 373 字段为相关团体,仅能记录 1XX 字段的实体当前隶属的团体

C. 372 字段为活动领域,可以记录与个人和团体相关的领域

D. 当区分具有相同名称的不同个人时,个人名称的更完整形式为核心元素,也记录在 378 字段

10. 下列术语可以记录在 375 字段的是(　　)

A. neutral　　B. male　　C. female　　D. not known

二、判断题(正确请填写"T",错误请填写"F";每题 2 分,共 20 分)

1. 行政管辖区的类型作为团体的其他属性记录在 368 字段。(　　)

2. 某剧团的成立和解散日期分别记录在 046 字段的$s 和$t 子字段。(　　)

3. 370 字段和 371 字段均记录地点,区别在于 370 字段记录镇、市、省、州、国等具体地点,而 371 字段记录抽象的地点,如电子邮件地址、传真号码等。(　　)

4. 370 字段在记录与个人相关的地点时,$a 和$b 子字段可重复。(　　)

5. 个人隶属某机构的相关日期可一并记录在 373 字段。( )
6. 372 和 374 字段都只适用于个人名称。( )
7. 个人名称的规范形式如果存在缩写形式,可以将展开形式记录在 378 字段。( )
8. 家族类型通常记录在 376 字段,常用的术语包括 *Family*、*Clan*、*Dynasty* 等。( )
9. 皇室贵族的头衔应记录在 376 字段。( )
10. 375 字段可以记录个人的性别,以及与性别相关的日期。( )

三、实践题(根据题面描述和要求,用恰当的字段进行记录;每空 3 分,共 30 分)

1. 作家 *Edgar Allen Poe*,男,于 1809 年 1 月 19 日出生于 *Boston*, *Massachusetts*,1849 年 10 月 7 日卒于 *Baltimore*,写作语言为英语。请记录与该作家相关的日期、地点、职业(*Authors*,术语来源为 *lcsh*)、性别、相关语言。

   046 ##$f ______ $g ____________
   100 1#$aPoe, Edgar Allan,$d1809-1849.
   370 ##$a ________________________________
   374 ##$a ________________________________ $2lcsh
   375 ##$a ________________________________
   377 ##$aeng

2. 史密斯航空仪表公司(规范形式为 *Smith's Aircraft Instruments (Firm)*),成立于 1937,所在地为伦敦(*London (England)*,术语来源为 *naf*,公司经营范围为航空仪表(*Aeronautical instruments*,术语来源为 *lcsh*),使用语言为英语。请记录与该公司相关的日期、团体类型(*Corporations*,术语来源 *lcsh*)、相关地点、活动领域、相关语言。

   046 ## ________________________________
   110 2#$aSmith's Aircraft Instruments (Firm)
   368 ## ________________________________ $2lcsh
   370 ## ________________________________ $2naf
   372 ##$a ________________________________ $2lcsh
   377 ##$a ________________________________

Day 61 答案与解析

一、不定项选择题

1. ABCD **解析**:四个选项皆为新增字段。其中 371 字段地址可以记录与个人和团体相关的地址;372 字段为活动领域,记录与个人和团体相关的领域;375 字段为性别,记录个人的性别;376 字段为家族信息。
2. AB **解析**:规范格式中的 046 字段特殊编码日期用于记录与实体相关的日期,如个人的出生日期、死亡日期以及个人活跃期的范围,以及与团体、家族有关的重要日期以及与作品和内容表达相联系的最早日期;370 字段相关地点记录与个人、团体、家族、作品和内容表达相关的镇、市、省、州或国;371 字段只适用于个人和团体;373 字段只适用于个人、家族和团体,因此 <A> <B> 正确, <C> <D> 错误。
3. BCD **解析**:374(职业),375(性别)以及 378(个人名称的更完整形式)只能记录个人的属性;368 字段为个人和团体的其他属性,除了记录个人的属性,还可记录团体的属性,因此 <B> <C> <D> 正确, <A> 错误。

4. ABC　**解析**:根据 RDA 8.3,职业、家族著名成员、个人出生日期既可以作为个人规范检索点的组成部分,也可记录在独立字段。作品名称为识别作品时的必需元素,不作为个人规范检索点的组成部分或独立字段,故 <A> <B> <C> 正确。

5. ABCD　**解析**:个人头衔 、出生日期、家族类型为 RDA 核心元素;名称的更完整形式为条件核心元素,即当需要与另一相同名称做区分时,名称的更完整形式是核心元素,故四个选项全部正确。

6. BC　**解析**:046$f 记录个人出生日期,$g 记录死亡日期;规范格式中 046 字段没有$a 子字段;$s 记录起始日期,如与家族相关的最早日期,与个人属性无关。因此 <B> <C> 正确,<A> <D> 错误。

7. AB　**解析**:368 字段记录那些专指字段未包含的用于区分个人或团体的任何属性。对个人而言,如皇室、贵族、教会人员的职级或职位以及宗教神职人员的称呼;而对团体而言,如团体或行政管辖区的类型,因此 <A> <B> 正确。会议地点应记录在 370 字段,性别应记录在 375 字段,因此 <C> <D> 不正确。

8. AD　**解析**:370 字段相关地点记录与个人、团体、家族、作品和内容表达相关的镇、市、省、州或国;376 字段为家族信息,因此 <A> <D> 正确。371 字段和 372 字段记录与个人和团体相关的属性,与家族无关,因此 <B> <C> 不正确。

9. CD　**解析**:<A>:个人所从事职业的起始日期和终止日期应记录在 374 字段,故说法错误;<B>:373 字段既可以记录实体当前隶属的团体,也可记录曾经隶属的团体,故说法错误;<C> 和 <D> 参见题 1 和题 5 的解析。

10. BCD　**解析**:根据 RDA 9.7.1.3,可用 *female*、*male* 和 *not known* 中合适的术语记录性别。

二、判断题

1. T

2. T

3. F　**解析**:370 字段适用于名称规范记录中的所有类型,而 371 字段只适用于个人和团体名称。370 字段包含的与个人或团体相关的地点信息只到镇、市、省、州或国级,而 371 所提供的地点为个人或团体所在的具体地址,是可以与之取得联系的地址,包括电子邮件地址、传真号码。

4. F　**解析**:370 字段$a 和$b 子字段分别记录出生地和死亡地,不可重复。

5. T　**解析**:个人隶属某机构的相关日期可记录在 373 字段的$s(起始日期)和$t 子字段(终止日期)。

6. F　解析:372 字段记录与个人和团体相关的领域,374 字段只适用于个人名称,因此表述有误。

7. T

8. T

9. F　**解析**:皇室贵族的头衔应记录在 368 字段(个人或团体的其他属性)$d 子字段。

10. T

三、实践题

1. 046 ##$f18090119 $g18491007

　370 ##$aBoston, Massachusetts$bBaltimore　374 ##$aAuthors　375 ##$amale

　　解析:本题为个人名称规范记录,个人名称的生卒年分别记录于 046 字段的$f 和$g 子字段,格式采用 yyyy(年)、yyyy-mm(年月)或 yyyymmdd(年月日)的形式;370 字段$a 和$b 子字段分别记录出生地和死亡地;374 记录职业,按照题中提供形式记录即可;375 为性别;377 字段记录相关语言。

2. 046 ##$s1937

　368 ##$aCorporations

　370 ##$cGreat Britain$eLondon (England)

　372 ##$aAeronautical instruments

　377 ##$aeng

　　解析:本题为团体名称规范记录。046 字段可以记录与团体相关的时间,用法详见判断题 2 解析;368

字段为个人或团体的其他属性,$a 记录团体类型,按题中提供形式记录即可;与该团体相关的地点记录在 370 字段,提供信息为伦敦,可以记录$c(相关国家)Great Britain,伦敦记录于$e(居住地/总部);公司经营范围即为团体的活动领域,记录在 372 字段$a,按题中提供形式记录即可;团体使用的语言记录在 377 字段。

Day 62
MARC 21 对规范记录格式的修订(4)

一、连线题(每线 2 分,共 20 分)

请将关系说明语与其对应的含义连线。

composer	对(作品)的评注
host institution	交替身份
analysis of (work)	团体前身
adapted as (expression)	作曲者
alternate identity	对(作品)的分析
group member of	改编成(内容表达)
commentary on (work)	基于(作品)
predecessor	主办机构
performer	表演者
based on (work)	……的团队成员

二、描述题(每题 4 分,共 20 分)

请描述下列实体之间的关系。

1. 130 0#$aI am legend (Motion picture)
   500 1#wriMotion picture adaptation of (work):$aMatheson, Richard,$d1926-2013.$tI am Legend
   描述关系为:________________

2. 130 0#$aMadame Sousatzka (Motion picture)
   500 1#wriScreenwriter:$aJhabvala, Ruth Prawer,$d1927-2013
   描述关系为:________________

3. 130 0#$aThree plays
   500 1#wriContainer of (work):$aIbsen, Henrik,$d1828-1906.$tDukkehjem
   描述关系为:________________

4. 100 1#$aApuleius.$tMetamorphoses$lEnglish
   500 1#wriTranslator:$aGreen, Roger
   描述关系为:________________

5. 110 1#$aGreat Britain.$bDepartment for Work and Pensions.$bAnalytical Services Division
   510 1#wriHierarchical superior:$aGreat Britain.$bDepartment for Work and Pensions
   描述关系为:________________

三、补充题(每题 4 分,共 20 分)

请根据题面描述将字段补充完整。

1. 100 1#$aRipley, Alexandra.$tScarlett : the sequel to Margaret Mitchell's Gone with the wind

   500 1#______________$aMitchell, Margaret,$d1900-1949.$tGone with the wind

   说明:*Scarlett* 是 *Gone with the wind* 的续篇。

2. 110 2#$aActive Planning (Firm)

   500 1#______________$aBurbidge, Shaunna K.

   说明:*Burbidge, Shaunna K.* 是 *Active Planning (Firm)* 的创建者之一。

3. 100 1#$aRowling, J. K.$tHarry Potter and the philosopher' s stone.$lChinese

   500 1#______________$aRowling, J. K.$tHarry Potter and the Chamber of Secrets.$lChinese

   说明:*Harry Potter and the Chamber of Secrets* 的中文版是 *Harry Potter and the philosopher' s stone* 的中文版的后继。

4. 100 1#$aRubens, Bernice.

   500 1#______________$aMicrosoft Corporation

   说明:*Rubens, Bernice* 是 *Microsoft Corporation* 的员工。

5. 110 1#$aGuinea.$bMinistère des transports

   510 1#______________$aGuinea.$bMinistère délégué des transports

   说明:*Guinea. Ministère des transports* 后更名为 *Guinea. Ministère délégué des transports*。

四、选择填空(根据记录中的相关信息,从下列选项中选出可以填入空白处的最佳选项,将相应规范记录补充完整;每空 2 分,共 40 分)

1.

A. 20140623　B. 20140625　C. June 23, 2014　D. June 25, 2014　E. Wireless algorithms, systems, and applications　F. International Conference　G. Wireless communication systems　H. $a　I. $e　J. $f　K. 338　L. 368　M. 374 046 ##$s ______ $t ______

111 2#$aWASA (Conference)$n(9th :$d2014 :$cHarbin, China)

______##$aCongresses and conventions$2lcsh

370 ##______Harbin (China)$2naf

372 ##$a ______ $2lcsh

377 ##$aeng

411 2#$aInternational Conference on Wireless Algorithms, Systems, and Applications$$n(9th :$d2014 :$cHarbin, China)

670 ##$aWireless algorithms, systems, and applications, [2014]:$bt. p. (9th International Conference, WASA 2014, Harbin, China, June 23-25, 2014) preface (9th International Conference on Wireless Algorithms, Systems, and Applications)

2.

A. Apr. 27, 2013 B. 20130427 C. professor emeritus D. education E. Purdue University F. West Lafayette G. Theodore Williams H. Theodore Joseph I. 368 J. 370 K. 372 L. 373 M. 374

046 ##$f1923$g ______

100 1#$aWilliams, Theodore J.$q(Theodore Joseph),$d1923-2013

______##$cU. S.

______##$a ______$aPurdue Laboratory for Applied Industrial Control$2naf

377 ##$aeng

378 ##$q ______

670 ##$aThe chronicle of higher education, May 17, 2013:$bpage A41 (Theodore J. Williams; d. Apr. 27, 2013, West Lafayette, Ind.; professor emeritus of engineering and director emeritus of the Purdue Laboratory for Applied Industrial Control, Purdue University at West Lafayette)

3.

A. 1996 B. 2001 C. 1979 D. South Perth. Dept. of Agriculture E. Western Australia. Department of Agriculture F. Western Australia. Dept. of Agriculture G. 370 H. 371 I. 377 J. 378 K. 670 L. 672 M. 673 046 ##$k ______

130 #0$aBulletin (Western Australia. Department of Agriculture : 2001)

430 #0$wnnea$aBulletin (Western Australia. Dept. of Agriculture : 2001)

410 #1$aWestern Australia.$bDepartment of Agriculture.$tBulletin

______##$gSouth Perth

______##$aeng

381 ##$a ______

642 ##$a4516$5DLC

643 ##$aSouth Perth$bDept. of Agriculture

______##$aTrees & shrubs for the midlands and northern wheatbelt, 1996:$bt. p. (Bulletin)

675 ##$aEucalypts of Western Austrlia, 1979?: jacket (Bulletin / Western Australia. Dept. of Agriculture); $a Organic grapes & wine, 2001: t. p. (Bulletin, Department of Agriculture, Western Australia 2001)

4.

A. Sonata B. Choreographic work C. concerto D. Barcelona, Spain E. Church of Santa María del Pí F. cello G. piano H. C minor I. 382 J. 383 K. 384 L. 386 M. 670

130 #0$aSonatas, $m cello, continuo, $rC minor

370 ##$f ______

380 ##$a ________________

______##$a ______$acontinuo

______##$aC minor

400 1#$aBoccherini, Luigi, $d 1743-1805. $tSonata de Barcelona

400 1#$aBoccherini, Luigi, $d 1743-1805. $tSonatas, $mcello, continuo, $rC minor (Barcelona)

430 #0$aSonata de Barcelona

430 #0$aSonatas, $mcello, continuo, $nno. 4, $rC minor

670 ##$a"Sonata de Barcelona", 2007?, ©2007 : $b title page ("Sonata de Barcelona" : en Do menor, para violonchelo y bajo = "Barcelona sonata" / (atribuida) Luigi Boccherini) preface (anonymous 18th-century sonata from manuscript located in the Archives of the Church of Santa María del Pí in Barcelona; attributed to Boccherini by editor) manuscript facsimile caption title (Sonata 4a)

Day 62 答案与解析

一、连线题

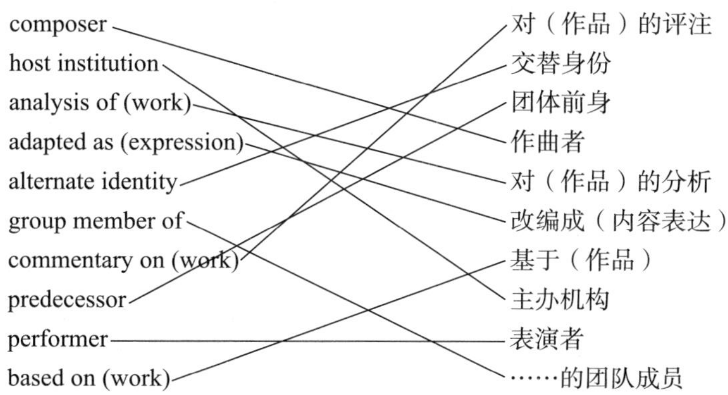

二、描述题

1. 作品之间的关系。电影 *I am legend* 改编自 *Matheson, Richard* 创作的作品 *I am legend*。
2. 作品与创作者之间的关系。电影 *Madame Sousatzka* 的编剧是 *Jhabvala, Ruth Prawer*。
3. 描述关系为:作品之间整体与部分的关系。*Three plays* 中包含 *Dukkehjem*。
4. 描述关系为:内容表达与贡献者之间关系。*Metamorphoses* 的英语译者是 *Green, Roger*。
5. 描述关系为:团体之间的关系。510 字段中团体是 110 字段中团体的上级团体。

三、补充题

1. 500 1#wriSequel to:　2. 500 1#wriFounder:　3. 500 1#wriSucceeded by (expression):

4. 500 1#wriEmployer:　5. 510 1#wriSuccecessor:

四、选择填空

1. A　B　L　I　G　**解析**:本题为团体名称规范记录。046$s 和$t 分别记录团体成立和解散日期,本题中为会议召开和结束日期,采用 ISO 8601 规定的格式,即 A 和 B;*Congresses and conventions* 为团体类型,记录在 368$a;*Harbin* 地点记录在 370 相关地点;372 记录活动领域,从选项看,只有 E 和 G 为可选项,选项 E 为会议的展开形式,经查非 LCSH 主题词,G 为 LCSH 主题词,因此选 G。

2. B　J　L　E　H　**解析**:本题为个人名称规范记录。046$g 记录死亡日期,只有 B 的形式正确;U. S. 为地点,370$c 记录相关国家,与个人名称规范相符,因此选 J;从 670 中看出,*Purdue Laboratory for Applied Industrial Control* 为该个人曾经隶属的团体名称,应记录在 373 字段,因此选 L;同样从 670 中得出,该个人还曾隶属于 *Purdue University at West Lafayette*,因此,将其记录在 373 字段第一个 $a;378 为个人名称的更完整形式,记录 100 字段名称缩写的展开形式,从 100$q 中可以得出应选 H。

3. B　G　I　E　**解析:**本题为代表作品的规范检索点记录。046$k 记录创作起始日期,从 130 字段附加成分可以得出最早出版于 2001 年,选 B;*South Perth* 是 *Western Australia* 的城市,地点应记录在 370 字段,$g 为作品起源地,与本规范记录相符,因此选 G;语言记录在 377 字段,因此选 I;381 字段记录作品或内容表达的其他区别特征,对于作品而言,记录除作品形式、作品日期、作品原创地之外的其他特征,130 字段附加成分 *Western Australia. Department of Agriculture* 作为独立元素记录,正适合记录在 381 字段,因此选 E。

4. D　A　F　K　**解析:**本题为代表音乐作品的规范检索点记录。370$f 记录除出生地、死亡地、相关国家、居住地之外的其他地点,选项中只有 D 适合;380 作品形式见 130,从选项中只有 *A Sonatas* 适合;从 130$m 可以得出 *continuo* 和 *cello* 同为表演媒介,因此应记录在 382 字段,*cello* 记录在 $a;*C minor* 音乐作品的调应记录在 384 字段,选 K。

Day 63
图书完整编目综合练习(1)

一、不定项选择题(每题 5 分,共 50 分)

题名页示意图

Mindfulness and Character Strengths

A Practical Guide to Flourishing

Ryan M. Niemiec
VIA Institute on Character
Cincinnati. OH

版权页示意图

Library of Congress Cataloging-in-Publication Data
Niemiec, Ryan M, author
Mindfulness & character strengths : a practical guide to flourishing / Ryan Niemiec, VIA Institute on Character, Cincinnati, OH.
Accompanied by audio CD.
ISBN 978-0-88937-376-1 (pbk.)
ISBN 978-1-61676-376-3 (pdf)
ISBN 978-1-61334-376-0 (epub)

© 2014 by Hogrefe Publishing
PUBLISHING OFFICES
USA: Hogrefe Publishing, 38 Chauncy Street, Suite 1002, Boston, MA 02111
EUROPE: Hogrefe Publishing, Merkelstr. 3, 37085 Göttingen, Germany

1. LDR/18 字符位(　　)

A. a　　B. i　　C. 空　　D. 以上都不是

2. 008/06-14 字符位(　　)

A. s2014####　　B. s2013####　　C. t20142014　　D. 以上都不是

3. 020 字段(　　)

A. 020 ##$a9780889373761 (pbk.)
020 ##$a9781616763763 (pdf)
020 ##$a9781613343760 (epdf)

B. 020 ##$a978-0-88937-376-1 (pbk.)
020 ##$a978-1-61676-376-3 (pdf)
020 ##$a978-1-61334-376-0 (epub)

C. 020 ##$a9780889373761$qpbk
020 ##$a9781616763763$qpdf
020 ##$a9781613343760$qepdf

D. 020 ##$a9780889373761 (pbk.)

4. 为 100 字段选择合适的关系说明语(　　)

A. editor　　B. writer　　C. author　　D. creator

5. 245 字段记录正确的是(　　)

A. 245 10$aMindfulness and Character Strengths :$bA Practical Guide to Flourishing /$cRyan M. Niemiec.

B. 245 00$aMindfulness and character strengths :$ba practical guide to flourishing /$cRyan M. Niemiec.

C. 245 10$aMindfulness and character strengths :$ba practical guide to flourishing /$cRyan M. Niemiec, VIA Institute on Character, Cincinnati, OH.

D. 245 10$aMindfulness & character strengths :$ba practical guide to flourishing /$cRyan M. Niemiec.

6. 264 字段记录正确的是(　　)

A. 264 #1$aBoston, MA :$bHogrefe Publishing,$c2014.

B. 264 #1$aBoston, MA :$bHogrefe Publishing,$c[2014]
264 #4$c© 2014

C. 264 #1$aBoston, MA :$bHogrefe Publishing,$c[2014]

D. 264 #1$aBoston, MA ;$aGöttingen, Germany :$bHogrefe Publishing,$c[2014]

7. 300 字段记录正确的是(　　)

A. 300 ##$axx, 274 p. :$bill. ;$c26 cm +$e1 CD-ROM (4 3/4 in.)

B. 300 ##$axx, 274 pages :$billustrations ;$c26 cm +$e1 audio disc (digital ; 4 3/4 in.)

C. 300 ##$axx, 274 pages :$billustrations ;$c26 cm
300 ##$a1 audio disc ;$c4 3/4 in.

D. 300 ##$axx, 274 pages :$billustrations ;$c26 cm
500 ##$aAccompanied by an audio CD.

8. 336 字段记录正确的是(　　)

A. 336 ##$atext$btxt$2rdacontent
336 ##$aspoken word$bspw$2rdacontent

B. 336 ##$atext$2rdacontent
336 ##$aspoken word$2rdacontent

C. 336 ##$atext$aspoken word$2rdacontent

D. 336 ##$3book$atext$2rdacontent
336 ##$3CD-ROM$aspoken word$2rdacontent

9. 337 字段记录正确的是(　　)

A. 337 ##$aunmediated$bn$2rdamedia
337 ##$aaudio$bs$2rdamedia

B. 337 ##bn2rdamedia
337 ##bs2rdamedia

C. 337 ##$aunmediated$aaudio$2rdamedia

D. 337 ##$3book$aunmediatedbn2rdamedia
   337 ##$3CD-ROM$aaudiobs2rdamedia

10. 338 字段(　　)

A. 338 ##$abook$bnc$2rdacarrier
   338 ##$aaudio disc$bsd$2rdacarrier

B. 338 ##$avolume$2rdacarrier
   338 ##$aaudio disc$2rdacarrier

C. 338 ##$avolume$aaudio disc$2rdacarrier

D. 338 ##$3book$avolume$2rdacarrier
   338 ##$3CD-ROM$aaudio disc$2rdacarrier

二、判断题(请根据示意图判断记录中用数字标出的字段是否正确,如不正确请改正;每个 2 分,共 20 分)

题名页示意图

THE WTO AGREEMENT ON
TRADE-RELATED ASPECTS
OF INTELLECTUAL
PROPERTY RIGHTS

A COMMEMTARY

Justin Malbon
Mark Davison
Monash University, Australia
Charles Lawson
Mikael Jantunen
Griffith University, Australia

ELGAR COMMENTARIES

Edward Elgar
Cheltenham, UK · Northampton, MA, USA

版权页示意图

©Justin Malbon, Mark Davison and Charles Lawson 2014

Published by
Edward Elgar Publishing Limited
Cheltenham, UK

Edward Elgar Publishing, Inc.
Northampton, MA,USA

First Edition
ISBN: 978 1 84542 443 5
E-ISBN: 978 1 78100 604 7

LDR ^^^^^cam^^2200361^i^4500
008 130710s2014^^^^ enkaf^^^^b^^^^001^0^eng^^
020 ##$a9781845424435 (hbk.)
020 ##$a1845424433 (hbk.)
020 ##$a9781781006047 (ebook)
<u>040 ##$aDLC$cDLC$erda$dDLC</u> ①
042 ##$apcc
050 00$aK1402. A41994$bM35 2014

245 14$aThe WTO Agreement on Trade-Related Aspects of Intellectual Property Rights :$ba commentary ②/$cJustin Malbon, Mark Davison, Charles Lawson, Mikael Jantunen. ③

250 ##$a1st ed. ④

264 #1$aNorthampton, MA, USA:$bEdward Elgar,$c[2014] ⑤

300 ##$alv, 875 pages, [16] pages of plates ⑥: $billustrations (some color) ;$c25 cm.

336 ##$astill image$btxt$2rdacontent ⑦

337 ##$aunmediated$bn$2rdacarrier ⑧

338 ##$avolume$bnc$2rdamedia ⑨

490 0#$aElgar commentaries

504 ##$aIncludes bibliographical references (pages 831-853) and index.

505 0#$aPt. I. General provisions and basic principles -- pt. II. Standards concerning the availability, scope and use of intellectual property rights -- pt. III. Enforcement of intellectual property rights -- pt. IV. Acquisition and maintenance of intellectual property rights and related inter-partes procedures -- pt. V. Dispute prevention and settlement -- pt. VI. Transitional arrangements -- pt. VII. Institutional arrangements : final provisions.

630 00$aAgreement on Trade-Related Aspects of Intellectual Property Rights$d(1994 April 15)

650 0#$aIntellectual property (International law)

650 0#$aForeign trade regulation.

700 1#$aMalbon, Justin,$eauthor. ⑩

700 1#$aLawson, Charles,$eauthor.

700 1#$aDavison, Mark J. ,$eauthor.

700 1#Jantunen, Mikael,$eauthor.

①______ ______________________________

②______ ______________________________

③______ ______________________________

④______ ______________________________

⑤______ ______________________________

⑥______ ______________________________

⑦______ ______________________________

⑧______ ______________________________

⑨______ ______________________________

⑩______ ______________________________

三、实践题(请根据示意图中提供的信息补充书目记录;每空 2 分,共 30 分)

题名页示意图

Human Dignity
and the Law in
Post-War Europe

Roots
and
Reality
of an
Ambiguous
Concept

Christiaan W. J. M. Alting von Geusam

版权页示意图

ISBN: 9789058509581

©Copyright 2013 by Wolf Lega Publishers

Based on author's dissertation (doctoral) - University of Vienna, Austria, 2012.

Ideas, history, and modern Europe

Eidited by
Ban Wang, Stanford University
WANG Hui, Tsinghua University

Volume 7

说明:本书页码 259 页,书高 24 厘米。

LDR　^^^^^cam^^2200337^i^4500

008　130917s2013^^^^______^^^^^^^bm^^^000^0^eng^^(008/15-17)

020 ##$a9789058509581

020 ##$a9058509583

040 ##$aDLC$b ______ $cDLC$erda$dDLC

042 ##$apcc

043 ##$a ____________

100 1#$aAlting von Geusau, Christiaan W. J. M. ,$e ____________

245 10$a ____ :$broots and reality of an ambiguous concept /$cChristiaan W. J. M. Alting von Geusau.

264 #1$a ______________ :$bWolf Lega Publishers,$c ______________________________

264 #4$c ______

300 ##$a259 pages ;$c ______

336 ##$atext$2rdacontent

337 ##$aunmediated$2rdamedia

338 ##$avolume$2rdacarrier

490 0#$a ____ ;$v ______________

502 ##$b ______________ $c ______________ $d ______________

504 ##$a ________________________________ (pages 243-257).

Day 63 答案与解析

一、不定项选择题

1. B **解析**:LDR/18 字符位定义为编目标准,代码选择“i”,该代码在 2010 年被重新定义,从之前的“ISBD”变更为“ISBD punctuation included”,这是 RDA 记录的标志。

2. A **解析**:专著资源上仅有版权年,没有出版年,则可以直接将版权年作为出版年记录,但需加方括号,008/06 字符位选择代码“s”。该做法参考 LC 的编目实践。

3. AC **解析**:根据 MARC 21 书目数据格式标准,记录 ISBN 时不记录连字符,如有需要可由 OPAC 系统自动生成,故<B>错误。根据 RDA 2.15,当资源中有多个同类型的标识符,则需要添加限定词,既可按照资源中的形式将限定词附在 ISBN 之后的圆括号内,也可将其记录在 MARC 21 的 020$q。<D>只记录了印刷型资源的 ISBN,没有完整记录信息源上全部 ISBN。故<A>、<C>正确。

4. C

5. AC **解析**:关于大写,RDA 1.7.2 中提供了两种做法,一是依信息源上显示的形式准确转录,二是依据 RDA 附录 A 的规定予以大写。根据 RDA 2.4.1.4,责任说明总原则是如实转录,但可选择省略,例如作者所属机构。故<A>和<C>正确。<B>:书目记录存在 100 字段,所以 245 的第 1 指示符应为“1”,故<B>错误。<D>:没有如实著录正题名中的 *and*,故错误。

6. BCD **解析**:在编资源上仅有版权年,没有出版年,则可以直接将版权年作为出版年,添加方括号后记录在 264 字段,该做法参考 LC 的编目实践,故<B>正确。<A>:没有为出版年添加方括号,故错误。由于版权日期是条件核心元素,如果已记录了出版日期,版权日期可以省略,故<C>和<D>正确。

7. BCD **解析**:根据 RDA 3.4,记录资源的数量时不使用缩写,故<A>错误。参考 LC 的编目实践,如果资源带有附件,描述载体时有两种做法:(1)如果需要记录附件的细节,可启用两个 300 字段分别记录主资源和附件的载体特征;或者,启用一个 300 字段,将附件的载体特征记录在$e 子字段。(2)如果附件信息对识别资源不重要,可将附件载体特征在附注字段提供即可。据此,<B>、<C>和<D>均正确。

8. ABCD **解析**:根据版权页所给信息可知,资源包含两个组成部分,即图书和作为附件的光盘。这两个部分的内容类型、媒介类型和载体类型,既可以重复 336、337、338 字段本身记录,也可以重复这三个字段的$a 予以记录。当重复 336、337、338 字段即使用另一组 336、337、338 字段记录附件属性时,可用$3 子字段区分主文献图书和附件光盘。同时,336、337、338 字段的$b 均为对应各自$a 中术语的代码,可以省略。故四个选项都是正确的。

9. ABCD **解析**:337 字段用法与 336 相同,参见上题解析。

10. BCD **解析**:图书的载体类型术语是 *volume* 而非 *book*,故<A>错误。

二、判断题

① F 040 ##$aDLC$beng$cDLC$erda$dDLC

② T

③ T

④ F 250 ##$aFirst Edition.

⑤ F 264 #1 $aCheltenham, UK :$bEdward Elgar,$c[2014]

⑥ F 300 ##$alv, 875 pages, 16 unnumbered pages of plates :

⑦ F 336 ##$atext$btxt$2rdacontent

⑧ T

⑨ T

⑩ F 100 1#$aMalbon, Justin,$eauthor.

解析：

①书目记录中需著录编目语言,应补充 040$beng。

② 在编资源是世贸组织的一个合约,是专有名词,所以 245$a 每个首字母大写,$b 小写。

④根据 RDA 2.5,版本标识需按信息源上出现的形式如实转录。

⑤根据 RDA 2.8,如果信息源上有多个出版地,仅第一个是必需的。如果需要记录所有出版地,也要按信息源上的顺序记录。题名页或版权页上 *Cheltenham*,*UK* 这一出版地均名列首位,故应将其记录在第一位。

⑥根据 RDA 3.4.5,未编号且数值易于确定的图版使用术语 *unnumbered pages*,不再使用方括号标注图版数量。

⑦该资源是世贸组织的一个合约,主要内容是文本而非图像,因此 336 内容类型应选择的术语是 *text*。

⑩无论有几个作者,都应将题名页上位于首位的记录为 100 规范检索点,其他责任者记录在 700 字段。

三、实践题

008 xx

040 ## $beng

043 ##$ae------

100 1#$a$eauthor.

245 10$aHuman dignity and the law in post-war Europe :

264 #1$a[Place of publication not identified] : $c [2013]

264 #4$c © 2013 300 ##$c24 cm.

490 0#$aIdeas, history, and modern Europe ;$vVolume 7

502 ##$bPh. D.$cUniversity of Vienna$d2012.

504 ##$aIncludes bibliographical references.

Day 64

图书完整编目综合练习(2)

一、单项选择题(每题 3 分,共 30 分)

题名页示意图

> Neversink library
>
> **My Autobiography**
>
> **Charlie Chaplin**
> introduction by David Robinson
>
> MELVILLE HOUSE
> Brooklyn London Munich

版权页示意图

> Copyright© Charles Chaplin, 1964
>
> Originally published in 1964 by
> The Bodley Head, London
> Introduction copyright © David
> Robinson, 2003
>
> **First Melville House printing December 2012**
>
> Melville House Publishing
> 145 Plymouth Street
> Brooklyn, New York 11201
> www.mhpbooks.com
>
> ISBN: 978-1-61219-193-5

书目信息:电影目录位于 478—480 页,含 1 个索引

载体信息:493 页,16 页未标页码的图版,包含插图,高 19.8 厘米

1. LDR/18 字符位(　　)

   A. a = AACR2　　B. i = RDA　　C. u = unknown　　d. 其他

2. 008/06 字符位(　　)

   A. m(多个日期)　　B. r(重印/再发行日期与原版日期)

   C. s(单个已知或可能日期)　　D. t(出版日期和版权日期)

3. 040 字段中$b 和$e 分别是(　　)

   A. eng、rda　　B. 无、rda　　C. 其他语种代码、rda　　D. 无、无

4. 有关日期信息,下列选项著录正确的是(　　)

   A. 260 ##$c2012, c1964.　　B. 264 #1$c[2012]

   C. 264 #1$c2012.
264 #4$c© 1964　　D. 264 #1$c[2012]
264 #4$c© 1964

5. 有关载体形态信息,下列选项著录正确的是(　　)

   A. 300 ##$a493 p., [16] p. of plates : $bill. ; $c19 cm.

   B. 300 ##$a493 pages, 16 unnumbered pages of plates : $billustrations ; $c20 cm.

C. 300 ##$a493 pages : $billustrations ; $c20 cm.

D. 300 ##$a493 pages, 16 unnumbered pages of plates : $billustrations ; $c19 cm.

6. 有关内容类型、媒介类型和载体类型项，下列选项著录错误的是(　　)

A. 336 ##$atext $2rdacontent　　B. 336 ##$atext$btxt$2rdacontent

C. 337 ##$avolume$bn$2rdamedia　　D. 338 ##$avolume $2rdacarrier

7. 资源从编的规范形式为“Neversink library”，下列选项著录正确的是(　　)

A. 490 0#$aNeversink library　　B. 440 ##$aNeversink library

C. 490 1#$aNeversink library　　D. 490 1#$aNeversink library

830 #0$aNeversink library.

8. 有关书目等信息，下列选项著录正确的是(　　)

A. 504 ##$aIncludes filmography (pages 478-480) and index.

B. 504 ##$aIncludes filmography (p. 478-480) and index.

C. 500 ##$aIncludes filmography and index.

D. 500 ##$aIncludes index.

504 ##$aIncludes filmography (pages 478-480).

9. 500 字段信息反映了(　　)关系

A. 相关载体表现　　B. 描述载体表现　　C. 相关单件　　D. 等同载体表现

10. 700 字段的关系说明语应为(　　)

A. writer of introduction　　B. author

C. editor of introduction　　D. introduction by the author

二、实践题(请根据示意图中提供的信息补充书目记录；每空 2 分，共 20 分)

题名页示意图

ÆTHELWOLD ETC

twenty-six letters inspired by
other letters, and non-letters,
and little bits of poetry, rendered
with accompanying notes

by Russell Maret

MMIX
Russell Maret
New York

载体信息:图书包含 41 叶未标页码的图版,1 个文件夹(portfolio),文件夹中有 27 张未标明页码的纸(sheet)。所有资源盛放在书盒(box)中,书盒尺寸为:高 40 厘米,宽 27.5 厘米,深 7 厘米。

LDR ^^^^^cam^^2200541^ ______ ^4500

008 090930s2009^^^^nyua^^^^^^^^^^000^0^eng^^

040 ##$aDLC$b ______ $e ______ $cDLC

050 00$aN7433. 4. M324$bA75 2009

100 1#$aMaret, Russell,$eauthor.

245 10$a ____________________ :$b ______________________________ /$cby Russell Maret.

264 #1$aNew York :$bRussell Maret,$c ____

300 ##$a ______________________ :$bcolor illustrations ;$c38 cm

300 ##$a ______________________ :$bcolor illustrations ;$c38 cm

300 ##$a ______________________

336 ##$atext$2rdacontent

336 ##a ____________________ $2rdacontent

337 ##$aunmediated$2rdamedia

338 ##$avolume$2rdacarrier

500 ##$aDeluxe edition. Two volumes and one portfolio in a cloth-covered box: AEthelwold, etc., AEthelwold, etc. colors (a diary recording every ink color used to print the letters), and AEthelwold, etc. letters (a suite of unbound prints of the twenty-six letters).

500 ##$a"Aethelwold, etc., was designed, composed, and printed by Russell Maret in Port Chester and New York City. The text and "images" were printed from 163 plates in 105 different colors ... The texts are set in Iohann Titling, Cancellaresca Milanese II, Gill Flare Greek, Leitura Primeira, Utopia Sans, and Textura Inglese, all of which were designed specifically for this book by Russell Maret"--Colophon.

500 ##$a"The book was bound and boxed in the large state of Texas by Craig Jensen and Gary McLerran at Book Lab II"--Colophon.

500 ##$a"The standard edition is housed in a cloth covered drop-spine box. There are forty-four copies numbered 1-44. The deluxe edition is housed in a quarter leather and cloth covered drop-spine box. It is accompanied by a suite of unbound prints of the twenty-six letters and a diary recording every ink color used to print them. There are eleven copies numbered I-XI"--Colophon.

500 ##$aLC has copy I, signed by Russell Maret.$5DLC

700 1#$aMaret, Russell,$e _______________ ,$e _______________ ,$e ____________________

700 1#$aJensen, Craig$q(Craig William),$d1951-,$e ____________________________________

700 1#$aMcLerran, Gary,$e ____

710 2#$aBookLab II (Firm),$ebinder.

710 2#$aPress Collection (Library of Congress)$5DLC

三、实践题(请根据资源示意图和所给信息编制书目记录;每题 20 分,共 40 分)

1.

题名页示意图

INSTITUTE OF GEOGRAPHY AND SPATIAL ORGANIZATION
Stanisław Leszczycki
POLISH ACADEMY OF SCIENCES
GEOGRAPHICAL STUDIES No 234

Marek Więckowski, Daniel Michniak
Maria Bednarek-Szczepańska,
Branislav Chrenka, Vladimír Ira
Tomasz Komornicki, Piotr Rosik,
Marcin Stępniak, Vladimír Székely
Przemysław Śleszyński, Dariusz Świątek,
Rafał Wiśniewski

PAN IGiPZ

POLISH-SLOVAK BORDERLAND
TRANSPORT ACCESSIBILITY AND TOURISM

Warszawa 2012

版权页示意图

Project co-financed by the European Union's European Regional Development Fund as part of the Cross-Border Cooperation Programme Republic of Poland – Slovak Republic 2007–2013
EDITORS
Grzegorz Węcławowicz, Jerzy Grzeszczak, Barbara Krawczyk
Jan Matuszkiewicz, Jerzy J. Parysek
EDITORIAL BOARD
Bolesław Domański, Adam Kotarba, Jan Łoboda, Andrzej Richling
Jan S. Kowalski, Andrzej Lisowski, Eamonn Judge, Lydia Coudroy
VOLUME REVIEWED BY
Marcel Horňák, Stefan Kałuski, Michael Niedzielski, Zbigniew Zioło
Edited by: Marek Więckowski
Cartography by: Przemysław Śleszyński, Marcin Stępniak
Cover photo: Marek Więckowski
English translation by: Ewa Basiura, Erika Kerpčárová, Krzysztof Kowalczyk, Paweł Plichta, Jana Prochotská, Silvia Rísiková
Cover design: Institute of Geography and Spatial Organization, Stanislaw Leszczycki
Polish Academy of Sciences

©Copyright by Institute of Geography and Spatial Organization, Stanislaw Leszczycki
Polish Academy of Sciences, Warsaw 2012
©Copyright by Institute of Geography Slovak Academy of Sciences, Bratislava 2012
PL ISSN 0373-6547
ISBN 978-83-61590-97-2

附加题名页示意图

PRACE GEOGRAFICZNE NR 234

POGRANICZE POLSKO-SŁOWACKIE
DOSTĘPNOŚĆ TRANSPORTOWA I TURYSTYKA

INSTYTUT GEOGRAFII I PRZESTRZENNEGO ZAGOSPODAROWANIA
IM. STANISŁAWA LESZCZYCKIEGO
POLSKA AKADEMIA NAUK

书目信息:参考书目位于 318—323 页

载体信息:包含彩色插图、彩色地图,高 23.9 cm

2. 多部分专著

题名页示意图

Great river

the Rio Grande in North American history

by Paul Horgan

1954

New York Toronto

Rinehart & Company, Inc.

版权页示意图

Library of Congress Cataloging-in-Pulication Data

Volume one. Indians and Spain
volume two. Mexico and the United States

Issued together in slipcase.

"This limited edition of one thousand copies, of which nine hundred and fifty are for sale, has been especially illustrated and signed by the author"--Half title page.

书目信息:参考书目位于957—977 页

载体信息:共2 卷 (xviii, 1020 页),16 页未标页码的图版,包含插图和1 张地图 ,高21 cm

提示:一次到馆,采用综合著录

Day 64 答案与解析

一、单项选择题

1. B

2. D

3. A

4. D **解析**:版权页上呈现的版权日期为1964 年,并未明确指出出版日期,但由 *First Melville Printing December* 2012 可预估出版年为2012 年。

5. B

6. C

7. C

8. A

9. D **解析**:结合版权页分析,书目记录500 字段的内容是 *Originally published in* 1964 *by The Bodley Head*, *London*,用来说明与该资源相同载体表现的另一版本信息。二者之间是等同载体表现关系。

10. A **解析**:由题名页和版权页可知,资源的著者是 *Charlie Chaplin*,应记录在100 字段;简介的作者是 *David Robinson*,为资源的贡献者,应记录在700 字段。根据RDA 附录I. 3. 1,700 字段选用的关系说明语应为 *writer of introduction*。

二、实践题

LDR i

040 ## $beng $erda

245 10$aAEthelwold, etc. :$btwenty-six letters inspired by other letters, and non-letters, and little bits of poetry, rendered with accompanying notes

264 #1$c2009.

300 ##$a41 unnumbered leaves :

300 ##$a1 portfolio (27 unnumbered sheets) :

300 ##$a1 box ;$c40 ×28 ×7 cm

336 ##astill image

700 1#$etype designer, $esigner.

700 1#$ebinder

700 1#$ebinder.

解析:根据 RDA 2.8.6,出版日期用创建数据的机构首选的形式记录,通常为阿拉伯数字,也可按信息源上出现的形式如实转录。因此 264 字段记录“2009”或“MMIX”均可。该资源为多载体配套资料,图版与装有纸张的文件夹放在同一书盒中。根据 RDA 3.5,容器的尺寸著录为:高度 × 宽度 × 深度。由于各部分信息对于识别和选择载体重要,除了记录书盒载体形态之外,需要启用多个 300 字段对每一部分的具体情况加以描述。“27 张未标明页码的纸”是“文件夹”的子单元数量,根据 RDA 3.4 应将其记录在圆括号内。题面所给信息中,300 字段包含$bcolor illustrations,由此可知资源内容中含有图像,因此 336 内容类型除了 *text*(文本)之外,还应当记录 *still image*(静态图像)。根据书目记录中已有的第 2 个 500 字段,该资源的著者 *Russell Maret* 还是书中 *Iohann Titling* 等字体的设计者和资源印刷者;由最后一个 500 字段可知,国会图书馆馆藏的这一单件是 *Russell Maret* 的签名版。因此对应 700 字段中的 *Russell Maret*,有三个关系说明语:*type designer*、*printer* 和 *signer*。这三个名称出现在书目记录的第 3 个 500 字段。由此可知需要补充的关系说明语是 *binder*(装订者)。

三、实践题

1. LDR ^^^^^nam^^2200409^i^4500

008 130618s2012^^^^pl^ab^^^^b^^^^000^0^eng^^

020 ##$a9788361590972

020 ##$a8361590978

040 ##$aCcBjTSG$beng$cCcBjTSG$erda

041 1#$aeng$hpol

100 1#$aWięckowski, Marek,$eauthor.

245 10 $aPolish-Slovak borderland :$btransport accessibility and tourism = Pogranicze polsko-słowackie : dostępność transportowa i turystyka /$cMarek Więckowski [and 11 others] ; English translation by Ewa Basiura [and 5 others].

246 31$aPogranicze polsko-słowackie :$bdostępność transportowa i turystyka

264 #1$aWarszawa :$bPAN IG i PZ,$c2012.

300 ##$a323 pages :$bcolor illustrations, color maps ;$c24 cm.

336 ##$atext$2rdacontent

337 ##$aunmediated$2rdamedia

338 ##$avolume$2rdacarrier

490 1#$aPrace geograficzne / Polska Akademia Nauk, Instytut Geografii i Przestrzennego Zagospodarowania im. Stanisława Leszczyckiego,$x0373-6547 ;$vnr 234

504 ##$aIncludes bibliographical references (pages 318-323).

700 1#$aBasiulis, Ewa, $etranslator.

830 #0$aPrace geograficzne (Warsaw, Poland) ;$vnr. 234.

2. LDR ^^^^^nam^^2200373^i^4500

008 101216s1954^^^^nyuabf^^^b^^^^001^0^eng^^

040 ##$aCcBjTSG$beng$cCcBjTSG$erda

100 1#$aHorgan, Paul,$d1903-1995,$eauthor.

245 10#$aGreat river :$bthe Rio Grande in North American history /$cby Paul Horgan.

264 #1$aNew York ;$aToronto :$bRinehart & Company, Inc. ,$c1954.

300 ##$a2 volumes (xviii, 1020 pages, 16 unnumbered pages of plates) :$billustrations, map ;$c21 cm

336 ##$atext$2rdacontent

337 ##$aunmediated$2rdamedia

338 ##$avolume$2rdacarrier

500 ##$a"This limited edition of one thousand copies, of which nine hundred and fifty are for sale, has been especially illustrated and signed by the author"--Half title page.

500 ##$aIssued together in slipcase.

504 ##$aIncludes bibliogaphical references (pages 957-977) and index.

505 0#$aVolume one. Indians and Spain -- volume two. Mexico and the United States.

Day 65
图书完整编目综合练习(3)

一、判断题(请根据示意图判断记录中用数字标出的字段是否正确,如不正确请改正;每个2分,共20分)

题名页示意图

The Compenius organ
Compenius-orglet

chief-editor, Claus Roellum-Larsen
editors, Thomas Lyngby, Sven-Ingvart
Mikkelsen, Henrik Fibiger Nørfelt
English translation, Gwyn Hodgson
Danish translation, Susanne Lange,
Jürgen Schoop (from German)

Det Nationalhistoriske Museum,
Frederiksborg Slot
2012

版权页示意图

Copyright© Det Nationalhistoriske Museum 2012

Det Nationalhistoriske Museum
Frederiksborg Slot
3400 Hillerød

ISBN: 9788787237734
ISBN: 8787237733

书目信息:参考书目197页,1个索引,唱片目录208—209页

载体信息:213页,插图,部分为彩色,高28 cm,附带1张DVD

LDR　^^^^^cam^^2200577^a^4500　①

007 sg^cvaizu　②

008 131025t20122012dk^a^^^^^bk^^^001^0^eng^d

020 ##$a9788787237734

020 ##$a8787237733

040 ##$aOHX$beng$erda$cOHX$dOCLCQ$dMZA$dDLC　③④

041 1#$aeng$adan$heng$hdan$hger

043 ##$ae-dk---

050 00$aML594. F69$bC66 2012

245 04$aThe Compenius organ =$bCompenius-orglet /$cchief-editor, Claus Roellum-Larsen ; editors, Thomas Lyngby, Sven-Ingvart Mikkelsen, Henrik Fibiger Nørfelt ; English translation, Gwyn Hodgson ; Danish translation, Susanne Lange, Jürgen Schoop (from

German).

246 30$aCompenius-orglet ⑤

264 #1$aHilleroed :$bDet NationalhistoriskeMuseum, Frederiksborg Slot,$c2012. ⑥

264 #4$c© 2012

300 ##$a213 pages :$billustrations (some color) ;$c28 cm +$e1 DVD.

336 ##$atext$2rdacontent

336 ##$astill image$2rdacontent

336 ##$3computer disc$atwo-dimensional moving image$2rdacontent

336 ##$3computer disc$aperformed music$bprm$2rdacontent ⑦

337 ##$aunmediated$2rdamedia

337 ##$3computer disc$avideodisc $2rdamedia ⑧

338 ##$avolume$2rdacarrier

338 ##$3computer disc$avideo $2rdacarrier ⑨

500 ##$aAccompanying DVD video produced by Authentia Music Society, with performers Sven-Ingvart Mikkelsen (castle organist) and Ensemble Authentia (Lene Langballe, Roberto Falcone, Hans Andersen).

546 ##$aEnglish and Danish.

504 ##$aIncludes bibliographical references (page 197), index, and discography (pages 208-209).

505 00$tPreface =$tForord /$rMette Skougaard --$tThe Compenius organ in Denmark =$tCompenius-orglet i Danmark /$rThomas Lyngby --$tWhere the Compenius organ was build: cultural life at the court of Wolfenbüttel around 1600 =$tHvor Compenius-orglet blev byttet: det kulturelle liv ved hoffet i Wolfenbüttel omkring år 1600 /$rDorothea Schöder --$tEsaias Compenius and his family =$tEsaias Compenius og hans familie /$rGerhard Aumüller --$tConcerning the survey of the Compenius organ in1940 =$tOmkring Compenius-orglets opmåling i 1940 /$rSvend Prip --$tCompenius as a butcher of books =$t-Compenius som bogslagter /$rChristian Gorm Tortzen --$tThe Compenius organ over 400 years =$tCompenius-orglet gennem 400 år /$rMads Kjersgaard --$tFinn Viderø and the Compenius organ =$tFinn Viderø og Compenius-orglet /$rKai Ole Bøggild --$tThe musician and the Compenius organ =$tMusikeren og Compenius-orglet /$rSven-Ingvart Mikkelsen --$gDiscography =$gDiskografi.

505 80$gContents of DVD:$tVolta /$rMichael Praetorius --$tEngellischer Mascharada - and Presentation /$rJohann Rudolf Radeck --$tKing of Denmark's Galliard /$rJohn Dowland --$tPraeludium /$rJohann Lorentz --$tCiacona /$rDietrich Buxtehude --$tKunigin hoff tantz /$rHans Neusiedler --$tAria sopra la "Bergamasca" /$rMarco Uccelini --$tEin feste Burg ist unser Gott /$rChristian Flor --$tCiaccona /$rAndrea Falconieri --$tCanario /$rMichael Paetorius.

700 1#$aRøllum-Larsen, Claus,$d1953-$eeditor.

700 1#$aLyngby, Thomas,$eeditor.

700 1#$aMikkelsen, Sven-Ingvart,$eeditor.
700 1#$aNørfelt, Henrik Fibiger,$eeditor.
710 2#$aAuthentia Music Society,$eproducer.　⑩
710 2#$aEnsemble Authentia,$eperformer.
710 2#$aNationalhistoriske museum på Frederiksborg.

①______ ______
②______ ______
③______ ______
④______ ______
⑤______ ______
⑥______ ______
⑦______ ______
⑧______ ______
⑨______ ______
⑩______ ______

二、实践题(请根据示意图和所给信息创建书目记录;每题 20 分,共 80 分)

1. 多部分专著(分析著录)

题名页示意图

East Anglian Archaeology Report
no. 145

Bacton to King's Lynn Gas Pipeline

Volume 1 Prehistoric, Roman and medieval archaeology

Tom Wilson, Derek Cater, Chris Clay and Richard Moore

2012
Network Archaeology
Lincoln

书目信息:参考书目,多个索引
载体信息:250 页,包含插图,高 30 cm;ISBN 9780957228801,平装本

2. 学位论文

题名页示意图

Florian Grote

Locating Publics

Forms of Social Order in an Electronic Music Scene

Springer VS

版权页示意图

Florian Grote
Berlin, Germany

Dissertation of the Zeppelin University, Friedrichshafen 2013
First Reviewer: Dirk Baecker
Second Reviewer: Martin Warnke
Third Reviewer: Karen van den Berg
Date of the Disputation: September 11, 2013

ISBN978-3-658-05406-9
ISBN978-3-658-05407-6 (eBook)
DOI 10.1007/978-3-658-05407-6

Springer VS
©Springer Fachmedien Wiesbaden 2014

载体信息:266 页,包含插图;平装本;尺寸(高 × 宽)22 cm × 18.5 cm。

3. 资源包含附件,且附件具有题名和独立的 ISBN

题名页示意图

rethinking
art'shistories

Gender, artwork
and the global imperative

A materialist feminist critique

Angela Dimitrakaki

Manchester University Press
2013
Manchester New York

附件手册封面示意图

Dr. Young's
gender, artWork and the
global imperative

ISBN9780719083479

载体信息:ISBN 9780719083594;页码 xii,275;包含插图;尺寸(高 × 宽)23.2 cm× 19.3 cm;"Distributed by Palgrave Macmillan, New York"——版权页
附件信息:页码 ii,45;尺寸(高 × 宽)17 cm× 14 cm。

4. 博览会

题名页示意图

FRIEZE ART FAIR

London 2013

Phillips Sam

版权页示意图

©Copyright 2013, Frieze, London.
First published 2013

Frieze Art Fair London Catalogue 2013

Published to coincide with Frieze London 2013 Regent's Park, London, 17-20 Oct. 2013.

书目信息:多个索引
载体信息:ISBN 为 9780957249639;资源未标页码;包含插图,大部分为彩色;尺寸(高 × 宽)28.9 cm× 19.8 cm

Day 65 答案与解析

一、判断题

① F i　② F vd　③ T　④ T　⑤ F 31　⑥ T
⑦ T　⑧ F $avideo　⑨ F $avideodisc　⑩ T

二、实践题

1.

LDR^^^^^nam^^2200373^i^4500
008130204s2012^^^^enka^^^^^b^^^^001^0^eng^^
020 ##$a9780957228801 (paperback)
040 ##$aCcBjTSG$beng$cCcBjTSG$erda
245 00$aBacton to King's Lynn gas pipeline.$nVolume 1,$pPrehistoric, Roman and medieval archaeology /$c-Tom Wilson, Derek Cater, Chris Clay and Richard Moore.

264 #1$aLincoln :$bNetwork Archaeology,$c2012.

300 ##$a250 pages :$billustrations ;$c30 cm.

336 ##$atext$2rdacontent

337 ##$aunmediated$2rdamedia

338 ##$avolume$2rdacarrier

490 1#$aEast Anglian archaeology ;$vreport no. 145

504 ##$aIncludes bibliographical references and indexes.

700 1#$aWilson, Tom$q(Thomas),$d1973-$eauthor.

700 1#$aCater, Derek,$eauthor.

700 1#$aClay, Chris,$eauthor.

700 1#$aMoore, Richard H.$q(Richard Henry),$d1949-$eauthor.

830 #0$aEast Anglian archaeology ;$vrept. no. 145.

2.

LDR ^^^^^nam^^2200361^i^4500

008 140627s2014^^^^gw^a^^^^^bm^^^000^0^eng^^

020 ##$a9783658054069 (paperback)

020 ##$a9783658054076 (ebook)

040 ##$aCcBjTSG$beng$cCcBjTSG$erda

100 1#$aGrote, Florian, $eauthor.

245 10$aLocating publics :$bforms of social order in an electronic music scene /$cFlorian Grote.

264 #1$aWiesbaden :$bSpringer VS,$c[2014]

264 #4$c© 2014

300 ##$a266 pages :$billustrations ;$c22 cm.

336 ##$atext$2rdacontent

337 ##$aunmediated$2rdamedia

338 ##$avolume$2rdacarrier

490 1#$aSpringer VS research

502 ##$bPh. D.$cZeppelin University$d2013.

504 ##$aIncludes bibliographical references.

830 #0$aSpringer VS research.

解析:学位论文都有参考书目,这是题面中的隐含信息。因此 008/24 字符位为"b",同时启用 504 字段。502 字段包含与学位论文相关的信息,在 MARC 21 修订前,所有信息均记录于$a。后来,MARC 21 针对 RDA 2.15 和 RDA 7.9 新增了$b、$c、$d、$g 和$o 子字段,将原有$a 的内容拆分为多个独立的子元素:$a——论文附注,$b——学位类型,$c——授予机构,$d——授予学位的年,$g——其他信息,$o——学位论文标识符。

3.

LDR ^^^^^nam^^2200709^i^4500

008 130828s2013^^^^enka^^^^^b^^^^001^0^eng^^

020 ##$a9780719083594

020 ##$a9780719083479$qmanual

040 ##$aCcBjTSG$beng$cCcBjTSG$erda

100 1#$aDēmētrakakē, Antzela,$d1968-$eauthor.

245 10$aGender, artWork and the global imperative :$ba materialist feminist critique /$cAngela Dimitrakaki.

264 #1$aManchester ;$aNew York :$bManchester University Press,$c2013.

264 #2$aNew York :$bPalgrave Macmillan

300 ##$axii, 275 pages :$billustrations ;$c24 cm + $e1 manual (ii, 45 pages ; 17 cm)

336 ##$atext$btxt$2rdacontent

337 ##$aunmediated$bn$2rdamedia

338 ##$avolume$bnc$2rdacarrier

490 1#$aRethinking art's histories

500 ##$aTitle on manual: Dr. Young's gender, artWork and the global imperative.

504 ##$aIncludes bibliographical references and index.

740 02$aDr. Young's gender, artWork and the global imperative.

830 #0$aRethinking art's histories.

解析:740 字段记录附件的题名,附件视为资源的组成部分,相当于汇编作品,第 2 指示符为“2”,表示分析款目。

4.

LDR ^^^^^nam^^2200313^i^4500

008 130531s2013^^^^enka^^^^^^^^^^001^0^eng^^

020 ##$a9780957249639

040 ##$aCcBjTSG$beng$cCcBjTSG$erda

111 2#$aFrieze Art Fair$d (2013: $cLondon, England)

245 10$aFrieze Art Fair :$bLondon 2013/ Phillips Sam.

246 13$aFrieze Art Fair London catalogue 2013

264 #1$aLondon :$bFrieze,$c2013.

300 ##$a1 volume (unpaged) :$billustrations (chiefly color) ;$c29 cm

500 ##$aIncludes indexes.

500 ##$a“Published to coincide with Frieze London 2013 Regent's Park, London, 17-20 Oct. 2013.”--Colophon.

700 1#$aPhillips, Sam,$eeditor.

Day 66
图书完整编目综合练习(4)

实践题(请根据示意图和所给信息创建书目记录;每题 20 分,共 100 分)

1. 普通图书附带光盘

题名页示意图

Advances in the Astronautical Sciences
Volume 152

Spaceflight mechanics 2014
proceedings of the 24th AAS/AIAA Space Flight Mechanics Meeting held January 26-30, 2014, Santa Fe, New Mexico, U.S.A.

edited by
Roby S. Wilson, Renato Zanetti, Donald L. Mackison, Ossama Abdelkhalik

UNIVELT PUBLISHERS SAN DIEGO · CALIFORNIA

版权页示意图

©2014 UNIVELT

Issued by American Astronautical Society and American Institute of Aeronautics and Astronautics

Library of Congress
Cataloging-in-Pulication Data

AAS/AIAA Spaceflight Mechanics Meeting
(24th :$d2014 :$cSanta Fe, N.M.)
Accompanying disc contains complete text in PDF format.
System requirements for accompanying disc: IBM compatible PC or Macintosh; Adobe Acrobat reader.

ISBN: 9780877036111(Hard Cover plus CD ROM)
ISBN: 9780877036128(CD ROM version)

书目信息:参考书目,多个索引

载体信息:4 卷（xxxi, 3815 页）,包含插图,高 24.5 cm,附带 1 张 CD

2. 会议录

题名页示意图

Structural, Syntactic, and Statistical Pattern Recognition
Joint IAPR International Workshop, SSPR & SPR 2012, Hiroshima, Japan, November 7-9, 2012
Proceedings

IAPR

Springer

版权页示意图

Volume Editors
Georgy Gimel'farb,Edwin Hancock,
Atsushi Imiya, Arjan Kuijper,
Mineichi Kudo,Shinichiro Omachi,
Terry Windeatt,Keiji Yamada
ISSN 0302-9743
ISBN 978-3-642-34165-6
e-ISSN 1661-3349
e-ISBN978-3-642-34166-3

Springer Heidelberg Dordrecht London New York
LNCS Sublibrary: SL 6-Image Processing, Computer Vision, Pattern Recognition, and Graphics
Lecture notes in computer science
Volume 7626
©Springer-Verlag Berlin Heidelberg 2012
Springer is part of Springer Science+Business Media(www.springer.com)

书目信息:参考书目,1 个索引

载体信息:xvii,755 页;包含插图,高 23.4 cm

3. 法律文献——宪法

题名页示意图

The Constitution
of the
United States of America
analysis and interpretation

Centennial Edition

INTERIM EDITION:analysis of cases decided by the Supreme Court of the United States to June 28, 2012

Document no. 112-9
112th Congress, 2nd session
Senate

(接)题名页示意图

prepared by the
Congressional Research Service
Library of Congress
Kenneth R. Thomas
editor-in-chief
Larry M. Eig
managing editor
Henry Cohen,
George Costello
contributing editors
U.S. GOVERNMENT PRINTING OFFICE
39–309 WASHINGTON : 2014
Online Version:
www.gpo.gov/constitutionannotated
For sale by the Superintendent of Documents, U.S. Government Printing Office

书目信息:参考书目,1 个索引

载体信息:xxvi,2789 页;高 28.3 cm

4. 法律文献——条约

题名页示意图

United States Department of State

TREATY BETWEEN THE UNITED STATES OF AMERICA AND THE RUSSIAN FEDERATION ON MEASURES FOR THE FURTHER REDUCTION AND LIMITATION OF STRATEGIC OFFENSIVE ARMS

treaty signed April 8, 2010

Washington, DC
United States Department of State
Bureau of Arms Control
Verification and Compliance
Office of Strategic Affairs

载体信息:多种页码;包含表格;高 21.4 cm;根据出版社提供的书单信息得知出版年为

2012 年

5. 汇编作品——同一作者,有总题名

题名页示意图	版权页示意图
NICK COLE THREE NOVELS The Old Man and the Wasteland The Savage Boy The Road Is a River The Wasteland Saga	THE SAVAGE BOY. Copyright©2013 by Nick Cole. First HarperCollins e-books edition: February 2013 THE OLD MAN AND THE WASTERLAND. Copyright©2012 by Nick Cole. First HarperCollins e-books edition: July 2012 THE WASTELAND SAGA. Copyright©2013 by Nick Cole. For information address HarperCollins Publishers, 10 East 53rd Street, New York, NY 10022. FIRST EDITION ISBN 978-0-06-221019-7

载体信息:661 页,高 22.8 cm

Day 66 答案与解析

实践题

1.

LDR ^^^^^nam^^2200445^i^4500

008 141028t20142014caua^^^^^b^^^^101^0^eng^^

020 ##$a9780877036111$q(Hard Cover plus CD ROM)

020 ##$a9780877036128$q(CD ROM version)

040 ##$aCcBjTSG$beng$cCcBjTSG$erda

111 2#$aAAS/AIAA Spaceflight Mechanics Meeting$n(24th :$d2014 :$cSanta Fe, N. M.) ,$jauthor.

245 10$aSpaceflight mechanics 2014 :$bproceedings of the 24th AAS/AIAA Space Flight Mechanics Meeting held January 26-30, 2014, Santa Fe, New Mexico, U. S. A. /$cedited by Roby S. Wilson, Renato Zanetti, Donald L. Mackison, Ossama Abdelkhalik.

264 #1$aSan Diego, California :$bPublished for the American Astronautical Society by Univelt,$c[2014]

264 #4$c© 2014

300 ##$a4 volumes (xxxi, 3815 pages) :$billustrations ;$c25 cm +$e1 CD-ROM (4 3/4 in.)

336 ##$3volume$atext$btxt$2rdacontent

336 ##$3CD-ROM$atwo-dimensional moving image$btdi$2rdacontent

337 ##$3volume$aunmediatedbn2rdamedia

337 ##$3CD-ROM$acomputerbc2rdamedia

338 ##$3volume$avolumebnc2rdacarrier

338 ##$3CD-ROM$acomputer discbcd2rdacarrier

490 1#$aAdvances in the astronautical sciences,$x1081-6003 ;$vvolume 152

538 ##$aSystem requirements for accompanying disc: IBM compatible PC or Macintosh; Adobe Acrobat reader.

500 ##$aAccompanying disc contains complete text in PDF format.

504 ##$aIncludes bibliographical references and indexes.

700 1#$aWilson, Roby S. ,$eeditor.

700 1#$aZanetti, Renato,$d1978-$eeditor.

700 1#$aMackison, Donald L. ,$eeditor.

700 1#$aAbdelkhalik, Ossama,$eeditor.

710 2#$aAmerican Astronautical Society,$eissuing body.

710 2#$aAmerican Institute of Aeronautics and Astronautics,$eissuing body.

830 #0$aAdvances in astronautical sciences ;$vv. 152.

2.

LDR ^^^^^nam^^2200517^i^4500

008 120907t20122012gw^a^^^^^b^^^^101^0^eng^^

020 ##$a9783642341656 (print)

020 ##$z9783642341663 (eISBN)

040 ##$aCcBjTSG$beng$cCcBjTSG$erda

111 2#$aInternational Workshop on Structural and Syntactic Pattern Recognition
$ d(2012 :$cHiroshima-shi, Japan)

245 10$aStructural, syntactic, and statistical pattern recognition :$bJoint IAPR International Workshop SSPR & SPR 2012, Hiroshima, Japan, November 7-9, 2012 : proceedings /$cvolume editors, Georgy Gimel'farb [and 7 others].

246 30$aSSPR & SPR 2012

246 30$aSSPR 2012

246 30$aSPR 2012

264 #1$aBerlin :$bSpringer,$c[2012]

264 #4$c© 2012

300 ##$axvii, 755 pages :$billustrations ;$c24 cm.

336 ##$atext$btxt$2rdacontent

337 ##$aunmediated$bn$2rdamedia

338 ##$avolume$bnc$2rdacarrier

490 1#$aLecture notes in computer science,$x0302-9743 ;$v7626

490 1#$aLNCS sublibrary. SL 6, Image processing, computer vision, pattern recognition, and graphics

504 ##$aIncludes bibliographical references and index.

700 1#$aGimel'farb, Georgiĭ L'vovich,$eeditor.

710 2#$aInternational Association for Pattern Recognition.

711 2#$aInternational Workshop on Statistical Techniques in Pattern Recognition
$ d(2012 :$cHiroshima-shi, Japan)

830 #0$aLecture notes in computer science ;$v7626.

830 #0$aLNCS sublibrary.$nSL 6,$pImage processing, computer vision, pattern recognition, and graphics.

解析:资源内容为两个国际会议——于 2012 年召开的 SSPR 和 SPR 大会的会议论文集。这两个会议是由 IAPR(International Association for Pattern Recognition)这一协会联合召开的。因此需要分别为两个会议名称和一个协会名称创建规范检索点。

3.

LDR ^^^^^nam^^2200397^i^4500

008 131101s2014^^^^dcu^^^^^^b^^^f001^0^eng^^

040 ##$aCcBjTSG$beng$cCcBjTSG$erda

043 ##$an-us---

110 1#$aUnited States, $eenacting jurisdiction.

240 10$aConstitution

245 14$aThe Constitution of the United States of America :$banalysis and interpretation : analysis of cases decided by the Supreme Court of the United States to June 28, 2012 /$cprepared by the Congressional Research Service, Library of Congress ; Kenneth R. Thomas, editor-in-chief ; Larry M. Eig, managing editor ; Henry Cohen, George Costello, contributing editors.

250 ##$aCentennial edition.

264 #1$aWashington :$bU. S. Government Printing Office,$c2014.

264 #2$aWashington, DC :$bFor sale by the Superintendent of Documents, U. S. Government Printing Office

300 ##$axxvi, 2789 pages ;$c29 cm.

336 ##$atext$2rdacontent

337 ##$aunmediated$2rdamedia

338 ##$avolume$2rdacarrier

490 0#$aDocument / 112th Congress, 2nd session, Senate ;$vno. 112-9

504 ##$aIncludes bibliographical references and index.

530 ##$aAlso available on the Internet.

700 1#$aThomas, Kenneth R. ,$eeditor.

700 1#$aEig, Larry M. ,$eeditor.

710 1#$aUnited States.$bSupreme Court.

710 2#$aLibrary of Congress.$bCongressional Research Service.

856 41$uhttp://www. gpo. gov/constitutionannotated

解析:对于宪法(constitution)、宪章(charter),将制定法律的行政管辖区或国际政府间团体的规范检索点记录在 110 字段,关系说明语 *enacting jurisdiction* 来自 RDA 附录 I,表示“制定法律的行政管辖区”。

4.

LDR ^^^^^nam^^2200397^i^4500

008 150211s2012^^^^dcuk^^^^^z^^^f000^0^eng^^

040 ##$aCcBjTSG$beng$cCcBjTSG$erda

043 ##$an-us---$ae-ru---

130 0#$aTreaty between the United States of America and the Russian Federation on Measures for the Further Reduction and Limitation of Strategic Offensive Arms$d(2010 April 8)

245 10$aThe Treaty between the United States of America and the Russian Federation on Measures for the Further Reduction and Limitation of Strategic Offensive Arms :$btreaty signed April 8, 2010.

264 #1$aWashington, DC :$bUnited States Department of State, Bureau of Arms Control, Verification and Compliance, Office of Strategic Affairs,$c[2012]

300 ##$a1 volume (various pagings) :$bforms ;$c22 cm

336 ##$atext$2rdacontent

337 ##$aunmediated$2rdamedia

338 ##$avolume$2rdacarrier

500 ##$aAt head of title: United States Department of State.

710 1#$aUnited States.

710 1#$aRussia (Federation)

710 1#$aUnited States.$bDepartment of State.

解析:资源为美俄条约,008/24 内容属性代码为“z”,即 *Treaties*。根据 RDA 最新规定,条约、国际协定等不再属于团体作为创作者的法律作品类别。签订条约、国际协定等的政府或国际组织被视为与作品相关的其他团体,可为其编制附加规范检索点,记录在 710 字段。

5.

LDR　^^^^^nam^^2200409^i^4500

008　141120s2013^^^^nyu^^^^^^^^^^^000^1^eng^^

020 ##$a9780062210197

040 ##$aCcBjTSG$beng$cCcBjTSG$erda

100 1#$aCole, Nick,$d1968-

240 10$aNovels.$kSelections

245 14$aThe Wasteland saga :$bthree novels /$cNick Cole.

250 ##$aFirst edition.

264 #1$aNew York :$bHarper Voyager,$c[2013]

264 #4$c© 2013

300 ##$a661 pages ;$c23 cm

336 ##$atext$2rdacontent

337 ##$aunmediated$2rdamedia

338 ##$avolume$2rdacarrier

505 00$tThe old man and the wasteland --$tThe savage boy --$tThe road is a river.

700 12$iContainer of (work) :$aCole, Nick.$tOld man and the wasteland.

700 12$iContainer of (work) :$aCole, Nick.$tSavage boy.

700 12$iContainer of (work) :$aCole, Nick.$tRoad is a river.

Day 67
图书完整编目综合练习(5)

实践题(请根据示意图和所给信息创建书目记录;每题 20 分,共 100 分)

1. 创作者相同,正题名未改变

题名页示意图

CENGAGE ADVANTAGE EDITION

THE AMERICAN PAGEANT
A History of the American People

FIFTEENTH EDITION

David M. Kennedy
Stanford University
Lizabeth Cohen
Harvard University

WADSWORTH
CENGAGE Learning

Australia · Brazil · Japan · Mexico · United States

版权页示意图

©2014, 2010, 2006 Wadsworth, Cengage Learning

The American Pagenant,
Fifteenth Edition
David M. Kennedy and Lizabeth Cohen

ISBN-13: 978-1-133-95972-4

ISBN-10: 1-133-95972-5

Wadsworth
20 Channel Center Street
Boston, MA 02210
USA

书目信息:含书目和 1 个索引

载体信息:页码 xxxii, 960, D-31, I-46;包含插图,部分为彩色,彩色地图;尺寸(高 × 宽)23.2 cm× 16 cm。

2. 创作者相同,正题名改变

题名页示意图

EDITION 8

DEVELOPING AND ADMINISTERING
A CHILD CARE *and* EDUCATION PROGRAM

Dorothy June Sciarra
Anne G, Dorsey
Professor Emerita, Associate professor
Ellen M. Lynch
Associate professor, Associate professor
Shauna M. Adams
Associate professor, University of Dayton

WADSWORTH
CENGAGE Learning

Australia · Brazil · Japan · Mexico · United States

版权页示意图

©2013, 2010, 2007 Wadsworth, Cengage Learning

Developing and Administering a Child Care and Education Program,
Eighth Edition
Dorothy June Sciarra, Anne G, Dorsey, Ellen M. Lynch, Shauna M. Adams

ISBN-13: 978-1-111-83338-1

ISBN-10: 1-111-83338-9

Wadsworth
20 Davis Drive
Belmont, CA 94002-3098
USA

书目信息:含书目和 1 个索引

载体信息:页码 xvi, 448;包含插图,部分为彩色;尺寸(高×宽)27.6 cm×21.8 cm 第 1—5 版题名为 *Developing and administering a child care center*

3. 创作者顺序变化,正题名未变

题名页示意图

Comparative Criminal Justice Systems

THIRD EDITION

HARRY R. DAMMER

University of Scranton

Erika Fairchild

Virginia Commonwealth University

BRILL

LEIDEN · BOSTON

2006

先前版本题名页示意图

Erika Fairchild

HARRY R. DAMMER

Comparative Criminal Justice Systems

SECOND EDITION

BRILL

LEIDEN · BOSTON

2000

书目信息:含书目和 1 个索引

载体信息:ISBN 9780534615420;页码 xxix, 364;包含插图;尺寸(高×宽)22.3 cm×14.8 cm

4. 原创作者不存在

题名页示意图

The Least You Should Know about English

ELEVENTH EDITION

form C

WRITING SKILLS

PAIGE WILSON

PASADENA CITY COLLEGE

TERESA FERSTER GLAZIER

LATE, WESTERN ILLINOIS UNIVERSITY

WADSWORTH

CENGAGE Learning

Australia · Brazil · Japan · Mexico · United States

先前版本题名页示意图

The Least You Should Know about English

FORM C

Writing Skills

Tenth Edition

Barry L. Reece

书目信息:含 1 个索引

载体信息:ISBN 9781111830922;页码 viii, 325;高 23.6 cm2014 年出版

5. 正题名改变,无创作者

封面示意图

先前版本封面示意图

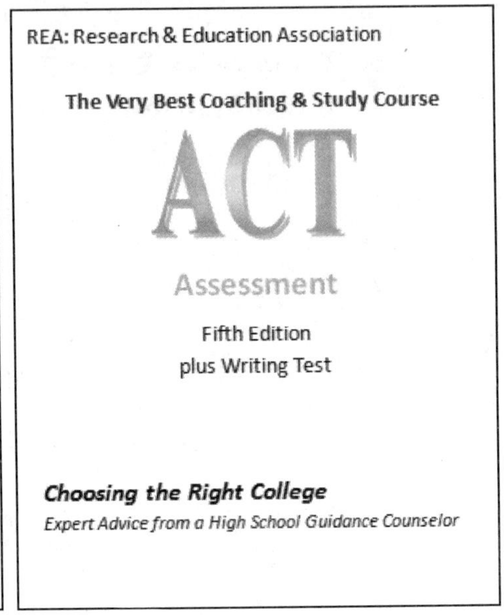

书目信息:含 1 个索引

载体信息:ISBN 9780738606705;页码 xx, 1048;包含插图;高 25.3 cm;2011 年出版

Day 67 答案与解析

实践题

1.

LDR ^^^^^nam^^2200337^i^4500

008 120913s2014^^^^at^ab^^^^b^^^^001^0^eng^^

020 ##$a9781133959724 (pbk.)

020 ##$a1133959725 (pbk.)

040 ##$aCcBjTSG$beng$cCcBjTSG$erda

100 1#$aKennedy, David M, $eauthor.

245 14$aThe American pageant :$ba history of the American people /$cDavid M. Kennedy, Stanford University, Lizabeth Cohen, Harvard University.

264 #1$aAustralia :$bWadsworth/Cengage Learning,$c[2014]

264 #4$c© 2014

250 ##$aFifteenth edition, Cengage advantage edition.

300 ##$a1 volume (various pagings) :$billustrations (some color), color maps ;$c24 cm.

336 ##$atext$2rdacontent

337 ##$aunmediated$2rdamedia

338 ##$avolume$2rdacarrier

490 1#$aCengage advantage books
504 ##$aIncludes bibliographical references and index.
700 1#$aCohen, Lizabeth, $eauthor.
830 #0$aCengage advantage books.

2.

LDR　^^^^^nam^^2200313^i^4500
008　120221s2013^^^^caua^^^^^b^^^^001^0^eng^^
020 ##$a9781111833381
020 ##$a1111833389
040 ##$aCcBjTSG$beng$cCcBjTSG$erda
100 1#$aSciarra, Dorothy June, $eauthor.
240 10$aDeveloping and administering a child care center
245 10$aDeveloping and administering a child care and education program /$cDorothy June Sciarra, Professor Emerita, University of Cincinnati, Anne G. Dorsey, Professor Emerita, University of Cincinnati, Ellen M. Lynch, Associate Professor, University of Cincinnati, Shauna M. Adams, Associate Professor, Universtiy of Dayton.
250 ##$aEdition 8.
264 #1$aBelmont, CA :$bWadsworth Cengage Learning,$c[2013]
264 #4$c© 2013
300 ##$axvi, 448 pages :$billustrations (some color) ;$c28 cm
336 ##$atext$2rdacontent
337 ##$aunmediated$2rdamedia
338 ##$avolume$2rdacarrier
504 ##$aIncludes bibliographical references and index.
700 1#$aDorsey, Anne G. ,$eauthor.
700 1#$aLynch, Ellen M. ,$eauthor.
700 1#$aAdams, Shauna M. ,$eauthor.

3.

LDR　^^^^^nam^^2200397^i^4500
008　121018s2006^^^^ne^a^^^^^b^^^^001^0^eng^^
020 ##$a9780534615420
040 ##$aCcBjTSG$beng$cCcBjTSG$erda
100 1#$aFairchild, Erika, $eauthor.
245 10$aComparative criminal justice systems /$cHarry R. Dammer, University of Scranton, Erika Fairchild, Virginia Commonwealth University.
250 ##$aThird edition.
264 #1$aLeiden :$bBrill,$c2006.
300 ##$axxix, 364 pages :$billustrations ;$c23 cm
336 ##$atext$2rdacontent
337 ##$aunmediated$2rdamedia
338 ##$avolume$2rdacarrier
504 ##$aIncludes bibliographical references and index.
700 1#$aDammer, Harry R. ,$d1957-$eauthor.

解析：RDA 扩大了信息源的范畴，由于修订后只是产生了新的内容表达并没有形成新作品，则先前版本题名页（右图）上位于前面的著者 *Erika Fairchild* 仍然是作品最主要的责任者，应当将其记录于 100 字段，另一名著者 *Harry R. Dammer* 记录于 700 字段。

4.

LDR ^^^^^nam^^2200229^i^4500

008 121001s2014^^^^au^^^^^^^^^^^^001^0^eng^^

020 ##$a9781111830922

040 ##$aCcBjTSG$beng$cCcBjTSG$erda

100 1#$aWilson, Paige,$eauthor.

245 14$aThe least you should know about English :$bwriting skills : form C /$c Paige Wilson, Pasadena City College, Teresa Ferster Glazier, Late, Western Illinois University.

250 ##$aEleventh edition.

264 #1$aAustralia :$bWadsworth,$c2014.

300 ##$aviii, 325 pages ;$c24 cm

500 ##$aIncludes index.

700 1#$aGlazier, Teresa Ferster, $eauthor.

700 1#$iPreceded by (expression): $aReece, Barry L.$tLeast you should know about English. $s10th edition.

解析：作品的新版本中，先前版本的创作者不存在，通过使用 700 规范检索点的方法表达相关内容表达之间的关系。

5.

LDR ^^^^^nam^^2200385^i^4500

008 121025s2011^^^^njua^^^^^^^^^^001^0^eng^^

020 ##$a9780738606705

040 ##$aCcBjTSG$beng$cCcBjTSG$erda

130 0#$aVery best coaching & study course, ACT Assessment.

245 10$aACT assessment plus writing test.

250 ##$a6th edition, green edition.

264 #1$aPiscataway, New Jersey :$bResearch & Education Association,$c2011.

300 ##$axx, 1048 pages :$billustrations ;$c26 cm

336 ##$atext$2rdacontent

337 ##$aunmediated$2rdamedia

338 ##$avolume$2rdacarrier

500 ##$aIncludes index.

710 2#$aResearch and Education Association.

775 1#$iRevision of:$tVery best coaching & study course, ACT Assessment$b5th edition, plus writing test

解析：通过 775 连接款目字段"其他版本款目"描述内容表达之间的不同版本关系，第 1 指示符为"1"，表示不显示附注，第 2 指示符为"#"，表示生成导语"存在其他版本"，并且相应地在子字段$i 中提供关系说明语。

Day 68
连续出版物完整编目综合练习

一、判断题(正确请填写"T",错误请填写"F";每题 2 分,共 20 分)

1. 当连续出版物的正题名发生变化时,需要为其变化后的资源重新编制一条书目记录。(　　)
2. 题名为 *Advances in applied microbiology* 的期刊 1959 年开始发行,到 2000 年变更为网络在线版继续发行,并获得了新的 ISSN 号,此时,无需为其创建新的著录,仅需重复 022 字段,并在附注项说明媒介变化情况即可。(　　)
3. 识别题名和缩略题名是连续出版物特有的题名,在 MARC 21 书目记录中,识别题名记录于 222 字段,缩略题名记录于 210 字段。(　　)
4. 很多连续出版物的出版频率会发生变化,对于这种情况,变化前和变化后的频率均应予以记录,其中变化前的频率记录在 310 字段,变化后的频率记录在 321 字段。(　　)
5. 如果识别连续出版物的依据不是最先发布的卷期或部分,则编制一个附注,说明作为识别依据的卷期或部分。(　　)
6. 对于连续出版物,记录其数量时,应给出连续出版物编号所反映的物理册数,而非书目卷数。(　　)
7. 如果连续出版物的尺寸发生变化,则应按多载体组成的资源进行处理,如记录最小的和最大的尺寸,中间以短横连接,同时可为这种变化编制一个附注予以说明。(　　)
8. 连续性出版物实质上属于以多部分发行的资源,通常采用综合著录的方式。(　　)
9. 在选择连续出版物的著录依据时,应选择具有最小编号卷期的信息源,如果没有最小卷期,则应选择最新卷期的信息源。(　　)
10. 对于连续出版物正题名中出现的明显的拼写错误,根据 RDA 如实转录的原则,应如实转录,而将正确的拼写形式作为变异题名予以记录。(　　)

二、不定项选择题(每题 5 分,共 30 分)

1. 下列关于连续性资源编目说法错误的包括(　　)

   A. MARC 21 书目数据格式专门为连续性资源定义了一种记录格式,代码为 SE

   B. 关于何时创建新著录,连续出版物的情况较为复杂,当责任变化以至影响了作品的识别时需要创建新著录

   C. 由于连续出版物不同于图书,因此都要启用 007 字段

   D. 编目连续出版物所依据的卷期很有意义,因此经常需要在附注中予以说明,MARC 21 为此新增加了 588 字段
2. 下列连续出版物的题名变化不需要创建新著录的有(　　)

   A. *The American quarterly register* 更名为 *Quarterly journal of the American Education Society*

B. *AE annual report* 更名为 *Adult education annual report*

C. *Annual report of the Secretary of Transportation on hazardous materials control* 变为 *Annual report on hazardous materials transportation*

D. *Annual report to Congress on the Section* 312 *rehabilitation loan program* 变为 *Annual report to Congress on the Section three hundred twelve rehabilitation loan program*

3. 某名为 *International journal of computer vision and image processing* 的印刷型期刊有在线版同步发行，则应启用（　　）字段与在线版的书目记录进行连接；该刊名由早先的 *Computer vision and image processing* 变更而来，则应启用（　　）字段与更名前的书目记录相连接

A. 776、785　　B. 775、785　　C. 776、780　　D. 776、785

4. 某在线版电子期刊浏览界面如下图所示：

Notes:
American Journal of Advanced Food Science and Technology (2014) Vol. 2 No. 1
ISSN: 2162-9714(Print) 2162-9722(Online),publishes two issues per year. First issue: Volume 1, Number 1 (2013).
Columbia International Publishing
LLC, 3610 Buttonwood Dr., Suite 200, Columbia, MO 65201
Website viewed on Aug. 20, 2014　（http://ajafst.uscip.us/）

则下列关于其书目记录中字段使用正确的有（　　）

A. 需要启用 006 字段

B. 无需启用 007 字段

C. 310 ##$aTwo issues per year

D. 337 ##$aonline resource$2rdacarrier

E. 362 0#$aBegan with Volume 1, Number 1 (2013)

F. 588 ##$aLatest issue consulted: Volume 2, Number 1 (2014) (viewed Aug. 20, 2014)

5. 某半年刊（印刷版）在出版过程中正题名发生了变化，详见下图，则有关其书目著录说法正确的有（　　）

ISSN 0037-9816

Journal of

Society of Archivists

Vol. 33, no. 2 October 2012

Routledge

Taylor&Francis Group

⇨

Archives and Records

The Journal of the Archives and Records Association

Volume 34 Issue 1

Spring 2013

ARA Archives and Records Association

UK& Ireland

Routledge

Taylor&Francis Group

ISSN　2325-7962(print),2325-7989(Online)

A. 应当为变化后的资源新建一条书目记录

B. 原资源和新资源的数量均记录为 300$avolumes

C. 原资源应补充记录终止日期及编号

D. 新资源 022 0#$a2325-7989$l2325-7962

E. 新资源 264 #1$aAbingdon, Oxford, UK :$bRoutledge,$c2013-

F. 原资源 785 00$tArchives and records (Abingdon, England) $x2325-7962 新资源 780 00$tJournal of the Society of Archivists$x0037-9816

6. 某期刊的缩微复制品被出版发行,其相关信息显示如下:

Microfilm 01104 no. 527 AP

Western literary journal and monthly review

Mich Ann Arbor

Vo.1, no. 1 (November, 1844)-vol.1, no.6 (April, 1845)

Cincinnati, Ohio : 1844

American periodical series, 1800-1850, v.527

Notes:

Dimensions: 35mm

Color: black-and-white

则关于该缩微复制品书目记录正确的有(　　)

A. 缩微制品需要启用 007 字段

B. 300 ##$a1 microfilm reel ;$c35 mm.

C. 337 ##$amicroform$2rdamedia

338 ##$amicrofilm reel$2rdacarrier

D. 776 0#$iReproduction of (work) :$tWestern literary journal and monthly review. $dCincinnati:$bPublished for the editors by Robinson&Jones,$c1844-1845. $h1 volume.$nMonthly

三、实践题(请根据题目给出的信息将资源的书目记录补充完整;每空 2 分,共 50 分)

1. 某期刊为更名期刊,其题名变化如下图所示,相关信息在 Notes 中有所说明。

ISSN 1936-9603

Journal of

the Washington Institute

of China Studies

Vol. 7, no. 2　2012

WICS

⇨

ISSN2373-9398

Online ISSN 2373-0005

Business and public

administration studies

Vol. 8, no. 1　2014

Washington Institute
of China Studies

***Notes*:**

Business and public administration studies *(print ISSN 2373-9398, online ISSN 2373-0005) previously titled* ***Journal of the Washington Institute of China Studies*** *(ISSN 1936-9603), is now published quarterly by Washington Institute of China Studies, 1209 Lincoln Avenue, Falls Church, VA 22046 since 2014.*

书目记录:

LDR ^^^^cas^^22003498i^4500

008 ## 140714c20149999dcuqr^p^^^^^^^|^^^a0eng^^

022 0# $a2373-9398$2 1

037 ##$bWashington Institute of China Studies, 1209 Lincoln Avenue, Falls Church, VA 22046

040 ##$aDLC$beng$cDLC$dDLC$erda

245 00$a ________________________________

264 #1$aFalls Church, VA :$bWashington Institute of China Studies,$c 2014-

310 ##$a ________________________________

362 0#$a ________________________________

336 ##$atext$2rdacontent

337 ##$aunmediated$2rdamedia

338 ##$avolume$2rdacarrier

710 2#$aWashington Institute of China Studies.

776 08 ________________________________

780 00 ________________________________

856 41$u http://www.bpastudies.org/bpastudies/index

2. 某期刊从 1991 年开始改为在线期刊出版，且频率发生变化，同时发布了全部过往的卷期，其页面如下图所示，相关变更信息见 Notes。

Latest issue consulted: Volume 55 (Nov. 2015) (symposium.music.org website, viewed Feb. 5, 2014).

Notes:

***College Music Symposium**, the premier journal of The College Music Society (312 East Pine Street, Missoula, MT 59802 USA), was published in print form (ISSN: 0069-5696) for 50 years, 1961-2010 and then it has started to publish online (Online ISSN: 2330-2011). The journal included scholarly and historical articles, reviews of publications and recordings, reports of musical events, and discussion of curricula and teaching methods of interest to the music and higher education community.*

***Serials frequency:** Published irregularly from 1961-1989; semiannually since 1990; annually since 1991.*

书目记录：

LDR　^^^^cas^^22005897i^4500

006　m^^^^^o^^d^^^^^^^^

007　c ______ ^unu---uuaua(提示：007/01 字符位“特殊资料标识”)

008　740926c19619999nyuar^p^o^^^^^0^^^a0eng^^

022 0#$a2330-2011$l0069-5696$21

037 ##$bThe College Music Society, 312 East Pine Street, Missoula, MT 59802 USA

040 ##$aCaOTP$beng$cCaOTP$dOCoLC$erda

050 00 $aML1$b .C825

______ 0#$aCollege music symposium (Online multimedia)

222 #0$aCollege music symposium$b (Online multimedia)

245 10$aCollege music symposium.

246 1#$aJournal of the College Music Society

264 #1$aMissoula, Montana :$bCollege Music Society

310 ##____

321 ##$aSemiannual,$b1990

321 ##$aFrequency varies,$b1961-1989

336 ##$atext$2rdacontent

336 ##$aperformed music$2rdacontent

336 ##$a two-dimensional moving image$2rdacontent

336 ##$asounds$2rdacontent

337 ##$acomputer$2rdamedia

338 ##$aonline resource$2rdacarrier

362 1#$aBegan with: Volume 1 (1961)

500 ##$aIncludes select articles from early print print issues, full current issues, and additional multimedia content such as: Video lectures, performances and lecture recitals; and an audio performance archive. A conference archive is also included.

588 ##$aDescription based on: Volume 1 (1961) title from banner (symposium. music. org website, viewed Mar. 13, 2014).

588 ##$a ____

710 2#$aCollege Music Society.

______08$iPrint version:$tCollege music symposium$x0069-5696

856 40$uhttp: //symposium. music. org$xOA-J

3. 某报纸由先前的两种报纸合并而来,其报头及合并信息如下所示:

ALL THE NEWS WITHOUT FEAR OF FAVOR

118th year NO. 41,211	The Japan Times INCORPORATING International New York Times	Tuesday, March 4, 2014

——The Japan Times and The New York Times Company announced a publishing agreement that would see the ***International herald tribune (Tokyo ed.)*** *packaged with* ***The Japan Times*** *(Tokyo, Japan : 1956) in the Japan market. The combined product, which will be distributed Monday through Saturday, will be known as* ***The Japan Times / International New York Times*** *and the first issue will be published in Tokyo on Wednesday, October 16, 2013.*

书目记录:

LDR^^^^cas^^2200385^i^4500

008 140508 ______ja^dr^ne^^^^^0^^^a0eng^^(提示:出版状态代码及出版年)

035 ##$a(OCoLC) ocn879383125

040 ##$aDLC$beng$cDLC$dDLC$dOCLCO$dDLC$erda

042 ##$apcc

043 ##$aa-ja---

050 00$aNewspaper

245 04 ____

246 13$aIncorporating International New York times

264 1#$aTokyo :$bJapan Times

300 ##$a ____

310 ##$aDaily (except Sunday)

336 ##$atext$btxt$2rdacontent

337 ##$aunmediated$bn$2rdamedia

338 ##$avolume$bnc$2rdacarrier

362 1#$aBegan on Oct. 16, 2013

588 ##$aDescription based on: 118th year NO. 41,206 (February 26, 2014); title from masthead.

588 ##$aLatest issue consulted: 118th year, NO. 41,211 (March 4, 2014).

651 0#$aJapan$vNewspapers.

710 2#$aJapan Times, ltd.

752 ##$aJapan $d Tōkyō.

775 1#$tJapan times (Tokyo, Japan : 1956 : International airmail ed.)$w(DLC) sn 85061009$w(OCoLC) 12002049

780 00$t ________________________________ $x0289-1956 $w(DLC) sn 93049195 $w(OCoLC) 743392103

780 00$t ____________________ $w(DLC) sn2006058072$w (OCoLC) 66390076

4. 某连续出版物同时以英语和法语出版发行，其封面信息如下图所示：

Canadian Journal of Urban Research
Revue canadienne de recherche urbaine

Canadian Institute of Planners
Institut canadien des urbanistes

Association of Canadian University Planning Programs
Association des programmes universitaires canadiens en urbanisme

CANADIAN PLANNING AND POLICY

Aménagement et politique au Canada

2013

JOINT ISSUE / PUBLICATION CONJOINTE

ISSN: 1188-3774

Publication of this journal is partially funded by the University of Winnipeg, The Canadian Institute of Planners, and the Association of Canadian University Planning Programs, but views expressed are the personal views of the author(s) and the University and the Institute accept no responsibility for them.

书目记录:

LDR ^^^^^cas^^2200577^i^4500

008 050309c20039999mbcar^p^^^^^^0^^^a0eng^d

022 ##$a ______________________________

041 0#$aeng$afre

043 ## $an-cn---

245 00 ______________________________

246 31 $aAménagement et politique au Canada

264 #1$aWinnipeg :$bInstitute of Urban Studies,$c2003-

300 ##$avolumes :$billustrations ;$c23 cm.

310 ## $aAnnual

336 ##$atext$btxt$2rdacontent

337 ##$acomputer$bc$2rdamedia

338 ##$aonline resource$bcr$2rdacarrier

362 1#$aBegan with 2003.

490 1#$aCanadian journal of urban research,$x1188-3774 ;$vv. 12, suppl. etc.

500 ##$aJoint issue of Canadian journal of urban research and Canadian Institute of Planners.

546 ##______________________________

550 ##$aIssued by: Association of Canadian University Planning Programs, Canadian Institute of Planners, and Institute of Urban Studies.

588 ##$aDescription based on: 2003; title from cover.

588 ##$aLatest issue consulted: 2013.

650 #0$aCity planning$zCanada$vPeriodicals.

650 #0$aUrban policy$zCanada$vPeriodicals.

710 2#$aAssociation of Canadian University Planning Programs.

710 2#______________________________

710 2#$aUniversity of Winnipeg.$bInstitute of Urban Studies.

730 0#______________________________

772 0#$tCanadian journal of urban research$x1188-3774$w(DLC)cn 93039019 $w(OCoLC)26844235

830 #0$aCanadian journal of urban research ;$vv. 12, suppl. etc.

5. 某期刊从创刊即以在线形式出版,其页面及相关信息如下所示:

Website viewed on Feb.11, 2015
（*http://www.emich.edu/historyphilosophy/actacogitata/actacogitatamain.php*）：

Acta Cogitata: A Philosophy Journal

Acta Cogitata is a journal of philosophy dedicated to disseminating ideas and serious work in the discipline. As well, it is dedicated celebrating the work and contribution to the field of students without advanced training in philosophy.

The journal listed with the Library of Congress, ISSN 2330-5118.

Submitting to the journal? Click here for our submission requirements and details.

Current Edition: ISSUE 2

Journal Editor: W. John Koolage

Mission

Acta Cogitata is dedicated to providing a venue for undergraduate authors of original philosophical papers to have their work reviewed and, possibly, published. Publication acknowledges the work of outstanding undergraduate authors, rewards their efforts, and provides a home for some thought-provoking projects. In line with this purpose, Acta Cogitata's authors retain their copyright so that they may continue to develop these projects. The journal, however, does not publish work that has previously been published elsewhere.

The journal accepts philosophical papers from all areas of philosophy and seeks to promote philosophical discourse in any area where such discourse may be illuminating.

The journal is published annually, in October.

Notes:
This journal is published by History & Philosophy Department, Eastern Michigan University.
Contact info.: History & Philosophy Department, 701Pray Harrold, Ypsilanti, MI 48197.

书目记录：

LDR ^^^^^cas^^2200397^i^4500

006 ______^^^^^o^^______^^^^^^^^（提示：006/00 字符位“资料类型”；006/09 字符位“文件类型”）

007 cr^|||

008 130816c20139999miuar^^^o^^^^^0^^^a0eng^^

022 0#$a2330-5118 $2 1

037 ##$bEastern Michigan University, 701 Pray-Harrold, Ypsilanti, MI 48197

040 ##$aDLC$beng$cDLC$dOCLCO$dDLC$erda

222 #0$aActa cogitata

245 00$aActa cogitata :$ban undergraduate journal in philosophy.

310 ##$aAnnual

264 #1 ____

336 ##$atext$2rdacontent

337 ##$acomputer$2rdamedia

338 ##$aonline resource$2rdacarrier

362 1# ____

588 ## $aDescription based on: Issue 1 (October 2014); title from journal home page (publisher's

website viewed Feb. 11, 2015).

588 ## $aLatest issue consulted: Issue 2 (October 2013) (viewed Feb. 11, 2015).

650 #0 $aPhilosophy$vPeriodicals.

710 2#____

856 40$uhttp://www.emich.edu/historyphilosophy/actacogitata/actacogitatamain.php

Day 68 答案与解析

一、判断题

1. F　**解析：**根据 RDA 2.3.2.12，连续出版物题名发生变化的情况分为主要变化和次要变化，只有连续出版物的正题名发生主要变化时，才需要创建新著录，故表述错误。

2. F　**解析：**根据 RDA 1.6，多部分专著、连续出版物和集成性资源在媒介类型发生变化时需要创建新著录，故表述错误。

3. T

4. F　**解析：**连续出版物的当前频率应记录在 310 字段，不可重复，先前出版频率记录在 321 字段，可重复。

5. T　**解析：**参见 RDA 2.17.13.3。

6. F　**解析：**根据 RDA 3.4.5.16，对于连续出版物，记录其数量时，应给出连续出版物编号所反映的书目卷数，而非物理册数。

7. T　**解析：**参见 RDA 3.5.1.8.1。

8. T

9. F　**解析：**根据 RDA 2.1.2.3，没有最小卷期时应选择最早发行日期的卷期作为著录依据，而不是最新卷期。

10. F　**解析：**根据 RDA 2.3.1.4，对于连续出版物正题名中出现拼写错误处理的方式与图书不同，应予以更正，并将错误形式作为变异题名予以记录。

二、不定项选择题

1. C　**解析：**007 字段主要针对非书资料，对于普通印刷型连续出版物无须启用。

2. BD　**解析：**<B>：缩略词变更为完全拼写形式。<D>：数字变更为对应词的形式。上述两种情况均属于 RDA 2.3.2.13.2 所规定的连续出版物正题名的次要变化，无须创建新著录，故选择<B>和<D>。

3. C　**解析：**等同关系一般通过 775、776 连接款目字段予以表达，775 字段记录相同载体的其他版本，776 字段记录不同载体的其他载体表现，因此，应启用 776 字段与在线版的书目记录进行连接。当连续出版物题名变化创建了新的著录时，在书目记录中需启用 780 字段（先前款目）和 785 字段（后续款目）记录先前和后续之间的连续关系，因此，更名前的款目应记录在 780 字段，故<C>正确。

4. ACF　**解析：**在编资源为在线型电子期刊，需启用 006 字段补充记录电子资源特征，同时需启用电子资源模式的 007 字段记录载体特征，故<A>正确，<B>错误。相应地，337 字段（媒介类型）应选择术语 *computer*（计算机），338 字段（载体类型）应选择术语 *online resource*（在线资源），故<D>错误。根据提示信息，310 字段记录连续性资源的当前出版频率，即一年两次，588 字段说明著录依据，即编制记录时所参考的卷期和浏览日期，故<C>和<F>正确。362 字段记录连续出版物的编号，当第 1 指示符取"0"时采用格式化形式，取"1"时采用非格式化形式，故<E>错误。

5. ACDEF　**解析：**连续出版物正题名发生主要变化，需要建立新的记录以反映这个变化，故<A>正确。对于新资源，应记录提供的第一次出版日期，其后随以连字符，故<E>正确。原资源与新资源之间的连续关系，通过 780 和 785 字段的先前、后续款目进行结构化描述，故<F>正确。印刷版与在线版同步发行，在为在线版创建的新记录中，数量应记录为 300$a 1 online resource，故<B>错误。一种连续出版物的不同载体形式使用不同的 ISSN,记录在 022 字段$1,故 <D> 正确。

6. ABC　**解析:**缩微复制品与原件之间的关系为内容相同、载体不同的相关载体表现,启用 776 连接款目字段(其他载体形态款目)予以记录是正确的,此时第 1 指示符为“0”,表示显示附注,第 2 指示符应为“8”,表示不生成附注导语,附注导语取自$i,而题干第 2 指示符为“#”,故 <D> 错误。

三、实践题

1. 245 00$aBusiness and public administration studies.

   310 ##$aQuarterly

   362 0#$aVol. 8, no. 1 (2014) -

   776 08$iOnline version: $tBusiness and public administration studies $x 2373-0005

   780 00$tJournal of the Washington Institute of China Studies$x1936-9603

   解析:期刊更名,正题名发生主要变化,因此在新记录中,应将变化后的题名 *Business and public administration studies* 作为正题名记录。310 字段记录当前出版频率 *Quarterly*。当 362 字段第 1 指示符为“0”时,记录连续出版物编号的格式化附注。776 字段连接了印刷型期刊的电子版本的相关记录,$i 记录有关说明,$t 为电子版的题名,$x 为电子版的 ISSN 号。780 字段连接了先前款目的相关记录, $t 为先前版本的题名,$x 为先前版本的 ISSN 号。

2. 007 r

   130

   310 ##$aAnnual$b1991-

   588 #$aLatest issue consulted: Volume 55 (Nov. 2015) (symposium. music. org website, viewed Feb. 5, 2014).

   776

   解析:在编文献的资源类型是联机资源,因此 007/01 字符位选择代码“r”表示远程访问的电子资源。该网站除了文字内容外,还含有音视频资源,因此需在资源首选题名 130 字段中添加术语 *online multimedia* 进行区分。310 字段记录当前出版频率,$b 记录当前出版频率对应的日期。588 字段记录作为著录依据的卷期以及网页浏览日期。表示不同载体形态的书目记录通过 776 字段连接。

3. 008 c20139999

   245 04$aThe Japan times, incorporating International New York times.

   300 ##$avolumes.

   780 00$tThe Japan times (Tokyo, Japan : 1956)

   780 00$tInternational herald tribune (Tokyo ed.)

   解析:连续出版物尚在继续发行中,008/06 字符位代码为“c”,008/07-10 记录出版的起始年“2013”,008/11-14 记录为“9999”。在编资源由两种报纸合并而来,按信息源上呈现的形式著录正题名,为清晰表达,在 *incorporating International New York times* 之前添加了逗号。将两种报纸的正题名作为相关作品的题名分别记录于 780 字段表示先前款目。

4. 022 ##$a1188-3774

   245 00$aCanadian planning and policy =$bAménagement et politique au Canada

   546 ##$aParalle in English and French.

   710 2#$aCanadian Institute of Planners.

   730 0#$aCanadian journal of urban research.

   解析:遵循 RDA 附录 A 有关大写的规定,题名不采用如实转录大小写的做法,法文并列题名记录在 245 字段$b,首词首字母大写,其他大小写遵循相应语言的语法规则。资源内容包括英语和法语,用附注的形式在 546 字段予以说明。在编连续出版物是正编 *Canadian journal of urban researchc* 的补编,正编的书目信息记录在 772 字段,正编的规范检索点作为相关作品记录于 730 字段(附加款目——统一题名)。

5. 006 m ^^^^^o^^d^^^^^^^^(提示:006/00 字符位“资料类型”;006/09 字符位“文件类型”)

264 #1$aYpsilanti, MI :$bEastern Michigan University, History & Philosophy Department,$c2013-

362 1#$aBegan with: Issue 1 (October 2013).

710 2#$aEastern Michigan University.$b History & Philosophy Department.

解析:在编资源为在线型电子期刊,电子资源作为次要特征补充记录在 006 字段,此时,006 字段选择“电子资源”模式,006/00 选取代码“m”,006/09 选取代码“d”表示电子资源的类型为文本。362 字段第 1 指示符取“1”,表示连续出版物编号的非格式化附注。若出版机构为非商业性机构,通常将其名称的规范检索点作为附加款目予以记录。856 字段第 1 指示符用于说明电子资源的访问方法,选取值为“4”,表示超文本传输协议(HTTP),在编资源本身是电子资源,因此第 2 指示符选取值为“0”。

Day 69
集成性资源完整编目综合练习

一、判断题(正确请填写“T”,错误请填写“F”;每题 2 分,共 20 分)

1. 集成性资源应根据最新版本编制书目记录,这一点与连续出版物是相同的。(　　)
2. 对于集成性资源,如果更新后的责任说明发生变化,则应记录变化后的责任说明,同时应补充或修改相应的规范检索点。(　　)
3. 集成性资源与连续性资源的区别主要体现为更新频率不同。(　　)
4. 在 MARC 21 书目数据格式中,集成性资源与连续出版物使用相同模式的 008 字段,即均使用“连续性资源”模式。(　　)
5. 如果某种期刊由印刷型转为电子型,则应视为由连续出版物转为集成性资源。(　　)
6. 500 ##$a"This book replaces CEB's California Durable Powers of Attorney published in 1996 and updated annually through 2007"--Pref., p. ix.
上述附注字段表明该集成性资源已经整合之前的更新重新出版,因此需要为新出版的基础卷编制新的书目记录。(　　)
7. 245 00$aCalifornia wage and horu/$cauthors, Aashish Y. Desai [and others]; CEB attorney editors, David Peyerwold, managing editor; Matt Mandelbaum.
246 1#$iTitle should read:$aCalifornia wage and hour
上述记录是集成性资源的书目记录,正题名有误的处理方法正确。(　　)
8. 245 00$aAMIR :$bAccess to Mideast and Islamic resources
集成性资源的首选信息源上同时存在全称和首字母缩写的题名形式,上述 245 字段记录是正确的。(　　)
9. 集成性资源信息源上出现 *Updated daily*,该信息应作为版本元素记录。(　　)
10. 247 字段第 2 指示的含义为不排档字符数。(　　)

二、不定项选择题(每题 5 分,共 30 分)

1. 下列关于集成性资源书目记录中头标区和控制字段使用正确的有(　　)
A. 008 字段采用何种模式不仅仅由 LDR/06 决定,有时还由 LDR/06-07 共同决定
B. LDR/07 用于记录资源的发行方式,集成性资源选取代码“i”
C. 集成性资源通常包括活页资源和网站资源,对于活页需要启用 007 字段,对于网站则无需启用 007 字段
D. 006 字段用于记录具有复合资料类型特征的次要特征,因此只有当集成性资源具有复合特征才需启用
2. 下列字段既可用于连续出版物编目又可用于集成性资源的有(　　)
A. 245　　B. 246　　C. 247　　D. 310

E. 362　　　　　　F. 588

3. 某活页资源最新一期的题名页及其背面信息如下图所示，资源高度为 26.8 厘米，曾于 1995-2000 年中断更新，则有关记录不正确的有(　　)

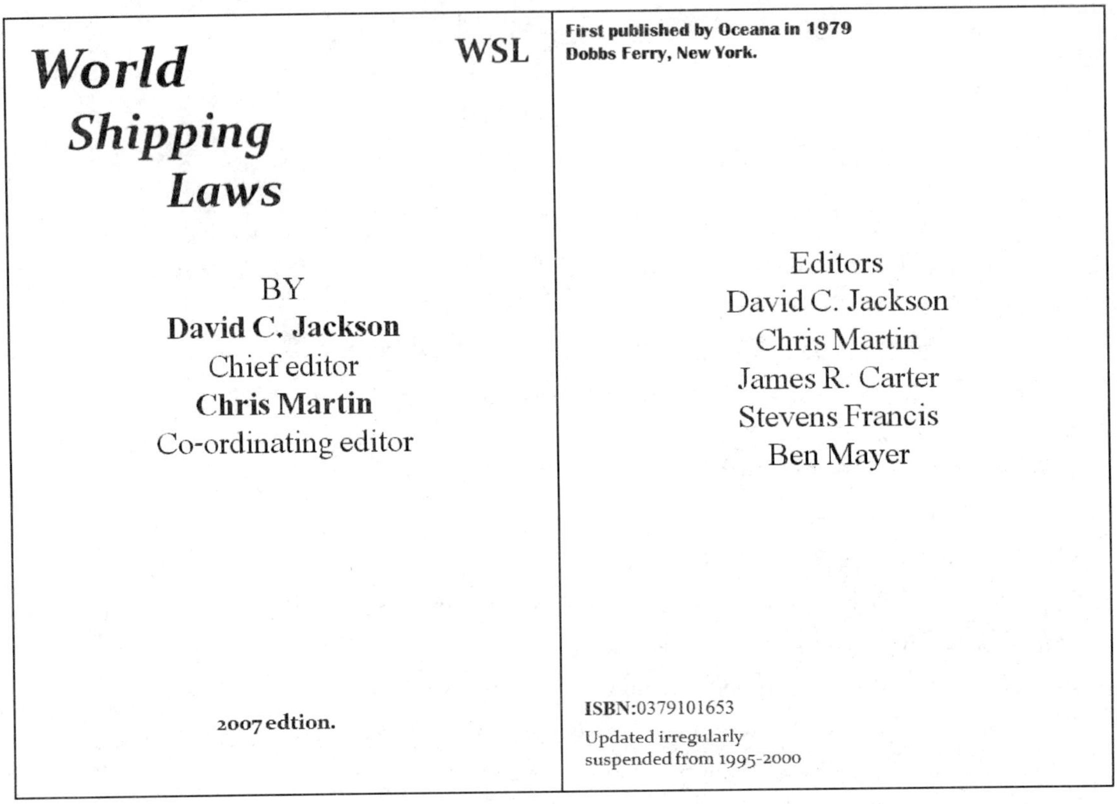
World Shipping Laws

WSL

BY
David C. Jackson
Chief editor
Chris Martin
Co-ordinating editor

2007 edtion.

First published by Oceana in 1979
Dobbs Ferry, New York.

Editors
David C. Jackson
Chris Martin
James R. Carter
Stevens Francis
Ben Mayer

ISBN:0379101653
Updated irregularly
suspended from 1995-2000

A. 245 00$aWorld shipping laws/$cby David C. Jackson, chief editor, Chris Martin, co-ordinating editor ; editors: David C. Jackson ... [et al.].

B. 264 31$aDobbs Ferry, N. Y. :$bOceana,$c1979-

C. 300 ##$avolumes;$c27 cm

D. 310 ##$aFrequency of updates varies

E. 337 ##$aunmediated$2rdamedia

F. 518 ##$aDescription based on 2007 edtion.

4. 不断更新的网站是一类重要的集成性资源，下列关于不断更新的网站编目说法有误的是(　　)

A. 不断更新的网站同时具有集成性资源和电子资源的复合特征，需启用 006、007 字段

B. 对于不断更新的网站，须记录 300$a1 online resource

C. 对于不断更新的网站，须著录 538 字段

D. 对于不断更新的网站，其书目记录中一定会有 856 字段，且指示符固定搭配为 41

E. 对于不断更新的网站，通常要记录正题名来源及浏览日期，记录于 500 字段即可

5. 请判断下列资源哪个是集成性资源(　　)

A. 245 00$aBlog /$$cConsumer Financial Protection Bureau.

610 10$aUnited States.$bConsumer Financial Protection Bureau$vBlogs.

B. 245 00$aAccess to Mideast and Islamic resources :$b(AMIR).

310##$aDaily

C. 24500$aCalifornia wage and hour :$blaw and litigation /$cauthors, Aashish Y. Desai [and others] ; CEB attorney editors, David Peyerwold, managing editor ; Matt Mandelbaum.

300 ##$avolumes (loose-leaf) ;$c26 cm

D. 245 00$aCalifornia prisoners and civil narcotic addicts.

300 ##$a2 volumes :$billustrations ;$c23 cm

6. LDR ^^^^^cai^^2200505^a^4500

006　m^^^^^o^^d^^^^^^^^

006　aa^^^^s^^^^^000^0^

007　cr^| | | | | | | | | | |

008 031201c20009999miu^x^d^o^^^^^0^^^a2eng^c

245 00$aAmerican periodicals.

246 1#$iTitle from HTML header:$aAmerican periodicals ProQuest

246 1#$iAlso known as:$aAmerican periodicals series online, 1740-1900

246 1#$iFormer title from HTML header:$aProQuest American periodicals

247 10$aAmerican periodicals series online

247 10$aAPS online

300 ##$a1 online resource

310 ##$aUpdated irregularly.

336 ##$atext$btxt$2rdacontent

337 ##$acomputer$bc$2rdamedia

338 ##$aonline resource$bcr$2rdacarrier

362 1#$aBegan in 2000.

500 ##$aTitle from home page (ProQuest, viewed Oct. 22, 2012).

在上述书目记录中,判断该在编资源为集成性资源的标志包括(　　)

A. 头标/07 字符位代码“i”　　B. 007 字段

C. 247 字段　　D. 362 字段

三、实践题(每小题 10 分,共 50 分)

1. 请根据题目所给出的资源信息,将其 AACR2 书目记录中标有序号(如①②)的字段按 RDA 规则有所变化的地方填入相应横线内,对需要删除的字段写明“删除”即可,对无须改变的字段写明“保留”即可(每空 2 分)

International protection of the environment.

Conservation in sustainable development

2012
New
Realeased

Dobbs Ferry, New York. Oceana Publications,1995-Feb.2007
New York. Oceana/Oxford University Press, June 2007-Aug.2011
Egan, Minnesota. West, 2012-
Copyright 1995

Edited by
Wolfgang E. Burhenne
Andrew D. Wade
Nicholas A. Robinson

Under the auspices of
the International Council of
Environmental Law

说明:资源为不定期更新的印刷型活页文献,2001 至 2002 年曾用题名 *Issues of Environmental Protection*,资源长为 27.3 cm,封底显示 ISBN(978037910295)。

AACR2 书目记录:

LDR ^^^^^cai^^2200697^a^4500①

---

008 ##950825c19959999mnuuu^l^^^^^^^0^^^^2eng^^
020 ##$z9780379102956 (loose-leaf)
050 00$aK3585.4 $b .I5748
082 00$a341.7/62 $2 20
084 ##$a86.75$2bcl
245 00$aInternational protection of the environment.$pConservation in sustainable development /$cWolfgang E. Burhenne... [et al.].②

---

246 30$aConservation in sustainable development
264 #1$31995-Feb. 2007: $a Dobbs Ferry, N. Y. :$bOceana Publications.
264 2#$3June 2007-Aug. 2011:$aNew York : Oceana/Oxford University Press. ③

---

264 3#$3Feb. 2012- :$aEgan, MN : West,$c[c1995]-
300 ##$av. (loose-leaf) ;$c28 cm.④

---

500 ##$a "Features the decisions and action plans that implement Agenda 21 as the framework "soft law" instrument for both developing and implementing international environmental law. These legal and administrative decisions fall between the hard law of treaties and the soft law of policy decisions. They constitute incrementally the determinations to implement the treaties and follow the policies"--P. iii-iv.

500 ##$aWith 2012 release, entire contents reissued by new publisher, with previous updating history retained in page footers.

700 1#$aBurhenne, W. E. ⑤

---

2. 请根据提示信息,将资源的 RDA 书目记录填写完整,包括字段内容、指示符及子字段代码等(每空 2 分)

No.830 May 23, 2011

Bankruptcy Law Reporter™

Commerce Clearing House

Topical Law Reports

Bankruptcy Law Reporter

CCH Incorporated
Chicago
1979-

Topical Law Reports
Commerce Clearing House

updated biweely

说明:资源为定期更新的印刷型活页法律报告,高度为 24.7 cm。

RDA 书目记录:

LDR ^^^^^ca ______^^2200277^i^4500

008 010403 ______19799999iluer^^^^^b^^^^000^0^eng^

043 ## $an-us---

245 00$aBankruptcy law reporter.

264 31$aChicago, IL :$bCCH Incorporated,$c1979-

300 ##$a ______________$c25 cm

______##$aUpdated biweekly

336 ##$atext$2rdacontent

337 ##$aunmediated$2rdamedia

338 ##$avolume$2rdacarrier

362 ##$aBegan in 1979.

4901#$aTopical law reports

588 ##$a ______________________________

710 2#$aCommerce Clearing House.

830 #0$aTopical law reports(Commerce Clearing House)

3. 请根据提示信息,完成下列选择及填空题(每题 2 分)

Second Edition

AACR2

Anglo-American
Cataloguing Rules

Ottawa, Canadian Library Association.
Chicago, American Library Association.
2002-2005.

Prepared under the direction of
the Joint Steering Committee for
Revision of AACR,
a committee of
the American Library Association
& the Canadian Library Association

2002 revision, 2005 update

说明:资源为不再更新的印刷型活页手册,包含参考书目及索引。资源高度为 29.1 cm,封底显示 ISBN(978037910295)。该资源在国会图书馆存在对应的电子资源 *Cataloger's desktop* (*Online*),ISSN(1551-2185),同时,还存在 1998 年修订版的第二版(2nd ed., 1998 revision)。

(1)该资源书目记录中的 008 自选应该选用模式,其中 008/06(日期类型/出版状态)及 07-14(日期)代码应为(　　)

A. 图书,c20022005　　　　B. 图书,d20022005

C. 连续性资源,m20022005　　　　D. 连续性资源,d20022005

(2)请将下列字段按 RDA 规则补充完整。

250 ##$a ______________________________

264 #1$aOttawa :$bCanadian Library Association ;$aChicago :$bAmerican Library Association,$c ___________

773 08$iIncluded on the Web resource:$aLibrary of Congress.$s ________________ $x 1551-2185 $w (DLC) 2004212437 $w (OCoLC) 55880929

780 02$tAnglo-American cataloguing rules.$b ______________________ $w(DLC) 98008479 $w(OCoLC) 39281762

4. 请根据提示信息完成下列选择及填空题(每题 2 分)

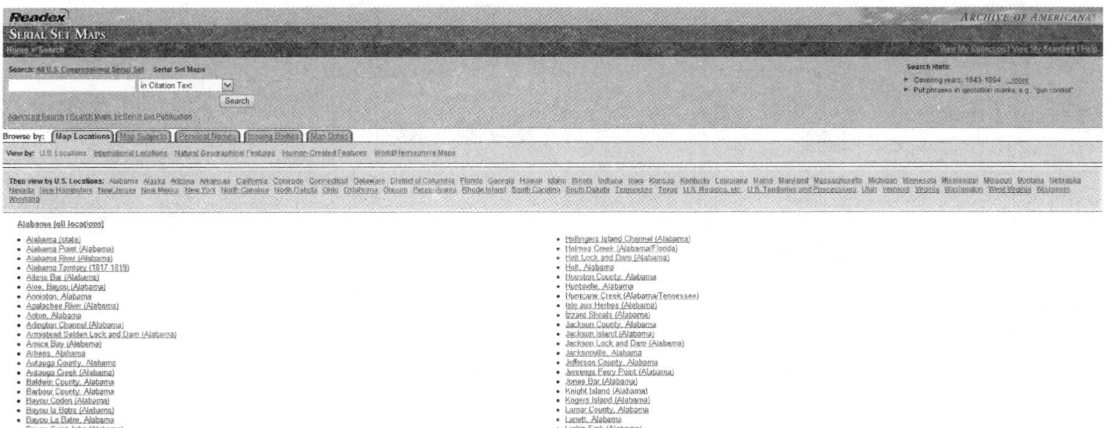

说明:本资源为在线数据库,内容为属于美国国会文献集(U. S. Congressional Serial Set)一部分的地图集(Serial Set Maps,网页抬头标题显示如此),覆盖时间范围为 1843 年至 1994 年。页面访问时间为 2015 年 1 月 29 日。

(1)头标 LDR/06 和 07 字符位应分别选择代码(　　)

A. a、s　　B. a、i　　C. e、s　　D. e、i

(2)006/00 及 006/09 字符位应分别选择代码(　　)

A. m、d　　B. m、c　　C. e、e　　D. e、#

(3)007/00 及 007/01 字符位应分别选择代码(　　)

A. c、o　　B. c、r　　C. a、d　　D. a、r

(4)下列字段记录不正确的是(　　)

A. 245 00$aUS Congressional Serial Set :$pArchive of Americana

B. 336 ##$acartographic image$2rdacontent
　337 ##$acomputer$2rdamedia
　338 ##$aonline resource$2rdacarrier

C. 362 1#$aBegan in 1999.

D. 500 ##$aTitle from search page (Readex, viewed on Jan. 19, 2015).

(5)在编资源的网址为 http://infoweb. newsbank. com/? db = SSMAP,该网址应记录于(　　)

A. 856$a　　B. 859$a　　C. 856$u　　D. 859$u

5. 请根据提示信息将资源的 RDA 书目记录补充完整(每空 2 分)

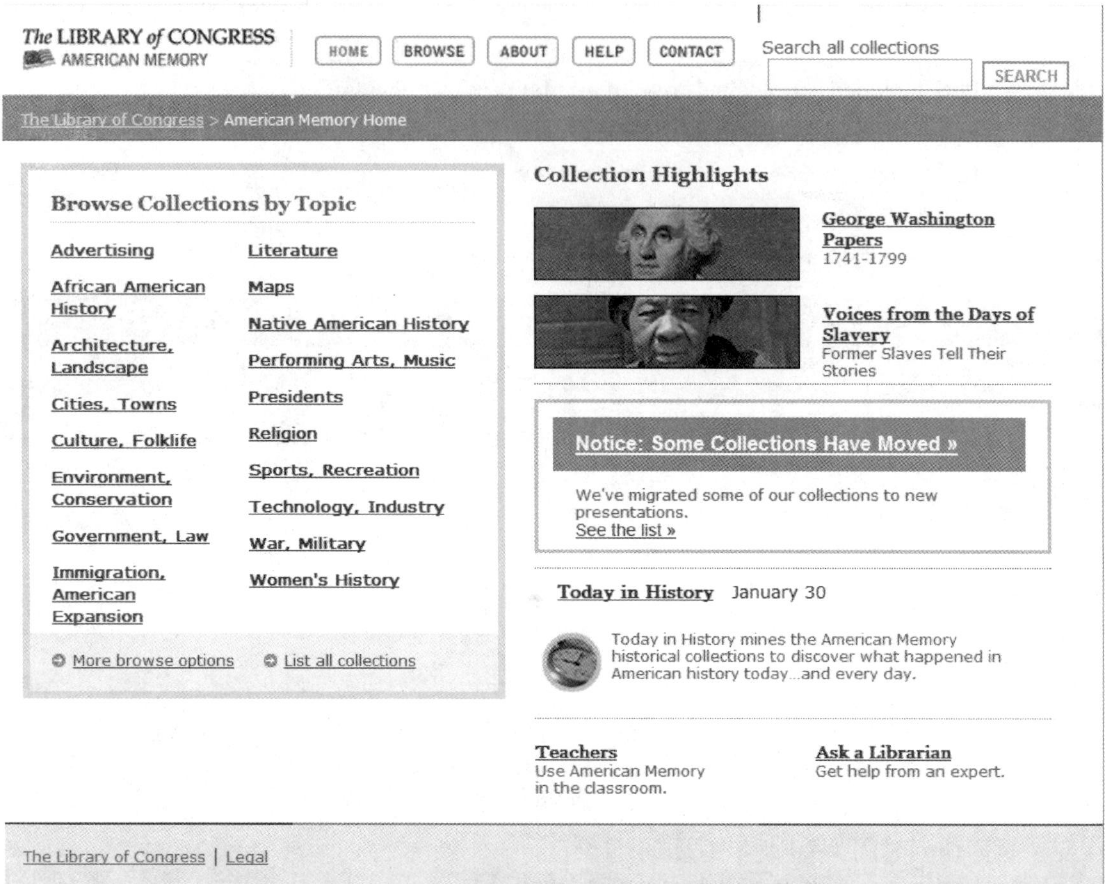

说明:本在线资源为美国历史记忆集,属于美国国家数字图书馆项目的一部分,始于 1994 年。该资源包括文字、图像、音乐、讲话、地图等多种类型,曾用题名 *Historical collections for the National Digital Library*。HMTL 页头标题名为 *American memory from the Library of Congress*,页面访问时间为 2015 年 1 月 30 日。

RDA 书目记录:

LDR^^^^^cai^^2200613^i^4500

006m^^^^^o^^m^f^^^^^^

007cr^|||

008060822c19949999dcu^x^w^o^^^^f0^^^a2eng^^

245 00$a ________________________________ /$cthe Library of Congress.

246 13$i ____________________ :$a ____________________________

246 1#$iAlso known as:$aAmerican Memory historical collections

247 10$a ____________________________________ $f < June 27, 2002 >

264 31$a[Washington, DC] :$bLibrary of Congress,$c[1994] -

310 ##$aUpdated frequently

336 ##$atext$2rdacontent

336 ##$aspoken word$2rdacontent

336 ##$acartographic image$2rdacontent

336 ##$atwo-dimensional moving image$2rdacontent

336 ##$astill image$2rdacontent

336 ##$anotated music$2rdacontent

337 ##$acomputer$2rdamedia

338 ##$aonline resource$2rdacarrier

362 1#$aBegan in 1994.

500 ##$aCompiled by the National Digital Library Program, Library of Congress.

520 ##$a"American Memory provides free and open access to written and spoken words, sound recordings, still and moving images, prints, maps, and sheet music that document the American experience. It is a digital record of American history and creativity. These materials, from the collections of the Library of Congress and other institutions, chronicle historical events, people, places, and ideas that continue to shape America, serving the public as a resource for education and lifelong learning."

588 ##$a ____

710 2#$aLibrary of Congress.$bNational Digital Library Program,$ecompiler.

856 40$uhttp://memory.loc.gov

Day 69 答案与解析

一、判断题

1. F　**解析**:对集成性资源,根据当前更新后的最新版本编制书目记录,将先前信息做附注说明,而对连续出版物,则根据第一/最早一期或部分编制书目记录,将变化后信息做附注说明。二者刚好相反。

2. F　**解析**:根据 RDA 2.20.4.5.3,对于集成性资源,如果更新后的责任说明发生变化,将此责任说明作为责任说明记录,必要时,可为更新前的责任说明编制一个附注,但无须补充或修改相应的规范检索点。

3. F　**解析**:连续出版物与集成性资源主要的区别在于发行方式不同,前者是以连续性分部方式发行,各分部独立,例如期刊的各期。后者则以更新的方式进行增补或更改,更新部分与整体不是分离的而是融为一体的,在任何给定时间都只有一部分。

4. T

5. F　**解析**:期刊从印刷型变为电子型,只是媒介类型发生变化,发行方式并未改变,因此,仍为连续出版物。

6. T　**解析**:根据 RDA1.6.3.3,如果集成性资源重新确定了基础,则为集成性资源创建一种新著录。

7. F　**解析**:根据 RDA 2.3.1.4 的例外规则,当转录连续出版物或集成性资源的正题名时,更正明显的排印错误,并编制一个附注,提供该题名在信息源上出现的形式。此外,如对识别或检索重要,则将题名的正确形式作为变异题名予以记录。因而,本题应在正题名提供正确形式,错误形式记录在 246 字段。

8. F　**解析**:根据 RDA 2.3.2.5 的例外规则:当集成性资源的首选信息源上同时存在全称和首字母缩写的题名形式,全称作为正题名记录于 245$a,首字母缩写作为其他题名信息记录于$b,并为首字母缩写形式提供变异题名检索点。本题将二者放置颠倒了。

9. F　**解析**:根据 RDA 2.5.2.5,对连续出版物和集成性资源,将指示定期修订的说明作为频率而非版本信息予以记录。本题中的 *updated daily* 就是此类说明,因此不作为版本,而作为频率记录。当前频率记录于 310 字段,不可重复。先前曾有过的频率记录于 321 字段,可重复。

10. F **解析**:247 字段第 2 指示的含义为“附注控制符”,取“0”表示显示附注,取“1”表示不显示附注。

二、不定项选择题

1. ABD **解析**:通常情况下,008 模式可由 LDR/06 直接确定,但是,当 LDR/06 字符位代码为“a”(文字资料)时,还需结合 LDR/07 字符位共同确定,当 LDR/07 代码为“m”时,008 字段选用图书(BK)模式,当 LDR/07 代码为“s”或“i”时,008 字段选用连续性资源(CR)模式,故 <A> 正确。是否启用 007 字段通常根据资源的载体形态特征确定,如果从载体形态来看资源是非印刷型,例如网站资源,则需启用 007 字段,对印刷型,如活页资源,则无须启用 007 字段,故 <C> 错误。对于以文字内容为主的不断更新的网站,由于其同时具有文字和电子资源的复合资料类型特征,因此需启用 006 字段补充描述作为次要特征的电子资源特征,故 <D> 正确。
2. ABDEF **解析**:247 字段记录较早正题名,仅应用于集成性资源。
3. ACF **解析**:根据 RDA 2.4.1.5 可选择的省略规则,可选择省略除第一个之外的责任者名称,并对省略的内容做出总括性的说明,该说明需用著录机构首选的语言和文字,取消了 AACR2 中使用拉丁缩写[et al.]的规定,故 A 选项错误。根据 RDA 3.4.5.19,对活页资源,在记录其文本的数量时,首先记录册数,随以 *loose-leaf*,并置于圆括号内,故 <C> 错误,其正确形式应为 300 ##$a1 volume (loose-leaf) ;$c27 cm。对集成性资源,著录依据记录于 588 而非 518 字段,故 <F> 错误。
4. D
5. AC **解析**:<A>:在编资源为网络博客,是不定期更新的网络资源,因此刻判断为集成性资源。<C>:术语 *loose leaf* 表明在编资源为不断更新的活页出版物,属于集成性资源。<B>:虽然有更新频率,但仍无法判断是连续出版物还是集成性资源。<D>:通过 300 字段可判断,该资源为多卷书,即多部分专著,不是集成性资源。
6. AC **解析**:<B>:007 字段只能说明是远程访问的电子资源,并非集成性资源标志。<D>:362 字段应用于连续出版物,用于记录连续出版物编号,不能说明是集成性资源。

三、实践题

1. ① LDR/18“a”改为“i”

   ② $cWolfgang E. Burhenne, Andrew D. Wade & Nicholas A. Robinson, editors.

   解析:RDA 取消了 AACR2 的“三原则”和“…[et al.]”拉丁语表省略的形式,可将所有责任者全部著录,或仅著录第 1 个,省略其他,但需用编目语言做出总括行的说明置于方括号内。本题中责任者数量并未超过 3 个,因此使用[et al.]省略其他责任者的方式对于 AACR2 规则来说也是错的。

   ③ 264 21$3June 2007-Aug. 2011: $a New York : Oceana/Oxford University Press.

   解析:264 字段第 2 指示符应取值为“1”,表示出版信息。

   ④ 300 ##$a1 volume (loose-leaf) ; $c 28 cm

   ⑤ 700 1#$aBurhenne, W. E.$eeditor. 700 1#$aWade, Andrew D. ,$eeditor.

   700 1#$aRobinson, Nicholas A. ,$eeditor.

2. LDR i

   008 c

   300 ##$avolumes (loose-leaf) ;

   310

   588 ##$aDescription based on: No. 830 (May 23, 2011).

3. (1) D **解析**:本题资源为印刷型活页资源,因此 008 字段应选择“连续性资源”(CR)模式。008/06(日期类型/出版状态)代码应为“d”,说明该活页资源不再更新,随后以格式化形式记录起始和终止日期。

   (2) 250 ##$aSecond edition. , 2002 revision, 2005 update.

   264 #1$c2002-2005.

   773 08$sCataloger's desktop (Online)

780 02$b2nd ed., 1998 revision

4.(1)D　**解析**:LDR/06 字符位(记录类型)依资源内容而定,对于地图资源,无论其载体形式符合,均选用代码"e",即测绘制图资料,对于手稿型地图,选用代码"f"。LDR/07 字符位用于记录发行方式,在线数据库属于集成性资源,因此选用代码"i"。

(2)B　**解析**:该集成性资源具有复合资料类型特征,因而启用 006 字段补充记录电子资源特征,006/00 选择代码"m"表示电子资源,006/09 选择代码"c"表示电子资源的类型为图形。

(3)B　**解析**:007 字段采用电子资源模式,007/00 选用代码"c"表示电子资源,此时,007/01 选用代码"r"表示资源类型为"远程访问的电子资源"。

(4)A　**解析**:分部题名的前置符为句点,不是冒号,故 <A> 错误。

(5)C　解析:访问地址一般记录在 856$u 子字段。

5.245 00$aAmerican memory

246 13$iTitle in HTML header:$aAmerican memory from the Library of Congress

247 10$aHistorical collections for the National Digital Library

588##$aDescription based on contents viewed on January 30, 2015.

解析:对集成性资源,应记录更新后正题名,记录于 245$a。246 字段可记录其他题名,对本资源而言,可记录其 HMTL 页头标题名 *American memory from the Library of Congress*,此时,指示符选择固定搭配"13"。曾用题名 *Historical collections for the National Digital Library* 作为较早正题名记录在 247 字段。588 字段为著录来源附注,记录著录依据,对联机资源,还记录浏览时间。

Day 70

地图资源完整编目综合练习

一、判断题(正确请填写“T”,错误请填写“F”;每题2分,共10分)

1. 地图资源又称为测绘资源,包括多种载体形态,如平面和立体地图、航空图、航海图、天体图、地图集、遥感图像等,但球仪、地图模型等不属于地图资源,应列入三维形式。(　　)
2. 地图资源属于非书资料,因此书目记录中必须启用007字段,而是否启用006字段则由资源的类型特征决定。(　　)
3. 比例尺对地图资源而言是核心元素,其又可分为水平比例尺和垂直比例尺,均为核心元素。(　　)
4. 由于地图外观经常不规则,因此记录其尺寸较为复杂,如果地图由一张或多张组成,则应记录最大的那一张的尺寸。(　　)
5. 地图图像的版面设计是指“包含一张或多张地图的资源中对一个或多个地图图像的安排”,常用的术语有 *both sides*、*back to back* 等,这些术语记录于300$c 或340$k。(　　)

二、不定项选择题(每题5分,共20分)

1. 下列有关地图资源的元素与其在 MARC 21 书目记录中使用的字段及子字段对应正确的是(　　)

   A. 数量 300$a　　　　B. 比例尺 255$a

   C. 地图内容的坐标 255$b　　　　D. 地图内容的投影 255$c

2. 对于无法获得题名信息的地图资源,编目员可自拟题名,关于地图资源的自拟题名说法不正确的包括(　　)

   A. 必须包括所覆盖区域的名称或一个识别标识

   B. 必须包括地图的性质或类型

   C. 如果能获取地图的题名信息,但其中没有说明所覆盖的地理区域,则需补充提供并作为其他题名信息记录,同时添加方括号

   D. 自拟题名通常需要编制一个附注说明题名为编目员自拟,但地图资源除外

3. 某地图模型书目信息显示如下,若使用 MARC 21 字段格式显示,正确的是(　　)

Personal Name	Howell, Edwin E. (Edwin Eugene), 1845-1911.
Main title	United States and Gulf of Mexico with portions of the Atlantic & Pacific Oceans between the 67th and 127th meridians : modeled on a section of a globe 16 1/2 ft. in diameter / by Edwin E. Howell.
Published/Produced	Washington, D.C. : Edwin E. Howell, [1893]

Description
1 model : hand colored, plaster ; 123 x 252 x 78 cm, mounted in wooden stand

Scale info
Scale 1:2,534,400. Vertical scale 1:506,880. Horizontal scale 1 in. = 40 miles. Vertical scale 1 in. = 8 miles. (W 125°--W 70°/N 49°--N 25°).

LC classification
G3701.C18 1893 .H6

Related names
Geological Survey (U.S.)

Subjects
United States--Maps.

Form/Genre
Relief models.
Globes.

Notes
Raised relief model.
At head of title: United States Geological Survey, J.W. Powell, director.

Acquisition source
Model originally obtained by Ed Belt of the University of Amherst, donated to the National Geographic Society in 1995, and subsequently donated and transferred to the Geography and Map Division of the Library of Congress.

LC control no.
2012587567

Geographic class no.
3701

Type of material
Map

Content type
cartographic three-dimensional form

Media type
unmediated

Carrier type
object

A. 010 ##$a2012587567

B. 255 ##$aScale 1:2,534,400. Vertical scale 1:506,880. Horizontal scale 1 in. = 40 miles. Vertical scale 1 in. = 8 miles.$c(W 125°--W 70°/N 49°--N 25°).

C. 300 ##$a1 model :$bhand colored, plaster ;$c123 x 252 x 78 cm, mounted in wooden stand

D. 541 ##$aModel originally obtained by Ed Belt of the University of Amherst, donated to the National Geographic Society in 1995, and subsequently donated and transferred to the Geography and Map Division of the Library of Congress.

E. 337 ##$acartographic three-dimensional form$bcrf$2rdacontent

4. 某地图集封面及书目信息如图所示，若使用 MARC 21 字段格式显示，不正确的包括（　　）

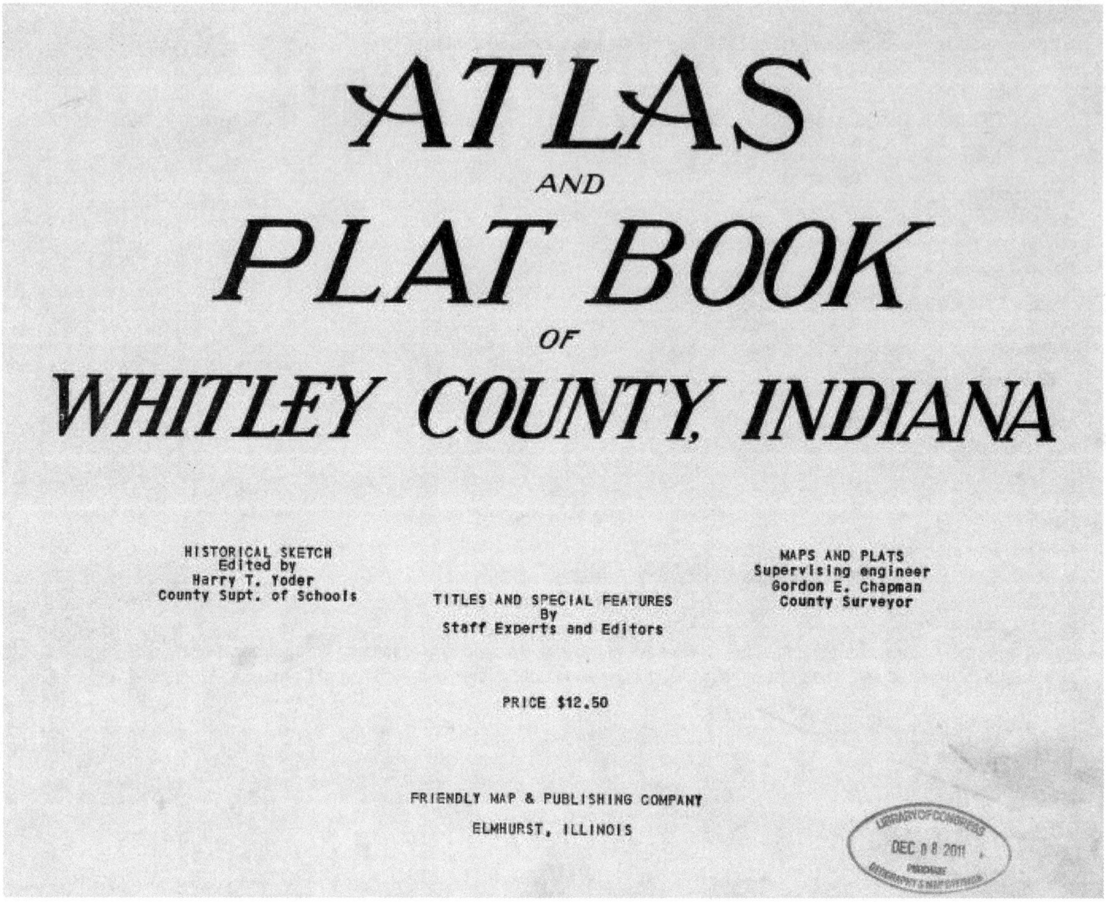
ATLAS
AND
PLAT BOOK
OF
WHITLEY COUNTY, INDIANA

HISTORICAL SKETCH
Edited by
Harry T. Yoder
County Supt. of Schools

TITLES AND SPECIAL FEATURES
By
Staff Experts and Editors

MAPS AND PLATS
Supervising engineer
Gordon E. Chapman
County Surveyor

PRICE $12.50

FRIENDLY MAP & PUBLISHING COMPANY
ELMHURST, ILLINOIS

Title

Atlas and plat book of Whitley County, Indiana /

Created / Published

Elmhurst, Illinois : Friendly Map & Publishing Company, [1939]

Subject Headings

- Whitley County (Ind.)--Maps
- Real property--Indiana--Whitley County--Maps
- Landowners--Indiana--Whitley County--Maps
- United States--Indiana--Whitley County

Genre

Cadastral maps

Atlases

Notes

- Includes index
- Available also through the Library of Congress Web site as a raster image.

Medium

1 atlas (32 pages) ; 32 x 43 cm

Call Number

G1403.W9 A7 1939

Repository

Library of Congress Geography and Map Division Washington, D.C. 20540-4650 USA dcu

Digital Id

http://hdl.loc.gov/loc.gmd/g4093wm.gla00262

Library of Congress Catalog Number

2012587547

A. 264 #4$aElmhurst, Illinois :$bFriendly Map & Publishing Company,$c[1939]

B. 300 ##$a1 atlas (32 pages) ;$c32 x 43 cm

C. 510 ##$aAvailable also through the Library of Congress Web site as a raster image.

D. 650 #0$aReal property$zIndiana$zWhitley County$vMaps.

三、实践题(共 70 分)

1. 单项选择题(每题 3 分,共 15 分)

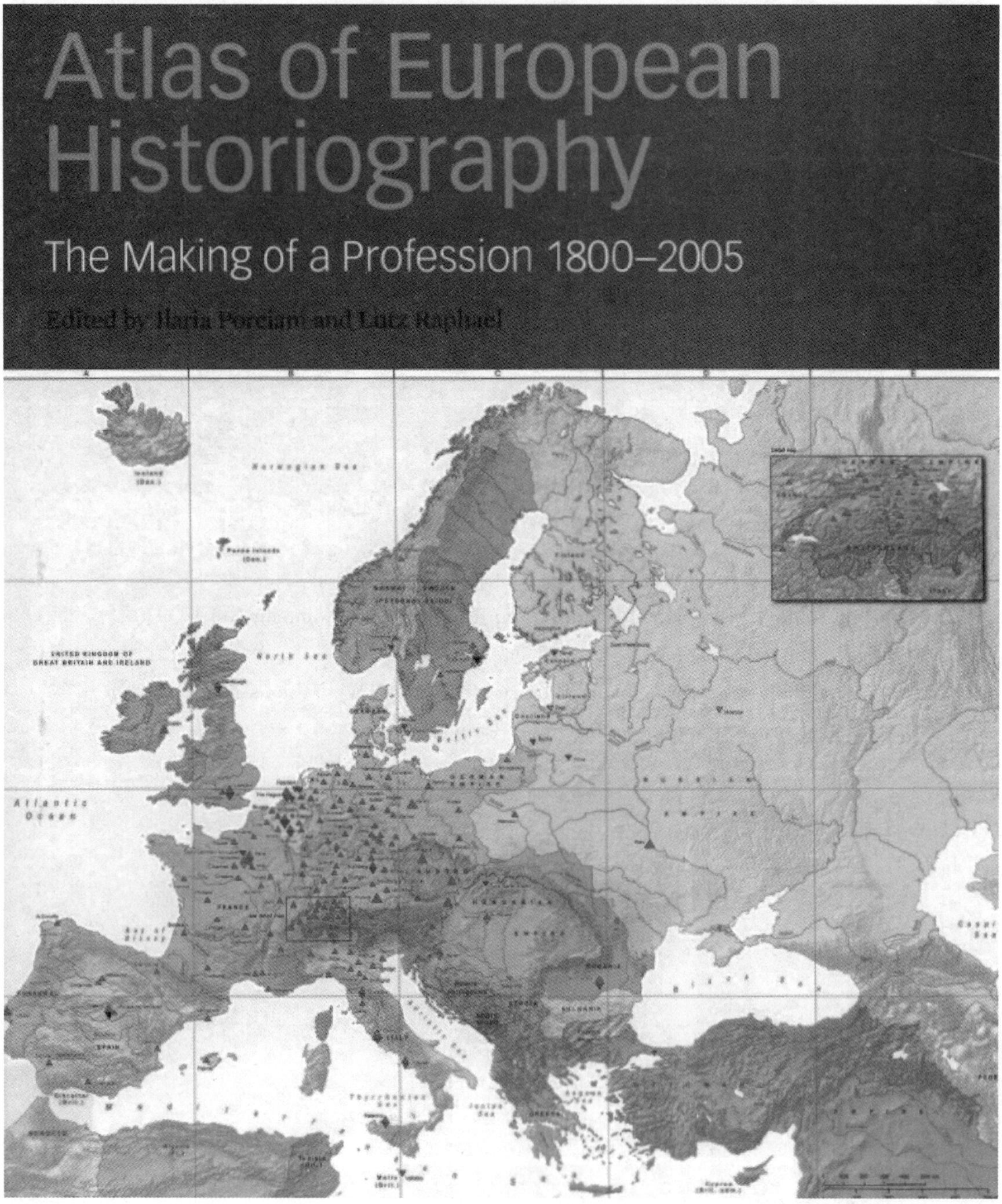

Description
1 atlas (xix, 187 pages) : illustrations (some color), color maps ; 36 cr

Scale info
Scales differ.

ISBN
9780230500044 (hardback)

LC classification
G1797.21.E68 A8 2010

Related names
Porciani, Ilaria, editor.
Raphael, Lutz, 1955-, editor.
European Science Foundation.

Subjects
Historiography--Europe--Maps.
Historiography--Europe--History--19th century.
Historiography--Europe--History--20th century.

Form/Genre
Maps.

Notes
Relief shown by shading.
At foot of title page: European Science Foundation.
Includes bibliographical references and index.

LC control no.
2014588561

Dewey class no.
907.204

Geographic class no.
5701

Type of material
Map

Content type
cartographic image

Media type
unmediated

Carrier type
volume

(1)该地图资源 MARC 21 书目记录中应启用的控制字段包括(　　)

A. 006、007　　B. 006、007、008　　C. 007、008　　D. 008

(2)头标 LDR/06 字符位应选择的代码及 008 字段应选择的模式分别为(　　)

A. a、图书　　B. a、地图　　C. e、地图　　D. e、图书

(3)007/00 及 007/01 字符位应分别选择代码(　　)

A. a、j　　B. a、d　　C. a、a　　D. d、j

(4)根据 RDA 规则，下列字段记录不正确的是(　　)

A. 020 ##$a9780230500044 (hardback)　　B. 053 ##$a5701

C. 255 ##$aScales differ.　　D. 700 1#$aPorciani, Ilaria,$eeditor.

(5)提示信息中的 3 条"Notes"应记录于 5XX 字段，具体为(　　)

A. 500、500、504　　B. 500、530、504　　C. 530、500、504　　D. 均为 500

2. 请根据提示信息将下列 RDA 书目记录补充完整(每空 2 分，共 20 分)

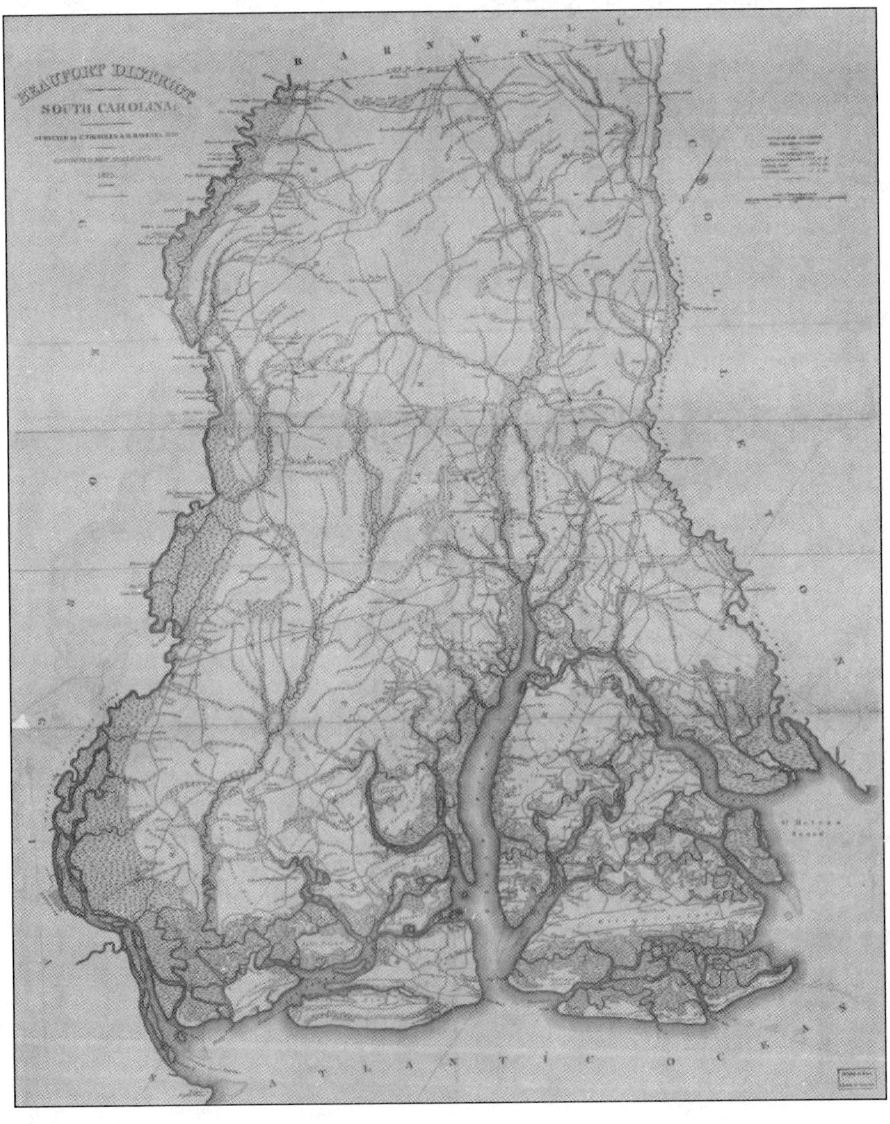

说明：本题为单张地图，左上角显示信息如下图所示：

Beaufort District
South Carolina
surveyed by C. Vignoles & H. Ravenel, 1820
Improved for Mills' Atlas
1825

地图高 81 cm，宽 65 cm；比例尺 1:127 720

RDA 书目记录：

007 ##aj^aanzn

008 ##130608s1825^^^^mdud^^^^^^ ______^^^^^0^^^eng^^　（提示：008/25 字符位）

010 ##$a^^2012590212

034 ##aab126720

040 ##$aDLC$beng$cDLC$erda

______0#$bd1820

050 00$aG3913. B4 1820$b. B4

052 ##$a3913$bB4

245 00$a ______________________________ $csurveyed by C. Vignoles & H. Ravenel, 1820 ; engd. by H. S. Tanner & Assistants.

255 ##$a ________________________

264 #1$a[Baltimore] :$b[F. Lucas, Jr. for Mill's atlas],$c[1825?]

300 ##$a ____________ $c __________________

336 ##$a ______________________________ $2rdacontent

337 ##$a __________________ $2rdamedia

338 ##$a ____________ $2rdacarrier

500 ##$aShows land ownership.

500 ##$a"Improved for Mills' Atlas, 1825."

700 1#$aMills, Robert,$d1781-1855.

700 1#$a ____

700 1#$aTanner, Henry Schenck,$d1786-1858.

700 1#$aRavenel, Henry.

700 12$aMills, Robert, 1781-1855.$tAtlas of the state of South Carolina.

3. 请根据提示判断 RDA 书目记录中所标号字段(如①)记录的信息是否正确,并改正(每题 3 分,共 15 分)

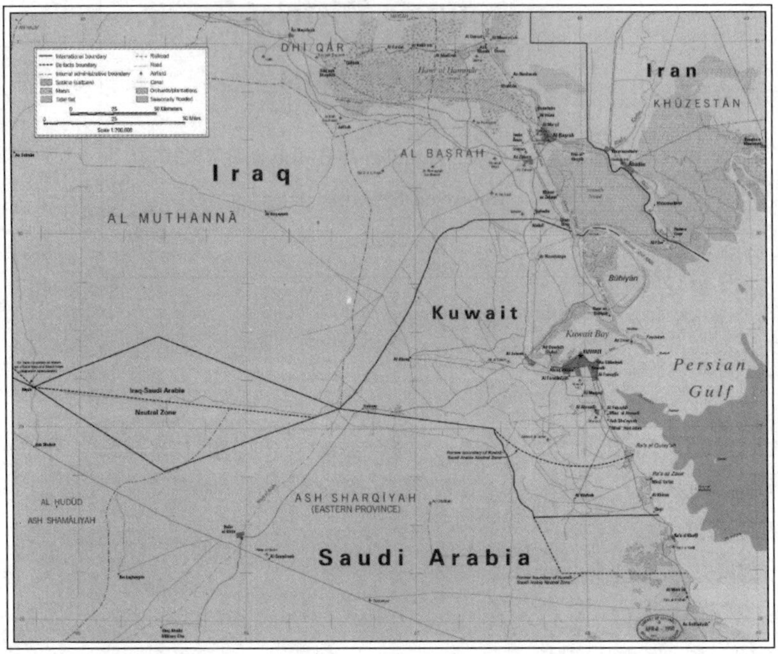

说明:本资源为单张地图;未显示题名;彩色;高 51 cm,宽 61 cm;比例尺 1:700 000。

RDA 书目记录:

034 1#aab700000$dE0450000$eE0490000$fN0310000$gN0280000

035 ##$a(DLC) 91682276

040 ##$aDLC$beng$cDLC$erda

050 00$aG7531. F2 1991$b. U5

052 ##$a7531

052 ##$a7611

052 ##$a7601

110 1#$aUnited States.$bCentral Intelligence Agency.

245 00$aMap showing neutral zones between Saudi Arabia and Iraq and between Saudi Arabia and Kuwait. ① ( )

改正:______

255 ##$aScale 1:700 000$c(E 45°--E 49°/N 31°--N 28°). ② ( )

改正:______

264 #1$a[Washington] :$b[Central Intelligence Agency],$c[1991]

300 ##$a1 map :$bcol. ;$c61 x 51 cm. ③ ( )

改正:300##$a1 map :$bcolor;$c51 x 61 cm

336 ##$acartographic image$2rdacontent ④ ( )

改正:______

337 ##$aunmediated$2rdamedia

338 ##$avolume$2rdacarrier　　⑤（　　）

改正：________________

500 ##$a"721438 (B01188) 3-91."

500 ##$aDepths shown by gradient tints.

530 ##$aAvailable also through the Library of Congress Web site as a raster image.

651 0#$aSaudi Arabia$xBoundaries$zIraq$vMaps.

651 0#$aIraq$xBoundaries$zSaudi Arabia$vMaps.

4. 请根据提示信息将该地图的书目记录按 RDA 规则补充完整(每空 2 分,共 20 分)

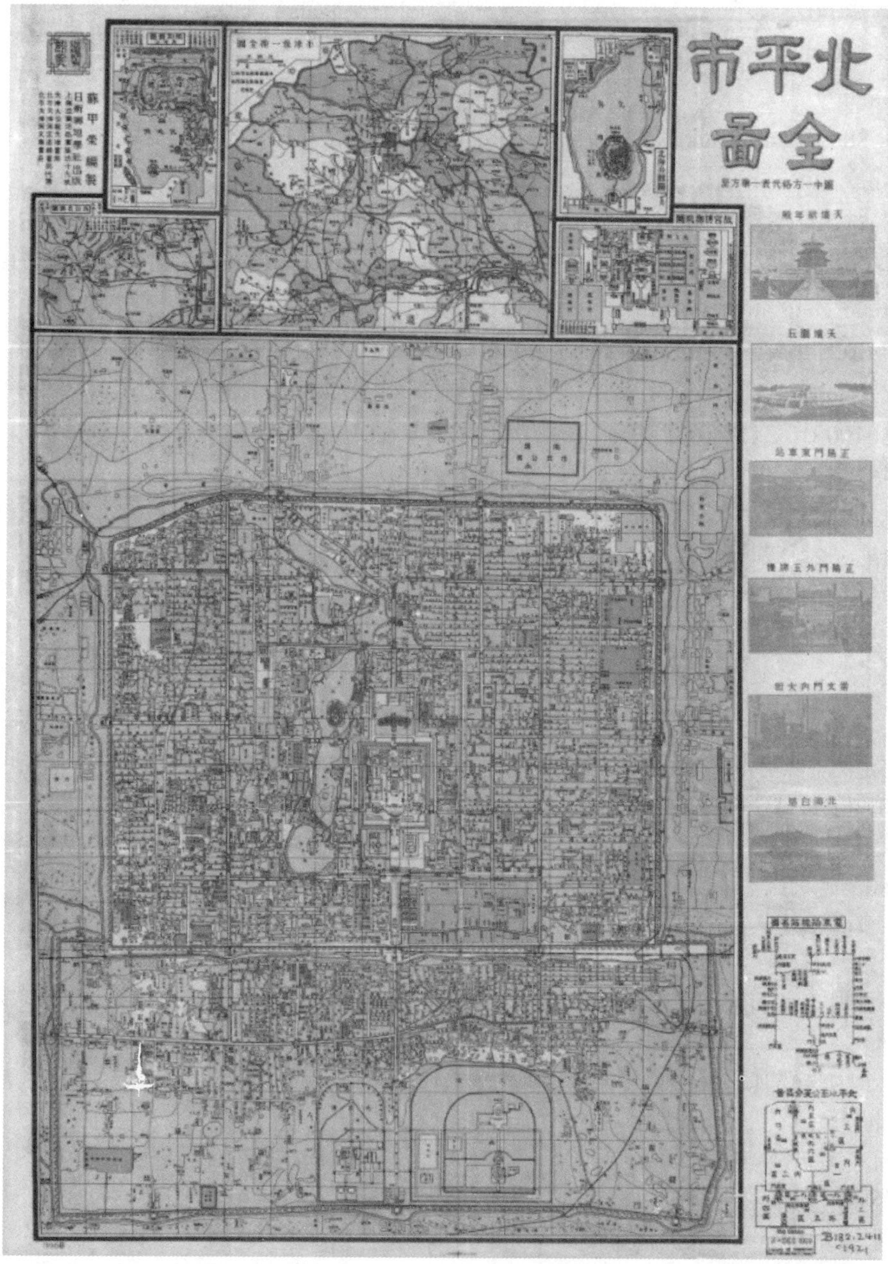

说明:本资源为单张彩色地图;高 55 cm,宽 42 cm;比例尺 1:18 000

RDA 书目记录:

______1#aab18000

040 ##$aDLC$b ______ $cDLC$e ____________

050 00$aG7824. B4 1921$b. S8

052 ##$a7824$bB4

066 ##$c ____________

100 1#$6880-01$a ____________

245 10$6880-02$a ____________________ $cSu Jiarong bian zhi.

250 ##$6880-03$aDi 1 ban.

255 ##$a ____________

264 #1$6880-04$aShanghai :$bRi shin yu di xue she,$c1921.

300 ##$a ______ $bcolor ;$c ____________

500 ##$aInsets: Bei Hai gong yuan tu -- Gu gong bo wu yuan tu -- Ping Jin bao yi dai quan tu --Yihe Yuan tu -- Xi Shan ming sheng tu -- Dian che lu xian zhan ming tu -- Beiping di mian gong an fen qu tu.

530 ##$aAvailable also through the Library of Congress Web site as a raster image.

651 #0$aBeijing (China)$vMaps.

880 1#$6100-01 /$1$a 蘇甲榮.

880 10$6245-02 /$1$a 北平市全图 /$c 蘇甲榮編製.

880 ##$6250-03 /$1$a 第 1 版.

880 #1$6 ________ $a 上海 :$b 日新舆地学社,$c1921.

Day 70 答案与解析

一、判断题

1. F 解析:地图资源主要资源内容而定,只要从内容来看是测绘地球或天体的资料,就认为是地图,而不管载体形式如何,故球仪、地图模型都是地图资源。

2. T 解析:对于非书资料,需启用 007 字段记录资源的载体特征。对于具有复合资料特征的资源,应启用 006 字段对资源的次要特征予以描述,例如,电子地图,同时具有地图资源和电子资源的特征,此时应启用 006 字段记录其作为电子资源的特征。

3. T

4. F 解析:根据 RDA 3.5.2.3,对于多个不同尺寸张上的地图,应记录张的最大高度,其后随以最大宽度和 *or smaller*。

5. F 解析:在 MARC 21 书目数据中,地图图像的版面设计术语记录于 300$b 而非$c。

二、不定项选择题

1. AB 解析:<C>和<D>元素与对应的子字段刚好相反,即地图内容的坐标应记录于 255$c,投影应记录于 255$b。

2. BD 解析:根据 RDA 2.3.2.11.2,地图资源的自拟题名总是包括所覆盖区域的名称或一个识别标识,如适用,还包括描述的主题,即地图的性质或类型,可见,前者是必须,后者非必须,故<B>错误。对于自拟题名,无论何种资源,均应做附注予以说明,故 < D > 错误。

3. ABCD　**解析:**本题考查的是 MARC 21 书目数据的字段与 RDA 元素的对应。010 记录 LC 控制号;255 字段记录比例尺等制图数据说明;300 字段描述载体信息;541 字段记录资源的直接获取来源;337 字段记录资源的媒介类型,而 < E > 记录的是资源的内容类型,故错误。

4. AC　**解析:**本题考查内容同上题。264 字段记录的是资源的出版信息,第 2 指示符应为"1"而非"4",故 < A > 错误。510 字段记录在编资源被引用或被参考的附注,而 C 选项字段记录的是资源的其他发布方式,根据提示信息,记录于 500 字段即可而非 510 字段,故 < C > 错误。650 字段依据美国国会图书馆主题标题词表 LCSH 记录资源的主题。

三、实践题

1.

(1)C　**解析:**008 字段是任何资源都须启用的控制字段,此外,对于非书资料还需启用 007 字段,对具有复合型资料特征的资源还需启用 006 字段以反映次要特征。本题资源为印刷型地图,为非书资料,且不具备复合特征,因此启用 007,无须启用 006 字段。

(2)C　**解析:**LDR/06 字符位为记录类型,对于地图资源应选择代码"e"(测绘制图资料)或"f"(手稿型测绘制图资料),本题应选择"e",由此决定了 008 采用地图模式(MP)。

(3)B　**解析:**本题资源为地图集,因此 007/00 字符位(资料类型)应选择代码"a"表示地图,007/01 字符位(特定资料标识)应选择代码"d"表示地图集。

(4)B　**解析:**有提示信息可知 5701 是资源的地理分类代码,根据 MARC 21 书目数据格式,该元素应记录于 052 而非 053 字段。

(5)A　**解析:**第 1 个附注为投影附注,第 2 个附注为题名附注,记录于一般附注 500 字段即可。第 3 个附注包含书目附注,因此,应记录于 504 字段。

2.

008 ##a

045

245 00$aBeaufort District, South Carolina

255 ##$aScale 1:127,720.

300 ##$a1 map ;$c81 x 65 cm

336 ##$acartographic image

337 ##$aunmediated

338 ##$asheet

700 1#$aVignoles, Charles Blacker,$d1793-1875.

解析:对于地图模式的 008 字段,008/25 字符位为测绘制图资料类型,本题应选择代码"a"表示单张地图。1820 是为该区域测绘的时间,术语资源内容覆盖的时间范围,应记录于 045 字段,$b 以公元纪年的方式记录格式化的时间段,第 1 指示符为"0"表示记录单一日期,即仅启用一个 $b 子字段即可。依据提示信息记录正题名,注意 *South Carolina* 体现了地图资源覆盖的地理范围,应作为正题名而非其他题名信息予以记录。255 字段记录地图的比例尺,应记录数字比例尺,前置以术语 *Scale*。根据 RDA 3.4.2 记录地图资源的数量,载体类型术语取自 RDA 3.4.2.2,本题应选用术语 *map*。根据 RDA 3.5.2 记录地图的尺寸,对于单张地图,应记录其高度 × 宽度,用公制符号 cm。336 字段记录资源的内容类型,术语选自 RDA 6.9.1.3 列表,对于普通地图应选择术语 *cartographic image* 表示地图图像。337 字段记录资源的媒介类型,术语选自 RDA 3.2.1.3 列表,对于印刷型资源应选择术语 *unmediated* 表示无媒介。338 字段记录资源的载体类型,术语选自 RDA 3.3.1.3 列表,对于单张资源应选择术语 *sheet* 表示张。由提示信息和其他 700 字段可知,仅信息源上出现的调研者 C. Vignoles 没有予以记录,因此应为其建立规范检索点并记录于该字段。从另一个角度来看,该责任者属于与内容表达相关的贡献者,因此应将其名称的规范检索点形式记录于 700。

3.

① F 应加方括号 **解析**:资源本身没有正题名,245 字段记录的是编目员自拟题名,因此应添加方括号表示来自资源以外。

② T **解析**:255$a 记录地图的比例尺,$c 记录地图内容的经度和纬度。

③ F 300 ##$a1 map :$bcolor ;$c51 x 61 cm **解析**:根据 RDA 7.17,资源的色彩内容为彩色时,应记录术语 *color*,取消了 AACR2 使用缩写的规定。对于单张地图,其尺寸应记录为高度 × 宽度,而非宽度 × 高度。

④ T **解析**:336 字段记录内容类型,普通地图应选择术语 *cartographic image*。

⑤ F 338##$asheet$2rdacarrier **解析**:对于单张地图,载体类型术语应选用 *sheet* 而非 *volume*。

4.

034

040 ## $beng$erda

100 1#Su, Jiarong.

245 10$aBeiping Shi quan tu

255 ##$aScale 1:18,000.

300 ##$a1 map :$bcolor ;$c55 x 42 cm

880 #1$6264-04/$1

解析:034 字段为制图数学数据代码,第 1 指示符"1"表示字段记录的是单一比例尺,$a(比例尺类型)的代码"a"表示线型比例尺,$b 记录的是水平比例尺数字比例的分母。040$b 记录编目语言代码,本题依 300、530 等字段可知编目语言为英语,代码为 eng。多文种记录通常应启用 066 字段,$c 记录交替 G0 或 G1 字符集,对于从英文切换到中文,应当记录中文的字符集(属于 G1 字符集)代码$1。通过 880 连接字段、$6 连接子字段可知本题书目记录采用的音译多文种记录,其音译部分应记录拉丁化文字,对于汉字就是汉语拼音。255 字段记录地图资源的比例尺,前置以术语 *Scale*。资源为单张地图,因此 300$a 记录的数量为 1 *map*。资源彩色,因此$b 记录的色彩信息为 *color*,$c 记录的尺寸为高度 × 宽度。音译字段和 880 字段通过$6 子字段连接,880$6 包括音译字段的字段号(264)、随机分配的序号(与音译字段的序号呼应)、文种识别代码($1)和字段数据显示为从右至左的标识(无)。

Day 71

音乐资源完整编目综合练习

一、判断题(正确请填写“T”,错误请填写“F”;每题2分,共20分)

1. 本练习册所指的音乐资源特指乐谱资源,有别于录音资源。乐谱资源是以音符形式表达的,通过视觉感知的内容,而录音资源是以演奏形式通过听觉感知的内容。( )
2. MARC 21 书目数据格式共定义了7种资料类型,其中乐谱资源对应“乐谱”格式(MU),录音资源对应“录音资料”格式(SR)。( )
3. 只要是乐谱资源,其 MARC 21 书目记录 LDR/06 字符位就应选代码“c”。( )
4. 无论是乐谱资源还是录音资源,其书目记录的008字段都应采用“音乐”模式。( )
5. 乐谱资源无论是印刷型还是非印刷型,均可启用007字段。( )
6. 028 22$aWF96$bCarl Fischer,本字段表明所编目音乐资源的出版者编号是WF96,编号分配机构是Carl Fischer。( )
7. 对于音乐作品,其创作者为作曲者而非演奏者。( )
8. 记录乐谱数量所使用的乐谱格式术语并未在RDA第3章给出,而在第7章列出,这些术语与AACR2规定的术语并未发生变化。( )
9. 如果音乐作品的题名仅由一个或多个作曲类型的名称组成,或者由一个或多个作曲类型的名称和表演媒介、调、作曲日期、编号中的一项或多项组成,则将所有元素(按其在信息源上出现的顺序)作为正题名处理。若这些信息未出现在题名中,而可在信息源的其他地方找到,则将其作为其他题名信息记录。该规定不仅适用于乐谱资源,也适用于音频形式的音乐。( )
10. 作为音乐作品特有属性的表演媒介既可以作为附加元素记录于作品的首选题名之后,也可以作为独立元素记录于382字段,但382字段仅用于 MARC 21 规范记录。( )

二、不定项选择题(每题5分,共30分)

1. RDA第7章列出了用于记录乐谱数量的乐谱格式术语,下列术语形式正确的有( )

   A. score B. condensed score C. close score D. study score
   E. miniature score F. piano score

2. *staff notation*、*number notation* 等术语表示的RDA元素是______,记录于字段______。( )

   A. 乐谱格式,300字段 B. 版面设计,500字段
   C. 乐谱形式,546字段 D. 编码格式,347字段

3. 下列能体现乐谱资源特征的字段有( )

   A. LDR ^^^^^ccm^^2200397^i^4500
   B. 008 111130s2011^^^^enkopd^^^^^^^^^n^^^^fre^d
   C. 082 04$a782.1$223

D. 240 10$aBarcarolle (Opera).$sVocal score

E. 546 ##$aFrench words.

F. 650 #0$aOperas$vVocal scores with piano.

4. 音乐模式的 008 字段中 008/18-19 记录的是乐曲形式代码,也是编目中常用到的,下列代码及其含义对应正确的是(　　)

A. co 协奏曲　　B. or 清唱剧　　C. hy 赞美诗　　D. dv 小夜曲

5. 下列元素属于音乐作品属性的有(　　)

A. 音乐作品的题名　　B. 表演媒介　　C. 作曲者

D. 调　　E. 音乐作品的数字标识

6. 下列情况属于音乐作品内容表达范畴的改编的有(　　)

A. 和声或音乐风格改变　　B. 各种作品的演释曲

C. 表演媒介变化　　D. 音乐作品的简写本

三、实践题(共 50 分)

1. 请根据提示信息,将资源的书目记录按 RDA 规则补充完整(每空 2 分,共 30 分)

题名页示意图

MUSIA BRITANNICA
A NATIONAL COLLECTION OF MUSIC

XCIV

ENGLISH
KEYBORD CONCERTOS
1740-1815

EDITED BY
PETER LYNAN

PUBLISHED FOR THE MUSICA BRITANNICA TRUST
ESTABLISHED BY THE ROYAL MUSICAL ASSOCIATION
LONDON:STAINER AND BELL
2013

lvii, 374 页,高度 32.6 厘米,内有扫描页。

有参考书目,无索引。

五线谱记谱法。

前言由英语、法语和德语构成。

创建数据的机构首选罗马数字形式。

LDR　^^^^^c ______ ______^^2200637^i^4500　(提示: LDR/06 和 07 字符位分别填)

008　131121t20132013enk co ______^^^behi^^n^^^^zxx^d　(提示:008/20 字符位)

020 ##$a9780852499276

020 ## $a0852499272

035 ##$a(OCoLC) ocn852172679

040 ##$aCPL$beng$cCPL$erda$dYDXCP$dDLC

041 0#$g ______________________

042 ##$alccopycat

050 00$aM2$$b. M638 vol. 94$$aM1010

245 00 $a ____ /$cedited by Peter Lynan.

264 #1$aLondon :$bStainer and Bell,$c2013.

264 ______$c© 2013

300 ##$a ______________________ :$b ________________ ;$c ________________

336 ##$a ______________________ $2rdacontent

337 ##$aunmediated$2rdamedia

338 ##$a ______________________ $2rdacarrier

490 1#$a ____ $x0580-2954 ;$v ________

500 ##$a"Published for the Musica Britannica Trust established by the Royal Musical Association."

500 ##$aPreface in English, French, and German; introduction and critical report in English.

______##$______Staff notation.

504 ##$$aIncludes bibliographical references.

505 0#$aConcerto op. 1 no. 1 in C major (1744) / William Felton -- Concerto in D major (1749) / Benjamin Cooke -- Concerto in D major (1755) / William Hayes -- Concerto no. 5 in G minor (by 1755?) / Thomas Arne -- Concerto set 1 no. 2 in A minor (1756) / Thomas Chilcot.

700 1#$aLynan, Peter,$eeditor of compilation.

700 12$i ______________________ $aFelton, William,$d1715-1769.$tConcertos,$morgan, orchestra,$nop. 1.$nNo. 1.

……

830 #0$aMusica Britannica ;$v94.

2. 请依据提示信息将 RDA 书目记录补充完整(每空 2 分,共 20 分)

题名页示意图

> HL50490610 Hal Leonard
>
> 12 Christmas vocal solos for classical singers

乐谱 46 页；
附带一张钢琴伴奏 CD；
谱表记谱法；
钢琴演奏者：Laura Ward；

028 32$a ________________ $bHal Leonard
041 1#$heng
245 00$a12 Christmas vocal solos for classical singers.
246 3#$a ________________
250 ##$aHigh voice.
264 #1$a[New York] :$bG. Schirmer, Inc. ,$c[2012]
264 #3$aMilwaukee, WI :$bHal Leonard
300 ##$a ________________ ;$c31 cm +$e ________________
500 ##$a"With a companion CD of piano accompaniments."
500 ##$a"Enhanced CD also includes transposition and tempo adjustment software for CD-ROM computer use only"--Page 4 of cover.
______ 0#$aPianist on the CD: Laura Ward.
505 0#$aGlory Hallelujah To De New-born King / arranged by Hall Johnson -- I Wonder As I Wander / arranged by John Jacob Niles -- Jesus, Jesus, Rest Your Head ...
546 ##$b ________________
336 ##$a ________________ $2rdacontent
336 ##$a ________________ $2rdacontent
337 ##$aunmediated$2rdamedia
337 ##$a ________________ $2rdamedia
338 ##$avolume$2rdacarrier
338 ##$a ________________ $2rdacarrier

Day 71 答案与解析

一、判断题

1. T
2. F **解析**：根据最新的 MARC 21 书目数据格式，已经取消了"录音资料"这种格式，无论乐谱还是录音资料均使用"音乐"格式(MU)。
3. F **解析**：LDR/06 字符位与乐谱相关的有 2 个代码，其中代码"c"表示普通乐谱，代码"d"表示手稿型乐谱，应区别使用。
4. T
5. T **解析**：对于非书资料均可启用 007 字段。
6. F **解析**：当 028 字段第 1 指示符取"2"时，$a 记录的是版号，当第 1 指示符取"3"时，$a 记录的是出版者编号。
7. T **解析**：根据 RDA 19.2.1.3，作曲者被认为对音乐负有创作关系，是创作者。
8. F **解析**：RDA 7.20.1.3 列出了乐谱格式术语，较 AACR2 相比，术语发生了一些变化，主要是取消了术语

close score（密集总谱）、*miniature score*（袖珍总谱）、*piano* [*violin*, *etc.*] *conductor part*（钢琴（小提琴等）指挥分谱），增加了 *study score*（研习总谱）、*piano conductor part*（钢琴指挥分谱）和 *violin conductor part*（小提琴指挥分谱）。

9. T **解析**：参见 RDA 2.3.2.8.1。

10. F **解析**：382 字段是新增字段，同时存在与 MARC 21 书目数据格式和规范数据格式中。

二、不定项选择题

1. ABCE **解析**：参见判断题第 8 题。

2. C **解析**：乐谱形式属于标记形式的一种，在 RDA 7.13.3 中列出了记录乐谱形式的术语，根据 RDA 和 MARC 21 书目数据格式的映射，该元素记录于 546$b。

3. ABDF **解析**：<A>：LDR/06 字符位取代码"c"表示记录类型为乐谱。<B>：008/18-19 字符位取代码"op"，表示音乐类型为歌剧，008/20 字符位（乐谱格式）取"d"表示声乐总谱。<D>：首选题名后附加了内容表达的其他区别特征——版本，表示声乐缩编谱。<F>：根据美国国会主题词表，在论题性标题后附加了形式复分，表示带钢琴伴奏的声乐缩编谱。<C>：082 字段记录杜威分类号，与资源是否为乐谱无关。<E>：546$a 记录的是资源内容的语言，并未体现出与乐谱有关。

4. ABCD **解析**：MARC 21 书目数据格式规则详细列出了音乐模式 008 字段 18—19 字符位的代码及其含义。

5. ABDE **解析**：RDA 6.14—6.18 分别就音乐作品的各属性进行了说明，其中并未包含作曲者。作曲者是与音乐作品具有创作关系的个人、家族或团体，并不是音乐作品的属性。

6. CD 解析：根据 RDA 6.28.1.5，<A>和<B>属于音乐作品层改编的类别，根据 RDA 6.28.3.1，<C>和<D>属于音乐作品内容表达层改编的类型。

三、实践题

1. LDR c m

008 a

041 0#$gengfreger

245 00 $aEnglish keyboard concertos, 1740-1815

264 #4

300 ##$a1 score (lvii, 374 pages) :$bfacsimiles ;$c33 cm.

336 ##$anotated music

338 ##$avolume

490 1#$aMusica Britannica,$vXCIV

546

700 12$iContainer of (wok):

解析：由提示信息可知在编资源为正式出版成册的乐谱，因此，LDR/06 字符位（记录格式）选用代码"c"表示乐谱，LDR/07（书目级别）选用代码"m"表示已单册形式出版。音乐模式的 008/20 字符位记录乐谱格式，对于普通乐谱（score），应选用代码"a"表示总谱。041$g 记录的是资源附属资料中非唱词部分的语种代码，往往应用于音乐资源，根据本书目记录第 2 个 500 字段可知乐谱资源的前言同时使用了英语、法语和德语，相应的，应将该元素以代码形式记录于 041$g，三种语言代码按顺序记录于同一子字段即可。根据 RDA 3.4.3.2 记录乐谱的数量，其中圆括号内记录的册的页数，数量记录于 300$a。由提示信息"内有扫描页"可知，应在$b 记录术语 *facsimiles*（摹真本）。由于乐谱以单册形式出版，因此根据 RDA 3.5.1.4.14 记录册的尺寸即可。依信息源转录丛编题名及编号，但应遵循 RDA 1.7.2 关于大写以及 RDA 1.8.2 关于数字形式的规定。由术语 *Staff notation* 可知该字段$b 记录的是乐谱形式术语，根据 RDA 和 MARC 21 书目数据格式的映射，记录该项元素的是 546 字段。由提示信息可知在编资源为作品汇编，根据 RDA 6.27.1.4 可为汇编中的每部作品构建单独的规范检索点。根据 RDA 24.5，从附录 J 列表中选用适当的关系说明语记录资源之间的关系。对于汇编，作品之间是整体—部分关系，在记录所包含的作品规范检索点前应记录关系说明语 *Container of* (*wok*)：置于$i 子字段。

2. 028 32$aHL50490610

246 3#$aTwelve Christmas vocal solos for classical singers

300 ##$a1 score (46 pages) ; $e1 audio disc (4 3/4 in.)

511

546 ##$bStaff notation.

336 ##$anotated music

336 ##$aperformed music

337 ##$aaudio

338 ##$aaudio disc

解析：028 字段第 1 指示符为“3”时，$a 记录音乐资料的出版者编号，可从信息源获取，转录即可。正题名中出现的阿拉伯数字形式及其对应的文字形式之间可互相记录为变异题名，此时 246 字段指示符选用固定搭配“3#”。由于在编资源带有附件，为多载体类型资源，因此 300$a 记录主资源数量，$e 记录附件载体信息，根据 RDA 3.1.4，既可仅记录附件的数量，也可同时记录其他特征。主资源为乐谱，其数量根据 RDA 3.4.3.2 予以记录。附件为音乐 CD，其数量根据 RDA 3.4.1.3 记录即可。511 字段记录音乐的钢琴演奏者。546 字段是语种附注，对于乐谱资源，$b 子字段通常记录乐谱形式，由提示信息可知本乐谱形式为谱表记谱法，根据 RDA 7.13.3.3，其对应术语为 *Staff notation*。第 2 个 336、337 和 338 字段记录的是附件——钢琴伴奏 CD 的内容类型、媒介类型和载体类型术语。

Day 72
缩微资源完整编目综合练习

一、判断题(正确请填写"T",错误请填写"F";每题 2 分,共 20 分)

1. 缩微资源是按媒介类型进行划分的资源,因此仅是对已有资源的复制品。(　　)
2. 在 MARC 21 书目记录中,头标区的任何代码都与资源是否为缩微资源无关。(　　)
3. 在 MARC 21 书目记录中,008 字段的任何代码都与资源是否为缩微资源无关。(　　)
4. 缩微复制品由于是非书资料,因此必须启用 007 字段描述资源的物理形态特征。(　　)
5. 在编目时,如果以缩微复制品为编目对象,可启用 534 字段描述原版文献的出版信息及载体形态特征。(　　)
6. 在描述缩微资源的数量时,经常用到的载体类型术语有 *microfiche* 表示缩微平片,*microfilm* 表示缩微胶卷。(　　)
7. 在记录缩微资源的尺寸时,依类型不同,描述尺寸的规则也不同,主要包括:对于盒式缩微胶卷,记录盒面的长度 × 高度;对于缩微平片,记录平片的高度 × 宽度。(　　)
8. 300 ##$a1 microfiche (56 pages) :$bpositive ;$c11 x 15 cm 表明缩微资源是一张缩微平片,极性为负片,高度 11 厘米,宽度 15cm。(　　)
9. 缩率是缩微资源的特有属性,通常记录于 300$b 或 340$f,并与控制字段 007/06-08 字符位相对应。(　　)
10. 编目缩微资源时,策略的选择非常关键,这直接决定了出版信息、载体信息以及附注信息的描述对象。(　　)

二、不定项选择题(每题 5 分,共 30 分)

1. 下列元素适用于缩微资源的有(　　)
   A. 基底材料　　B. 应用材料　　C. 代　　D. 极性
   E. 色彩内容　　F. 声音内容
2. 图书模式的 008/23 字符位为载体形态,其中包含了体现缩微资源类型的代码,下列 008/23 代码及其含义对应正确的有(　　)
   A. a 缩微胶卷　　B. b 缩微平片　　C. c 不透明缩微片　　D. s 电子文献
3. 008 字段有 7 种模式,除图书模式外,下列模式的 008 字段 23 字符位需记录载体形态代码的是(　　)
   A. 电子资源　　B. 地图　　C. 音乐　　D. 连续性资源
   E. 可视资料　　F. 混合型资料
4. 340 字段包含与资源物理特征有关的文本信息,针对 RDA 新增的一些描述载体的元素增加了一些子字段,下列元素与 340 子字段对应不正确的是(　　)
   A. 表面材料 $a　　B. 代 $j　　C. 极性 $o　　D. 产品速率/比率 $k

5. 某缩微平片为负片，正常缩率，内容为已出版的图书，则下列关于其 MARC 21 书目记录说法正确的是(　　)

A. 记录采用图书 BK 类型

B. LDR/06-07 字符位代码分别为 a、m

C. 007/00-01 字符位代码分别为 h、b

D. 缩率体现在 007/05-08 字符位，可记录为 a|||

6. 下列关于缩微资源数量记录形式不正确的有(　　)

A. 300 ##$a2 microfiche　　B. 300 ##$a1 microfiche (1 score (26 p.))

C. 300 ##$a2 microfilm rolls　　D. 300 ##$a1 microfiche (28 frames)

三、实践题(共 50 分)

1. 请根据提示信息完成下列选择及填空(每小题 3 分，共 15 分)

本资源为缩微胶卷，盒面示意图如下图所示：

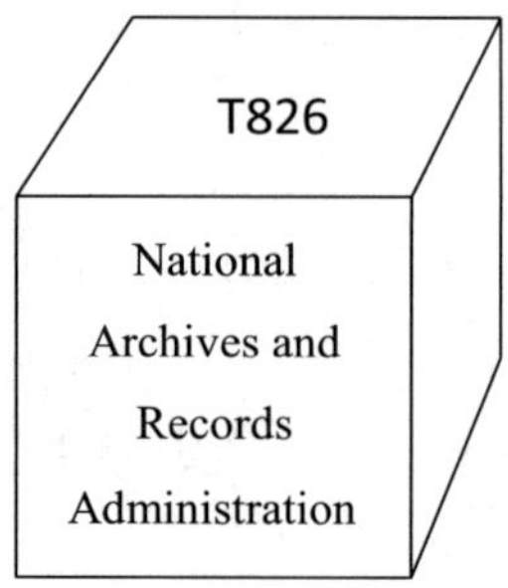

其他信息：

非复制品；

黑白负片；

胶卷宽度:35 毫米；盒高度×宽度:8 厘米×8 厘米；

出版地:未注明，但从其他参考源上可知为 Washington, D. C. ;

出版时间:1985；

内容:文字档案

(1)该资源应选用的 MARC 21 书目记录类型及其 LDR/06 字符位应选用的代码分别是(　　)

A. 缩微资料　a　　B. 图书　a　　C. 缩微资料　m　　D. 图书　m

(2)007/00 和 01 字符位应分别选择代码(　　)

A. h、e　　B. h、b　　C. h、d　　D. d、e

(3)008/23 字符位载体形态应选择代码(　　)

A. a　　B. b　　C. c　　D. d

(4)关于 300 字段中的子字段记录不正确的是(　　)

A. 300 $a1 microfilm reel　　B. 300 $bnegative

C. 300 $c35 mm　　D. 300 $c8 x 8 cm

(5)请将下列字段补充完整：

337 ##$a ______________ $2rdamedia

338 ##$a ______________ $2rdacarrier

2. 请根据提示信息按不同的编目策略将资源的 RDA 书目记录补充完整(每空 2 分,共 20 分)

平片上端信息:

Africa in 50 years' time : the road towards inclusive growth ©2011 PROQUEST LLC	1 fiche

题名帧示意图	其他信息
Africa in 50 years' time : the road towards inclusive growth African Development Bank Tunis, 2010	平片信息：黑白负片 平片尺寸：11 x 15 cm 出版信息：Ann Arbor, MI　ProQuest 最后一页页码 256 ；书高 31.6 厘米 ； 有插图

策略一:

LDR　　^^^^^nam^^22^^^^^^i^^^^^

007　　h ______^ b mb| | |b|c|

008　　^^^^^^s2010^^^^miua^^^^b^^^^^000^0^eng^^

245 00$aAfrica in 50 years' time : $bthe road towards inclusive growth /$cAfrican Development Bank.

264 #1$aTunis :$b ______________________ $c2010.

300 ##$a __________________ :$billustrations ;$c __________________

______##$aMicrofiche.$bAnn Arbor, MI :$cProQuest .$e 1 microfiche : negativ ; 11 x 15 cm.

336 ##$atext$2rdacontent

337 ##$amicroform$2rdamedia

338 ##$a __________________ $2rdacarrier

策略二(部分字段未显示):

LDR　　^^^^^nam^^22^^^^^^i^^^^^

008　　^^^^^^s2011^^^^miua^^^^b^^^^^000^0^eng^^

245 00$aAfrica in 50 years' time : $bthe road towards inclusive growth /$cAfrican Development Bank.

264 #1$aAnn Arbor, MI :$b __________________ $c2011.

300 ##$a ________________________ :$b ________________________ ;$c11 x15 cm

______##$pOriginally published:$cTunis : African Development Bank, 2010.

3. 请根据提示信息判断所标号字段记录的是否正确,错误的请改正(每题 3 分,共 15 分)

平片上端信息:

© 2008 Wang，Tsueylin Tracy　Instructional strategies and teacher-student interaction in the classrooms of a Chinese immersion school UMI©2008 PROQUEST LLC	1 of 2

题名帧示意图	其他信息
Instructional strategies and teacher-student interaction in the classrooms of a Chinese immersion school Tsueylin Tracy Wang University of San Francisco 2008	非复制品； 黑白正片　； 平片尺寸：11 x 15 cm 出版信息：Ann Arbor, Michigan　UMI

LDR　　^^^^^n a m^^22^^^^^^i^^^^^

007　　h e^a m| | | |b| | |　　　①(　　)

改正：________________

008　　^^^^^^s2008^^^^miu^^^^^a^^^^^000^0^eng^^　　　②(　　)

改正：________________

100 1# $aWang, Tsueylin Tracy.

245 10 $aInstructional strategies and teacher-student interaction in the classrooms of a Chinese immersion school / $cTsueylin Tracy Wang.

264 #1$a[San Francisco] :$b University of San Francisco,$c2008.　　　③(　　)

改正：________________

264 #4 $a© 2008

300 ## $a2 microfiches :$bnegative ;$c11 x 15 cm　　　④(　　)

改正：________________

336 ##$atext$2rdacontent

337 ##$amicroform$2rdamedia

338 ##$amicrofilm$2rdacarrier　　　⑤(　　)

改正：________________

Day 72 答案与解析

一、判断题

1. F　**解析**：缩微资源虽然是按媒介类型进行划分的资源，但其并非都为复制品，有些资源最初就是以缩微品的形式出版发行的，二者并没有必然联系，不能一概而论。

2. T　**解析**：MARC 21 书目记录头标区反映的信息多与资源内容、发行方式、编目级别、编目规则有关，而与媒介、载体无关。

3. F　**解析**:008 字段以代码形式反映资料特征,其中包括一部分载体特征,例如图书、音乐、连续性资源等模式的 008/23 字符位(载体形态)的代码"a"表示资源为缩微胶卷,"b"表示资源为缩微平片。

4. T

5. T

6. F　**解析**:根据 RDA 3.3.1.3 载体类型术语列表,表示缩微胶卷的术语有 *microfilm reel*(开盘缩微胶卷)和 *microfilm roll*(缩微卷),即均需在 *microfilm* 后附加表示卷的词。

7. F　**解析**:根据 RDA 3.5.1.4.2,对于盒式缩微胶卷,以毫米记录胶卷宽度,用公制符号"mm"。

8. F　**解析**:本题 300$b 记录了缩微平片的极性,*positive* 表示"正片",*negative* 表示"负片"。

9. T

10. T　**解析**:缩微资源大部分是缩微形式的复制品,其著录元素根据描述对象的不同而有所差别,因此,在编制 MARC 21 书目数据时,有两种处理方式:一是以被复制的资源为描述对象,则出版说明记录原版文献的出版信息,载体形态信息选用适合原版文献类型的术语,同时在 533 字段(复制品附注)说明缩微文献的出版信息及载体形态特征;二是以复制品,即缩微文献为描述对象,则出版说明记录缩微文献的出版信息,载体形态信息选用适合缩微文献的术语,同时在 534 字段(原版附注)说明原版文献的出版信息及载体形态特征。

二、不定项选择题

1. ABCDEF　**解析**:基底材料、应用材料、代、极性均为 RDA 第 3 章描述载体中的元素,且均适用于缩微资源,色彩内容和声音内容是 RDA 第 7 章描述内容中的元素,其中声音内容不适用于录音资源,但可应用于缩微资源,如配有声音的一套缩微平片。

2. ABCD　**解析**:MARC 21 书目数据格式规则详细规定了图书模式 008/23 字符位的代码及其含义。

3. CDF　**解析**:电子资源模式的 008/26 字符位记录电子资源类型,没有用于记录载体类型的字符位。地图和可视资料模式的 008 用 29 字符位记录载体类型,而非 23 字符位。

4. AD　**解析**:表面材料应记录于 340$c,产品速率/比率应记录于 340$f。此外,340 字段包含的子字段及其对应元素还有$a 材质与构造、$c 表面材料、$d 记录信息的技术方法、$e 支撑材料、$m 图书开本、$k 版面设计、$n 字体大小。

5. AB　**解析**:记录类型依据资源内容确定,缩微平片复制的内容为图书,因此 LDR/06 字符位选用代码"a"表示文字,07 字符位选用代码"m"表示书目级别为图书,由此也决定了记录类型为图书 BK,故 <A> 和 <B> 正确。007/00 字符位代码"h"表示资料类型为缩微资料,代码"b"表示缩微资料为单轴盒式缩微胶卷,而本题为缩微平片,应选用代码"e",故 <C> 错误。007/05 字符位为缩率范围,代码"a"表示低缩率,而本题为正常缩率,应选用代码"b",故 <D> 错误。

6. AB　**解析**:<A>:表示缩微平片的术语应记录复数形式,正确形式为 300 ##$a2 microfiches; <B>:表示页的术语应使用全拼而非缩写,正确形式为 300 ##$a1 microfiche (1 score (26 pages))。

三、实践题

1. (1)B　**解析**:记录类型依据资源内容而非载体类型确定,因此,由提示信息可知,LCR/06 应选用代码"a"表示文字,记录类型选择图书,此外,MARC 21 书目数据格式中没有缩微资料这一记录类型。

(2)C　**解析**:对于缩微资料,无论是平片还是胶卷,007/00 字符位均选用代码"h"表示缩微资料,对于本题资源,007/01 字符位(特定资料标识)应选用代码"d"表示盘式缩微胶卷,代码"b"表示单轴盒式缩微胶卷,代码"e"表示缩微平片。

(3)A　**解析**:本题 008 模式应选择图书(BK)模式,因此,008/23 字符位记录载体形态,对于缩微胶卷,应选用代码"a",代码"b"表示缩微平片,代码"c"表示不透明缩微片,代码"d"表示大型印刷本。

(4)D　**解析**:记录缩微胶卷的尺寸时,通常以毫米记录胶卷的宽度,用公制符号 *mm*,故 <D> 记录盒的尺寸错误。

(5)337 ##$amicroform 、338 ##$amicrofilm reel **解析**:337 字段记录资源的媒介类型,术语选自 RDA 3.2.1.3 列表,缩微资源应选用术语 *microform*。338 字段记录资源的载体类型,术语选自 RDA 3.3.1.3 列表,缩微胶卷通常选用术语 *microfilm reel*。

2. 策略一:

007 e

264 #1$bAfrican Development Bank,

300 ##$a256 pages :$c32 cm

533

338 ##$amicrofiche

解析:对于缩微平片,007/01 字符位应选用代码"e"表示缩微平片。策略一是以原版文献为编目对象,因此,264、300 字段应记录原版文献的出版、载体信息,同时启用 533 字段(复制品附注)记录缩微品的出版、载体信息。338 字段记录资源的载体类型,应选用合适的术语 *microfiche* 表示缩微平片。

策略二:

264 #1$bProQuest,

300 ##$a1 microfiche :$bnegative, illustrations,

534

解析:策略二是以缩微复制品为编目对象,因此,264、300 字段应记录缩微品的出版、载体信息,同时启用 534 字段(原版附注)记录原版文献的出版、载体信息。

3. ① T 正确

② F 008/23 字符位 a 应改为 b **解析**:本题 008 模式应采取图书(BK)模式,此时,008/23 字符位记录载体形态,对于缩微平片应选用代码"b"而非"a"。

③ F 264 #1$aAnn Arbor, Michigan :$bUMI,$c[2008] **解析**:由 300 字段记录的是缩微品的载体信息可知,该书目记录以缩微复制品为编目对象,因此,264 字段亦应记录缩微复制品而非原版文献的出版信息。

④ F $b 应为 *positive* **解析**:有提示信息可知资源为正片,因此 300$b 记录资源的极性时,应使用术语 *positive*,而非表示负片的 *negative*。

⑤ F $a 应为 *microfiche* **解析**:对于缩微平片,载体类型术语应选用 *microfiche* 而非表示胶卷的 *microfilm*。

Day 73
电子资源完整编目综合练习(1)

一、填空题(每空 2 分,共 20 分)

1. 当在编资源为远程访问的电子资源时,需启用＿＿＿＿＿＿字段记录资源的访问地址,此时第 2 指示符为＿＿＿,访问地址记录于子字段＿＿＿。
2. 电子资源根据不同的标准可划分为不同类型,按资源访问方式划分,可分为＿＿＿和＿＿＿。
3. 电子资源的范围有广义和狭义之分,对于称之为狭义的“纯电子资源”而言,MARC 21 书目数据格式中,头标(LDR)06 字符位应选择代码＿＿＿。
4. 对于电子资源,其 MARC 21 书目记录中一定要启用＿＿＿字段以代码形式对其非书资料的载体形态特征进行描述。对于音乐 CD 这类特殊的电子资源,008 字段模式应选择＿＿＿模式,而非 ER 模式。
5. 附注对电子资源而言非常重要,通常记录于 5XX 字段予以说明,设备或系统要求记录于专用的＿＿＿字段,而联机资源的浏览日期记录于专用的＿＿＿字段。

二、不定项选择题(每题 5 分,共 30 分)

1. 关于电子资源编目,下列说法正确的是(　　)
   A. 直接访问的电子资源指有形电子资源,是一种实体资源
   B. 远程访问的电子资源又称网络访问的电子资源或虚拟电子资源
   C. 在 RDA 规则中,电子资源的一般资料标识[electronic resource]已取消,其电子的特征更多的体现在 336 和 337 字段中
   D. 网站更新频繁,易变性强,正题名变更时需对其进行著录,将变更后题名著录于 245 字段做正题名,将先前题名著录于 247 字段
   E. 电子资源正题名的来源须通过附注项进行说明
2. 关于电子资源版本说明不正确的是(　　)
   A. 电子资源常以不同版本出版,当物理载体尺寸发生变化或内容顺序发生改变时,应当视为新的版本,需要创建新的书目记录
   B. 远程访问的电子资源可不记录版本说明,若有需要,可将相关信息著录于附注项
   C. 对于包括附件的电子资源,若资源整体和各部分都有版本说明,则应著录各部分的版本说明,若认为重要,可在附注项记录整体的版本说明
   D. 与普通资源一样,电子资源版本的责任说明记录于 250$c
3. 下列元素属于电子资源的数字文件特征的有(　　)
   A. 编码格式　　B. 文件大小　　C. 放映速度　　D. 视频格式
   E. 分辨率

4. 下列术语出现在 RDA 文件类型列表中的有(　　)

A. audio file　　B. data file　　C. text file　　D. image file

E. computer file

5. 某会议录光盘书目信息如下图所示,则关于其 MARC 21 书目记录的机构设计有误的是(　　)

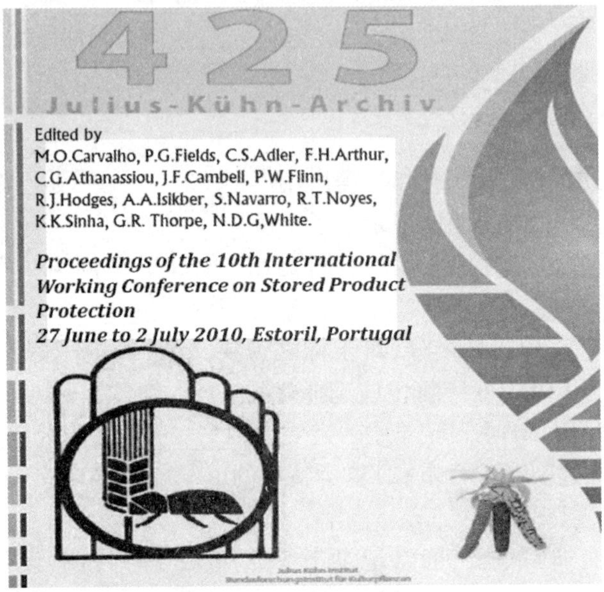

A. 书目记录应选用电子资源(ER)模式　　B. 应启用 006 字段

C. 应启用 007 字段　　D. 008 字段应选择图书(BK)模式

6. 下列术语属于编码格式的包括(　　)

A. DVD audio　　B. TIFF　　C. XML　　D. MPEG-4

三、实践题(共 50 分)

1. 请根据提示信息完成下列选择及填空题(每题 3 分,共 15 分)

在编资源为计算机程序的安装光盘,盘面示意图显示如下:

其他信息:光盘为标准尺寸,此外,还配有一本用户手册(369 页,包含图解,高度 23.2 厘米),读者对象为地质学家。

(1)LDR/06 字符位代码应选择(　　)

A. a　　B. m　　C. c　　D. k

(2)007/01 字符位应选择代码(　　)

A. c　　B. r　　C. o　　D. d

(3)008/26 字符位是电子资源类型,应选择代码(　　)

A. a　　B. b　　C. c　　D. d

(4)出版者关于本资源的介绍在网页 http://www.loc.gov/catdir/enhancements/fy0602/97004525-d.html 上,该网址可记录于 856 字段,此时第 2 指示符为(　　)

A. 0　　B. 1　　C. 2　　D. 3

(5)请填写下列字段:

250 ##$a ______________________________

336 ##$a ______________ $2rdacontent

2. 请根据提示信息将资源的书目记录按 RDA 规则补充完整(每空 2 分,共 20 分)

在编资源为光盘版地图,盘面形态及信息如下图所示:

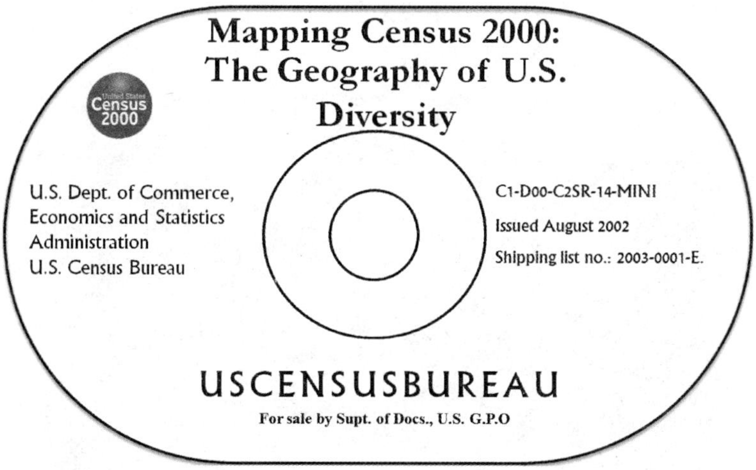

其他信息:彩色地图;光盘最大直径 8 厘米。

LDR ^^^^^n ______ m^^2200445^a^4500　(提示:LDR/06)

008 021205s2002^^^^dcu^^^^^^^^e^^fs^0^^^eng^^

034 0#$aa

043 ##$an-us---

245 00$aMapping census 2000 : $b the geography of U.S. diversity.

246 3#$a ______________________________

246 30$aGeography of U.S. diversity

255 ##$aScales differ.

264 #1$a[Washington, D.C.] :$bU.S. Dept. of Commerce, Economics and Statistics Administration, U.S. Census Bureau :$b[For sale by Supt. of Docs., U.S. G.P.O., $c 2002]

300 ##$a ________________ :$b ____________________ ;$c __

336 ##$a ________________________ $2rdacontent

337 ##$acomputer$2rdamedia

338 ##$a ________________________ $2rdacarrier

500 ##$aTitle from disc label.

500 ##$aShipping list no. : 2003-0001-E.

500 ##$a"Issued August 2002. "

500 ##$a"C1-D00-C2SR-14-MINI. "

520 ##$aPresents synthesis of basic patterns and changesin U. S. population distribution since 1990.

______##$aSystem requirements: CD-ROM drive.

______##$aAlso available via Internet from the Census website. Address as of 8/16/2004: http: //www. census. gov/population/www/cen2000/atlas. html; current access is available via PURL.

710 2#$aU. S. Census Bureau.

856 ______$uhttp: //purl. access. gpo. gov/GPO/LPS53017

3. 请根据提示信息判断书目记录中所标号字段是否正确,错误的需改正(每题 3 分,共 15 分)

在编资源为交互式多媒体,盒面信息如下:

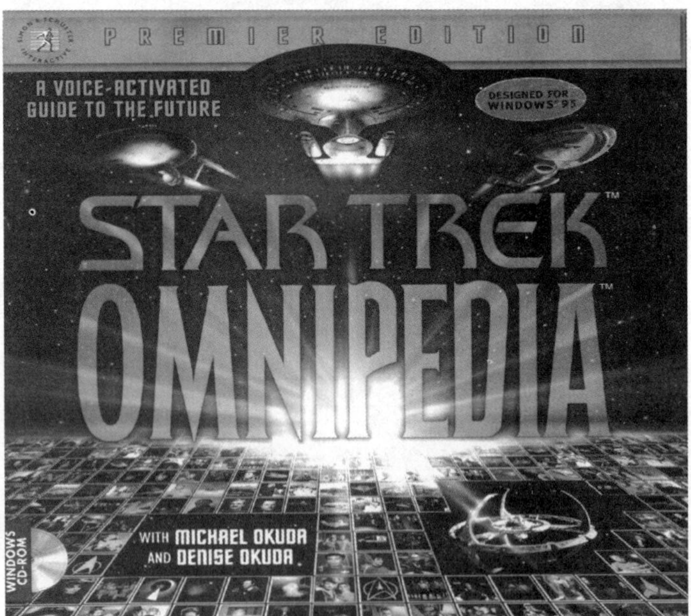

其他信息:内容包括图像、声音、动画以及交互式对话等各类计算机数据;

1 张光盘附带一本用户指南(user card);光盘尺寸为标准尺寸;用户指南 28 页。

LDR ^^^^^cmm^^2200325^i^4500 ①( )

改正:____

007 co^cga---muuuu

008　970904s1995^^^^nyu^^^^^^^^^i^^^^^^^^^eng^^

245 00$aStar Trek omnipedia.

246 30$aOmnipedia　　　②(　　)

改正：________________

264 #1$aNew York :$bSimon & Schuster Interactive,$c[1995].

300 ##$a1audio disc :$b sd., col. ; $c 4 3/4 in. +$e1 user card (28 pages)　　③(　　)

改正：________________

336 ##$acomputer dataset$2rdacontent　　　④(　　)

改正：________________

337 ##$acomputer$2rdamedia

338 ##$acomputer disc$2rdacarrier

515 ##$aSystem requirements for Windows: 486/33MHz based system or higher ; Windows 3.1 or Windows 95.　　　⑤(　　)

改正：________________

500 ##$aTitle from disc label.

500 ##$a"A voice-activated guide to the future"--Container.

500 ##$aBased on the Star Trek Encyclopedia by Michael Okuda, Denise Okuda and Debbie Mirek, and The Star Trek Chronology by Michael Okuda.

511 0#$aFeaturing Majel Barrett, the official voice of Star trek's computer systems ; with special audio/visual features narrated by Mark Lenard.

700 1#$aLeonard, Mark.

700 1#$aBarret, Majel.

700 1#$aOkuda, Michael.$tStar trek encyclopedia.

700 1#$aOkuda, Michael.$tStar trek chronology.

710 2#$aSimon & Schuster Interactive (Firm)

Day 73 答案与解析

一、填空题

1. 856　0　$u
2. 直接访问的电子资源　远程访问的电子资源
3. m
4. 007　音乐(MU)　**解析**：音乐 CD 属于具有复合资料特征的资源，对于这类资源，应依据其主要特征，即内容特征确定记录类型，进而确定应选用 008 字段的模式，其次要特征通过启用 006 字段予以反映。
5. 538　588　**解析**：588 字段为著录来源附注，对于远程访问的电子资源（又称联机资源或在线资源），其浏览日期也记录于该字段。

二、不定项选择题

1. ABCDE
2. ACD　**解析**：对于电子资源，只有当资源在知识内容或艺术内容上有重大差别，才构成新版本，需要创建单独的书目记录，例如编程语言或操作系统的变更、内容的增加或删除。若资源只是发生微小的变化，则不视为产生新版本，例如物理载体尺寸的变化、数据拼写错误的修改、内容顺序的改变、输出格式或显示媒介的改变以及物理特征的改变（如记录密度），故 < A > 错误。对于包括附件的电子资源，如果资源整体和各部分都有版本说明，则应记录整体的版本说明，若认为重要，可在附注项说明各部分的版本说明，故 < C > 错误。250 字段记录版本说明，但没有$c 子字段，与版本相关的责任说明均记录于$b 子字段，故 < D > 错误。

3. ABE　**解析**：根据 RDA 3.19，数字文件特征包含以下子元素：文件类型、编码格式、文件大小、分辨率、地区编码、编码码率。< C > 放映速度属于电影放映特征（RDA 3.17），< D > 视频格式属于视频特征（RDA 3.18）。

4. ABCD　**解析**：根据 RDA 3.19.2，作为数字文件特征子元素的文件类型列出了下列术语：*audio file*（音频文件）、data file（数据文件）、*image file*（图像文件）、*program file*（程序文件）、*text file*（文本文件）、*video file*（视频文件）。

5. A　**解析**：MARC 21 书目记录格式依资源内容而定，本题在编资源虽为实体型电子资源，但其内容为会议录，是以文字为主的图书，因此记录类型应选择图书（BK）模式而非电子资源（ER）模式。

6. ABCD　**解析**：参见 RDA 3.19.3.3。

三、实践题

1. （1）B　**解析**：从编目学意义上来看，计算机程序的安装光盘仅具有电子资源一种资料类型特征，视为“纯电子资源”，因此 LDR/06（记录类型）代码应选择“m”，表示电子资源。

（2）C　**解析**：对于非书资料均应启用 007 字段，对于电子资源，应选用电子资源模式的 007，即 007/00 字符位选择代码“c”，此时，表示电子资源特定类型的 007/01 字符位代码应选择“o”（光盘）。

（3）B　**解析**：电子资源模式的 008/26 字符位记录电子资源类型，其中适合本在编资源的代码为“b”，表示计算机程序。

（4）C　**解析**：856 字段第 2 指示符表示字段记录的网址与在编资源之间的关系，出版者对资源的介绍属于与在编资源相关的信息，应选择“2”，“0”表示网址链接的是资源本身，“1”表示网址链接的是资源的电子版。

（5）250 ##$aVersion 2.0

336 ##$acomputer program

解析：250 字段记录版本说明，依信息源转录即可，注意不能使用缩写“ver.”。336 字段记录资源的内容类型，根据 RDA 6.9.1.3，本题应选用术语 *computer program*，表示资源内容为计算机程序。

2. LDR e

246 3#$aMapping census Two Thousand, the geography of U.S. diversity

300 ##$a1 CD-ROM :$bcolor ;$c8 cm

336 ##$acartographic image

338 ##$acomputer disc

538

530

856 41

解析：LDR/06 字符位（记录类型）选择代码“e”表示资源内容为测绘制图资料（地图）。对正题名中出现的阿拉伯数字，可为其文字形式做变异题名记录于 246 字段，此时 246 字段指示符固定搭配为“3#”，反之亦然。由导语 *System requirements*：可知该字段记录的是资源的设备或系统要求，该元素应记录于 538 字段（系统细节附注）。856 字段记录的网址链接的是资源的电子版本，因此，指示符搭配选择“41”。

3. 请根据提示信息判断书目记录中所标号字段是否正确，错误的需改正。

① T　**解析**：注意 LDR/06 字符位，由提示信息可知，资源内容包括图像、声音、动画以及交互式对话等各类计算机数据，被视为“纯电子资源”，因此 LDR/06 应选择代码“m”。

② T

③ F $a1 computer disc :$bsound, color ;

解析:由于资源不仅包含声频,因此在记录数量时选用的载体类型术语 *audio disc* 不合适,选用 *computer disc* 更为合适。表示有声(sound)和彩色(color)的术语均应使用全拼而非缩写。

④ T

⑤ F　应为 538 字段　**解析:**根据 RDA 元素和 MARC 21 书目数据格式字段之间的映射,设备或系统需求应记录在 538 字段(系统细节附注)。515 字段为编号特点附注。

Day 74

电子资源完整编目综合练习(2)

一、判断题(正确请填写"T",错误请填写"F";每题 2 分,共 20 分)

1. 与直接访问的电子资源不同,远程访问的电子资源的数量不易获取,因此 RDA 规则下通常不记录 300$a。(　　)
2. 电子资源的数字文件特征既可记录在 300 字段,也可记录在专门的数字文件特征 348 字段。(　　)
3. 当编目文献属于电子资源范围,但同时具有其他资料特征时,就应当以其他资料特征作为选择记录类型的依据,但是电子特征也需要反映。(　　)
4. 对于电子资源,无论其形式如何,通常需要记录正题名的来源。(　　)
5. 不断更新的网站属于集成性资源,因此,当其正题名发生变化时,按集成性资源的处理方式处理,即修改正题名,而将变化前的题名作为先前题名予以记录。(　　)
6. 数字文件特征是电子资源特有的属性,文件类型是其中一项子元素,常用到的术语有 XML、HTML 等。(　　)
7. 统一资源定位符是指"远程访问资源的地址",也称为 URL,信息取自资源本身。(　　)
8. 电子地图、电子图书、电子照片等资源从编目意义上讲,不能按纯电子资源编目。(　　)
9. 随着信息技术的进步,很多期刊都改为在线发行,定期更新,在用 MARC 21 编目此类资源时,应按集成性资源而非连续出版物处理。(　　)
10. 对于远程访问的电子资源,应当记录浏览日期,与正题名来源记录在相同字段。(　　)

二、不定项选择题(每题 5 分,共 30 分)

1. 在 MARC 21 书目数据中,LDR/06 字符位"m"对应的资源范围包括(　　)
   A. 计算机软件　　B. 书目数据库　　C. 数值型数据　　D. 交互式多媒体
2. 对于电子资源,附注信息非常重要,且内容多样,其中应记录于 538 字段的有(　　)
   A. 著录的基础　　B. 可获得的其他物理形式
   C. 系统要求　　D. 正题名来源
   E. 访问模式
3. 统一资源定位符记录于 856 字段,其中第 2 指示符用于揭示 856 字段所描述的电子资源与书目记录所描述资源之间的关系,下列第 2 指示符数字与含义匹配正确的是(　　)
   A. 0 资源版本　　B. 1 资源　　C. 2 相关资源　　D. 8 生成附注导语
4. 按 RDA 规则,下列对电子资源数量描述记录正确的是(　　)
   A. 300 ##$a 1 computer disc (1 audio file, 3 video files)
   B. 300 ##$a 1 computer tape
   C. 300 ##$a 1 online resource (139 p.)

D. 300 ##$a 1 online resource (30 text files)

5. 电子资源的数字文件特征包括很多子元素,在 MARC 21 书目数据格式中,均可记录在专门的“数字文件特征”字段,该专门字段中的子字段与子元素匹配不正确的是(　　)

A.$a 文件类型　　B.$b 编码格式　　C.$c 文件大小　　D.$d 传输速度

6. 下列元素与记录单位对应关系正确的包括(　　)

A. 传输速度　kbps　　B. 分辨率　GB　　C. 文件大小　pixels　　D. 文本　KB

三、实践题(共 50 分)

1. 请根据提示信息完成下列选择及填空题(每题 3 分,共 15 分)

资源为在线期刊,共发行 14 期(1998—2011 年),现已停止更新。主页信息如图所示。网页浏览日期为 2015 年 2 月 1 日,定期更新。

(1) LDR/06、07 字符位应分别选择代码(　　)

A. a、i　　B. a、s　　C. m、i　　D. m、s

(2) 006/00、09(电子资源类型)字符位应分别选择代码(　　)

A. m、a　　B. m、d　　C. a、s　　D. a、r

(3) 007/00 字符位应选择代码(　　)

A. a　　B. b　　C. c　　D. d

(4) 下列字段使用正确的是(　　)

A. 130 0#$aInternational journal of communications law and policy(Online)

B. 362 ##$aNo longer updated

C. 510 ##$aAlso issued in print.

D. 528 ##$aMode of access: World Wide Web.

(5)请填写下列字段：

336 ##$a ______________ $2rdacontent

337 ##$a ______________ $2rdamedia

2. 请根据提示信息判断所标号字段著录是否正确，错误的请改正（每题 3 分，共 15 分）

在编资源为一张地图光盘，盘面示意图如下：

LDR ^^^^^cmm^^22003374i^4500 ①(　　)

改正：____

006 m^^^^^^^^c^^^^^^^^

007 co^| | | | | | | | | | |

008 100308s2003^^^^cc^^^^^^^^a^^^s^0^^^chi^^

020 ##$a9787900048400

041 0#$achi$aeng

043 ##$aa-cc-pe

066 ##a1 ②(　　)

改正：____

110 2#$6880-01$aZhongguo di tu chu ban she.$bDian zi xin xi zhong xin.

245 10$6880-02$aBeijing dian zi di tu 2003 /$cZhongguo di tu chu ban she dian zi xin xi zhong xin bian zhi.

256 ##$aScale not given. ③(　　)

改正：____

264 #1$6880-04$aBeijing :$bBeijing di tu chu ban she,$c2003.

300 ##$a1 CD-ROM :$b col. ;$c12 cm. ④( )

改正:________________

336 ##$acartographic image$2rdacontent

337 ##$acomputer$2rdamedia

338 ##$acomputer disc$2rdacarrier

538 ##$aWindows ME, Windows 98, Windows NT, Windows 2000, Windows XP ; PC CD-ROM. ⑤( )

改正:________________

880 2#$6110-01/$1$a 中国地图出版社电子信息中心.

880 10$6245-02/$1$a 北京电子地图 2003 /$c 中国地图出版社电子信息中心编制.

880 #4$6264-04/$1$a 北京 :$b 中国地图出版社,$c2003.

3. 请根据提示信息将缺失的字段补充完整(每空 2 分,共 10 分)

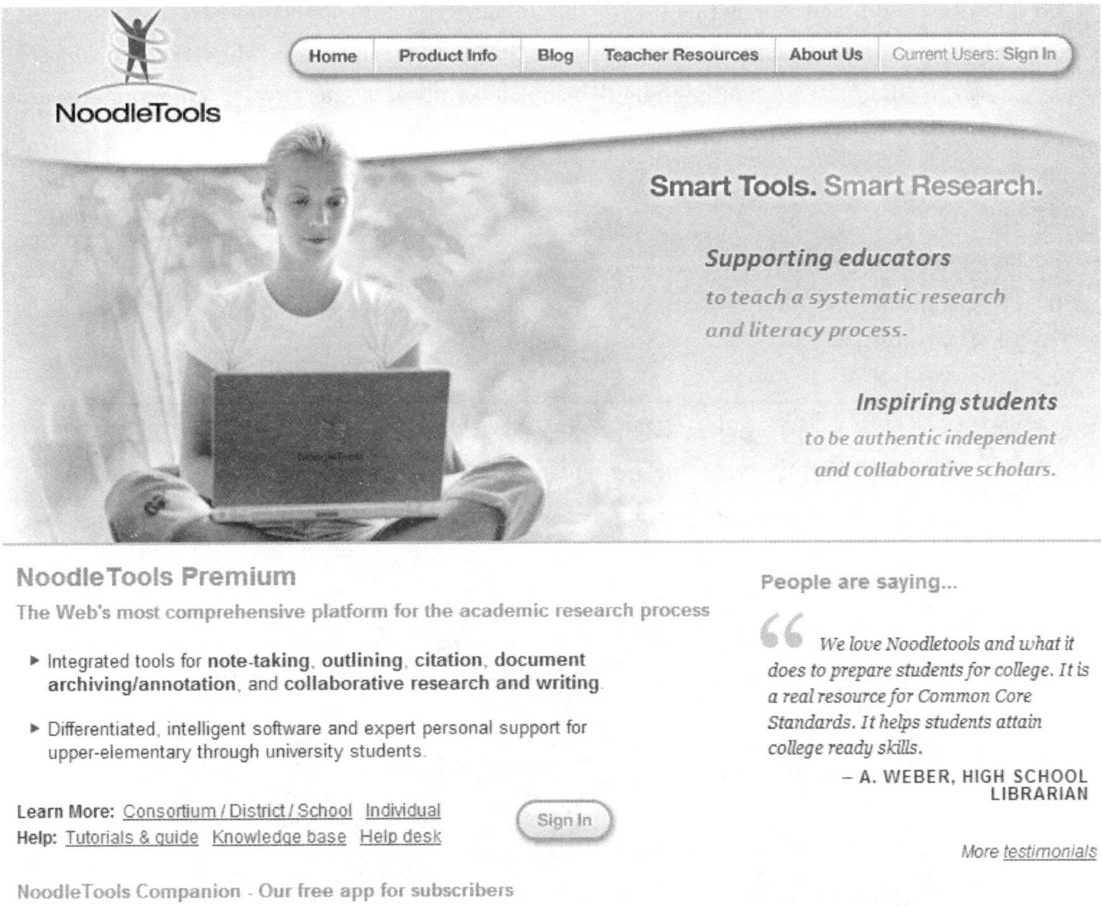

其他信息:资源为软件工具的主页,网址:http://www. noodletools. com,访问时间为 2015 年 2 月 13 日。1999 至 2003 年曾用名 *Noodle Tools for Researchers*。包含声明:*NoodleBib and NoodleBoard available to subscribing members only*.

LDR ^^^^^cmi^^22003734i^4500

007 ____________

008 021223m19999999cau^^^^^^^^b^^^^^^^^^eng^^

245 00$aNoodleTools: $b smart tools, smart research.

246 3#$aNoodle Tools

247 10 ____________

264 #1$aPalo Alto, CA : $b NoodleTools, Inc.

310 ##$aNo longer updated

336 ##$acomputer program $2 rdacontent

337 ##$acomputer $2 rdamedia

338 ##$aonline resource $2 rdacarrier

362 1#$aBegan in 1999?

500 ##$aCo-founded by Damon Abilock and Debbie Abilock.

506 ##$aNoodleBib and NoodleBoard available to subscribing members only.

520 1#$a"NoodleTools combines NoodleBib, an interactive MLA-style bibliography composer, and NoodleQuest, a multiple-choice template of questions to develop appropriate search strategies for a research project ...

538 ##____________

588 ##____________

700 1# $aAbilock, Damon.

700 1# $aAbilock, Debbie.

710 2# $aNoodleTools, Inc.

856 40 ____________

4. 请根据提示信息将下列字段补充完整(每空 2 分,共 10 分)

在编资源为某在线图片库中的一张照片,页面显示如下:

浏览日期为 2015 年 2 月 1 日,页面包含文字信息如下:

Wallace, Robert James, 1967—

Hugh Jackman at a press conference for the movie Wolverine at Cockatoo Island, Sydney, 8 April 2009 *[picture]*

2009. 1 *photograph digital, TIFF file, col.*

Part of Portraits of notable Australians from the entertainment industry, 2009 *[picture]*

*To cite this page: http://nla. gov. au/nla. pic-vn*4609221

LDR　^^^^^c ______ ______^^2200313i^4500　(提示:LDR/06、07 字符位)

006　______^^^^^^^^______^^^^^^^^　(提示:006/00、09 字符位)

007　cr^cn^|||||n||

008　090603ss1999^^^^xx^nnn^^^^^^^^s^^^ineng^^

043 ##$aau-at---

100 1#$aallace, Robert James,$d1967-$ephotographer

245 10$aHugh Jackman at a press conference for the movie Wolverine at Cockatoo Island, Sydney, 8 April 2009 / $c Robert James Wallace.

264 #0$c2009.

300 ##$a1 online resource (image file) :$bcolor, TIFF.

310 ##$aNo longer updated

336 ##$a ______________ $2rdacontent

337 ##$acomputer$2rdamedia

338 ##$aonline resource$2rdacarrier

500 ##$aTitle devised by cataloguer based on information from acquisitions documentation.

500 ##$aPart of collection : Portraits of notable Australians from the entertainment industry, 2009.

538 ##$aMode of access : World Wide Web.

540 ##$aCopyright restrictions may apply.

541 ##$aPurchased from the photographer, 2009.

588 ##Description based on version consulted Feb. 1, 2015.

773 08$iIn collection :$tPortraits of notable Australians from the entertainment industry, 2009$w (AnCNL) 4664702

856 40$uhttp://nla. gov. au/nla. pic-vn4609221

Day 74 答案与解析

一、判断题

1. F　**解析:**数字资源的数量不再单独记录于 256 字段,而同样记录于 300$a。以前,远程访问的电子资源通常不著录 300 字段,但根据 RDA 3.4.1.3 记录数量的规则,应该选用适当的反映数字文件特征术语予以记录,对于远程访问的电子资源,数量记录为 300 ##$a1 online resource。

2. F　**解析:**根据 MARC 21 书目数据格式,专门记录数字文件特征的字段为 347 字段,348 字段为 2015 年新增的专门记录乐谱格式的字段。

3. F　**解析:**对于这类资源,还应判断其他资料特征是否比电子资源的特征更为突出,若其他特征更为突出,则以该特征作为选择记录类型的依据,反之,则仍以电子资源的特征作为选择记录的依据,因此,不能一概而论。

4. T　**解析**:电子资源的正题名来源通常记录于 500 或 588 字段,根据 RDA 2.17.2 题名的附注,对于联机资源,还应同时指示浏览资源的日期。

5. T

6. F　**解析**:XML、HTML 等术语属于编码格式,对应 RDA 3.19.3。文件类型对应 RDA 3.19.2,术语通常包括 *audio file*、*data file* 等。

7. F　**解析**:根据 RDA 4.6,关于统一资源定位符的信息取自任何来源。

8. T　**解析**:电子地图、电子图书、电子照片等资源同时具有电子资源的特征和其他资料特征,且其他资料特征(地图、图书、照片)更为突出,因此从编目意义上讲,不能按照纯电子资源编目。

9. F　**解析**:对于期刊,其连续出版物的特征更为突出,因此记录类型仍应选连续出版物。只有不断更新的网站才被认为是集成性资源。

10. T

二、不定项选择题

1. ACD　**解析**:MARC 21 书目数据格式明确给出了 LDR/06 字符位“m”适用的资源范围:计算机软件(如程序、游戏、字体等)、数值型数据、多媒体文献及联机系统或服务,即通常所说的“纯”电子资源。书目数据库内容以文字为主,且文字特征比电子资源特征更为突出,因此,其 LDR/06 字符位代码应选择“a”(文字资料),电子资源的特征在 006 和 007 字段予以反映。

2. CE　**解析**:<A>:著录的基础记录于 588 字段;<B>:可获得的其他物理形式记录于 530 字段;<D>:正题名来源记录于 500 字段。当 538 字段记录系统要求时通常以 *System requirements*:为导语,记录访问模式时以 *Mode of access*:为导语。

3. C

4. ABD

5. D　**解析**:347 字段的子资源及其对应的子元素关系如下:\$a 文件类型、\$b 编码格式、\$c 文件大小、\$d 分辨率、\$e 地区编码、\$f 传输速度。

6. A　**解析**:<B>:分辨率的计量单位是像素(pixels);<C>:文件大小的计量单位是字节(KB)、兆字节(MB)或千兆字节(GB);<D>:文本的计量单位是页、叶、栏、册等。故仅 <A> 正确。

三、实践题

1. 请根据提示信息完成下列选择及填空题。

(1) B　**解析**:对于电子期刊,其连续出版物的特征较电子资源的特征更为突出,因此应依据其连续出版物的特征确定记录类型,而电子资源的特征在 006、007 字段予以反映。由此可判断 LDR/06 字符位(记录类型)应选代码“a”表示文字资料,07 字符位(书目级别)应选代码“s”表示连续出版物。

(2) B　**解析**:如(1)所述,资源的电子资料特征在 006 字段予以反映,因此 006 字段应选择电子资源模式(ER),相应的,006/00 字符位(记录类型)选择代码“m”表示电子资源,006/09 字符位(电子资源类型)同电子资源模式(ER)的 008/26 字符位定义,应选择代码“d”表示文本。

(3) C　**解析**:007 字段记录资源的载体特征,对于电子资源,007/00 字符位(资料类型)应选择代码“c”。

(4) A　**解析**:<A>:130 字段记录的是作品的首选题名,*Online* 是用于区分具有相同题名的版本特征,置于圆括号内,是正确的;<B>:362 字段记录的内容属于频率信息,对应的字段应为 310 字段,故 <B> 错误;<C>:字段记录的是资源的其他发行,对应的字段应为 530 字段,故 <C> 错误;<D>:字段记录的是资源的访问模式,对应的字段应为 538 字段,故 <D> 错误。

(5) \$atext

\$acomputer

解析:336 字段记录资源的内容类型,依据 RDA 6.9.1.3 列表选择适当的术语,本题应选择 *text* 表示资源内容主要为文字资料。337 字段记录资源的媒介类型,依据 RDA 3.2.1.3 列表选择适当的术语,本题应选择 *computer* 表示资源的使用需通过计算机。

2. 请根据提示信息判断所标号字段著录是否正确,错误的请改正。

① F LDR/06 字符位应为 e **解析**:LDR/06 字符位(记录类型)依资源内容特征而定,本题资源内容为地图,因此,应选择代码"e"表示测绘制图资料(地图)。只有"纯电子资源"的 LDR/06 字符位代码才选择"m"表示记录类型采用电子资源。

② F $a 应为$c **解析**:对于多文种记录应启用 066 字段记录字符集,$a 记录的是基本 G0 字符集,当基本 G0 字符集不是默认的字符集时才需启用;$c 记录的是交替 G0 和 G1 字符集,是必备子字段,对于本题需记录表示字符集由默认的拉丁字母字符集交替到了基本 G1 字符集$1(表示中、日、朝鲜文的基本 G1 字符集代码)。

③ F 256 应为 255 **解析**:地图资源的比例尺应记录于 255 字段而非 256 字段,256 字段记录计算机文件特征。

④ F 300 ##$a1 CD-ROM :$bcolor ;$c4 3/4 in. **解析**:300$b 中表示彩色的术语应使用全拼"color"而不再使用缩写"col."。在编目实践中,记录盘片的尺寸时通常以英寸(in.)为单位,用厘米表示也是可以的。

⑤ F 缺导语 System requirements:

3. 请根据提示信息将缺失的字段补充完整。

007 <u>cr^|||||||||||</u>

247 10<u>$aNoodle Tools for Researchers $f 1999-2003</u>

538 ##<u>$aMode of access: World Wide Web.</u>

588 ##<u>$aDescription based on version consulted Feb. 13, 2015; title from home page.</u>

856 40<u>$uhttp://www.noodletools.com</u>

解析:在编资源为远程访问的电子资源,用于反映其载体特征的 007 字段应选择电子资源模式,因此,007/00 字符位(资料类型)选用代码"c"表示电子资源,007/01 字符位(特定资料标识)选用代码"r"表示资源为远程访问的。本字段前两个字符位代码正确即可认为正确。由 LDR/07 字符位(书目级别)的代码"i"可知在编资源为集成性资源,因此 247 字段记录其先前题名,先前题名由提示信息可获知,记录于 247$a,$f 记录与先前题名相关的日期或卷起号,由提示信息可知应为 1999-2003。538 字段记录访问模式为通过万维网访问,注意使用导语 *Mode of access*:。588 字段记录著录的依据,对于远程访问的电子资源,通常将浏览日期和正题名来源共同记录于该字段。本字段没有固定表述,只要恰当地表达了上述信息即算正确。由 856 字段第 2 指示符"0"可知该字段记录的网址应链接资源本身,资源的网址由提示信息可获知。

4. 请根据提示信息将下列字段补充完整。

LDR <u>k</u> <u>d</u>

006 <u>m</u> <u>c</u>

336 ##<u>$astill image</u>

解析:LDR/06 字符位(记录类型)依资源内容而定,资源内容为图片,因此应选择代码"k"表示二维非放映图像。需要注意的是,本题书目记录的编目对象是图片库中的某一张,因此 LDR/07(书目级别)宜选择代码"d"表示子集,即编目实体是某个文献合集的一部分,此时,将相关的合集信息记录于 773 字段。资源具有图片和电子资源的双重特征,图片的特征更为突出,因此记录类型选择图片,电子资源的特征则通过 006 字段予以反映,因此,006 字段选择电子资源模式,此时,006/00 字符位选择代码"m",表示电子资源,006/09 字符位同电子资源模式的 008/29 字符位(电子资源类型)定义,代码应选择"c",表示图形显示。336 字段记录资源的内容类型,依 RDA 6.9.1.3 列表选择适当的术语,本题应选择术语 *still image* 表示静态图像。

Day 75
音像资源完整编目综合练习

一、判断题(正确请填写“T”,错误请填写“F”;每题 2 分,共 20 分)

1. 传统音像资源包括录音资源和录像资源,其中录音资源又分为音乐和非音乐两种,二者对应的 LDR/06 字符位代码不同,选用的 008 字段模式也不同。(　　)
2. 传统音像资料通常采用磁介质,而现代音像资料通常为数字化的,介乎于电子资源和音像资料之间,具有双重特征,在 MARC 21 记录结构的设计上,应按照电子资源的编目方法处理,具有的音像资料特征记录在 006 字段。(　　)
3. 录像资料选取“可视资料”模式的 008 字段。(　　)
4. 数字化音像资料在编制 MARC 21 书目记录时一定要启用 006、007 字段。(　　)
5. 对无法获得正题名的音乐资源,编目员可自拟题名,音乐的自拟正题名有特殊要求,应包括表演媒介、数字标识(如系列号、作品号)、调和/或其他区别特征,这一点和乐谱是一样的。(　　)
6. 声音特征、电影放映特征、视频特征等元素是音像资源特有的元素,在 MARC 21 书目记录中均可记录在 300$b 子字段。(　　)
7. 如果资源的播放时间、运行时间等可获知,则应予以记录,按 RDA 取消使用缩写的原则,时间单位应使用 *hour*(小时)、*minute*(分钟)、*second*(秒)。(　　)
8. 录音资料的“声音内容”应记录在 300$b,且采用全拼形式 *sound*。(　　)
9. 在记录音像资源的相关工作人员时,应记录在 511 或 508 字段,可简单理解为与资源艺术相关的人员记录在 508 字段,与资源技术相关的人员记录在 511 字段。(　　)
10. 动态图像的色彩对录像资源而言是核心元素。(　　)

二、不定项选择题(每题 5 分,共 30 分)

1. 下列关于音像资源 MARC 21 记录结构设计说法正确的一项是(　　)
   A. 录音资源选用“音乐”(MU)格式的记录,而不管其是否为音乐资源
   B. 录像资源选用“可视资料”(VM)格式的记录
   C. 对于录音资源,若为音乐,则 LDR/06 字符位选用代码“i”,若为非音乐,则 LDR/06 字符位选用代码“j”
   D. 对于录像资源,无论其内容如何,LDR/06 字符位均选用代码“g”
   E. LDR/07 字符位与音像资源内容无关而仅与资源的发行方式有关
2. 某资源为音乐 CD,则关于其 007 字段使用正确的是(　　)
   A. 007/00 选用代码“s”　　B. 007/00 选用代码“c”
   C. 007/01 选用代码“d”　　D. 007/01 选用代码“o”
3. 下列适用于录音类型的术语的有(　　)

A. magnetic　　B. analog　　C. optical　　D. digital

4. 下列字段与其对应元素匹配不正确的有(　　)

A. 344 声音特征　　B. 345 视频特征

C. 346 电影放映特征　　D. 347 数字文件特征

E. 306 持续时间

5. 下列记录音像资源播放时间形式正确的有(　　)

A. 300 ##$a1 audio disc (78 min., 26 sec.)　B. 300 ##$a1 audio disc (1 hr., 16 min.)

C. 300 ##$a1 audio disc (1:30:00)　　D. 300 ##$a1 audio disc (ca. 90 min.)

6. 某彩色有声录像带相关信息如下图所示,则下列对其 RDA 书目信息记录格式正确的是(　　)

容器正面示意图:

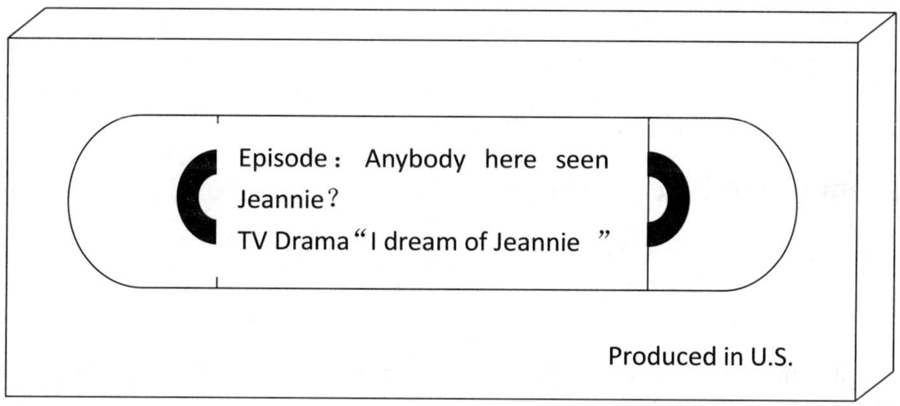

A. LDR/06 g

B. 007/01"d"

C. 300 ##$a1 video disc (25 min., 36 sec.) $bsd., col. ;$c1/2 in.

D. 337 ##$avideocassette$ardacarrier

三、实践题(共 50 分)

1. 请根据提示信息完成下列选择及填空题(每题 3 分,共 15 分)

某计算机盘信息示意图显示如下,内容为音乐。

盘盒容器正面示意图

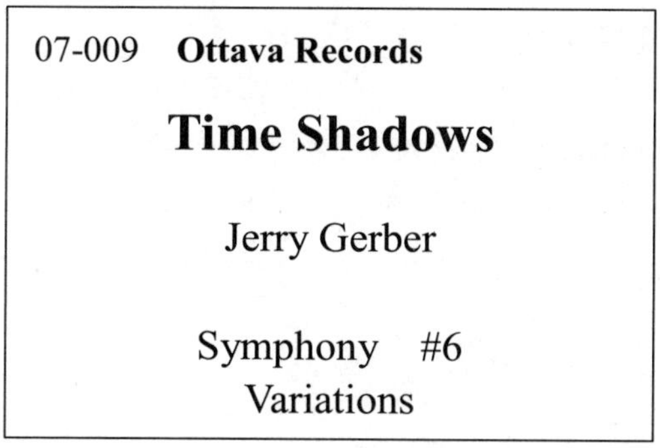

盘盒容器背面示意图

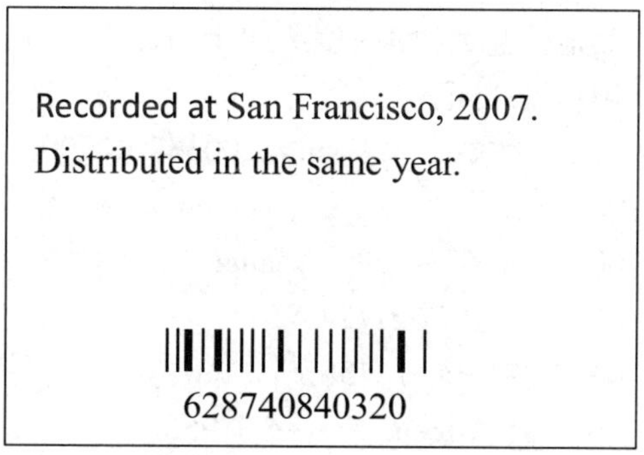

(1)LDR/06 应选择代码(　　)

A. i　　B. j　　C. g　　D. c

(2)008 应选择(　　)模式

A. 电子资源　　B. 音乐　　C. 录音资料　　D. 混合型资料

(3)008/18-19 乐曲形式应选择代码(　　)

A. sy　　B. uu　　C. zz　　D. co

(4)028 字段第 1 指示符应为(　　)

A. 0　　B. 1　　C. 2　　D. 4

(5)请填写下列字段空白处

100 1#$aGerber, Jerry,$d1951-$e ______________________________

2. 请根据提示信息将资源的书目记录补充完整(每空 2 分,共 20 分)

某录音磁带相关信息显示如下:

容器正面示意图

with Steve Green

Hide 'em in your heart songs

Vol.1

Bible memory melodies

磁带

容器背面示意图

Recording Copyright 1990.
analog, Dolby processed
1.Let the little children come (Matt 19:14)
2. Do to others (Matt 7:12)
……
20. Your word is a lamp (Ps 119:105)
For teenagers.

其他信息:盒面高度 7 厘米,长度 10 厘米,磁带宽度 4 毫米。

RDA 书目记录:

LDR　^^^^^c ______m^^2200337^i^4500　　(提示:LDR/06 字符位)

007　______ ______ ^lsnjlcmpnce　　(提示:007/00 和 01 字符位分别记录)

008　140630s1990^^^^caugmn|j^^^^^^^^^^^|^eng^d

024 1#$a017627124545

028 00$aSPC 1245$bSparrow

100 1#$aGreen, Steve,$d1956-

245 10$aHide 'em in your heart songs /$cwith Steve Green.

264 #1$aChatsworth, CA :$bSparrow,$c

264 #4$a ________________________________

300 ##$a ____________ :$banalog, Dolby processed,$c ____________

336 ##$aperformed music$2rdacontent

337 ##$aaudio$2rdamedia

338 ##$a ____________ $2rdacarrier

490 0#$aBible memory melodies ;$vv. 1

505 0#$aLet the little children come (Matt 19: 14) -- Do to others (Matt 7: 12) -- This is how we know (I John 3: 16) -- Overcome evil with good (Rom 12: 21) -- When I am afraid (Ps 56: 3 & 4) -- Children obey your parents (Eph 6: 1) -- Our father in heaven (Matt 6: 9-13) -- And Jesus grew (Luke 2: 52) -- Believe in the Lord (Acts 16: 31) -- You are the light of the world (Matt 5: 14 & 16) -- Keep your tongues from evil (Ps 34: 13) -- You shall love the Lord (Matt 22: 37) -- Hosanna! (Matt 21: 9 & 11) -- Where two or three (Matt 18: 20) -- I can do all things (Philip 4: 13) -- Trust in the Lord (Prov 3: 5 & 6) -- Without complaining (Philip 2: 14) -- For all have sinned ; For God so loved (Rom 3: 23/John 3: 16) -- Even a child (Prov 20: 11) -- Your word is a lamp (Ps 119: 105).

______ ______#$aLead vocals and narration by Steve Green ; narrations written by Betsy Hernandez ; most songs written by Frank Hernandez.

3. 请根据提示信息判断所标号的字段是否正确，错误的请改正（每题 3 分，共 15 分）

某小说录音 CD，相关信息如下图所示：

盘盒正面示意图

Brilliance Audio Unabridged

New York Times Bestselling Author
J. Carson Black

The survivors club

Narrated by Joyce Bean

盘盒背面示意图

Eight CDs inside.

Published by Brilliance Audio, Grand Haven, Michigan, 2013.

LDR　^^^^^cjm^^2200421^i^4500　　①(　　)

改正：________________________________

007　sd^fsngnnmmned

008　140910s2013^^^^miunnn|^^^^^^^^f^^|^eng^^

100 1#$aBean, Joyce,$enarrator.　　②(　　)

改正：________________________________

245 14$aThe survivors club /$cJ. Carson Black.

260 ##$aGrand Haven, Michigan :$bBrilliance Audio,$c2013.

300 ##$a8 sound discs (9 hr., 16 min.) :$bCD, digital ;$c4 3/4 in. ③( )

改正：________________

336 ##$aperformed music$2rdacontent ④( )

改正：________________

337 ##$aaudio$2rdamedia

338 ##$aaudio disc$2rdacarrier

500 ##$aUnabridged.

500 ##$aIn container (14 x 17 cm.).

511 0#$aNarrated by Joyce Bean. ⑤( )

改正：________________

650 #0$aMurder$vFiction.

650 #0$aDetective and mystery stories, American.

700 1#$aBean, Joyce,$enarrator.

Day 75 答案与解析

一、判断题

1. F **解析**：对于音乐录音资料和非音乐录音资料，LDR/06 字符位选用的代码不同，前者应选用“j”（音乐录音资料），后者应选用“i”（非录音音乐资料）。但是，二者均选用音乐（MU）模式的 008 字段，此时可通过 008/30-31 字符位以代码形式记录非音乐型录音资料的类别。
2. F **解析**：对于数字化的音像资料，应依音像资源的特征确定记录类型，按照音像资源编目的方法处理，其电子资源的特征通过 006 和 007 字段予以反映。
3. T
4. T **解析**：数字化音像资料具有音像和电子资源的双重特征，因此需启用 006 字段记录电子资源的特征，需启用 007 字段记录非书资料的载体特征。虽然 006 和 007 字段为可选用字段，但在编目实践中，对于电子资源是需要记录的。
5. T **解析**：RDA 2.3.2.11.1 规定了对音乐自拟题名的要求，从广义上讲，音乐资源包括音乐录音和乐谱。
6. F **解析**：RDA 3.16、3.17、3.18 分别定义了声音特征、电影放映特征、视频特征，其中声音特征和电影放映特征可记录于 300$b，也可记录于专门的 344 字段（声音特征）和 345 字段（动态图像的放映特征），而视频特征记录于 300$a 或专门的 346 字段（视频特征）。
7. F **解析**：根据 RDA 附录 B.5.3，对于持续时间的术语，依 B.7 的规定予以缩写，其中就包括时间单位，应使用“hr.”（小时）、“min.”（分钟）、“sec.”（秒）。
8. F **解析**：根据 RDA 7.18.1.3，如果资源中有声音存在，记录术语 *sound*，但不包含主要录音的资源，即录音资料不记录该元素。
9. F **解析**：对于音像资源，如果表演者、旁白者和/或出品人重要，则应做附注记录其名称，对于音乐表演者，还应指明其表演媒介，此类附注信息记录于 511 字段（参加者或表演者附注），例如，乐器演奏者、显示在屏幕上的解说员、节目主持人、影片主要演员等。此外，对资源的艺术和/或技术制做出贡献的个人、家族或团体如果重要，应做附注记录其名称，同时应说明每个或每组名称所承担的职能，此类附注信息记录于 508 字段（创作/制作责任附注），例如，影片剪辑、画外音解说员、作曲和摄影、动画片摄影导演等。故题干中 508 和 511 字段记录的内容正好相反了。

10. F　**解析**：根据 RDA 7.17.3，动态图像的色彩为非核心元素。

二、不定项选择题

1. ABDE　**解析**：<C>：对于音乐和非音乐录音资料的 LDR/06 字符位的选用刚好颠倒了，代码“i”表示非音乐录音资料，代码“j”表示音乐录音资料，故错误。
2. AC　**解析**：007 字段记录非书资料的载体特征，对于音乐 CD，007 字段应选择录音资料模式，此时，007/00 字符位代码选择“s”，由于是 CD 光盘，因此 007/01 字符位（特定资料类型）应选择代码“d”表示盘片。
3. BD　**解析**：录音类型属于声音特征的子元素，对应于 RDA 3.16.2，其术语表列出的术语包括 *analog* 和 *digital*。*magnetic* 和 *optical* 是录音媒介的术语。
4. BC　**解析**：<B>和<C>所列的字段和对应元素刚好颠倒，即 345 字段应对应电影放映特征，346 字段应对应视频特征。
5. ABC　**解析**：根据 RDA 7.22.1.3，记录播放时间、运行时间等的方式有多种，并要求依附录 B（B.5.3）缩写时间单位的术语。对于估计的播放时间，应在时间前添加术语 *approximately* 替代了原先的 *ca.*，故<D>错误。
6. A　**解析**：对于录像资源，LDR/06 字符位（记录类型）应选用代码“g”表示放映媒体。007 字段应选择录像模式，即 007/00 字符位应选用代码“v”，对于录像带，007/01（特定资料标识）应选择代码“f”表示盒式录像带，而“d”表示视频盘，故<B>错误。<C>：300$b 表示有声和彩色的术语应使用全称而不用缩写。<D>：字段号与其所记录的术语不符，337 字段为媒介类型，而其记录的术语为载体类型。

三、实践题

1. （1）B　**解析**：对于音乐录音，LDR/06 字符位（记录类型）应选择代码“j”表示音乐录音资料。
   （2）B　**解析**：008 字段没有“录音资料”模式，无论是音乐录音或是非音乐录音，均选择音乐（MU）模式。
   （3）A　**解析**：由提示信息可知本音乐资源的乐曲形式为交响乐（Symphony），反映在音乐（MU）模式的 008/18-19（乐曲形式）字符位，应选择代码“sy”。
   （4）A　**解析**：028 字段第 1 指示符反映出版编号的类型，对于录音资料，通常选取数字“0”表示录音资料的发行号，对于录像资源，通常选取数字“4”表示录像编号。
   （5）composer　**解析**：对于音乐资源，作曲者被认为对作品负有创作关系，是创作者，从而被记录于 1XX 字段，此时，应根据 RDA 附录 I.2.1 选择关系说明语 *composer* 记录于 1XX$e。
2. LDR j

   007 s s

   264 #1$c [1990]

   264 #4$a © 1990

   300 ##$a1 audiocassette: $c10 x 7 cm, 4 mm tape.

   338 ##$aaudiocassette

   511 0#

   解析：在编资源为音乐磁带，因此 LDR/06 字符位（记录类型）应选用代码“j”表示音乐录音。对于音乐磁带，007 字段应选择录音资料模式，即 007/00 字符位（资料类型）应选用代码“s”，此时，007/01 字符位（特定资料标识）应选择代码“s”表示盒式录音带。有提示信息可知信息源并未显示出版年，但显示有版权年，RDA 2.11 将版权日期作为一个独立元素予以说明，取消了与出版日期、发行日期的相互替代，应分别著录。对于仅有版权年，没有出版年的情况，可估计二者为同一年，但需要为估计的出版年添加方括号以表示取自资源之外。300$a 依 RDA 3.4.1.3 记录资源数量，表示载体类型的术语选择 3.3.1.3 列表，录音带应选择术语 *audiocassette*。$c 依 RDA 3.5.1.4.3 记录卡式录音带的尺寸，应以厘米（cm）记录盒面的长度 x 高度，以后随以用毫米（mm）记录磁带宽度，之间用逗号分隔。511 字段记录的内容是主唱及作词者名单，对应 RDA 7.23 表演者、旁白者和/或出品人，根据 RDA 元素与 MARC 21 书目数据格式的映射，该元素应记录于 511 字段（参加者或表演者附注）。由于附注中描述了每人的责任方式，因此第 1

指示符选“0”表示不生成附注导语，若选“1”则生成附注导语 *Cast*:，表示字段记录的是演员表，仅需记录表演者名单即可，无须另行说明责任方式。

3. ① F 06 字符位 j 应改为 i **解析**：有提示信息可知资源为非音乐录音资料，因此 LDR/06 字符位（记录类型）代码应选用“i”，“j”表示音乐录音。

② F 100 1#$aBlack, J. Carson,$eauthor.

解析：创作者应是原著的作者而非小说的朗诵者，因此 100 字段应记录作者 *J. Carson Black* 而非朗诵者 *Joyce Bean* 的规范检索点。

③ F sound discs 应改为 audio discs **解析**：根据 RDA 3.3.1.3 载体类型列表，有关音频的载体类型术语全部以 *audio* 替代了 AACR2 中的 *sound*。

④ F performed music 应改为 spoken words **解析**：资源的内容类型应根据 RDA 6.9.1.3 选择适当的术语，本题资源为非音乐录音资料，应选择 *spoken words* 表示口头表述，而 *performed music* 表示表演音乐。

⑤ T **解析**：511 字段记录了朗诵者。

Day 76
综合测试(1)

一、填空题(每空 2 分,共 10 分)

1. 并列正题名的信息源是______。
2. 如果连续出版物的题名在各期中包含不同的日期、名称、编号等,则省略这些日期、名称、编号等,用______表示所做的省略。
3. 信息源显示为:*Mel Bay presents Southern mountain guitar*,则正题名应记录为______。
4. 在 RDA 中,*S. l.* 、*s. n.* 等拉丁语表示方法已经取消,而改用相应的短语,出版地未识别表示为______。
5. 对于早期印刷型资源,______和书商作为出版者处理。

二、不定项选择题(每题 5 分,共 30 分)

1. 下列关于团体会议规范检索点的构建说法正确的是(　　)
   A. 团体会议属于从属团体的范畴,规范检索点的构建类似于从属团体
   B. 团体的首选名称记录在 110$a,会议类属词 *Annual Meeting* 等记录在$b
   C. 会议的信息按照届次、地点和会议时间的顺序添加
   D. 会议地点可同时记录在 370 字段
2. 规范记录$i 中的关系说明语取自(　　)
   A. 附录 I　　B. 附录 J　　C. 附录 K　　D. 附录 L
3. 依据 MARC 21 规范数据格式,规范记录的类型包括(　　)
   A. 已确立标目的记录　　B. 复分记录
   C. 已确立标目和复分的记录　　D. 参照记录
4. 下列元素属于内容表达的属性的包括(　　)
   A. 内容提要　　B. 学位论文或毕业论文信息
   C. 读者对象　　D. 插图性内容
5. RDA 每个部分的首章都是"一般性规则",下列章节不是首章的是(　　)
   A. 第 8 章　　B. 第 25 章　　C. 第 12 章　　D. 第 17 章
6. RDA 定义的发行方式不包括(　　)
   A. 作为独立单元发行的资源　　B. 丛编
   C. 集成性资源　　D. 多部分专著

三、判断题(正确请填写"T",错误请填写"F";每题 2 分,共 20 分)

1. 远程访问的电子资源由于经常更新,可不记录版本说明。(　　)
2. 在 LC 的编目实践中,数字文件特征是核心元素。(　　)

3. 数字文件大小也可以记录在 300$a。(　　)
4. 依据 ISBD,电子资源需要著录第 3 项。(　　)
5. 计算机软件光盘(附手册)、电子照片、电子书都是具备双重特征的电子资源,需启用 ER 模式的 006 字段。(　　)
6. 对于大写,RDA 提供了两种选择:直接按照信息源上的大小写形式转录;执行附录 A 的相关规定。其中附录 A 的规定与 AACR2 中的大写规定存在较大差异。(　　)
7. 如果信息源显示为“2nd ed.”,则 RDA 版本说明记录为“250 ##$a2nd ed..”是错误的。(　　)
8. 在 RDA 中,时间单位仍需要缩写,例如“hr.”“min.”“sec.”。(　　)
9. RDA 规定,“cm”等公制符号不是缩写,其后无句点。但是在 MARC 21 书目记录中,如果 300 字段后面紧接着 490 字段,300$c 尺寸元素末尾的“cm”后面有句点。(　　)
10. AACR2 中的一般资料标识总是置于单独的方括号中。RDA 则取消了一般资料标识,取而代之以内容类型、媒介类型和载体类型。(　　)

四、列举题(共 10 分)

请列举 ISBD 的 9 大著录项目。

0

1

2

3

4

5

6

7

8

五、条件判断题(每题 5 分,共 30 分)

根据条件说出元素、字段或子字段的名称。

1. 元素名称　(　　)
   (1)该元素是 RDA 的核心元素
   (2)该元素可同时存在于书目记录和规范记录
   (3)该元素是对应于 ISBD 第 0 项
2. 元素名称　(　　)
   (1)该元素是 RDA 非核心元素
   (2)该元素仅存在与于书目记录中
   (3)JPEG 是该元素中一个子元素的 RDA 术语
3. 字段号　(　　)
   (1)该字段不是 MARC 21 新增字段,但是为 RDA 的变化进行了修订,增加了子字段
   (2)该字段可同时用于书目记录和规范记录,但是子字段在不同格式中定义不同

(3)该字段在书目记录中时其$a 的代码与 008/06 字符位代码相同

4. 字段号　(　　)

(1)该字段同时可用于书目记录和规范记录

(2)该字段是为 RDA 的变化新增的字段,其所记录的元素不是 RDA 的核心元素

(3)该字段仅用于描述内容表达的语言,既可以记录语言代码,也可以记录语言术语

5. 子字段　(　　)

(1)该子字段所属的字段是一个连接字段

(2)该子字段所属的字段第 2 指示符如果为“空”,则系统自动生成导语:*Available in other form:*

(3)该子字段用于记录目标资源的主要款目标目

6. 子字段　(　　)

(1)该子字段所属的字段用于描述一个 RDA 非核心元素

(2)该子字段所属的字段描述的是内容表达的属性

(3)该子字段所属的字段的第 1 指示符用于生成导语,如包括 *Subject*:、*Abstract*:等,该子字段用丁指明$a 信息的来源

Day 76 答案与解析

一、填空题

1. 资源内的任何来源　**解析:**与 AACR2 规则相比,RDA 并列正题名的信息源从主要信息源扩大到资源内的任何来源。
2. 省略号
3. Southern mountain guitar　**解析:**根据 RDA 2.3.1.6,不作为题名一部分的引导语不予转录,此处 *Mel Bay presents* 即为引导语。
4. Place of publication not identified
5. 印刷者

二、不定项选择题

1. ABD　**解析:**<C>:按照依次顺序分别将会议的届次记录在 111/110$n,会议时间记录在 111/110$d,会议的地点记录在 111/110$c。
2. BC　**解析:**附录 I 的关系说明语用于资源与名称之间的关系,附录 J 用于资源与资源之间的关系,附录 K 用于名称与名称之间的关系,附录 L 用于概念、物体、时间和地点之间的关系,附录 M 用于主题关系。$i 可用于记录资源与资源之间的关系以及名称与名称之间的关系,对应的关系说明语取自附录 J 和附录 K。
3. ABCD
4. AD　**解析:**<B>和<C>都属于作品的属性。
5. B　**解析:**第 25 章是“相关作品”,属于 RDA 第八部分“记录作品、内容表达、载体表现和单件之间的关系”的一章,本部分的首章是第 24 章。
6. B

三、判断题

1. T
2. T

3. T 　**解析**:347 字段是 MARC 21 为 RDA 新增的字段,用于记录数字文件特征。文件大小记录在 347$c,同时也可记录在 300$a。

4. F 　**解析**:依据 1997 年出版的 ISBD(ER)的规定,电子资源应著录第 3 项"电子资源的类型和数量项"。但 2007 年出版的 ISBD(统一版)预备版中,规定第 3 项"资料或资源类型特殊项"仅适用于地图资料(数学数据)、乐谱资料(乐谱格式说明)和连续出版物(编号),电子资源已经无须著录第 3 项了。

5. F 　**解析**:由于 008 字段只用于描述编目文献资料类型的主要特征且不可重复使用,因此当编目文献的资料类型特征多于一个时,需启用 006 字段作为 008 字段的补充,描述编目文献的次要特征或附件的资料类型特征。计算机软件光盘(附手册)的主要特征是"电子资源",因此 008 字段选择"电子资源"模式,附件手册作为次要特征选择记录在"图书"模式的 006 字段。

6. F 　**解析**:RDA 附录 A 的规定与 AACR2 中的大写规定差异不大。

7. F 　**解析**:记录是正确的,第 1 个句点是缩写之后的点,第 2 个句点是项目分隔符,按 RDA 的规定,项目分隔符的句点不再省略。

8. T

9. T 　**解析**:依据 ISBD 对标识符的规定,附注项(第 7 项)之前的每一项与前一项之间以句点、空格、破折号、空格(. --)分隔。ISBD 第 5 项载体形态项记录在 300 字段,通常以尺寸元素结束,即通常以"cm"或"mm"结束。如果第 6 项丛编项出现在记录中,ISBD 规定该项需前置(. --),因此需要在 300 字段的结尾处添加句点。如果书目记录中无第 6 项,其后直接随以第 7 项附注项,则没有分隔符,无须在 300 字段结尾处添加句点。

10. T

四、列举题

0　内容与媒体类型项
1　题名与责任说明项
2　版本项
3　资料或资源类型特殊项
4　出版、生产、发行等项
5　载体形态项
6　丛编项
7　附注项
8　资源标识号和获得方式项

解析:2011 年,ISBD(统一版)正式版将第 0 项"内容与媒体类型项"纳入著录项目,自此,文献著录由"八大项"增加为"九大项"。

五、条件判断题

1. 内容类型
2. 数字文件特征
3. 046
4. 377
5. 776$a
6. 520$c

Day 77
综合测试(2)

一、填空题(每空 2 分,共 40 分)

1. 如果连续出版物或集成性资源的题名以全称以及首字母缩写的形式出现在信息源上,则选择______作为正题名,将______作为其他题名信息记录。
2. 264$c 记录的日期信息与 008 字段 06 和______字符位存在对应关系。
3. 版权符号表示为©,录音版权符号为______。
4. 出版者名称首先取自______。
5. 某一资源显示的出版信息为:*Printed in Paris*。查百科全书得知,出版机构为 *IONESCO* 出版社,可能位于意大利,则:

   264 #1$a ______:$b ______,$c ______

   264 ______$aParis :$b[producer not identified] ,$c ______
6. 在记录法律作品的首选题名时,对于现代法律汇编作品,通常以惯用总题名______作为首选题名,而对于有特定主题的法律汇编,通常以其______为首选题名。
7. RDA 佛教经典组成部分规范检索点按语言分为两种,即______和______,二者首选题名的拼写形式稍有不同。
8. 对官方通信负有责任的政府官员或宗教官员,由于其代表政府机构或宗教机构等团体的官方身份,因此,此类代表官员的规范检索点通常置于______字段,而非______字段。
9. 对于条约作品,RDA 取消了以惯用总题名______作为首选题名的规定,还取消了以______的规范检索点构建条约规范检索点的规定。例如,单个条约,直接以______构建其规范检索点。
10. 学位论文或毕业论文资源是原始的论文信息时,记录于______字段,如果存在对应关系,则同时在 008 字段以代码的形式予以表示。

二、不定项选择题(每题 5 分,共 30 分)

1. 下列表述对“资源”理解正确的是(　　)
   A. 资源在 RDA 中的不同章节指代的实体不同
   B. 资源仅包括有形的实体
   C. 资源不仅包括单独的实体,还包括实体的集合或组成部分
   D. 网站是一种资源
2. 书目记录中需启用 006 字段的理由包括(　　)
   A. 008 字段不能重复使用
   B. 需用 006 字段描述复合型资源的次要资料类型特征
   C. 006 字段不可重复使用

D. 需用 006 字段描述资源附件的资料类型特征

3. 下列关于电子资源编目说法正确的是(　　)

A. 编目学意义上的电子资源是狭义的电子资源,即属于 LDR/06 字符位的记录类型定义为“m”范畴的资源

B. 电子图书属于记录类型为“m”所定义的范畴

C. 编目学意义上广义的电子资源往往具有多种资料类型特征,记录类型的选择依据为资源内容上的主要特征

D. 不断更新的在线视频数据库具有两种资料类型特征,即放映媒体和电子资源

E. 数字化音像资料由于可以不依赖计算机,而使用其他设备播放,因此在编目学意义上不属于电子资源的范围,按照传统音像资料的编目方法处理

4. 下列关于集成性资源说法正确的是(　　)

A. 集成性资源是 RDA 定义的三种发行方式之一

B. 集成性资源在记录结构中通过 LDR/07 字符位表示,代码为“i”

C. 如果 LDR/06-07 的代码为“ai”,则 008 字段的模式选择“连续性资源”

D. 不断更新的网站和不断更新的活页出版物是集成性资源的典型代表

5. 008 的 7 种模式不包括(　　)

A. 图书资料　　B. 三维资料　　C. 可视资料　　D. 音乐资料

6. 为配合电子资源的表示,除电子资源模式之外,其他资料类型的 008 字段均专门设置了一个用于表示载体形态的字符位,其中定义了电子资源的代码“s”,该字符位依据资料类型的不同而不同,但是不是 23 字符位就是 29 字符位,下列 008 字段模式中用 23 字符位表示载体形态的包括(　　)

A. 图书　　B. 音乐　　C. 混合型资料　　D. 可视资料

E. 连续性资源

三、判断题(正确请填写“T”,错误请填写“F”;每题 2 分,共 10 分)

1. AACR2 和 RDA 的附录 B 都是有关缩写的规定。(　　)

2. RDA 规定在著录责任说明时应保留首字母缩写间的句点及句点间的空格,这与 AACR2 的规定相同。(　　)

3. 记录 245 00$aConference on Industrial Development in Arab Countries: $b[proceedings]符合 AACR2 的规定,而 RDA 则不要求这样提供其他题名信息。(　　)

4. 如果责任说明中包含多个责任者,RDA 可以选择如实转录,也可以选择省略第一个之外的责任者名称,并用“… [et. al.]”表示省略。(　　)

5. RDA 规定对于责任者的尊称、荣誉称号等可选择省略,并用省略号表示所做的省略。(　　)

四、实践题(每题 5 分,共 20 分)

根据 RDA 规则和示意图/提示,记录以下资源的尺寸。

1. 资源自身文本块的高度为 18 厘米,宽度 8 厘米;装订的高度为 20 厘米,宽度 12 厘米

300 ##$c ______________________________

2.

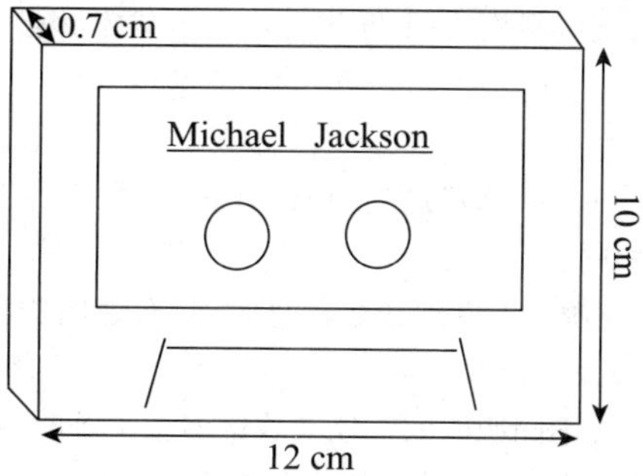

300 ##$c ________________

3. 卡式缩微胶卷,胶片宽度 16 毫米

300 ##$c ________________

4.

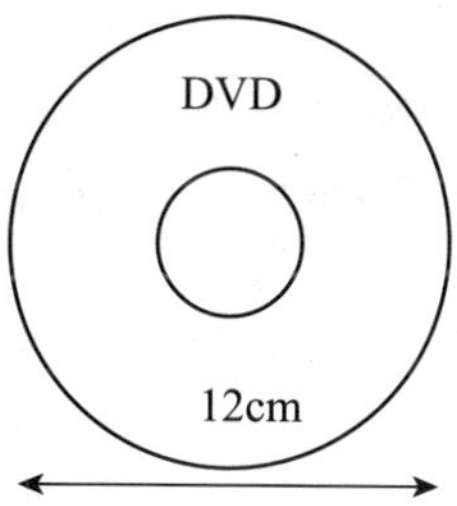

300 ##$c ________________

Day 77 答案与解析

一、填空题

1. 全称形式　首字母缩写的形式　**解析:**参见 RDA 2.3.2.5。

2. 07-14

3. ℗　**解析:**录音版权符号为"℗",表示 *phonogram*。

4. 与正题名相同的来源

5. [Italy?]　[IONESCO]　[date of publication not identified]　#3　[date of production not identified]

6. Laws, etc.　引用题名

7. 巴利文　梵文

8. 110　100

9. Treaties, etc.　政府　条约的首选题名

10. 502

二、不定项选择题

1. ACD　**解析:**<B>:资源既包括有形的实体,还包括无形的实体,如网站资源。

2. ABD　**解析:**<C>:006 字段为可选用字段,且可重复。

3. ACE　**解析:**<B>:电子图书的主要特征为"文本",因此属于 LDR/06 字符位代码"a"定义的范畴,"电子资源"是其次要特征,记录在 006 字段;<D>:不断更新的在线视频数据库具有三种资料类型特征,除放映媒体和电子资源之外,还具有集成性资源的特征。

4. BCD　**解析:**<A>:RDA 定义了四种发行方式,集成性资源属于其中一种。

5. B　**解析:**008 按照不同的资料类型共有 7 种模式,分别为图书(BK)、电子资源(ER)、连续性资源(CR)、地图资源(MP)、音乐资源(MU)、可视资源(VM)、混合型资源(MX)。

6. ABCE　**解析**：<D>：008 字段可视资料模式用 29 字符位表示载体形态。

三、判断题

1. T

2. F　**解析**：RDA 规定无论信息源上首字母缩写之间是否有句点，是否有空格，在著录时，首字母缩写之间均不空格，这与 AACR2 的规定相同。

3. T　**解析**：根据 RDA 2.3.4，当信息源没有其他题名信息时，只有地图资源和动态资源预告片需要添加其他题名信息予以说明，会议资源无须添加。

4. F　**解析**：RDA 规定，当承担相同或不同职能的责任者数量多于 1 个时，照实转录，没有数量限制。或者，省略第一个之外的其他名称，用著录机构首选的语言和文字总括地说明所做的省略，而不是 AACR2 采用的拉丁语"…［et. al.］"。

5. F　**解析**：RDA 规定对于责任者的尊称、荣誉称号等可选择省略，无须省略号表示所做的省略。

四、实践题

1. 300 ##$c18 x 8 cm in binding 20 x 12 cm

解析：根据 RDA 3.5.1.4.14 的例外规则，如果装订与文本块之间高度和/或宽度的差别很大，且这种差别对识别或选择重要，则记录文本块的高度或高度 × 宽度，其后随以装订的高度或高度 × 宽度。

2. 300 ##$c12 x 10 cm, 7 mm tape

解析：根据 RDA 3.5.1.4.2，盒式录音带，记录盒面长度 × 高度，后随以用毫米记录的磁带宽度，中间用逗号分隔。

3. 300 ##$c16 mm

解析：根据 RDA 3.5.1.4.3，卡式缩微胶卷，以毫米记录胶片的宽度。

4. 300 ##$c12 cm

解析：根据 RDA 3.5.1.4.4，盘片，以厘米记录盘片的直径。在 LC 的编目实践中，用英寸记录盘片的直径。

Day 78
综合测试(3)

一、填空题(每空2分,共20分)

1. 为了加强对读者对象的内容描述,MARC 21 于 2013 年新增了______字段,用于记录读者特征(包括读者术语、读者代码等)。
2. "W95.15o-W74.35o/N56.85o-N41.73o"该经纬度的内容信息应著录在______字段。
3. 参照结构是为了连接目录中的检索点形式,包括______参照和______参照,前者又称为"见参照",用于将非规范的检索点指向规范的检索点,后者又称为"参见参照",用于连接两个相互关联的规范检索点。
4. 规范控制所遵循的标准包括两个方面:内容标准和格式标准,前者包含与规范检索点形式确立相关联的各类规则,例如,______、______,后者则是用于创建规范记录的标准,例如,______。
5. 地理名称分为______和______两种类型。前者用途比较复杂,可用于名称和主题两种不同类型的规范检索点。后者用途比较简单,只能用做主题检索点。但是在规范记录中,两者的规范检索点形式均记录于______字段。

二、不定项选择题(每题5分,共30分)

1. 下列关于 007 字段说法正确的是(　　)
   A. 007 字段本身为可选用字段,但对于电子资源应著录 007 字段
   B. 007 字段针对编目文献的载体,只要编目文献中含有非书资料特征,不管是不是主要特征,均可启用 007 字段
   C. 007/00 字符位表示资料类型特征,与 RDA 的 338 字段有对应关系
   D. 007/01 字符位表示特定资料标识,即对资料类型的细分
   E. 007/00 字符位的代码为"m"时,表示在编资源具有电子资源的特征
2. 下列关于 GMD 说法正确的是(　　)
   A. GMD 的概念是于 1971 年 ISBD(M)中首次提出的
   B. 国际编目界要求改造 GMD 的想法是受到 FRBR 的启发
   C. 对 GMD 的改造首先是提升其在编目中的地位,由此产生了第 0 项
   D. 由于要改造 GMD 术语混淆的问题,RDA 将其切分为三个元素
3. RDA 是以"发行方式"来划分资源的,该元素对应于 MARC 21 的(　　)
   A. LDR/07　　B. LDR/06　　C. 006/00　　D. 008/23
4. 下列资源属于 LDR/06 记录类型所定义的"m"(电子资源)范畴的包括(　　)
   A. 电子期刊　　B. Aleph500 图书馆集成系统
   C. 编程软件　　D. 书目数据库

5. 下列关于 336、337 和 338 说法正确的是(　　)
   A. RDA 中有关 336、337 和 338 所包含的元素的内容分属于记录载体表现和记录内容表达属性的章节
   B. 三个字段均可重复使用
   C. 三个字段的子字段$a 和$b 不可重复使用
   D. 三个字段均为:可仅记录$a 术语,或可仅记录$b 术语代码,或两者皆予记录
6. 共 3 卷的多部分专著信息源显示各卷丛编卷期分别为:“201”“205”“207”,若采用综合著录,490 字段$v 子字段符合 RDA 要求的是(　　)
   A. 490 0#$vv. 201-207　　　　B. 490 0#$v201, 205, 207
   C. 490 0#$vv. 201, 205, 207　　　　D. 490 0#$v201-207

三、判断题(正确请填写“T”,错误请填写“F”;每题 2 分,共 10 分)

1. 与丛编相关的责任说明以及与分丛编相关的责任说明一般不用记录。(　　)
2. 所有类型的责任说明均为 RDA 非核心元素,但在美国国会图书馆的实践中,“与正题名相关的责任说明”被列为核心元素。(　　)
3. 责任方式不明确时,可添加词或短语,但一般不用添加[by]。(　　)
4. 责任说明为转录元素,因此需一字不落地按照信息源上出现的形式予以记录。(　　)
5. 与责任说明一同出现的名词性短语,如 *a novel by* 等,应作为责任说明的一部分处理,这与 AACR2 的规定不同。(　　)

四、实践题(每题 4 分,共 20 分)

根据提供的书目记录,描述资源的载体属性。

1. 344 ##$aanalog$c33 1/3 rpm$gstereo

____

2. 345 ##$a3D$b48 fps$2rda

____

3. 346 ##$aBeta$bPAL$2rda

____

4. 347 ##$aaudio file$bMP3$f32 kbps$2rda

____

5. 347 ##$adata file$bXML$c182 KB$2rda

____

五、实践题(每空 2 分,共 20 分)

请根据下面的示意图、规范记录及已有字段,补充完整 RDA 书目记录。

题名页示意图

Friedrich Nietzsche Beyond good and evil / On the genealogy of morality *Translated, with an afterword, by Adrian Del Caro* STANFORD UNIVERSITY PRESS STANFORD, CALIFORNIA

规范记录:

100 1#$aNietzsche, Friedrich Wilhelm,$d1844-1900.$tWorks.$lEnglish.$f1995

400 1 # $aNietzsche, Friedrich Wilhelm, $d1844-1900. $tComplete works of Friedrich Nietzsche.$f1995

642 ##$av. 2$5DLC

643 ##$aStanford, Calif.$bStanford University Press

644 ##af5DLC

645 ##at5DLC

646 ##as5DLC

670 ##$aNietzsche, F. W. Unfashionable observations, c1995:$bser. t. p. (The Complete works of Friedrich Nietzsche)

书目记录:

100 1#$aNietzsche, Friedrich Wilhelm,$d1844-1900,$eauthor.

245 10$a ______________________________ /$c ____________________

264 #1$a ______________ :$b ______________ ,$c2014.

300 ##$ax, 525 pages ;$c20 cm.

336 ##$atext$2rdacontent

337 ##$aunmediated$2rdamedia

338 ##$avolume$2rdacarrier

490 1#$aThe complete works of Friedrich Nietzsche ;$vvolume 8

500 ##$a"Translated from Friedrich Nietzsche, Sämtliche Werke: Kritische Studienausgabe, ed. Giorgio Colli and Mazzino Montinari, in 15 vols. This book corresponds to Vol. 5."

500 ##$aTranslation of: Jenseits von Gut und Böse ; Zur Genealogie der Moral. München : Deutscher Taschenbuch Verlag ; Berlin ; New York : De Gruyter, 1980.

700 1#$aDel Caro, Adrian,$d1952-$etranslator.

700 12$aNietzsche, Friedrich Wilhelm,$d1844-1900.$t ____________ $l ________

700 12$aNietzsche, Friedrich Wilhelm,$d1844-1900.$t ____________ $l ________

740 02$a ________________________

800 1#$a ________________________

Day 78 答案与解析

一、填空题

1. 385 **解析:**读者对象可以自然语言的形式记录于 MARC 21 的 521 字段(读者对象附注),但为了加强对该元素的描述,MARC 21 于 2013 年新增了 385 字段,用以将读者特征的各种子元素分别记录于各子字段,如$a(读者术语)、$b(读者代码)、$m(人群术语)、$n(人群代码)。

2. 255 **解析:**经纬度信息属于地图内容的坐标,记录在 MARC 21 的 255$c。255 字段与 034(编码的制图数学数据)有对应关系。

3. 单纯 相关

4. AACR2 LCSH MARC 21 规范数据格式

5. 行政管辖区 非行政管辖区 151

二、不定项选择题

1. ABD **解析:**<C>:007/00 字符位表示资料类型特征,与 RDA 的 337 字段有对应关系;<E>:007/00 字符位的代码为“c”时,才表示在编资源具有电子资源的特征。

2. BCD **解析:**<A>:GMD 的概念是于 1977 年 ISBD(G)和 ISBD(NBM)中首次提出的。

3. A

4. BC **解析:**LDR/06 字符位代码的选取依据是编目文献在内容上的显著特征。代码“m”对应于电子资源,其范畴包括计算机软件、数值型数据、多媒体文献及联机系统或服务等。<A>和<C>“电子期刊”和“书目数据库”虽然有电子资源的特征,但并非显著特征,其显著特征均为“文字资料”,对应 LDR/06 的代码“a”。

5. ABD **解析:**<C>:三个字段的子字段$a 和$b 均可重复使用。

6. B **解析:**根据 RDA 2.12.9.8.1,如果多部分专著的各部分分别有独立的丛编编号,且编号不连续,则分别记录,中间用逗号分隔。

三、判断题

1. T

2. F **解析:**在 RDA 所有类型的责任说明中,只有“与正题名相关的责任说明”是核心元素,其他均为非核心,美国国会图书馆对于“责任说明”的编目实践采用了 RDA 的核心级别。

3. T

4. F **解析:**对于转录元素责任说明,RDA 规定按照信息源上出现的形式如实转录责任说明的信息,同时又以“可选择的省略”的形式提出可选做法,即可节略责任说明中的头衔、责任者所隶属的单位等信息;如果承担相同职能的责任者超过三个,则可省略第一个之外的其他名称。

5. T **解析:**AACR2 规定,如果短语为说明作品的性质,则作为副题名记录。

四、实践题

1. 录音类型为模拟,播放速度为 33 1/3 rpm(转每分),播放声道配置为立体声

解析:MARC 21 为 RDA 新增的 344 字段,用于记录声音特征,子字段$a 记录录音类型,$c 记录播放速度,$g 记录播放声道配置。

2. 电影呈现格式为 3D,放映速度为 48 fps(帧每秒)

解析:MARC 21 为 RDA 新增的 345 字段,用于记录电影放映特征,子字段$a 记录呈现格式,$b 记录放映速度,$2 指明术语来源。

3. 视频格式为 Beta,广播标准为 PAL

解析:MARC 21 为 RDA 新增的 346 字段,用于记录视频特征,子字段$a 记录视频格式,$b 记录广播标准,$2 指明术语来源。

4. 音频文件,编码格式为 MP3,传输速度为 32 kbps(千字节每秒)

解析:MARC 21 为 RDA 新增的 347 字段,用于记录数字文件特征,子字段$a 记录文件类型,$b 编码格式,$c 记录文件大小,$f 记录传输速度,$2 指明术语来源。

5. 数据文件,编码格式为 XML,文件大小为 182 KB(千字节)　**解析:**见上题解析。

五、实践题

245 10$aBeyond good and evil ;$bOn the genealogy of morality /$cFriedrich Nietzsche ; translated, withan afterword, by Adrian Del Caro.

264 #1$aStanford, California :$bStanford University Press,

700 12$tJenseits von Gut und Böse.$lEnglish.

700 12$tZur Genealogie der Moral.$lEnglish.

740 02$aOn the genealogy of morality.

800 1#$aNietzsche, Friedrich Wilhelm, $d1844-1900.$tWorks.$lEnglish.$f1995 ;$vv. 8.

解析:在编资源为无总题名的翻译作品汇编。按照题名页显示的顺序,将第一部作品题名记录在 245$a,第二部作品题名记录在$b,前置符为分号,首字母大写。分别为每部翻译作品构建代表内容表达的规范检索点。除作为正题名的第一部作品外,将不同于首选题名(德语题名)的英语题名记录在 740 字段。按照丛编规范记录中的规范检索点形式,为丛编说明构建规范检索点。

Day 79
综合测试(4)

一、填空题(每空 2 分,共 40 分)

1. 读者对象记录于 521 字段,如果存在对应关系,需要同时在______字符位以代码的形式予以表示。
2. 522 字段记录资料______,对应记录地理分类代码的字段是______字段。
3. 规范记录既包括决定的结果,还包括决定规范形式的依据和来源,以及规范形式确立的历史过程和未尽事宜,这些信息通常记录在规范记录的 670 字段和______字段,对应的 RDA 元素是______。
4. RDA 中主要涉及规范控制的章节包括:在识别属性部分,与作品和内容表达规范检索点相关的章节是第______章;与个人、家族和团体责任者名称规范检索点相关的章节是第 8—11 章;与主题规范检索点相关的章节是第 12—16 章,目前除第 16 章之外,处于待补充的状态;在描述关系部分,______之间的关系、______之间的关系以及主题与主题之间的关系都与规范控制相关,即通过参照描述规范检索点之间的关系。
5. 2000 年 10 月 1 日,LC、OCLC、RLIN 开始实施一系列由韦氏拼音向汉语拼音转换的工作。LC 把这一天称为"Pinyin Day 1"(拼音第 1 天)。目前,LC 规范档除部分名人外(如孔子),大多数中国人名已采用______的形式,而原韦氏拼音的形式转为______。
6. 在套录编目中最优先选择的书目数据源是______。之后可参考 OhioLINK,该数据库的来源是______,是颇具规模和影响较大的大型图书馆联盟。______则为重要的付费外部数据源,包含 OCLC 的书目数据,能够显示并下载 MARC 格式的数据,极为直观和易用。
7. OCLC,中文全称为______,是世界最大的提供文献信息服务的机构之一,拥有最大的书目数据库______,通过 Z39.50 协议,书目数据可直接导入编目系统。
8. 香港高校图书联网,又称______,是由香港大学图书馆、香港科技大学图书馆和香港中文大学图书馆数据集合而成。三家图书馆收藏共同构成当前香港地区较全的文献收藏体系。其中香港大学和香港中文大学对中文文献的编目采用______的方法,质量较高。
9. 套录数据和手头的编目文献完全一致的数据称为______,不完全一致但可以参考的数据称为______。前者应当保证题名、著者相符,更重要的是载体形态、版本、语种要完全相符,而后者通常只能应用的是其主题字段。
10. 在套录编目时如果遇到小语种文献,除常用数据源之外,还可以参考该文献出版国国家图书馆书目数据库中的记录,因为,各国对于出版物都有呈缴制度,该图书馆应收藏该国所出版的所有文献。如果所编目文献为学位论文,可参考______图书馆书目数据库。

二、不定项选择题(每题 5 分,共 30 分)

1. 某资源的出版日期未知,但据判断,出版日期应在 2007 年至 2008 年之间,则 264 字段符

合 RDA 要求的是(　　)

A. 264 #1$c[2007]-[2008]　　B. 264 #1$c2007 or 2008.

C. 264 #1$c[2007 or 2008]　　D. 264 #1$c[2007-2008]

2. 某一资源的出版日期未知,但据判断,出版日期可能在 1850 年至 1864 年之间,则 264 字段正确的记录方法是(　　)

A. 264 #1$c[between 1850 and 1864]　　B. 264 #1$c[Between 1850 and 1864?]

C. 264 #1$c[between 1850 and 1864?]　　D. 264 #1$c[1850-1864]

3. 德语资源信息源显示为:*ALMA MATERS TOCHTER IM EXIL*,则 245$a 符合 RDA 要求的是(　　)

A. 245 10$aAlma Maters töchter im exil　　B. 245 10$aAlma Maters Tochter im Exil

C. 245 10$aAlma Maters Töchter im Exil　　D. 245 10$aALMA MATERS TOCHTER IM EXIL

4. 某专著第三卷题名页显示题名为 *Topics in Nonlinear Dynamics, Proceedings of the 30th IMAC 2012. Volume 3. D. Adams, G. Kerschen, A. Carrella, editors*,如果采取分析著录的方法,则 245 字段记录正确的是(　　)

A. 245 00$aTopics in nonlinear dynamics, volume 3 :$bproceedings of the 30th IMAC 2012 /$cD. Adams, G. Kerschen, A. Carrella, editors.

B. 245 00$aTopics in nonlinear dynamics :$bproceedings of the 30th IMAC 2012.$nVolume 3 /$cD. Adams, G. Kerschen, A. Carrella, editors.

C. 245 00$aTopics in nonlinear dynamics.$nVolume 3 :$bproceedings of the 30th IMAC 2012 /$cD. Adams, G. Kerschen, A. Carrella, editors.

D. 245 00$aTopics in nonlinear dynamics :$bproceedings of the 30th IMAC 2012 : Volume 3/$cD. Adams, G. Kerschen, A. Carrella, editors.

5. 某一汇编作品题名页显示题名为 *Call of the Wild, White Fang, The Sea-Wolf, To Build a Fire, Martin Eden, Lost Face, The Iron Heel, and Other Works*,则 245 字段正确的记录方法为(　　)

A. 245 10$aCall of the wild. White fang. The sea-wolf. To build a fire. Martin Eden. Lost face. The iron heel. and other works/$cJack London.

B. 245 10$aCall of the wild ;$bWhite fang ; The sea-wolf ; To build a fire ; Martin Eden ; Lost face ; The iron heel ; and other works/$cJack London.

C. 245 10$aCall of the wild ; White fang ; The sea-wolf ; To build a fire ; Martin Eden ; Lost face ; The iron heel ; and other works/$cJack London.

D. 245 10$a[Novels by Jack London] /$cJack London.

6. 下列关于自拟题名说法正确的是(　　)

A. 如果资源本身没有题名,也不能从资源之外获取题名,则可以自拟题名

B. 自拟题名可采用与所描述资源内容相适应的语言和文字,也可以用创建数据的机构首选的语言和文字

C. 自拟题名应置于方括号内,并在附注中说明题名是自拟的

D. 自拟题名应简短,但应包含资源的性质或主题

三、判断题(正确请填写"T",错误请填写"F";每题 2 分,共 10 分)

1. 从编编号的数字、字母或其他字符前附带的标识性词语一般大写。(　　)
2. 经过修订,490$x 由不可重复改为可重复。(　　)
3. AACR2 规则中的 *ca.* 被 *about* 所取代。(　　)
4. 声音特征可记录于 MARC 21 书目数据的 300/$b 子字段和 344 字段。(　　)
5. 资源数量元素由两部分组成:单元数和载体类型术语,其中后者可取自 RDA 3.3 所提供的术语表。(　　)

四、实践题(每空 2 分,共 20 分)

1. 请根据下面的示意图,补充完整 RDA 书目记录。

> 中 国 建 筑 名 家 文 库
> 中国建筑文化中心　组编
>
> **張 祖 刚 文 集**
> 张 祖 刚　著
>
> *Collected Works of Zhang Zugang*
> **華中科技大學出版社**

066 ##c1

100 1#______$aZhang, Zugang,$d1933-

240 10$a ______________________________

245 10$6880-02$a ______________________________

246 ______________________________

250 ##$6880-03$aDi 1 ban.

264 #1$6880-04$aWuhan :$bHua zhong ke ji da xue chu ban she,$c2011.

300 ##$a307 pages, 5 unnumbered pages of plates :$billustrations (some color), maps ; $c28 cm.

336 ##$atext$2rdacontent

337 ##$aunmediated$2rdamedia

338 ##$avolume$2rdacarrier

490 0#$6880-05$aZhongguo jian zhu ming jia wen ku

880 1#$6100-01/$1$a 张祖刚,$d1933-

880 10$6245-02/$1$a ______________________________

880 ##$6250-03/$1$a 第 1 版.

880 #1$6264-04/$1$a 武汉 :$b 華中科技大學出版社,$c2011.

880 0#$6490-05/$1$a 中国建筑名家文库

2.《莫言批判》

封面示意图

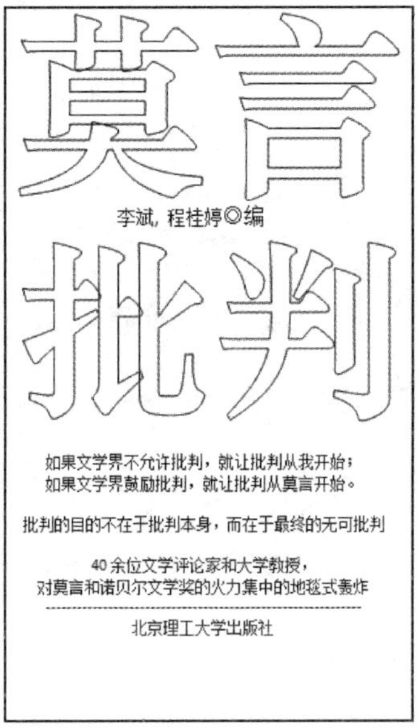

题名页示意图

版权页示意图

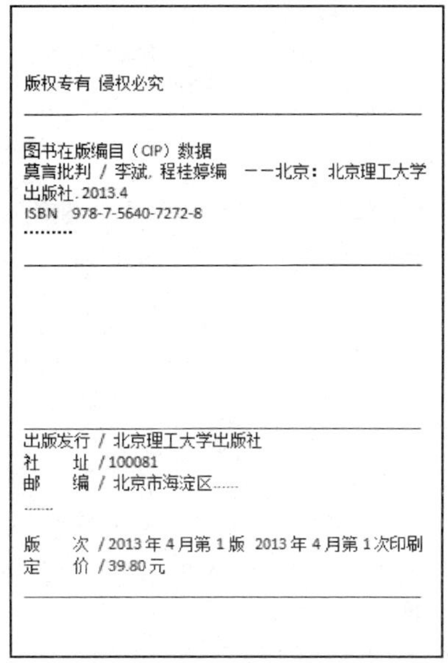

请补充下列书目记录：

LDR ^^^^^cam^^2200481^i^4500

008 130504s2013^^^^cc^^^^^^^b^^^^000^0^chi^d

020 ##$a9787564072728

020 ##$a7564072725

066 ##c1

245 00$6880-01$aMo Yan pi pan /$cLi Bin, Cheng Guiting bian.

250 ##$6880-02$aDi 1 ban.

264 #1$6880-03$aBeijing Shi :$bBeijing li gong da xue chu ban she,$c2013.

300 ##$a10, 4, 399 pages ;$c26 cm

336 ##$atext$2rdacontent

337 ##$aunmediated$2rdamedia

338 ##$avolume$2rdacarrier

504 ##$aIncludes bibliographical references.

505 0#____

700 1#$6880-06$aLi, Bin,$d1968-$eeditor of compilation.

700 1#$6880-07$aCheng, Guiting,$eeditor of compilation.

880 ____

880 ##$6250-02/$1$a 第 1 版.

880 #1$6264-03/$1$a 北京市 :$b 北京理工大学出版社,$c2013.

880 0#$6505-05/$1$a《红高粱家族》批判 --《檀香刑》批判 --《丰乳肥臀》批判 --《蛙》批判 --《生死疲劳》批判 --《红蝗》《四十一炮》等批判 -- 性 · 欲望 · 媚俗批判 -- 文化 · 审丑批判 -- 心态 · 感觉及其他批判 -- 王金城的投枪 -- 诺贝尔文学奖的蛊惑.

8801#____ $e ________________

8801#____ $eeditor of compilation.

Day 79 答案与解析

一、填空题

1. 008/22　**解析**:008/22 字符位的定义是"读者对象",是以代码的形式表示某些资料类型适合的读者知识水平,与 521(读者对象附注)字段对应。
2. 所覆盖的地理区域　052　**解析**:522 字段是"地理区域范围附注",用于记录在编资源(通常是勘探资料)的地理区域方面的信息。与 052(地理分类代码)字段对应,该字段是以代码的形式记录文献内容涉及的地理区域。
3. 675　已查询的参考源　**解析**:规范记录的 670 字段是"已找到数据源",包含数据源中已找到的信息,即决定该规范形式的依据和来源。675 字段是"未找到数据源",包含数据源中未找到与 1XX 规范形式有关的引文描述信息。两者均对应 RDA 元素"已查询的参考源",该元素在 RDA 不同的章节有不同的含义,总的来说指的是用于确定实体的各种属性以及实体之间关系的资源。
4. 6　资源与资源 名称与名称
5. 汉语拼音　单纯参照　**解析**:在规范记录中,单纯参照是指与 1XX 规范检索点相关,但与其形式不同的非规范形式,记录于 4XX 字段。在对检索点进行规范控制时,可由非规范形式参照到规范形式。
6. 美国国会图书馆书目数据库　俄亥俄图书馆联合体　OCLC Connexion
7. 联机计算机图书馆中心　WorldCat　**解析**:OCLC 的英文全称是 *Online Computer Library Center, Inc.*
8. 港书网　音译多语种记录
9. 相符数据　相似数据　**解析**:套录到相符数据之后一般只需进行本地化修改即可,而相似数据由于多是不同版本、不同语种、不同分卷、相同主题、相同作者等的数据,因此通常只能参考其有用信息,不能直接保存到本地数据库。
10. 该论文申请学位所在的大学

二、不定项选择题

1. C　**解析**:根据 RDA 1.9,由于日期的来源取自资源之外,因此需置于方括号内,故 <B> 错误;日期确定为两个连续的年之一,则记录两个年,中间用 *or* 分隔,故 <A> 和 <D> 错误。
2. C　**解析**:根据 RDA 1.9,如果可能的日期在若干年的范围内,则记录最早可能的年,前置以 *between*,其后随以 *and*,然后记录最后可能的年,其后随以一个问号,故 <C> 正确。
3. BCD　**解析**:正题名为 RDA 中的转录元素,根据 RDA 1.7,信息源上呈现的大小写和变音符号既可遵循"如实转录"的原则,故 <D> 正确;也可遵循 RDA 附录 A 关于大小写的规则,同时考虑德语名词首字母均大写的习惯,故 <B> 正确;变音符号也可依据"可选择的附加",由编目员自行添加,故 <C> 正确。
4. C　**解析**:分卷题名是正题名的一部分,因此需记录在$a 之后,$b 之前。
5. BD　**解析**:根据 RDA 2.3.2.9,当对缺少总题名的资源进行综合著录时,将各部分的正题名按其在资源整体的信息源上出现的形式和顺序予以记录,并按照 RDA 附录 D.1.2,用分号分隔各题名,故 <B> 正确;同时也可按照 RDA 2.3.2.11 自拟一个题名,故 <D> 正确。
6. ABD　**解析**:根据 RDA 2.3.2.11,如果资源本身没有题名,且不能从任何其他信息源找到题名,则自拟一个简短的描述性题名,用与所描述资源内容相适应的语言和文字或用著录机构所用的语言和文字自拟题名,故 <A>、<B>、<D> 正确;由于自拟题名并非取自资源本身,因此应置于方括号内,但照片资源属于没有典型书目信息的资源,因此无须指示信息取自资源之外,照片的自拟题名不用置于方括号内,故 <C> 错误。

三、判断题

1. F　**解析**:根据 RDA 1.7.2,信息源上呈现的大小写可遵循"如实转录"的原则,也可按照 RDA 附录 A 的规定,丛编编号附带的标识性词语不予大写。

2. T

3. F　**解析**:AACR2 规则中的 *ca.* 被 *approximately* 所取代。

4. T　**解析**:声音特征可记录于 MARC 21 书目数据的 300/$b 子字段和 344 字段,344 字段是将综合记录于 300$b 的多个声音特征以独立的 RDA 元素记录在不同的子字段中,是 MARC 21 为使用 RDA 所做的重要修订之一。

5. T

四、实践题

1. 100 1#$6880-01

240 10$aEssays.$kSelections

245 10$aZhang Zugang wen ji =$bCollected works of Zhang Zugang /$cZhang Zugang zhu.

246 31$aCollected works of Zhang Zugang

880 10$a 張祖剛文集 =$bCollected works of Zhang Zugang /$c 张祖刚著.

解析:在编资源为同一作者的汇编,书目数据包含中文和英文两种语言文字,采用音译多文种记录的做法。240 记录汇编文献的首选题名,非完整的短文作品集以惯用总题名 *Essays* 随以术语 *Selections*。246 记录并列题名。

2. 505 0#$6880-05$a"Hong gao liang jia zu" pi pan -- "Tan xiang xing" pi pan -- "Feng ru fei tun" pi pan -- "Wa" pi pan -- "Sheng si pi lao" pi pan -- "Hong huang" "Si shi yi pao" deng pi pan -- Xing, yu wang, mei su pi pan -- Wen hua, shen chou pi pan -- Xin tai, gan jue ji qi ta pi pan -- Wang Jincheng de tou qiang -- Nuobeier wen xue jiang de gu huo.

880 00$6245-01/$1$a 莫言批判/$c 李斌, 程桂婷编.

880 1#$6700-06/$1$a 李斌,$d1968$eeditor of compilation.

880 1#$6700-07/$1$a 程桂婷,$eeditor of compilation.

解析:详见上题。

Day 80
综合测试(5)

一、填空题(每空 2 分,共 30 分)

1. 从编说明的信息源首先取自______,如不可行,可取自资源本身的任何来源。
2. 490$a 可重复,重复$a 包含两种情况:______;______。
3. RDA 规范记录的标志包括:______字符位代码为“z”,______记录为“rda”。
4. 控制子字段______在规范记录中作用重要,其应用在 4XX、5XX 和 7XX 中,且用法不同。
5. 如果对作品负有责任的创作者有多个,则仅在资源或参考源中______创作者是必需的,如果主要责任未指明,则仅______创作者是必需的。
6. RDA 相较于 AACR2 很大的一个变化就是取消“3 原则”,当存在超过 3 个承担相同创作责任方式的个人、家族或团队时,将名列首位的创作者记录于______字段,其他责任者可由编目员决定检索点的数量。
7. 相关载体表现之间的等同关系一般通过______字段表达。
8. 合订单件之间的伴随关系可以通过附注字段______表达。
9. 连续出版物的识别题名是由______分配的唯一性名称,记录在______字段。
10. 频率是指连续出版物各期或各部分,或者集成性资源更新的发行间隔,以代码的形式记录于______字符位,连续出版物频率的规律性记录于______字符位。

二、不定项选择题(每题 5 分,共 30 分)

1. 其他题名信息包括(　　)
   A. 题上信息　　B. 封面题名　　C. 分部题名　　D. 副题名
2. 资源上显示的版本信息为:International edition / Edition internationale,则正确的记录方法为(　　)
   A. 250 ##$aInternational edition.
   B. 250 ##$aInternational edition =$bEdition internationale.
   C. 250 ##$aInt. ed..
   D. 250 ##$aEdition internationale =$aInternational edition.
3. 下列关于 250 字段说法正确的是(　　)
   A. 250 字段不可重复　　B. 250$a 不可重复
   C. RDA 出版后,250 字段没有被修订　　D. 没有$c
4. 信息源显示为:*Compact edition of the Oxford English dictionary*,下列说法正确的是(　　)
   A. 版本标识与正题名融为一体　　B. 将其作为正题名记录
   C. 不必再做 250 字段　　D. 同时在 245 和 250 字段记录版本信息
5. 某一资源记录的出版和生产信息为:264 #1$aOxford :$bOxford University Press,$c2010. 则

可能的信息源显示包括(　　)

A. Published by Oxford University Press, 2010, Oxford, Great Britain.

B. Oxford University Press, Oxford, © 2010.

C. Published and distributed in Great Britain by Oxford University Press, Oxford, 2010.

D. Oxford University Press, 2010, Oxford, © 2009.

6. 某一资源记录的出版和生产信息为:264 #1$a[Paris] :$bGallimard,$c[2013]

则可能的信息源显示包括(　　)

A. Gallimard, © 2013. [来自维基百科: Gallimard, a publisher based in Paris, France]

B. Gallimard, © 2013, Paris France.

C. Gallimard in Paris, 2013.

D. Gallimard, France.

三、判断题(正确请填写"T",错误请填写"F";每题 2 分,共 10 分)

1. 490 字段执行著录功能,8XX 字段执行检索功能。(　　)
2. 美国国会图书馆从 2008 年开始已经不再对丛编编制规范记录。(　　)
3. 如果资源目前不完整,在进行综合著录时,不记录数值,仅记录指示单元类型的术语。(　　)
4. 如果资源各单元内容完全相同,则在指示单元类型的术语前添加 *same*,例如,89 *same microfiches*。(　　)
5. 如果资源由多册组成,单独标页,则记录册数,省略页码,例如,4 *volumes*。(　　)

四、实践题(每题 6 分,共 30 分)

判断下列提供的内容信息与哪种内容属性有关,并记录在相应字段

1. "Happy Feet may be too much for many kids younger than 7 and some younger than 8. (Know how well your child separates animated fantasy from reality.); Family Filmgoer; http://www.washingtonpost.com/wp-dyn/content/article/2006/11/16/AR2006111600269.html"

2. "Title and text in Hungarian; summaries in French, German, or Russian"

3. "Chronological list of the author's works: p. 110-115"

4. "Broadcast; 1954 October 17 at 7:30 p.m. (PST)"

5. "music, Michael Fishbein ; camera, George Mo ; voices, Peter Ustinov, Cloris Leachman."

Day 80 答案与解析

一、填空题

1. 丛编题名页　**解析:**根据 RDA 2.12.2,丛编正题名首先取自丛编题名页。

2. 记录分丛编　记录丛编并列正题名
3. 008/10　040$e　**解析**:在 MARC 21 规范记录格式中,008/10 字符位的定义是“描述性编目规则”,选择代码“z”,表示依据的是其他任一代码所代表的规则之外的其他规则。
4. $w
5. 名列首位的、负有主要责任的　名列首位的　**解析**:参见 RDA 19.2 关于“创作者”的说明。
6. 1XX　**解析**:在 AACR2 的“3 原则”之下,如果责任说明中提及的责任者超过 3 人,不论承担相同职能或承担不同职能,仅记录每类职能的第一责任者,省略其他责任者,并用“… [et al.]”表示省略。根据 RDA 6.27.1.3/19.2.1.3,仅名列首位的创作者是必需的,且始终记录于 1XX 字段,但不限制检索点的数量。
7. 776　**解析**:载体表现层的等同关系是资源和资源的复本之间的关系,一般通过 776 连接款目字段予以表达。776 字段记录的复制品关系为不同载体的其他版本。
8. 501　**解析**:合订单件是单件层的伴随关系,是指载体表现在出版之后两个或更多的单件装订在一起,可通过 501 合订附注字段表达。
9. ISSN 注册机构　222
10. 008/18　008/19　**解析**:连续性资源模式下的 008/18 字符位的定义是“出版频率”,是以代码的形式记录 RDA 中表示连续出版物各期或各部分,或者集成性资源更新的发行间隔的频率元素,与 008/19 字符位(发行规律性)相关联。

二、不定项选择题

1. AD
2. AB　**解析**:根据 RDA 2.5,版本说明属于转录元素的范畴,即遵循“如实转录”的原则,故 <C> 错误;并列版本标识为非核心元素,可自行选择是否记录,故 <A> 正确;根据 MARC 21,应记录于 250$b,故 <D> 错误。
3. BD　**解析**:250 字段为可重复字段,故 <A> 错误;RDA 出版后,250 字段的状态由不可重复修订为可重复,并新增$3(专指资料)子字段,故 <C> 错误。
4. ABC　**解析**:根据 RDA 2.5.2.6,如果版本标识与正题名、其他题名信息或责任说明融为一体,或在语法上与前述任何一部分相连接,则按所见的形式记录,不必再记录版本标识。故 <D> 错误。
5. CD　**解析**:根据 RDA 2.8.2.3,可判断信息源中显示的出版地为 *Oxford*,并且无上级行政管辖区名称,记录时不能随意添加,故 <A> 错误;根据 RDA 1.8&1.9,可判断信息源中明确显示了出版年为“2010”,如果版权年是 2010 年,即使记录,应记录为 264 #1$c[2010],故 <B> 错误。
6. A　**解析**:出版信息添加方括号标目信息取自资源之外,故 <A> 最符合。

三、判断题

1. T
2. T
3. T　**解析**:参见 RDA 3.4.1.10 的交替规则。
4. F　**解析**:根据 RDA 3.4.1.6,如果资源各单元的内容完全相同,则在指示单元类型的术语前添加 *identical*。
5. T　**解析**:参见 RDA 3.4.5.18。

四、实践题

1. 该内容对于资源的适合人群提出了建议,并提供了电子版摘要的地址,属于内容提要,应著录在 520 字段。

   520 4#$a“Happy Feet” may be too much for many kids younger than 7 and some younger than 8. (Know how well your child separates animated fantasy from reality.)$cFamily Filmgoer.$uhttp://www.washingtonpost.com/wp-dyn/content/article/2006/11/16/AR2006111600269.html

2. 该内容是对内容语言的描述,应著录在 546 字段。

008/35-37　hun

041 0#$ahun$bfre$bger$brus

546 ##$aIn Hungarian; summaries in French, German, or Russian.

解析:546 字段(语种附注)用于记录编目文献的语种和出现在编目文献中的其他符号体系,与 008/35-37 字符位和 041 字段对应。008/35-37 字符位是以代码的形式记录文献正文的语言。041 字段的第 1 指示符为"0",说明文献为非译著,$a 记录文献正文的语种代码,$b 记录文摘的语种代码。

3. 该内容信息是资源主体部分的补编内容,应著录在 504 字段。

504 ##$aChronological list of the author' s works: p. 110-115.

4. 该内容信息是对一个广播的播出日期和时间的描述,属于事件发生的日期/时间和地点附注,应著录在 518 字段。

033 01$a195410171930-0700

518 ##$aBroadcast October 17, 1954 at 7:30 p. m. (PST)

518 ##$oBroadcast $d 1954 October 17 at 7:30 p. m. (PST)

解析:518 字段记录的是与播放等事件相关的日期、时间和地点等描述性附注。这些信息可均记录于$a 子字段,也可按照不同的 RDA 元素分别记录于不同的子字段。该字段与 033 字段对应,033 字段是以格式化的形式记录事件的日期等,第 1 指示符"0"表示为单一日期,第 2 指示符"1"表示事件的类型为"播放"。

5. 该内容信息介绍了资源的音乐创作者、摄像者和配音演员,属于创作/制作责任附注和参加者/表演者附注,应该分别著录在 508 字段和 511 字段。

508 ##$aMusic, Michael Fishbein ; camera, George Mo.

511 0#$aVoices: Peter Ustinov, Cloris Leachman.

Day 81

综合测试(6)

一、填空题(每空 2 分,共 20 分)

1. 如果使用相同姓名的多个个人,暂时无法找到区分他们姓名的信息,RDA 允许他们采用相同的规范检索点形式,包含这样规范检索点的规范记录被称为______。
2. 主题的规范检索点记录在规范记录的______(主标题)或______(复分标题)字段,该规范形式用于控制书目记录的主题______字段。
3. 载体表现与责任者之间的出版、生产、发行关系通常记录在 264 字段,通过控制该字段的第 2 指示符,从而揭示不同的实体功能,该指示符为“1”表达______关系,“2”表达______关系,“3”表达______关系,一般无须 7XX 字段说明载体表现与责任者的关系。
4. 单件与责任者之间的______等关系,对于古籍编目相对重要。
5. 对于汇编作品,如果对作品内容的选取、布局和编辑等实际上创作了一部新作品,则______可视为创作者,记录在 1XX 字段,例如,书目的编者。对于改编作品,如果改编了原作的性质或内容,则______可视为创作者。

二、不定项选择题(每题 5 分,共 30 分)

1. 描述数量时,下列术语符合 RDA 的是(　　)

   A. i. e.　　B. that is　　C. ca.　　D. approximately

2. 某一资源记录的出版和生产信息为:264 #1$aBerlin :$bSpringer :$bSiebeck,$c[2012] 则可能的信息源显示包括(　　)

   A. Springer, Siebeck, © 2012, Berlin.

   B. Berlin, London, New York. Springer, Siebeck, © 2012.

   C. Berlin. Springer. Siebeck, distributor. [前言写于 2012 年]

   D. Berlin. Springer. Siebeck. [前言写于 2012 年]

3. 按照 RDA 的规定,题名的类型包括(　　)

   A. 正题名　　B. 交替题名　　C. 识别题名　　D. 其他题名信息

   E. 分卷题名

4. 按照 RDA 的规定,团体视为创作者的情况包括(　　)

   A. 行政管辖区的法律　　B. 团体成员名录

   C. 团体负责发行的地图作品　　D. 团体官方声明

5. 多部分专著需要新建著录的情况包括(　　)

   A. 分卷责任者发生变化　　B. 媒介类型发生变化

   C. 正题名发生变化　　D. 出版说明发生变化

6. 对于书附盘的资源,载体形态项著录正确的是(　　)

A. 300 ##$a927 pages ;$c24 cm
   500 ##$aAccompanied by a CD

B. 300 ##$a927 pages ;$c24 cm +$e1 CD-ROM

C. 300##$a927 pages ;$c24 cm
   300 ##$a1 CD-ROM ;$c4 3/4 in.

D. 300 ##$a927 pages ;$c24 cm + 1 CD-ROM

三、判断题(正确请填写“T”,错误请填写“F”;每题 2 分,共 10 分)

1. 490 1#$aTutkimuksia ;$vn:o 56 =$aUndersökningar,上述丛编说明表示,从编正题名以两种语言出现,但丛编编号仅以一种语言出现。(　　)
2. 作为识别资源依据的卷期、部分或更新后的整体的附注在 LC 编目实践中不是核心元素。(　　)
3. 如果资源为不断更新的活页出版物,手头有 3 册,则记录为“300 ##$a3 volumes of loose-leaf”。(　　)
4. 根据 RDA 规则,记录未编号的页码时,不再将该页码数置于方括号内,而是在页码数后随以 *unnumbered*,例如,“132 unnumbered pages”。(　　)
5. 描述内容时,如果对识别或选择重要,而资料的其他部分没有提供足够的信息,则可以提供简短客观的内容提要。(　　)

四、实践题(每题 20 分,共 40 分)

请根据示意图和所给信息创建书目记录。

1. 图书

题名页示意图

RICHARD BERTSCHINGER

ESSENTIAL TEXTS

in Chinese medicine

The single idea in the mind of the Yellow Emperor

FOREWORD BY ALLEN PARROTT

SINGING DRAGON

LONDON AND PHILADELPHIA

版权页示意图

First published in 2015
by Singing Dragon
am imprint of Jessica Kingsley Publishers
73 Collier Street
London N1 9BE, UK
And
400 Market Street, Suite 400
Philadelphia, PA 19106, USA
www.singingdragon.com
Copyright ©Richard Bertschinger 2015
Foreword copyright ©Allen Parrott 2015
Library of Congress Cataloging-in-Pulication Data
Translation of and commentary on the Nei jing zhi yao of Ming doctor and scholar Li Zhongzi, alongside the original Chinese, with a number of additional texts from the Huang di nei jing.
ISBN 978 1 84819 162 4
eISBN 978 0 85701 135 0

其他信息:参考书目;296 页,23.4 厘米

2. 学位论文

题名页示意图

INTERNATIONAL INSTITUTE OF HUMAN RIGHTS NO 20

CAPTURED IN WAR:
LAWFUL INTERNMENT
IN ARMED CONFLICT

Els DEBUF
Prix Rene Cassin 2012

Preface by Andrew Clapham

HART PUBLISHING
EDITIONS A. PEDONE

版权页示意图

ISBN$a1849465304 (Hart)
$a9781849465304 (Hart)
$a9782233006721 (Pedone)
$a2233006720 (Pedone)

This work is co-published by Editions Perdone in Paris, France and Hart Publishing Ltd in Oxford, United Kingdom.

Thesis (doctoral)-Graduate Institute for International Studies, Geneva, 2011.

其他信息：页码 xvii,619,有表格；尺码 24.3 × 18.2 cm。

Day 81 答案与解析

一、填空题

1. 无法区分名称的记录　**解析：**根据 RDA 9.19.1.1，如果没有合适的附加成分，具有相同名称的所有个人可以使用同一个检索点，同时需要在规范记录中根据 RDA 8.11 的相关规定使用名称未区分的指示符，表示该规范记录中的个人名称未加以区分。
2. 15X　18X　6XX
3. 出版　发行　生产
4. 拥有、捐赠
5. 汇编者　改编者

二、不定项选择题

1. BD　**解析：**<A>和<C>为 AACR2 的做法，<B>和<D>为 RDA 的做法。
2. ABD　**解析：**<C>表示信息源中 *Siebeck* 是发行者，故错误。
3. ACD　**解析：**根据 RDA 2.3.1.1，题名共包括 9 种类型，其中有正题名、识别题名和其他题名信息，但不包含交替题名和分卷题名，故<B>和<E>错误。
4. ABD　**解析：**RDA 19.2.1.1.1 对团体可视为创作者的情况做出了明确说明，<A>、<B>、<D>均符合。<C>：只有团体原创地图作品时，该团体才可视为创作者，如果团体仅对地图作品的出版或发行负有责任，则该团体不能视为创作者，故<C>错误。
5. B　**解析：**根据 RDA 1.6.1，只有当多部分专著的发行方式或媒介类型发生变化时，才需要创建新著录，故仅<B>正确。

6. ABC　**解析**:根据 RDA 3.1.4,描述书附盘资源的载体形态时,可以启用两个 300 字段分别记录书和盘的载体特征,或者,仅启用一个 300 字段,将盘的载体特征记录在$e 子字段,故 <B> 和 <C> 正确。如果盘的信息对于识别资源不重要,可以启用 500 字段说明资源有附件,故 <A> 正确。<D>:将盘的载体特征直接记录在$c 子字段是错误的。

三、判断题

1. T

2. F　**解析**:作为识别资源依据的卷期、部分或更新后的整体的附注,在 RDA 中不是核心元素。但 LC/PCC 将其作为核心元素。

3. F　**解析**:根据 RDA 3.4.5.19,在为不断更新的活页出版物记录数量元素时,需记录册数,其后随以 *loose-leaf*,并置于圆括号内,故题干中的例子应记录为 300 ##$a3 volumes (loose-leaf)。

4. T

5. T　**解析**:根据 RDA 7.10.1.3,视听资源或为残障人士设计的资源常会采用该项规定。

四、实践题

1. LDR ^^^^^cam^^2200457^i^4500

008 ##140604s2015^^^^enk^^^^^^b^^^^000^0^eng^^

020 ##$a9781848191624$qpaperback

020 ##$z9780857011350$qeISBN

040 ##$aDNLM/DLC$beng$erda$cDLC

041 1#$aeng$achi$hchi

100 1#$aBertschinger, Richard,$eauthor.

245 10$aEssential texts in Chinese medicine :$bthe single idea in the mind of the Yellow Emperor /$cRichard Bertschinger ; foreword by Allen Parrott.

264 #1$aLondon ;$aPhiladelphia :$bSinging Dragon,$c2015.

300 ##$a296 pages ;$c24 cm

336 ##$atext$2rdacontent

337 ##$aunmediated$2rdamedia

338 ##$avolume$2rdacarrier

500 ##$aTranslation of and commentary on the Nei jing zhi yao of Ming doctor and scholar Li Zhongzi, alongside the original Chinese, with a number of additional texts from the Huang di nei jing.

504 ##$aIncludes bibliographical references.

700 12$aLi, Zhongzi,$d1588-1655.$tNei jing zhi yao.

700 12$aLi, Zhongzi,$d1588-1655.$tNei jing zhi yao.$lEnglish.

730 02$aHuangdi nei jing.$kSelections.

730 02$aHuangdi nei jing.$kSelections.$lEnglish

解析:资源包含对《内经知要》和《黄帝内经》两部医书的翻译和评论,有中文和英文两种文字,因此分别为这两种文字构建代表内容表达的规范检索点。由于中文为原文,因此检索点上无需添加语言元素,英文内容表达的检索点需添加$l 记录语言。

2. LDR ^^^^^cam^^22008[illegible]5^i^4500

008 130412s2013^^^^fr^k^^^^^b^^^^000^0^eng^d

020 ##$a1849465304$qHart

020 ##$a9781849465304$qHart

020 ##$a9782233006721$qPedone

020 ##$a2233006720$qPedone

040 ##$aYDXCP$beng$cYDXCP$erda$dDLC$dBWK$dWCL$dZYF

100 1#$aDebuf, Els,$eauthor.

245 10$aCaptured in war :$blawful internment in armed conflict /$cEls Debuf ; preface, Andrew Clapham.

264 #1$aParis :$bEditions A. Pedone,$c2013.

264 #1$aOxford :$bHart Publishing,$c2013.

300 ##$axvii, 619 pages :$bforms ;$c25 cm.

336 ##$atext$2rdacontent

337 ##$aunmediated$2rdamedia

338 ##$avolume$2rdacarrier

490 1#$aInternational Institute of Human Rights ;$vno 20

500 ##$a"This work is co-published by Editions Perdone in Paris, France and Hart Publishing Ltd in Oxford, United Kingdom."

502 ##$bPh. D.$cGraduate Institute for International Studies$d2011

504 ##$aIncludes bibliographical references (pages 549-619).

586 ##$aRené Cassin Prize 2012.

700 1#$aClapham, Andrew,$ewriter of preface.

830 #0$aPublications de l'Institut international des droits de l'homme ;$vno. 20.

解析：在编资源为学位论文，根据 RDA 7.9，需在 502 字段记录学位论文信息，包括学位类型、授予机构或院系和学位授予年。此外，由封面可知，该学位论文获得了 *René Cassin Prize* 奖，故将该信息记录在 586 字段。

Day 82
综合测试(7)

一、填空题(每空2分,共20分)

1. AACR2以英美为中心的特点突出,例如,对于并列正题名,AACR2就规定,在进行第2级著录时,如果有多个语种的并列题名,除要求记录第1个并列题名之外,还要求著录后继的______并列题名。
2. 相比AACR2,RDA的载体类型术语中变化较大的是将*sound*改为______。
3. 对于不是一次发行完毕的多部分专著,仅在两种情况下需要创建新著录:一是______发生变化,二是______发生变化。
4. AACR2R是按文献资料类型分别说明各自的主要信息源和规定信息源,RDA则将资源分成三种类型来说明其首选信息源,这三种类型包括:______、______、前两类未涵盖的其他资源。
5. MARC 21是由美国国会图书馆和加拿大国家图书馆在1999年共同完成的,是一种面向21世纪的一体化的机读格式,可用于描述、检索各种类型的文献。目前,MARC 21共有5种执行格式,分别是书目数据格式、______、______、______和______。

二、不定项选择题(每题5分,共30分)

1. 下列关于"转录"的说法正确的是(　　)
   A. 在编目中,与"转录"意义相反的词是"记录"
   B. 如果信息源上为出现某些小语种文字的变音符号,可不执行转录原则,由编目员自行添加
   C. LC在大写方面鼓励编目员遵循转录原则,但也可以遵循附录A
   D. 任何情况下,都不能自行添加标点符号
2. 如果资源有复杂或不规则的标页,则可以采用的记录方法有(　　)
   A. 1000 pages in various pagings
   B. 350 pages, 248 pages, 153 variously numbered pages
   C. 1 volume (various pagings)
   D. 560 pages, 223 pages, [217] various numbered pages
3. 关于文本中图版的记录方法描述正确的有(　　)
   A. 记录在300$a
   B. 如果文本中图版单独编号,则在文本页码的后面记录图版的数量
   C. 如果文本的页码包含图版的页和叶,则也要在页码的后面记录图版的数量信息
   D. 如果文本同时包含叶和页编码的图版,则分别记录数量
4. 下列关于"反向编号页"说法正确的是(　　)

A. 图书有两种语言的文本时经常会出现一组反向编号页
B. 按顺序记录不同部分的页码,以著录选择的题名页开始
C. 分别从两边题名页记录页码
D. xii, 127 pages, 157 pages, ix

5. 下列可作为内容表达其他区别特征的有(　　)
A. 版本　　B. 语言　　C. 相关团体　　D. 相关责任者
E. 音乐改编说明

6. 下列规范检索点代表的是内容表达,且形式正确有(　　)
A. 100 1#$aCao, Xueqin,$dapproximately 1717-1763.$tHong lou meng.$lEnglish
B. 100 1#$aCao, Xueqin,$dapproximately 1717-1763.$tShi tou ji.$lEnglish
C. 100 1#$aCao, Xueqin,$dapproximately 1717-1763.$tHong lou meng.$kSelections
D. 100 1#$aCao, Xueqin,$dapproximately 1717-1763.$tShi tou ji.$kSelections

三、实践题(每题 6 分,共 30 分)

判断下列提供的内容信息与哪种内容属性有关,并记录在相应字段。

1. "比例尺 1:250,000 和坐标 E32°-E34°/N33°-N35°"
2. "Health care and HIV: nutritional guide for providers and clients."
3. "Karl Schmidt' s thesis; doctoral; Ludwig-Maximilians-Universitat; Munich; 1965"
4. "Quarterly research report (Rand Corporation), Apr. -Jun., 2014"
5. "Forecasts of the 21st century"

四、实践题(共 20 分)

请根据示意图和所给信息创建书目记录。多部分专著分次到馆,综合著录。

题名页示意图

Seventh Edition

The Heath anthology of American literature
Volume A
Beginnings to 1800

Paul Lauter
Trinity College, General Editor

CENGAGE Learning

2013
Boston, MA

Day 83
综合测试(8)

一、填空题(每空2分,共20分)

1. 2012年11月,美国国会图书馆发布了______报告,该报告展示了未来将取代MARC的新模型。
2. MARC 21格式的修订是由MARC 21指导小组总负责,2008年JSC成立了RDA/MARC工作组,美国国会图书馆在MARC标准网站上设立了专栏______,及时通报MARC 21修订的最新情况。
3. 为加强属性描述,MARC 21针对RDA修订的一个显著特点是增强元素描述的独立性,通过分离专门的字段、子字段或指示符分别描述各种元素。例如,264字段就是用于描述出版、发行、制作及生产信息,通过该字段的指示符分别表示,值为“4”表示______。
4. 增强关系描述也是MARC 21修订的重点,例如,资源与名称之间的关系说明语记录于子字段______。
5. 346字段记录的信息对应于RDA 3.18视频特征,共包含视频格式和______两个子元素。
6. ______##$aPublication may be restricted. For information see "Yanker poster collection"
   $u(http://lcweb.loc.gov/rr/print/res/250_yank.html).
7. ______##$aNot available for commercial use, sale, or reproduction.
8. 245 00$a100 years of the best American short stories /$cedited by Lorrie Moore and Heidi Pitlor.
   300 ##$axxi, 723 pages ;$c24 cm.
   856 ______$3Publisher description
   $uhttp://www.loc.gov/catdir/enhancements/fy1606/2015506942-d.html
9. 856 40$uhttp://rzblx1.uni-regensburg.de/ezeit/warpto.phtml?colors=7&jour%5Fid=15028
   ______This electronic address not available when searched on Aug. 30, 2011
10. 020 ##______For sale ($450.00) or rent ($45.00)

二、不定项选择题(每题5分,共30分)

1. 下列关于内容表达规范检索点的构建说法正确的有(　　)
   A. 代表内容表达的规范检索点必须以代表作品的规范检索点为基础来构建
   B. 对仅有一个内容表达的作品,代表内容表达的检索点和代表作品的检索点形式一致
   C. LC规定,应当为同一作品的所有内容表达创建规范记录
   D. 通常需要在作品的规范检索点后附加内容表达属性的为音乐资源、宗教经典、翻译本和语言版本
2. 如果早期印刷型资源出现复杂或不规则的标页,下列处理方法正确的是(　　)

A. 记录页、叶或栏的总数,按实际情况随以 *in various pagings*、*in various foliations* 或 *in various numberings*

B. 记录主要页码序列的页、叶或栏数,再添加其他编号或未编号序列的总数

C. 仅记录为 1 *volumes*(*various pagings*)

D. 按所见的形式和序列记录页码等

3. 下列选项中属于识别个人的非核心元素的包括(　　)

A. 个人头衔　　B. 出生地与死亡地　　C. 性别　　D. 个人活动领域

4. 某连续出版物的频率说明为:310 ##$aMonthly (except July and Aug.),则 008/18-19 字符位的代码应为(　　)。

A. 008/18　b　008/19　n　　B. 008/18　b　008/19　r

C. 008/18　m　008/19　r　　D. 008/18　m　008/19　n

5. (　　)是地图资源的核心元素。

A. 数量　　B. 水平比例尺　　C. 垂直比例尺　　D. 历元

6. 球仪资源的尺寸按照(　　)的形式予以著录。

A. 高×宽　　B. 周长　　C. 高×宽×深　　D. 直径

三、判断题(正确请填写"T",错误请填写"F";每题 2 分,共 20 分)

1. 复杂、不规则或有错误的连续出版物编号可记录在 515 字段。(　　)
2. RDA 中并列题名的信息源扩大了,如果并列正题名没有取自与正题名相同的信息源,应提供附注说明。(　　)
3. 在记录资源的获取地时,除了记录城市等地理名称外,如果适用,还应该记录具体的工作室、音乐厅等。(　　)
4. 内容的语言是指表达资源内容所用的语言,当需要与另一作品的另一内容表达做区分时,内容的语言是核心元素。(　　)
5. 如果作品的单一内容表达涉及多种语言,则记录每一种语言。(　　)
6. 如果从属团体与上级团体之间有多个层级,必须逐级记录,不能省略层级。(　　)
7. 构建国家元首或政府首脑的规范检索点时,如果任职者为同一人,但是任期不连续,需要为不同的任期分别构建规范检索点。(　　)
8. 如果连续出版物的尺寸发生变化,只需编制附注说明即可。(　　)
9. 在记录不断更新的活页出版物的数量时,记录册数,其后随以 *loose-leaves*,并置于圆括号内。(　　)
10. 如果连续出版物或集成性资源的题名以全称及可拼读的首字母缩略词或首字母缩略词的形式同时出现在正题名信息源上,选择全称形式作为正题名。(　　)

四、实践题(每题 5 分,共 30 分)

请根据提示补充完整字段信息。

1. 音频资料,由 7 张光盘组成,总时长 327 分钟,31 秒

300 ##$a______________________________

2. 音频资料,总时长 185 分钟,12 秒

306 ##$a ________________

3. 资源为视频资料,由 2 张光盘组成,估算每张盘的大致时间是 35 分钟

300 ##$a ________________

或 500 ##$a ________________

4. 视频资料,1 张光盘组成,盘盒显示 85 分钟,实际播放时长 96 分钟

300 ##$a ________________

5. 资源包含插图,肖像

300 ##$b ________________

6. 资源包含插图和地图,大部分插图为彩色

300 ##$b ________________

Day 83 答案与解析

一、填空题

1. 书目框架迁移行动
2. RDA in MARC
3. 版权日期
4. $e
5. 广播标准
6. 540 **解析:**根据 RDA 4.5,如果对资源的复制、出版、展览等有使用设置的限制,应予以记录,记录在 540 字段。题干是对出版限制的说明。
7. 506 **解析:**根据 RDA 4.4,如果对资源的获取有设置的限制,应予以记录,记录在 506 字段。题干说明了资源不适用于商业用途、销售或再版。
8. 42 **解析:**856 字段的第 1 指示符通常取值为“4”,即 HTTP 访问模式。第 2 指示符指明 856 字段地址所定位的电子资源与书目记录所描述资源之间的关系。题干中地址定位的是相关资源,第 2 指示符应为“2”。
9. $z **解析:**如果 856 字段提供的地址有变化,且无法找到新的可提供访问的 URL,应做一个公共附注,记录在$z 子字段,说明原地址不再提供访问。应尽可能记录关于该 URL 的详细信息,比如题干里提供了地址失效的日期。
10. $c **解析:**020$c 子字段记录文献获得方式,比如文献价格。

二、不定项选择题

1. ABD **解析:**在 LC 的编目实践中,仅有如下四类文献需要添加内容表达的属性至作品的规范检索点以识别内容表达:音乐资源、宗教经典、翻译本、语言版本。此外,不必为现存的规范记录添加用于区分内容表达的元素,因为书目记录中的一些元素,如译者、表演媒介、日期等,可帮助用户选择心仪的内容表达,故 <C> 错误。
2. D **解析:**前三项都是关于复杂或不规则标页的一般性规则,对于早期印刷型资源,需应用 RDA 3.4.5.8 例外规则,即 <D> 的内容。
3. BCD **解析:**根据 RDA 第 9 章,识别个人的核心元素包括个人名称、与个人相关的日期、个人头衔、与个人相关的其他标识以及个人标识符。其他如性别、出生地、死亡地、与个人相关的国家、居住地等、个人地址、隶属机构、个人语言、个人活动领域、传记信息属于非核心元素,名称的更完整形式以及职业或工作两个元素属于条件核心元素。
4. D **解析:**连续性资源 008 字段的 18 字符位表示出版频率,代码“b”表示双月刊,代码“m”表示月刊。题干为月刊,故 <A> 和 <B> 错误。19 字符位表示发行规律,代码“r”表示定期,代码“n”表示不规则定

期，根据题干描述，资源为不规则定期出版，故 < C > 错误。

5. BC　**解析**：根据 RDA 7.25.3 和 RDA 7.25.4，水平比例尺和垂直比例尺都是核心元素，故 < B > 和 < C > 正确。

6. D　**解析**：根据 RDA 3.5.1.4.13，球仪的尺寸记录直径，并需注明。

三、判断题

1. T　**解析**：连续出版物编号一般记录在 362 和 363 字段。但根据 RDA 2.17.5.4，如果连续出版物编号复杂或不规则，需为其编制附注，通常记录在 515 字段。

2. T

3. T

4. F　**解析**：根据 RDA 7.12，内容的语言是非核心元素。根据 RDA 6.11，内容表达的语言是指作品被表达所用的语言，是核心元素，可用于与同一作品的另一内容表达做区分。

5. T

6. F　**解析**：根据 RDA 11.2.2.15，不必逐级记录从属团体与上级团体之间的多个层级，保留能独立存在的较高级单元与最低一级单元的名称，除非从属团体或相关团体的下属可能还有其他与最低一级单元同名的单元，此时可在层级中插入能区分这些团体的层级中最低一级单元的名称。

7. T

8. F　**解析**：根据 RDA 3.5.1.8.1，如果连续出版物的尺寸发生变化，则记录最小和最大册的尺寸。

9. F　**解析**：根据 RDA 3.4.5.19，记录的术语应该是 *loose-leaf*，而不是 *loose-leaves*。

10. T

四、实践题

1. 300 ##$a7sound discs (327 min., 31 sec.)

2. 306 ##$a030512

3. 300 ##$a2 videodiscs(approximately 35min. each)

   或 500 ##$aDuration: 70 min. (approximately 35min. each)

4. 300 ##$a1videodisc (85, that is 96min.)

5. 300 ##$billustrations, portraits

6. 300 ##$billustrations (chiefly color) , maps

Day 84
综合测试(9)

一、填空题(每空2分,共20分)

1. 490字段不是为RDA新增的字段,其为RDA所做的修订是针对______子字段,将其由不可重复改为可重复。
2. RDA记录有两个标志:第一,LDR/18字符位(编目标准)代码选取______,该代码在2010年被重新定义,从之前的"ISBD"变更为______;第二,在______记录为"rda"。
3. 380字段定义为作品形式,如果作品有多种形式,术语又取自同一术语表,则术语可记录在重复的______子字段。作品形式如果作为规范检索点的区分成分记录于规范检索点字段首选名称之后,并置于______内。
4. 502字段不是MARC 21为RDA新增的字段,但是进行了大幅度的修订,主要是将有关学位论文的元素独立化,用单独的子字段表示。在修订前,所有学位论文的附注均记录于$a子字段,修订后,______记录于$b子字段,______记录于$c子字段,______记录于$d子字段。
5. 008/33字符位定义为规范标目的级别,用于说明规范记录中的规范检索点符合编目规则的程度,这与RDA中的______元素相互对应。

二、不定项选择题(每题5分,共30分)

1. 规范数据格式中7XX连接款目用于连接等同规范检索点,关于连接款目说法正确的是(　　)
   A. 等同规范检索点只能取自相同的规范文档
   B. 可用于连接不同语言的等同规范检索点
   C. 可用于连接用作地理名称规范检索点和用作地理主题复分名称的间接形式
   D. 700—785字段不能涵盖的连接关系不予表达
2. 规范记录的类型记录于(　　)
   A. LDR/09　　B. 008/09　　C. LDR/10　　D. 008/10
3. 下列关于规范检索点说法正确的是(　　)
   A. 所有规范记录中的1XX字段记录的均为规范形式
   B. 1XX字段也有可能记录非规范形式
   C. 规范检索点的变异形式记录于5XX字段
   D. 规范检索点的形式需依据编目内容规则确立
4. 某一资源记录的出版和生产信息为:
   264 #1$aNew York:$bSage Publications ;$aBerlin : $bSpringer,$c2015.
   264 #4$c© 2015

则可能的信息源显示包括(　　)

A. New York, Sage Publications. Berlin, Springer. © 2015.

B. New York, Berlin, Sage Publications and Springer. 2015.

C. Published in 2015. New York, Sage Publications. Berlin, Springer. Copyright 2015.

D. Published in 2015 by Sage Publications, New York ; and by Springer, Berlin. Distributed by Sage Publications in Europe. Copyright 2015

5. 下列关于子单元数量说法正确的是(　　)

A. 如果易于确定且对识别或选择重要,才需记录子单元数量

B. 子单元数量记录于单元载体类型的术语之后,并前置以逗号

C. 计算机盘中的子单元数量,用所记录资源相应的数量表示方法

D. 缩微资源的子单元数量只能记录帧数

6. 下列子单元数量记录正确的是(　　)

A. 1 filmstrip (about 100 frames)

B. 3 microfiches, 120 frames each

C. 1 online resource (89 pages)

D. 1 online resource (7 video files, 9 audio files)

三、判断题(正确请填写"T",错误请填写"F";每题 2 分,共 20 分)

1. RDA 为表达内容的标记形式提供了专门的术语,这些术语记录于 546$b。(　　)
2. 记录乐谱形式时要用专门的术语,如果有多个术语适用于同一乐谱形式,则记录音序排在最前面的术语。(　　)
3. 如果资源内容是以触摸形式表达的,则只选一个适用的术语来记录标记形式即可。(　　)
4. 大使馆的规范检索点由其所代表的国家的规范检索点及大使馆名称构建。(　　)
5. 团体地址是非核心元素,所以不需要指明来源。(　　)
6. 对于多部分专著,若后续卷期的责任说明与首卷不同,则应在 245 字段进行更改,并编制附注说明。(　　)
7. 如果出版说明有误,如实著录,在附注中纠正。(　　)
8. 如果资源中图版的页或叶独立于本文的页或叶序列,且分散于资源中,则与文本页码等序列按顺序依次记录,例如,"x, 75 pages, 23 pages of plates, 89 pages, 14 pages of plates"。(　　)
9. 资源上最末页编号显示为"378",但实际上应该是"387",则数量应记录为"300 ##$a387, that is 378 pages"。(　　)
10. "获取的地点和日期"这一元素是指与资源单件的获取相联系的地点和日期。(　　)

四、实践题(每空 2 分,共 30 分)

请根据下列附注的内容,填写附注的字段号。

1. 245 00$a1: 1.6, an ode to lost love /$$cNational Film Development Corporation presents ; a film by Madhu Ambat ; producer, N. F. D. C.

______##$aMusic, Isaac Thomas Kottukappally ; editor, Sreekar Prasad.

______1#$aRati Agnihotri, Gulshan Grover, Atul Kulkarni, Sonali Kulkarni, Mausmi.

______##$aThe film is set against the backdrop of a film shooting - starting on the first day of the shooting of director Pramod Sengupta's film title 'silent scream', on the life of a revolutionary women, and ending on the last day of the shooting. Pramod introduces his director of photography…

______##$aSummary taken from container.

______##$cGift;$d2016-01-19.

2. 245 00$a#NAME? /$cApolônio Alves dos Santos.

______##$aCover title.

______1#$aCollection is open for research. Access restrictions apply; collection is stored off-site. To request materials, please contact the Folklife Reading Room at$$uhttp://hdl. loc. gov/loc. afc/folklife. contact$5DLC

______##$aDuplication may be governed by copyright and other restrictions.

______##$cAccessioned$d19850531

______##$aIn Portuguese.

3. 245 00$aAbel Frederick Erikson :$bA family History in America Since 1884 /$cedited by Steven A. Erikson.

______##$aIncludes bibliographical references (page 153) and indexes.

______0#$aThe setting -- Abel's generation -- Abel's children -- Abel's grandchildren -- Abel's great grandchildren --Abel's great-great grandchildren -- Related families, in-laws, and friends -- Erikson family reunions -- Appendices -- Bibliography and index.

4. ______##$aCataloged from contributor's data.

______##$aJunior high school through college students and adults.

______##$aIssued also as videorecording.

Day 84 答案与解析

一、填空题

1. $x

2. i　ISBD punctuation included　040$e

3. $a　圆括号　**解析**:作品形式指“作品所属的类别或题材”,信息可取自任何来源,包括 *Computer File*、*Motion picture* 和 *Series* 等。当需要区分题名相同的不同作品时,作品形式是核心元素,作为区分成分记录于规范检索点字段首选名称之后,并置于圆括号内。

4. 学位类型　授予机构　学位授予年

5. 8.10 识别状态　**解析**:识别状态指对识别个人、家族或团体的数据规范化程度的认证。

二、不定项选择题

1. BC　**解析**:在 MARC 21 规范数据中,7XX 字段可用于连接不同语言的等同规范检索点。等同规范检索点可以取自不同的规范文档或印刷版叙词表。751 字段用于连接用作地理名称的规范检索点,781 字段用于地理主题复分名称的间接形式。700—785 字段不能涵盖的连接关系应在 788 字段中予以描述。

2. B　**解析**:在 MARC 21 规范记录中,008/09 记录规范记录的类型,008/10 记录编目规则。LDR/09 记录字符编码系统,LDR/10 记录指示符数量,故 <B> 正确。

3. BD　**解析**:规范检索点的变异形式记录在 4XX 字段。

4. CD　**解析**:根据信息源可知 2015 年既是出版年,又是版权年。<A> 仅显示 2015 为版权年,并未显示其同时为出版年这一信息;<B> 未说明 2015 年是何种日期信息,故 <A> 和 <B> 错误。

5. AC　**解析**:根据 RDA 3.4.1.7.4,缩微制品的子单元数量,用所记录资源相应的数量表示方法记录,也可记录帧数,故 <D> 错误;根据 RDA 3.4.1.7,子单元数量记录于单元载体类型的术语之后的圆括号中,两者之间无逗号,故 <B> 错误。

6. CD　**解析**:<A>:根据 RDA 3.4.1.4 确切的单元数不易确定的说明,估算数用 *approximately* 记录而非 *about*;<B>:120 *frames each* 应置于圆括号内,并删掉逗号。

三、判断题

1. T

2. F　**解析**:如果有多个术语适用于资源中使用的同一乐谱形式,则记录最专指的术语。

3. F　**解析**:对于触摸资源,除了选择适用的术语来记录标记形式外,也应在 007 字段进行编码以描述其载体特征。

4. F　**解析**:根据 RDA 11.2.2.26,大使馆的规范检索点应将其名称(用其所代表国家的语言记录)作为其所代表的国家的规范检索点的复分予以记录,并在复分中省略其所代表国家的名称,并将所驻国名称置于圆括号内。例如德国驻中国大使馆的规范检索点为:
110 1#$aGermany.$bGesandtschaft(China)

5. F　**解析**:团体地址信息取自任何来源,应根据 RDA 8.12 所列说明注明获取来源。

6. F　**解析**:对于多部分专著,若后续卷期的责任说明与首卷不同,不需要对 245 字段进行更改,应将责任说明的变化记录在 5XX 附注字段。如果认为这些变化对检索重要,还应相应添加 7XX 附加检索点。

7. T

8. F　**解析**:根据 RDA 3.4.5.9,如果资源中图版的页或叶独立于文本的页或叶序列,无论图版是集中还是分散于资源中,应在页码等序列的最后,记录图版页或叶的数量。

9. F　**解析**:根据 RDA 3.4.5.5,应先如实著录资源中的实际数字,在其后随以 *that is* 和正确的数字。即:
300 ##$a378, that is 387 pages

10. F　**解析**:这一元素是指与资源内容的获取(如录音、拍摄等)相联系的地点和日期。

四、实践题

1. 508　511　520　500　541　**解析**:508 字段:创作/制作责任附注;511 字段:参加者或表演者附注;520 字段:摘要附注;541 字段:直接采访来源附注。

2. 500　506　540　541　546　**解析**:506 字段:获取限制附注;540 字段:使用与复制条件附注;541 字段:直接采访来源附注;546 字段:语种附注。

3. 504　505　**解析**:504 字段:书目等附注;505 字段:内容附注。

4. 500　521　530　**解析**:521 字段:读者对象附注;530 字段:其他可获取的物理形式附注。

Day 85
综合测试(10)

一、填空题(每空 2 分,共 40 分)

1. 西方编目史上从 1841 年之后逐步形成了两大编目体系,分别是______和______。两大体系形成对峙的标志是在 1908 年同一年分别了颁布了各自的规则,分别是______和______。
2. JSC 中唯一一个非英语国家的代表来自______。
3. FRBR LRM 征求意见稿于 2016 年推出,其将原有的三个 FR 概念模型合并为统一版。其中,将实体由原来的______个缩减为______个,并分为三级,顶级实体是______,各实体的属性一共为______个,关系共有______个。用户任务与 ICP 阐述近似,仍为 5 个,增加了一项新的用户任务为______。
4. 美国国会图书馆实施 RDA 的切换日为______。
5. 2010 年 6 月,随着 RDA 工具套件的上线,由______主导,20 余家来自美国图书馆界以及其他机构的代表参与的 RDA 测试正式启动。
6. 规范记录中用于生成简单参照的字段块为 4XX 和______。当简单参照不能说明规范检索点与非规范检索点或者相关规范检索点之间的关系时,需启用复合参照予以说明。
7. 复合参照针对主题的字段为 260 字段和 360 字段。其中,复合单纯参照是______字段。
8. 复合参照针对名称的字段为 663 字段和 664 字段。其中,复合单纯参照是______字段。
9. 670 字段为已找到的信息源,包含创建 1XX 规范检索点时所参考的数据源引文,即确立规范形式时所使用的信息源。______字段为未找到的数据源,包含创建 1XX 规范检索点时所参考的依据,但是该信息源上没有确立规范形式所需要的信息。这两个字段的信息与 RDA ______元素对应。
10. RDA 在内容的更新方式上包括______和______。

二、不定项选择题(每题 5 分,共 30 分)

1. RDA 中为其提供载体类型专门术语表的资源包括(　　)

   A. 地图资源　　B. 缩微资源　　C. 乐谱资源　　D. 静态图像资源

2. 下列术语与译文对应关系正确的是(　　)

   A. atlas(地图册);profile(截面图);section(剖面图)

   B. study score(研习总谱);part(分谱);vocal score(声乐缩编谱)

   C. drawing(海报);postcard(明信片);collage(拼贴画)

   D. diorama(立体布景);toy(玩具);jigsaw puzzle(智力拼图)

3. 连续标页的多部分专著数量记录正确的是(　　)

   A. 3 volumes (xxi, 790 pages)

   B. 发行尚不完整时,仅记录“volumes”

C. 3 volumes (xx, 100 pages, ix, 150 pages, vi, 300 pages)

D. 3 volumes

4. 对于装在文件夹或函中的资源,数量记录正确的是(　　)

A. 1 portfolio

B. 12 cases

C. 1 portfolio (17 leaves)

D. 3 portfolios (viii pages, 16 leaves and ix pages, 25 leaves)

5. 在 IFLA LRM 中,有关实体“个人”的理解正确的是(　　)

A. “个人”实体的定义与 FRBR 和 FRAD 均相同

B. “个人”实体仅限于有生命或曾经生活过的真实个人

C. “个人”实体的超类是代理

D. 虚构的、文学性的或纯粹传说性质的人物也是“个人”实体的实例

6. 可记录于个人名称规范记录 100$c 的元素是(　　)

A. 个人头衔　　B. 个人活动领域　　C. 职业或工作　　D. 与个人相关的日期

三、判断题(正确请填写“T”,错误请填写“F”;每题 2 分,共 20 分)

1. 对于完整的连续出版物,300$a 记录的是连续出版物的书目卷数;如果连续出版物仍在出版,300$a 记作 volumes。(　　)

2. 连续出版物的著录依据通常是最早发布的卷期或部分,若非如此,必须编制附注说明作为识别依据的卷期或部分。(　　)

3. 046 字段可记录与团体相关的重要日期,如果是一个时间范围,则记录在$s 和$t。(　　)

4. 110 1#$aUnited Nations.$bUnit on Apartheid (　　)

5. 110 2#$aFusion (Organization :$d2005-) (　　)

6. 110 2#$aUnesco.$bGeneral Conference$n(17th :$d1972 :$cParis, France)

510 2#wriHierarchical superior:$aUnesco(　　)

7. 368 ##$aCongresses and conventions (　　)

8. 370 ##$eParis (France)$2naf (　　)

9. 无障碍内容可以包括与口语内容不同语言的对白字幕。(　　)

10. 书目和索引都是资源主体部分的补编内容,可同时著录在 504 字段。(　　)

四、实践题(每空 2 分,共 10 分)

请根据书目记录的情况补充 066 字段。

1. 066 ##______________________________

100 1#$6880-01$a[拉丁文字标目]

880 1#$6100-01/(N$a[基里尔文字标目]

2. 066 ##______________________________

245 10$6880-03$aSosei to kako :$bNihon Sosei Kako Gakkai shi.

880 10$6245-03/$1$a[日文题名] :$b[日文副题名] .

3. 066 ##______________________________

245 10 $6880-02 $aTorat ha-yoledet /$cne'erakh'a.y. Yitshak ben David Yosef Zilvershtain, Mosheh ben Yosef Rotshild.

880 10$6245-02/(2/r$a[希伯来文字] /$c[希伯来文字]

4.066 ##________________

245 00$a[基里尔文字] =$b 英文/$c[基里尔文字].

246 31$a 英文

260 ##$a[基里尔文字] :$b[基里尔文字],$c1992.

5.066 ##________________

245 10$6880-02 $aBeijing dian zi di tu 2003 /$cZhongguo di tu chu ban she dian zi xin xi zhong xin bian zhi.

880 10$6245-02/$1$a 北京电子地图 2003 /$c 中国地图出版社电子信息中心编制.

Day 85 答案与解析

一、填空题

1. 英美体系　普鲁士体系　AA1908　普鲁士规则第 2 版
2. 德国国家图书馆
3. 18　11　Res　37　34　探索
4. 2013 年 3 月 31 日
5. 美国三家国家图书馆　**解析:**三个国家图书馆分别为美国国会图书馆(Library of Congress)、美国国家医学图书馆(National Library of Medicine)和美国国家农业图书馆(National Agricultural Library)。
6. 5XX
7. 260
8. 664　**解析:**针对主题的复合相关参照字段为 360 字段,针对名称的复合相关参照字段为 663 字段。
9. 675　8.12 已查询的参考源
10. 修改(release)　更新(update)

二、不定项选择题

1. ACD
2. BD　**解析:**有误的术语及正确名称为 *profile*(剖面图)、*section*(分部/截面图)、*drawing*(绘图)。
3. ABD　**解析:**根据 RDA 3.4.5.17,如果资源由多册组成,且多册连续标页,记录其数量时,在指示单元类型的术语后,指明页、叶或栏数,并置于圆括号内,忽略除首册之外的文前单独标页序列,故 <A> 正确,<C> 错误;根据 RDA 3.4.1.10,对尚不完整(或已发行的单元总数未知)的资源进行综合著录时,记录不带具体数值的指示单元类型的术语,故 <B> 正确;根据 RDA 3.4.5.17 的例外规则,对于多部分专著和连续出版物,可选择省略页数,故 <D> 正确。
4. ABCD　**解析:**根据 RDA 3.4.5.15,装于文件夹(portfolio)或函(case)中的资源,记录方式包括直接以"数字 + 术语"的形式记录,也可指明页数、叶数或栏数,并置于圆括号内。
5. BC　**解析:**IFLA LRM 对"个人"的定义选取了与 FRBR 相同的定义,即必须是有生命或曾经生活过的个人,而不包括那些虚构的人物,包括虚构人物的个人是 FRAD 中所定义的,故 <A> 和 <D> 错误。
6. ABC　**解析:**100$c 记录称谓以及其他与名称相关联的词,包括表示等级、官衔、贵族身份的称谓;称呼词;表示学衔或组织成员的首字母缩写;与姓连用的罗马数字及与名称连用的其他词或短语。相关日期记录于$d。

三、判断题

1. T

2. T **解析**：如果识别连续出版物的依据不是最先发布的卷期或部分，则应在 588 字段编制附注，说明作为识别依据的卷期或部分。

3. T **解析**：046 字段（特殊编码日期）记录与团体相关的日期，包括“会议等举办的日期或范围、团体的成立日期和终止日期”等。其中，起始、终止日期分别记录于$s、$t。

4. F **解析**：110 字段记录团体首选名称，第 2 指示符为 1 时，表示行政管辖区域名称（Jurisdiction name），为 2 时表示直叙式名称（Name in direct order）。题目中的联合国机构不属于行政类名称，应视为一般团体。因此，第 1 指示符应选择 2，即 110 2#$aUnited Nations.$bUnit on Apartheid。

5. F **解析**：团体名称规范检索点通过团体首选名称和附加成分共同构建而成。对于一般团体而言，其总部所在地、成立日期、终止日期、相关机构和与团体相关的其他标识直接记录于 110 $a。当团体名称不能表达团体概念时，应用创建数据机构首选语言添加一个表示团体类型的词语，如 *Organization*、*Firm* 等。因此，正确形式应为 110 2#$aFusion（Organization ：2005-）。

6. T

7. F **解析**：在 MARC 21 规范数据中，对于团体来说，368 字段（个人或团体的其他属性）用于记录团体类型（未表达团体含义的名称）、行政管辖区类型和其他标识。当$a 中的术语来源来自于受控术语表时，应同时在$2 中予以记录。因此，正确形式应为 368 ##$aCongresses and conventions$2lcsh。

8. T

9. F **解析**：根据 RDA 7.14，无障碍内容指有助于感官受损人士更多地理解那些由于听障或视障等原因，而阻碍了其理解的内容，包括可触摸标签、音频描述、图像描述、手语、字幕和对白字幕等内容，不包括与口语内容不同语言的对白字幕。

10. T

四、实践题

1. 066 ##$c(N **解析**：在编资源语种为基里尔文，编目语种为拉丁文。该记录基本字符集属于缺省字符集，$a 无须标识，$c 交替字符集代码为(N。

2. 066 ##c1 **解析**：在编资源语种为日文，编目语种为英文。记录分为两部分，上半部分为拉丁化形式的数据内容（音译形式），下半部分为非拉丁化的数据内容（原始文种），因此采用多文种记录的做法。该记录基本字符集属于缺省字符集，$a 无须标识，$c 交替字符集代码为$1。

3. 066 ##$c(2 **解析**：在编资源语种为希伯来文，编目语种为英文。记录分为两部分，上半部分为拉丁化形式的数据内容（音译形式），下半部分为非拉丁化的数据内容（原始文种），因此采用多文种记录的做法。该记录基本字符集属于缺省字符集，$a 无须标识，$c 交替字符集代码为(2。

4. 066 ##$a(N$c(B **解析**：在编资源语种包含基里尔文和英文，编目语种为基里尔文。因此，基本字符集代码为(N，需要记录于$a。因题名信息包含英文，属于拉丁文字，$c 交替字符集代码为(B。

5. 066 ##c1 **解析**：在编资源语种为中文，编目语种为英文。记录分为两部分，上半部分为拉丁化形式的数据内容（音译形式），下半部分为非拉丁化的数据内容（原始文种），因此采用多文种记录的做法。该记录基本字符集属于缺省字符集，$a 无须标识，$c 交替字符集代码为$1。

Day 86
综合测试(11)

一、填空题(每空2分,共10分)

1. 2011年6月,美国RDA测试协调委员会正式发布测试报告——《美国RDA测试协调委员会实施报告和建议》。该报告面向三家国家图书馆、JSC、ALA出版社、社区(包括PCC)和厂商分别提出了带有时间表的建议。其中针对LC/NAL/NLM和JSC的一条建议最重要,也最引人注意:______。
2. 2011年11月,ALA出版社选择CCC的主席______作为文字编辑,承担重写RDA的任务。
3. 2011年,ISBD(统一版)正式版中增加了第0项______,从而使著录项目从传统的8大项变为9大项。
4. FR家族由国际图联(IFLA)开发,包括FRBR、FRAD和______三个成员。
5. RDA以FR概念模型为基础,在整体结构上围绕着实体、属性、______而展开。

二、不定项选择题(每题5分,共30分)

1. 在个人名称规范记录中,(　　)元素既可以作为个人规范检索点的一部分记录,也可以作为独立元素进行记录
   A. 个人活动领域　　B. 个人头衔　　C. 性别　　D. 职业
2. 下列关于具有多种身份的个人规范检索点的说法正确的是(　　)
   A. 个人在不同领域创作时所拥有的不同名称可视为不同身份
   B. 不同身份的个人名称记录在400字段,无须新建规范检索点
   C. 不同身份的个人名称记录在500字段,并为其新建规范记录
   D. 多个身份的规范检索点之间为相关参照
3. 下列个人名称规范检索点或变异检索点按RDA的规定正确的是(　　)
   A. 100 1#$aZhu, Xihui,$d-approximately 1370
   B. 400 1#$aZhu, Chungu,$dca. 1634-1718
   C. 100 1#$aSanlucar, Pedro de,$dborn 1707
   D. 100 1#$aIvens, W. G.$q(Walter George),$d1871-1939
   E. 100 0#$aSylvia,$cqueen
4. 某连续出版物从1985—1995年的出版频率为双月刊,到1996年开始变为月刊,则下列频率说明正确的是(　　)
   A. 310 ##$aMonthly,$b1996-
      321 ##$aBimonthly,$b1985-1995
   B. 321 ##$aMonthly,$b1996-
      310 ##$aBimonthly,$b1985-1995
   C. 321 ##$aMonthly,$b1985-1995
      310 ##$aBimonthly,$b1996-
   D. 310 ##$aMonthly,$b1985-1995
      321 ##$aBimonthly,$b1996-

5. 下列关于连续出版物编号说法正确的是(　　)

A. 编号中的数字必须采用创建数据的机构首选的形式

B. 如果编号内有斜线需转成连字符,例如“1992/1993”需转成“1992-3”

C. 连续出版物上的版本说明有时需作为编号记录

D. 如果编号由年和表示该年内一部分编号组成,则将年记录在编号前,例如,信息源显示为“2-1993”,记录为“1993-2”

6. 某连续出版物首期上没有数字标识,仅有年代标识 *Mar.* 1972,但后续卷期上除年代标识外还有诸如 *Part* 2、*Part* 3 的数字标识,则该连续出版物序列首期的编号应记录为(　　)

A. 362 0#$aMar. 1972-　　　　B. 362 0#$a[Part 1] (Mar. 1972)-

C. 362 0#$aPart 1 (Mar. 1972)-　　　　D. 362 0#$a(Mar. 1972)-

三、判断题(正确请填写“T”,错误请填写“F”;每题 2 分,共 10 分)

1. 连续出版物后续卷期出版说明发生变化,需随之更改现有记录的出版说明。(　　)

2. 如果在编资源为集成性资源,则其出版说明以当前更新后的整体的情况为著录依据。(　　)

3. 如果在编资源为不断更新的活页出版物,在记录载体表现标识符时需添加限定词 *loose-leaf*。(　　)

4. 连续出版物 008/18 字符位的出版频率选择代码“#”时,008/19 字符位的代码相应选择“x”。(　　)

5. 如果连续出版物当前频率为每年 7 期,则连续出版物模式 008/18 选择代码“b”,即“bi-monthly”。(　　)

四、实践题(每题 10 分,共 20 分)

依据题面信息补充相应的 RDA 书目记录,以揭示资源和资源之间的关系,并指明关系类型。

1. 在编资源:莫言的小说《生死疲劳》英文印刷版

AACR2 的书目记录:

041 1#$aeng$lchi

100 1#$aMo, Yan,$d1955-

240 10$aSheng si pi lao.$lEnglish

245 10$aLife and death are wearing me out :$ba novel /$cMo Yan ; translated form Chinese by Howard Goldblatt.

260 ##$aNew York :$bArcade,$c2012.

300 ##$aviii, 540 p. ;$c23 cm.

请用结构化描述记录英文版和中文版之间的关系。

700 1#____________________

关系类型:____________________

如果在编资源为本例印刷版小说的电子版,请用结构化描述记录两者之间的关系。

776 08 ____________________

关系类型：________________________________

2. 以下为连续出版物不同时期的封面示意图 A 和 B，请按要求用结构化描述记录两者之间的关系。

封面示意图A

> ISSN 0136-3720
>
> **Midsouth Political**
> **Science Journals**
>
> 1985

封面示意图B

> ISSN 1051-5054
>
> **American Review of Politics**
>
> 2005

当在编资源为 A 时，请记录其与 B 的关系：

____

当在编资源为 B 时，请记录其与 A 的关系：

____

关系类型：________________________________

五、实践题（每题 6 分，共 30 分）

依据题面信息补充相应的 RDA 书目记录，以揭示资源和名称之间的关系。

1. 在编资源：图书

题名页示意图

> Essays of
> LIM BOON KENG
> ON CONFUCIANISM
> (With Chinese Translation)
>
> YAN CHUNBAO
> Hainan Normal University, China

AACR2 记录：

100 1#$aLim, Book Keng,$d1869-1957.

700 1#$aYan, Chunbao.

RDA 记录：

100 1#________________________________

700 1#________________________________

2. 在编资源:拼贴画展览集

题名页示意图	版权页示意图
ROBERT MOTHERWELL Early Collages Susan Davidson with contributions by Megan M. Fontanella Brandon Taylor Jeffrey Warda	Published on the occasion of the exhibition Robert Motherwell :early collages Organized by Susan Dividson, Senior Curator, Collections and Exhibitions, Solomon R. Guggenheim Museum, New York Peggy Guggenheim Collection, Venice May 26-September 8, 2013 Solomon R. Guggenheim Museum, New York September 27, 2013-January 5, 2014

AACR2 记录:
100 1#$aMotherwell, Robert.
700 1#$aDavidson, Susan,$d1958-
700 1#$aFontanella, Megan M.
700 1#$aTaylor, Brandon.
700 1#$aWarda, Jeffrey.
710 2#$aPeggy Guggenheim Collection.
710 2#$aSolomon R. Guggenheim Museum.
RDA 记录:
100 1#______________________________
700 1#______________________________
700 1#______________________________
700 1#______________________________
700 1#______________________________
710 2#______________________________
710 2#______________________________

3. 在编资源:图书

题名页示意图

Thermal properties of
solids at room and
cryogenic temperatures

Guglielmo Ventura
Mauro Perfetti
Ken McMillan
Aart Middeldorp

Every author is responsible for two chapters.

AACR2 记录:
7001#$a Ventura, Guglielmo.
RDA 记录:
100 1#______________________________
700 1#______________________________
700 1#______________________________
700 1#______________________________

4. 在编资源:图书

题名页示意图

Multimedia
and Ubiquitous
Engineering

James J. (Jong Hyuk) Park
Shu-Ching Chen
Joon-Min Gil
Neil Y. Yen
Editors

AACR2 记录:
111 2#$aInternational Conference on Multimedia and Ubiquitous Engineering$d(2013 :$cSeoul, Korea)
245 10$aMultimedia and ubiquitous engineering /$cJames J. (Jong Hyuk) Park ... [et al.], editors.

700 1#$aPark, James J.

RDA 记录:

111 2#____

245 10 ____

700 1#____

5. 在编资源:音乐唱片

唱片盘面示意图

Message of Winds

Mari Fujiwara,
violoncello
Satoshi Sando,
piano

This copy is owned in the National library of China and donated by MA YOU YOU.

AACR2 记录:

7001#$aFujiwara, Mari.

700 1#$aSando, Satoshi.

700 1#$aMa, Yo-Yo,$d1955-

710 2#$aZhongguo guo jia tu shu guan.

RDA 记录:

700 1#____

700 1#____

700 1#____

710 2#____

Day 86 答案与解析

一、填空题

1. 用清晰、无歧义、浅显的英语,在不改变原说明含义及意图的基础上重写 RDA
2. 克里斯 · 奥利弗
3. 内容和媒体类型项
4. FRSAD
5. 关系

二、不定项选择题

1. ABD **解析**:在个人名称规范记录中,既可作为个人规范检索点的一部分,又可作为独立元素进行记录的有出生及死亡日期、个人活跃期、名称的更完整形式、职业或工作,其他元素要么仅作为个人规范检索点的一部分记录,要么仅作为独立元素记录,"性别"为后者,故<C>错误。
2. ACD **解析**:如果个人具有多种身份,对于每种身份,仅能选择一个与其相联系的名称作为该种身份的首选名称,用于构建代表该种身份的规范检索点。这些规范检索点之间为相关参照,故<B>错误。
3. AC **解析**:根据 RDA,记录个人出生或死亡日期时,取消使用拉丁文缩写 *ca.*,取而代之以 *approximately*,故<A>正确,<B>错误。根据 RDA 8.5.6.1,在代表名或姓的首字母缩写之后的句点与其后的首字母缩写或名称之间空一格,故<D>错误。根据 RDA 9.4 及 RDA 附录 A.11,对于个人名称中的头衔首字母予以大写,故<E>错误,正确形式应为:100 0#$aSylvia,$cQueen。
4. A **解析**:对于连续出版物或集成性资源,其当前频率记录在 310 字段,不可重复,先前频率记录在 321 字段,可重复,故<B>和<C>错误。<D>的频率适用的时间错误。
5. CD **解析**:根据 RDA 2.6.1.4,记录连续出版物的编号不仅可用创建数据的机构首选的形式记录数字,还有交替规则,即按信息源上出现的形式予以记录,或者首先按信息源上的形式记录,而后用创建机构首选的形式添加数字对应词,因此<A>说法错误。根据 RDA 2.6.1.4,为清晰起见,必要时用斜线代替连字符,<B>的说法刚好相反,因此错误。根据 RDA 2.5.2.5,对于连续出版物将指示编号的说明(如 First edition、1916 edition)作为编号予以记录,故<C>正确。根据 RDA 2.6.2.3,<D>正确。
6. B **解析**:根据 RDA 2.6.2.3,如遇到本题所述情形,应依后续各期的模式为连续出版物首期提供一个数字和/或字母标识,并置于方括号内以示该信息取自资源本身之外,故<B>正确。

三、判断题

1. F **解析**:根据 RDA 2.8.1.5.2,如果连续出版物的出版说明发生变化,则在重要情况下,编制一个关于该变化的附注。因此,无须修改现有记录的出版说明。
2. T **解析**:根据 RDA 2.8.1.5,如果集成性资源的出版说明发生变化,则修改现有记录的出版说明以反映当前更新后的整体,在对识别或检索重要的情况下,为较早的出版说明编制一个附注。
3. T **解析**:参见 RDA 3.4.5.19。
4. T **解析**:连续出版物 008/19 字符位表示发行的规律性,当 008/18 字符位的出版频率选择代码"#",表示资源无明确的出版频率时,008/19 应选择代码"x"表示不定期。此外,008/19 选择代码"x"的情形还包括 310 字段说明为"每年几期",如 310 ##$a Eight no. a year。
5. T

四、实践题

1. 700 1#$iTranslation of:$aMo, Yan,$d1955-$tSheng si pi lao.

关系类型:相关内容表达之间的衍生关系

解析:根据提示的 AACR2 书目记录可知编目资源为同一作品的另一内容表达,翻译关系属于衍生关系,因此本题反映的是相关内容表达之间的衍生关系。若采用结构化描述,其构成应为相关资源之间的关系说明语+原内容表达的规范检索点。本题关系说明语取自 RDA 附录 J.3.2,应选择 *Translation of*:。

776 08$iElectronic reproduction of (manifestation):$aMo, Yan, 1955- $tSheng si pi lao$dNew York : Arcade, 2012$hviii, 540 pages ; 23 cm.

关系类型:相关载体表现之间的等同关系

解析:如果在编资源为本例印刷版小说的电子版,则电子版和印刷版之间属于同一作品相同内容表达的不同载体表现,反映的是等同关系。用 776 连接款目字段描述该关系,$i 记录关系说明语,取自 RDA 附录 J.4.2;$a 记录主要款目标目,即著者的规范检索点 Mo, Yan, 1955-;$t 记录题名;$d 记录相关载体表现的出版地、出版者和出版日期;$h 记录相关载体表现的载体形态。

2. 785 00$tAmerican Review of Politics$x1051-5054

780 00$t Midsouth Political Science Journals$x0136-3720

关系类型：相关作品之间的连续关系

解析：由题干可知，资源 A 和资源 B 为连续出版物之间的连续关系，其中 A 早于 B，B 的正题名发生了主要变化，因此需新建一条书目记录，二者之间的连续关系一般通过 780 和 785 这对互逆的字段予以结构化描述。

五、实践题

1. 100 1#$aLim, Book Keng,$d1869-1957,$eauthor.

700 1#$aYan, Chunbao,$etranslator.

解析：创作者与贡献者的关系说明语记录在规范检索点$e。

2. 100 1#$aMotherwell, Robert,$eartist.

700 1#$aDavidson, Susan,$d1958-$eauthor.

700 1#$aFontanella, Megan M. ,$econtributing author.

700 1#$aTaylor, Brandon,$econtributing author.

700 1#$aWarda, Jeffrey,$econtributing author.

710 2#$aPeggy Guggenheim Collection,$ehost institution.

710 2#$aSolomon R. Guggenheim Museum,$ehost institution.

解析：在编资源为单一美术家的拼贴画展览集，根据 RDA 19.2，拼贴画展览集为创作关系的是美术家，其规范检索点应记录于 100 字段，同时选择 RDA 附录 I.2.1 中的关系说明语 *artist* 记录于$e 子字段。展览的组织者及文字撰写者 *Susan Davidson* 应视为与在编作品相关的其他个人，其规范检索点记录于 700 字段，选用关系说明语 *author* 记录于$e；其他三位个人可视为贡献者，将其规范检索点记录于 700 字段，关系说明语选用适当的即可，如 *contributing author*；本题中出现的两个机构 *Peggy Guggenheim Collection* 和 *Solomon R. Guggenheim Museum* 是展览的主办机构，属于与作品相关的其他团体，其规范检索点记录于 710 字段，同时选用关系说明语 *host institution* 记录于$e。

3. 100 1#$aVentura, Guglielmo,$eauthor.

700 1#$aPerfetti, Mauro,$eauthor.

700 1#$aMcMillan, Ken,$eauthor.

700 1#$aMiddeldorp, Aart,$eauthor.

解析：根据 RDA 18.3，作品的创作者是核心元素，如果有多个创作者，则名列首位的、负有主要责任的创作者为必需的，其他创作者可记录在 7XX 字段。

4. 111 2#$aInternational Conference on Multimedia and Ubiquitous Engineering $d(2013 :$cSeoul, Korea), $jcreator.

245 10$aMultimedia and ubiquitous engineering /$cJames J. (Jong Hyuk) Park [and 3 others], editors.

700 1#$aPark, James J. ,$eeditor.

解析：本题在编资源为会议录，111 记录会议名称，其与作品的关系说明语按修订后的 MARC21 书目数据格式规则记录于$j 子字段，可选用合适的关系说明语 *creator*；编者属于贡献者，记录于 700 字段。245 责任说明中当责任者多于 3 个时，RDA 规则下取消了 AACR2 中使用拉丁文缩写[*et al.*]的规定，而是全部转录，或者使用清晰的编目语言予以说明，如本题[*and 3 others*]。

5. 700 1#$aFujiwara, Mari,$einstrumentalist.

700 1#$aSando, Satoshi, $einstrumentalist.

700 1#$aMa, Yo-Yo,$d1955-$edonor.

710 2#$aZhongguo guo jia tu shu guan,$ecurrent owner.

解析：在编资源为音乐唱片，对于音乐资源，只有作曲者被视为创作者，记录于 1XX 字段，各演奏者均被视为贡献者,记录于7XX字段。马友友为唱片的捐赠者,属于与单件相关的个人,其规范检索点可记录于700字段,关系说明语为*donor*,取自RDA附录I.5.1;*National library of China*为唱片的当前拥有者,属于与单件相关的团体,其规范检索点可记录于710字段,关系说明语*current owner*同样取自RDA附录I.5.1。

Day 87
综合测试(12)

一、填空题(每空 2 分,共 20 分)

1. FRBR 将实体分为 3 组,第 1 组为作品、内容表达、载体表现、单件,可统称为__________实体。第 2 组为个人、家族、团体,可统称为______实体。第 3 组为概念、物体、事件、地点,可统称为______实体。这 3 组实体统称为______实体。
2. FRBR 的四个用户任务是:查找、识别、选择和获取。FRAD 的四个用户任务是:查找、识别、阐明关系和______。
3. FRSAD 在 FRBR、FRAD 定义的实体的基础之上,又增加了两个实体:主题和主题表述,即______和______。
4. 由于 RDA 出版之时,FRSAD 的研究尚未完成,因此 RDA 中与主题有关的部分目前处于______的状态。
5. 由动态图像组成的资源,首选信息源的选取顺序如下:

(1)____________________

(2)____________________

(3)包含题名的文本形式的嵌入元数据

(4)信息以正规形式出现的来源

二、不定项选择题(每题 5 分,共 30 分)

1. 如果某资源标注的是叶码,则记录该资源数量的术语是(　　)

A. pages　　B. leaves　　C. columns　　D. volumes

2. 下列关于"页、叶、栏"的说法正确的是(　　)

A. *page* 是指叶的两面都有页码

B. *leave* 是指叶的一面有页码

C. 如果册由页组成,页又由多栏组成,按栏编号,则记录页数

D. 如果编号为字母的起讫范围,则如实著录,并用破折号连接起始和终止的页码

3. 下列关于文本的数量信息描述错误的是(　　)

A. approximately 200 pages　　B. 1285 columns

C. 143 pages, 20 unnumbered leaves　　D. thirty pages

4. 如果序列的最末页、叶或栏编号有误,则下面记录方法正确的是(　　)

A. 52, that is, 54 leaves　　B. [i. e. 54] pages

C. 562, that is, 652 pages　　D. that is 652 pages

5. 如果资源最后部分丢失,无法确定完整的数量,则下面记录方法正确的是(　　)

A. 182 pages (incomplete)　　B. 182 pages (some pages missing)

C. 182 pages　　　　D. approximately 200 pages

6. 110 2#$aUniversity Film Association①
510 2#waaUniversity Film Producers Association②
510 2#wbaUniversity Film and Video Association③
上述团体规范记录反映出团体更名的先后顺序正确的是(　　)
A. ③②①　　B. ②①③　　C. ①②③　　D. ②③①

三、实践题(共 50 分)

1. 某一专著题名页如下图所示,请记录其 245 字段(5 分)

Man and Nature
Or
Physical Geography as modified by Human Action

George Perkins Marsh

Edited by David Lowenthal

Cambridge University Press

2. 某一专著的题名页如下图所示,请记录其 245 字段(5 分)

Turning into the New Century

Proceedings of the 23rd Annual Meeting of BBTs

Paris, France
December 13-15, 2000
Edited by Sheldon Cooper, Leonard Hofstadter and Howard Wolowitz

Tourner vers le Nouveau Siècle

Actes du 23e Congrès de BBTs

Paris, France
13-15 décembre 2000
Sous la direction de Sheldon Cooper, Leonard Hofstadter et Howard Wolowitz

BBT Press
London Paris Berlin Amsterdam New York

3. 某一专著的题名页如下图所示，请记录其 245 和 246 字段（6 分）

Nev World in Becoming

Proceedings of the XXIV Congress

Washington D.C. USA
23-25 February 2013

William Burk
Joseph Taylor (Dir.)

4. 某一专著的题名页和封面分别如下图所示，请记录其 245 和 246 字段（6 分）

题名页示意图

New Approaches to the Process Industries

The Manufacturing Plant of the Future
Proceedings of the 23rd Congress

Dir.
Jean-Pierre Pont
Catherine Azzaro

封面示意图

Future of the Process Industries

Dir.
Jean-Pierre Pont
Catherine Azzaro

5. 请说明家族规范记录中划线的部分对应的 RDA 元素名称（10 分）

100 3#$aKamehameha① (Royal house② :$d1810-1872③ :$cHawaii④)

400 3#$aKamehameha (Dynasty :$d1810-1872 :$cHawaii)

500 0#wriProgenitor⑤:$aKamehameha$bI,
$cthe Great, King of the Hawaiian Islands,$d-1819

500 0#wriFamily member:$aKamehameha$bII,
$cKing of the Hawaiian Islands,$d1797-1824

500 0#wriFamily member:$aKamehameha$bIII,
　　$cKing of the Hawaiian Islands,$d1813-1854

①

②

③

④

⑤

6. 资源的丛编信息如下图所示,请记录其 490 字段(6 分)

Bibliothèque des Pensées Médiévales
34
ISSN : 3210-124X
Série Régions françaises

Collection Lévi-Strauss

7. 在编资源为 DVD 视盘,请记录资源的出版编号、载体形态、播放时间、系统细节和语言信息(6 分)

封底标签与盘面示意图

<table>
<tr><td rowspan="2">DVD</td><td colspan="2">Format: Multiple Formats,Import, Widescreen,NTSC,Dolby Digital 5.1 surround,2.0 stereo</td><td>VIDEO:16:9 Color</td></tr>
<tr><td colspan="2">Subtitles:English,French</td><td>Run Time:98 minutes</td></tr>
<tr><td colspan="2">Language:English</td><td colspan="2">Paramount Pictures 33430</td></tr>
</table>

Number of discs: 1

028 42 ______________________

300 ## ______________________

306 ## ______________________

538 ## ______________________

546 ## ______________________

8. 请根据以下描述补充记录(6 分)

在编资源为单张的彩色手绘地图,标题为 *Town plans*,从其他信息源可推断是 Bahrain 城市规划图,比例尺估算为 1:24 000,折叠时尺寸为 8 ×20 cm ,展开后张的尺寸为 64 ×40 cm,请将记录补充完整。

LDR/06 ______

007/00-01 ______

034 1# ______________________________

245 00 ______________________________

255 ##$a ______________________________

300 ##$a ______________ :$bcolor ;$c ______________

Day 87 答案与解析

一、填空题

1. 资源　责任者　主题　书目
2. 提供依据
3. 希玛(Thema)　诺门(Nomen)
4. 待补充
5. 题名帧或题名屏　永久印制于或固定于资源的载有题名的标签

二、不定项选择题

1. B　**解析:**根据 RDA 3.4.5.2,对于由单册组成的资源,根据资源呈现方式酌情以术语 *pages*(页)、*leaves*(叶)或 *columns*(栏)记录数量,故选 <B>。
2. ABD　**解析:**根据 RDA 3.4.5.2,<A>、<B>和<D>均正确。如果册由页组成,一页多栏且依栏编号,则记录栏数而非页数,故<C>错误。
3. D　**解析:**根据 RDA 3.4.5.2,对于词编号,记录页码时,应以对应的数值形式记录,<D>错误,其正确形式应为 30 *pages*。
4. AC　**解析:**根据 RDA 3.4.5.5,如果序列的最末页、叶或栏编号有误,应先记录最末页或叶上出现的编号,其后随以 *that is* 和正确的数,故<A>和<C>正确。<B>为 AACR2 的做法。
5. A　**解析:**根据 RDA 3.4.5.6,对于不完整的册,记录最后编号的页、叶或栏数,并随以 *incomplete*,故<A>正确。
6. B　**解析:**MARC 21 规范数据格式为 5XX$w 子字段的 0 字符位定义了 9 种代码,其中"a"表示早期的标目,"b"表示后来的标目,因此,相对①,②为早期标目,③为后来的标目,故先后顺序应为②①③。

三、实践题

1. 245 10$aMan and nature, or, Physical geography as modified by human action /$cGeorge Perkins Marsh ; edited by David Lowenthal.

解析:交替题名是正题名的一部分,交替题名前的"or"(或另一语种的对应词)前后用逗号,交替题名的第一词首字母大写。

2. 245 00$aTurning into the new century :$bproceedings of the 23rd annual meeting of BBTs : Paris, France, December 13-15, 2000 /$cedited by Sheldon Cooper, Leonard Hofstadter and Howard Wolowitz = Tourner vers le nouveau siècle : actes du 23e congrès de BBTs : Paris, France, 13-15 décembre 2000 / sous la direction de Sheldon Cooper, Leonard Hofstadter et Howard Wolowitz.

解析:在编资源具有并列正题名、并列其他题名信息及并列责任说明。RDA 附录 D.1.2.2 对题名与责任说明中的标识符做出了规定。对本题而言,其正题名的正确著录顺序及标识符应为 245$a 正题名 :$b 其他题名信息 /$c 责任说明 = 并列正题名 : 并列其他题名信息 / 并列责任说明。

3. 245 00$aNev world in becoming :$bproceedings of the XXIV congress : Washington D. C. USA, 23-25 February 2013 /$cWilliam Burk, Joseph Taylor (dir.).

246 1#$iCorrected title:$aNew world in becoming

246 30$aProceedings of the XXIV congress

246 3#$aProceedings of the 24th congress

解析:正题名中有明显的拼写错误。根据 RDA 1.7.9,按信息源转录差错或拼写错误的单词,将题名的正确形式作为变异题名予以记录。第 1 个 246 记录的就是题名的正确形式,指示符选用固定搭配"1#",同时启用$i 附注说明。第 2 个 246 记录的是部分题名,指示符选用固定搭配"30"。第 3 个 246 记录的是题名中罗马数字对应的阿拉伯数字形式,此时指示符选用固定搭配"3#"。

4. 245 00$aNew approaches to the process industries :$bthe manufacturing plant of the future : proceedings of the 23rd congress /$cdir., Jean-Pierre Pont, Catherine Azzaro.

246 14$aFuture of the process industries

246 30$aManufacturing plant of the future

246 30$aProceedings of the 23rdcongress

解析:封面题名作为变异题名记录于 246 字段,指示符选用固定搭配"14"。其他题名信息可作为部分题名记录于 246 字段,指示符选用固定搭配"30"。题名中的阿拉伯数字形式对应的文字形式也可作为变异题名记录于 246 字段,此时指示符选用固定搭配"3#"。

5. ① 家族首选名称 ② 家族类型 ③ 与家族相关的日期 ④ 与家族相关的地点

⑤ 家族与个人关系说明语

6. 490 0#$aBibliothèque des pensées médiévales,$x3210-124X ;$v34.$aSérie Régions franÇaises

490 0#$aCollection Lévi-Strauss

解析:根据提示信息,可知资源隶属于两个丛编。根据 RDA 2.12.1.5,应分别记录每个丛编说明。

7. 028 42$a33430$bParamount Pictures

300 ##$a1 videodisc (98 min.) :$bsound, color;$c4 3/4 in.

306 ##$a013800、538 ##$aDVD, 5.1 Dolby digital, Dolby digital 2.0 surround.

546 ##$aEnglish or French dialogue, English subtitles.

8. LDR/06 f

007/00-01 aj

034 1#aab24000

245 00$aTown plans:$b[Bahrain]

255 ##$aScale approximately 1:24,000.

300 ##$a1 manuscript map :$bcolor ;$c64 x 40 cm, folded to 8 x 20 cm

解析:在编资源为单张的彩色手绘地图,因此 LDR/06 字符位应选择代码"f",表示手稿型测绘制图资料。007 字段记录资源的非书资料特征,007/00 字符位选用代码"a"表示非书资料类型为"地图",007/01 字符位选用代码"j"表示特定资料标识为"地图"而非地图集或其他。034 字段为制图数学数据代码,第 1 指示符为"1' 表示单一比例尺,$a 选用代码"a",表示线型比例尺;$b 记录水平比例尺数字比例的分母。245 字段需添加自拟其他题名信息反映地图覆盖的地理区域,置于方括号内。255 字段记录比例尺,对于平面地图,记录地图的水平比例尺,前置以术语 *Scale*,对于估算的比例差,添加术语 *approximately*。300$a 记录数量,根据 RDA 3.4.2.2 选用合适的载体类型术语 *manuscript map*,根据 RDA 3.5.2.6 记录地图尺寸,先记录地图的尺寸,随后记录折叠形式印张的尺寸,前置以逗号。

Day 88
综合测试(13)

一、填空题(每空 2 分,共 30 分)

1. 如果资源包含德语和西班牙语两个首选信息源,但资源中占主要地位的语言是西班牙语,则选择______的信息源为首选信息源。
2.《红楼梦》的法语译本具有中文和法文两个首选信息源,则选择______的信息源为首选信息源。
3. 如果在资源本身中找不到题名,则可从______获取信息,信息源的选取顺序如下:

   (1)____________
   (2)不作为资源一部分发行的容器
   (3)____________
   (4)任何其他来源
4. 如果信息取自资源之外,需用______或者______予以说明,______除外,如实物、照片。
5. 请填写 AACR2 术语在 RDA 中对应的新名称:

AACR2 术语:	RDA 术语:
项(Areas)	元素(Elements)
标目(Heading)	____________
主要款目(Main entry)	____________
作者、作曲者等(Authou, composer, etc.)	____________
见参照(See reference)	____________
参见参照(See also reference)	____________
附加款目(Added entries)	____________
主要信息源(Chief source)	____________

二、不定项选择题(每题 5 分,共 30 分)

1. 下列关于 740 字段说法正确的是(　　)
   A. 740 字段现在的名称为"相关/分析题名"
   B. 1993 年,740 字段修订前的名称为"附加款目——变异题名"
   C. 修订之后,其中大部分职能分给了新字段 247
   D. 如果汇编作品中的作品存在与其规范检索点形式不同的题名,或者自由包括有其自身题名的附件,则将这些题名记录在 740 字段
2. 依 RDA 2.2.4,下列哪些元素如果取自资源之外需添加方括号或添加附注(　　)
   A. 与正题名相关的责任说明
   B. 出版地

C. 从编编号

D. 连续出版物序列首期或第一部分的数字和/或字母标识

3. 下列关于"载体表现"说法正确的是(　　)

A. 作品的一个内容表达的物理体现　　B. 是书目记录描述的对象

C. 是馆藏记录描述的对象　　D. 识别"载体表现"相当于传统编目中的著录

4. 下列关于"与家族相关的地点"元素说法正确的是(　　)

A. 该元素为条件核心元素,当需要区分同名家族时需添加

B. 该元素例如包括家族的居住地、创建地等

C. 地名无须采用规范形式

D. 该元素可记录在 370 字段

5. 关于 376 字段叙述正确的是(　　)

A. 该字段可记录家族类型、著名成员的名称、世袭头衔

B. 子字段$a 用于记录家族类型

C. 子字段$s 用于记录著名成员的名称

D. 该字段一共有 8 个子字段

6. 下列对 RDA 的目标和原则理解错误的是(　　)

A. RDA 应能实现 FR 家族提出的用户任务

B. RDA 的目标"灵活性"是指各馆可制定本地政策

C. RDA 的原则"准确性"是指当资源上的信息不明确或误导时,编目员需订正

D. RDA 的原则"表达性"是指编目员要如实转录

三、实践题(每空 2 分,共 40 分)

1. 在编资源为在线阅读的电子图书,格式为 PDF,共 82 页,访问地址为 http://lib.icimod.org/record/7463/files/attachment_82.pdf,浏览日期是 2013 年 6 月 5 日,请将书目记录补充完整。

题名页示意图

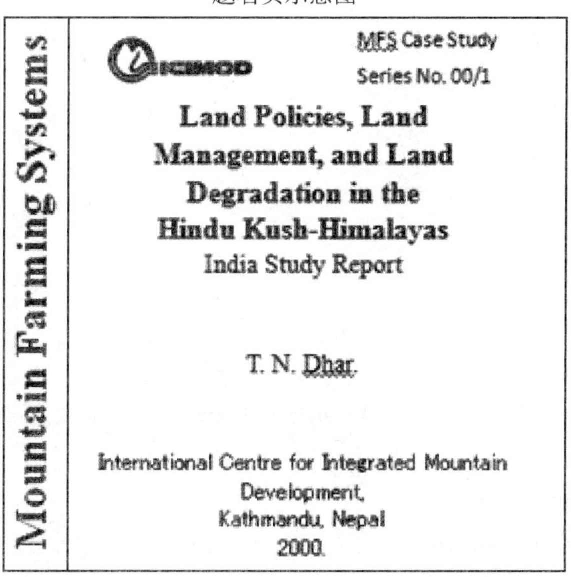

Mountain Farming Systems

ICIMOD

MFS Case Study
Series No. 00/1

Land Policies, Land Management, and Land Degradation in the Hindu Kush-Himalayas
India Study Report

T. N. Dhar

International Centre for Integrated Mountain Development,
Kathmandu, Nepal
2000

LDR/06-07　am

007/00-01　cr

008 模式　BK

008/23　o

300 ##$a ________________ :$b ________

336 ##$atext$2rdacontent

337 ##$acomputer$2rdamedia

338 ##$aonline resource$2rdacarrier

490 0#$a MFS case study series,$x1561-8676 ;$vno. 00/1

538 ##$a ________________________________

538 ##$a ________________________________

588 ##$aTitle from PDF file as viewed on June 5, 2013.

856 40$uhttp://lib. icimod. org/record/7463/files/attachment_82. pdf

2. 在编资源为在线的电子期刊,该资源半年更新一次,开放式浏览,最后浏览日期是 2013 年 11 月 27 日,请将 3XX 和 5XX 字段的书目记录补充完整。

题名屏示意图

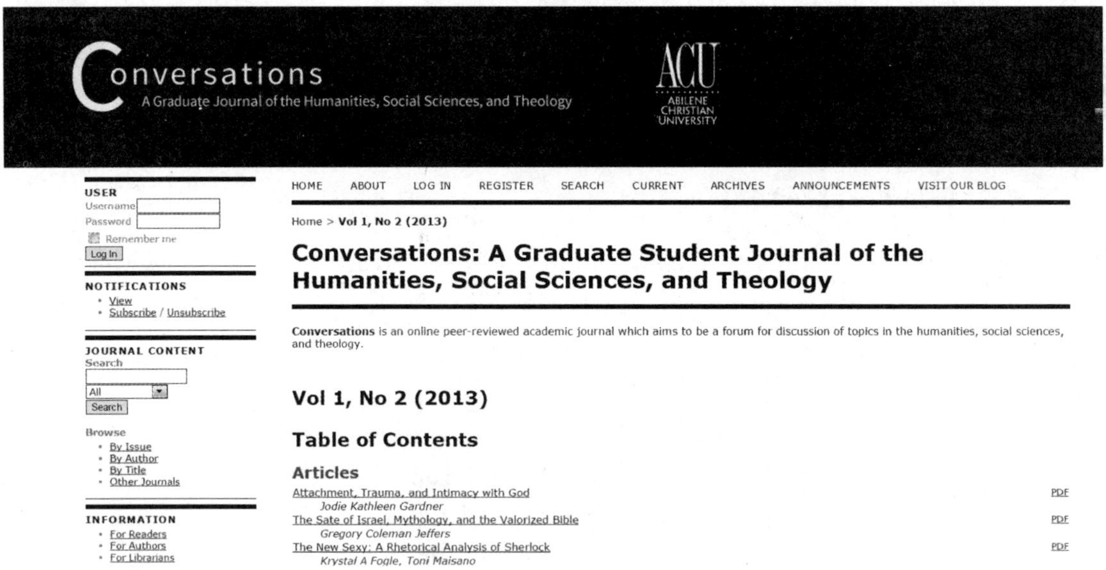

LDR/06-07　as

007/00-01　cr

008 模式　SE

008/21-23　pso

264 #1$aAbilene, TX :$bAbilene Christian University Graduate School$c2013-

310 ##$aSemiannual

336 ##$atext$btxt$2rdacontent

337 ##$acomputer$bc$2rdamedia

338 ##$aonline resource$bcr$2rdacarrier

347 ##______________________________$2rda

362 1#$a ______________________________

538 ##$aMode of access: World Wide Web.

588 ##$a ______________________________

588 ##$a ______________________________

3. 在编资源为不定期更新的网站,网站内容以英语为主,包含部分西班牙语,请将书目记录补充完整。

题名屏示意图

LDR/06-07　　ai

007/00-01　　cr

008 模式　　SE

300 ##$a1 online resource.

310 ##$a ______________________________

336 ##$atext$btxt$2rdacontent

336 ##$a ______________ $2rdacontent

336 ##$a ______________ $2rdacontent

337 ##$acomputer$2rdamedia

338 ##$aonline resource$2rdacarrier

362 1#$aBegan in 2003?

546 ##$aIn English, with some in Spanish.

588 ##$a ____________________

4. 在编资源为文本型电子资源，内含彩图，网络版网址是 http://pubs. usgs. gov/of/2009/1239/，请将书目记录补充完整。

盘面示意图

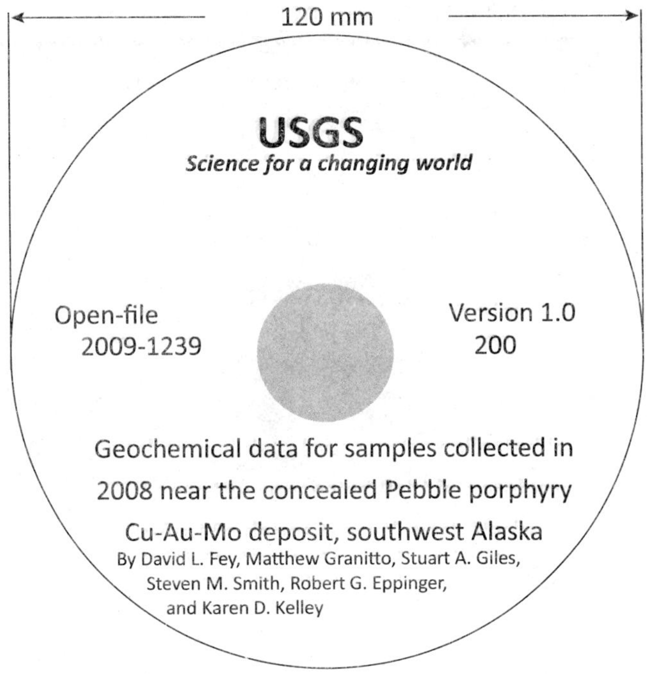

盘盒标签示意图

Compatable operating systems: Microsoft Windows 2000, XP, or Vista
Minimum hardware requirements: CD-ROM drive, color graphics, monitor, mouse, Pentium-class processor.
Minimum software requirements: Microsoft Access 2003 or Excel 2003, Adobe Reader 8.0.

U.S. Department of the Interior
U.S. Geological Survey

LDR/06-07 am

006/00 m

006/09 ____________

007/00-01 co

007/03-04 ________

008 模式 BK

008/23 s

245 00$aGeochemical data for samples collected in 2008 near the concealed Pebble porphyry Cu-Au-Mo deposit, southwest Alaska /$cby David L. Fey, Matthew Granitto, Stuart A. Giles, Steven M. Smith, Robert G. Eppinger, and Karen D. Kelley.

250 ##$a ________

264 1#$aReston, Va. :$bU. S. Dept. of the Interior, U. S. Geological Survey,$c2009.

300 ##$a1 CD-ROM :$bcolor illustrations ;$c4 3/4 in.

336 ##$atext$btxt$2rdacontent

337 ##$acomputer$bc$2rdamedia

338 ##$acomputer disc$bcd$2rdacarrier

490 0#$aOpen-file report ;$v2009-1239

538 ##aaSystem requirements: Adobe Reader 8. 0, CD-ROM drive, color graphics, monitor, mouse, Pentium class processor, Microsoft Access 2003 or Excel 2003.

530 ##$a ________

588 ##$aTitle from PDF title screen.

856 41$uhttp://pubs. usgs. gov/of/2009/1239/

5. 在编资源为计算机软件，附 1 册用户手册（高度为 22. 1 厘米、共 62 页），请将 336、337、338、347 字段内容补充完整。

盘盒封面示意图

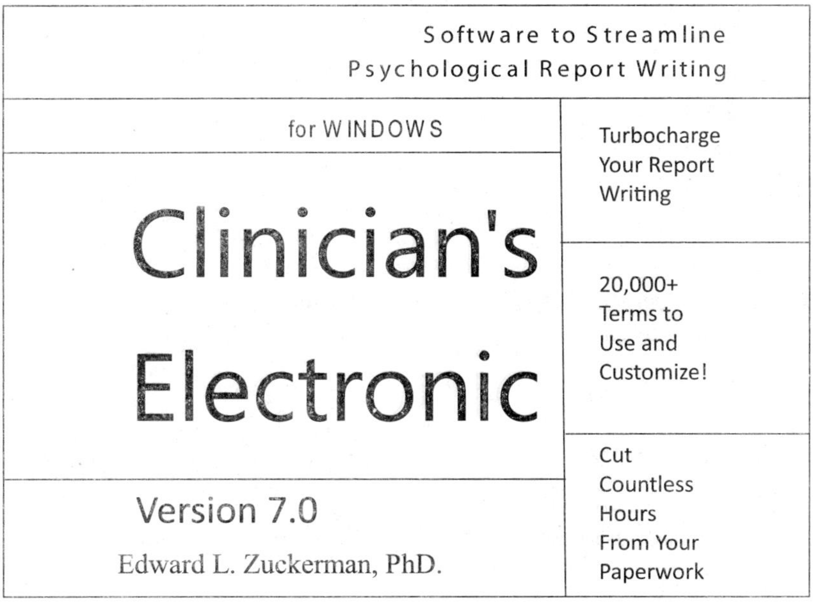

LDR/06-07 mm

007/00-01 co

008 模式 CF

008/26　　b

250 ##$aVersion 7.0.

300 ##$a1 CD-ROM ;$c4 3/4 in. +$e1 user's manual (62 pages ; 23 cm)

336 ##$3CD$acomputer program$2rdacontent

336 ##______________$2rdacontent

337 ##$3CD$acomputer$2rdamedia

337 ##______________$2rdamedia

338 ##$3CD$acomputer disc$2rdacarrier

338 ##______________$2rdacarrier

347 ##$a ________________ $2rda ____________

347 ##$atext file$2rda

588 ##$aTitle from disc label.

Day 88 答案与解析

一、填空题

1. 西班牙语　**解析**:根据 RDA 2.2.3.1,当出现不同语言或文字的首选信息源时,应选择与资源内容中占主要地位的语言或文字相对应的来源。
2. 法语　**解析**:根据 RDA 2.2.3.1,如果资源包含多种语言或文字的同一作品,且已知资源的目的是翻译,则选取语言或文字与译文相同的来源。
3. 资源之外　附件　其他出版的资源描述
4. 方括号　附注　没有典型的书目信息的资源　**解析**:根据 RDA 2.2.4,如果元素的信息取自资源本身之外,则用附注或其他方式(例如通过编码或方括号)加以说明。同时例外中规定如果资源属于通常没有识别信息的类型(如照片、自然物体、收藏),即我们通常所说的没有典型书目信息的资源,则省略指示信息取自资源的附注或其他方式,即不用加方括号。
5. 规范检索点(Authorized access point)

   创建者规范检索点 + 首选题名(Authorized access point for creator + preferred title)

   创作者(Creator)

   变异检索点(Variant access point)

   相关实体的规范检索点(Authorized access point for related entity)

   检索点(Access point)

   首选信息源(Preferred sources)

二、不定项选择题

1. BD　**解析**:740 字段的名称为"非控相关/分析题名"。在 1993 年被重新定义之前,740 字段为"附加款目——变异题名",专门记录各种变异题名,重新定义之后将一大部分职责分给了 246 字段。现在,只有两种情况需要启用 740,一是记录汇编作品中与所包含作品规范检索点形式不同的题名;二是记录附件的题名。
2. ABCD
3. ABD　**解析**:单件是馆藏记录描述的对象,故 < C > 错误。
4. ABD　**解析**:根据 RDA 10.5.1.3,应依第 16 章规定的形式记录地名,即在记录于家族相关的地名时应采取规范形式,故 < C > 错误。
5. AB　**解析**:376 字段为 MARC 21 规范数据格式新增的字段,记录家族信息,包含家族类型、著名成员和世袭头衔等补充信息。家族类型记录于$a,家族著名成员的名称记录于$b。376 字段共有 11 个子字段。

6. B **解析**:RDA 0.0 列出了 RDA 的目的和范围,RDA 0.4 列出了目标和原则。其中,明确指出 RDA 的目的就是要实现 FRBR 和 FRAD 的用户任务。RDA 0.4 列出了 RDA 的 8 个目标,“灵活性”是指数据应独立于具体的元数据方案或系统,从而能适应各种编目环境,故 <B> 错误。

三、实践题

1. 300 ##$a1 online resource (82 pages) :$bdigital, PDF file

   538 ##$aSystem requirements: Adobe Acrobat Reader.

   538 ##$aMode of access: World Wide Web.

   解析:对于远程访问的电子资源,记录数量时应选用载体类型术语 *online resource*,同时在术语后附加子单元数并置于圆括号内。$b 记录其他形态细节,包括录音类型和编码格式。第 1 个 538 字段记录的是系统需求,通常以 *System requirements*:为导语;第 2 个 538 字段记录的是远程访问的电子资源的访问模式,通常以 *Mode of access*:为导语。588 字段记录正题名来源,对于远程访问的电子资源,还应记录访问时间。

2. 347 ##$atext file$bPDF$2rda

   362 1#$aBegan with: Vol. 1, no. 1 (2013)

   588 ##$aDescription based on Vol. 1, no. 1 (2013); title from banner (Abilene Christian University website, viewed on November 27, 2013)

   588 ##$aLatest issue consulted: Vol. 1, no. 1 (2013) (viewed on November 27, 2013)

   解析:347 字段记录资源的数字文件特征,$a 记录文件类型,术语取自 RDA 3.19.2.3,$b 记录编码格式,术语取自 RDA 3.19.3.3。362 字段记录连续出版编号,第 1 指示符“1”表示$a 记录编号的格式为非格式化,因此使用导语 *Began with*:,后面的编号应记录首期的编号。588 记录正题名来源,对于连续出版物及集成性资源还需记录著录的基础,对于远程访问的电子资源还需记录浏览日期。第 2 个 588 字段说明的是查阅过的最新的卷期或部分。

3. 310 ##$aUpdated irregularly

   336 ##$acartographic image

   336 ##$astill image

   588 ##$aTitle from banner (The Portal to Texas History homepage, viewed Nov. 6, 2013)

4. 006/09 d

   007/03-04 cg

   250 ##$aVersion 1.0.

   530 ##$aAlso available via Internet.

   解析:在编资源为直接访问的电子资源,主要特征是文本,次要特征是电子资源,因此用于记录次要特征的 006 字段选用的是电子资源模式,从 006/00“m”亦可获知,此时 006/09 为电子资源类型,其代码定义与 008(ER)/26 字符位定义相同,代码“d”表示电子资源的类型为文本。电子资源模式的 007 字段,03 字符位表示颜色,选用代码“c”表示资源内容为多色;04 字符位表示尺寸,选用代码“g”表示 4 3/4 英寸或 12 厘米。250 字段记录资源的版本,依盘面标签如实转录。530 字段记录其他载体形式附注,对应 RDA 27.1 描述相关载体表现。

5. 336 ##$3manual$atext

   337 ##$3manual$aunmediated

   338 ##$3manual$avolume

   347 ##$aprogram file

   解析:对于带附件的资源,当主资源和附件的内容类型、媒介类型和载体类型不同时,应当分别记录,启用$3 子字段表明所对应的资源部分。347$a 记录文件类型,根据 RDA 3.19.2.3 选择合适的术语,对于包含多种文件类型的,可以启用多个 347 字段重复记录。

Day 89
综合测试(14)

一、单项选择题(每题 3 分,共 30 分)

1. 电影 *Harry Potter and the Chamber of Secrets* 改编自 *J. K. Rowling* 的同名小说,由美国华纳兄弟于 2002 年发行。依据 RDA 构建的该电影的规范检索点是(　　)
   A. 100 1#$aRowling, J. K.$tHarry Potter and the Chamber of Secrets
   B. 130 0#$aHarry Potter and the Chamber of Secrets (Motion picture :$c2002)
   C. 130 0#$aHarry Potter and the Chamber of Secrets (Motion picture)
   D. 700 1#$aRowling, J. K.$tHarry Potter and the Chamber of Secrets (Motion picture)
2. 下列选项中需要构建新作品规范检索点的是(　　)
   A.《道德经》的英语译本
   B. 由 *Karl Otto Bergmann*, *Burkhard Pauge*, *Heinz-Dietrich Steinmeyer* 编辑的 *Gesamtes Medizinrecht* 的第 2 版
   C. 由 *Leonard Foley* 编辑的 *Saint of the day*,其第 7 版由 *Pat McCloskey* 修订
   D. 隋邦森、隋海鹰撰写的《清宫隐史 :〈红楼梦〉索隐之一》
3. 下列针对顺序表述不正确的是(　　)
   A. 1501 年以前创作的作品,在一定条件下,可以按照现代版本、早期版本、手稿副本的顺序选择首选题名
   B. 构建作品规范检索点需要区分时,按照作品形式、作品原创地、作品日期、作品的其他特征这一顺序添加附加成分
   C. 出版日期、发行日期、版权日期、生产日期作为核心元素的重要性依次递减
   D. 当信息取自资源本身之外的来源时,应按附件、并非作为资源本身一部分发行的容器、其他出版的资源描述资料、任何其他可获得的来源这一先后顺序获取
4. 下列 MARC 21 新增字段中可用于记录作品属性,且同时存在于书目格式和规范格式的是(　　)
   A. 336 字段　　B. 380 字段　　C. 368 字段　　D. 377 字段
5. 作品规范检索点的构建需要添加附加成分体现了 RDA 的(　　)原则
   A. 区分性　　B. 充分性　　C. 表达性　　D. 准确性
6. 下列元素不属于 RDA 条件核心元素的是(　　)
   A. 比例尺　　B. 数量　　C. 发行地　　D. 版本标识
7. 请判断下列著录方法属于 RDA 定义的综合著录的是(　　)
   A. 为 10 卷本的传记中的每卷分别创建书目记录
   B. 为丛编创建一条记录,并为丛编内的每部专著各创建一条记录
   C. 为 7 卷本的字典创建一条书目记录

D. 为期刊中的一篇文章创建一条书目记录

8. 在编资源为图书,其正文语种为法语,有德语和中文并列题名,编目机构工作语言为英语,则该机构书目记录040$b子字段著录的语言代码为(　　)

A. 040$bfre　　B. 040$bger　　C. 040$bchi　　D. 040$beng

9. FRBR LRM的编制中一个重要的原则就是以终端用户的利益为导向,原有三个模型中与图书馆管理相关的元数据则被取消,下列哪个实体属于上述情况(　　)

A. 个人　　B. 团体　　C. 标识符　　D. 机构

10. RDA中与主题相关的部分在RDA编制完成之时均为待补充状态,此后,与主题相关的一章已经完成补充,该章的章节号是(　　)

A. 第13章　　B. 第23章　　C. 第34章　　D. 第12章

二、不定项选择题(每题5分,共30分)

1. 下列关于关系说明语说法正确的是(　　)

A. 团体与个人、家族或其他团体之间的关系说明语取自附录L

B. 团体与个人、家族或其他团体之间的关系仅记录在规范记录中

C. 团体与个人、家族或其他团体之间的关系通过参照结构表示

D. 关系说明语记录在5XX $i,此时$w第0字符位代码为“n”

2. 下列字段与记录团体属性不相关的是(　　)

A. 368　　B. 371　　C. 377　　D. 376

3. 为家族首选名称添加附加成分时是有优先顺序,下列顺序正确的是(　　)

A. 家族类型　与家族相关的地点　与家族相关的日期　家族著名成员

B. 与家族相关的日期　家族类型　与家族相关的地点　家族著名成员

C. 家族著名成员　家族类型　与家族相关的地点　与家族相关的日期

D. 家族类型　与家族相关的日期　与家族相关的地点　家族著名成员

4. 家族类型元素记录于(　　)

A. 100$a　　B. 100$c　　C. 100$d　　D. 100$g

5. 家族的首选名称可以是(　　)

A. 家族成员共用的姓氏　　B. 相当于姓氏的名称

C. 皇室或朝代的名称　　D. 宗族的名称

6. 关于多卷书的处理,下列说法正确的是(　　)

A. 多卷书如果一次到馆完整,采用综合著录或分析均可

B. 多卷书如果是陆续到馆,需参考数据库中已有相关数据的做法

C. 多卷书如果分卷题名没有独立检索意义,适合做分析著录

D. 目前我国外文编目实践中普遍存在分级著录的做法

三、实践题(每题8分,共40分)

请根据示意图中提供的信息,判断数据对于在编资源为相符数据还是相似数据,并注明理由。

1. 数据类型:____________　理由:____

一部平装书的题名页示意图

Methodogies in
Dialogue

**Domestic
Violence**

edited with commentaries by
Chitra Raghavan and Shuki J.
Cohen

Northeastern University Press BOSTON
2013

```
006      m^^^^^o^^d^^^^^^^^
007      cr^cn|||||||||
008 140104s2013^^^^maua^^^^ob^^^^001^0^eng^d
020 ##$a9781555538316$q(electronic bk.)
050 #4 $aHV6626
        $b.D66757 2013
08200 $a362.82/92
        $223
24500 $aDomestic violence :
        $bmethodologies in dialogue /
        $cedited with commentaries by Chitra
        Raghavan and Shuki J. Cohen.
260 ## $aBoston :
        $bNortheastern University Press,
        $cc2013
300 ##$a1 online resource (xiii, 266 pages) : $bil-
        lustrations.
```

2. 数据类型：__________ 理由：____________________

一部精装书的题名页示意图

**Frank-Michael Matysik
Editor**

**Advances in chemical
bioanalysis**

Springer 2014

```
020 ## $a3319001825 (electronic bk.)
020 ## $a9783319001821 (electronic bk.)
050 04 $aQP519.7eb
245 00 $aAdvances in chemical bioanalysis /
        $cFrank-Michael Matysik, editor
264 ## $aCham :
        $bSpringer,
        $c2014
300 ## $a1 online resource (vii, 264 pages) :
        $billustrations (some color)
336 ## $atext $btxt $2rdacontent
337 ## $acomputer $bc $2rdamedia
338 ## $aonline resource $bcr $2rdacarrier
```

3. 数据类型：__________ 理由：____________________

一部精装书的题名页示意图

THE ISRAEL-PALESTINE CONFLICT

One Hundred Years of War

Third Edition

James L. Gelvin

University of California, Los Angeles

Cambridge

Universiry Press

2014

020 ## $a9781107037182 (hardback : alk. paper)
050 00 $aDS119.7$$b.G3895 2014
082 00 $a956.04$$223
100 10 $aGelvin, James L.,
$d1951-
245 14 $aThe Israel-Palestine conflict :
$bone hundred years of war /
$cJames L. Gelvin, University of California, Los Angeles.
250 ## $aThird Edition.
300 ## $ax, 313 pages :
$billustrations, maps ;
$c24 cm
264## $aNew York, NY :
$bCambridge University Press,
$c2014.

4. 数据类型:__________ 理由:____________________

一部精装书的题名页示意图

The Robert Hall Diaries
1945-1953

Edited by
Alec Cairncross

Routledge

Taylor&Francis Group

2014

020 ## $a9780415838283 (hardcover)
020 ## $a9781315816616 (ebk)
05004 $aHB103.H25
$bA31
082 04 $a354.41006092
$220
100 10 $aHall, R. L.
$q(Robert Lowe),
$d1901-
245 14 $aThe Robert Hall diaries 1954-61 /
$cedited by Alec Cairncross.
260 ## $aNew York :
$bRoutledge,
$c2014.
300 ## $axix, 302 pages ;
$c25 cm.

5. 数据类型:__________ 理由:____________________

一部平装书的题名页示意图

Criminological Theory

A Text/Reader

Second edition

Stephen Hemmens

Harvard University

Harvard University Press 2015

020 ## $a9781452258157 (pbk. : alk. paper)
050 00 $aHV6018
$b. T53 2015
082 00 $a364.01
$223
100 1# $aHemmens, Craig.
245 10 $aCriminological theory :
$ba text/reader /
$c Craig Hemmens, Washington State University, Stephen G. Tibbetts, California State University, San Bernadino.
250## $aSecond edition.
264## $aLos Angeles :
$bSAGE,
$c[2015]
300## $axxiii, 551 pages :
$billusrations ;
$c24 cm
700 1# $aTibbetts, Stephen G.

Day 89 答案与解析

一、单项选择题

1. C　**解析：**根据 RDA 6.27.1.9，对于改编的电影，应添加指示作品形式的术语 *motion picture* 并置于圆括号中，故 <C> 正确。<A> 为原文学作品的规范检索点，<B> 仅当需要区分时才需添加作品日期，故错误，<D> 可作为相关作品的规范检索点记录，但此时不应添加 *motion picture*，而且建议添加关系说明语 *motion picture screenplay based on* (*work*)。

2. D　**解析：**前三项都是形成新的内容表达，仍为同一作品，在编目时应使用相同的代表作品的规范检索点。<D> 是对已有作品的评论，属于描述关系，被认为形成了新的作品，应当对新作品单独构建规范检索点。

3. B　**解析：**根据 RDA 6.2.2.5，<A> 正确。根据 RDA 2.7—2.11，<C> 正确。根据 RDA 2.2.4，<D> 正确。根据 RDA 6.27.1.9，构建作品规范检索点需要区分时，应按照作品形式、作品日期、作品原创地、作品的其他特征这一顺序添加附加成分，故 <B> 错误。

4. B　**解析：**336、380 和 377 字段均可同时存在于书目记录和规范记录，368 字段仅存在于规范记录，故 <C> 错误。336 字段用于记录内容类型，属于内容表达的属性，377 字段用于记录内容表达的语言，也属于内容表达的属性，而 380 字段用于记录作品的形式，属于作品的属性，故 <B> 正确。

5. A　**解析：**区分性是 RDA 的原则之一，其含义是指数据应将资源与其他资源相区分，而 RDA 6.27.1.9 关于添加代表作品规范检索点附加成分的规定充分体现了这一原则。

6. D　**解析：**根据 RDA 7.25，仅地图内容中的比例尺是必需的；根据 RDA 3.4，仅当资源完整或总数量已知时，数量是核心元素；根据 RDA 2.9.2，对于出版形式的资源，如果出版地未能识别，发行地是核心元素，据此上述三项均为条件核心元素。根据 RDA 2.5,版本标识和特定版本标识是核心元素,无须任何条件的限定。

7. C　**解析:**根据 RDA 1.5,< A >为分析著录,< B >为分级著录,< D >为分析著录,故< C >正确。

8. D　**解析:**根据 MARC 21 书目数据格式规定,040$b 子字段记录的是编目语言代码,即编目机构的工作语言,因此应记录英语的语言代码 *eng*。

9. D　**解析:**根据 2016 年 IFLA 推出的 FRBR LRM 征求意见稿,"个人"实体并没有取消,属于保留下来的实体,故< A >错误。"团体"实体虽然取消了,但是该实体被合并到了"集体代理"实体中,故< B >错误。"标识符"实体虽然取消了,但是该实体用于作为 *Nomen* 实体的一种类型,故< C >错误。只有< D >中的实体"机构",机构是指用于创建规范记录的单位,不是终端用户感兴趣的对象,因此超过了 FRBR LRM 的范畴,故被取消。

10. B

二、不定项选择题

1. BC　**解析:**团体与个人、家族或其他团体之间的关系属于个人、家族和团体之间的关系,关系说明语应取自附录 K,故< A >错误。根据 MARC 21 规范数据格式,当需要在 5XX 字段中启用$i 记录关系说明语时,$w 第 0 字符位代码应为"r",故< D >错误。

2. D　**解析:**根据 MARC 21,368 字段用于记录个人或团体的其他属性,371 用于记录地址,包括与团体相关的地址,377 用于记录相关语言,均可与团体相关。376 用于记录家族信息,与团体无关。

3. D　**解析:**参见 RDA 10.10。

4. A　**解析:**根据 MARC 21 规范数据格式,家族类型元素记录于 100$a,与家族相关的地点记录于 100$c,世袭头衔记录于 100$c,家族的著名成员记录于 100$g,与家族相关的日期记录于 100$d,故< A >正确。

5. ABCD　**解析:**参见 RDA 10.2.2。

6. AB　**解析:**对于多卷书的处理,总体原则采用综合著录,但若各分卷有分卷题名且有独立的检索意义,可以采用分析著录,如果分卷题名没有独立的检索意义,则仍应采用综合著录。如果多卷书陆续到馆,则需参考数据库已有数据情况。目前我国外文编目实践中没有采用分级著录的做法,在目前的编目实践中,分级著录仅存在于中文编目的丛编记录的编制中。

三、实践题

1. 相似数据;载体形式不同
2. 相似数据;载体形式不同
3. 相符数据;题名、著者、版本与载体形态都符合
4. 相似数据;题名不同,但具有参考性
5. 相似数据;著者不同,但具有参考性

Day 90
综合测试(15)

一、单项选择题(每题 3 分,共 30 分)

1. 下列作品属性中的(　　)一般是条件核心元素,但在识别条约时是核心元素
   A. 作品形式　　B. 作品历史　　C. 作品原创地　　D. 作品日期
2. 下列 MARC 21 规范格式字段中与作品属性有关新增字段是(　　)
   A. 010 字段　　B. 368 字段　　C. 370 字段　　D. 371 字段
3. 下列关于作品规范检索点的区分说法错误的是(　　)
   A. 用于区分的限定词置于圆括号内
   B. 如果使用团体名称进行区分,可不采用规范形式
   C. 多个限定词之间用冒号分隔
   D. 限定词的选择取决于编目员的判断
4. 对于非拉丁语言的资源,LC 关于作品规范检索点的做法是(　　)
   A. 以原文形式作为规范检索点,以音译形式作为变异检索点
   B. 以音译形式作为规范检索点,以原文形式作为变异检索点
   C. 以原文加音译形式作为规范检索点
   D. 上述做法皆不正确
5. 依据 RDA 0.4.2,RDA 的目标不包括(　　)
   A. Responsiveness to User Needs　　B. Cost Efficiency
   C. Flexibility　　D. Differentiation
6. 2016 年,FRBR 评估组负责将 FRBR、FRAD 和 FRSAD 三个概念模型合并,推出了三个模型的统一版,该统一版被命名为(　　)
   A. FR3　　B. FRBR-AD-SAD　　C. FRBR-Consolidation　D. IFLA LRM
7. FRBR 统一版将实体分成了三个层级,共包括(　　)个实体
   A. 10　　B. 11　　C. 12　　D. 13
8. 在 FRBR 统一版中,位于顶层的实体是(　　)
   A. Work　　B. Res　　C. Agent　　D. Nomen
9. 截至 2016 年 8 月,RDA 工具套件上 RDA 的语言版本包括(　　)个
   A. 4　　B. 5　　C. 6　　D. 7
10. 截至 2016 年 8 月,RDA 工具套件上的本地政策声明不包括哪个国家的(　　)
    A. 新加坡　　B. 芬兰　　C. 德国　　D. 澳大利亚

二、不定项选择题(每题 5 分,共 30 分)

1. 下列关系说明语与团体不相关的是(　　)
   A. alternate identity　B. incumbent　C. progenitor　D. employer
2. 依 RDA,下列描述附件载体正确的是(　　)
   A. 300 ##$avii, 462 pages :$billustrations ;$c21 cm
   300 ##$a1 map :$bcolor ;$con sheet 63 x 96 cm
   B. 300 ##$avii, 462 pages :$billustrations ;$c21 cm
   300 ##$a1 map
   C. 300 ##$avii, 462 pages :$billustrations ;$c21 cm +$e1 map (color ; on sheet 63 x 96 cm)
   D. 300 ##$avii, 462 pages :$billustrations ;$c21 cm +$e1 map
3. 下列选项中,可反映连续出版物是否仍在出版的字段有(　　)
   A. 264　B. 300　C. 362　D. 008
4. 如果连续出版物的题名中包含有关较早题名的说明,则正确的著录方式是(　　)
   A. 用省略号表示省略较早题名　B. 如实转录题名
   C. 记录于 247 字段　D. 记录于 780 字段
5. 如果连续出版物或集成性资源的正题名存在明显的排印错误,则应该(　　)
   A. 将错误题名如实著录记录于 245$a,在 500 附注字段予以说明
   B. 将更正后的正题名记录于 245$a,在 500 附注字段予以说明
   C. 将更正后的正题名记录于 245$a,将错误的题名形式作为变异题名记录于 246 字段
   D. 将错误题名如实著录记录于 245$a,将正确的题名记录于 246 字段
6. 下列选项中,因连续出版物更名而建立新著录的是(　　)
   A. 较早题名:Annual report of pipeline safety
   较晚题名:Annual report on pipeline safety
   B. 较早题名:Journal of the Royal Aeronautical Society
   较晚题名:The Aeronautical journal
   C. 较早题名:Agricultural chemical usage. Vegetables summary : California
   较晚题名:Agricultural chemical usage. Vegetables summary
   D. 较早题名:Air conditioning, heating & refrigeration news.
   较晚题名:Air conditioning and refrigeration news

三、实践题(每题 8 分,共 40 分)

请根据示意图中提供的信息,判断数据对于在编资源为相符数据还是相似数据,并注明理由。

1. 数据类型:______________　　理由:____

一部平装书的题名页示意图

MORAL ISSUES
IN BUSINESS

14th edition

William H. Shaw, Vincent Barry

WADSWORTH
CENGAGE Learning

```
020 ## $a9781111837426 (pbk.)
020 ## $a1111837422 (pbk.)
050 00 $aHF5387
       $b.S473 2013
100 1# $aShaw, William H.,
       $d1948-
245 10 $aMoral issues in business /
       $cWilliam H. Shaw, Vincent Barry.
250 ## $a12th edition.
264 ## $aBelmont, CA :
       $bWadsworth Cengage Learning,
       $cc2013.
300 ## $axii, 628 pages :
       $billustration ;
       $c26 cm.
```

2. 数据类型：______________ 理由：______________________________

一部精装书的题名页示意图

E. L.
Epstein

Language and style

Routledge
Taylor&Francis Group
LONDON AND NEW YORK
2013

```
020 ## $a0415291232 (hardcover)
050 04 $aPE1421
       $b.E6
100 1# $aEpstein, Edmund L.
245 10 $aLanguage and style /
       $cE. L. Epstein.
260 ## $aLondon :
       $bRoutledge,
       $c2015, c2013.
300 ## $axii, 92 pages :
       $billustrations ;
       $c23 cm.
500 ## $aRepublished 2015.
```

3. 数据类型：______________ 理由：______________________________

一部精装书的题名页示意图

Les temps de l'eau

la cité, l'eau et les techniques : nord de la France : fin IIle-début XIXe siècle

André E. Guillerme

Champ Vallon, Seyssel

2013

020 ## $a9780890962701 (cloth)
050 04 $aHD4465. F8
　　$bG85
082 04 $a363. 6/1/0944
100 1# $aGuillerme, André,
　　$d1945-
240 10$aTemps de l'eau.
　　$lEnglish
245 14 $aThe age of water :
　　$bthe urban environment in the North of France, A. D. 300-1800 /
　　$cAndré E. Guillerme.
260 ## $aCollege Station :
　　$bTexas A&M University Press,
　　$c2013.
300 ## $axv, 293 pages :
　　$billustrations, maps ;
　　$c23 cm.
500 ## $aTranslation of: Les temps de l'eau.

4. 数据类型:______________　　理由:____

一部平装书的题名页示意图

Innocence and Victimhood

Gender, Nation, and Women's Activism in Postwar Bosnia-Herzegovina

Elissa Helms

The University of Wisconsin Press

2013

020 ## $a9780299295547 (pbk. : alk. paper)
020 ## $z9780299295530 (e-book)
050 00 $aHN639. A8
　　$bH45 2013
082 00 $a323. 14974
　　$223
100 1# $aHelms, Elissa.
245 10 $aInnocence and victimhood :
　　$bgender, nation, and women's activism in postwar Bosnia-Herzegovina /
　　$cElissa Helms.$$kmonograph
260 ## $aMadison, Wisconsin :
　　$bThe University of Wisconsin Press,
　　$cc2013
300 ## $axix, 325 pages :
　　$billustrations ;
　　$c23 cm.

5. 数据类型：__________ 理由：______________________________

一部平装书的题名页示意图

Aastha Madaan Shinji Kikuchi
Subhash Bhalla (Eds.)

Databases in Networked
Information Systems

9th International Workshop, DNIS 2014,
Aizu-Wakamatsu, Japan, March 24-26,
2014 : proceedings

Springer

020 ## $a9783642371332
050 00 $aQA76. 9. D32
$bD55 2013
082 04 $a005. 74
$223
111 2# $aDNIS (Workshop)$n(8th :
$d2013 :$cAizu Daigaku)
245 10 $aDatabases in networked information systems :$b8th International Workshop, DNIS 2013, Aizu-Wakamatsu, Japan, March 25-27, 2013 : proceedings /
$cAastha Madaan, Shinji Kikuchi, Subhash Bhalla (eds.).
260 ## $aBerlin ;$bSpringer,$cc2013.
300 ## $axi, 309 p. :$bill. ;$c24 cm.

Day 90 答案与解析

一、单项选择题

1. D **解析**：根据 RDA 6.3、6.4、6.5，当需要与另一题名相同的作品，或与一个人、家族或团体的名称区分时，作品形式、作品日期和作品原创地是核心元素。其中 RDA 6.4 还规定作品日期是识别条约的核心元素。作品历史不是核心元素。

2. C **解析**：010 字段为美国国会图书馆控制号，可记录作品标识符，属于作品属性，但不是新增字段。368 字段为个人或团体的其他属性，是新增字段，但不属于作品属性。370 字段为相关地点，$g 记录作品原创地，属于作品属性，是新增字段。371 字段为地址，主要记录个人或团体地址，是新增字段，但与作品属性无关，故 <C> 正确。

3. B **解析**：在构建作品规范检索点时，如果使用团体名称进行区分，应当采用规范形式，故 <B> 错误。

4. B **解析**：根据 RDA 5.4，用于构建作品规范检索的首选题名所应使用的语言和文字，指出应以作品题名来源上出现的形式记录，但同时制定了交替规则，可将题名的音译形式作为来源上形式的替代或补充予以记录。LC-PCC PS 中则明确表示采用交替规则：在规范检索点中记录作品和内容表达记录题名的音译形式。遵照 ALA-LC 罗马化列表——由国会图书馆和美国图书馆协会认可的非罗马字转写标准。资源中的非拉丁字母形式可以记录在规范记录的变异检索点(4XX 字段)。

5. D **解析**：<A> 为相应用户需求，<B> 为成本效率，<C> 为灵活性，以上三项均属于 RDA 0.4.2 目标中的内容。<D> 为区分性，属于 RDA 0.4.3 原则中的内容，故 <D> 错误。

6. D **解析**：IFLA LRM 在征求意见时，名称暂定为 FRBR-LRM，全称为 *FRBR Library Reference Model*，译为 FRBR 图书馆参考模型，目标是将 FR 家族的三个概念模型整合为一个单一、连贯且一致的模型。根据征求意见的反馈，该模型更名为 IFLA LRM。

7. B **解析**：IFLA LRM 将实体分为顶级、第二级和第三级，其中顶级包含 1 个实体：Res；第二级包含 8 个实体：作品、内容表达、载体表现、单件、代理、名称、地点、时间跨度；第三级包含 2 个实体：个人和集体代理。

共计 11 个实体。

8. B 解析:同上题。Res 为拉丁语,可译为"事物",为顶级实体,包括讨论范围内的任何实体。

9. C 解析:截至 2016 年 8 月,RDA 工具套件上 RDA 的语言版本包括英语、芬兰语、法语、德语、意大利语和西班牙语 6 种。

10. A 解析:截至 2016 年 8 月,RDA 工具套件上本地政策包括的国家有德国、英国、美国、澳大利亚和芬兰,没有新加坡。

二、不定项选择题

1. AC 解析:根据 RDA 附录 K,<A>为交替身份,属于个人与其他个人的关系说明语;<C>为祖先,属于个人与家族的关系说明语;<B>为任职者,属于个人和团体的关系说明语;<D>为雇主,属于团体和个人的关系说明语。故<A>和<C>正确。

2. ABCD 解析:如果资源带有附件,在描述载体时有两种方法,一是启用两个 300 字段分别记录主资源和附件的载体特征,二是已用一个 300 字段,将附件的载体特征记录在$e 子字段。其中附件的载体特征既可仅记录数量,也可同时记录色彩、尺寸等细节,置于数量之后的圆括号内。故所有选项均正确。

3. ABCD 解析:264 字段$c 记录出版日期,如果记录的是起讫日期,说明出版物已不再出版,如果仅有起始日期,说明出版物仍在出版。300 字段$a 记录数量,如果没有记录数值,仅有载体类型术语,则说明资源不完整,仍在出版,如果既有数值,又有载体类型术语,则说明资源已出版完整,不再出版。362 字段记录连续出版物编号,如果有起讫编号,则说明出版物已不再出版,如果仅有起始编号,则说明仍在出版。008 字段的 06 字符位"日期类型/出版状态"代码可以反映出出版物是否仍在出版,代码"c"表示仍在发行中,"d"表示已停止出版或作者、题名变化而产生后续款目。

4. D 解析:780 字段用于记录连续出版物的先前款目,针对的是题名、作者或媒介类型变化而新建著录的情况。247 字段用于记录集成性资源的较早正题名,且不涉及新建著录的情况。

5. BC 解析:根据 RDA 2.3.1.4 的例外规则,当转录连续出版物或集成性资源的正题名时,更正明显的排印错误,并编制一个附注记录信息源上出现的错误形式。如果对检索重要,则将题名在信息源上出现的形式作为变异题名予以记录。

6. BCD 解析:根据 RDA 1.6.2,当连续出版物的正题名发生主要变化时需要新建著录,而 RDA 2.3.2.13.1 则指出了连续出版物正题名发生主要变化的情形。<B>:题名中的团体名称发生了变化,属于主要变化;<C>:删除了地点,揭示了不同的主题内容,属于主要变化;<D>:删除了前五个实词中的一个,属于主要变化;<A>:仅改变了一个介词,属于次要变化,无须新建著录。

三、实践题

1. 相似数据;版本不同,但具有参考性
2. 相似数据;出版年不同
3. 相似数据;语种不同,但具有参考性
4. 相符数据;题名、著者、版本与载体形态都符合
5. 相似数据;会议届次不同,但具有参考性

Day 91

综合测试(16)

一、单项选择题(每题3分,共30分)

1. 在记录作品题名时,RDA 对语言和文字的要求是(　　)
   A. 用来源上出现的语言和文字记录作品题名
   B. 用题名的音译形式记录作品题名
   C. 除来源上的形式之外,补充记录音译形式
   D. 上述做法皆正确
2. 以下外部数据源中,数据无法显示 MARC 格式的是(　　)
   A. 澳大利亚国家图书馆　　B. 不列颠图书馆
   C. 香港高校图书联网　　D. 东亚图书馆
3. 以下哪个字段可以用来识别一条记录是否为 RDA 记录(　　)
   A. 588　　B. 336　　C. 010　　D. 040
4. 下列元素中不属于 LC 本地核心元素的是(　　)
   A. 尺寸　　B. 分丛编正题名　　C. 题名附注　　D. 补编内容
5. RDA 董事会下辖三个机构,其中合作出版者和基金委员会组成的成员相同,不包括下列哪个机构(　　)
   A. ALA　　B. LC　　C. CLA　　D. CILIP
6. 依据当前对中文音译的国际标准,对“诸葛孔明”音译形式正确的是(　　)
   A. Zhuge Kongming　　B. Zhu ge Kong ming
   C. Zhuge Kong ming　　D. Zhu ge Kongming
7. 依据当前对中文音译的国际标准,对“天安门广场”音译形式正确的是(　　)
   A. Tian an men guang chang　　B. Tiananmen guang chang
   C. Tian' anmen Guangchang　　D. Tian' anmen guangchang
8. 008 861223s1985^^^^ch^ab^^^^^^^^^000^0bchi^^
   500 ##$aIncludes some articles translated from Japanese.
   依据上述记录信息,041 字段记录正确的是(　　)
   A. 041 0#$achi$hjpn　　B. 041 1#$achi$hjpn
   C. 041 0#$achi$ajpn　　D. 041 1#$ajpn$hchi
9. 245 00$aBeverly Hills Chihuahua 3: viva la fiesta! /$cDisney presents ; written by Dana Starfield ; produced by Sara E. White ; directed by Lev L. Spiro.
   257 ##$aUnited States$2naf
   300 ##$a1 videodisc (approximately 89 min.) :$bsound, color ;$c4 3/4 in.
   511 0#$aDirector of photography, Greg Gardiner ; music, Heitor Pereira.

508##$aVoices: Miguel Ferrer, George Lopez, Emily Osment, Odette Annable, Madison Pettis.

请指出上述书目记录的错误之处(　　)

A. min. 不应该是缩写

B. 257 记录的生产实体国必须是缩写

C. 511 和 508 字段的内容记录相反了

D. 视盘的尺寸不能用英寸作为单位,而是厘米

10. 245 10$aHarmony of the Gospels /$c[Ron Gibbs].

下列代表上述作品规范检索点正确的是(　　)

A. 130 0#$aBible.$pN. T.$pGospels.$lEnglish.$fAuthorized.$s2014.

B. 130 0#$aBible.$pNew Testament$pGospels.$lEnglish.$sAuthorized.$f2014.

C. 130 0#$aBible.$pGospels.$lEnglish.$fAuthorized.$s2014.

D. 130 0#$aBible.$pGospels.$lEnglish.$sAuthorized.$f2014.

二、判断题(正确请填写"T",错误请填写"F";每题 2 分,共 20 分)

1. 如果卷册由叶和页、页和编号栏或叶和编号栏顺序组成,则分别记录每个序列,例如,"67 pages, 305 leaves"。(　　)
2. 如果编号的数字为词,直接记录,无须转换为数值的形式。(　　)
3. 如果卷册上的页、叶、栏全部未编号,且不易估算,可直接记录为"1 volume (unpaged)"(　　)
4. 如果首、末部分的页或叶均丢失,则记录页、叶或栏的首末编号,再随以 *incomplete*。(　　)
5. 忽略未编号序列的图版,除非未编号序列构成资源的实质部分,或未编号序列包括附注中提及的图版。(　　)
6. "描述载体"主要包括 ISBD 第 3 项"载体形态项"的内容,通常著录于 MARC 21 书目数据格式 3XX 字段。(　　)
7. 媒介类型在 RDA 中为非核心元素,但是在 LC 编目实践中是核心元素。(　　)
8. 媒介类型记录于 MARC 21 书目数据格式的 336 字段,与 007/00 字符位的代码对应。(　　)
9. 载体类型记录于 MARC 21 书目数据格式的 338 字段,与 007/01 字符位的代码对应。(　　)
10. 资源数量不完整时,数量也是核心元素。(　　)

三、实践题(每题 5 分,共 50 分)

根据 RDA 规则和所给提示,填写 007/01 和 007/00 字符位代码

1. 300 ##$a1 online rescource (155 pages)

336 ##$atext$2rdacontent

337 ##$acomputer$2rdamedia

338 ##$aonline resource$2rdacarrier

007/00 ______　　007/01 ______

2. 588 ##$aDescription based on: Volume 1, number 1 (20 August, 2012); title from pdf cover (aanss. org website, viewed Apr. 11, 2014).

856 40$uhttp://aanss.org/index.php/ase
336 ##$atext$2rdacontent
337 ##$acomputer$2rdamedia
338 ##$aonline resource$2rdacarrier
007/00 ______ 007/01 ______

3. 300 ##$a4 audio discs
336 ##$aperformed music$2rdacontent
337 ##$aaudio$2rdamedia
338 ##$aaudio disc$2rdacarrier
007/00 ______ 007/01 ______

4. 300 ##$a1 photograph :$bcolor print ;$csheet 15 x 10 cm
336 ##$astill image$2rdacontent
337 ##$aunmediated$2rdamedia
338 ##$asheet$2rdacarrier
007/00 ______ 007/01 ______

5. 300 ##$a1 score (3 pages) ;$c34 cm
336 ##$anotated music$2rdacontent
337 ##$aunmediated$2rdamedia
338 ##$avolume$2rdacarrier
007/00 ______ 007/01 ______

6. 300 ##$aCD-ROMs :$bcolor ;$c4 3/4 in.
336 ##$atext$2rdacontent
337 ##$acomputer$2rdamedia
338 ##$acomputer disc$2rdacarrier
007/00 ______ 007/01 ______

7. 300 ##$3 viewing copy $a1 videodisc (88 min.) :$bDVD video, sound, color, with black & white sequences ;$c4 3/4 in.
336 ##$atwo-dimensional moving image $2rdacontent
337 ##$avideo$2rdamedia
338 ##$avideodisc$2rdacarrier
007/00 ______ 007/01 ______

8. 300 ##$a15 microfilm reels :$c35 mm
336 ##$atext $2rdacontent
337 ##$amicroform$2rdamedia
338 ##$amicrofilm reel$2rdacarrier
007/00 ______ 007/01 ______

9. 300 ##$a1 microfiche (26 pages)
336 ##$atext$2rdacontent
337 ##$amicroform$2rdamedia

338 ##$amicrofiche$2rdacarrier

007/00 ______ 007/01 ______

10. 300 ##$aiii, 171 pages : $billustrations (some color) ;$c30 cm +$e1 CD-ROM

336 ##$atext $2rdacontent

336 ##$astill image$2rdacontent

337 ##$aunmediated$2rdamedia

337 ##$acomputer$2rdamedia

338##$avolume$2rdacarrier

338##$acomputer disc$2rdacarrier

007/00 ______ 007/01 ______

Day 91 答案与解析

一、单项选择题

1. D **解析**:根据 RDA 5.4,在记录作品题名时,应使用来源上出现的语言和文字形式,同时制定了交替规则,即将题名的音译形式替代或补充来源上的形式予以记录,故三种做法皆可。

2. D

3. D **解析**:判断一条记录是否为 RDA 记录的依据主要有两点:①LDR/18 字符位代码“a”表示是 AACR2 记录,代码“i”表示包含 ISBD 标识符的非 AACR2 记录,通常指 RDA 记录;②040$e 记录为“rda”,表明记录使用的著录规则为 RDA。336 字段记录内容类型,虽然是配合 RDA 新增的字段,但并不是 RDA 记录特有的,其术语可选自非 RDA 术语表,记录在$2 子字段。

4. B **解析**:四个选项所列元素在 RDA 中均为非核心元素,但 LC/PCC 本地政策声明中规定:尺寸对于除连续出版物和在线电子资源之外的资源为核心元素;当附注用于说明题名来源时为核心元素;补编内容如果是专著的书目或索引时为核心元素。故选择 <B>。

5. B **解析**:合作出版者和基金委员会由三个图书馆协会组成,分别是 ALA(美国图书馆协会)、CLA(加拿大图书馆协会)和 CILIP(英国皇家特许图书馆与情报专业协会)。LC 表示国国会图书馆,不在其中。

6. A **解析**:当前中文音译遵循的国际标准是《ISO 7098 信息与文献——中文罗马字母拼写法》,2015 年为最新修订版,其中 11.1 规定汉语人名中的姓和名分写,姓在前,名在后,姓和名的首字母分别大写,传统复姓连写。

7. C **解析**:同上题,《ISO 7098: 2015》中 11.14 规定,如果在字符译音时出现歧义,可使用分隔符来分割音节。例如:*Xian*(西安)写为 *Xi'an*;*Tiananmen Guangchang*(天安门广场)写为 *Tian'anmen Guangchang*。

8. B **解析**:由题干可知,在编资源正文语种为中文,其中少量为翻译作品,翻译自日文。041 字段第 1 指示符“0”表示在编资源为非翻译作品,“1”表示在编资源为翻译作品,根据题干应选用“1”。$a 子字段记录正文语种代码,本题应记录中文代码“chi”,$h 子字段记录原文语种代码,本题应记录日文代码“jpn”。

9. C **解析**:根据 MARC 21 书目数据格式,511 字段为参加者或表演者附注,例如,乐器演奏者、显示在屏幕上的解说员、节目主持人、影片主要演员等。508 字段为创作/制作责任附注,主要记录对资源的艺术和/或技术制作做出贡献的责任者,如影片剪辑、画外音解说员、作曲和摄影、动画片摄影导演等,因此,题干中 511 字段记录的摄影导演及作曲应记录在 508 字段,而 508 字段记录的显示在屏幕上的解说员应当记录在 511 字段,故选 <C>。<A>:根据 RDA 附录 B.7 拉丁字母缩写,“min.”使用缩写正确;<B>:根据 MARC 21 格式,257 字段记录生产实体所在国名称可以用全称,也可以用缩写;<D>:虽然 RDA 3.5.1.4.4 规定了盘片的尺寸亦使用厘米做单位,但 LC 规定盘片和所有音频载体的尺寸用英寸做单位,这也是很多图书馆所采用的常规做法,因此不算错误。

10. D　**解析**:本题考点为基督教经典《圣经》组成部分规范检索点的构建。根据 RDA 6.23.2.9.3,*Gospels* 属于列表中的成组圣书,直接将其名称 *Gospels* 作为 *Bible* 的复分构成首选题名,而不用插入约书的名称 *New Testament*,故 <A> 和 <B> 错误。首选题名之后的检索点附加成分的顺序是有规定的,按照$l 记录内容表达的语言、$s 记录版本、$f 记录作品日期的顺序添加,故 <C> 错误。

二、判断题

1. T

2. F　**解析**:根据 RDA 3.4.5.2,对于词编号,在记录页码时,应给出对应的数值,例如资源最后一页显示 *thirty-two*,在记录时应当写作 32 *pages*。

3. T　**解析**:根据 RDA 3.4.5.3,对于含未编号页、叶或栏的单册,针对是否易于确定给出了三种做法,本题是其中的一种。

4. F　**解析**:根据 RDA 3.4.5.6,对于册的首末页或叶均丢失的情况,应记录页、叶或栏的首末编号,前置以适当的术语,不附加 *incomplete*。

5. T　**解析**:参见 RDA 3.4.5.9。

6. F　**解析**:"载体形态项"是 ISBD 中的第 5 项,而非第 3 项。

7. T　**解析**:RDA 定义的 3 个有关资源类型的元素:内容类型、媒介类型和载体类型中,仅有媒介类型为非核心元素,内容类型和载体类型均为核心元素,但 LC 实践规定全部为核心元素。

8. F　**解析**:媒介类型记录于 MARC 21 书目数据格式的 337 而非 336 字段,与 007/00 字符位存在对应关系。

9. T

10. T　**解析**:数量为条件核心元素,根据 RDA 3.4,仅当资源完整或总数量已知时,数量为核心元素。

三、实践题

1. c　r　**解析**:在编资源为远程访问的电子资源,因此 007/00(资料类型)选用代码"c"表示电子资源,007/01(特定资料标识)选用代码"r"表示电子资源的具体形式为远程访问的电子资源。

2. c　r

3. s　d　**解析**:在编资源为音频光盘,因此,007/00(资料类型)选用代码"s"表示录音资料,007/01(特定资料标识)选用代码"d"表示录音资料的具体形式为唱盘。

4. k　h　**解析**:在编资源为一张纸质照片,因此,007/00(资料类型)选用代码"k"表示非放映图像,007/01(特定资料标识)选用代码"h"表示非放映图像的具体形式为照片。

5. q　u　**解析**:在编资源为一部印刷型乐谱(3 页),因此,007/00(资料类型)选用代码"q"表示乐谱,乐谱模式的 007/01 只有 2 个代码:"u"(未详细说明)和"|"(不选用),通常选"u"。

6. c　o　**解析**:在编资源为只读光盘,因此,007/00(资料类型)选用代码"c"表示电子资源,007/01(特定资料标识)选用代码"o"表示电子资源的具体形式为光盘。

7. v　d　**解析**:在编资源为视频光盘,因此,007/00(资料类型)选用代码"v"表示录像,007/01(特定资料标识)选用代码"d"表示视频的具体形式为视频盘。本题需要注意 007/00 不要选用"m"或"g","m"表示电影,指传统的电影胶片,"g"表示放映图像,指通过光学仪器放映的二维平面投影图像,如幻灯片等。

8. h　d　**解析**:在编资源为盘式缩微胶卷,因此,007/00(资料类型)选用代码"h"表示缩微资料,007/01(特定资料标识)选用代码"d"表示缩微资料的具体形式为盘式缩微胶卷。

9. h　e　**解析**:在编资源为一张缩微平片,因此,007/00(资料类型)选用代码"h"表示缩微资料,007/01(特定资料标识)选用代码"e"表示缩微资料的具体形式为缩微平片。

10. c　o　**解析**:在编资源为多载体类型的资源,主资源为图书,附件为光盘,007 字段仅需记录非书资料的载体特征,即附件光盘的载体特征,因此,007/00(资料类型)选用代码"c"表示电子资源,007/01(特定资料标识)选用代码"o"表示电子资源的具体形式为光盘。

Day 92
综合测试(17)

一、单项选择题(每题 3 分,共 30 分)

1. 规范记录显示为:

100 1#$aRuric, Peter

500 1#$wnnnc$aCain, Paul,$d1902-1966

500 1#wriReal identity:$aSims, George Carrol,$d1902-1966

663 ##$aWorks by this author are entered under the name used in the item. For a listing of other names used by this author search also under:$bCain, Paul, 1902-1966

依据规范记录,下列说法错误的是(　　)

A. 与该个人相联系的规范名称有三个

B. 该个人的真实身份是“Ruric, Peter”

C. $i 记录的关系说明语取自附录 K

D. 第 1 个 500 字段$w/3 字符位代码为“c”,表示规范检索点之间的关系无法通过简单参照 500 表示,需要启用 663 字段说明

2. 规范记录显示为:

046 ##$k1944

100 1#$aChase, Mary,$d1907-1981.$tHarvey

380 ##$aPlay

530 #0wriAdapted as a motion picture (work):$aHarvey (Motion picture)

依据规范记录,下列说法正确的是(　　)

A. 作品由电影改编成戏剧

B. $i 记录的关系说明语取自附录 I

C. 046$k 记录的是戏剧的创作年

D. 关系说明语表达的是两部作品之间的连续关系

3. 规范记录显示为:

110 2#$aIn Lak'ech Study Group

500 1#wriGroup member:$aWehunt, Christopher

依据规范记录,下列说法错误的是(　　)

A. *Christopher Wehunt* 是 110 所记录团体的成员

B. 个人与团体之间的关系是 LC-PCC PS 中的核心元素

C. $w/0 字符位的代码“r”表示关系说明在$i 指出

D. 个人与团体的关系仅存在于规范记录中

4. 下列有关“家族”说法错误的是(　　)

A. 家族是 FRAD 中新增的一个实体

B. 家族的规范检索点用于名称和用于主题规范控制的形式不同,需要分别在名称规范文档和主题规范文档中分别构建

C. 家族名称记录于规范记录的 100 字段,第 1 指示符为“2”

D. 家族用于名称的规范检索点形式不能用于控制主题的附注记录在 667 字段

5. FRAD 所阐述的关系包括(　　)大类

A. 3　　B. 4　　C. 7　　D. 6

6. 008 ##130117s2013^^^^enk_ _ _ _^^b^^^^001^0deng^^

300 ##$axv, 382 pages :$billustrations, facsimiles, map ;$c26 cm

在上述书目记录中,根据 300$b 的信息,008/18-21 字符位代码选择正确的是(　　)

A. abh 空　　B. ahb 空　　C. abf 空　　D. afb 空

7. 245 00$aOSHA plan writer.

300 ##$a1 CD-ROM ;$c4 3/4 in. + $e1 manual ...

在上述书目记录中,附件有独立题名,如果需要为附件的题名提供检索点,应记录在(　　)字段

A. 246　　B. 500　　C. 700　　D. 740

8. IFLA 于 2016 年推出的 FR 家族三模型的统一版定义的实体数量是(　　)

A. 18　　B. 10　　C. 11　　D. 12

9. 在 IFLA LRM 中最高级的顶层实体是(　　)

A. Work　　B. Res　　C. Nomen　　D. Agent

10. 在 IFLA LRM 中实体“代理”是一个超类,它包括两个子类,除实体“个人”之外,另一个是(　　)

A. 家族　　B. 团体　　C. 集体代理　　D. 机构

二、判断题(正确请填写“T”,错误请填写“F”;每题 2 分,共 20 分)

1. 在编制中文资源音译多文种记录时,音译部分遵循的标准是由我国主导修订的国际标准 ISO 7098《信息与文献——中文罗马字母拼写法》。(　　)

2. 在编资源与馆藏中的一本书题名、责任者、版本、出版年、页数和丛编信息均相同,但在编资源上注明 *Third impression*,则两个资源之间不是复本关系。(　　)

3. 当记录 RDA 1.8.1 所列元素时,如果出现数字或用词表达的数,需用创建数据的机构首选的形式。如果在这些元素中数字以词的形式表达,则需替换成数字的形式。但是对于早期印刷型资源,则不执行上述规定,需按信息源上出现的形式转录。(　　)

4. 500 ##$a"An updated edition of LIFE's classic book"—Title page. (　　)

5. 546 ##$aStaff notation. (　　)

6. 856 41$3Publisher description$uhttp://www.loc.gov/catdir/enhancements/ (　　)
fy1507/2014453689-d.html

7. 100 1#$aAngelou, Maya,$eauthor.

240 10$aWorks.$kSelections

245 10$aRainbow in the cloud :$bthe wisdom and spirit of Maya Angelou.

600 10$aAngelou, Maya$vQuotations.

(   )

8. 856 42$3Table of contents only

$uhttp://www.loc.gov/catdir/enhancements/fy1506/2014022229-t.html (   )

9. 300 ##$a192 pages :$bchiefly illustrations (chiefly color) ;$c31 x 25 cm(   )

10. 300 ##$axiii, 558 pages, [16] pages of plates :$billustrations ;$c24 cm (   )

三、实践题(每题 5 分,共 50 分)

根据 RDA 规则和所给提示,记录以下资源的数量

例:册标 ix,296 页

300 ##$aix, 296 pages

1. 某资源由不同的载体组成,且不确定具体的数量

300 ##$a ________________

2. 由 20 个内容相同的缩微胶片组成的资源

300 ##$a ________________

3. 某篇论文载体是两张缩微平片,这两张缩微平片上共缩微了 489 页

300 ##$a ________________

4. 资源由 10 个开盘缩微胶卷组成,每个缩微胶卷由 100 帧组成

300 ##$a ________________

5. 一张计算机盘,包含 12 个数据文件

300 ##$a ________________

6. 一张计算机盘,包含 259 个遥感图像文件

300 ##$a ________________

7. 一个共 98 页的在线资源

300 ##$a ________________

8. 一套由大小不同的地图组成的地图册,共有未编号的 18 叶

300 ##$a ________________

9. 一套幻灯条片,共有 35 帧

300 ##$a ________________

10. 一套幻灯卷片,大概有 150 帧

300 ##$a ________________

Day 92 答案与解析

一、单项选择题

1. B 解析:根据 MARC 21 规范数据格式,在个人名称规范记录中,100 和 500 字段记录的均为规范名称形式,互为相关参照,故 <A> 正确。500 字段$w/3 字符位为"参照显示",用于说明是否可从 4XX 和 5XX 字段生成参照显示,目前定义了 5 种代码,其中代码"c"表示参照不显示,需使用 663 字段予以说明,故 <D> 正确。500$w/0 字符位为"特定关系",定义有 10 种代码,其中代码"r"为新增,表示关系说明语记

录在$i 或$4 子字段，关系说明语取自 RDA 附录 K，故 <C> 正确。本题给出的关系说明语是 *Real identity*（真实身份），其后随以表示真实身份的名称，即 *Sims, George Carrol*，故 100 字段所记录的名称形式不是正式身份，故 <B> 错误。

2. C　**解析**：530$i 记录的是 1XX 作品和 5XX 作品之间的关系说明语 *Adapted as a motion picture*（*work*），表示规范记录代表的作品是戏剧，530 表示由戏剧改编成电影，故 <A> 错误。$i 关系说明语取自 RDA 附录 J，故 <B> 错误。改编关系属于衍生关系而非连续关系，故 <D> 错误。

3. B　**解析**：在 LC-PCCPS 中，个人与团体之间的关系为非核心元素，故 <B> 错误。

4. C　**解析**：家族实体在 FRBR 中并未出现，是 FRAD 新增的一个实体。家族名称记录于规范记录的 100 字段，第 1 指示符应为"3"，故 <C> 错误。

5. B　**解析**：FRAD 描述的关系包括 4 大类：第一类为高层实体间关系，即责任者类实体、作品类实体、主题类实体以及这三类实体共同组成的书目实体与规范控制类五个实体之间的复杂关系；第二类为同一类实体间的关系，包括个人之间、个人与团体、作品之间的关系等；第三类为规范名称与变异名称之间的关系；第四类为受控检索点之间的关系。

6. A　**解析**：008/18-21 字符位代码用于记录资源的图表信息，通常与 300 字段存在对应关系，代码"a"对应 *illustrations* 表示插图，代码"b"对应 *map* 表示地图，代码"h"对应 *facsimiles* 表示摹真本，并且代码的顺序为字母顺序，故 <A> 正确。

7. D　**解析**：740 字段记录变异题名的用法已经被 246 字段所取代。目前，740 字段主要用于记录汇编作品的变异题名以及记录附件的题名两种情况。

8. C　**解析**：IFLA 于 2016 年推出的 FR 家族三模型的统一版为 IFLA LRM，即图书馆参考模型，其定义的实体分为三级，共 11 个，分别是 Res、作品、内容表达、载体表现、单件、代理、个人、集体代理、Nomen、地点、时间跨度。

9. B　**解析**："Res"取自拉丁语，表示"事物"，涵盖各类实体，相当于 FRSAD 中的实体"Thema"，位于顶级。

10. C　**解析**：IFLA LRM 定义了实体间的"超类"和"子类"的关系，属于超类的实体，其属性和关系适用于其子类的实体，反之则不成立。例如，"Res"是所有实体的超类，其他实体是它的子类；"代理"是"个人"和"集体代理"的超类，反之后两者是"代理"的子类。

二、判断题

1. T　**解析**：ISO 7098《信息与文献——中文罗马字母拼写法》是汉语拼音在国际上得到认可并推广使用的重要依据，是用以规范国际上使用汉语拼音的统一标准。该标准主要应用于世界各国图书馆、博物馆、国际机构中有关中国人名地名的拼写、图书编目、信息与文献的排序检索等。该项国际标准最早发布于 1982 年，1991 年做了微调，最新修订版于 2015 年 12 月 15 日正式出版发布。

2. F　**解析**：*Third impression* 类似与中文图书中的印刷次数，不作为判断复本的标准，如果题名、责任者、版本、出版年、页数和丛编信息等均相同，则一般被认为是复本。

3. T　**解析**：根据 RDA 1.8.1，资源中出现用数字或词表达的数的处理方式，其中交替规则规定对于早期印刷型资源，可按信息源上出现的形式转录而无须变更。

4. F　**解析**：如果附注信息的来源是首选信息源，则不必指明出处。

5. F　**解析**：*Staff notation* 为五线谱记谱法，是乐谱形式的一种，根据 MARC 21 书目数据格式，该元素记录于 546$b 而非$a。

6. F　**解析**：856 字段记录的网址并非资源本身或资源的电子版，而是出版商提供的信息，属于相关资源，因此第 2 指示符应为"2"而非"1"。

7. T　**解析**：根据题干可知，在编资源为单个著者的作品选编，因此使用 100 + 240 的形式构建代表作品的规范检索点，其中 240 记录首选题名，构成为代表全部作品的惯用总题名 *Works* 随以表示选集的术语 *Selections*。

8. F　**解析**：856 字段记录的网址为资源电子版的书目部分而并非全部，但仍属于资源的电子版，因此，第 2

指示符应为“1”而非“2”。

9. F **解析**:300$c 错误。对于图书,仅当高度小于宽度,或高度大于宽度的 2 倍时,才以高度 × 宽度的形式记录尺寸,而本题不属于上述两种情况,因此仅记录高度即可,即 300$c31 cm。

10. F **解析**:根据 RDA 3.4.5.9,对于未编号的图版,记录时需取消方括号,取而代之以数字加文字表述的方式,正确的记录方式为:300 ##$axiii, 558 pages, 16 unnumbered pages of plates

三、实践题

1. 300 ##$avarious pieces
2. 300 ##$a20 identical microfiches
3. 300 ##$a2 microfiches (489 pages)
4. 300 ##$a10 microfilm reels (100 frames each)
5. 300 ##$a1 computer disc (12 data files)
6. 300 ##$a1 computer disc (259 remote-sensing images)
7. 300 ##$a1 online resource (98 pages)
8. 300 ##$a1 atlas (18 unnumbered leaves)
9. 300 ##$a1 flimslip (35 frames)
10. 300 ##$a1 flimstrip(approximately 150 frames)

Day 93
综合测试(18)

一、不定项选择题(每题 5 分,共 30 分)

1. 下列关于连续出版物编号的著录阐述正确的是(　　)
   A. 如果编号由年和该年内一部分的编号组成,年应记于编号前
   B. 编号中的数字形式应依据信息源如实转录
   C. 用以指示编号的版本描述作为编号而非版本说明予以记录
   D. 编号需以格式化和非格式化两种形式同时予以记录
2. 编目文献为仍在出版的连续出版物,首期出版于 1948 年,编号为"vol. 1",则正确的著录方式是(　　)
   A. 362 0#$aVol. 1(1948) -
   B. 362 1#$aBegan with vol. 1, published in 1948
   C. 362 0#$aVol. 1(1948) -
   363 01$a1$i1948
   D. 363 00$a1$i1948
3. 与 FR 家族原有三个模型相比,IFLA LRM 中属于新增实体的是(　　)
   A. 作品　　B. 内容表达　　C. 地点　　D. 时间跨度
4. 与 FR 家族原有三个模型相比,IFLA LRM 中去除的用户任务包括(　　)
   A. 阐明关系　　B. 获取　　C. 探索　　D. 提供依据
5. 在 IFLA LRM 中,实体"Res"的属性包括(　　)
   A. 类别　　B. 附注　　C. 读者对象　　D. 有代表性的内容表达
6. 在 IFLA LRM 中,下列"关系"基数表达正确的是(　　)
   A. 作品 通过……实现 实现 内容表达 1 to M
   B. 内容表达 具体化 在具体化 载体表现 M to M
   C. 载体表现 通过……例证 例证 单件 1 to M
   D. 作品 由……创作 创作 代理 M to M

二、实践题(共 70 分)

1. 请根据所给书目记录部分字段信息,依据 RDA 规则并结合 LC 规范文档,补充相应的规范检索点等信息(每空 2 分,共 20 分)

   245 00$aLost horizon /$cby James Hilton. The Red pony / by John Steinbeck. The Third man / by Graham Greene. A Single pebble / by John Hersey. The Light in the Piazza / by Elizabeth Spencer. Seize the day / by Saul Bellow.

   700 12 ______________________________

700 12 ________________

700 12 ________________

700 12 ________________

700 12 ________________

700 12 ________________

或

245 00$a ________________

500 ##$a ________________

______ ______$aLost horizon /$cby James Hilton. The Red pony / by John Steinbeck. The Third man / by Graham Greene. A Single pebble / by John Hersey. The Light in the Piazza / by Elizabeth Spencer. Seize the day / by Saul Bellow.

700 12$aSteinbeck, John,$d1902-1968.$tRed Pony.

700 12$aGreene, Graham,$d1904-1991.$tThird man.

700 12$aHersey, John,$d1914-1993.$tSingle pebble.

700 12$aSpencer, Elizabeth.$tLight in the piazza.

700 12$aBellow, Saul.$tSeize the day.

2. 请根据提示信息,将下列书目记录中空白处补充完整,若无需记录则在相应横线上填“空”(每空 2 分,共 20 分)

某音乐CD盘面信息示意图

> A.Shnitke
>
> Prelude to the memory
> of D. Shostakovich for 2 violins Shnitke
>
> D.Shostakovich
>
> Violin sonata op. 134
>
> Gidon Kremer, violin
> Andrei Gavrilov, piano

书目记录:

100 1#$a ________________

245 ______$a ________________

264 1#$aTokyo :$bVictor,$c1992.

300 ##$a1audio disc (38 min., 45 sec.) :$bdigital ;$c4 3/4 in.

336 ##$a ________________$2rdacontent

337 ##$a ________________$2rdamedia

338 ##$a ________________$2rdacarrier

511 0#$aGidon Kremer, violin ; Andrei Gavrilov, piano.

700 12 ____________________

700 12 ____________________

700 1# ____________________$eperformer

700 1# ____________________$eperformer

3. 请根据提示信息将列出的字段补充完整(每空 2 分,共 20 分)

说明:本资源为一彩色地球仪,没有题名信息,可自拟题名 *Seventy-five inch geophysical globe*;金属底座;球仪直径为 19 分米;比例尺未知;球仪覆盖地理区域坐标为整个地球(西经 180 度至东经 180 度,北纬 90 度至南纬 90 度)。

007 ______ ______^can (提示:007/00 和 01 字符位分别写)

008 120817s1992^^^^ilu^^^^^^^ ______^^^^^0^^^eng^^ (提示:008/25 字符位)

034 1#aab6700000$dW1800000$eE1800000$fN0900000$gS0900000

040 ##$aDLC$beng$cDLC$erda$dDLC

050 00$aG3171. C18 1992$b. R2

052 ##$a3171

110 2#$aRand McNally and Company.

245 10$a ____________________

255 ##$a ____________________

264 #1$a[Chicago, Illinois] :$b[Rand McNally and Company] ,$c[1992]

300 ##$a ____________ :$bcolor, hand-painted, plastic ;$c ____________

336 ##$a ____________$2rdacontent

337 ##$aunmediated$2rdamedia

338 ##$a ____________$2rdacarrier

500 ##$aRaised relief globe.

500 ##$a ____________________

4. 请根据提示信息按 RDA 规则填写空白处的内容(每空 2 分,共 10 分)

说明:本资源为多分切呈现的地图单元,某一地图被分切在 10 张上,且每张尺寸不同,最大张高度 44 厘米,宽度 34 厘米;彩色;比例尺 1:25 000 000。

007　______ ______^canzn　(007/00 和 01 字符位分别写)

008　130912s1888^^^^njud^^^^^^a ^^^^^0^^^eng^^

034 1#aab90000000$dW1800000$eE1800000$fN0900000$gS0900000

040 ##$aDLC$beng$cDLC$erda

050 00$aG3201. B71 1889$b. S3

051 ##$aG3201. B71 1889$b. S3$cCopy 2. Unbound. Gores for 20 inch globe only.

052 ##$a3201

100 1#$aSchedler, H.

245 10$aSchedler's terrestrial globe, 20 inches diameter /$ccompiled from the latest & most authentic sources, including all the recent geographical disoveries, containing the lines of oceanic steam communication and overlamd routes, the great aerial and submarine telegraphs, and the principal tracks of sailing vessels, showing the directions & mean velocity of ocean currents, important deep sea soundings, and the lines of equal magnetic variations.

246 30$aTerrestrial globe, 20 inches diameter

255 ##$a ______________________________

264 #1$aJersey City, N. J. :$bH. Schedler,$c[1889?]

300 ##$a ______________ :$bcolor ;$c ______________________

500 ##$aLC bound with H. Schedler's gores for a 6 inch globe.$5DLC

Day 93 答案与解析

一、不定项选择题

1. AC　**解析**:连续出版物编号包括数字和/或字母标识、年代标识。根据 RDA 2.6.2.3,如果该标识由年和表示该年内一部分的编号组成,则将年记录于编号前,故 <A> 正确。根据 RDA 1.8.2,在记录连续出版物编号时,用创建数据的机构首选的形式记录数字,交替规则为按信息源上出现的形式记录数字,或先转录,随后用创建机构首选的形式添加对应数字,故 <B> 不准确。根据 RDA 2.5.2.5,对于连续出版物,将指示编号的说明(例如,First edition(第 1 版)、1916 edition(1916 年版))作为编号予以记录,故 <C> 正确。MARC 21 书目数据格式规定,连续出版物的编号记录于 362 和 363 字段,其中 362 字段通过第 1 指示符确定是否为格式化记录("0"为格式化,"1"为非格式化),而 363 本身就是格式化表示,是否采用格式化形式由编目机构自行确定,故 <D> 错误。

2. ABC　**解析**:363 字段第 1 指示符"0"表示首期编号,第 2 指示符"0"表示已停止出版,"1"表示仍在出版,$a 记录第 1 级编号,$i 记录与第 1 级编号对应的年。362 字段和 363 字段即可同时启用,也可单独启用。故 <D> 错误,第 2 指示符应为"1"。

3. CD　**解析**:IFLA 于 2016 年推出的 FR 家族三模型的统一版为 IFLA LRM,即图书馆参考模型,其定义的实体分为三级,共 11 个,新增 4 个实体,分别是代理、集体代理、地点和时间跨度;取消了 10 个实体,分别是 FRBR 的团体、概念、物体、事件、地点,FRAD 的家族、标识符、受控检索点、规则、机构。需要注意的是新增的“地点”实体和取消的“地点”实体含义不同,新增的地点名称所指示的区域边界可以是模糊的,也可以随着时间改变,是一种文化概念,而 FRBR 中的地点实体更多的是限于空间坐标。

4. AD **解析**:IFLA LRM 从功能上更注重终端用户的需求,不再考虑图书馆等相关机构的管理需求,因此,将原有三个模型的用户任务精炼为查找、识别、选择、获取和探索,而 FRAD 中体现管理需求的“阐明关系”和“提供依据”两个用户任务被取消。

5. AB **解析**:在 IFLA LRM 中,“Res”是顶级实体,其属性包括类别和附注,其中类别指 Res 所属的类型,附注提供任何有关 Res 信息的文本材料,这些信息未通过使用特定属性和/或关系予以记录。

6. ABCD **解析**:在 IFLA LRM 模型中,关系被分为正向关系(从左至右)和反向关系(从右至左)。列表从左至右分别是正向关系的定义域(来源)实体、正向关系名称、反向(或互逆)关系名称、正向关系的值域(目标)实体、基数,“1 to M”表示“1 对多”,“M to M”表示“多对多”。以 A 选项为例,作品通过内容表达来实现是正向关系,而内容表达实现作品就是对应的反向关系,基数 1 toM 表示一部作品可以由多个内容表达来实现,而一个内容表达只能实现一部作品。

二、实践题

1. 700 12$aHilton, James,$d1900-1954.$tLost horizon.

700 12$aSteinbeck, John,$d1902-1968.$tRed Pony.

700 12$aGreene, Graham,$d1904-1991.$tThird man.

700 12$aHersey, John,$d1914-1993.$tSingle pebble.

700 12$aSpencer, Elizabeth.$tLight in the piazza.

700 12$aBellow, Saul.$tSeize the day.

或

245 00$a [Six American classic novels].

500 ##$aTitle devised by cataloger.

505 0#

解析:在编资源为不同作者无总题名的汇编作品。对于该类资源,第 1 种做法是:记录题名时,将各部分的正题名按其在资源整体的信息源上出现的形式及顺序予以记录,构建规范检索点时,为汇编中的六部作品分别构建规范检索点,构建形式均为著者的规范检索点附加首选题名,如何确定各部作品的规范检索点形式可参考 LC 规范数据库网站 http://authorities. loc. gov/。第 2 种做法是:记录题名时,应用 RDA 2. 3. 2. 9 的交替规则,即由编目员自拟一个总题名,置于方括号中表示信息来自资源之外,记录于 245 字段。除自拟题名之外,如果重要,可将单独部分的题名作为相关载体表现的正题名予以记录,通常记录于 505 字段,第 1 指示符“0”表示内容完整。

2. 100 1#$a 空

245 00$aPrelude to the memory of D. Shostakovich for 2 violins /$cShnitke, A. Violin sonata op. 134 / Shostakovich, D.

336 ##$aperformed music

337 ##$aaudio

338 ##$aaudio disc

700 12$aSchnittke, Alfred,$d1934-1998.$tPreludio in memoriam Dmitri Schostakowitsch

700 12$aShostakovich, Dmitriĭ Dmitrievich,$d1906-1975.$tSonatas,$mviolin, piano,$nop. 134.

700 1#$aKremer, Gidon,$d1947-

700 1#$aGavrilov, Andrei,$d1955-

解析:在编资源为不同作曲家的音乐汇编作品,且无总题名。对于不同责任者多部作品构成的汇编,RDA 取消了原 AACR2 以第 1 部作品的著者做主要款目的规定,因为各部作品应被认为同等重要,因此

100 为空,不予记录。245 字段则按顺序记录各部作品的题名、责任说明即可,其中除第 1 部作品正题名以外的所有信息均著录于$c 子字段,因为 245$a、$b、$c 均不能重复,采用 ISBD 标识符,不同作品之间用空格、句点分隔,责任者和题名之间用空格、斜线、空格分隔。700 字段的第 2 指示符为"2"时,可知应记录代表各部作品的规范检索点,音乐作品规范检索点的构建可参考 6.28.1。最后 2 个 700 字段由$e 可知应记录演奏者的规范检索点,作品及个人规范检索点的具体形式均可参考 LC 规范数据库网站 http://authorities.loc.gov/。

3. 007 d c

008 d

245 10$a [Seventy-five inch geophysical globe].

255 ##$aScale approximately 1:6,700,000 $c(W 180°--E 180°/N 90°--S 90°).

300 ##$a1 globe : $c190 cm in diameter, mounted on spindle in metal base.

336 ##$acartographic three-dimensional form

338 ##$aobject

500 ##$aTitle provided by cataloger.

解析:007/00 字符位(资料类型)选用代码"d"表示资源为球仪,注意不要选用代码"a","a"表示资源为地图,不如"d"更为适合。007/01 字符位(特定资料标识)选用代码"c"表示球仪的具体形式为地球仪。255 字段记录制图数学数据,$a 字段记录比例尺说明,关于比例尺说明的记录方法依据 RDA 7.25.1.3,通常以术语 Scale 开头,随后记录数字比例尺,若为估算,则应插入术语 *approximately*。本题比例尺的算法如下:地球平均直径约为 12 730 千米,编目的球仪直径为 19 分米(1.9 米),比例尺 = 12730 × 1000 米/1.9 米 = 6 700 000,因此在编资源的比例尺为 1:6 700 000。255$c 记录坐标说明,根据 RDA 7.4 记录地图资源所覆盖范围的经度和纬度,本题为西经 180 度至东经 180 度,北纬 90 度至南纬 90 度,采用标准记录格式记录,即 W 180°--E 180°/N 90°--S 90°,置于圆括号中。300$a 记录资源的数量,$c 记录资源的尺寸,本题依 RDA 3.5.1.4.13 记录球仪的尺寸,即记录直径,同时根据 RDA 3.8.1 进一步记录球仪的底座信息,表明球仪的支撑材料为金属底座。由 245 方括号可知题名为自拟题名,因此正题名来源应在附注字段予以说明。

4. 007 aj

255 ##$aScale 1:25,000,000.

300 ##$a1 map on 10 sheets : $csheets 44 x 34 cm or smaller

解析:007/00 字符位(资料类型)选用代码"a"表示资源为地图,007/01 字符位(特定资料标识)选用代码"j"表示资源为普通地图。根据 RDA 3.4.2.4,对于多分切呈现的地图资源,如果分切图不在一张上,则记录完整的地图单元数,其后随以 *on* 及张数。根据 RDA 3.5.2.3,对于多个不同尺寸张上的地图的尺寸,如果地图等在两种以上尺寸的张上,则记录张的最大高度,其后随以最大高度 x 宽度和 *or smaller*。

Day 94
综合测试(19)

一、实践题(每空 2 分,共 50 分)

1. 请根据依据 AACR2 记录的书目记录,补充完整相应的 RDA 规范记录。

书目记录:

100 0#$aXenophon.

240 10$aWorks.$kSelections.$f2007

245 10$aXenophon on government /$cedited by Vivienne J. Gray.

246 30$aOn government

260 ##$aCambridge, UK ;$aNew York :$bCambridge University Press,$c2007.

700 1#$aGray, Vivienne.

规范记录:

046 ##______

100 0#____

______##$aSelections

400 0#$aXenophon.$tOn government.$f2007

400 0#$wnnea$aXenophon.$tSelections.$f2007

400 0#$aXenophon.$t____________________________________

______##$aXenophon. Xenophon on government, 2007

2. 请根据依据 AACR2 记录的书目记录,补充完整相应的 RDA 规范记录。

书目记录:

041 1#$aeng$alat$hlat

100 1#$aValla, Lorenzo,$d1407-1457.

245 10$aCorrespondence /$cLorenzo Valla ; edited and translated by Brendan Cook.

264 #1$aCambridge, Massachusetts :$bHarvard University Press,$c2013.

300 ##$axxii, 417 pages ;$c21 cm.

336 ##$atext$2rdacontent

337 ##$aunmediated$2rdamedia

338 ##$avolume$2rdacarrier

700 1#$aCook, Brendan$c(Translator), $eeditor,$etranslator.

700 12$aValla, Lorenzo,$d1407-1457.$tCorrespondence.$lLatin$s(Cook)

700 12$aValla, Lorenzo,$d1407-1457.$tCorrespondence.$lEnglish$s(Cook)

规范记录:

046 ##______

100 1#______________________________

377 ##______________________________

______##$aLetters$2lcsh

______##$aCook

500 1#wriEditor:$aCook，Brendan$c(Translator)

670 ##$aValla，Lorenzo. Correspondence，2013:$bpage 341 (edited by Brendan Cook)

046 ##______

100 1#______________________________

377 ##______________________________

______##$aLetters$2lcsh

______##$aCook

500 1#wriTranslator: $aCook，Brendan$c(Translator)

670 ##$aValla，Lorenzo. Correspondence，2013:$btitle page (translated by Brendan Cook)

3. 请根据提示信息将字段空缺部分填写完整。

在编资源为视频网站，网站主页显示如下：

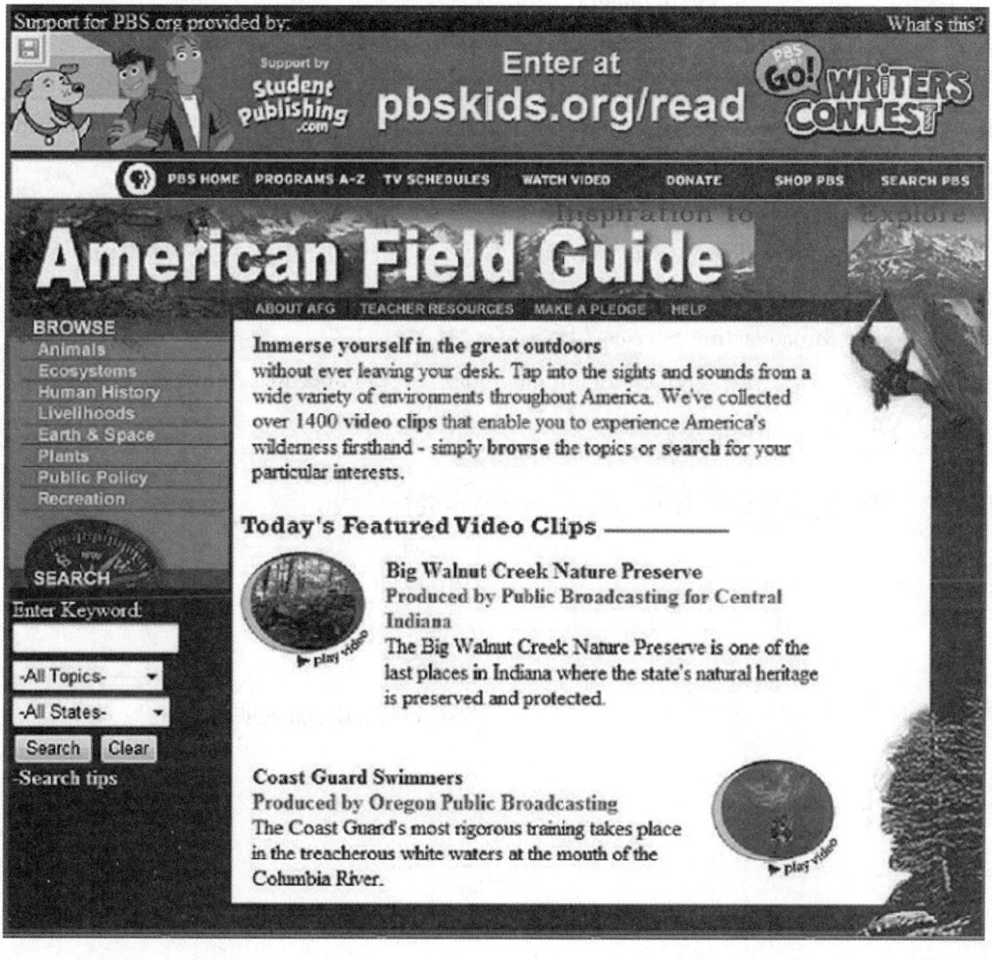

浏览日期为 2013 年 7 月 25 日。

008 模式:可视资料 VM

LDR ^^^^^c ______ ______^^22003735i^4500 (提示: LDR/06、07 字符位分别填)

006 s^||w|s||||||^^^|2

006 m^^^^^^^^i^^^^^^^^^

007 c ______^||||||||||| (提示: 007/01)

007 vz^c|||||

008 030729m20039999oru---^^^^^^^^^s^^^vceng^^

043 ##$an-us---

245 00$aAmerican field guide.

246 3#$aAFG

264 #1$a[Portland] : $b Oregon Public Broadcasting ; $a [Alexandria, Va.] : $b PBS.

300 ##$a ______________________________

______##$aFrequently Updated

336 ##$a ______________$2rdacontent

337 ##$a ______________$2rdamedia

338 ##$a __________________$2rdacarrier

588 ##$a ______________________________

520 ##$aVideo clips with accompanying text and narrations related to U. S. animals, plants, ecosystems, and other nature and environment topics.

______##$aMode of access : World Wide Web ; video segments require Real Media Player or Windows media player.

710 2#$aOregon Public Broadcasting.

710 2#$aPublic Broadcasting Service (U. S.)

856 40$uhttp://www. pbs. org/americanfieldguide/ $z Connect to: American field guide

二、连线题(每线 2 分,共 50 分)

1. 请将下列 RDA 附录中的序号和与之对应的内容进行连线。

附录 A	首冠词
附录 B	公历日期
附录 C	大写
附录 F	缩写
附录 H	个人名称的附加说明

2. 请将下列字段号与匹配的字段定义以及对应的 RDA 元素条款号进行连线。

028	音乐表现形式说明	RDA 6.14.2
240	调	RDA 7.13.3
300	音乐作品的数字标识	RDA 2.5
340	音乐出版者编号	RDA 6.16
382	音乐内容的表演媒介	RDA 6.15
383	音乐作品的首选题名	RDA 7.21
384	乐谱形式	RDA 3.4.3
500	版面设计	RDA 2.15.2
254	表演媒介	RDA 6.17
546	乐谱的数量	RDA 3.11

Day 94 答案与解析

一、实践题

1. 046 ##$k2007

100 0#$aXenophon.$tWorks.$kSelections.$f2007

381

400 0#$tXenophon on government.$f2007

670

解析:由书目记录 100 + 240 的形式,以及规范记录 400 的形式可知该规范记录是一条代表作品的规范记录,在编资源为 2007 年版的 *Xenophon* 作品选编。规范数据格式中的 046 字段用于记录与实体相关的日期,包括:个人的出生日期、死亡日期以及个人活跃期的范围;举行会议等的单个或多个日期,或者其他与团体相关的日期(如成立日期、解散日期);与家族有关的重要日期;与作品和内容表达相联系的最早日期。该作品的规范记录中与日期有关的元素是作品日期,由提示信息可知为 2007 年,属于单个日期,因此应记录于$k 子字段。该规范记录 100 字段记录的是代表作品的规范检索点,其形式与书目记录有所不同,即书目记录中 240$a 的内容在规范记录中应记录于 1XX$t,其他子字段使用相同。由于在编资源为作品选编,因此作品的首选题名使用惯用总题名 *Works*,其后随以术语 *Selections* 表示选编记录于$k,作品日期记录于$f。在作品或内容表达的规范检索点中作为附加成分的元素同时也可以单独记录,381 字段正是为满足这种需求而新增的字段,用于记录作品或内容表达的其他区别特征,通常对应于 1XX$k或$s。规范记录中 400 字段记录作品的变异检索点,其中第 3 个 400 是以在编资源的题名作为变异题名构建的一个变异检索点。670 字段记录在构建规范检索点时已找到的数据源。

2. 046 ##$k2013

100 1#$aValla, Lorenzo,$d1407-1457.$tCorrespondence.$lLatin$s(Cook)

377 ##$alat

380

381

046 ##$k2013

100 1#$aValla, Lorenzo,$d1407-1457.$tCorrespondence.$lEnglish$s(Cook)

377 ##$aeng

380

381

解析:在编资源包含同一作品的不同内容表达(英语版和拉丁语版,其中拉丁语为原文,英语为译文),两条规范记录分别记录不同的内容表达的规范检索点。与上题相同,规范数据格式中的046字段用于记录与实体相关的日期,本题与实体相关的日期为内容表达的日期,为单个日期,记录于$k 子字段。100 字段记录代表内容表达的规范检索点,由著者的规范检索点 + 作品的首选题名 + 内容表达的语言 + 版本构成,分别记录于$a、$t、$l、$s 子字段。377 字段为书目记录和规范记录同时新增的字段,记录与所描述的实体相关的语言,包括个人创作时或广播时所用的语言、团体在交流时采用的语言、家族的语言或表达作品内容时的语言,本题为记录内容表达的语言。需要注意的是,$l 子字段记录语种名称,而 377$a 子字段记录语种代码。380 为书目记录和规范记录同时新增的字段,记录作品的类型或体裁,可以区分具有相同题名的不同作品,*Letters* 表明所描述的作品为信件,术语选自 LCSH($2)。381 记录用于区分作品和内容表达的其他区别特征,本题为版本,与 1XX$s 对应。

3. LDR g i

007 r

300 ##$a1 online resource

310

336 ##$atwo-dimensional moving image

337 ##$acomputer

338 ##$aonline resource

588 ##$aDescription based on version consulted Jul. 25, 2003.

538

解析:在编资源为一个介绍美国自然生态系统的不断更新的视频网站,属于集成性资源。LDR/06 字符位(记录类型)选择代码"g",表示资源内容类型为放映媒体。LDR/07 字符位(书目级别),选择代码"i",表示集成性资源。007/01 字符位用代码表示资源的具体类型,00 字符位"c"表示资源为电子资源,01 字符为"r"表示资源为远程访问的电子资源。对于网站资源,AACR2 不要求记录载体数量,但 RDA 3.1.5要求应予以记录,形式为 1 *online resource*。*Frequently Updated* 表示频率,记录于 310 字段。588 字段包含有关著录来源的附注,对于网络资源,还包括浏览日期。*Mode of access : World Wide Web ; video segments require Real Media Player or Windows media player* 表明了资源的访问方式及播放的技术需求,这类信息记录于 538 字段(系统细节附注)。

二、连线题

1. 附录A　附录B　附录C　附录F　附录H

首冠词　公历日期　大写　缩写　个人名称的附加说明

2. 028　240　300　340　382　383　384　500　254　546

音乐表现形式说明　调　音乐作品的数字标识　音乐出版者编号　音乐内容的表演媒介　音乐作品的首选题名　乐谱形式　版面设计　表演媒介　乐谱的数量

RDA 6.14.2　RDA 7.13.3　RDA 2.5　RDA 6.16　RDA 6.15　RDA 7.21　RDA 3.4.3　RDA 2.15.2　RDA 6.17　RDA 3.11

Day 95
综合测试(20)

一、单项选择题(每题3分,共30分)

1. 340字段包含与资料物理特征有关的文本信息,与其对应的代码信息记录于(　　)字段
A. 006　　B. 007　　C. 008　　D. 005

2. RDA为很多元素提供了专门的术语,如果术语取自RDA,需在(　　)子字段记录来源为RDA
A.$3　　B.$w　　C.$o　　D.$2

3. 关于046字段说法不正确的是(　　)
A. 046字段同时存在于书目记录和规范记录中
B. 046字段在书目格式中为新增字段,在规范格式中为修订字段
C. 书目记录中的046字段增加了子字段$o和$p
D. 规范记录中046字段中日期的表示采用ISO 8601规定的格式

4. 下列子字段的修订是将原来的不可重复改为了可重复的是(　　)
A. 490$x　　B. 028$q　　C. 502$b　　D. 700$i

5. 下列字段呼应关系不正确的是(　　)
A. 336字段与LDR/06字符位　　B. 337字段与007/00字符位
C. 337字段与007/01字符位　　D. 338字段与007/01字符位

6. 下列字段中不可重复的是(　　)
A. 336　　B. 337　　C. 338　　D. 306

7. 下列表示语言的字段中,不能用于载体表现中所涉及语言的是(　　)
A. 008/35-37　　B. 041　　C. 377　　D. 546

8. 381字段定义为作品或内容表达的其他区别特征,下列元素属于381字段记录范畴的是(　　)
A. 作品日期　　B. 作品原创地　　C. 内容表达的语言　　D. 版本

9. 揭示资源和资源之间关系的说明语记录在(　　)子字段
A.$e　　B.$i　　C.$j　　D.$4

10. 某人生于1936年5月5日,应以(　　)形式记录于046字段中
A. 046 ##$f1936　　B. 046 ##$f1936-5-5
C. 046 ##$f19360505　　D. 046 ##$f1936-05-05

二、判断题。正确请填写"T",错误请填写"F"。(每题2分,共20分)

1. 与资源的知识或艺术内容相关的作品和内容表达的属性所涵盖的元素仅记录在书目记录中。(　　)

2. 内容特性是指资源主要内容的特征，对应的 MARC 字段为 500 字段，必要时需同时在 007 字段以代码的形式予以呼应。（　　）
3. 内容属性中除地图的比例尺对于描述地图资源是必需的之外，其他均为非核心元素。（　　）
4. 在 LC 的编目实践中，“读者对象”在少儿文献资源中是核心元素。（　　）
5. 如果资源是为特殊人士所设计，读者对象信息比较重要，建议著录，例如，为视障人士所设计的资源。（　　）
6. 资源显示适合于 7—9 岁年龄段的读者阅读，相关内容著录为：008/22 字符位使用代码“e”，521 1#$a007-009。（　　）
7. 用于记录时间范围的 045 字段，针对不同资源，其时间范围的含义也有所不同。对于图书和连续性资源，表示资源内容所覆盖的时间段；对于乐谱或录音资料，表示作曲的时间范围；而对于电影或录像资料，则表示电影所描述的时间范围。（　　）
8. 内容涵盖的地理区域范围著录于 522 字段，与之相呼应的著录地理分类代码的字段是 043 字段。（　　）
9. 2014 年第 4 季度分析报告，书目记录中附注字段显示为：513 ##$aQuarterly analysis report: $bOct. -Dec., 2014.（　　）
10. 为配合 RDA，502 字段被修订，其中$d 表示授予机构或院系。（　　）

三、实践题（每题 5 分，共 30 分）

请根据 AACR2 与 RDA 的差异，转换两种记录。

1. R: 336 ##____________________

   337 ##____________________

   338 ##____________________

   A: 245 00$a … $h[electronic resource] :$b…

   300 ##aa1 videodisc (82 min.) :$bDVD video, sd., col. ;$c4 3/4 in.

2. R: 100 0#____________________

   A: 100 0#$aDemetrius$bI,$cPoliorcetes, King of Macedonia,$d336-283 B. C.

3. R: 100 1#$aZubrodt, Johann Peter,$dactive 1669-1682.

   A: 100 1 ____________________

4. R: 130 0#$aBible$pOld Testament.

   130 0#$aBible$pNew Testament.

   A: 130 0#____________________

   130 0#____________________

5. R: 130 0#____________________

   130 0#____________________

   A: 130 0#$aBible.$pO. T.$pEzra.

   130 0#$aBible.$pN. T.$pRevelation.

6. R: 245 04$aThe Bible in English, Greek and Hebrew

   730 0#$aBible.$lEnglish.

730 0#$aBible.$lGreek.

730 0#$aBible.$lHebrew.

A: 130 0# ________________________________

245 14 ________________________________

四、实践题(每空 2 分,共 20 分)

请根据提示信息将给出的字段填写完整。

在编资源为一在线植物图像数据库网站,主页显示如下:

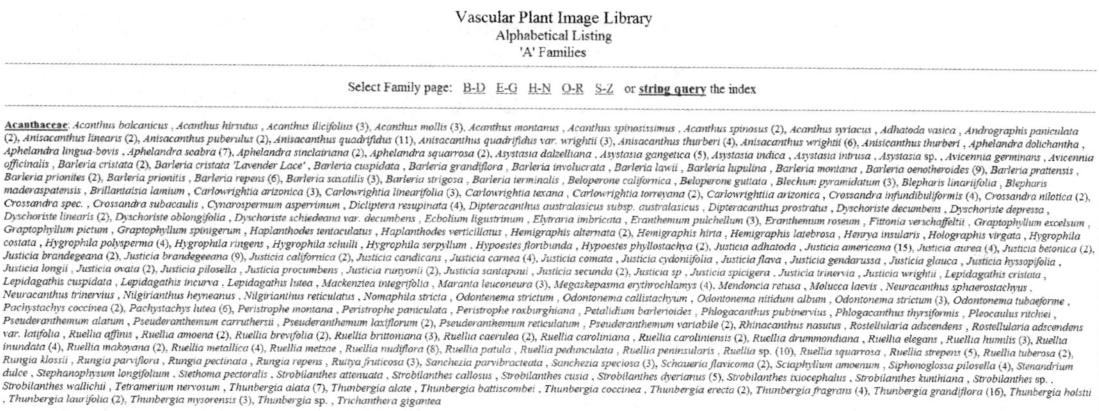

浏览时间为2011 年7 月17 日,责任者为 *Digital Flora of Texas*,另有题名 *Texas vascular plant image library*。

LDR　^^^^^c ______i^^2200325^i^4500　(提示:LDR/06 字符位)

008　031107m20009999txunnn^^^^^^^^ ______^^^zneng^^　(提示:008/29 字符位)

043 ##$an-us-tx

245 00$aVascular plant image library /$cDigital Flora of Texas.

246 1#$i ______________ $a ______________________________

264 #1$a[College Station, Tex.] :$bDigital Flora of Texas.

______1#$aBegan in 2000?

336 ##$a ______________ $2rdacontent

337 ##$acomputer$2rdamedia

338 ##$a ______________ $2rdacarrier

520 ##$aDigitized botanical illustrations and photographs of Texas vascular plants.

538 ##$a ______________

______##$aSystem under development by members of the Flora of Texas Consortium as part of the Digital Flora of Texas Project.

______##$aDescription based on last updated: Jun. 20, 2011; title from home page (viewed on Jul. 17, 2011).)

710 2#$aFlora of Texas Consortium.

856 40$uhttp://www.csdl.tamu.edu/FLORA/gallery.htm

Day 95 答案与解析

一、单项选择题

1. B

2. D

3. B　**解析**:046 字段无论在书目格式中还是在规范格式中,均不是新增字段,在书目记录中,046 针对 RDA 6.4(作品的日期)和 6.10(内容表达的日期)进行了修订,增加了$o 和$p 子字段,$o 记录内容的单个日期或起始日期 ,$p 记录合集内容的结束日期。在规范记录的 046 字段中,日期应采用 ISO 8601 规定的格式:yyyy、yyyy-mm 或 yyyymmdd,分别记录年、年月或年月日,故 <B> 中内容不正确。

4. A　**解析**:490$x 记录丛编的 ISSN 号,在修订前不可重复,仅能记录主丛编的 ISSN 号,修订后变成了可重复,可同时记录分丛编的 ISSN 号。028$q 记录出版者编号的限定信息,为新增子字段,可重复。502$b 记录学位论文的学位类型,为新增子字段,不可重复。700$i 记录资源之间的关系说明语,为新增子字段,可重复。故选择 <A>。

5. C

6. D

7. C　**解析**:377 字段包含与记录中所描述的实体相关的语言,包括个人创作时或广播时所用的语言、团体在交流时采用的语言、家族的语言或表达作品内容时的语言。该字段是针对 RDA 6.11(内容表达的语言)新增的字段,当需要与同一作品的另一内容表达做区分时,内容表达的语言是核心元素。008/35-37、041、546 字段记录的是内容的语言,通常是载体表现上出现的各种语言,包括前言、正文、后序等,而 377 记录的是作品和内容表达的语言,通常仅指正文的语言,故选择 <C>。

8. D　**解析**:作品日期记录于 1XX$f 和 046$k,作品原创地记录于 370$a,内容表达的语言记录于 1XX$l 和 377$a,版本记录于 1XX$s 和 381$a。

9. B

10. C　**解析**:046 字段在规范记录中记录与实体相关的日期,本题为个人的出生日期,应记录于$f,日期采用 ISO 8601 规定的格式,对于生日可以确定到日的日期格式为 yyyymmdd。

二、判断题

1. T　**解析**:RDA 第 7 章为描述内容,规定了记录与资源的知识或艺术内容相关的作品和内容表达属性的一般性规则和说明,其涵盖的元素均与资源的内容相关,绝大部分为非核心元素,仅记录在书目记录中。

2. F　**解析**:内容特性是指资源主要内容的特征,对应的 MARC 字段为 500 字段,必要时需同时在 008 字段以代码的形式予以呼应,对应的字符位为 008/24-27。

3. T

4. T　**解析**:根据 RDA 7.7,读者对象为非核心元素,但在 LC-PCC PS 中规定,对于少儿文献,须注明读者对象。

5. T　**解析**:根据 RDA 7.7.1.3,如果读者对象信息对识别或选择重要(例如,资源设计为残障人士使用),则记录内容的读者对象。

6. F　**解析**:008/22 代码"e"表示资源的读者对象为成人,因此错误,本题应使用"j"表示少年。

7. T

8. F　**解析**:与 522 字段相呼应的地理分类代码应记录在 052 字段,可提供比包含在 043 字段地理区域代码更精确的地理代码检索。

9. F　**解析**:513 字段记录报告类型及日期范围,$a 记录报告类型,$b 记录日期范围,两个子字段之间用

“;”而非“:”隔开。

10. F **解析**:为配合 RDA,502 字段增加了$b、$c、$d 子字段,分别表示学位类型、授予机构、学位授予年。

三、实践题

1. R: 336 ##$atwo-dimensional moving image$2rdacontent

  337 ##$avideo$2rdamedia

  338 ##$avideodisc$2rdacarrier

2. R: 100 0#$aDemetrius$bI,$cPoliorcetes, King of Macedonia,$d336 B. C. -283 B. C.

  解析:RDA 9.3 与个人相关的日期及附录 H 公历日期规定,无论出生日期还是死亡日期,如果都是公元前,则需在相应的日期或日期范围之后加缩写 B. C. ,而不能省略其中任何一个。

3. A: 100 1 #$aZubrodt, Johann Peter,$dfl. 1669-1682.

  解析:RDA 9.3.4.3 记录个人活跃期中仅规定了日期的记录方法,并未规定应使用的术语,LC-PCC PS 对该项元素的记录方式规定应使用术语 *active* 和 *century*,而不是缩略语 *fl.* 和 *cent.* ,*active* 应置于第一段活跃时间之前。因此,AACR2 记录中使用 *fl.* 对应 RDA 记录中的 *active*。

4. A: 130 0#$aBible$pO. T.

  130 0#$aBible$pN. T.

  解析:根据 RDA 6.23.2.9,对于《圣经》中的旧约,首选题名的构成为《圣经》的首选题名 *Bible* 附加约书的题名全称 *Old Testment*,而 AACR2 规定使用约书的缩写 *O. T.* ,同样的,新约也是如此,AACR2 规定使用缩写 *N. T.* 而非全称 *New Testment* 作为 *Bible* 的复分。

5. R: 130 0#$aBible.$pEzra.

  130 0#$aBible.$pRevelation.

  解析:根据 RDA 6.23.2.9.1,对于《圣经》中的圣书,直接将圣书的名称作为《圣经》首选题名 *Bible* 的复分记录,中间无需再添加圣书所属约书的名称。

6. A: 130 0#$aBible.$lPolyglot.

  245 14$aThe Bible in English, Greek and Hebrew

  解析:根据 RDA 6.30.3.2,如果所描述资源包含《圣经》的多种语言的内容表达,则为每个内容表达创建规范检索点。而 AACR2 规定,如果文献有三种或多种语言,则用 *Polyglot*(多语种)字样。

四、实践题

LDR k

008 s

246 1#$iAlso known as:$aTexas vascular plant image library

362

336 ##$astill image

338 ##$aonline resource

538 ##$aMode of access: World Wide Web.

550

588 **解析**:LDR/06 字符位(记录类型),根据在编资源内容(图像),因此应选择代码“k”,即二维非放映图像,随后进一步确定 008 模型,选择可视资料模式(VM),VM 模式的 008/29 字符位为载体类型,选用代码“s”表示资源载体类型为电子资源。资源的正题名选自题名屏记录于 245 字段,但根据提示信息可知资源还有另外一个名称,因此将该名称作为变异题名记录于 246 字段,同时启用$i 录入附注信息。362 字段记录连续性资源的编号,第 1 指示符为“0”时,编号采用非格式化形式。336 字段记录资源的内容类型,根据 RDA 6.9 术语列表选择适当的术语 *still image*,表示静态图像。550 字段用于记录发行机构附注,由题干信息可知在编资源由 *Digital Flora of Texas Project* 下属的 *Flora of Texas Consortium* 的成员维护发行,故适合记录于 550 字段。

Day 96
综合测试(21)

一、单项选择题(每题 3 分,共 15 分)

1. AACR2 经过三次大的修订后被称为 AACR2R,下列修订时间不正确的是(　　)
   A. 1992　　B. 1988　　C. 2002　　D. 1998
2. RDA 中待补充的章节对应于(　　)
   A. FRBR　　B. FRSAD　　C. FRAD　　D. 都不是
3. 下列属于载体表现的是(　　)
   A. Digitized version of the Oxford University Press text published in 2008
   B. London Symphony Orchestra 2005 performance
   C. Leatherbound autographed copy in Rare Books Collection
   D. Hamlet
4. 下列事件不是在 2009 年发生的是(　　)
   A. ICP 正式出版
   B. FRAD 正式出版
   C. 多伦多“AACR 原则与未来发展国际会议”
   D. RDA 正式编制完成
5. 以下国家的国家图书馆已经实施了 RDA 的是(　　)
   A. 菲律宾　　B. 芬兰　　C. 韩国　　D. 俄罗斯

二、排序题(每题 20 分,共 40 分)

1. 请将下列与编目相关的历史事件按先后顺序排列(　　)
   A. RDA 工具套件面世
   B. AACR2 正式出版
   C. AACR3 更名为 RDA
   D. 国际编目原则会议在巴黎召开
   E. 美国国会图书馆 RDA 切换日
   F. FRBR 正式出版
   G. 第一部 ISBD 面世
   H. ICP 面世
   I. 两大编目体系的对峙形成
   J. RDA 中译本正式出版
   K. FRSAD 正式出版
   L. MARC 21 机读目录格式面世

2. 请将下列 RDA 的目次按章节顺利排列(　　)

A. 相关作品

B. 记录基本关系的一般性规则

C. 与作品相关的个人、家族和团体

D. 相关团体

E. 识别地点

F. 识别个人

G. 描述内容

H. 记录概念、物体、事件和地点之间关系的一般性规则

I. 识别作品和内容表达

J. 描述载体

K. 关系说明语:作品、内容表达、载体表现和单件之间的关系

L. 识别载体表现和单件

三、列举题(共 45 分)

1. 请写出下列术语的中文名称和英文展开形式(每个 5 分,共 25 分)

RDA:

ICP:

AACR:

FRBR:

ISBD:

2. 请列出 FRBR 和 FRAD 的实体(共 20 分)

FRBR:

第 1 组:

第 2 组:

第 3 组:

FRAD:

第 1 组:

第 2 组:

Day 96 答案与解析

一、单项选择题

1. A　**解析:**AACR2 出版后经历了 1988 年、1998 年和 2002 年三次主要修订,修订后被称为 AACR2R。因此,修订工作不包括 < A > 的年份。

2. B　**解析:**FRSAD 概念模型涉及 FRBR 的第 3 组主题实体(概念、物体、事件和地点),该模型在 RDA 发布时(2010 年)还未完成编制,因此与主题相关的实体的属性和关系,在现有 RDA 版本中尚处于待补充的状态。

3. A　**解析:**< B >:伦敦交响乐团 2005 年演出,属于内容表达;< C >:善本收藏中的一册带有作者亲笔签名的皮面精装本,属于单件;< D >:莎士比亚名著《哈姆雷特》,属于作品。

4. C　**解析：**<C>多伦多“AACR 原则与未来发展国际会议”的举办时间为1997年。其他选项发生的时间均为2009年。

5. A

二、排序题

1. IDGBFLCHAKEJ

解析：

A. RDA 工具套件面世（2010年）
B. AACR2 正式出版（1978年）
C. AACR3 更名为 RDA（2005年）
D. 国际编目原则会议在巴黎召开（1961年）
E. 美国国会图书馆 RDA 切换日（2013年）
F. FRBR 正式出版（1998年）
G. 第一部 ISBD 面世（1971年）
H. ICP 面世（2009年）
I. 两大编目体系的对峙形成（1908年）
J. RDA 中译本正式出版（2014年）
K. FRSAD 正式出版（2011年）
L. MARC 21 机读目录格式面世（1999）

2. LJIGFEBCADHK

解析：

A. 相关作品（第25章）
B. 记录基本关系的一般性规则（第17章）
C. 与作品相关的个人、家族和团体（第19章）
D. 相关团体（第32章）
E. 识别地点（第16章）
F. 识别个人（第9章）
G. 描述内容（第7章）
H. 记录概念、物体、事件和地点之间关系的一般性规则（第33章）
I. 识别作品和内容表达（第6章）
J. 描述载体（第3章）
K. 关系说明语：作品、内容表达、载体表现和单件之间的关系（附录J）
L. 识别载体表现和单件（第2章）

三、列举题

1. 中文名称和英文展开式

RDA：　资源描述与检索 *Resource Description and Access*
ICP：　国际编目原则声明 *Statement of International Cataloguing Principles*
AACR：　英美编目条例 *Anglo-American Cataloging Rules*
FRBR：　书目记录的功能需求 *Functional Requirements for Bibliographic Records*
ISBD：　国际标准书目著录 *International Standard Bibliographic Description*

2. FRBR：

第1组：作品、内容表达、载体表现、单件
第2组：个人、团体
第3组：概念、物体、事件、地点

FRAD:

第 1 组:作品、内容表达、载体表现、单件、个人、家族、团体、概念、物体、事件、地点(书目实体)

第 2 组:名称、标识符、受控检索点、规则、机构(规范实体)

Day 97
综合测试(22)

一、单项选择题(每题 3 分,共 30 分)

1. 载体表现的题名对于下列哪项用户任务不具有高价值(　　)
   A. 查找作品　B. 识别载体表现　C. 选择载体表现　D. 获取载体表现
2. 出版日期对于下列哪项用户任务不具有高价值(　　)
   A. 查找作品　B. 识别载体表现　C. 选择载体表现　D. 获取载体表现
3. 下列事项不涉及“7”的是(　　)
   A. ICP 的条款数
   B. FRAD 定义的作品与作品之间的关系种类
   C. FRBR 的章节数
   D. 502 字段定义的子字段数
4. 下列事物中不属于编目学意义上“团体”的是(　　)
   A. 探险　B. 解散的团体　C. 展览　D. 船舶
   E. 以上都是
5. 下列资源是新作品的是(　　)
   A. 电影的配音版　B. 修订版　C. 作品摘要　D. 翻译本
6. 信息源上纪年铭显示为:Cvra BonIfaCII, PrIMo, Qvo PraefVIt Anno Abbas SpeCtatos CoLLoCat Hos CeLares,则按 RDA 的做法,出版日期表示为(　　)
   A. 264 #1$c1658　B. 264#1$c1670　C. 264 #1$c1775　D. 264 #1$c1760
7. CoP 的成员不包括(　　)
   A. ALA　B. DNB　C. CILIP　D. NLA
8. 以下不是 RDA Toolkit 页面左侧的三项选项卡的是(　　)
   A. RDA 全文　B. 政策声明　C. 工具　D. 资源
9. *ALA*1949 在西方编目史上被称为(　　)
   A. 绿皮书　B. 白皮书　C. 黄皮书　D. 红皮书
10. 柳别斯基的历史功绩不包括(　　)
    A. 提出了科学合理的编制条例的方法　B. 重新定义了作品概念
    C. 阐述了实现目录功能的方法　D. 促成了机读目录格式的产生

二、实践题(每空 3 分,共 45 分)

请判断以下 MARC 书目记录中用数字标识的字段或子字段分别与 FRBR 第 1 组实体的哪个相关?

1.

110 2#$aLos Angeles Chamber of Commerce.$bResearch Department.　(1) ______

245 10$aLos Angeles County census tracts as used in the 1950 census.　(2) ______

255 ##$aScale approximately 1: 150,000.　(3) ______

264 #1$a [Los Angeles, California] :$bResearch Department, Los Angeles Chamber of Commerce,$c[1951]　(4) ______

300 ##$a1 map ;$c53 x 84 cm　(5) ______

336 ##$acartographic image$bcri$2rdacontent　(6) ______

337 ##$aunmediated$bn$2rdamedia　(7) ______

338 ##$asheet$bnb$2rdacarrier　(8) ______

500 ##$aRelief shown pictorially.

500 ##$aIncludes insets of [Santa Catalina Island and San Clemente Island] and Northern part of Los Angeles County.

710 1#$aLos Angeles County (Calif.).$bRegional Planning Commission.

2.

100 1#$aMelville, Herman,$d1819-1891.　(1) ______

240 10$aMoby Dick　(2) ______

245 10$aEmoji Dick, or, The Whale /$cby Herman Melville ; Edited and Compiled by Fred Benenson ; Translation by Amazon Mechanical Turk.

246 30$aEmoji Dick

246 30$aWhale

250 ##$aFirst Edition.　(3) ______

264 #1$a[Virginia?] :$b[Publisher not identified],$c[2010]

300 ##$a735 pages ; $bcolor illustrations ;$c24 cm　(4) ______

336 ##$atext$2rdacontent

337 ##$aunmediated$2rdamedia

338 ##$avolume$2rdacarrier

500 ##$aTranslating Moby Dick into Japanese Emoji Icons using Amazon's Mechanical Turk.

500 ##$aLC has Book 3/14, signed and dated by editor.$5DLC　(5) ______

700 1#$aBenenson, Fred,$eeditor.　(6) ______

906 ##$a7$bcbc$corignew$d2$encip$f20$gy-gencatlg　(7) ______

三、实践题(共 25 分)

1. 请根据提示信息判断所标序号字段记录是否正确,正确的填“T”,错误的填“F”,如果不正确请改正(每题 3 分,共 15 分)

封面

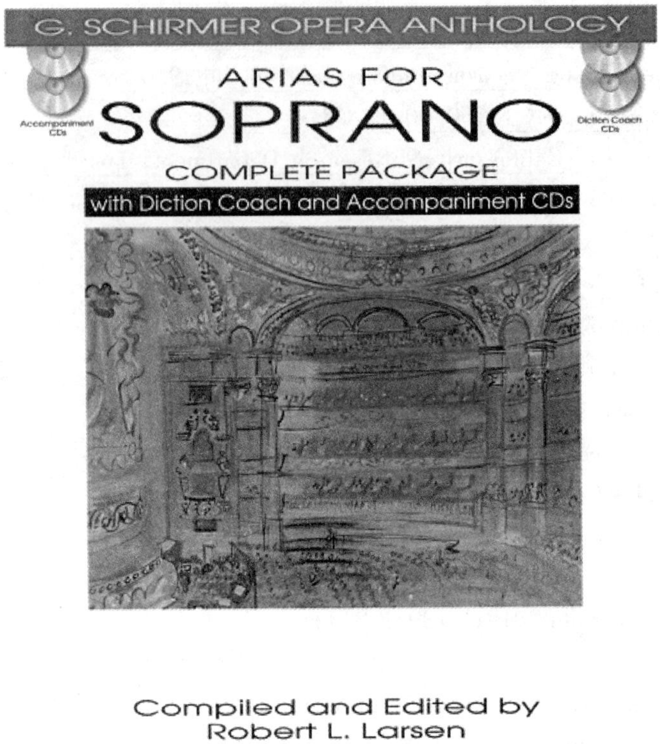

题名页显示信息与封面相同。

其他信息:

本资源为声乐缩编谱;

269 页,高度 31 厘米,附带 4 张音乐 CD;

包含多部作品的缩编谱。

版权页显示:

Published byG. Schirmer, Inc., New York, NY 2013

Distributed by Hal Leonard Corporation, Milwaukee, WI

040 ##$aYDXCP$beng$erda$cYDXCP$dCLE$dMYG$dZQP$dDLC

050 00$aM1507$b. A69 2013

245 00$aArias for soprano :$bcomplete package : with diction coach and accompaniment CDs / $ccompiled and edited by Robert L. Larsen.

264 #1$aNew York, NY :$bG. Schirmer, Inc. ,$c2013.

264 #3$aMilwaukee, WI :$bDistributed by Hal Leonard Corporation. ①(　　)

改正:________________________________

300 ##$a1 vocal score (269 pages) ;$c31 cm +$e4 sound discs (digital ; 4 3/4 in.) ②(　　)

改正:________________________________

336 ##$anumbered music$2rdacontent ③(　　)

改正:________________________________

336 ##$aperformed music$bprm$2rdacontent

490 1#$aG. Schirmer opera anthology

505 0#$aThe ballad of Baby Doe. Willow song. The silver aria / Douglas Moore -- Un ballo in maschera. Saper vorreste / Giuseppe Verdi -- La Bohème. Mi chiamano Mimì ; Quando men vo ; Donde lieta / Giacomo Puccini -- Carmen. Je dis que rien ne m'épouvante / Georges Bizet -- Les contes d'Hoffmann. Elle a fui, la tourterelle! / Jacques Offenbach -- Don Giovanni. Batti, batti, o bel Masetto ; Vedrai, carino / Wolfgang Amadeus Mozart -- Falstaff. Sul fil d'un soffio etesio / Giuseppe Verdi -- Faust. Ah! Je ris de me voir (The jewel song) / Charles Gounod -- Fidelio.

700 1#$aLarsen, Robert L. ,$d1934-$ecomposer.　　　④(　　)

改正：____

700 12$iContains (expression):$aMoore, Douglas,$d1893-1969.$tBallad of Baby Doe.$pWillow song.$sVocal score.　　　⑤(　　)

改正：____

……

830#0$aG. Schirmer opera anthology.

2. 请根据提示信息将空缺的字段补充完整(每空 2 分,共 10 分)

某手稿乐谱资源按页面顺序显示如下：

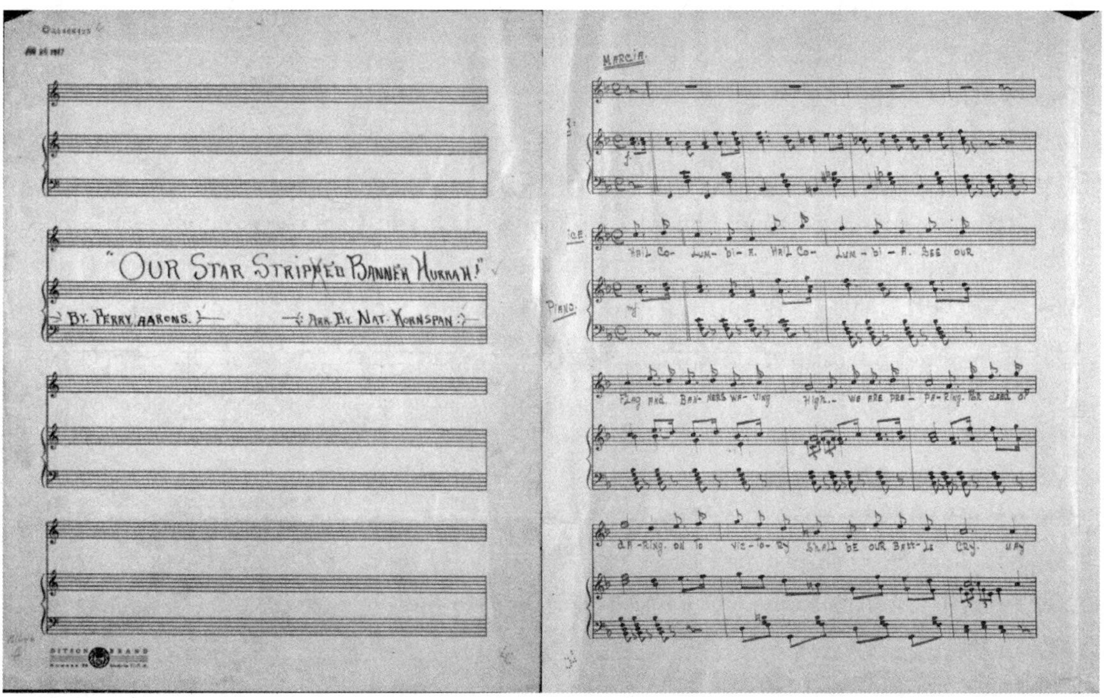

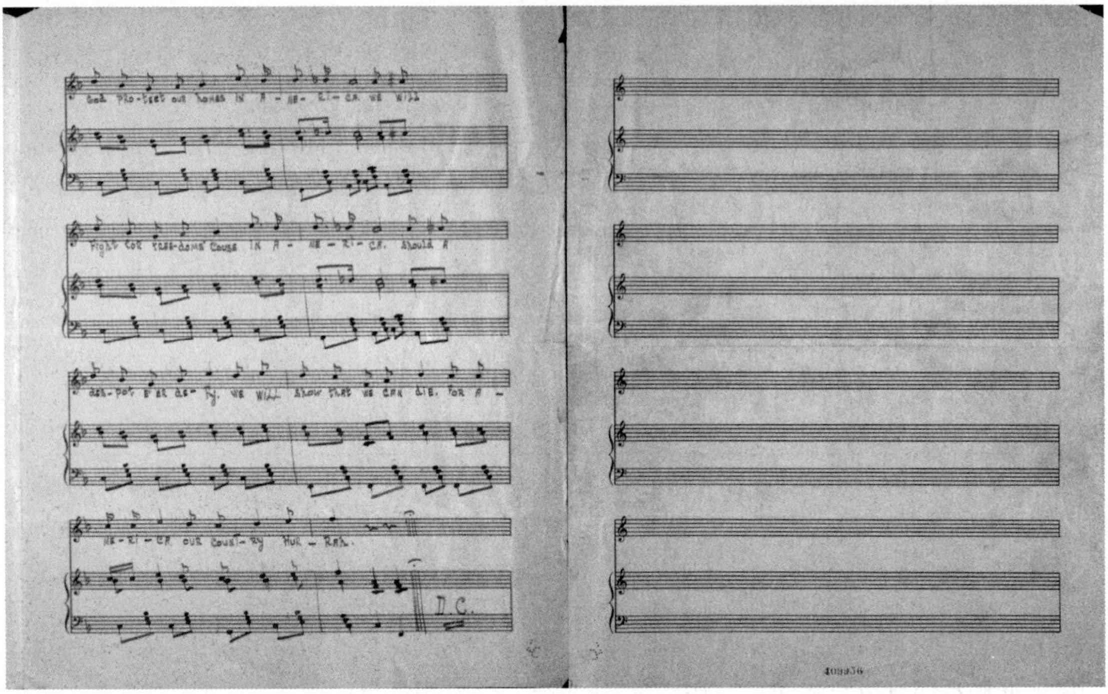

LDR ^^^^^c ______m^^2200385^i^4500 (提示: LDR/06 字符位)

008 140311s1917^^^^xx^pp||^^^^^^^^n^^|^eng^^

040 ##$aDLC$beng$cDLC$erda$dDLC

043 ##$an-us---

050 00$aM1646$b. A

100 1#____

245 10$aOur star striped banner hurrah! /$c[music and lyrics] by Perry Aarons ; arr. by Nat Kornspan.

264 #4$c© 1917

300 ##$a ____$c35 cm

336 ##$anotated music$2rdacontent

337 ##$aunmediated$2rdamedia

338 ##$avolume$2rdacarrier

500 ##$aManuscript in ink.

500 ##$aFor voice and piano.

530 ##$aAlso available in digital form on the Library of Congress Web site.

546 ##$b ____

700 1#$aKornspan, Nat,$e ____________

773 0#$aPerforming Arts Encyclopedia

773 0#$tWWI sheet music

856 41$3Online at:$uhttp: //lcweb2. loc. gov/diglib/ihas/loc. natlib. ihas. 200198274/

Day 97 答案与解析

一、单项选择题

1. C 解析:FRBR 第 6 部分用户任务中专门以表格形式列出了作品、内容表达、载体表现和单件的各个属性对实现查找、识别、选择和获取不同层次实体的用户任务的价值,其中载体表现的题名这一属性对查找作品、内容表达和载体表现,对识别作品、内容表达和载体表现,对获取载体表现具有高价值,对其他用户任务不具有高价值,甚至没有价值,故选择 <C>。

2. A 解析:同上题,从 FRBR 第 6 部分的列表可知,出版日期对识别、选择和获取载体表现具有高价值,对其他用户任务不具备高价值,甚至没有价值,故选择 <A>。

3. D 解析:ICP 为国际编目原则声明,包括 7 部分内容,分别是范围,总原则,实体、属性和关系,目录的目标和功能,书目著录,检索点,查找功能的基础。FRAD 为规范数据的功能需求,其第 5 部分定义了作品、内容表达、载体表现和单件之间的关系,共定义了 7 种关系,分别是:等价关系、派生关系、描述关系、整体/部分关系、附件关系、继承关系和相同特征关系。FRBR 共包括 7 章,分别是引言、目的/范围和方法、实体、属性、关系、用户任务、国家书目记录的基本需求。502 字段经 2008 年最后一次修订后,定义有 8 个子字段,分别是$a、$b、$c、$d、$g、$o、$6 和$8。故选择 <D>。

4. E 解析:根据 RDA 11.0,典型的团体包括协会、机构、工商企业、非营利性事业单位、政府、政府机构、项目和计划、宗教团体、以教会名称识别的地方教会组织和会议。特别事件(诸如体育比赛、展览、考察、博览会和节日),船(如船舶和航天飞船)也视为团体。故选择 <E>。

5. C 解析:FRBR 对介绍作品实体时,明确指出"包括早期文本的修订或更新在内的不同文本都只是简单地看作同一作品的内容表达(即不把不同的文本视为单独的作品)。同样,已有文本的简编本或增补本,或者音乐作品的附加部分或伴奏都作为同一作品的不同内容表达。不同语种的译本、音乐的编曲与改编曲、电影的配音或字幕版本也只是简单的作为同一原始作品的不同内容表达",同样,在判断何为产生的新作品时,也明确指出"文摘、摘要、提要也被看作是新的作品"。

6. D 解析:计算的具体方法是,先把纪年铭中表示数字的大写字母抽取出来并按大小从左至右排序,其中 M = 1000,D = 500,C = 100,L = 50,X = 10,V = 5,I = 1,相加求和,左减右加,IV = 4,VI = 6。本题排序后显示为 MCCCCCCLLLVIIIII,将其代表的数字相加求和:1000 + 600 + 150 + 5 + 5 = 1760。

7. B 解析:CoP 是"负责人委员会"的简称,是全面负责 RDA 研制的最高机构,成员来自 ALA、CLA、CILIP 三个图书馆协会的代表,以及来自 LC、LAC、NLA 和 BL 四个国家图书馆的代表,均为英语国家,不包括 DNB(德国国家图书馆),DNB 是 RSC(原 JSC)的成员之一。

8. B 解析:RDA Toolkit 页面左侧的选项卡包括"RDA"(RDA 全文)、"TOOLS"(工具)和"RESOURCES"(资源)三项,<B>政策声明包含在"RESOURCES"中。

9. D 解析:ALA 是美国图书馆协会的简称,*ALA*1949 是 1949 年由 ALA 是对英美编目规则 *ALA*1941 的修订,因其红色封面而被称为"红皮书"。1949 年还诞生了一部著作,即由美国国会图书馆发布的《美国国会图书馆描述性编目规则》,简称"LC1949",因其绿色封面而被称为"绿皮书"。

10. D 解析:柳别斯基是美籍荷兰人,一生致力于编目规则的修订,其编目思想对编目历史产生了巨大影响,主要包括①重视编目的理论原则,认为编目任何编目条例都应依据统一的编目原则,原则重于琐碎的规则;②重新定义"作品"为一个抽象的概念,是一个著者艺术或智力的创造,并在此基础上创造性地阐述了目录功能为特性检索和族性检索;③阐述了实现目录功能的方法;④提出了如何确立主要款目标目方面的诸多原则。机读目录格式的产生与柳别斯基的思想没有关系。

二、实践题

1. (1)W 解析:110 字段为主要款目——团体名称,记录的是与作品相关的团体,包括创作者及其他和作品相关的团体,本题为创作者,故与"作品"相关。

(2)M 解析:245 字段为题名说明,记录的是载体表现的题名,包括正题名、其他题名信息、并列正题名、并列其他题名信息、变异题名、交替题名等,故与“载体表现”相关。

(3)W　**解析:**255 字段为制图数学数据,$a 记录地图资源的比例尺,比例尺虽是地图等特殊类型的资源才有的属性,但仍属于与作品的内容相关的属性,在 RDA 7.25 有所阐述。

(4)M　**解析:**264 字段记录的是出版、发行等信息,属于载体表现的属性,在 RDA 2.7—2.11 中有所阐述。

(5)M　**解析:**本题 300$a 记录的是数量,$c 记录的是尺寸,均为与载体表现载体特征相关的属性,在 RDA 3.4—3.5 中有所阐述。

(6)E　**解析:**336 字段记录的是资源的内容类型,内容类型属于内容表达的属性,在 RDA 6.9 中有所阐述。

(7)M　**解析:**337 字段记录的是资源的媒介类型,媒介类型属于载体表现的属性,在 RDA 3.2 中有所阐述。

(8)M　**解析:**338 字段记录的是资源的载体类型,载体类型属于载体表现的属性,在 RDA 3.3 中有所阐述。

2. (1)W　**解析:**100 为主要款目——个人名称,记录的是与作品相关的个人,本题为创作者。

(2)W　**解析:**240 为统一题名,对应 RDA 6.2.2 作品的首选题名。

(3)M　**解析:**250 为版本说明,属于载体表现的属性,对应 RDA 2.5 版本说明。

(4)E　**解析:**本题 300$b 记录了资源的插图信息,表明资源中有彩色插图,插图信息属于内容表达的属性,对应 RDA 7.17 色彩内容。

(5)I　**解析:**本题 500 字段记录的内容表明了编目文献为签名本,对应 RDA 2.21 单件的附注。

(6)E　**解析:**本题 700 字段记录的是编者,属于与内容表达相关的贡献者,对应 RDA 20.2 贡献者。

(7)I　**解析:**906 字段记录的是馆藏信息,与单件相关。

三、实践题

1. ① F　第 2 指示符应为“2”　**解析:**由 *Distributed by Hal Leonard Corporation* 可知该字段记录的是发行信息,因此,264 字段第 2 指示符应为“2”而非“3”,“3”表示生产信息。

② F　$e4 audio discs (digital ; 4 3/4in.)　**解析:**对于音频资源,RDA 相关术语中均使用 *audio* 取代了 AACR2 中使用的 *sound*,因此对于音乐 CD,记录数量时用的载体类型术语应使用 *audio disc* 而非原来的 *sound disc*。

③ F　$anotated music　**解析:**根据提示信息可知资源内容为乐谱,根据 RDA 6.9.1.3 术语列表,应选择术语 *notated music*。

④ F　$ecompiler and editor.　**解析:**由封面责任说明可知$e 关系说明语使用错误,应根据 RDA 附录 I.3 选取适当的术语。*composer* 属于创作者,应记录于 100。

⑤ F　$iContainer of (expression)　**解析:**由提示信息可知在编资源为汇编作品,700 字段记录了其中包含的各资源的规范检索点,声乐缩编谱是对原作品的缩编,属于内容表达层,因此$i 关系说明语应使用 RDA 附录 J.3.4 中的 *Container of (expression)*。

2. LDR d

100 1#$aAarons, Perry,$ecomposer.

300 ##$a1 score (2 unnumbered pages) ;

546 ##$bStaff notation.

700 1#$earranger of music.

解析:LDR/06 字符位(记录类型),对于手稿型乐谱,选择代码“d”。对于音乐作品,将作曲者而非其他责任者视为创作者,记录于 100 字段,同时使用关系说明语 *composer* 记录于$e。300$a 记录资源的数量,对于乐谱资源,应依据 RDA 7.20.1.3 所列的使用的乐谱格式术语,普通乐谱使用 *score*,随后的圆括号内指明册的页、叶或栏数。546 字段为语种附注,但对于乐谱,通常记录乐谱形式,术语依据

RDA 7.13.3.3选取,本题应选择 *staff notation* 表示谱表记谱法,即通常所说的五线谱。由提示信息可知该字段记录的是改编者的规范检索点,因此$e 记录的关系说明语应在 RDA 附录 I.3 中选择适当的术语 *arranger of music*。

Day 98
综合测试(23)

一、条件填空题(每空 2 分,共 30 分)

请根据附注内容填写字段号。

1. ______##$aSystem requirements: IBM PC or compatible computer; 512K RAM; 1 MB available on hard drive; written in dBase III + format; CD-ROM drive; color monitor.
2. ______##$aThe journal was discovered in a cellar in Nantes in 1837 and was removed to the Abbey of St. Pierre, where it remained until 1887, when it was given to Gehan Tourel…
3. ______##$aAlso issued on CD-ROM and online versions.
4. ______##$aSome issues lack volume numbering.
5. ______##$aNegatives are not served.
6. ______1#$aArthur Johnson (Father), Linda Arvidson (Mother), Charles Inslee (Gypsy Man), Madeline West (Gypsy Woman).
7. ______##$aMicrofilm.$bWashington, D. C. :$cLibrary of Congress Photoduplication Service. $e2 microfilm reels ; 35 mm.$nGuide to contents for set (including this and other titles) filmed on reel for 1833-1842.
8. ______##$cGift; $aGary Yanker;$d1975-1983.
9. ______8#$aMPAA rating: PG-13; for thematic elements including sexual content, language, teen drinking and partying.$aCHV rating: PG for crude language and sexual content.
10. ______##$bStaff notation.
11. ______##$aRevision of the author's thesis (Ph. D. --Radboud Universiteit Nijmegen, 2014).
12. ______##$aDescription based on: Vol. 1, no. 1 (summer 2008); title from cover.
13. ______##$aFilmed on location at the Earl Owensby Studios on Gaffney, South Carolina, and at Harbor Star Stage, San Pedro, California.
14. ______##$aPublication may be restricted. For information see "Yanker poster collection" $u(http://lcweb. loc. gov/rr/print/res/250_yank. html).
15. ______##$aPulitzer Prize for music, 2003

二、实践题(每题 5 分,共 50 分)

请根据 AACR2 与 RDA 的差异,转换两种记录。

1. R:264 #1$a[Maryland] :$b[Scarecrow Press],$c[2007]
   A:260 ##______________________________
2. R:264 #1 ______________________________

A:260 ##$a[S. l. :$bs. n. ,$c2006]

3. R:250 ##________________

A:250 ##$a3rd ed.

4. R:245 14$aThe hitsory of Egypt /$cby John Miller.

246 1#$iTitle should read :$aHistory of Egypt

A:245 14________________

或

245 14________________

5. R:245 14$aThe world of Internet and the nw generation /$cAdam Mousa.

246 1#$iTitle should read:$aThe world of Internet and the new gene

A:245 14________________

6. R:300 ##$a1 videodisc (approximately 75 min.)

A:300 ##________________

7. R:245 00$aHealth risk behaviors of …

A:245 00________________

8. R:245 00$aInformation retrieval [Z39.50]

A:245 00________________

9. R:245 00$aInternational labour standards electronic library =$bBibliothèqueélectronique sur les normes internationals du travail

246 31$aBibliothèque électronique sur les normsinternationales du travail

A:245 00________________

246 13________________

说明:并列题名显示在封底

10. R:245 00$aFAO annuaire =$bFAO anuario = FAO 年鉴 = FAO yearbook

246 31$aFAO anuario

246 31$aFAO 年鉴

246 31$aFAO yearbook

A:245 00________________

246 31________________

246 31________________

三、连线题(每线2分,共20分)

请将下列 RDA 中的英文术语与对应的中文相连。

primary relationship	责任说明
authorized access point	单件的保管历史
core elements	载体类型
intended audience	主要关系
statement of responsibility	丛编说明
series statement	图书开本
identifier for the manifestation	规范检索点
custodial History of item	读者对象
carrier type	核心元素
book format	载体表现的标识符

Day 98 答案与解析

一、条件填空题

1. 538 **解析:**从导语 *System requirements*:及其后所记录的内容可知该字段记录的是资源的设备或系统要求(RDA 3.20),根据 RDA 与 MARC 21 书目数据格式的映射,该元素应记录于 538 字段(系统细节附注)。
2. 561 **解析:**该字段记录的内容反映了资源从被发现到被收藏以及收藏者变更的信息,对应的元素为 RDA 2.18 单件的保管历史,根据 RDA 与 MARC 21 书目数据格式的映射,该元素应记录于 516 字段(所有权与保管史)。
3. 530 **解析:**该字段记录的内容表明资源还以 CD-ROM 和在线形式出版,对应 RDA 27.1 相关载体表现,根据 RDA 与 MARC 21 书目数据格式的映射,此类描述应记录于有专指意义的 530 字段(其他载体形式附注)。
4. 515 **解析:**该字段记录内容表明资源部分卷期缺少编号,对应 RDA 2.17.5 连续出版物编号的附注,根据 RDA 与 MARC 21 书目数据格式的映射,此类描述应记录于有专指意义的 515 字段(编号特点附注)。
5. 506 **解析:**该字段记录的内容表明资源底片不提供服务,对应 RDA 4.4 获取限制,根据 RDA 与 MARC 21 书目数据格式的映射,该元素应记录于具有专指意义的 506 字段(获取限制附注)。
6. 511 **解析:**该字段记录的内容列出了资源的演员表,对应 RDA 7.23 表演者、旁白者和/或出品者,根据 RDA 与 MARC 21 书目数据格式的映射,该元素应记录于具有专指意义的 511 字段(参加者或表演者附注)。
7. 533 **解析:**由各子字段及其记录的内容可知,该字段记录的内容是资源的复制品的出版、载体等相关信息,对应 RDA 27.1 相关载体表现,根据 RDA 与 MARC 21 书目数据格式的映射,此类描述应记录于具有专指意义的 533 字段(复制品附注)。
8. 541 **解析:**由各子字段及其记录的内容可知在编资源由 *Gary Yanker* 作为礼物赠送给收藏机构,对应 RDA 2.19 单件的直接获取来源,根据 RDA 与 MARC 21 书目数据格式的映射,该元素应记录于具有专指意义的 541 字段(直接参访来源附注)。
9. 521 **解析:**该字段记录的内容表明了资源的分级对象,对应 RDA 7.7 读者对象,根据 RDA 与 MARC 21 书目数据格式的映射,该元素应记录于具有专指意义的 521 字段(读者对象附注)。
10. 546 **解析:***Staff notation* 表示“谱表记谱法”,属于 RDA 7.13.3 乐谱形式的术语,根据 RDA 与 MARC 21

书目数据格式的映射,该元素应记录于546字段(语种附注)的$b子字段(信息代码或字母)。

11.500　**解析:**该字段记录的内容表明资源由作者的博士学位论文改编而来,并非学位论文本身,因此记录于一般附注字段500即可,而不能记录于具有专指意义的学位论文附注502字段。

12.588　**解析:**该字段记录的内容为资源著录的依据,对应RDA 2.17.13作为识别资源依据的卷期、部分或更新后的整体,根据RDA与MARC 21书目数据格式的映射,该元素应记录于具有专指意义的588字段(著录来源附注)。

13.518　**解析:**该字段记录内容表明了资源拍摄的地点,对应RDA 7.11获取的时间和地点,根据RDA与MARC 21书目数据格式的映射,该元素应记录于具有专指意义的518字段(事件发生的日期/时间和地点附注)。

14.540　**解析:**该字段记录的内容表明对资源的出版有所限制,对应RDA 4.5使用限制,根据RDA与MARC 21书目数据格式的映射,该元素应记录于具有专指意义的540字段(使用与复制条款附注)。

15.586　**解析:**该字段记录的内容表明资源获得了2003年的普利策音乐奖,对应RDA 7.28奖项,根据RDA与MARC 21书目数据格式的映射,该元素应记录于具有专指意义的586字段(获奖附注)。

二、实践题

1. A: 260 ##$a[Maryland :$bScarecrow Press,$c2007]

解析:当需要添加方括号时,AACR2规定多个著录元素只要属同一著录项目,就可以置于一个方括号内。根据RDA附录D.1.2.1,在这种情况下,需要将每个著录元素置于各自独立的方括号内。

2. R: 264 #1$a[Place of publication not identified] :$b[publisher not identified],$c[2006]

解析:首先,关于方括号的使用同上题,即RDA需要将每个著录元素置于单独的方括号内。其次,关于出版地、出版者,RDA取消了使用缩写及最简短形式的规定。例如,AACR2中表示出版地不详的[S.l.]以及表示出版者不详的[s.n.],均改为完整的文字说明。

3. R: 250 ##$a3rd ed..

解析:如果信息源上版本说明为缩写形式,则也著录为缩写形式,不过需要增加一个句点,例如,*2nd ed.*.,第1个句点是缩写的点,第2个句点是项目之间的标识符。

4. 245 14$aThe hitsory [sic] of Egypt /$cby John Miller.

或

245 14$aThe hitsory [i.e. history] of Egypt /$cby John Miller.

解析:本题正题名中有明显的拼写错误,对此,AACR2和RDA虽然均有如实转录的规定,但关于错误的说明两者存在较大的差异。AACR2规定用*sic*和*i.e.*说明错误,这两种表示方法均为拉丁语,RDA取而代之以在如实转录错误的基础上,编制用户更易理解的附注及变异题名。

5. A: 245 14$aThe world of Internet and the n[e]wgeneration/$cAdamMousa.

解析:与上题类似,本题正题名中有明显的字母缺漏,对此,AACR2规定直接补充缺失的部分并置于方括号内即可,但RDA规定需如实转录,编制用户更易理解的附注及变异题名。

6. A: 300 ##$a1 videodisc (ca. 75 min.)

解析:关于缩写,RDA较AACR2有较大的变化,在记录资源的持续时间时,根据RDA 7.22.1.3如果记录的是估计的时间,应前置以*approximately*,而AACR2采用拉丁缩写*ca.*,对于时间单位,根据RDA附录B.7拉丁字母缩写,仍使用*min.*。

7. A: 245 00$aHealth risk behaviors of --

解析:对于正题名中出现的标点符号,RDA遵循的是如实转录的原则,而无需用其他标点符号替代,而AACR2则规定,如果主要信息源的正题名含有标点符号"…"或"[ ]",分别以"—"和"( )"替代。

8. A: 245 00$aInformation retrieval (Z39.50)

9. A: 245 00$aInternational labour standards electronic library.

246 13$aBibliothèque électronique sur les normes internationales du Travail

解析:注意本题的提示说明,对于并列题名,RDA 比 AACR2 的信息源更大,不再拘泥于正题名相同的信息源,而扩大为整个资源,因此,对于出现在封底的题名,AACR2 不将其作为并列题名记录于 245$b,而仅作为其他题名记录于 246 字段。

10. 245 00$aFAO annuaire = $bFAO anuario = FAO yearbook

246 31$aFAO anuario

246 31$aFAO yearbook

解析:对于著录并列题名的数量,RAD 取消了限制,AACR2 强调记录第一个并列题名和英语并列题名,体现了 AACR2 以英美为中心的偏见。而 RDA 不仅可以记录多个并列正题名,而且还不强调英语并列正题名的优先,这也说明了 RDA 走出英语世界的目标。

三、连线题

primary relationship	责任说明
authorized access point	单件的保管历史
core elements	载体类型
intended audience	主要关系
statement of responsibility	丛编说明
series statement	图书开本
identifier for the manifestation	规范检索点
custodial History of item	读者对象
carrier type	核心元素
book format	载体表现的标识符

Day 99
综合测试(24)

一、实践题(每题5分,共50分)

请根据 AACR2 与 RDA 的差异,转换两种记录。

1. R: 245 00$aConference on Industrial Development in the Arab Countires

   A: 245 00 ______________________________

   说明:资源为会议录,信息源上无其他题名信息

2. R: 245 00$aCaptain America :$b[trailer]

   A: 245 00 ______________________________

   说明:资源为电影预告片,信息源上无其他题名信息

3. R: 245 00$aObiter dicta /$cby A. Birrell.

   A: 245 00 ______________________________

   说明:责任说明取自封面

4. R: 245 00 ______________________________

   A: 245 00$aSave and grow /$c[prepared by Reinhardt Howeler]

   说明:责任说明取自广告宣传页

5. R: 245 00$aEdible insects /$cby Arnold van Huis, Joost van Itterbeeck, HarmkeKlunder, Esther Mertens and Paul Vantomme.

   或

   245 00$aEdible insects /$cby Arnold van Huis [and 4 others]

   A: 245 00 ______________________________

6. R: 245 10$a … /$cby Dr. Harry Smith.

   A: 245 10 ______________________________

7. R: 245 10$a… /$cCharles F. Hoban, Jr., Special Assistant, Division of Visual Education, Philadelphia Public Schools.

   A: 245 10 ______________________________

8. R: 245 10$aCharacters from dickens /$cdramatized adaptations by Barry Campbell.

   A: 245 10 ______________________________

9. R: 250 ##$aVersion VII.

   A: 250 ##______________________________

   说明:信息源显示:Version VII

10. R: 264 #1$aChristiania

    500 ##$aChristiania is former name, now named Oslo.

    A: 260 ##______________________________

二、实践题(共 50 分)

1. 请根据提示信息将资源的 RDA 书目记录补充完整(每空 2 分,共 20 分)

某少儿电影 DVD 相关信息如下图所示:

盘盒正面示意图

Bia Bedran
Em

Histórias

de um

João de Barro

Uma homenagem a Braguinha

盘盒背面示意图

Recorded live at Teatro Villa-Lobos, Rio de Janeiro, Brazil, Sept. 1-2, 2007.
©2008

Produced in Brazil.

1.Dolby Digital 2.0 and 5.1.
2.Aspect ratio 4:3.
3.NTSC.
4.All regions.

Published by Rob Digital.
RD126—Rob Digital

说明:盘面显示信息与盘盒相同。

LDR ^^^^^c ______m^^22004095i^4500 (提示:LDR/06 字符位)
007 ______ ______^cvaizu (提示:LDR/06、07 字符位)
008 140318p20082007bl^082^j^^^^^^^^^^vlpor^^
028 ______2$aRD126$bRob Digital
245 00$aBia Bedran em Histórias de um João de Barro.
246 30$aHistórias de um João de Barro
250 ##$aFull screen.
257 ##$a ______________________________________
264 #1$a[Rio de Janeiro] :$bRob Digital,$c2007.
264 #4$______© 2008
300 ##$a ______________ :$bDVD video, sound, color ;$c4 3/4 in.
336 ##$a ______________$2rdacontent
337 ##$avideo$2rdamedia
338 ##$avideodisc$2rdacarrier
500 ##$a"Uma homenagem a Braguinha"--Container.
505 0#$a1. O gato de botas -- 2. O macaco Simão -- 3. Festa no céu -- 4. Os três porquinhos

-- 5. Chapeuzinho vermelho -- 6. Os quatro heróis -- 7. A gata Borralheira.

______##$aRecorded live at Teatro Villa-Lobos, Rio de Janeiro, Brazil, Sept. 1-2, 2007.

520 ##$aA musical tribute to popular Brazilian songwriter, João de Barro.

______##$aDVD ; Dolby Digital 2.0 and 5.1 ; Aspect ratio 4:3 ; NTSC ; All regions.

700 1#$aBedran, Bia,$d1955-$eactor.

2. 请根据提示信息将资源的 RDA 书目记录补充完整(每空 2 分,共 30 分)

该资源为美国儿童教育节目《芝麻街》第 123 期的 DVD 盘,相关信息显示如下:

盘盒正面示意图

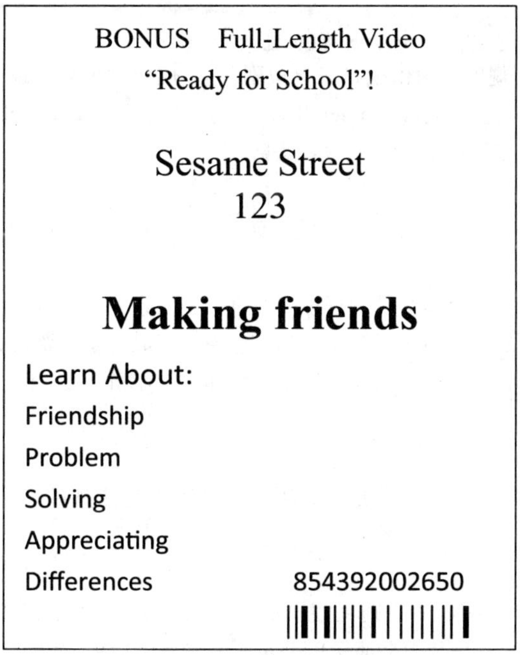

盘面示意图

008 130912s2012^^^^xxu114^a^^^^^^^^^^mleng^d

______1#$aeng$aspa$heng

245 00$a ____________________ $p ____________________ $p ____________________

246 30$aPreschool is cool.$pMaking friends

246 30$aMaking friends

______##$aUnited States.

264 #1$a[Burbank, CA] :$b[Warner Home Video],$c[2012]

300 ##$a ______________ :$b ______________ ;$c ____________

336 ##$a ______________ $2rdacontent

337 ##$a ______________ $2rdamedia

338 ##$a ______________ $2rdacarrier

500 ##$aTitle from disc surface.

______8#$aRating: Not rated.

______##$aDVD ; Full screen presentation ; Region 1 ; Dolby digital.

546 ##$aIn English with English or Spanish subtitles.

______##$aSubtitled for the deaf and hard of hearing.

710 2#$aSesame Workshop.

710 2#$aWarner Home Video (Firm)

730 0#$a ______________________________

740 02$aReady for school.

Day 99 答案与解析

一、实践题

1. A: 245 00$aConferenceonIndustrialDevelopmentintheArabCountires :$b[proceedings]

解析:对于不足以全面表达文献的正题名,AACR2 规定需要由编目员自拟副题名,例如对于会议录,正题名中未指明资源为会议录的,需要由编目员自拟其他题名 *proceedings* 并置于方括号内。RDA 没有相对应的条款,仅对于地图和动态图像资源,可由编目员提供自拟的其他题名信息。

2. A: 245 00$aCaptain America :$b[trailer]

解析:与上题类似,但是对于电影预告片,RDA 和 AACR2 对于自拟其他题名 *trailer* 的规定是相同的。

3. A: 245 00$aObiter dicta /$c[by A. Birrell]

解析:RDA 与 AACR2 相较,扩大了责任说明的来源。AACR2 的责任说明取自主要信息源,如果信息取自主要信息源之外,则需要添加方括号。根据 RDA 2.2.4,与正题名相关的责任说明可取自整个资源,且仅当责任说明的信息取自资源之外时,才需要添加方括号。封面属于资源本身,但在 AACR2 中,不是主要信息源,因此取自封面的责任说明需加方括号。

4. R: 245 00$aSave and grow /$c[prepared by Reinhardt Howeler]

解析:与上题类似,但是广告宣传页属于资源之外,无论 RDA 还是 AACR2 规定取自资源之外的责任说明均需加方括号。

5. A: 245 00$aEdible insects /$cby Arnoldvan Huis ... [et al.]

解析:关于多个责任者的情况,RDA 取消了 AACR2 中的"3 原则",规定如实转录即可,即当承担相同职能或承担不同职能的责任者多于一个时,可按资源上的形式全部予以著录。或者,可选择的省略第一个之外的责任者名称,并对省略的内容做出总括性的说明。与 AACR2 不同的是,总括性说明要求用著录机构首选的语言和文字,而不是用户难以理解的拉丁语[et al.]。

6. A: 245 10$a... /$cby Harry Smith.

解析:关于责任者的尊称、荣誉称号等,RDA 和 AACR2 的规定刚好相反,AACR2 的总原则是不予著录,但对有可能造成信息损失的四种特殊情况要求著录;而 RDA 的总原则是如实转录,但可选择省略,即对省略后并不损失任何信息的称号等可省略不予著录。本题中 *Dr.* 是责任者的学位名称,属于此类情形,根据 AACR2 应予以省略。

7. A: 245 10$a... /$cCharles F. Hoban, Jr.

解析:与上题类似,与责任者相连的责任者所属机构,RDA 规定如实转录,而 AACR2 规定应予以省略。

8. A: 245 10$aCharacters from dickens :$bdramatized adaptations /$cby Barry Campbell.

解析:本题中 *dramatized adaptations* 是与责任说明相连接的名词短语,对此,RDA 将其作为责任说明的一部分著录,而 AACR2 需要对该名词短语进行判断,如果是说明作品的性质,则将其作为副题名处理;如果是说明责任说明中提到的个人或团体所承担的角色,而不是说明作品的性质,则将其作为责任说明的一部分。

9. A: 250 ##$aVersion 7.

解析:关于版本说明,AACR2 强调数字和缩写。在数字方面,AACR2 要求用阿拉伯数字替代罗马数字和用文字表达的数,RDA 则要求依信息源如实转录,无须转换数字和缩写。

10. A: 260 ##$aChristiania [Oslo]

解析:本题表明出版地 *Christiania* 后来名称变为 *Oslo*。关于出版地,AACR2 规定如果地名的另外一种形式对识别地点很必要,则添加该地名并置于方括号内,RDA 要求如实转录,不可随以添加地名的另外一种形式,但根据 RDA 2.20.7.3,如果对识别或检索重要,则编制附注予以说明。

二、实践题

1. LDR g

007 v d

028 4

257 ##$aBrazil.

264 #4$c

300 ##$a1 videodisc (82 min.) :

336 ##$atwo-dimensional moving image

518

538

解析:LDR/06 字符位(记录类型),电影选择代码"g"表示放映媒体。007 字段记录资源的载体特征,007/00 字符位为资料类型,对于电影,应选择代码"v"表示资源为录像资料。007/01 字符位为特定资料标识,对于 DVD,应选择代码"d"表示录像盘、影碟。028 字段记录音乐资料(录音、录像、印刷型乐谱及其他相关音乐资料)的出版者号,通过第 1 指示符的不同区别不同类型的编号,对于录像编号,第 1 指示符应为"4"。257 字段为档案资料片生产国,包含资源生产实体所在国的名称或名称缩写,根据提示信息可知生产国为 *Brazil*。对于 DVD,载体类型应采用术语 *videodisc*。对于电影资源,还应记录播放时间于数量之后并括在圆括号内。518 字段记录的内容表明了在编资源录音的时间和地点,对应 RDA 7.11 获取的地点和日期。538 字段记录了资源的系统技术需求,对应 RDA 3.20 设备或系统要求。

2. 041

245 00$aSesame Street.$pPreschool is cool.$pMaking friends.

257

300 ##$a1 videodisc (114 min.) :$bsound, color ;$c4 3/4 in.

336 ##$atwo-dimensional moving image

337 ##$avideo

338 ##$avidoedisc

521

538

546

730 0#$aSesame Street (Television program)

解析:根据第 1 个 546 字段语言附注在 041 字段记录语种情况。在编资源为多部分资源中的一部,有分卷题名,且分卷题名有检索意义,因此可按分析著录的方法编目,正题名为 *Sesame Street*,著录于 245$a,1 级分卷题名为 *Preschool is cool*,著录于第 1 个 $p,2 级分卷题名为 *Making friends*,著录于第 2 个 $p。257 字段记录档案资料片生产国,包含资源生产实体所在国的名称或名称缩写,根据提示信息可知单独记录一个国家 *United States* 的字段应为此信息,记录于 257 字段。521 字段记录的内容表明资源没有分级,即适合所有用户,体现的是读者对象。546 字段记录的内容表明资源有字幕以帮助那些听力受损的用户,对应 RDA 7.14 无障碍内容。730 字段记录的是相关作品的统一题名,对于本题,记录的是与在编资源具有整体/部分关系的整体作品的规范检索点,关于作品规范检索点的构建参见 RDA 6.27,注意括号内为用于区分具有相同首选题名的作品的其他区别特征。

Day 100
综合测试(25)

一、实践题(每题 5 分,共 45 分)

请根据 AACR2 与 RDA 的差异,转换两种记录。

1. R: 264 #1$aNewYork ;$aLondon ;$aToronto
   A: 260 ##$a ______________________________
   说明:编目机构在加拿大
2. R: 264 #1$cMCMLXXX [1980]
   A: 260 ##$c ______________________________
   说明:信息源显示:MCMLXXX
3. R: 264 #1$aHauppauge, New York :$bNova Science Publisher's, Inc. ,$c[2014]
   264 #4$c© 2014
   A: 260 ## ______________________________
   说明:信息源显示:Nova Science Publisher's Inc. , Hauppauge, New York © 2014
4. R: 264 #1 ______________________________
   264 #3 ______________________________
   A: 260 ##$aHarmondsworth :$bPenguim,$c1963, printing.
   说明:信息源显示:Penguim, Harmondsworth, Printed in1963
5. R: 300 ##$a232, that is, 223 pages
   A: 300 ##$a ______________________________
6. R: 300 ## ______________________________
   A: 300 ##$a[194] p.
7. R: 300 ##$aiv, 102 (incomplete)
   500 ##$aLibrary's copy imperfect: pages after page 102 are lacking.
   A: 300 ## ______________________________
   500 ## ______________________________
8. R: 300 ## ______________________________
   A: 300 ##$a4 v. in 2
9. R: 300 ##$a1 audio disc
   A: 300 ##$a ______________________________

二、实践题(共 55 分)

1. 请根据提示信息完成下列不定项选择及填空题(每题 3 分,共 15 分)

封面

题名页示意图

> 京剧花脸唱腔百年品鉴
>
> Beijing opera singing in
> one hundred tasting
>
> 许俊德记谱选编
> 鸣迟撰文
>
> 北京　中国戏剧出版社
> 2012

其他信息

> 2 卷，连续标页，结束标页为 868 页；高度 27 厘米；
> 数字记谱法；
> 内容文字为中文，仅题名页题名有英文。
>
> 书脊信息：
> 中国戏曲艺术大系•京剧卷 •皮黄部
> Complete collection of Chinese opera. Peking opera volume

(1)本资源 MARC 21 书目数据格式应选用的资料类型及 LDR/06 字符位应选用的代码分别为(　　)

A. 图书　a　　B. 图书　c　　C. 音乐　a　　D. 音乐　c

(2)007/00 及 01 字符应分别选择代码(　　)

A. q、u　　B. q、m　　C. s、u　　D. s、m

(3)008/18-19 字符位代码选择正确的是(　　)

A. or　　B. op　　C. sg　　D. co

(4)下列字段按 RDA 规则记录错误的是(　　)

A. 246 30$aBeijing opera singing in one hundred tasting

B. 300 ##$a2 scores (868 p.) ;$c27 cm.

C. 546 ##$aWords in Chinese.

D. 546 ##$bNumber notation.

E. 100 1#$aXu, Junde,$d1940-$ecomposer.

(5)本资源采用 MARC 21 原始多文种记录方法,则 245 字段应记录为:

245 00 ________________________________

2. 请根据提示信息以缩微复制品为编目对象将给出的不完整字段补充完整(每空 2 分,共 20 分)

缩微平片上端信息:

Equality of opportunity for children in Egypt, 2000-2009: achievements and challenges © 2012 ProQuest, Ann Arbor	Fiche 119

题名帧示意图

Equality of opportunity for children in Egypt
2000-2009
achievements and challenges

Carlo E. Vélez
Sherine Al-Shawarby
Heba El-Laithy
Tazeen Fasih

Washington,D.C.
World Bank，2011

其他信息

复制品;
一张彩色负片，标号为 fiche 119 ;
有插图;
平片高度 16 厘米，宽度 23 厘米

以缩微复制品为编目对象:

LDR ^^^^^nam^^22^^^^^^i^^^^^

007 he^b ______ b|||c|c| （提示:007/04 字符位）

008 ^^^^^^s2012^^^^miua^^^^^b^^^^000^0^eng^^

245 00 $aEquality of opportunity for children in Egypt, 2000-2009 :$bachievements and challenges /$c ______________________

264 #1$a ______________ :$b ______________ ,$c ______________

264 #4$c ______________________

300 ##$aMicrofiche 119 :$b ______________ ;$c ______ cm

534 ##$p ______________ $c ______________

3. 请根据提示信息以原版文献为编目对象将给出的不完整字段补充完整(每空 2 分,共 20 分)

缩微胶卷盒面信息

Ann Arbor

University
Microfilms
International

题名页示意图

AAUP bulletin

Washington, D.C.
American Association of University
Professors

其他信息：

黑白正片； 胶卷尺寸：35 毫米 原版文献： 共 23 卷；带插图；书高：最大值 28.6 厘米，最小值 23.1 厘米； 最早出版时间和最晚出版时间分别为 1956 年和 1978 年

以原版文献为编目对象：

LDR　^^^^^na ______^^22^^^^^^i^^^^^（提示：LDR/07 字符位）

007　hd^a fb---baca

008　^^^^^^______miua^^^^a^^^^^0^^^^^eng^^　（提示 008/06-14 字符位）

______#0$aAAUP bulletin

245 00$aAAUP bulletin

246 ______$aAmerican Association of University Professors bulletin

264 #1$a ______________________ :$b ____________________ ;$c ______________

300 ##$a ________________ : $billustrations ;$c24-29 cm.

310 ##$aQuarterly

______1#$aBegan with: Vol. 42, no. 1 (spring 1956); ceased with: vol. 64, no. 4 (Dec. 1978).

588 ##$aDescription based on: Vol. 50, no. 1 (Mar. 1964); title from cover.

533 ##$aMicrofilm.$bAnn Arbor :$cUniversity Microfilms International.$e ______________

710 2#$aAmerican Association of University Professors.

Day 100 答案与解析

一、实践题

1. A: 260 ##$aNew York ;$aToronto

解析：根据 RDA 2.8.2.4，多个出版地时按信息源上出现的序列顺序记录地名，而 AACR2 要求必须记录第一个出现的名称以及选择著录编目机构所在国家所涉及的名称。

2. A: 260 ##$c1980

解析：根据 RDA 1.8.2，在出版、发行等日期的元素中用创建数据的机构首选的形式记录数字，交替规则规定可以如实转录，或者先如实转录，随以创建数据的机构首选的形式记录并置于方括号内。而 AACR2 规定在出版、发行等日期的书目著录项目和单元中以阿拉伯数字代替罗马数字。

3. A: 260 ##$aHauppauge, New York :$bNova Science Publisher's, Inc. ,$cc2014.

解析：在 RDA 中，版权年被提升为一个独立的元素，如果在资源中能够找到版权日期，通常都要记录，且不能替代出版年。如果信息源上没有出版年，仅有版权年，可以将版权年估计为出版年记录，但要置于方括号内。在 AACR2 中，版权年不是一个独立的著录项目，如果出版年不详，才需要用版权年替代，并前置以小写字母“c”。

4. R: 264 #1$aHarmondsworth :$bPenguim,$c[date of publication not identified]

264 #3$c1963

解析：提示信息中的 *Printed in* 1963 体现的是生产日期。RDA 增强了出版、发行等信息元素的独立性，如果出版日期、发行日期、版权日期或制作日期可知，将根据各元素的不同分别记录，而不是彼此替代。本题中出版年无法估计，则应记录文字说明 *date of publication not identified* 并置于方括号内。在 AACR2 中，针对本题情形，可以用生产年替代出版年，随后说明即可。

5. A: 300 ##$a232 [i. e. 223] p.

解析：根据 RDA 3.4.5.5，当存在错误页码时，用更易于理解的术语 *that is*，而 AACR2 中使用难以理解的拉丁词缩写 *i. e.*，并要求添加方括号。同时载体类型术语 RDA 中使用 *pages*，AACR2 中使用缩写 *p.*。

6. R: 300 ##$a194 unnumbered pages

解析：根据 RDA 3.4.5.3，对于未编号页码数量，提供了三种选择，可以记录准确的数量，可以记录估算的数量，也可以不记录数量，本题既然给出了估算的数量，则应使用第二种方式，此时，应使用术语 *unnumbered*，且不再使用方括号。

7. A: 300 ##$aiv, 102 + p.

500 ##$aCopy imperfect, all after p. 102 lacking.

解析：根据 RDA 3.4.5.6，对于不完整册的数量，用更易于理解的 *incomplete* 替代 AACR2 中难以理解的"+ p."，AACR2 和 RDA 均规定对文献单册不完整的情况编制附注说明，从而能更清晰地表达文献收藏情况。

8. R: 300 ##$a2 volumes

解析：根据 RDA 3.4.5.16，对于资源由多册组成，要求仅记录物理意义上的卷。AACR2 的处理方式则要求既记录物理意义上的卷，也记录书目意义上的卷。

9. A: 300 ##$a1 sound disc

解析：RDA 中，载体类型术语中变化较大的是将 AACR2 中的 *sound* 改为 *audio*。

二、实践题

1. (1) D　**解析**：在编资源属于乐谱，LDR/06 字符位应选用代码"c"表示乐谱，同时 MARC 21 书目数据格式相应选择音乐类型（MU）。

(2) A　**解析**：乐谱资源可启用 007 字段，007/00 字符位记录资源类型，本题应选用代码"q"表示乐谱，乐谱格式的 007/01 仅有 2 个代码，通常取"u"表示未详细说明。

(3) B　**解析**：本题 008 字段应使用音乐模式（MU），音乐模式的 008/18-19 字符位以代码形式记录乐曲形式，对于京剧，适合使用代码 op（歌剧）。

(4) B　**解析**：300 字段中表示页码的术语不再使用缩写，因此 *p.* 应为 *pages*。

(5) 245 00$a 京剧花脸唱腔百年品鉴 =$bBeijing opera singing in one hundred tasting /$c 许俊德记谱选编；鸣迟撰文.

解析：原始多文种记录是多文种记录的一种方法，较音译多文种记录简单一些，编目时在转录字段直接以在编资源所使用的文字予以客观著录，如题名 245 字段、出版信息 264 字段等。

2. 007 o

245 00$cCarlo E. Vélez, Sherine Al-Shawarby, Heba El-Laithy, Tazeen Fasih.

264 #1$aAnn Arbor:$bProQuest,$c [2012]

264 #4$c © 2012

300 ##$bnegative, illustrations ;$c16 x 23 cm.

534 ##$pOriginally published:$cWashington, D. C. : World Bank, 2011.

解析：对于缩微资源，应启用 007 字段反映载体特征，缩微资料模式的 007/04 记录尺寸代码，根据提示的尺寸，应选择代码"o"（6 × 9 英寸或 16 × 23 厘米）。依据题名帧示意图转录责任说明，根据 RDA 2.4.1.6，如果有多个责任说明，应按信息源指示的顺序予以记录，取消了 AACR2 的"3 原则"。本题资源为缩微复制品，其编目策略有两种：一是以原版资源为编目对象，264、300 等字段记录原版资源的出版、载体特征信息，同时启用 533 字段记录复制品信息；二是以复制版为编目对象，264、300 等字段记录复制品的出版、载体特征等信息,同时启用534字段记录原版信息。本题书目记录由提示信息可知,采用了第二种策略,因此264记录复制品的出版信息,信息源取自缩微平片上端,注意出版年为估计的,因此置于方括号内。通过第2指示符“4”可知应记录复制品的版权年,注意添加版权符号©。300$b应记录复制品的某些载体元素以及部分内容元素,本题记录的是资源的极性(负片)、插图内容。534字段记录原版信息,信息源取自题名帧等,$p记录导语,通常记作*Originally published*:,$c记录原版的出版、发行信息,注意出版地、出版者、出版年之间采用正确的ISBD标识符。

3. LDR s

008 d 1956 1978

222

246 3#

264 #1$aWashington, D. C. :$bAmerican Association of University Professors,$c1956-1978.

300 ##$a23 volumes :

362

533 ##$emicrofilm reels ; 35 mm.

解析:在编资源为连续出版物,因此LDR/07(书目级别)选择代码“s”。书目记录的008字段应采用连续性资源模式(SE),该模式的008/06-14字符位记录资源的出版状态及出版的起始日期,其中008/06字符位应选择代码“d”表示连续出版物已经停止出版。在编资源出版的起始日期和终止日期分别为1956和1978。本字段记录的信息与245字段形式相同,由此可判断不是首选题名,也不是缩略题名,因此只能是识别题名,字段号为222。变异题名记录的是正题名中机构缩写的展开式,此时,246字段指示符固定搭配通常选择“3#”。264字段记录连续出版物的出版信息,注意$c记录出版的起讫年份,中间用短横连接。根据RDA 3.4.5.16的例外规则,对于完整的连续出版物,记录数量时,应记录连续出版物编号所反映的书目卷数。连续出版物编号记录于362字段。书目记录采用的是以原版资源为编目对象的方式,因此缩微复制品的出版、载体形态等信息需记录在533字段复制品附注中,其中$e记录复制品的载体形态信息,数量使用术语*microfilm reels*,数值未知可不与记录,尺寸记录胶卷的宽度,使用*mm*作为公制符号。注意数量和尺寸之间使用正确的ISBD标识符。

参考文献

[1] Australian training materials[EB/OL]. [2016 - 11 - 12]. http://www. nla. gov. au/acoc/training-materials-for-resource-description-and-access.

[2] Beacom M. Strategic Plan for AACR[EB/OL]. [2016 - 03 - 30]. http://www. rda-jsc. org/docs/chair79rev3. pdf.

[3] British Library RDA Training[EB/OL]. [2016 - 11 - 12]. http://www. bl. uk/bibliographic/cataloguing-training. html.

[4] Christine Frodl. RDA Worldwide: the German perspective[EB/OL]. [2015 - 12 - 23]. http://ala12. scheduler. ala. org/files/ala12/RDA_Germany_Slides. pdf.

[5] EURIG Survey on Adoption of RDA-2012: report[EB/OL]. [2016 - 03 - 10]. http://www. slainte. org. uk/eurig/docs/EURIG_Survey_2012_v1_Final. pdf.

[6] EURIG Survey on Adoption of RDA-2013: report[EB/OL]. [2016 - 05 - 14]. http://www. slainte. org. uk/eurig/docs/EURIG_Survey-2013_v1_0. pdf.

[7] European RDA Intrest Group. Meeting[EB/OL]. [2016 - 10 - 12]. http://www. slainte. org. uk/eurig/meetings. htm.

[8] IFLA 主题规范记录的功能需求工作组. 主题规范数据的功能需求(FRSAD)概念模型[EB/OL]. [2014 - 03 - 13]. http://www. ifla. org/files/assets/cataloguing/frsad/frsad-final-report-zh. pdf.

[9] Implementation of RDA: British Library and beyond[EB/OL]. [2015 - 12 - 23]. http://www. cilip. org. uk/sites/default/files/documents/Alan% 20Danskin,% 20British% 20Library% 20Implementation% 20of% 20RDA% 20British% 20Library% 20and% 20beyond. pdf.

[10] ISO: 7098(2015) Information and documentation: Romanization of Chinese[EB/OL]. [2016 - 10 - 12]. http://www. iso. org/iso/home/store/catalogue_ics/catalogue_detail_ics. htm? csnumber = 61420.

[11] Joint Steering Committee for the Revision of AACR(JSC) Format Variation Working Group Update for MARBI, une 2003[EB/OL]. [2016 - 03 - 28]. http://www. loc. gov/marc/marbi/2003/2003-report01. html.

[12] JSC Annual Report 2012[EB/OL]. [2016 - 05 - 15]. http://www. rda-jsc. org/docs/annual2012. pdf.

[13] JSC Annual Report 2013[EB/OL]. [2016 - 05 - 15]. http://www. rda-jsc. org/docs/annual2013. pdf.

[14] JSC Annual Report 2014[EB/OL]. [2016 - 11 - 22]. http://www. rda-jsc. org/archivedsite/docs/annual2014. pdf.

[15] Kelly M. Nalsi, 译. 国会图书馆可能开始放弃 MARC[EB/OL]. [2016 - 05 - 13]. http://nalsi. net/posts/20110528095723. html.

[16] Kiorgaard D. Setting a New Standard: Resource Description and Access[EB/OL]. [2016 - 03 - 30]. http://www. doc88. com/p-331776912768. html.

[17] Les Hawkins, Hien Nguyen. Relationships in RDA[EB/OL]. [2016 - 05 - 14]. http://www. loc. gov/catworkshop/RDA% 20training% 20materials/LC% 20RDA% 20Training/LC% 20RDA% 20course% 20table. html.

[18] Magda El-Sherbini. RDA: strategies forimplementation[M]. Chicago: ALA editions, 2013.

[19] MARC21 规范数据格式使用手册[M]. 北京:北京图书馆出版社(今国家图书馆出版社), 2005.

[20] MARC Advisory Committee[EB/OL]. [2016 - 06 - 12]. http://www. loc. gov/marc/mac/advisory. html.

[21] Margaret S. Mapping RDA to MARC 21[EB/OL]. [2016 - 06 - 12]. http://www. dnb. de/SharedDocs/

Downloads/DE/DNB/standardisierung/stewartMappingRdaToMarc21En2009. pdf? __blob = publicationFile.

[22] Oliver C. Chosen to Copy Edit RDA[EB/OL]. [2016 - 05 - 13]. http://www. rdatoolkit. org/blog/288.

[23] Oliver C. 赵丹丹,译. RDA 继续前行[J]. 国家图书馆学刊,2016(1):69 - 73.

[24] RDA: Module 1--Introduction to RDA; Identifying Manifestations and Items[EB/OL]. [2016 - 03 - 28]. http://www. loc. gov/catworkshop/RDA% 20training% 20materials/LC% 20RDA% 20Training/LC% 20RDA% 20course% 20table. html7.

[25] RDA[EB/OL]. [2015 - 12 - 23]. http://www. nla. gov. au/librariesaustralia/services/cataloguing/resource-description-and-access-rda/.

[26] RDA and Plans: Australia, Canada, UK, &US[EB/OL]. [2014 - 05 - 12]. http://www. slainte. org. uk/eurig/docs/RDA2010/TillettEURIG2010. pdf.

[27] RDA FÜR KULTUREINRICHTUNGEN[EB/OL]. [2015 - 12 - 23]. http://www. dnb. de/EN/Standardisierung/International/rdaKultur. html; jsessionid = 118A8E1ED83C2A2F2F30EC8AA0932787. prod-worker2.

[28] RDA Implementation Plan[EB/OL]. [2015 - 12 - 23] http://rdaincanada. wikispaces. com/file/view/RDA_implementation_planning2010. doc.

[29] RDA in Europe: Report of the Work in Progress in France[EB/OL]. [2015 - 12 - 23]. http://www. slainte. org. uk/eurig/docs/BnF-ADM-2011-066286-01_(p2). pdf.

[30] RDA in MARC[EB/OL]. [2015 - 12 - 04]. http://www. loc. gov/marc/RDAinMARC. html.

[31] RDA in the UK[EB/OL]. [2015 - 12 - 23]. http://eprints. lse. ac. uk/37334/1/RDA_in_the_UK_(LSERO_version). pdf.

[32] RDA(Ressources: Description et Accès)[EB/OL]. [2016 - 02 - 23]. http://www. bnf. fr/fr/professionnels/rda/s. rda_objectifs. html? first_Art = oui51.

[33] RDA Steering Committee[EB/OL]. [2016 - 10 - 15]. http://rda-rsc. org.

[34] RDA Toolkit[EB/OL]. [2016 - 05 - 08]. http://access. rdatoolkit. org/.

[35] RDAToolkit Development Blog[EB/OL]. [2016 - 05 - 15]. http://rdatoolkit. org/development.

[36] RDA Toolkit Outcomes from the 2012 JSC Meeting[EB/OL]. [2016 - 05 - 13] http://www. rdatoolkit. org/blog/488.

[37] RDA Toolkit Release-August 19, 2014[EB/OL]. [2016 - 09 - 22]. http://rdatoolkit. org/development/August2014release.

[38] RDA Toolkit Release-February 11, 2014[EB/OL]. [2016 - 03 - 06]. http://www. rdatoolkit. org/development/February2014release.

[39] RDA Toolkit Release-October 18, 2016[EB/OL]. [2016 - 09 - 22]. http://www. rdatoolkit. org/development/October2016release.

[40] RDA 发展联合指导委员会. RDA 翻译工作组,译. 资源描述与检索(RDA)[M]. 北京,国家图书馆出版社,2014.

[41] RDA 最要记住的 12 件事[EB/OL]. [2016 - 05 - 26]. http://catwizard. net/posts/20110807223731. html.

[42] Report on the Future of Bibliographic Control[EB/OL]. [2015 - 12 - 23]. http://www. loc. gov/bibliographic-future/news/lcwg-report-draft-11-30-07-final. pdf.

[43] Riva P, Bœuf P L, umer M. FRBR-Library Reference Model[EB/OL]. [2016 - 10 - 12]. http://www. ifla. org/files/assets/cataloguing/frbr-lrm/frbr-lrm_20160225. pdf.

[44] Riva P, Bœuf P L, umer M. Transition Mappings: User Tasks, Entities, Attributes, and Relationships in FRBR, FRAD, and FRSAD Mapped to Their Equivalents in the FRBR-Library Reference Model[EB/OL]. [2016 - 10 - 10]. http://www. ifla. org/files/assets/cataloguing/frbr-lrm/transitionmapping_20160225. pdf.

[45] Riva P, Oliver C. Evaluation of RDA as an Implementation of FRBR and FRAD[J]. Cataloging & Classifica-

tion Quarterly,2012,50(5-7):564-586.

[46] Riva P,umer M. Introducing the FRBR Library Reference Model[EB/OL].[2016-10-08]. http://library.ifla.org/1084/1/207-riva-en.pdf.

[47] Schulz N. 吴晓静,译. Changes to AACR2 Instructions. 从 AACR2 到 RDA 的内容变化[J]. 数字图书馆论坛,2012(12):21-33.

[48] Statement of International Cataloguing Principles(ICP)[EB/OL].[2016-05-14]. http://www.ifla.org/files/assets/cataloguing/icp/icp_2015_worldwide_review.pdf.

[49] Stephens,Jenny. US Test Results for RDA[J]. inCite Magazine,2011,32(10):20.

[50] Testing Resource Description and Access(RDA) Archives[EB/OL].[2016-05-17]. http://www.loc.gov/aba/rda/rda_test_archives.html.

[51] The rule revision process:submitting proposals to revise RDA[EB/OL].[2016-05-15]. http://www.rda-jsc.org/revision.html.

[52] Things You Should Know About RDA Updates[EB/OL].[2016-05-14]. http://www.rdatoolkit.org/blog/379.

[53] Training Modules from the Pan-Canadian Working Group on Cataloguing with RDA[EB/OL].[2016-11-12]. http://rdaincanada.wikispaces.com/Pan-Canadian + modules.

[54] Update to RDA Examples[EB/OL].[2016-11-14]. http://www.rdatoolkit.org/blog/7776.

[55] 卜书庆. 近年来国际知识组织规范的进展研究[J]. 中国图书馆学报,2010(9):69-74.

[56] 蔡丹,朱虹. RDA 与 AACR2 著录规则变化之详解[J]. 图书馆杂志,2014(5):34-40.

[57] 高红,胡小菁. RDA 中文电子版的设想. 数字图书馆论坛[J],2013(7):12-17.

[58] 高红,胡小菁. 欧洲 RDA 兴趣小组的工作及其启示[J]. 图书情报工作,2012,56(12):119-122,81.

[59] 高红. 编目思想史[M]. 北京:北京图书馆出版社(今国家图书馆出版社),2008.

[60] 高红. 书目关系的综合研究[J]. 图书情报工作,2006(9):108.

[61] 国会图书馆书目框架计划总体规划[EB/OL].[2016-05-12]. http://catwizard.net/posts/20111102221823.html.

[62] 国际编目原则声明[EB/OL].[2016-05-13]. http://www.ifla.org/files/cataloguing/icp/icp_2009-zh.pdf.

[63] 国际图联规范记录的功能需求与编号(FRANAR)工作组. 规范数据的功能需求概念模型[EB/OL].[2016-05-13]. http://www.ifla.org/files/cataloguing/frad/frad_2009-zh.pdf.

[64] 国际图联书目记录的功能需求研究组. 书目记录的功能需求(最终报告)[EB/OL].[2016-05-08]. http://www.ifla.org/files/assets/cataloguing/frbr/frbr-zh.pdf.

[65] 胡小菁. RDA:从内容标准到元数据标准[J]. 图书馆论坛,2014(7):1-7.

[66] 胡小菁. RDA 的常态化修订机制[EB/OL].[2014-05-15]. http://catwizard.net/posts/20130504205447.html.

[67] 胡小菁. RDA 可能的修改及时间表[EB/OL].[2016-05-13]. http://catwizard.net/posts/20110622225551.html.

[68] 胡小菁. 可作为编目手册的《RDA 全视角解读》[EB/OL].[2016-11-21]. http://catwizard.net/posts/20161101223836.html11.

[69] 胡小菁. 内容和媒介类型:RDA 与 ISBD 对比分析[J]. 中国图书馆学报,2012(4):55-62.

[70] 胡小菁.《资源描述与检索》的酝酿、编制与实施[J]. 国家图书馆学刊,2011(2):3-6.

[71] 胡云霞. 论我国图书馆规范数据库的合作建立与共享[J]. 图书情报资料,2010(1):46-49.

[72] 黄亮,蔡丹. RDA 背景下套录编目策略研究[J]. 图书馆理论与实践,2015(7):50-53.

[73] 霍艳蓉. 资源描述与检索测试方法研究[J]. 图书馆建设,2011(12):52-55,59.

[74] 姜化林. RDA Toolkit 的功能及使用方法解析[J]. 图书馆建设,2012(9):24-26.

[75] 姜化林. RDA Toolkit 的使用利弊分析[J]. 图书馆杂志,2012(12):24-26,33.
[76] 金晶,姜恩波. FRBR、RDA 与 eXtensible Catalog[J]. 图书馆杂志,2012(11):30-34.
[77] 李菡. 对国家图书馆外文编目 RDA 本地政策声明中责任说明元素处理方法的若干思考[J]. 新世纪图书馆,2016(3):47-51.
[78] 李恺. 美国 RDA 测试协调委员会 RDA 测试报告执行摘要[J]. 数字图书馆论坛,2011(7):48-52.
[79] 刘莎,司莉. 主题规范数据的功能需求(FRSAD)进展及其影响[J]. 图书馆杂志,2012(3):19-24.
[80] 刘素清. IFLA 书目记录功能需求(FRBR)初探[J]. 大学图书馆学报,2004(6):65-69.
[81] 罗翀,蔡丹. 试论国家图书馆外文文献资源 RDA 本地政策声明设计思路[J]. 国家图书馆学刊,2015(3):50-54.
[82] 罗翀,李菡. 解析 RDA 中的关系描述[J]. 数字图书馆论坛,2014(6):55-62.
[83] 罗翀,齐东峰. 解读 RDA 中文版[J]. 图书馆,2014(4):51-53.
[84] 罗翀. RDA 全视角解读[M]. 北京,国家图书馆出版社,2015.
[85] 罗翀. RDA 在中国的实施设想[J]. 国家图书馆学刊,2014(1):52-56.
[86] 罗翀等. 电子资源 MARC21 组织法[M]. 北京:国家图书馆出版社,2013.
[87] 日本目录委员会历次会议记录[EB/OL]. [2016-09-23]. http://www.jla.or.jp/portals/0/html/mokuroku/index.html#gijiroku.
[88]『日本目録規則』改訂における NDL との連携について[EB/OL]. [2015-12-23]. http://www.jla.or.jp/Portals/0/data/iinkai/mokuroku/renkei.pdf.
[89]『日本目録規則』の改訂に向けて[EB/OL]. [2015-12-23]. http://www.jla.or.jp/portals/0/html/mokuroku/20100917.pdf.
[90] 孙更新,刘莎. FRSAD 对编目理论与实践的影响[J]. 图书情报工作,2012(10):38-47.
[91] 汤彩霞,吴稚敏,孙更新. RDA Toolkit 工具套件中的资源探析[J]. 图书馆杂志,2013(7):32-39.
[92] 王志君. 浅谈 RDA 在日本的实践活动[J]. 图书馆界,2014(5):57-60.
[93] 王忠红. RDA 描述的不同:以普通图书为例[J]. 图书馆杂志,2012(1):17-25.
[94] 吴丽杰. FRBR 理念及其对 RDA 的影响[J]. 图书馆学刊,2007(2):130-131.
[95] 吴龙涛,叶奋生,吴晓静. 最新详解英美编目规则(第二版,2002 修订版)[M]. 北京:北京图书馆出版社(今国家图书馆出版社),2006.
[96] 吴晓静. RDA——资源描述与检索的新标准[J]. 数字图书馆论坛,2010(12):4-5.
[97] 吴跃. AACR2 与 RDA 的联系及在图书著录部分的区别[J]. 大学图书馆学报,2010(4):77-83.
[98] 洋図書等のRDA 適用について検討を開始しました[EB/OL]. [2015-12-23]. http://www.ndl.go.jp/jp/library/data/bib_newsletter/2012_3/article_03.html.
[99] 张秀兰. 从 AACR1 到 RDA[J]. 图书馆建设,2006(2):44-46.
[100] 赵丹丹,刘丹. MARC21 数据格式 RDA 化的修订[J]. 图书馆,2015(2):96-100.
[101] 赵丹丹,王志君. RDA 在世界范围内的应用及启示[J]. 山东图书馆学刊,2014(5):61-66.
[102] 赵丹丹. 汇编作品的 RDA 编目方法及与 AACR2 之比较[J]. 图书馆工作与研究,2015(8):49-52.
[103] 周德明主编. RDA:从理论到实践[M]. 北京:海洋出版社,2014.
[104] 朱虹. RDA 新著录标准之利弊探析[J]. 大学图书情报学刊,2012(1):52-54.
[105] 朱俊卿.《RDA 的目标与原则》剖析和解读[J]. 图书情报工作网刊,2012(1):9-15.
[106] 정책자료[EB/OL]. [2016-05-12]. http://www.nl.go.kr/krili/board/librarylaw.jsp? search:search_key:search=article_title&search:search_val:search=%EC%9E%90%EC%9B%90%EC%9D%98%20%EA%B8%B0%EC%88%A0%EA%B3%BC%20%EC%A0%91%EA%B7%BC.
[107] 통합서지용 KORMARC(간략판)[EB/OL]. [2016-05-12]. http://www.nl.go.kr/kormarc/c4/page1.jsp.